myBook+

AF890279

Ihr Portal für alle Online-Materialien zum Buch!

Arbeitshilfen, die über ein normales Buch hinaus eine digitale Dimension eröffnen. Je nach Thema Vorlagen, Informationsgrafiken, Tutorials, Videos oder speziell entwickelte Rechner – all das bietet Ihnen die Plattform myBook+.

Ein neues Leseerlebnis

Lesen Sie Ihr Buch online im Browser – geräteunabhängig und ohne Download!

Und so einfach geht's:

- Gehen Sie auf **https://mybookplus.de**, registrieren Sie sich und geben Sie Ihren Buchcode ein, um auf die Online-Materialien Ihres Buches zu gelangen
- **Ihren individuellen Buchcode finden Sie am Buchende**

Wir wünschen Ihnen viel Spaß mit myBook+!

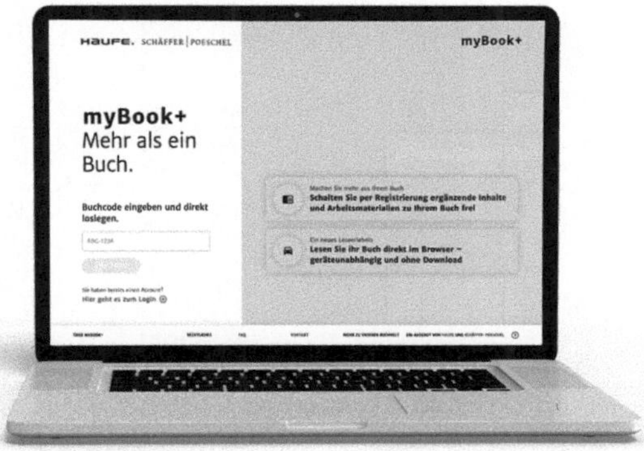

Die Eigentümerversammlung

Melanie Sterns-Kolbeck/ Georg Hopfensperger

Die Eigentümerversammlung

Für Verwalter, Beiräte und Wohnungseigentümer

5., aktualisierte und erweiterte Auflage

Haufe Group
Freiburg · München · Stuttgart

Bibliografische Information der Deutschen Nationalbibliothek

Die Deutsche Nationalbibliothek verzeichnet diese Publikation in der Deutschen Nationalbibliografie; detaillierte bibliografische Daten sind im Internet über http://dnb.dnb.de/ abrufbar.

Print:	ISBN 978-3-648-17568-2	Bestell-Nr. 01057-0005
ePub:	ISBN 978-3-648-17569-9	Bestell-Nr. 01057-0103
ePDF:	ISBN 978-3-648-17570-5	Bestell-Nr. 01057-0153

Melanie Sterns-Kolbeck/Georg Hopfensperger
Die Eigentümerversammlung
5., aktualisierte und erweiterte Auflage, April 2024

© 2024 Haufe-Lexware GmbH & Co. KG, Freiburg
www.haufe.de
info@haufe.de

Bildnachweis (Cover): © Nikada, iStock

Produktmanagement: Jasmin Jallad
Lektorat: Cornelia Rüping

Dieses Werk einschließlich aller seiner Teile ist urheberrechtlich geschützt. Alle Rechte, insbesondere die der Vervielfältigung, des auszugsweisen Nachdrucks, der Übersetzung und der Einspeicherung und Verarbeitung in elektronischen Systemen, vorbehalten. Alle Angaben/Daten nach bestem Wissen, jedoch ohne Gewähr für Vollständigkeit und Richtigkeit.

Sofern diese Publikation ein ergänzendes Online-Angebot beinhaltet, stehen die Inhalte für 12 Monate nach Einstellen bzw. Abverkauf des Buches, mindestens aber für zwei Jahre nach Erscheinen des Buches, online zur Verfügung. Ein Anspruch auf Nutzung darüber hinaus besteht nicht.

Sollte dieses Buch bzw. das Online-Angebot Links auf Webseiten Dritter enthalten, so übernehmen wir für deren Inhalte und die Verfügbarkeit keine Haftung. Wir machen uns diese Inhalte nicht zu eigen und verweisen lediglich auf deren Stand zum Zeitpunkt der Erstveröffentlichung.

Inhaltsverzeichnis

Vorwort ... 15

Abkürzungsverzeichnis ... 17

Überblick zum Wohnungseigentumsgesetz und zur letzten Reform (1.12.2020) ... 19

1 Vorbereitung der Eigentümerversammlung ... 27

1.1 Einberufung der Eigentümerversammlung ... 28

1.1.1 Wann muss eine Eigentümerversammlung einberufen werden ... 28

1.1.2 Wer beruft die Versammlung ein? ... 30

1.1.3 Wer muss eingeladen werden? ... 33

1.1.4 Form der Einberufung ... 37

1.1.5 Frist bei der Einberufung ... 38

1.1.6 Inhalt der Einladung ... 39

1.1.7 Einberufungsmangel/Kausalität ... 51

1.1.8 Die außerordentliche Eigentümerversammlung ... 53

1.1.9 Checkliste: Einberufung der Eigentümerversammlung ... 53

1.2 Das Stimmrecht in der Versammlung ... 55

1.2.1 Wer ist Inhaber des Stimmrechts? ... 55

1.2.2 Wenn eine Wohnung mehreren Eigentümern gehört ... 57

1.2.3 Welche Stimmrechtsprinzipien gibt es? ... 58

1.2.4 Stimmenthaltung ... 60

1.2.5 Stimmrechtsmissbrauch und Majorisierung ... 61

1.2.6 Stimmrechtsausschlüsse und -beschränkungen ... 63

1.2.7 Was bedeutet »Ruhen des Stimmrechts«? ... 67

1.2.8 Checkliste zum Stimmrecht ... 68

1.3 Regelungen zur Vertretung in der Eigentümerversammlung ... 69

1.3.1 Wann gelten Vertretungsbeschränkungen? ... 70

1.3.2 Wer benötigt eine Vollmacht und wie muss sie aussehen? ... 71

1.3.3 Checkliste zur Vertretung ... 76

1.4 Virtuelle Teilnahme an Versammlungen ... 76

1.5 Teilnahme Dritter an der Versammlung ... 78

2 Ablauf der Eigentümerversammlung ... 85

2.1 Leitung der Versammlung ... 85

2.2 Versammlungsbeginn ... 86

2.3 Der Umgang mit der Tagesordnung ... 87

2.3.1 Aufruf der Tagesordnungspunkte ... 87

2.3.2 Formulierung des Beschlussantrags ... 88

2.3.3 Abstimmung über einen Beschluss ... 89

2.3.4 Beschlussfeststellung und -verkündung ... 91

2.4 Geschäftsordnungsbeschluss zum Ablauf der Versammlung ... 95
2.5 Antrags- und Rederecht ... 95
2.6 Schluss der Versammlung ... 97
2.7 Checkliste zum Ablauf der Versammlung ... 97

3 Nach der Versammlung – das Protokoll ... 99
3.1 Inhalt des Protokolls ... 99
3.2 Form des Protokolls ... 101
3.3 Frist ... 102
3.4 Einsichtsrecht ... 103
3.5 Fehlerhaftes Protokoll ... 104
3.6 Checkliste zum Protokoll ... 111

4 Rund um die Beschlüsse ... 113
4.1 Die Beschlusssammlung ... 113
4.1.1 Was muss in der Beschlusssammlung stehen? ... 115
4.1.2 In welcher Form muss eingetragen werden? ... 120
4.1.3 Wann muss eingetragen werden? ... 121
4.1.4 Wer führt die Beschlusssammlung? ... 122
4.1.5 Wer darf die Beschlusssammlung einsehen? ... 122
4.1.6 Fehler in der Beschlusssammlung ... 123
4.1.7 Checkliste zur Beschlusssammlung ... 132
4.2 Der Beschluss ... 133
4.2.1 Der Unterschied zwischen Vereinbarung und Beschluss ... 133
4.2.2 Wann hat die Gemeinschaft Beschlusskompetenz? ... 134
4.2.3 Was sind Öffnungsklauseln? ... 136
4.2.4 Welche Beschlussarten gibt es? ... 139
4.2.5 Wie müssen Beschlüsse formuliert werden, damit sie gültig sind? ... 159
4.2.6 Eintragung in das Grundbuch/Bindungswirkung von Beschlüssen ... 163
4.2.7 Vollzug von Beschlüssen und einstweiliger Rechtsschutz ... 165
4.2.8 Checkliste zu Beschlüssen ... 168
4.3 Beschlussfehler/Beschlussmängel ... 170
4.3.1 Wann ist ein Beschluss nichtig? ... 170
4.3.2 Rechtsprechung des BGH: Definition Beschlusskompetenz ... 174
4.3.3 Kompetenzzuweisung durch Vereinbarung ... 178
4.3.4 Wann können Beschlüsse angefochten werden? ... 180
4.4 Die Anfechtung von Beschlüssen und Beschlussklage gemäß § 44 WEG ... 184
4.4.1 Wer darf anfechten oder klagen? ... 185
4.4.2 Welche Frist muss eingehalten werden? ... 186
4.4.3 Checkliste zur Anfechtung von Eigentümerbeschlüssen ... 189
4.4.4 Das gerichtliche Verfahren ... 189
4.4.5 Die Kostenlast des Verwalters ... 196

5 Bei der Beschlussfassung zu beachten ... 201
5.1 Bestellung des Verwalters ... 201
5.1.1 Muss ein Verwalter zertifiziert sein? ... 201
5.1.2 Der Grundsatz: Bestellung einer professionellen Hausverwaltung ... 203
5.1.3 Wann ist die Verwalterwahl nichtig oder anfechtbar? ... 205
5.1.4 Kann ein Notverwalter bestellt werden? ... 206
5.2 Wahl des Verwaltungsbeirats ... 207
5.3 Wirtschaftsplan, Jahresabrechnung und Vermögensbericht – das Abrechnungswesen ... 211
5.3.1 Der Wirtschaftsplan ... 212
5.3.2 Beschlussfassung über Vorschüsse ... 216
5.3.3 Die Jahresabrechnung ... 219
5.3.4 Vermögensbericht ... 227
5.4 Beschlüsse über Erhaltungsmaßnahmen ... 230
5.5 Beschlüsse über bauliche Veränderungen ... 236
5.5.1 Wie können bauliche Veränderungen am Gemeinschaftseigentum beschlossen werden? ... 237
5.5.2 Veränderungssperre ... 237
5.5.3 Welche Beschlüsse zu baulichen Veränderungen sind zulässig? ... 241
5.5.4 Worauf ist bei der Beschlussfassung über bauliche Veränderungen zu achten? ... 242
5.5.5 Beschlüsse über die Änderung des Kostenverteilungsschlüssels ... 243
5.6 Beschlüsse über die Hausordnung ... 251
5.6.1 Wie kann die Hausordnung geändert werden? ... 251
5.6.2 Was darf in der Hausordnung stehen? ... 252
5.7 Beschlüsse über die Entlastung des Verwalters ... 253
5.8 Beschlüsse unter »Sonstiges« bzw. »Verschiedenes« ... 255

6 Mehrhausanlage ... 257
6.1 Das Wohnungseigentumsgesetz ist maßgebend ... 257
6.2 Eigentümerversammlung ... 257
6.3 Kostentrennung ... 258
6.4 Stimmrecht ... 259
6.5 Verwaltung ... 259

7 Die Eigentümerversammlung von A bis Z ... 261
Abstimmung ... 261
Anwesenheitsliste ... 261
Aufbewahrung von Unterlagen ... 261
Auftragsvergabe ... 262
Kleinere Maßnahmen ... 262
Eilmaßnahmen ... 263
Übertragung auf den Verwalter ... 263
Größere Aufträge ... 263

Vertragspartner ... 264
Überwachung ... 264
Außerordentliche Eigentümerversammlung ... 265
Beschluss ... 265
Beschlussfähigkeit ... 266
Beschlusskompetenz ... 266
Beschlusssammlung ... 267
Betretungsrecht des Verwalters ... 267
Bruchteilsgemeinschaft ... 268
Darlehen/Kreditaufnahme ... 269
Eigentümerversammlung ... 272
Eigentümerwechsel ... 272
Bindungswirkungen ... 272
Bauliche Veränderungen ... 273
Eigentümerversammlung ... 274
Kosten ... 274
Haftung bei Eigentümerwechsel ... 275
Haftung für Hausgeldrückstände ... 276
Einberufung der Eigentümerversammlung ... 277
Einsichtsrecht ... 278
Erhaltungsrücklage ... 279
Verwendungszweck ... 280
Höhe und Verteilung ... 280
Zahlungsverpflichtungen ... 281
Ersatzzustellungsvertreter ... 282
Gemeinschaftseigentum ... 282
Gemeinschaftsordnung ... 292
Funktion ... 292
Beschlusskompetenz durchs WEG ... 293
Öffnungsklauseln ... 293
Änderungsanspruch eines Wohnungseigentümers ... 294
Gemeinschaftsvermögen ... 296
Geschäftsordnung ... 297
Hausordnung ... 298
Insolvenz ... 303
Instandhaltungsrücklage ... 304
Jahresabrechnung ... 304
Aufstellung ... 304
Vorprüfung ... 306
Kenntnisgabe und Belegeinsicht ... 308
Beschlussfassung ... 308
Rechtsfolgen ... 309

- Gerichtliche Überprüfung 310
- Rechnungsabgrenzung 311
- Einzelabrechnung 311

Majorisierung 313
Mehrheitsbeschluss (einfacher) 313
Mehrheitsbeschluss (qualifizierter) 314
Minderheitenschutz 314
Negativbeschluss 315
Nichtbeschluss 315
Nichtigkeit eines Beschlusses 315
Niederschrift/Protokoll 316
Öffnungsklausel 316
Online-Teilnahme an der Versammlung 316
Ordnungsmäßige Verwaltung 317
Protokoll 318
Rechtsfähigkeit der Wohnungseigentümergemeinschaft 318

- Bedeutung der Rechtsfähigkeit 318
- Rechte und Pflichten der Wohnungseigentümergemeinschaft 319

Rederecht 323
Ruhen des Stimmrechts 323
Schriftliche Beschlussfassung 323
Sondereigentum 324
Sondernutzungsrecht 326

- Begründung 326
- Ausgestaltung 327
- Kostenverteilung 330

Sonderumlage 331

- Wesen und Inhalt 332
- Eigentümerwechsel 333
- Verteilungsschlüssel 333
- Anfechtung 334
- Rückzahlungsansprüche bei Ungültigkeit 334
- Rechtsfolgen und Wirksamkeit 335

Stimmenthaltung 336
Stimmrecht 336
Stimmrechtsausschluss 336
Tagesordnung 336
Teileigentum 337
Teilungserklärung 337
Textform 337
Umlaufverfahren 338
Umzugskostenpauschale 338

Vereinbarung 338
Versicherungen 339
Vertretung in der Eigentümerversammlung 340
Verwaltungsunterlagen 340
Verwaltungsvermögen 340
Virtuelle Teilnahme an Eigentümerversammlungen 340
Vorsitz in der Versammlung 341
Wohnungseigentum 341
Zustellungsvertreter 341
Zweitbeschluss 341

8 Musterbeschlüsse von A bis Z 343
Änderung der der Jahresabrechnung zugrunde liegenden Wirtschaftsperiode auf das Kalenderjahr 343
Änderung der Kostenverteilung 344
Austausch von Verbrauchserfassungsgeräten und Messeinrichtungen 347
Bauliche Veränderungen 347
Bauliche Veränderungen, Gestattung individueller Maßnahmen 348
Bauliche Veränderung, gemeinschaftliche Maßnahme bei Nutzung nur durch einzelne Eigentümer 349
Bauliche Veränderung, gemeinschaftliche Maßnahme bei Nutzung durch alle Eigentümer 349
Nachträgliche Teilhabe an baulichen Veränderungen 350
Anspruch auf Rückbau einer nicht genehmigten baulichen Veränderung 350
Beschlussvollziehung, Aussetzung 351
Beauftragung eines Sachverständigen 351
Beweisverfahren (Einleitung) 352
Beweisverfahren (Klageerhebung) 353
Digitalisierung 354
Digitalisierung neuer Dokumente 354
Digitalisierung von Bestandsunterlagen 355
Durchbruch 355
Energieausweis 356
Entlastung des Verwalters 356
Entlastung des Verwaltungsbeirats 357
Entziehung des Wohnungseigentums 357
Ermächtigung des Verwalters 358
Ermächtigung eines Eigentümers zur Einberufung einer Eigentümerversammlung 358
Fördermittel beantragen (Antrag auf Zuschuss zur Finanzierung einer Maßnahme) 359
Geschäftsordnungsbeschlüsse 360
Ausschluss einer dritten Person von der Versammlung 360
Ausschluss eines Versammlungsteilnehmers, Miteigentümers 361
Wahl des Versammlungsleiters/Protokollführers 361

- Reihenfolge der Tagesordnungspunkte ... 362
- Absetzen eines Tagesordnungspunkts ... 362
- Redeverbot/Redebeschränkung ... 363

Hausgeld ... 363
- Vorfälligkeitsregelung ... 363
- Versorgungssperre bei säumigem Miteigentümer ... 364
- Ausbuchung von aussichtslosen Hausgeldforderungen ... 365
- Hausgeldklage, Ermächtigung des Verwalters für gerichtliches Vorgehen ... 365

Hausordnung ... 366
- Annahme einer Hausordnung ... 366
- Änderung der Hausordnung ... 367
- Hausordnungsverstöße ... 367

Erhaltungsmaßnahmen ... 368
- Sanierungsbeschluss, Finanzierung durch Entnahme aus der Rücklage ... 368
- Sanierungsbeschluss, Finanzierung durch Sonderumlage ... 369
- Sanierungsbeschluss, abweichende Kostenverteilung ... 370

Jahresabrechnung (Gesamt- und Einzelabrechnung) ... 371

Mängelgewährleistung ... 372

Niederschrift/Protokoll ... 372

Rechtsanwaltsbeauftragung ... 373

Sonderumlagenbeschluss ... 375

Teilnahme Dritter an der Versammlung ... 375

Tierhaltung ... 376

Umlaufverfahren ... 377

Veräußerungszustimmung, Aufhebung ... 379

Vermögensbericht ... 379

Verwalterbestellung ... 380
- Bestellung kombiniert mit Vertragsschluss ... 380
- Weiterbestellung ... 381
- Verwalterabberufung, ordentliche ... 382
- Verwalterabberufung, außerordentliche aus wichtigem Grund ... 382

Verwaltervertrag ... 383
- Abschluss ... 383
- Änderungen des Verwaltervertrags ... 384
- Festlegung der Aufgaben und Befugnisse des Verwalters ... 384
- Kündigung, ordentliche ... 386
- Kündigung, außerordentliche ... 386
- Weitere Modalitäten bei Abberufung und Kündigung: Verwaltungsunterlagen ... 387

Verwaltungsbeirat ... 388
- Bestellung ... 388
- Weiterbestellung ... 389
- Bestellung eines Ersatzmitglieds ... 389

Aufwandsentschädigung ... 390
Haftungsbeschränkung ... 390
Abschluss einer Vermögensschadenhaftpflichtversicherung ... 391
Ordentliche Abberufung ... 391
Virtuelle Teilnahme an Eigentümerversammlungen ... 392
Wirtschaftsplan (Gesamt- und Einzelwirtschaftsplan) ... 392
Zweitbeschlüsse ... 393
Bestätigender Zweitbeschluss ... 393
Ergänzender Zweitbeschluss ... 394
Abändernder Zweitbeschluss ... 394

Synopse: WEG alte Fassung/neue Fassung ... 395
Literaturverzeichnis ... 441
Stichwortverzeichnis ... 443
Die Autor:innen ... 449

Vorwort

Sehr geehrte Leserinnen und Leser,

dieses Fachbuch richtet sich an alle, die sich – beruflich oder privat – mit Wohnungseigentum befassen, insbesondere an Hausverwalter, Verwaltungsbeiräte und Wohnungseigentümer.

In der Bevölkerung besteht der Wunsch, in den eigenen vier Wänden zu wohnen – sei es im eigenen Haus oder in Wohnungseigentum – mehr denn je, um im Alter so gut wie möglich abgesichert zu sein. Deutlich ist auch der Trend zu beobachten, dass Mietshäuser mehr und mehr aufgeteilt und in Wohnungseigentümergemeinschaften umgewandelt werden. Der Kauf einer Eigentumswohnung ist nicht nur für Selbstnutzer, sondern auch für Kapitalanleger nach wie vor attraktiv. Wo aber viele verschiedene Menschen aufeinandertreffen, ist es nahezu unvermeidlich, dass Konflikte und Interessenkollisionen entstehen. Umso wichtiger ist es für den Einzelnen, seine Rechte und Pflichten in der Gemeinschaft zu kennen. Gleiches gilt für den Verwalter. Er muss nicht nur für eine ordnungsmäßige Verwaltung sorgen, sondern auch Lösungen für die Probleme der Wohnungseigentümer untereinander aufzeigen können, um den Frieden in der Wohnungseigentümergemeinschaft zu bewahren.

Das wichtigste Organ der Wohnungseigentümergemeinschaft ist die Eigentümerversammlung. Bei diesem in der Regel jährlich stattfindenden Zusammentreffen können die Wohnungseigentümer ihren Willen kundtun, ihr Stimmrecht ausüben und damit ihre Angelegenheiten regeln. Es dient zudem der Aussprache der Wohnungseigentümer untereinander, sodass Probleme oftmals gelöst werden können, ohne dass der mühsame Gang zum Gericht erforderlich wird.

Rund um die Eigentümerversammlung müssen Verwalter und Wohnungseigentümer zahlreiche Vorschriften und die Rechtsprechung beachten. Insbesondere die zum 1.12.2020 in Kraft getretene Reform des Wohnungseigentumsgesetzes (WEG) bringt erhebliche Änderungen in der Praxis mit sich. Verwaltern wird mehr und mehr ein umfangreiches Wissen über die Angelegenheiten der Wohnungseigentümergemeinschaft abverlangt. Im Rahmen der Eigentümerversammlung ist es für Verwalter vor allem unerlässlich, die Vorschriften zu Einberufung, Ablauf, Beschlussfassung, Niederschrift und Beschlusssammlung zu kennen.

Dieses Fachbuch ist aus der täglichen Beratungspraxis der Autoren heraus entstanden und beschäftigt sich mit den häufigsten Problemen im Umgang mit Wohnungseigentum und vor allem mit den zahlreichen Fragen rund um die Wohnungseigentümerversammlung. Mit seinen vielen Beispielen, Praxishinweisen, Checklisten und Mustern ist die Thematik für jedermann leicht verständlich aufbereitet. Die vielen Verweise und jeweiligen Fundstellen in der Rechtsprechung sind zusätzlich eine gute Hilfe für den »fortgeschrittenen« Verwalter oder Wohnungseigentümer. Die Beschlussmuster helfen bei der Formulierung von Beschlussanträgen und das ausführliche Stichwortverzeichnis ermöglicht ein schnelles Auffinden von Themen. Als Soforthilfe sollte das Buch daher in keiner Eigentümerversammlung fehlen.

Zu beachten ist aber, dass selbst ein Fachbuch nicht alle Umstände des konkreten Einzelfalls berücksichtigen kann, zudem wird sich aufgrund der sehr umfangreichen WEG-Reform 2020 einiges in der Rechtsprechung ändern. Das bedeutet: In komplizierten Fällen ist der Weg zum Anwalt unumgänglich, um individuelle Beratung zu erlangen.

Wir hoffen, dass Ihnen dieses Fachbuch eine wertvolle Hilfe sein wird, und sind bemüht, es ständig weiterzuentwickeln. Anregungen und Wünsche werden gerne über den Verlag entgegengenommen.

Melanie Sterns-Kolbeck und Georg Hopfensperger
München, im März 2024

Abkürzungsverzeichnis

II. BV	Zweite Berechnungsverordnung
a.A.	anderer Ansicht
a.F.	alte Fassung
AG	Aktiengesellschaft
AktG	Aktiengesetz
Abs.	Absatz
AO	Abgabenordnung
BayObLG	Bayerisches Oberstes Landgericht
BDSG	Bundesdatenschutzgesetz
BetrKV	Betriebskostenverordnung
BGB	Bürgerliches Gesetzbuch
BGH	Bundesgerichtshof
BReg	Bundesregierung
BT-Drucks.	Bundestagsdrucksache
DWE	Der Wohnungseigentümer (Zeitschrift)
EnEG	Energieeinsparungsgesetz
EnEV	Energieeinsparverordnung
EStG	Einkommensteuergesetz
GBO	Grundbuchordnung
GbR	Gesellschaft bürgerlichen Rechts
GEG	Gebäudeenergiegesetz
GewO	Gewerbeordnung
GKG	Gerichtskostengesetz
GmbH	Gesellschaft mit beschränkter Haftung
GmbHG	GmbH-Gesetz
GO	Gebührenordnung
GoBD	Grundsätze zur ordnungsmäßigen Führung und Aufbewahrung von Büchern, Aufzeichnungen und Unterlagen in elektronischer Form sowie zum Datenzugriff
GVG	Gerichtsverfassungsgesetz
HGB	Handelsgesetzbuch
HOAI	Honorarordnung für Architekten und Ingenieure
HS	Halbsatz
InsO	Insolvenzordnung
KG	Kammergericht
MEA	Miteigentumsanteile
MDR	Monatsschrift für Deutsches Recht

MessEG	Mess- und Eichgesetz
MessEV	Mess- und Eichverordnung
m. w. N.	mit weiteren Nachweisen
n. F.	neue Fassung
NJW	Neue Juristische Wochenzeitschrift
NJW-RR	Neue Juristische Wochenzeitschrift, Rechtsprechungsreport
NZM	Neue Zeitschrift für Miet- und Wohnungsrecht
OHG	offene Handelsgesellschaft
OLG	Oberlandesgericht
RegE	Regierungsentwurf
Rn.	Randnummer
RVG	Gesetz über die Vergütung der Rechtsanwältinnen und Rechtsanwälte
WE	Wohnungseigentum (Zeitschrift)
WEG	Wohnungseigentumsgesetz
WEMoG	Wohnungseigentumsmodernisierungsgesetz
WuM	Wohnungswirtschaft und Mietrecht (Zeitschrift)
ZMR	Zeitschrift für Miet- und Raumrecht
ZPO	Zivile Prozessordnung
ZVG	Gesetz über die Zwangsversteigerung und die Zwangsverwaltung
ZWE	Zeitschrift für Wohnungseigentumsrecht

- Der Verwaltungsbeirat wird gestärkt. Er vertritt künftig die Wohnungseigentümergemeinschaft gegenüber dem Verwalter und »überwacht« diesen. Die Anzahl der Beiratsmitglieder ist nunmehr flexibel und die Haftung des Beirats wird im Fall der unentgeltlichen Tätigkeit auf Vorsatz und grobe Fahrlässigkeit beschränkt (§ 29 Abs. 3 WEG).
  Die Frage, wie viel Aufwandspauschale für den Verwaltungsbeirat noch als unentgeltlich erachtet werden wird, hat die Rechtsprechung zu klären.
- Die Beschlusskompetenzen der Wohnungseigentümer erweitern sich. Grundsätzlich kann künftig alles, was ordnungsmäßiger Verwaltung entspricht, durch Mehrheitsbeschluss beschlossen werden (§ 19 Abs. 1 WEG). Wie weit das gehen wird, wird in Zukunft die Rechtsprechung herausbilden. Besonderheiten gelten jedoch bei den baulichen Veränderungen.
- Der Verwalter benötigt fortan eine Zertifizierung (§ 26a WEG). Einzelheiten hierzu wird noch eine Rechtsverordnung regeln und es gibt Übergangsregeln, bis zu welchem Zeitpunkt die Verwalter ihre Zertifizierung nachholen können. Für einen bereits am 1.12.2020 bestellten Verwalter gilt jedenfalls eine Übergangsfrist von 3,5 Jahren, bis er seine Zertifizierung erbringen muss.
- Der Aufgaben- und Befugniskreis des Verwalters wird in § 27 WEG neu definiert. Danach darf der Verwalter alles, was untergeordnete Bedeutung hat und nicht zu erheblichen Verpflichtungen führt, sowie das, was zur Wahrung einer Frist oder zur Abwendung eines Nachteils erforderlich ist. Der Verwalter soll in eigener Verantwortung über »gewöhnliche« Maßnahmen entscheiden können, die eine vorherige Beschlussfassung der Eigentümer aus objektiver Sicht nicht erfordern. Inwieweit eine Maßnahme als gewöhnlich anzusehen ist, soll sich aus Größe und Art der Anlage ergeben. Bei dieser Änderung des Gesetzestextes ist davon auszugehen, dass die bisherigen Aufgaben des Verwalters fortgelten sollen. Die Rechte und Pflichten können aber durch Beschluss eingeschränkt oder erweitert werden.
  Eine wesentliche Änderung bringt § 26 Abs. 3 WEG: Der Verwalter kann durch Beschluss jederzeit abberufen werden und ein Vertrag mit dem Verwalter endet spätestens sechs Monate nach dessen Abberufung. Gegen diesen Abberufungsbeschluss steht dem Verwalter kein Anfechtungsrecht mehr zu, es sei denn, er ist selbst Eigentümer.
- Für Eigentümerversammlungen gilt künftig, dass diese auch in Textform – damit auch grundsätzlich per E-Mail, SMS oder WhatsApp – einberufen werden können. Die Einberufungsfrist wurde auf drei Wochen verlängert. Wesentlich zu beachten gilt, dass künftig jede Versammlung ohne Rücksicht auf die erschienenen oder vertretenen Miteigentumsanteile (MEA) beschlussfähig ist. Für Vollmachten reicht ebenfalls die Textform aus.
  Die digitale Welt hält auch bei den Eigentümerversammlungen Einzug, künftig soll die virtuelle Teilnahme an Versammlungen ermöglicht werden (§ 23 Abs. 1 Satz 2 WEG). Hierüber muss beschlossen werden und die Versammlung darf nicht ausschließlich virtuell sein, das heißt, es muss nach wie vor eine Präsenzversamm-

lung stattfinden. Zwar hat die virtuelle Versammlung gerade in Corona-Zeiten einen besonderen Anreiz, jedoch muss eine voreilige Umstellung auf virtuelle Versammlungen mit großer Vorsicht bedacht und ggf. abgewartet werden, bis hierzu Anbieter die entsprechenden sicheren technischen Systeme entwickelt haben. Zu klären ist unter anderem, ob eine aktive oder nur passive Teilnahme lediglich mit Stimmabgabe angeboten wird. Weiterhin sind Fragen offen, wie der Grundsatz der Nichtöffentlichkeit, die Identifikation des Teilnehmers oder die Vertretung zu lösen sind. Letztlich werden auch technische Störungen einen Anfechtungsgrund im gerichtlichen Verfahren liefern. Am 18.1.2024 und 19.2.2024 liefen zu dieser Thematik Lesungen im Bundestag. Nach einem neuen Gesetzentwurf sollen Wohnungseigentümergemeinschaften künftig Eigentümerversammlungen rein virtuell durchführen können, wenn eine Dreiviertelmehrheit dies beschließt. Genaueres war zum Redaktionsschluss noch nicht bekannt.

- Neuerungen gibt es auch bei den sogenannten Umlaufbeschlüssen, also Beschlüssen, die im schriftlichen Verfahren zustande kommen. Für Umlaufbeschlüsse reicht künftig die Textform (zum Beispiel E-Mail, Fax, SMS, WhatsApp) aus. Es kann auch in einer Eigentümerversammlung beschlossen werden, dass für einen konkreten Beschlussgegenstand das Umlaufverfahren mit einer mehrheitlichen Beschlussfassung möglich sein soll. Zum Beispiel können sich die Eigentümer, wenn in einer Versammlung ein bestimmter Tagesordnungspunkt noch nicht abschließend geregelt werden kann, darauf verständigen, dass hierzu im Nachgang zur Versammlung eine Beschlussfassung im schriftlichen Verfahren mit nur einfacher Mehrheit möglich sein soll. Ein solcher Geschäftsordnungsbeschluss ist jedoch nicht grundsätzlich zulässig, sondern muss sich ausdrücklich auf einen bestimmten Regelungsgegenstand beziehen.
- Die Beschlusssammlung, die zunächst im Rahmen der Reform abgeschafft werden sollte, besteht unverändert weiter. Das Protokoll der Versammlung soll nunmehr unverzüglich erstellt werden (§ 24 Abs. 6 WEG), unverzüglich bedeutet ohne schuldhaftes Verzögern. Welche Frist hierfür in der Rechtsprechung herausgebildet werden wird, bleibt abzuwarten, jedoch in jedem Fall vor Ablauf der Anfechtungsfrist.
- Die Begriffe »Instandhaltung« und »Instandsetzung« werden nunmehr als »Erhaltung« legaldefiniert (§ 13 Abs. 2 WEG). Eine Unterscheidung entfällt damit künftig. Auch die Begriffe »Modernisierung« und »modernisierende Instandsetzung« entfallen. Die Durchführung von Maßnahmen soll hierdurch erleichtert werden, da sie mit einfacher Mehrheit beschlossen werden können. Zu differenzieren ist zukünftig nur noch zwischen Erhaltungsmaßnahmen und baulichen Veränderungen im Sinne der §§ 20, 21 WEG.
- Die anfallenden Kosten in der Wohnungseigentümergemeinschaft, zum Beispiel die laufenden Kosten oder die Kosten einer Erhaltungsmaßnahme, können künftig abweichend dem in der Teilungserklärung oder gesetzlich in § 16 Abs. 2 WEG geregelten Verteilungsmaßstab durch einen einfachen Mehrheitsbeschluss aufgeteilt

- Der Verwaltungsbeirat wird gestärkt. Er vertritt künftig die Wohnungseigentümergemeinschaft gegenüber dem Verwalter und »überwacht« diesen. Die Anzahl der Beiratsmitglieder ist nunmehr flexibel und die Haftung des Beirats wird im Fall der unentgeltlichen Tätigkeit auf Vorsatz und grobe Fahrlässigkeit beschränkt (§ 29 Abs. 3 WEG).
  Die Frage, wie viel Aufwandspauschale für den Verwaltungsbeirat noch als unentgeltlich erachtet werden wird, hat die Rechtsprechung zu klären.
- Die Beschlusskompetenzen der Wohnungseigentümer erweitern sich. Grundsätzlich kann künftig alles, was ordnungsmäßiger Verwaltung entspricht, durch Mehrheitsbeschluss beschlossen werden (§ 19 Abs. 1 WEG). Wie weit das gehen wird, wird in Zukunft die Rechtsprechung herausbilden. Besonderheiten gelten jedoch bei den baulichen Veränderungen.
- Der Verwalter benötigt fortan eine Zertifizierung (§ 26a WEG). Einzelheiten hierzu wird noch eine Rechtsverordnung regeln und es gibt Übergangsregeln, bis zu welchem Zeitpunkt die Verwalter ihre Zertifizierung nachholen können. Für einen bereits am 1.12.2020 bestellten Verwalter gilt jedenfalls eine Übergangsfrist von 3,5 Jahren, bis er seine Zertifizierung erbringen muss.
- Der Aufgaben- und Befugniskreis des Verwalters wird in § 27 WEG neu definiert. Danach darf der Verwalter alles, was untergeordnete Bedeutung hat und nicht zu erheblichen Verpflichtungen führt, sowie das, was zur Wahrung einer Frist oder zur Abwendung eines Nachteils erforderlich ist. Der Verwalter soll in eigener Verantwortung über »gewöhnliche« Maßnahmen entscheiden können, die eine vorherige Beschlussfassung der Eigentümer aus objektiver Sicht nicht erfordern. Inwieweit eine Maßnahme als gewöhnlich anzusehen ist, soll sich aus Größe und Art der Anlage ergeben. Bei dieser Änderung des Gesetzestextes ist davon auszugehen, dass die bisherigen Aufgaben des Verwalters fortgelten sollen. Die Rechte und Pflichten können aber durch Beschluss eingeschränkt oder erweitert werden.
  Eine wesentliche Änderung bringt § 26 Abs. 3 WEG: Der Verwalter kann durch Beschluss jederzeit abberufen werden und ein Vertrag mit dem Verwalter endet spätestens sechs Monate nach dessen Abberufung. Gegen diesen Abberufungsbeschluss steht dem Verwalter kein Anfechtungsrecht mehr zu, es sei denn, er ist selbst Eigentümer.
- Für Eigentümerversammlungen gilt künftig, dass diese auch in Textform – damit auch grundsätzlich per E-Mail, SMS oder WhatsApp – einberufen werden können. Die Einberufungsfrist wurde auf drei Wochen verlängert. Wesentlich zu beachten gilt, dass künftig jede Versammlung ohne Rücksicht auf die erschienenen oder vertretenen Miteigentumsanteile (MEA) beschlussfähig ist. Für Vollmachten reicht ebenfalls die Textform aus.
  Die digitale Welt hält auch bei den Eigentümerversammlungen Einzug, künftig soll die virtuelle Teilnahme an Versammlungen ermöglicht werden (§ 23 Abs. 1 Satz 2 WEG). Hierüber muss beschlossen werden und die Versammlung darf nicht ausschließlich virtuell sein, das heißt, es muss nach wie vor eine Präsenzversamm-

lung stattfinden. Zwar hat die virtuelle Versammlung gerade in Corona-Zeiten einen besonderen Anreiz, jedoch muss eine voreilige Umstellung auf virtuelle Versammlungen mit großer Vorsicht bedacht und ggf. abgewartet werden, bis hierzu Anbieter die entsprechenden sicheren technischen Systeme entwickelt haben. Zu klären ist unter anderem, ob eine aktive oder nur passive Teilnahme lediglich mit Stimmabgabe angeboten wird. Weiterhin sind Fragen offen, wie der Grundsatz der Nichtöffentlichkeit, die Identifikation des Teilnehmers oder die Vertretung zu lösen sind. Letztlich werden auch technische Störungen einen Anfechtungsgrund im gerichtlichen Verfahren liefern. Am 18.1.2024 und 19.2.2024 liefen zu dieser Thematik Lesungen im Bundestag. Nach einem neuen Gesetzentwurf sollen Wohnungseigentümergemeinschaften künftig Eigentümerversammlungen rein virtuell durchführen können, wenn eine Dreiviertelmehrheit dies beschließt. Genaueres war zum Redaktionsschluss noch nicht bekannt.

- Neuerungen gibt es auch bei den sogenannten Umlaufbeschlüssen, also Beschlüssen, die im schriftlichen Verfahren zustande kommen. Für Umlaufbeschlüsse reicht künftig die Textform (zum Beispiel E-Mail, Fax, SMS, WhatsApp) aus. Es kann auch in einer Eigentümerversammlung beschlossen werden, dass für einen konkreten Beschlussgegenstand das Umlaufverfahren mit einer mehrheitlichen Beschlussfassung möglich sein soll. Zum Beispiel können sich die Eigentümer, wenn in einer Versammlung ein bestimmter Tagesordnungspunkt noch nicht abschließend geregelt werden kann, darauf verständigen, dass hierzu im Nachgang zur Versammlung eine Beschlussfassung im schriftlichen Verfahren mit nur einfacher Mehrheit möglich sein soll. Ein solcher Geschäftsordnungsbeschluss ist jedoch nicht grundsätzlich zulässig, sondern muss sich ausdrücklich auf einen bestimmten Regelungsgegenstand beziehen.
- Die Beschlusssammlung, die zunächst im Rahmen der Reform abgeschafft werden sollte, besteht unverändert weiter. Das Protokoll der Versammlung soll nunmehr unverzüglich erstellt werden (§ 24 Abs. 6 WEG), unverzüglich bedeutet ohne schuldhaftes Verzögern. Welche Frist hierfür in der Rechtsprechung herausgebildet werden wird, bleibt abzuwarten, jedoch in jedem Fall vor Ablauf der Anfechtungsfrist.
- Die Begriffe »Instandhaltung« und »Instandsetzung« werden nunmehr als »Erhaltung« legaldefiniert (§ 13 Abs. 2 WEG). Eine Unterscheidung entfällt damit künftig. Auch die Begriffe »Modernisierung« und »modernisierende Instandsetzung« entfallen. Die Durchführung von Maßnahmen soll hierdurch erleichtert werden, da sie mit einfacher Mehrheit beschlossen werden können. Zu differenzieren ist zukünftig nur noch zwischen Erhaltungsmaßnahmen und baulichen Veränderungen im Sinne der §§ 20, 21 WEG.
- Die anfallenden Kosten in der Wohnungseigentümergemeinschaft, zum Beispiel die laufenden Kosten oder die Kosten einer Erhaltungsmaßnahme, können künftig abweichend dem in der Teilungserklärung oder gesetzlich in § 16 Abs. 2 WEG geregelten Verteilungsmaßstab durch einen einfachen Mehrheitsbeschluss aufgeteilt

werden. Hierbei muss es sich um »einzelne Kosten« oder »bestimmte Arten von Kosten« handeln. Der Maßstab einer zulässigen abweichenden Verteilung wird hier weiterhin die ordnungsmäßige Verwaltung sein.

- Um die Sanierung und Modernisierung von Wohnungseigentumsanlagen zu vereinfachen, wurden die baulichen Veränderungen in den §§ 20, 21 WEG wesentlich umstrukturiert. So können bauliche Änderungen – legaldefiniert als Maßnahmen, die über die ordnungsmäßige Erhaltung des gemeinschaftlichen Eigentums hinausgehen – grundsätzlich mit einer einfachen Mehrheit beschlossen werden (§ 20 Abs. 1 WEG). Weiter wurde ein Katalog entwickelt, bei welchen Maßnahmen ein einzelner Eigentümer einen Gestattungsbeschluss zu angemessenen baulichen Veränderungen verlangen kann. Hierbei handelt es sich um privilegierte Maßnahmen, die nachstehenden Zwecken dienen:
  - dem Gebrauch durch Menschen mit Behinderung,
  - dem Laden elektrisch betriebener Fahrzeuge,
  - dem Einbruchschutz,
  - dem Anschluss an ein Telekommunikationsnetz mit sehr hoher Kapazität.

  Zu beachten ist, dass auch Mieter künftig einen Anspruch darauf haben, dass Vermieter den Einbau einer Elektroladestation sowie Maßnahmen zur Barrierereduzierung und zum Einbruchschutz auf Kosten der Mieter gestatten.

  Handelt es sich bei der baulichen Veränderung nicht um eine der vorstehenden privilegierten Maßnahmen, liefert § 20 Abs. 3 WEG eine Bremse der sehr freien Beschlussmöglichkeiten. Hiernach gilt, dass ein einzelner Eigentümer eine bauliche Veränderung nur verlangen kann, wenn nach wie vor alle Wohnungseigentümer zustimmen, deren Rechte durch die bauliche Veränderung über das bei einem geordneten Zusammenleben unvermeidliche Maß hinaus beeinträchtigt werden. Weiter regelt § 20 Abs. 4, dass bauliche Veränderungen, die die Wohnanlage grundlegend umgestalten oder einen Wohnungseigentümer ohne sein Einverständnis gegenüber anderen unbillig benachteiligen, nicht beschlossen und gestattet und auch nicht verlangt werden können. Im Hinblick auf die Kosten stellt § 21 Abs. 1 WEG klar, dass der einzelne Eigentümer, der eine privilegierte Maßnahme gemäß dem obigen Katalog oder gemäß § 20 Abs. 3 verlangt, diese trägt. Ihm allein obliegen dann auch die Nutzungen.

  Bei baulichen Veränderungen, die alle Wohnungseigentümer betreffen, erfolgt ein Korrektiv zur erleichterten Beschlussfähigkeit auch wieder über die Kostenfolge. So tragen die Kosten einer solchen Maßnahme nur dann alle Miteigentümer,
  - wenn der Beschluss mit mehr als zwei Drittel der anwesenden Stimmen und der Hälfte aller Miteigentumsanteile gefasst wurde oder
  - wenn die Kosten sich innerhalb eines angemessenen Zeitraums amortisieren.

  Bei der Beurteilung, ob es sich um einen angemessenen Zeitraum handelt, soll die bisherige Rechtsprechung zur modernisierenden Instandsetzung übertragen werden (zehn Jahre).

Bei Beschlüssen zu baulichen Veränderungen ist immer zu beachten, dass auch ein Kostenbeschluss gefasst wird, ggf., dass eine Maßnahme nur unter der Maßgabe beschlossen wird, dass zwei Drittel der Eigentümer auch zustimmen. Abstimmungen hierzu sind unbedingt namentlich vorzunehmen.
Bei baulichen Veränderungen, die nur einem einzelnen oder einer bestimmten Gruppe von Eigentümern dienen und bei denen nur eben diese zur Nutzung berechtigt sind, sieht § 21 Abs. 4 WEG eine Anpassungsmöglichkeit vor. Hiernach können Eigentümer, die ggf. zu einem späteren Zeitpunkt auch zur Nutzung berechtigt sein möchten, verlangen, dass ihnen dies nach billigem Ermessen und gegen angemessenen Ausgleich gestattet wird.

- Wesentliche Änderungen gibt es ebenso beim Wirtschaftsplan und bei der Jahresabrechnung. Diese sind weiterhin vom Verwalter aufzustellen. Die Eigentümer beschließen jedoch fortan nur noch über die Vorschüsse bzw. Anpassung der Vorschüsse. Der Wirtschaftsplan bzw. die Abrechnung sind nicht mehr Beschlussgegenstand. Anfechtungsgrund kann nur noch sein, dass beispielsweise die Abrechnungsspitze fehlerhaft berechnet oder ein falscher Umlageschlüssel angewendet wurde. Im Hinblick auf die Beschlussfassung ist Verwaltern anzuraten, Tabellen über die Vorschüsse/einzelnen Zahlungspflichten der Wohnungseigentümer aus dem Wirtschaftsplan und der Jahresabrechnung anzufertigen und diese beschließen zu lassen.
  Für die Wohnungseigentümer ist es von grundlegender Bedeutung, über den Stand der Verwaltung und die wirtschaftliche Lage der Gemeinschaft informiert zu sein. Elemente, die bislang erforderliche Bestandteile der Jahresabrechnung waren, sind nunmehr in den neu vom Verwalter geschuldeten Vermögensbericht (§ 28 Abs. 3 WEG) zu übernehmen. Im Vermögensbericht sind der Stand der Rücklage und das wesentliche Gemeinschaftsvermögen darzustellen (Bankkonten, Forderungen gegen Eigentümer und Dritte, Forderungen gegenüber der Wohnungseigentümergemeinschaft, weitere Vermögensgegenstände).
- Auch das gerichtliche Verfahrensrecht wird modernisiert. Nach bislang geltendem Recht musste ein Wohnungseigentümer, wenn er einen Beschluss gerichtlich anfechten wollte, alle übrigen Wohnungseigentümer verklagen. Das führte zu schwer handhabbaren Prozessen mit einer Vielzahl von Beteiligten. Zudem ergaben sich häufig Irritationen bei den Wohnungseigentümern, weil auch diejenigen Wohnungseigentümer verklagt werden mussten, die – wie der Kläger – gegen den Beschluss gestimmt haben. Gerade bei großen Gemeinschaften, die oftmals von einem häufigen Eigentümerwechsel geprägt sind, bestand außerdem die Gefahr, den Prozessgegner unrichtig zu benennen. Da künftig zentrale Figur der Verband ist, sind Beschlussklagen (§ 44 WEG) nur noch gegen den Verband, vertreten durch den Verwalter, und nicht mehr gegen die übrigen Wohnungseigentümer zu richten. § 49 Abs. 2 WEG a. F., die Kostenentscheidung zulasten des Verwalters, wonach das Gericht dem Verwalter im Fall groben Verschuldens Prozesskosten auferlegen kann, wurde gestrichen.

- Letztlich soll die Reform auch unnötige Friktionen zwischen Wohnungseigentums- und Mietrecht abbauen. Harmonisierungsbedarf besteht bei Baumaßnahmen in der Wohnungseigentumsanlage. Die Wohnungseigentümer haben ein schutzwürdiges Interesse, dass Baumaßnahmen nicht behindert oder verhindert werden, weil Wohnungen in der Anlage vermietet sind. Umgekehrt hat jeder Mieter ein berechtigtes Interesse, über Baumaßnahmen rechtzeitig informiert zu werden, um sich auf diese einzustellen. Die Reform sieht daher eine auf Baumaßnahmen bezogene Duldungspflicht des Mieters vor (§ 15 WEG). Aus Gründen des Mieterschutzes setzt dies eine ordnungsgemäße Ankündigung der Baumaßnahme voraus. Der Mieter kann sich im Einzelfall außerdem auf Härtegründe berufen.
  Auch gibt es Vorschriften zur Harmonisierung im Hinblick auf die Betriebskostenabrechnung. Denn bislang sieht das Mietrecht vor, dass die Betriebskosten grundsätzlich nach der Wohnfläche umzulegen sind (§ 556a Abs. 1 Satz 1 BGB). Nach den Vorschriften des WEG ist für die Verteilung dagegen in der Regel der Miteigentumsanteil des Vermieters entscheidend (§ 16 Abs. 2 WEG). Bei vermieteten Eigentumswohnungen soll künftig die wohnungseigentumsrechtliche Verteilung maßgeblich sein. Das erspart aufwendige und fehleranfällige Umrechnungen bei der Erstellung einer Betriebskostenabrechnung für eine Eigentumswohnung. Zusätzlich soll grundsätzlich jeder Mieter bzw. jede Mieterin einen Anspruch gegen den jeweiligen Vermieter bzw. die jeweilige Vermieterin erhalten, dass ihm bzw. ihr bauliche Maßnahmen zur Errichtung einer Lademöglichkeit für elektrisch betriebene Fahrzeuge, zur Barrierereduzierung sowie zum Einbruchschutz auf eigene Kosten erlaubt werden (§ 554 BGB).

1 Vorbereitung der Eigentümerversammlung

Die Wohnungseigentümerversammlung ist das oberste Verwaltungsorgan der Wohnungseigentümergemeinschaft. Gemäß § 23 WEG werden dort die Angelegenheiten geregelt, über die die Wohnungseigentümer nach dem Gesetz oder nach Vereinbarung der Wohnungseigentümer durch Beschluss entscheiden können. Darüber hinaus dient die Versammlung dem Informations- und Meinungsaustausch zwischen den Wohnungseigentümern und dem Verwalter und schafft die Möglichkeit, Konflikte und Meinungsverschiedenheiten unmittelbar auszutragen.

Bereits im Vorfeld der Einberufung einer Eigentümerversammlung muss ein Verwalter sorgfältige Arbeit leisten. Neben der Beachtung zahlreicher Formalien muss die Eigentümerversammlung inhaltlich gut vorbereitet werden, damit ein reibungsloser Ablauf gewährleistet ist. Zu den Aufgaben des Verwalters zählt es, den Abschluss der Jahresabrechnung und den Wirtschaftsplan zu fertigen und beides dem Verwaltungsbeirat zur Prüfung vorzulegen.

Hinweis

Die Prüfung der Abrechnungsunterlagen hat regelmäßig in den Geschäftsräumen der Verwaltung stattzufinden (BGH, 11.2.2011, V ZR 66/10). Weder der Verwaltungsbeirat noch ein einzelner Eigentümer hat Anspruch auf Herausgabe der Abrechnungsunterlagen (BayObLG, 28.1.2003, 2Z BR 140/02), allerdings können sie sich vom Verwalter Kopien anfertigen lassen. Hierfür darf dieser Kostenerstattung verlangen, wenn ein übliches Maß überschritten wird.

Die gründliche Ausarbeitung der Tagesordnung gehört zu den wichtigsten Aufgaben des Verwalters im Vorfeld der Versammlung. Alle relevanten Angelegenheiten, zu denen auf der Eigentümerversammlung Beschlüsse gefasst werden sollen, müssen in der Tagesordnung ausreichend bestimmt angekündigt werden. Neben den üblichen Punkten, zum Beispiel die Genehmigung der Jahresabrechnung und des Wirtschaftsplans, muss sich der Verwalter Gedanken machen, welche sonstigen Angelegenheiten in der Wohnungseigentümergemeinschaft zu regeln sind. Vorgaben hierfür können sich auch aus der letzten Eigentümerversammlung ergeben. Für den Fall, dass Instandhaltungen bzw. Instandsetzungen zu besorgen sind, empfiehlt es sich, frühzeitig Angebote und ggf. fachkundigen Rat einzuholen.

Tipp

Welche Punkte der Verwalter in die Tagesordnung aufnimmt, steht in seinem pflichtgemäßen Ermessen. Allerdings empfiehlt es sich, den Entwurf der Tagesordnung mit dem Verwaltungsbeirat abzustimmen, damit wichtige Angelegenheiten nicht vergessen werden. Das Protokoll der letzten Eigentümerversammlung kann oftmals Aufschluss darüber geben, welche Angelegenheiten die Eigentümer auf der folgenden Versammlung regeln möchten. Das Protokoll des Vorjahres zu überprüfen wird daher dringend empfohlen.

Bei der Terminplanung zur Versammlung sollte der Verwalter beachten, den Termin so zu wählen, dass möglichst viele Eigentümer teilnehmen können. Ferientermine sollten daher grundsätzlich außer Acht bleiben. Steht ein Termin fest, kann sich der Verwalter um den Versammlungsort bemühen und Räumlichkeiten hierfür reservieren. Nach Abschluss der Vorbereitungen kann die Eigentümerversammlung einberufen werden.

1.1 Einberufung der Eigentümerversammlung

1.1.1 Wann muss eine Eigentümerversammlung einberufen werden

Eine Eigentümerversammlung muss gemäß § 24 Abs. 1 WEG mindestens einmal im Jahr stattfinden. Der Verwalter ist zur Einberufung berechtigt, aber auch verpflichtet.

Weiterhin kommt eine Einberufung in Betracht,

- wenn eine Vereinbarung der Wohnungseigentümer die Einberufung einer Versammlung für bestimmte Fälle vorsieht (§ 24 Abs. 2 HS 1 WEG) oder
- eine Versammlung im Rahmen ordnungsmäßiger Verwaltung geboten ist, da eine dringende Beschlussfassung herbeizuführen ist, oder
- wenn mehr als ein Viertel der Wohnungseigentümer schriftlich unter Angabe des Zwecks und der Gründe die Einberufung vom Verwalter verlangt (§ 24 Abs. 2 HS 2 WEG). Man spricht hier vom Minderheitenquorum. Bei der Bemessung von »einem Viertel« kommt es allein auf die Kopfzahl der Wohnungseigentümer an. Dies gilt auch dann, wenn die Gemeinschaftsordnung ein abweichendes Stimmrechtsprinzip vorsieht.

Beispiele: Eigentümer verlangen eine Versammlung

- Liegen die Voraussetzungen für die Einberufung durch das Minderheitenquorum gemäß § 24 Abs. 2 WEG vor, zum Beispiel wenn ein Viertel der Eigentümer plant, den Verwalter aus wichtigem Grund abzuberufen, ist der Verwalter verpflichtet, die Versammlung einzuberufen. Tut er dies nicht, kann seine pflichtwidrige Weigerung einen wichtigen Grund zu seiner Abberufung darstellen. Durch die Weigerung verwirkt der Verwalter seinen Anspruch auf Verwaltervergütung ab dem Zeitpunkt der »fiktiven« Abberufung (OLG München, 21.6.2006, 34 Wx 028/06; BayObLG, NZM 2003, 317).
- Verlangt ein Minderheitenquorum die Einberufung einer Eigentümerversammlung und bestimmt der Verwalter hierfür einen Termin, der erst drei Monate nach Zugang des Einberufungsverlangens liegt, so ist hierin eine ungebührliche Verzögerung zu sehen, die einer pflichtwidrigen Weigerung gleichkommt (OLG Düsseldorf, 25.8.2003, 3 Wx 217/02, NZM 2004, 110).

Für das Einberufungsverlangen reicht die Textform gemäß § 126 BGB aus. Textform bedeutet, dass eine lesbare Erklärung, in der die Person des Erklärenden genannt ist, auf einem dauerhaften Datenträger abgegeben werden muss. Ein dauerhafter Datenträger ist jedes Medium,

1. das es dem Empfänger ermöglicht, eine auf dem Datenträger befindliche, an ihn persönlich gerichtete Erklärung so aufzubewahren oder zu speichern, dass sie ihm während eines für ihren Zweck angemessenen Zeitraums zugänglich ist, und
2. das geeignet ist, die Erklärung unverändert wiederzugeben.

Es kommen also auch Fax, E-Mail, SMS oder ggf. WhatsApp-Nachrichten für ein Einberufungsverlangen in Betracht. Wichtig für Verwalter ist, dass sie auch Einberufungsverlangen über diese modernen Kommunikationswege erhalten können, die dann zu berücksichtigen sind (ausführlich zur Textform siehe Kapitel 7, Stichwort »Textform«).

MUSTER: ANTRAG AUF EINBERUFUNG EINER EIGENTÜMERVERSAMMLUNG VON MEHR ALS EINEM VIERTEL DER WOHNUNGSEIGENTÜMER

DIGITALE EXTRAS

[Absender]

An den Verwalter
der Wohnungseigentümergemeinschaft ....
[Anschrift]

[Ort, Datum]

Einberufung außerordentliche Eigentümerversammlung

Sehr geehrte/r Frau/Herr ....,

als Eigentümer der Wohnungseigentümergemeinschaft .... fordern wir Sie gemäß § 24 Abs. 2 WEG auf, eine außerordentliche Eigentümerversammlung der Wohnungseigentümergemeinschaft .... bis spätestens .... einzuberufen.

Auf die Tagesordnung sollen folgende Angelegenheiten aufgenommen werden:

1. Kündigung des Hausmeistervertrags
2. Neubestellung eines Hausmeisters

Begründung: In der Wohnungseigentumsanlage besteht seit längerer Zeit erhebliche Unzufriedenheit mit der Ausführung der Hausmeistertätigkeiten. Zudem wurde nun bekannt, dass der Hausmeister regelmäßig die Einnahmen aus Waschmünzen zum Teil veruntreut sowie seine eigene Waschmaschine an den Stromkreis der Eigentümergemeinschaft angeschlossen hat und dieser hiermit rechtswidrig Strom entzieht. Beide Sachverhalte haben strafrechtliche Relevanz und das Verhalten wird von der Eigentümergemeinschaft nicht länger hingenommen. Der Vertrag mit dem Hausmeister soll daher umgehend beendet werden.

Mit freundlichen Grüßen
[Name Eigentümer]

1.1.2 Wer beruft die Versammlung ein?

Der Verwalter ist zur Einberufung berechtigt, aber auch verpflichtet. Fehlt ein Verwalter oder weigert sich ein Verwalter pflichtwidrig eine Versammlung einzuberufen, so kann der Vorsitzende eines bestellten Verwaltungsbeirats, dessen Stellvertreter oder ein durch Beschluss ermächtigter Wohnungseigentümer die Versammlung einberufen (§ 24 Abs. 3 WEG). Ausnahmsweise sind auch die Eigentümer berechtigt, eine Eigentümerversammlung einzuberufen, sofern die Einberufung einvernehmlich durch alle Wohnungseigentümer erfolgt (BGH, 10.6.2011, V ZR 222/10).

Gemäß § 24 Abs. 3 WEG kann auch ein einzelner Wohnungseigentümer durch Beschluss ermächtigt werden, Eigentümerversammlungen einzuberufen. Hierdurch wird die Einberufung in verwalter- und beiratslosen Gemeinschaften erleichtert. Es empfiehlt sich in allen Gemeinschaften, einen entsprechenden (Vorrats-)Beschluss zu fassen, um unkompliziert eine Versammlung einberufen zu können.

DIGITALE EXTRAS

MUSTER: ERMÄCHTIGUNG EINES WOHNUNGSEIGENTÜMERS ZUR EINBERUFUNG EINER EIGENTÜMERVERSAMMLUNG

TOP ..... Ermächtigung eines Wohnungseigentümers zur Einberufung einer Eigentümerversammlung

Beschlussantrag

1. Im Fall einer pflichtwidrigen Weigerung des Verwalters zur Einberufung einer Eigentümerversammlung oder für den Fall, dass kein Verwalter bestellt ist, wird der Wohnungseigentümer .... (Name, Adresse, Telefon, E-Mail) ermächtigt, eine Eigentümerversammlung einzuberufen.
2. Das Recht des Wohnungseigentümers steht hinter dem Recht des Vorsitzenden des Verwaltungsbeirats und dessen Vertreter zu laden zurück. Dies gilt nicht, wenn sich diese ebenfalls pflichtwidrig weigern, eine Versammlung einzuberufen.
3. Der Verwalter wird angewiesen, dem Wohnungseigentümer .... alle sechs Monate oder auf Anforderung hin eine aktuelle Eigentümerliste (Namen, Adressen) zur Verfügung zu stellen. Diese Liste darf nur zum Zweck der Ladung eingesetzt werden.

Dem Fehlen eines Verwalters kommt es gleich, wenn ein Verwalter nicht nur vorübergehend daran gehindert ist, seine Aufgaben zu erfüllen, wenn die Amtszeit des Verwalters noch vor Einladung zur Versammlung abgelaufen ist oder wenn die Bestellung des Verwalters für ungültig erklärt wurde oder von vornherein nichtig ist.

Wurde bei der Verwaltungsbeiratswahl kein Vorsitzender und auch kein Vertreter bestimmt, so hat die Einberufung durch alle Beiratsmitglieder gemeinsam zu erfolgen (OLG Köln, 29.12.1999, 16 Wx 181/99, ZMR 2000, 566; OLG Zweibrücken, 11.2.1999, 3 W 255/98, NZM 1999, 858). Nach anderer Ansicht reicht auch die Einberufung durch die Mehrheit der Verwaltungsbeiräte aus. Befindet sich der Verwaltungsbeiratsvorsitzende über den Umstand im Irrtum, dass ein Verwalter fehlt oder über die Pflichtwidrigkeit der Weigerung des Verwalters, die Versammlung einzuberufen, so ist er nicht berechtigt, die Versammlung einzuberufen. Tut er es dennoch, sind die gefassten Beschlüsse zwar nicht nichtig, jedoch aus diesem Grund anfechtbar. Es entspricht ordnungsmäßiger Verwaltung, dass die Wohnungseigentümerversammlung nur von hierfür zuständigen Personen einberufen wird und die an sich zuständige Person auch einen Anspruch darauf hat, dass andere ihre Einberufung unterlassen, solange kein Fall pflichtwidriger Weigerung vorliegt (AG Charlottenburg, 25.9.2012, 73 C 1005/12). Die Einberufung einer Wohnungseigentümerversammlung durch einen Teil des Verwaltungsbeirats oder einen ermächtigten Wohnungseigentümer ist unbefugt, wenn im Zeitpunkt der Einladung eine Weigerung des Verwalters im Sinne von § 24 Abs. 3 WEG, die Versammlung einzuberufen, gar nicht vorliegt (LG München I, 28.6.2012, 36 S 17241/11). Nach neuem Recht besteht auch eine Pflicht des jeweiligen ermächtigten Wohnungseigentümers oder des Verwaltungsbeirats, eine Eigentümerversammlung einzuberufen, wenn ein Verwalter nicht vorhanden ist oder er sich pflichtwidrig weigert (Lehmann-Richter/Wobst, WEG-Reform 2020, Rn. 625 f.).

Existiert nun in einer Gemeinschaft weder ein Verwalter, ein Verwaltungsbeirat oder ein durch Beschluss ermächtigter Wohnungseigentümer oder erfolgt eine Einberufung, die ein einzelner Wohnungseigentümer begehrt, aus sonstigen Gründen nicht, so muss dieser eine Beschlussersetzungsklage nach § 44 Abs. 1 Satz 2 WEG auf Ermächtigung zur Einberufung einer Eigentümerversammlung nach § 24 Abs. 3 WEG erheben (BT-Drucks. 19/18791, S. 72). Dies wird nur in wirklich dringlichen Fällen zum Erfolg führen, etwa hinsichtlich Verwalterbestellungen, Wirtschaftsplänen, Sonderumlagen etc. Die Klage ist gegen den Verband der Wohnungseigentümergemeinschaft zu erheben. Da für Beschlussfassungen grundsätzlich eine Vorbefassung durch die Eigentümerversammlung – die hier ja gerade nicht ermöglicht wird – erforderlich ist, kann infrage gestellt werden, ob einer solchen Klage das Rechtschutzbedürfnis fehlt. Dies ist nach dem Wortlaut der Gesetzesbegründung (BT-Drucks. 19/18791, S. 72) jedoch abzulehnen. Eine Ausnahme könnte im Fall einer verwalterlosen Gemeinschaft existieren. Hier ist jedem Wohnungseigentümer anzuraten, vor der Erhebung der Klage eine allseitige Einberufung durch alle Wohnungseigentümer zu initiieren oder aber zu versuchen, sich im Wege eines Umlaufbeschlusses nach § 23 Abs. 3 WEG zur Einberufung ermächtigen zu lassen.

DIGITALE EXTRAS

MUSTER: EINBERUFUNG DURCH DEN VERWALTUNGSBEIRATS-VORSITZENDEN, DESSEN STELLVERTRETER ODER EINES ERMÄCHTIGTEN WOHNUNGSEIGENTÜMERS BEI FEHLEN EINES VERWALTERS

[Absender]

An den Verwalter
der Wohnungseigentümergemeinschaft ....
[Anschrift]

[Ort, Datum]

Einladung zur Eigentümerversammlung der Wohnungseigentümergemeinschaft ....

Sehr geehrte/r Frau/Herr ....,

das Amtsgericht .... hat den Beschluss der Wohnungseigentümerversammlung vom .... unter TOP ..... über die Bestellung der Firma .... zur Wohnungseigentumsverwalterin durch .... für unwirksam erklärt. Das Urteil ist bestandskräftig. Da ein Verwalter fehlt, berufe ich daher als Vorsitzender/Stellvertreter des Verwaltungsbeirats/gemäß Beschluss vom .... ermächtigter Wohnungseigentümer gemäß § 24 Abs. 3 WEG eine Wohnungseigentümerversammlung ein. Die Versammlung findet statt am:
Datum und Zeit: ....
Ort: ....

Die Eigentümerversammlung hat folgende Tagesordnung:
- TOP 1: Bestimmung des Versammlungsleiters
- TOP 2: Bestellung eines Verwalters
- TOP 3: Abschluss des Verwaltervertrags

Mit freundlichen Grüßen

....

[Name des Vorsitzenden des Verwaltungsbeirats/dessen Stellvertreters/des ermächtigten Eigentümers]

Rechtsfolgen bei Einladung durch einen Nichtberechtigten
Wird eine Eigentümerversammlung von einem Nichtberechtigten einberufen, zum Beispiel dem bereits abberufenen Verwalter oder einem unbefugten einzelnen Eigentümer, und tritt daraufhin eine Eigentümerversammlung zusammen, so sind die dort gefassten Beschlüsse nicht nichtig, sondern nur anfechtbar (LG Frankfurt, 15.4.2021, 2-13 S 87/20; BayObLG, 30.6.2004, 2Z BR 113/04, ZMR 2005, 559; Bärmann, Kommentar WEG, 15. Auflage 2023, § 24 Rn. 34). Dieser Einberufungsmangel kann allein dadurch geheilt werden, dass die gesamte Wohnungseigentümergemeinschaft zusammentritt, also mit einer Vollversammlung (BayObLG, 13.9.1990, BReg 2 Z 100/90, NJW-RR 1991, 533; BayObLG, 19.12.1985, BReg 2 Z 103/85, NJW-RR 1986, 814; Dötsch/Schultzky/Zschieschack, WEG-Recht 2021, Kapitel 8, Rn. 8). Ein Verwalter, dessen Bestellung gerichtlich angefochten ist, kann wirksam eine Eigentümerversammlung einberufen und leiten, solange der Bestellungsbeschluss nicht für ungültig erklärt wurde (LG Köln, 21.6.2012, 29 S 225/11). Wenn ein Nichtberechtigter (»Verwalter« einer Untergemeinschaft) zur Eigentümerversammlung einlädt, so ist der Ladungsmangel geheilt, wenn sämtliche Wohnungseigentümer anwesend sind und rückwirkend ein Verwalter für die Gesamtwohnungseigentümergemeinschaft bestellt wird (LG Hamburg, 22.2.2017, 318 S 46/15).

1.1.3 Wer muss eingeladen werden?

Einzuladen sind:
- Wohnungseigentümer,
- Insolvenzverwalter,
- Testamentsvollstrecker,
- Nachlassverwalter,
- Zwangsverwalter,
- gesetzliche Vertreter bei Minderjährigen oder Betreuten,
- gesetzlicher oder rechtsgeschäftlich bestellter Vertreter bei Kapital- oder Personengesellschaften,
- bei Mehrhausanlagen sämtliche Eigentümer.

Zur Wohnungseigentümerversammlung sind alle im Grundbuch eingetragenen Wohnungseigentümer einzuladen. Dies gilt, wenn es die Teilungserklärung nicht anders vorsieht, ebenfalls für Teileigentum, sodass auch Gewerbe- und Garageneigentümer einzuladen sind.

Bei minderjährigen und betreuten Wohnungseigentümern muss deren gesetzlicher Vertreter eingeladen werden. Im Fall des Versterbens eines Wohnungseigentümers sind dessen Erben zu laden, wenn sie ihre Rechtsnachfolge durch Erbschein ordnungsmäßig nachgewiesen haben. Handelt es sich um eine Erbengemeinschaft und wurde dem Verwalter kein Zustellungsvertreter genannt, sind alle Mitglieder der Erbengemeinschaft zu laden.

Steht ein Wohnungseigentümer unter Betreuung und gehört die Verwaltung des Wohnungseigentums zum Aufgabenkreis des Betreuers, wird wie folgt differenziert: Ist der Wohnungseigentümer geschäftsunfähig im Sinne von § 104 Nr. 2 BGB, ist nur der Betreuer zu laden. Denn der Betreute kann selbst keine wirksame Willenserklärung mehr abgeben bzw. selbst empfangen und ist auf die Vertretung durch den Betreuer angewiesen. Ist der Wohnungseigentümer hingegen noch geschäftsfähig und ist kein Einwilligungsvorbehalt angeordnet (§ 1903 BGB), sind beide zu laden. Dann besteht im Aufgabenkreis des Betreuers eine Doppelzuständigkeit von Betreutem und Betreuer. Wird nunmehr ein Einwilligungsvorbehalt angeordnet, steht der Betreute einem beschränkt Geschäftsfähigen gleich. Eine Willenserklärung ihm gegenüber wird nicht wirksam, bevor sie dem Betreuer zugeht. War die Betreuung dem Verwalter nicht bekannt, dürfte die Ladung an den Betreuten wirksam sein.

Steht das Eigentumsrecht mehreren Personen gemeinschaftlich zu, sind diese alle einzeln zu laden.

Beispiel: Bruchteilsgemeinschaft

Ein Ehepaar besitzt ein Wohnungseigentum in Bruchteilsgemeinschaft je zur Hälfte oder drei Kinder zu je einem Drittel. In diesem Fall sind alle beiden bzw. drei Eigentümer einzeln zu laden, sofern dem Verwalter kein bevollmächtigter Zustellungsvertreter genannt wurde.

Bei einer juristischen Person als Eigentümer ist der gesetzliche Vertreter zu laden. Das ist

- bei einer Aktiengesellschaft oder einem Verein der Vorstand,
- bei einer GmbH der Geschäftsführer,
- bei einer GmbH & Co. KG der Geschäftsführer der Komplementär-GmbH.

Der Erwerber einer Eigentumswohnung, der noch nicht im Grundbuch eingetragen ist, ist nicht einzuladen, selbst dann nicht, wenn sein Anspruch auf Übereignung durch eine Vormerkung im Grundbuch gesichert ist und Besitz, Nutzen und Lasten auf ihn übergegangen sind (BGH, 1.2.1988, V ZB 6/88). Jedoch kann dieser werdende Eigentümer vom Veräußerer mit der Vertretung und Ausübung des Stimmrechts bevollmächtigt werden. Ein Sonderfall galt schon immer beim Ersterwerb vom teilenden Eigentümer, zum Beispiel von einem Bauträger. Lag zwischen dem Alleineigentümer und dem Erwerber ein gültiger Erwerbsvertrag vor, war eine Auflassungsvormerkung in die angelegten Wohnungsgrundbücher eingetragen und der Übergang von Nutzen und Lasten auf den Erwerber erfolgt und hat er die Wohnung in Besitz genommen, sprach man von einer werdenden Wohnungseigentümergemeinschaft und der Erwerber war – als sogenannter faktischer Eigentümer – zur Versammlung einzuladen. Diese in der Rechtsprechung entwickelten Grundsätze (zuletzt BGH, 14.2.2020, V ZR 159/19; LG Frankfurt, 14.1.2021, 2-13 S 18/20) wurden im Zuge der WEG-Reform 2020 gesetzlich geregelt. Gemäß § 9a Abs. 1 Satz 2 WEG entsteht die Gemeinschaft der Wohnungseigentümer mit Anlegung der Wohnungsgrundbücher; dies gilt auch im Fall des § 8 WEG, der in Abs. 3 für den Erwerb vom teilenden Eigentümer Folgendes regelt:

> »Wer einen Anspruch auf Übertragung von Wohnungseigentum gegen den teilenden Eigentümer hat, der durch Vormerkung im Grundbuch gesichert ist, gilt gegenüber der Gemeinschaft der Wohnungseigentümer und den anderen Wohnungseigentümern anstelle des teilenden Eigentümers als Wohnungseigentümer, sobald ihm der Besitz an den zum Sondereigentum gehörenden Räumen übergeben wurde.«

Der Ersterwerber ist also dann zur Versammlung zu laden, wenn folgende Voraussetzungen vorliegen:

- Der Erwerber hat gegen den teilenden Eigentümer einen Anspruch auf Übertragung von Wohnungseigentum (in der Regel durch Kaufvertrag),
- dieser Anspruch ist durch eine Vormerkung im Grundbuch gesichert und
- ihm wurde der Besitz an den zum Sondereigentum gehörenden Räumen übergeben.

Dem Eigentümer, dessen Wohnung unter Zwangsverwaltung steht, ist es untersagt, die Verwaltung selbst vorzunehmen. Daher ist es erforderlich, den Zwangsverwalter einzuladen (BayObLG, 5.11.1998, 2 Z BR 131/98).

Wenn über das Vermögen des Eigentümers das Insolvenzverfahren beantragt oder eröffnet ist oder eine zum Nachlass gehörende Wohnung unter Testamentsvollstreckung oder Nachlassverwaltung fällt, muss der Insolvenzverwalter bzw. Testamentsvollstrecker bzw. Nachlassverwalter eingeladen werden, denn diese Person übt ausschließlich das Stimmrecht für den Wohnungseigentümer aus. Wurde das Wohnungseigentum aus der Insolvenzmasse freigegeben oder bei Eigenverwaltung (§§ 270 ff. InsO) ist allein der Wohnungseigentümer zu laden, denn dieser behält die Verwaltungsbefugnis.

Achtung: Zwangsversteigerung/Zwangsverwaltung

Ist über ein Wohnungseigentum die Zwangsversteigerung angeordnet, muss der jeweilige Eigentümer noch so lange geladen werden, bis durch Zuschlag in der Versteigerung der Eigentumswechsel stattfindet. Die Frage, wer bei einer Zwangsverwaltung zu laden ist, hat die Rechtsprechung noch nicht abschließend geklärt. Sobald der Beschlussgegenstand jedoch zumindest auch die Verwaltung betrifft, insbesondere mit Kosten verbunden ist, hat für diesen Beschlussgegenstand – obgleich er die Verfügungsbefugnis des Wohnungseigentümers betrifft – der Zwangsverwalter das Stimmrecht. In den überwiegenden Fällen ist daher wohl der Zwangsverwalter die korrekterweise zu ladende Person.

Wird die Versammlung nicht durch den Verwalter einberufen, sondern durch den Vorsitzenden des Verwaltungsbeirats oder den hierzu gerichtlich ermächtigten Wohnungseigentümer, so ist der Verwalter dennoch zu laden, denn er hat gemäß § 24 Abs. 5 WEG den Vorsitz in der Versammlung zu führen.

Ansonsten gilt der Grundsatz der Nichtöffentlichkeit der Versammlung, sodass dritte Personen hierzu keinen Zugang haben. Interne Angelegenheiten der Wohnungseigentümergemeinschaft sollen vertraulich behandelt werden (siehe auch Kapitel 1.5). Nicht zu laden sind daher:

- Nießbrauchsberechtigte (vgl. BGH, 7.3.2002, V ZB 24/01, WuM 2002, 277, NZM 2002, 450; OLG Hamburg, 12.5.2003, 2 Wx 1/01),
- Grundschuld- und Hypothekengläubiger, denen kein Stimmrecht zusteht,
- Mieter oder Pächter,
- Grundstückseigentümer mit Erbbaurechtsbelastung und nachfolgend begründeten Wohnungserbbaurechten (BayObLG, NZM 2001, 141),
- Dauerwohnungsberechtigte oder Wohnungsrechtsinhaber im Sinne des § 1093 BGB (OLG Hamburg, 12.5.2003, 2 Wx 1/01, ZMR 2003, 701).

Werden Eigentümer vergessen oder vorsätzlich nicht eingeladen, sind die in der Eigentümerversammlung getroffenen Beschlüsse zwar deshalb nicht nichtig, jedoch gerichtlich anfechtbar (BGH, 20.7.2012, V ZR 235/11; BGH, 23.9.1999, V ZB 17/99; OLG Frankfurt/Main, 19.8.2005, 20 W 391/05; BayObLG, 2.4.1992, 2Z BR 4/92; a. A. BayObLG, 8.12.2004, 2Z BR 199/04; OLG Köln, 3.12.2003, 16 Wx 216/03; AG Kassel, 15.2.2018, 800 C 3197/17). Die Anfechtung führt dann zum Erfolg, wenn durch die ordnungsmäßige Einladung und Stimmrechtsausübung des Betroffenen das Zustandekommen des Beschlusses hätte beeinflusst werden können und dessen Beteiligung zu einem anderen Ergebnis hätte führen können.

Die rechtswidrige Nichteinladung von Wohnungseigentümern führt noch nicht zur Nichtigkeit von Beschlüssen, sondern nur zu deren Anfechtbarkeit. Wird allerdings ein besonders unliebsamer Wohnungseigentümer vorsätzlich nicht eingeladen in der Hoffnung, dass er die Anfechtungsfrist versäumen werde, kann ausnahmsweise und in ganz besonders schwerwiegenden Fällen bereits die Nichtigkeit der gefassten Beschlüsse vorliegen (BGH, 20.7.2012, V ZR 235/11; OLG Zweibrücken, 21.11.2002, 3 W 179/02; AG Kassel, 15.2.2018, 800 C 3197/17). Teilt ein Wohnungseigentümer seine ladungsfähige Anschrift nicht oder falsch mit und misslingt seine Ladung zur Eigentümerversammlung aus diesem Grund ohne Verschulden der Verwaltung, muss er sich die unterbliebene Ladung als Folge seiner Obliegenheitsverletzung zurechnen lassen; in der Versammlung gefasste Beschlüsse können dann nicht wegen der unterbliebenen Ladung angefochten werden (BGH, 5.7.2013, V ZR 241/12).

1.1.4 Form der Einberufung

Bei der Ladung zur Eigentümerversammlung sind bestimmte Formalitäten zu beachten. Zunächst ist immer zu überprüfen, ob die Gemeinschaftsordnung hierzu besondere Vereinbarungen enthält, die von den gesetzlichen Regelungen abweichen können.

> **§ 24 Abs. 4 WEG**
> »Die Einberufung erfolgt in Textform. Die Frist der Einberufung soll, sofern nicht ein Fall besonderer Dringlichkeit vorliegt, mindestens drei Wochen betragen.«

Die Ladung bedarf gemäß § 24 Abs. 4 Satz 1 WEG in Verbindung mit § 126b BGB der Textform. Erforderlich ist, dass die Person des Erklärenden erkennbar ist. Die Einladung muss jedoch nicht eigenhändig unterschrieben sein. Es genügt daher die maschinelle Erstellung der Einladung und die Versendung als Kopie, Fax oder E-Mail, ggf. auch SMS oder WhatsApp. Die elektronische Übermittlung genügt allerdings nur dann, wenn der Empfänger durch Übermittlung seiner Faxnummer, Handynummer, E-Mail-Adresse oder in sonstiger Weise zu erkennen gegeben hat, dass er mit dieser Form der Übermittlung einverstanden ist (siehe hierzu auch Kapitel 7, Stichwort »Textform«).

Hinweis

Das Versenden der Einladung zur Versammlung per E-Mail erfüllt die Textform des § 126b BGB, spart Kosten und erleichtert auch das Übersenden umfangreicher Unterlagen zu den zu beschließenden Angelegenheiten. Die Wohnungseigentümer müssen dem Verwalter aber signalisiert haben, dass sie mit dieser Form der Einladung einverstanden sind, indem sie ihm hierfür ihre E-Mail-Adresse überlassen haben.

Die Ladung muss den Absender erkennen lassen, die Wohnungseigentümergemeinschaft, für welche die Eigentümerversammlung einberufen wird, genau bezeichnen sowie Ort, Datum, Uhrzeit und die Tagesordnung der Eigentümerversammlung beinhalten. Die Einladung muss dem Wohnungseigentümer zugehen (§ 130 Abs. 1 BGB). Dies bedeutet, dass die Einladung derart in den Machtbereich des Empfängers gelangen muss, dass unter normalen Umständen mit der Kenntnisnahme gerechnet werden kann.

Achtung: Zugangsfiktion

Ein Aushang der Einladung in der Wohnungseigentumsanlage reicht nicht aus. Die Vereinbarung einer Zugangsfiktion in der Gemeinschaftsordnung – ein Beschluss genügt hierfür nicht –, nach der die Einladung als zugegangen gilt, wenn der Verwalter sie an die ihm zuletzt genannte Adresse versendet, ist zulässig und empfehlenswert. Die Vereinbarung könnte wie folgt lauten: »Die Ladung gilt als zugegangen, wenn der Verwalter sie an die ihm vom Wohnungseigentümer zuletzt genannte Anschrift abgeschickt hat. Ein Eigentümerwechsel ist dem Verwalter vom Erwerber mitzuteilen.«

1.1.5 Frist bei der Einberufung

Die Einberufungsfrist beträgt gemäß § 24 Abs. 4 WEG drei Wochen. Im Inland sind hierbei Postlaufzeiten bis zu drei Tagen mit einzurechnen. Für die Berechnung der Frist gelten die §§ 186 ff. BGB, die Frist beginnt erst mit dem Zugang des Schreibens beim Wohnungseigentümer.

WEG-Reform 2020

Im Zuge der Reform hat sich die Frist zur Einberufung der Eigentümerversammlung auf drei Wochen verlängert. Durch Vereinbarung der Wohnungseigentümer in der Teilungserklärung – nicht durch Beschluss – kann geregelt werden, dass eine längere Einberufungsfrist einzuhalten ist. Maßgeblich für die Frage, ob die Regelung des § 24 Abs. 4 WEG mit nunmehr drei Wochen oder aber die Regelung der Teilungserklärung gelten soll, ist, ob die Regelung auch bereits zum Zeitpunkt der Verfassung der Teilungserklärung von der gesetzlichen Regelung abwich. Gibt die Teilungserklärung wieder, dass eine Einberufungsfrist von zwei Wochen einzuhalten ist, was dem vormals geltenden Recht (§ 24 Abs. 4 WEG a. F.) entspricht, so gilt nunmehr das neue Recht mit drei Wochen. Sah die Teilungserklärung jedoch schon immer eine längere Ladungsfrist vor, zum Beispiel vier Wochen, so gilt diese weiterhin.

Wenn ein Fall besonderer Dringlichkeit vorliegt, kann die Dreiwochenfrist verkürzt werden.

Beispiele: Abkürzung der Ladungsfrist

- Es kann ein Fall der besonderen Dringlichkeit gegeben sein, wenn Fristabläufe drohen.
- Bei einer sich in der Ausführung befindlichen Instandsetzungsmaßnahme treten unvorhersehbare Komplikationen auf, die zu einem erheblichen Kostenmehraufwand führen. Von einer besonderen Dringlichkeit ist zum Beispiel auszugehen, wenn der Grund für die Einberufung der Eigentümerversammlung die statische Begutachtung der Tiefgarage in Bezug auf eine schadhafte Stahlbetonstütze war und nach dem Ergebnis des Sachverständigengutachtens die umgehende Sanierung der geprüften Stütze erforderlich war. Soweit der Sachverständige bereits erhebliche Mängel und Schäden an der Konstruktion attestiert hatte, durfte die Hausverwaltung von einer möglichen Gefährdung der Statik der Tiefgarage ausgehen, was eine Abkürzung der Ladungsfrist rechtfertigt (LG Düsseldorf, 14.3.2013, 19 S 88/12).

Wird die Ladungsfrist nicht eingehalten, führt dies nicht zur Unwirksamkeit der Beschlüsse. Eine Beschlussanfechtung kann in diesem Fall mit der Begründung erfolgen, dass die Nichteinhaltung der Frist ursächlich für das Zustandekommen eines bestimmten Beschlusses war. Dies allein führt jedoch noch nicht zum Erfolg der Anfechtung. Es müssen noch weitere Gründe vorliegen, auf deren Verletzung die Ungültigerklärung des Beschlusses gestützt werden kann, da es sich bei der Dreiwochenfrist nur um eine gesetzliche Sollvorschrift handelt, die nicht zwingend eingehalten werden muss. Ein Beschluss wird nicht für ungültig erklärt werden, wenn feststeht, dass der angefochtene Beschluss auch unter Einhaltung der Ladungsfrist getroffen worden wäre (BGH, 7.3.2002, V ZB 24/01, ZMR 2002, 440, 445; BayObLG, 12.5.2004, 2Z BR 050/04, ZMR 2004, 766, 767; OLG Hamburg, 21.6.2006, 2 Wx 33/05, ZMR 2006, 704, 705; LG München I, 6.11.2014, 36 S 25536/13). Nach Ansicht des LG Hamburg (16.11.2016, 318 S 54/16) fehlt die Kausalität des verspäteten Zugangs der Ladung zur Eigentümerversammlung jedenfalls dann, wenn der betroffene Eigentümer sich bisher immer von dem Verwalter hat vertreten lassen und nicht vorträgt, dass er nur wegen des verspäteten Zugangs der Einladung nicht persönlich erscheinen konnte. Es muss vorgetragen werden, mit welchen sachlichen Argumenten der Anfechtende ein anderes Beschlussergebnis hätte erreichen wollen.

Achtung: Einhaltung der Ladungsfrist

Obgleich es sich um eine Sollvorschrift handelt, kann sich der Verwalter bei pflichtwidriger Unterschreitung der Dreiwochenfrist schadenersatzpflichtig machen (Bärmann, Kommentar WEG, 15. Auflage 2023, § 24 Rn. 33). Kann ein Eigentümer aufgrund der Nichteinhaltung der Ladungsfrist nicht an der Versammlung teilnehmen und führt eine Beschlussanfechtung aus diesem Grund zum Erfolg, ist denkbar, dass ihn die Wohnungseigentümergemeinschaft auf die Kosten des Verfahrens sowie die Kosten einer Wiederholungsversammlung, zum Beispiel auch die Saalmiete (AG Bremen, 8.3.2013, 44 C 2032/12), in Regress nimmt. Auf die Einhaltung der Ladungsfrist ist daher unbedingt zu achten!

1.1.6 Inhalt der Einladung

In der Einladung sind der Ort, der Tag und die Uhrzeit sowie die Tagesordnung mitzuteilen. Für die Gültigkeit von Beschlüssen ist es erforderlich, dass ihr Gegenstand in der Einladung zur Versammlung ausreichend bezeichnet ist. Anderenfalls kann dieser Mangel eine Beschlussanfechtung begründen. Die Tagesordnungspunkte und die vorgesehenen Beschlüsse müssen so genau bezeichnet werden, dass die Wohnungseigentümer verstehen und überblicken können, was in tatsächlicher und rechtlicher Hinsicht erörtert und beschlossen werden soll und welche Auswirkungen der vorgesehene Beschluss insoweit auf die Gemeinschaft und sie selbst hat; eine schlagwortartige Bezeichnung reicht regelmäßig aus (BGH, 13.1.2012, V ZR 129/11; BGH, 8.5.2015, V ZR 163/14). Die Wohnungseigentümer sollen so vor Überraschungen bewahrt werden und die Möglichkeit haben, sich vorzubereiten. Der Beschlussgegenstand ist umso genauer in der Einladung zu bezeichnen, je größer seine Bedeutung und je geringer der Wissensstand des einzelnen Eigentümers hierzu ist (OLG München, 14.9.2006, 34 Wx 49/06, NZM 2006, 934). Über diese Punkte darf der Verwalter im Rahmen einer ordnungsmäßigen Verwaltung nach eigenem Ermessen entscheiden. Gab es in vorangegangenen Eigentümerversammlungen schon eine Vorbefassung und hat kein Eigentümerwechsel stattgefunden, darf die Bezeichnung des Beschlussgegenstands ausnahmsweise auch geringfügiger ausfallen (vgl. AG Kassel, 4.12.2014, 800 C 1010/14).

Darüber hinaus können den Wohnungseigentümern in der Einladung Berichte, Informationen, Beschlussantragsvorschläge sowie Angebote für Instandsetzungs- oder Instandhaltungsmaßnahmen übersendet werden, sofern es der Durchführung der Eigentümerversammlung dienlich ist (AG Brühl, 4.6.2012, 23 C 413/11). Eine ordnungsmäßige Beschlussfassung kann es – unabhängig von der ausreichenden Bezeichnung des Gegenstands der Beschlussfassung (§ 23 Abs. 2 WEG) – im Einzelfall erfordern, den Wohnungseigentümern schon in der Einladung zur Eigentümerversammlung Informationen zur Verfügung zu stellen, um ihnen eine inhaltliche Befassung mit dem Beschlussgegenstand und eine ausreichende Vorbereitung auf die Eigentümerversammlung zu ermöglichen. Das kann etwa bei der Beschlussfassung über die Jahresabrechnung und den Wirtschaftsplan oder über eine namhafte Sonderumlage für umfangreiche Sanierungsmaßnahmen der Fall sein (vgl. BGH, 13.1.2012, V ZR 129/11, NJW-RR 2012, 343 Rn. 12; Schmidt-Räntsch, ZWE 2012, 445, 451).

Wann es erforderlich ist, den Wohnungseigentümern bereits vor der Eigentümerversammlung Unterlagen oder bestimmte Informationen zur Verfügung zu stellen, hängt von dem Beschlussgegenstand und den auszuwertenden Unterlagen bzw. Informationen ab (BGH, 24.1.2020, V ZR 110/19). Ist für die Beschlussfassung eine eingehende inhaltliche Auseinandersetzung erforderlich, so ist es von wesentlicher Bedeutung, dass den Wohnungseigentümern entsprechende Unterlagen rechtzeitig vor der Versammlung übersendet und nicht erst in der Versammlung präsentiert werden. Dies wird etwa regelmäßig im Hinblick auf eine Gesamt- und Einzelabrechnung und Wirtschaftspläne angenommen.

Nach Ansicht des LG Frankfurt/Main (20.5.2016, 2-13 S 1/13) ist dies auch der Fall, wenn auf einer Eigentümerversammlung über die Durchführung eines Rechtsmittelverfahrens beschlossen werden soll. Den Beteiligten ist im Beschlussvorschlag rechtzeitig eine umfassende Information über den Ausgang und die Folgen des anzugreifenden Verfahrens zu übermitteln. Eine erstmalige Präsentation des Urteils in der Eigentümerversammlung reicht dagegen nicht aus, selbst wenn diese ausführlich ausfällt und hierbei Gelegenheit zur Einsichtnahme in die Gerichtsakte besteht. Bei der Neubestellung eines Verwalters ist es regelmäßig geboten, den Wohnungseigentümern die Angebote der Bewerber oder jedenfalls deren Namen und die Eckdaten ihrer Angebote grundsätzlich innerhalb der Einladungsfrist des § 24 Abs. 4 Satz 2 WEG zukommen zu lassen (BGH, 24.1.2020, V ZR 110/19). Der BGH hat aber auch betont, dass der Umfang der bereitzustellenden Unterlagen und der Zeitraum letztlich vom Einzelfall abhängt. Nicht immer müssen sich der Zeitraum der Einberufungsfrist und die Übersendung der Unterlagen decken. Für nicht allzu umfangreiche Jahresabrechnungen wurde insoweit bisher eine Prüfungsfrist von acht Tagen für angemessen gehalten (LG Frankfurt/Main, 5.3.2020, 2/13 S 65/19).

Hinweis

Weniger ist mehr, diese Maxime gilt hier nicht! Der Einladung zur Eigentümerversammlung sollten möglichst umfangreiche Informationen im Hinblick auf die zu fassenden Beschlüsse beigefügt werden, damit die Eigentümer eine sachgerechte Entscheidung treffen können und sich Anfechtungsklagen vermeiden lassen. Aus den verschiedenen Angeboten ist ein Angebotsspiegel zu erstellen. Je umfangreicher bzw. »teurer« die Maßnahme, desto mehr Informationen müssen zur Verfügung gestellt werden. Dies kann auch auf einer elektronischen Plattform erfolgen, sofern alle Wohnungseigentümer hierzu Zugang haben. Bei älteren Miteigentümern dürfte dies jedoch unter Umständen problematischer sein.

1.1.6.1 Versammlungsort

Die Wahl des Versammlungsorts darf die Teilnahme an der Versammlung nicht erschweren. Er muss für die Teilnehmer erreichbar sein (BGH, 7.3.2002, V ZB 24/01, NZM 2002, 450; OLG Köln, 13.9.2004, 16 Wx 168/04). Bei der Auswahl ist auf die Verkehrsüblichkeit sowie die Zumutbarkeit, den Ort zu erreichen, abzustellen. Daher sollte die Versammlung am Ort der Wohnanlage oder in der näheren Umgebung stattfinden. Auswärtige Wohnungseigentümer müssen eine Anreise von vornherein in Kauf nehmen, nicht aber die Wohnungseigentümer, die in der Anlage wohnen oder zumindest in der Gemeinde, in der die Anlage liegt (OLG Köln, 6.1.2006, 16 Wx 188/05, NZM 2006, 227). Ist ein Wohnungseigentümer oder sein Vertreter auf einen Rollstuhl angewiesen oder sonst in seiner Mobilität eingeschränkt, muss der Zugang ferner barrierefrei im Sinne von § 554a BGB sein. In der Bestimmung der Versammlungsstätte im dritten Stock eines Bürogebäudes ohne Fahrstuhl kann deshalb ein Verstoß liegen, wenn für einen bekanntermaßen gehbehinderten Wohnungseigentümer das Aufsuchen unzumutbar erscheint (LG Bonn, 3.11.2003, 8 T 113/03).

Für die Eigentümerversammlung gilt der Grundsatz der Nichtöffentlichkeit, sodass nur berechtigte Personen an ihr teilnehmen dürfen. Die Versammlung muss unter Ausschluss Dritter abgehalten werden können. Die Wohnungseigentümer haben ein schutzwürdiges Interesse daran, dass fremder Einfluss von der Versammlung ferngehalten wird und interne Angelegenheiten nicht in die Öffentlichkeit getragen werden (BGH, 29.1.1993, V ZB 24/92, NJW 1993, 1329; BayObLG, 16.5.2002, 2Z BR 32/02, ZMR 2002, 844; OLG Frankfurt/Main, 7.4.1995, 20 W 16/95, ZMR 1995, 326). Versammlungsstätten, die aufgrund akustischer Beeinträchtigungen einen ungestörten Versammlungsablauf erschweren, sind ebenfalls nicht geeignet (KG Berlin, 30.4.1997, 24 W 5809/96, NJW-RR 1997, 1171).

Achtung: Geeigneter Raum

Achten Sie als Verwalter oder als bei der Wahl des Versammlungsorts mitwirkender Eigentümer darauf, dass es sich um einen Raum handelt, der geschlossen werden kann – wie in Gaststätten beispielsweise ein abgetrennter Nebenraum. Ein Biergarten oder die Terrasse einer Gaststätte eignet sich mangels Vertraulichkeit nicht.

Wählt der Verwalter einen ungeeigneten Versammlungsort und wird hierdurch die Teilnahme für Wohnungseigentümer erheblich erschwert oder gar unmöglich gemacht, kann dies die Anfechtbarkeit der gefassten Beschlüsse begründen.

Kommt ein Beschluss unter Nichteinhaltung des Grundsatzes der Nichtöffentlichkeit zustande, ist er für ungültig zu erklären, wenn nicht ausgeschlossen werden kann, dass sich dieser Verstoß auf das Beschlussergebnis ausgewirkt hat (OLG Hamm, 27.9.2006; 15 W 98/60, ZMR 2007, 133 m. w. N.).

Beispiele: Rechtsprechung

- Anfechtbarkeit von Beschlüssen, wenn die Versammlung in einem nicht abgetrennten Raum einer Gaststätte stattgefunden hat (OLG Hamm, 13.10.1989, 15 W 314/89, MDR 1990, 343).
- Die Durchführung einer Versammlung in der Waschküche ist zumutbar, wenn diese ausreichend Platz zur Durchführung der Eigentümerversammlung bietet und lediglich über zwei Tagesordnungspunkte zu beschließen ist, wobei für beide keine längere Besprechungszeit zu erwarten ist (LG Dortmund, 23.11.2018, 17 S 83/18; OLG Düsseldorf, 1.3.1993, 3 Wx 512/92, WuM 1993, 305).
- Die Wahl eines Versammlungsorts, der 20 Kilometer von der Liegenschaft entfernt liegt und für eine Anreise mit öffentlichen Verkehrsmitteln eine Fahrt von 45 Minuten und einen zusätzlichen Fußweg von 21 Minuten erfordert, ist ermessensfehlerhaft (LG Frankfurt, 15.9.2022, 2-13 S 38/21).
- Ist dem Verwalter bekannt, dass ein Eigentümer aus persönlichen Gründen, zum Beispiel wegen körperlicher Behinderung, den Versammlungsort nicht aufsuchen kann, da kein behindertengerechter Zugang vorhanden ist, kann dies einer vorsätzlichen Nichtladung gleichkommen (LG Bonn, 3.11.2003, 8 T 113/03, ZMR 2004, 218; OLG Köln, 3.12.2003, 16 Wx 216/03, ZMR 2004, 299).
- Unzulässigkeit einer Versammlung im Wohnwagen des Verwalters, wenn zu diesem gespannte zwischenmenschliche Beziehungen bestehen (OLG Hamm, 12.12.2000, 15 W 109/00, ZMR 2001, 383).
- Unzulässigkeit einer Versammlung im dritten Stock eines Gebäudes ohne Fahrstuhl, wenn dem Verwalter bekannt ist, dass ein Wohnungseigentümer gehbehindert ist (LG Bonn, 3.11.2003, 8 T 113/03, ZMR 2004, 218).
- Bei einem systematischen Unterlaufen der Regelung über die Nichtöffentlichkeit der Wohnungseigentümerversammlung sind die gefassten Beschlüsse für ungültig zu erklären, ohne dass es auf die Kausalität des Verfahrensfehlers ankommt (AG Halle, 15.3.2011, 120 C 4333/10; hier bei Einladung mehrerer Wohnungseigentümergemein-

schaften, die alle vom gleichen Verwalter verwaltet werden, jedoch nur Berührungspunkte an einer Tiefgarage haben).

- Die Nichtgewährleistung der Nichtöffentlichkeit bei Versammlung in einem offenen Gastraum stellt einen Beschlussanfechtungsgrund dar (OLG Frankfurt/Main, 7.4.1995, 20 W 19/95, NJW 1995, 3395).
- Formelle Mängel bei der Beschlussfassung (Versammlung zunächst im frei zugänglichen Gaststättenraum, später im Vorgarten) führen nicht zur Ungültigerklärung von Eigentümerbeschlüssen, wenn festzustellen ist, dass die Mängel sich nicht auf die Beschlussfassung ausgewirkt haben (KG Berlin, 30.4.1997, 24 W 5809/96, ZMR 1997, 487).
- Wählt der Verwalter einen für den einzelnen Eigentümer unzumutbaren Versammlungsort, lässt sich der Betroffene auf der Versammlung anwaltlich vertreten und rügt den Ladungsmangel nicht, so ist das Berufen hierauf erst in der Anfechtungsklage rechtsmissbräuchlich. Bei einem solchen formalen Mangel muss der Anfechtende darlegen/erklären, was er an anderem Ort über den Vortrag seines Anwalts hinaus vorgebracht hätte, um die Miteigentümer umzustimmen. Bei nur formalen Mängeln genügt es nicht, dass der Anfechtende die Interessen der Gemeinschaft an ordnungsmäßigen Beschlüssen verfolgt (AG Schöneberg, 14.3.2019, 771 C 91/18).
- Die Teilnahme an einer Eigentümerversammlung auf der Terrasse einer Miteigentümerin, mit welcher der andere Eigentümer seit Jahren im Streit liegt, ist auch dann unzumutbar, wenn die Terrasse zwar im Gemeinschaftseigentum liegt, aber faktisch alleine von der Miteigentümerin genutzt wird (LG Frankfurt/Main, 2.2.2023, 2-13 S 80/22).

1.1.6.2 Versammlungszeit

Bei der Wahl des Termins ist auf berufstätige Wohnungseigentümer Rücksicht zu nehmen. Der Zeitpunkt muss zu einer verkehrsüblichen und zumutbaren Zeit gewählt werden, sodass möglichst viele Eigentümer an der Versammlung teilnehmen können (OLG Köln, 13.9.2004, 16 Wx 168/04, WuM 2004, 686; AG Köln, 22.3.2004, 202 II 309/02, ZMR 2004, 546). Auf übliche Arbeitszeiten an Werktagen sollte Rücksicht genommen werden, sodass eine Einberufung der Versammlung vor 17.00 Uhr in der Regel nicht ordnungsmäßiger Verwaltung entspricht.

Zulässig ist grundsätzlich auch ein Sonn- oder Feiertag – unter Abwägung der Belange aller Eigentümer. Der Zeitpunkt sollte nicht in die Urlaubs- oder Ferienzeit fallen. Allerdings muss der Verwalter seine Terminierung auf die Urlaubsplanung einzelner Eigentümer nicht zwingend abstimmen.

Beispiele: Rechtsprechung

- Zulässigkeit einer Versammlung an einem Sonntag (OLG Stuttgart, 18.12.1985, 8 W 338/85, NJW-RR 1986, 315).
- Versammlung an einem Werktag um 15.00 Uhr zulässig, wenn die Wohnungseigentümer überwiegend nicht am Ort der Wohnanlage wohnen, sondern vereinzelt mehrere hundert Kilometer anreisen müssen (OLG Köln, 13.9.2004, 16 Wx 168/04).

- Keine Einberufung an Werktagen vor 17.00 Uhr (OLG Düsseldorf, 1.3.1993, 3 Wx 512/92, WuM 1993, 305).
- Eine (relativ kurzfristige) Ladung zur Unzeit liegt vor – jedenfalls in kleineren Wohnanlagen –, wenn der Verwalter auf Heiligabend als Vorabend zu einem gesetzlichen christlichen Feiertag oder – in Kenntnis jüdischer Feiertage – bei jüdischen Eigentümern auf den Sederabend (Vorabend zum höchsten jüdischen Pessach-Fest; 2017 in den Osterferien) auf 18.00 Uhr einlädt. Auf Hinweis des am Sederabend durch Religionsausübung verhinderten Eigentümers muss der (jüdische) Verwalter umladen, um einen potenziell für Eigentümerbeschlüsse kausalen Ladungsmangel zu beseitigen. Auch Tage, die nicht nach dem jeweiligen Landesfeiertagsgesetz als gesetzlicher Feiertag geschützt sind, können nach den Umständen des Einzelfalls als »zur Unzeit« anzusehen sein. Es kommt auch nicht darauf an, ob der Feiertag allgemein bekannt ist; es genügt, wenn dem Verwalter vor der Ladung mitgeteilt wird, dass ein Wohnungseigentümer wegen des Feiertags an der Versammlung nicht teilnehmen können werde (LG München I, 20.2.2020, 36 S 16296/18).
- Zulässigkeit an einem Samstag um 14.00 Uhr (OLG Stuttgart, WE 1994, 146).
- Zulässigkeit an einem Samstag ab 20.00 Uhr in einer Ferienwohnanlage (OLG Zweibrücken, 29.11.1993, 3 W 133/93, WE 1994, 146).
- Die beabsichtigte Einberufung einer Eigentümerversammlung während der Schulferien steht grundsätzlich nicht einer pflichtwidrigen Weigerung des Verwalters zur Einberufung der Versammlung gleich (BayObLG, 17.4.2002, 2Z BR 14/02, NZM 2002, 794).
- Zulässigkeit der Einberufung für werktags 13.00 Uhr; mangelnde Kausalität des Einberufungsmangels, wenn der jeweilige Wohnungseigentümer auch nicht an den letzten fünf Eigentümerversammlungen teilgenommen hat, die teilweise erst um 18.00 Uhr stattgefunden haben, und wenn aufgrund der bestehenden Konfliktsituation der Wohnungseigentümer mit an Sicherheit grenzender Wahrscheinlichkeit kein anderes Beschlussergebnis zustande gekommen wäre (LG Berlin, 5.2.2013, 85 S 31/12).

Wählt der Verwalter einen Termin zu einem ungewöhnlichen Zeitpunkt, so kann dieser Einberufungsmangel zur Beschlussanfechtung und damit zur Ungültigerklärung des Beschlusses führen.

1.1.6.3 Tagesordnung

> **§ 23 Abs. 2 WEG**
> »Zur Gültigkeit eines Beschlusses ist erforderlich, dass der Gegenstand bei der Einberufung bezeichnet ist.«

Ergänzend zum Einladungsschreiben ist den Wohnungseigentümern bei der Einberufung der Eigentümerversammlung die Tagesordnung zu übersenden. Für die Gültigkeit von Beschlüssen ist es erforderlich, dass ihr Gegenstand bei der Einberufung ausreichend bezeichnet ist. Anderenfalls kann dieser Mangel eine Beschlussanfechtung begründen.

Die Tagesordnungspunkte und die vorgesehenen Beschlüsse müssen so genau bezeichnet werden, dass die Wohnungseigentümer verstehen und überblicken können, was in tatsächlicher und rechtlicher Hinsicht erörtert und beschlossen werden soll und welche Auswirkungen der vorgesehene Beschluss insoweit auf die Gemeinschaft und sie selbst hat; eine schlagwortartige Bezeichnung reicht regelmäßig aus (BGH, 13.1.2012, V ZR 129/11; BayObLG, 19.12.2002, 2 Z BR 104/02; OLG Saarbrücken, 24.3.2004, 5 W 268/03-63). Die Wohnungseigentümer sollen so vor Überraschungen bewahrt werden und die Möglichkeit haben, sich vorzubereiten. Der Beschlussgegenstand ist umso genauer in der Einladung zu bezeichnen, je größer seine Bedeutung und je geringer der Wissensstand des einzelnen Eigentümers hierzu ist (OLG München, 14.9.2006, 34 Wx 49/06, NZM 2006, 934).

Wenn auch nicht alle Einzelheiten des Beschlussgegenstands in der Tagesordnung angegeben werden können und müssen, so ist doch ein solches Maß an Erkennbarkeit und Voraussehbarkeit erforderlich, dass sich der einzelne Wohnungseigentümer über die wesentlichen rechtlichen und tatsächlichen Folgen und Konsequenzen einer vorgesehenen Maßnahme klar werden kann. Hat der professionelle Verwalter eine Beschlussfassung über eine kostenintensive Instandsetzungsmaßnahme nicht ausreichend angekündigt, obwohl sich ihm aufdrängen musste, dass die Sondereigentümer die umfangreiche, später beschlossene Maßnahme aus der Einladung zur Eigentümerversammlung nicht erkennen konnten, so handelt er grob schuldhaft und kann zur Kostentragung für das schon wegen des Ankündigungsmangels erfolgreiche Beschlussanfechtungsverfahrens verurteilt werden (LG Stuttgart, 7.8.2019, 19 T 394/18, nach seit 1.12.2020 geltendem Recht jedoch nicht mehr im Anfechtungsverfahren, sondern im Rahmen der Geltendmachung von Regressansprüchen).

Die Auswahl und Bezeichnung der Tagesordnungspunkte obliegt dem Verwalter und steht in seinem pflichtgemäßen Ermessen. Der einzelne Eigentümer hat jedoch in Fällen, in denen es sich um Maßnahmen ordnungsmäßiger Verwaltung handelt, einen Anspruch auf die Aufnahme bestimmter Beschlussgegenstände (OLG Frankfurt/Main, 18.8.2008, 20 W 426/05; LG Hamburg, 27.6.2012, 318 S 196/11; OLG Frankfurt/Main, 20.12.2004, 20 W 337/01). Dieser Anspruch ist nach der WEG-Reform 2020 nicht mehr gerichtlich gegen den Verwalter nach § 43 Nr. 3 WEG a. F. durchsetzbar, sondern richtet sich nunmehr gegen die Gemeinschaft. Begehrt ein Wohnungseigentümer die Aufnahme eines bestimmten Tagesordnungspunkts in die Tagesordnung und weigert sich der Verwalter, diesem Begehren zu entsprechen, so ist eine etwaige Klage gegen die Gemeinschaft der Wohnungseigentümer zu richten. War die Weigerung des Verwalters pflichtwidrig, so kann jedoch im Regresswege Schadenersatz von ihm beansprucht werden.

Beispiele: Themen für Beschlüsse in der Tagesordnung

Die Aufnahme der Beschlussfassung über

- die Abrechnungsergebnisse der Jahresabrechnung,
- die Aufstellung eines Wirtschaftsplans,
- die ordnungsmäßige Instandhaltung und Instandsetzung des Gemeinschaftseigentums,
- die Geltendmachung von Mängelansprüchen bei Mängeln am Gemeinschaftseigentum,
- das Aufstellen einer Hausordnung,
- die Ansammlung einer angemessenen Instandhaltungsrücklage,
- den Einbau von Kalt- und Warmwasserzählern oder
- die Verfolgung von Hausgeldrückständen etc.

in die Tagesordnung kann von jedem einzelnen Eigentümer verlangt und notfalls gerichtlich geltend gemacht werden, da diese Angelegenheiten für die Gemeinschaft von erheblicher Bedeutung sind.

Einem Antrag auf Aufnahme eines Punkts auf die Tagesordnung ist dann zu entsprechen, wenn mehr sachliche Gründe dafür als dagegen vorliegen, ihn auf einer Versammlung zu erörtern und zum Gegenstand einer Abstimmung zu machen (BayObLG, 12.7.2001, 2Z BR 139/00). Der Anspruch entfällt, wenn die Ladungsfrist des § 24 Abs. 4 Satz 2 WEG nicht mehr gewahrt und auf diese Frist auch nicht ausnahmsweise verzichtet werden kann. Der Verwalter ist weiterhin gemäß § 24 Abs. 2 WEG analog verpflichtet, einen bestimmten Punkt auf die Tagesordnung zu setzen, wenn ein Viertel aller Wohnungseigentümer die Aufnahme in Textform beantragt. Weigert sich der Verwalter, kann dieses Verlangen gerichtlich geltend gemacht werden.

Die Klage auf Aufnahme eines bestimmten Tagesordnungspunkts in die Tagesordnung ist gegen die Wohnungseigentümergemeinschaft zu richten. Die WEG kann in der Folge ggf. Schadenersatz beim Verwalter beanspruchen, wenn dieser sich pflichtwidrig geweigert hat, den Tagesordnungspunkt aufzunehmen. Die Weigerung des Verwalters ist dann pflichtwidrig, wenn eine ordnungsmäßige Verwaltung die Aufnahme erfordert. Nebst der gerichtlichen Durchsetzung zur Aufnahme eines Tagesordnungspunkts kann bei pflichtwidriger Weigerung des Verwalters auch der Verwaltungsbeiratsvorsitzende die Ergänzung der Tagesordnung übernehmen (OLG Frankfurt/Main, 18.8.2008, 20 W 426/05).

Tipp

Hat ein einzelner Eigentümer ein bestimmtes Anliegen, sollte er sich frühzeitig um dessen Aufnahme in die Tagesordnung bemühen und einen schriftlichen Antrag beim Verwalter stellen. Sollte dieser ablehnen, kann die Aufnahme ggf. noch rechtzeitig gerichtlich erwirkt werden. Ein solcher Anspruch ist prozessual gegen den Verband der Wohnungseigentümer zu richten. In der Regel rechtfertigt das Bestreben eines Wohnungseigentümers, einen bestimmten Punkt auf die Tagesordnung setzen zu lassen, jedoch keine die Hauptsache vorwegnehmende Leistungsverfügung (einstweiliger Rechtsschutz) (LG München I, 30.8.2011,

36 T 6199/11). Dies könnte nur dann der Fall sein, wenn die Behandlung eines bestimmten Punkts so dringend ist, dass ein Eigentümer, der bei seinem Einberufungsverlangen ein ordentliches Hauptsacheverfahren abwartet, unverhältnismäßig großen, gar irreparablen Schaden erleidet (LG München I, 16.5.2011, 1 S 5166/11).

Wurde bei Einberufung der Versammlung die Nennung eines Tagesordnungspunkts vergessen oder erst nachträglich beantragt, ist eine Ergänzung der Tagesordnung durch eine sogenannte Nachtragseinladung zulässig. Allerdings muss dies grundsätzlich in einer Frist erfolgen, in der der Verwalter den Tagesordnungspunkt noch unter Einhaltung der Ladungsfrist von drei Wochen nachreichen kann (LG Frankfurt/Main, 12.6.2014, 2-9 S 79/13). Ist dies nicht möglich, handelt der Verwalter im pflichtgemäßen Ermessen, wenn er eine Ergänzung der Tagesordnung nicht vornimmt (LG Düsseldorf, 16.3.2011, 25 S 56/10). Auch hierbei gilt die Ausnahme, dass eine Verkürzung der Ladungsfrist bei besonderer Dringlichkeit der Angelegenheit möglich ist, selbst wenn diese Einladung erst einen Tag vor der Versammlung eingeht und eine konkrete Beeinträchtigung nicht vorliegt (OLG Hamburg, 5.2.1988, 2 W 67/85).

Achtung: Nachtragseinladungen

Oft kommt es vor, dass Wohnungseigentümern ihr in der Versammlung zu behandelndes Anliegen erst einfällt, wenn die Einladung bereits versendet wurde. Nachtragseinladungen kosten jedoch Zeit und Geld. Daher sollte sich der Verwalter vor Versendung der Einladung überlegen, welche Angelegenheiten behandelt werden müssen, und über den Entwurf der Tagesordnung mit dem Verwaltungsbeirat Rücksprache halten.

MUSTER: ANTRAG AUF AUFNAHME IN DIE TAGESORDNUNG

DIGITALE EXTRAS

[Absender]

An den Verwalter
der Wohnungseigentümergemeinschaft ....
[Anschrift]

[Ort, Datum]

Aufnahme eines Tagesordnungspunkts

Sehr geehrte/r Frau/Herr ....,

als Eigentümer der Wohnungseigentümergemeinschaft ....
fordere ich Sie auf, den zusätzlichen Tagesordnungspunkt »Sanierung der

hofseitigen Fassade wegen Feuchtigkeitsschäden und Schimmelbefalls« auf die Tagesordnung der nächsten Eigentümerversammlung aufzunehmen.

Begründung: Bereits mehrfach ist es in meinem sowie dem darunter liegenden Sondereigentum zu Feuchtigkeitsschäden und Schimmelbefall gekommen. Nach Stellungnahme eines Sachverständigen handelt es sich hierbei nicht um Schäden infolge falschen Lüftens und Heizens, sondern infolge der Schadhaftigkeit des nunmehr doch schon sehr alten Mauerwerks und der fehlenden Wärmedämmung. Die Ursache der seit Jahren immer wieder auftretenden Schäden liegt im Gemeinschaftseigentum. Daher ist für die Mangelbeseitigung die Gemeinschaft im Rahmen einer Instandsetzungsmaßnahme verantwortlich.

Bitte bestätigen Sie mir, dass Sie meinem Antrag auf Aufnahme des Tagesordnungspunkts entsprechen werden bis längstens .... [Datum; Frist zwei Wochen].

Mit freundlichen Grüßen

....

[Wohnungseigentümer]

Unter dem Tagesordnungspunkt »Verschiedenes« oder »Sonstiges« kann die Wohnungseigentümergemeinschaft keine Beschlüsse oder allenfalls Beschlüsse von untergeordneter Bedeutung fassen (OLG Hamm, 8.12.1992, 15 W 218/91, NJW-RR 1993, 468). Er ist vielmehr zur Beratung von Angelegenheiten und der allgemeinen Aussprache gedacht. Werden dennoch Beschlüsse gefasst, so sind diese binnen eines Monats anfechtbar, da sie nicht ausreichend angekündigt wurden. Auf die Möglichkeit der Anfechtung muss der Verwalter hinweisen.

Ist der Beschlussgegenstand nicht ausreichend bezeichnet und war für einen Wohnungseigentümer deshalb nicht erkennbar, dass eine bestimmte Beschlussfassung in einer konkreten Angelegenheit in Betracht kommt, oder hat die Ankündigung nicht in der Ladungsfrist von drei Wochen stattgefunden und hat keine besondere Dringlichkeit vorgelegen, so ist ein gefasster Beschluss anfechtbar.

MUSTER: EINLADUNG ZUR EIGENTÜMERVERSAMMLUNG

DIGITALE EXTRAS

Josef Steinmann Hausverwaltungs GmbH | Arnoldstraße 30 | 80123 München
Tel. 089 123456 | Fax 089 123457

Herrn
Max Mustereigentümer
Tannstraße 100
80123 München

München, 10.4.2024

Wohnungseigentümergemeinschaft Tannstraße 100, 80123 München
Einladung zur ordentlichen Eigentümerversammlung 2024

Sehr geehrter Herr Mustereigentümer,
als Verwalter laden wir Sie zu der
am Donnerstag, 3.5.2024 um 18.00 Uhr
in der Gaststätte »Zur Eiche«, Tannstraße 1, 80123 München
im Nebenraum tagenden Eigentümerversammlung ein.

Die Tagesordnung ist rückseitig vermerkt. Wenn Sie an der Versammlung nicht teilnehmen können, können Sie mit dem beigefügten Vordruck eine Vertretungsvollmacht erteilen. Wir weisen darauf hin, dass Vollmachten zu ihrer Wirksamkeit der Textform bedürfen.

Es wird darauf hingewiesen, dass die Versammlung unabhängig von den erschienenen oder vertretenen Miteigentumsanteilen beschlussfähig ist.

Mit freundlichen Grüßen
Josef Steinmann Hausverwaltungs GmbH

Anlagen

- Jahresgesamt- und Einzelabrechnung 2023 mit Aufstellung über die jeweiligen Abrechnungsguthaben/-fehlbeträge
- Gesamt- und Einzelwirtschaftsplan 2023 mit Aufstellung über die jeweiligen Vorschüsse
- Angebote zu Instandhaltungs-/Instandsetzungsmaßnahmen
- Vollmachtsvordruck

DIGITALE EXTRAS

MUSTER: TAGESORDNUNG

Tagesordnung
zur ordentlichen Eigentümerversammlung
der Wohnungseigentümergemeinschaft Tannstraße 100, 80123 München
am 3.5.2024, 18.00 Uhr

1. Begrüßung, Feststellung der ordnungsmäßigen Einberufung und der Beschlussfähigkeit der Versammlung
2. Bericht des Verwalters und des Verwaltungsbeirats über die Jahresabrechnung 2023, Genehmigung der Saldi der Gesamt- und Einzelabrechnungen 2023
   Beschlussvorschlag: Die Nachschüsse bzw. Anpassungen der beschlossenen Vorschüsse/Guthaben aus den Einzelabrechnungen für das Jahr ….. vom ………. [Datum der Abrechnung] werden genehmigt und fällig gestellt.
3. Entlastung der Verwaltung für das Wirtschaftsjahr 2023
   Beschlussvorschlag: Der Verwaltung wird für das Wirtschaftsjahr 2023 Entlastung erteilt.
4. Entlastung des Verwaltungsbeirats für das Wirtschaftsjahr 2023
   Beschlussvorschlag: Die Mitglieder des Verwaltungsbeirats werden für das Wirtschaftsjahr 2023 entlastet.
5. Genehmigung des Wirtschaftsplans 2024
   Beschlussvorschlag: Die Vorschüsse aus den Einzelwirtschaftsplänen für das Jahr ….. vom ………. [Datum der Druckfassung] werden genehmigt. Die in den Einzelwirtschaftsplänen ausgewiesenen Vorschüsse sind jeweils bis zum dritten Werktag eines Monats im Voraus fällig und auf das Gemeinschaftskonto zu entrichten, erstmals im Januar ….. Die Vorschüsse aus den Einzelwirtschaftsplänen für das Jahr ….. gelten so lange, bis ein neuer Beschluss über Vorschüsse aus Einzelwirtschaftsplänen gefasst wird.
6. Sicherheitstechnische Bewertung durch TÜV/Mängelbeseitigung
   Beschlussvorschlag: Noch in diesem Jahr wird mit dem Aufzugsdienst, dem Verwaltungsbeirat und der Verwaltung bei einem Ortstermin erörtert, welche Mängel zwingend in diesem Jahr zu beheben sind. Diese Arbeiten werden in Absprache mit dem Verwaltungsbeirat in Auftrag gegeben. Im Hinblick auf die übrigen Mängel soll ein Zeitplan mit Kostenübersicht in der nächsten ordentlichen Eigentümerversammlung vorgelegt werden.
7. Erhaltungsmaßnahme hofseitige Fassade: Art, Umfang, Ausführungszeitraum und Auftragsvergabe der Maßnahme; Finanzierung der Maßnahme

Beschlussvorschlag: Die Verwaltung wird beauftragt, die Firma Blitzsanierung mit der Sanierung der hofseitigen Fassade laut vorliegendem Angebot zu beauftragen. Die Arbeiten sollen im Juni 2021 beginnen. Die Finanzierung der Maßnahme erfolgt aus der Rücklage.

8. Streichen des Treppenhauses
   Beschlussvorschlag: Der Verwalter wird beauftragt, die Malerarbeiten zum Streichen des Treppenhauses bis zu einem Kostenaufwand in Höhe von 6.000 EUR in Auftrag zu geben.
9. Mängelgewährleistung Tiefgarage: Reparaturbedarf, Investitionsvolumen, Auftragsvergabe
   Beschlussvorschlag: Der Verwalter wird beauftragt, einen vereidigten Bausachverständigen mit der Begutachtung der Feuchtigkeitsschäden in der Tiefgarage zu beauftragen. Er wird vorsorglich ermächtigt, ein selbstständiges Beweissicherungsverfahren im Namen der Wohnungseigentümergemeinschaft einzuleiten sowie Gewährleistungsansprüche gegen die Firma Bandel geltend zu machen.
10. Neuwahl/Wiederwahl des Verwalters zum 1.1.2025
   Beschlussvorschlag: Die Josef Steinmann Hausverwaltungs GmbH wird für die Zeit vom 1.1.2025 bis 31.12.2025 zu Kosten in Höhe von monatlich 27,30 EUR je Wohneigentum und 3,50 EUR je Teileigentum zzgl. MwSt. zum Verwalter bestellt. Der bestehende Verwaltervertrag verlängert sich entsprechend.
11. Sonstiges

Beispiel

Überblick über wichtige Tagesordnungspunkte aufgrund der WEG-Reform:

- TOP ....: Bestellung eines Verwaltungsbeirats/eines Vertreters der Gemeinschaft der Wohnungseigentümer gegenüber dem Verwalter
- TOP ....: Wahl eines zur Einberufung von Eigentümerversammlungen ermächtigten Eigentümers
- TOP ....: Virtuelle Teilnahme an Eigentümerversammlungen
- TOP ....: Grundbucheintragungen zu Altbeschlüssen aufgrund von Öffnungsklauseln sowie vereinbarte Erwerberhaftung
- TOP ....: Bildung von Rücklagen zur Erhaltung der Liquidität und für Beschlussklagen

1.1.7 Einberufungsmangel/Kausalität

Enthält die Einberufung einen sogenannten formellen Mangel, kommt dieser nur zum Tragen, wenn er sich auf das Beschlussergebnis ausgewirkt hat. Ladungsmängel sind als formelle Beschlussmängel aber nur beachtlich, wenn die Beschlussfassung auf ihnen beruht. Die Kausalität und infolge die Anfechtbarkeit eines mit einem formellen Mangel behafteten Beschlusses ergeben sich bereits daraus, dass sich der Mangel auf das Ergebnis der Beschlussfassung zumindest ausgewirkt haben könnte. Eine Ungültigerklärung von Beschlüssen scheidet in der Regel nur dann aus, wenn feststeht, dass sich ein Beschlussmangel auf das Abstimmungsergebnis nicht ausgewirkt hat (LG München I, 6.11.2014, 36 S 25536/13; BGH, 7.3.2002, V ZB 24/01; BGH, 14.2.2020, V ZR 159/19).

Von Ursächlichkeit ist regelmäßig auszugehen, wenn einzelne Wohnungseigentümer an der Versammlung nicht teilgenommen haben, weil sie die Einberufung für unwirksam hielten, da dann nicht ausgeschlossen werden kann, dass deren Diskussionsbeiträge zu einem anderen Ergebnis geführt hätten. Die fehlende Kausalität eines Einberufungsmangels kann nur dann festgestellt werden, wenn klar zutage tritt, dass der Beschluss bei ordnungsmäßiger Einberufung und Durchführung der Versammlung gleichfalls zustande gekommen wäre (LG Köln, 8.12.2011, 29 S 121/11 zur Einberufung durch einen nicht berechtigten Verwalter). Ein weiter Beurteilungs- bzw. Ermessensspielraum der Eigentümerversammlung rechtfertigt eine Ausnahme von der Kausalitätsvermutung dann, wenn feststeht, dass der angegriffene Beschluss auch ohne den Einberufungsmangel (Verkürzung der Ladungsfrist oder ein drittes oder viertes Alternativangebot) ebenso bzw. ergebnisgleich gefasst worden wäre (AG Hamburg-Blankenese, 5.2.2014, 539 C 18/13; AG Hamburg-Altona, 6.12.2013, 303a C 3/13, ZMR 2015, 73). Hierbei kommt es auf die konkrete Situation bei der Eigentümerversammlung an. Die Kausalitätsvermutung ist widerleglich und insbesondere auch einer Beweiserhebung darüber zugänglich, wie die Eigentümer bei ordnungsmäßiger Ankündigung des Beschlussgegenstands abgestimmt hätten (LG Hamburg, 29.9.2011, 319 T 40/11; OLG Hamburg, 11.4.2007, 2 Wx 2/07).

Lässt sich ein Wohnungseigentümer auf einer Vollversammlung aller Eigentümer widerspruchslos auf eine Abstimmung zu einem formal nicht korrekt angekündigten Tagesordnungspunkt ein, kann er nicht die Rüge eines Einberufungsmangels erheben (LG Hamburg, 25.5.2011, 318 S 21/11).

Beschlüsse, die auf einer unter bewusster Umgehung der einschlägigen Rechtsvorschriften einberufenen und durchgeführten Eigentümerversammlung gefasst wurden, sind nichtig und nicht lediglich anfechtbar (AG Kassel, 15.2.2018, 800 C 3197/17).

Die Zweit-/Wiederholungsversammlung hat nach der WEG-Reform 2020 ihre Bedeutung verloren, da nunmehr jede Eigentümerversammlung beschlussfähig ist. An eine Wiederholungsversammlung kann man begrifflich nur noch denken, wenn beispielsweise die Erstversammlung wegen langer Versammlungsdauer abgebrochen wurde und einige Tagesordnungspunkte noch nicht behandelt wurden. Eine solche Wiederholungsversammlung muss dann erneut und unter Einhaltung aller Formalia (Form, Frist etc.) einberufen werden.

1.1.8 Die außerordentliche Eigentümerversammlung

Neben der ordentlichen Eigentümerversammlung, die nur einmal jährlich stattfindet, kann bei besonderen Verwaltungsbelangen und eilbedürftigen Entscheidungsprozessen eine außerordentliche Versammlung erforderlich werden. Dies entscheidet der Verwalter nach den Grundsätzen ordnungsmäßiger Verwaltung gemäß § 18 Abs. 2 WEG.

Beispiele: Gründe für eine außerordentliche Versammlung

- Bei einer beschlossenen und sich gerade in der Ausführung befindlichen Reparaturmaßnahme treten Probleme auf, mit denen ein erheblicher Kostenmehraufwand verbunden ist.
- Eine Sonderumlage wird dringend erforderlich.
- Die Frage ist zu klären, ob ein Rechtsmittel eingelegt oder ob ein gerichtlicher Vergleich geschlossen werden soll.
- Nach Kündigung müssen neue Verwalter- oder Hausmeisterverträge abgeschlossen werden.

Es ist üblich und zulässig, dem Verwalter im Fall der Durchführung einer außerordentlichen Eigentümerversammlung eine Sondervergütung zuzubilligen. Allerdings hat er hierauf nur einen Anspruch, wenn dies im Verwaltervertrag so vorgesehen ist oder durch einen entsprechenden Beschluss genehmigt wurde. Üblich für weitere Versammlungen sind hier Pauschalsätze von 150 EUR bis 300 EUR, wobei auch höhere Sätze je nach Aufwand und Größe der Anlage gerechtfertigt sein können. Der BGH (11.6.2021, V ZR 215/20) hat einen Pauschalsatz von 700 EUR in einer Anlage mit 70 Einheiten für ordnungsmäßig erachtet. Beruft der Verwalter die Versammlung grundlos ein, so riskiert er, für die nutzlos entstandenen Kosten aufkommen zu müssen (BayObLG, 4.11.1993, 2Z BR 89/93).

1.1.9 Checkliste: Einberufung der Eigentümerversammlung

Wer beruft die Versammlung ein?

DIGITALE EXTRAS

- Der Verwalter muss einmal pro Jahr einberufen; unterlässt er dies pflichtwidrig, so kann der Verwaltungsbeiratsvorsitzende, sein Stellvertreter oder ein hierzu durch Beschluss ermächtigter Wohnungseigentümer einberufen.
- Ein Viertel aller Wohnungseigentümer kann durch Antrag in Textform und unter Angabe der Gründe und des Zwecks die Einberufung verlangen.
- Ruft ein Nichtberechtigter ein, sind dennoch gefasste Beschlüsse nach herrschender Meinung nur anfechtbar, aber nicht nichtig.

Wer muss eingeladen werden?

- Aktuelle Wohnungseigentümer, werdende Wohnungseigentümer bei Ersterwerb, aber nicht bei Zweiterwerb,
- Insolvenzverwalter, Zwangsverwalter,
- Testamentsvollstrecker, Nachlassverwalter,
- gesetzliche Vertreter bei Minderjährigen oder Betreuten,
- gesetzliche oder rechtsgeschäftlich bestellte Vertreter bei Kapital- oder Personengesellschaften,
- bei mehreren Eigentümern: sämtliche Wohnungseigentümer,
- ggf. Ladungsbevollmächtigte.

Wurde die Einberufungsfrist eingehalten?

Die Einberufungsfrist soll drei Wochen betragen. Ein Verstoß hiergegen führt nicht zwingend zur Ungültigerklärung von Beschlüssen. In dringenden Fällen ist eine kürzere Frist zulässig.

Sind Ort und Zeitpunkt der Versammlung zumutbar?

Die Versammlung sollte am Ort der Wohnanlage oder in ihrer näheren Umgebung stattfinden. Der gewählte Zeitpunkt darf die Teilnahme an der Versammlung nicht erschweren und sollte daher verkehrsüblich sein. Der Grundsatz der Nichtöffentlichkeit muss beachtet werden.

Welche Form, welchen Inhalt muss die Einladung haben?

Die Einladung muss in Textform erfolgen (auch Kopie, Fax, E-Mail) und Angaben über den Ort, die Zeit und die Tagesordnung enthalten. Die Tagesordnung muss Beschlussgegenstände genau bezeichnen, wobei eine stichpunktartige Formulierung ausreicht. Je mehr Tragweite in rechtlicher oder wirtschaftlicher Hinsicht ein Beschlussgegenstand hat, desto mehr Informationen und Unterlagen müssen den Wohnungseigentümern nebst der Jahresabrechnung und dem Wirtschaftsplan rechtzeitig im Vorfeld der Versammlung zur Verfügung gestellt werden.

Was passiert, wenn die Einberufung fehlerhaft erfolgt?

Leidet die Versammlung unter einem Einberufungsmangel, so sind die in ihr gefassten Beschlüsse grundsätzlich anfechtbar. Ein Beschluss wird vom Wohnungseigentumsgericht jedoch nur dann für ungültig erklärt, wenn sich der Einberufungsmangel auf den Beschluss ausgewirkt hat. Hierbei gilt zunächst die Vermutung, dass der Einberufungsmangel für die Beschlussfassung ursächlich war. Diese Vermutung kann entkräftet werden, indem nachgewiesen wird, dass der Beschluss auch ohne den Einberufungsmangel mit demselben Inhalt zustande gekommen wäre. Der formelle Mangel sollte stets gerügt und dies in das Protokoll aufgenommen werden. Beschlüsse, die auf einer unter bewusster Umgehung der einschlägigen Rechtsvorschriften einberufenen und durchgeführten Eigentümerversammlung gefasst wurden, sind nichtig und nicht lediglich anfechtbar.

1.2 Das Stimmrecht in der Versammlung

§ 25 Abs. 2 WEG
»Jeder Wohnungseigentümer hat eine Stimme. Steht ein Wohnungseigentum mehreren gemeinschaftlich zu, so können sie das Stimmrecht nur einheitlich ausüben.«

Das Stimmrecht der Wohnungseigentümer ist wesentlicher Bestandteil ihrer Mitgliedschaftsrechte in der Wohnungseigentümergemeinschaft und zählt zum unabdingbaren Kernbereich des Wohnungseigentums. Mit ihrem Stimmrecht können die Wohnungseigentümer an der Gestaltung der Verwaltung der Wohnungseigentümergemeinschaft mitwirken und auf diese Einfluss nehmen. Das Stimmrecht ist das elementarste Mitverwaltungsrecht. Es kann einem Wohnungseigentümer auch nicht durch die Anwendung einer Öffnungsklausel (siehe Kapitel 4.2.3) entzogen werden (LG Karlsruhe, 21.3.2017, 11 S 88/16).

1.2.1 Wer ist Inhaber des Stimmrechts?

Inhaber des Stimmrechts ist der zum Zeitpunkt der Eigentümerversammlung im Grundbuch eingetragene Wohnungseigentümer. Der Erwerber einer Eigentumswohnung, der noch nicht im Grundbuch eingetragen ist, ist nicht stimmberechtigt; und zwar selbst dann nicht, wenn sein Anspruch auf Übereignung durch eine Vormerkung im Grundbuch gesichert ist und Besitz, Nutzen und Lasten auf ihn übergegangen sind (BGH, 1.12.1988, V ZB 6/88, NJW 1989, 1087). Der eingetragene Wohnungseigentümer bleibt bis zur Umschreibung des Eigentums nach § 16 Abs. 2 WEG verpflichtet, die Lasten und Kosten des gemeinschaftlichen Eigentums zu tragen. Aus diesem Grund muss er auch die Möglichkeit haben, mit seinem Stimmrecht auf die Verwaltung des gemeinschaftlichen Eigentums Einfluss zu nehmen. Jedoch kann der werdende Eigentümer vom Veräußerer mit der Vertretung und Ausübung des Stimmrechts bevollmächtigt werden.

Abweichendes gilt für den Ersterwerber. Ein Sonderfall galt schon immer beim Ersterwerb vom teilenden Eigentümer, zum Beispiel bei Kauf vom Bauträger. Lag zwischen dem Alleineigentümer und dem Erwerber ein gültiger Erwerbsvertrag vor, war eine Auflassungsvormerkung in die angelegten Wohnungsgrundbücher eingetragen und ist der Übergang von Nutzen und Lasten auf den Erwerber erfolgt und hat er die Wohnung in Besitz genommen, sprach man von einer werdenden Wohnungseigentümergemeinschaft und der Erwerber war – als sogenannter faktischer Eigentümer – zur Versammlung einzuladen und konnte sein Stimmrecht ausüben. Diese in der Rechtsprechung entwickelten Grundsätze (zuletzt BGH, 14.2.2020, V ZR 159/19) wurden im Zuge der WEG-Reform 2020 gesetzlich geregelt. Gemäß § 9a Abs. 1 Satz 2 WEG entsteht die Gemeinschaft der Wohnungseigentümer mit Anlegung der Wohnungsgrundbücher; dies gilt auch im Fall des § 8 WEG, der in Abs. 3 für den Erwerb vom teilenden Eigentümer Folgendes regelt:

> »Wer einen Anspruch auf Übertragung von Wohnungseigentum gegen den teilenden Eigentümer hat, der durch Vormerkung im Grundbuch gesichert ist, gilt gegenüber der Gemeinschaft der Wohnungseigentümer und den anderen Wohnungseigentümern anstelle des teilenden Eigentümers als Wohnungseigentümer, sobald ihm der Besitz an den zum Sondereigentum gehörenden Räumen übergeben wurde.«

Der Ersterwerber ist also dann zur Versammlung zu laden und kann sein Stimmrecht ausüben, wenn folgende Voraussetzungen vorliegen:

- Der Erwerber hat gegen den teilenden Eigentümer einen Anspruch auf Übertragung von Wohnungseigentum (in der Regel durch Kaufvertrag),
- dieser Anspruch ist durch eine Vormerkung im Grundbuch gesichert und
- ihm wurde der Besitz an den zum Sondereigentum gehörenden Räumen übergeben.

Kein Stimmrecht besitzt der Nießbraucher (vgl. BGH, 7.3.2002, V ZB 24/01, WuM 2002, 277, NZM 2002, 450). Das Stimmrecht verbleibt hier allein beim Eigentümer. Gleiches dürfte daher bei anderen dinglichen Berechtigungen wie dem Wohnungsrecht (§ 1093 BGB) und dem Dauerwohnrecht (§§ 31 ff. WEG) gelten (vgl. OLG Hamburg, 12.5.2003, ZMR 2003, 701).

Dem Eigentümer, dessen Wohnung unter Zwangsverwaltung steht, ist es untersagt, die Verwaltung selbst vorzunehmen. Daher ist es erforderlich, den Zwangsverwalter einzuladen. Dem Zwangsverwalter steht grundsätzlich das Stimmrecht in der Eigentümerversammlung zu (LG Düsseldorf, 3.2.2009, 16 S 54/08; LG Berlin, 29.11.2005, 55 T 152/04). Dem Wohnungseigentümer verbleibt auch kein Teilnahmerecht; dies steht allein dem Zwangsverwalter zu, soweit nicht der Kernbereich des Wohnungseigentums betroffen ist (LG Berlin, 19.9.2008, 85 T 404/07).

Wenn über das Vermögen des Eigentümers das Insolvenzverfahren beantragt oder eröffnet ist oder eine zum Nachlass gehörende Wohnung unter Testamentsvollstreckung oder Nachlassverwaltung fällt, so übt der Insolvenzverwalter bzw. Testamentsvollstrecker bzw. Nachlassverwalter das Stimmrecht für den Wohnungseigentümer aus (LG Düsseldorf, 29.2.2012, 25 S 139/11).

Ein Stimmrecht haben folgende Personen:

- aktuell im Grundbuch eingetragener Wohnungseigentümer,
- werdender Eigentümer bei Ersterwerb, nicht bei Zweiterwerb,
- neben dem jeweiligen Wohnungseigentümer: der Zwangsverwalter,
- anstelle des jeweiligen Wohnungseigentümers: Nachlassverwalter, Insolvenzverwalter oder Testamentsvollstrecker.

Kein Stimmrecht haben Grundschuld- und Hypothekengläubiger, Nießbraucher, Mieter oder Pächter (siehe hierzu auch Kapitel 1.1.3).

1.2.2 Wenn eine Wohnung mehreren Eigentümern gehört

Das Stimmrecht steht den im Grundbuch eingetragenen Eigentümern zu (§ 25 Abs. 2 WEG). Sind mehrere Personen gemeinsam als Eigentümer im Grundbuch eingetragen, so können diese ihr Stimmrecht nur einheitlich ausüben. Eine anteilige Aufspaltung des Stimmrechts ist nicht zulässig. Wird eine Einigung nicht erzielt, so entfällt die Stimme. Auch wenn eine Teilungserklärung bestimmt, dass jeder Miteigentümer eine Stimme hat, führt das Bruchteilseigentum mehrerer an einer Wohnungseigentumseinheit nicht zu einer Vermehrung der Stimmrechte (LG Bremen, 9.2.2004, 2 T 560/03, ZMR 2004, 535). Dies gilt zum Beispiel für Bruchteilsgemeinschaften (LG Köln, 4.10.2012, 29 S 91/12), Erbengemeinschaften und eheliche Gütergemeinschaften.

Die einheitliche Stimmrechtsausübung kann entweder durch übereinstimmende Mitwirkung aller Mitberechtigten in der Versammlung erfolgen oder dadurch, dass die Mitberechtigten einen gemeinsamen Vertreter benennen, der die Stimme abgibt. Eine explizite Stimmrechtsvollmacht ist hier nicht zwingend erforderlich, wenn an der Berechtigung keine ernsthaften Zweifel bestehen. Allerdings kann die Stimmabgabe ungültig sein, wenn an der Ermächtigung durch den oder die übrigen Mitberechtigten Zweifel bestehen und eine Vollmacht nicht vorgelegt wird (vgl. BayObLG, NJW-RR 1994, 1236; OLG Düsseldorf, 9.7.2003, 3 Wx 119/03). Bei Eheleuten kann die Erklärung des einen mitberechtigten Ehegatten nur dann Wirkungen für und gegen den anderen mitberechtigten Ehegatten entfalten, wenn er die Erklärung zugleich in dessen Namen abgibt. Dies muss nicht ausdrücklich geschehen; vielmehr genügt es nach § 164 Abs. 1 Satz 2 BGB, wenn sich dies aus den Umständen ergibt (BGH, 19.7.2013, V ZR 109/12). Bei Ehegatten ist anerkannt, dass diese auch ohne eine ausdrückliche Vertretungsregelung in der Gemeinschaftsordnung jeweils einzeln berechtigt sind, auch allein das gemeinschaftliche Stimmrecht ihrer Einheit wahrzunehmen; einer Vollmachtsvorlage bedarf es nicht (LG München, 31.1.2011, 36 S 1580/11).

1.2.3 Welche Stimmrechtsprinzipien gibt es?

Es existieren verschiedene Stimmrechtsprinzipien. Neben dem gesetzlich verankerten Kopfprinzip sehen Gemeinschaftsordnungen häufig das Objektprinzip oder das Wertprinzip vor. Durch einen Mehrheitsbeschluss kann das geltende Stimmprinzip jedoch nicht abgeändert werden. Auch eine etwaige in der Teilungserklärung enthaltene allgemeine Öffnungsklausel gibt hierfür keine Beschlusskompetenz (LG Karlsruhe, 21.3.2017, 11 S 88/16). Bei Bestellung oder Abberufung des Verwalters stellt es keine unzulässige Beschränkung dar, wenn das Kopfprinzip durch Vereinbarung zugunsten des Objekt- oder des Wertprinzips abbedungen wurde (BGH, 28.10.2011, V ZR 253/10).

Tipp

Beim Erwerb von Sonder- oder Teileigentum ist stets darauf zu achten, welches Stimmprinzip gilt, also welches Gewicht das Stimmrecht hat. Je größer die Einheit ist, desto höher wird die wirtschaftliche Belastung sein und umso wichtiger ist die Beeinflussbarkeit von Beschlüssen.

1.2.3.1 Kopfprinzip

In § 25 Abs. 2 Satz 1 WEG ist das sogenannte Kopfprinzip verankert. Diese gesetzliche Regelung geht davon aus, dass jedem Wohnungseigentümer, unabhängig von der Größe und des Werts seines Miteigentumsanteils, eine Stimme zusteht. Ein Eigentümer hat hiernach auch dann nur eine Stimme, wenn er mehrere nach dem Grundbuch selbstständige Wohnungsrechte an einem Grundstück besitzt.

Beispiel: Mehrere Eigentümer

Sind mehrere Personen gemeinsam Eigentümer einer Eigentumswohnung, zum Beispiel Eheleute, so können diese ihr Stimmrecht nur gemeinschaftlich ausüben, da ihnen nur eine Stimme zusteht. Gleiches gilt, wenn Eheleuten zwei Eigentumseinheiten als Mitberechtigten je zur Hälfte zustehen.

Ausnahme: Gehört eine Wohnung einem Ehegatten allein und eine andere je zur Hälfte beiden, so können zwei Stimmrechte geltend gemacht werden, da es sich um verschiedene Rechtsträger handelt. Steht ein Wohnungseigentum zwei Wohnungseigentümern je zur Hälfte zu und teilen diese dasselbe in der Weise auf, dass einer von ihnen zugleich Alleineigentümer einer weiteren Wohnung wird, so kommt bei gesetzlichem Kopfstimmrecht zu dem der Rechtsgemeinschaft zustehenden Stimmrecht ein durch die Alleinberechtigung begründetes weiteres Stimmrecht hinzu (OLG Düsseldorf, 3.2.2004, I-3 Wx 364/03). Unter der Geltung des Kopfstimmprinzips steht nur teilweise personenidentischen Eigentümermehrheiten jeweils eine eigene Stimme zu. Denn es kommt alleine auf ihre Zusammensetzung an, nicht auf die Größe ihrer Anteile (BGH, 20.11.2020, V ZR 64/20).

Bei unterschiedlichen Auffassungen müssen sich die Berechtigten einigen, da eine Aufspaltung des Stimmrechts nicht möglich ist.

Eine Abweichung vom gesetzlichen Kopfprinzip durch Vereinbarung in der Gemeinschaftsordnung ist zulässig, in Betracht kommen das Wert- oder das Objektprinzip. Ein Mehrheitsbeschluss reicht hierfür jedoch nicht aus (vgl. BGH, 20.9.2000, V ZB 58/99, NJW 2000, 3500). Ein solcher wäre nichtig, da der Kernbereich des Wohnungseigentums betroffen ist.

1.2.3.2 Wertprinzip

Wurde das Wertprinzip in der Teilungserklärung oder Gemeinschaftsordnung vereinbart, so richtet sich die Stimmkraft nach der Größe der im Grundbuch eingetragenen Miteigentumsanteile. Die Wahl des Wertprinzips ist in der Praxis der häufigste Fall und beruht vor allem darauf, dass der Eigentümer mit dem größeren Miteigentumsanteil einen höheren Anteil an den Lasten und Kosten des gemeinschaftlichen Eigentums zu tragen hat (§ 16 Abs. 2 WEG) und ihm daher eine höhere Stimmkraft zugebilligt werden soll.

1.2.3.3 Objektprinzip

Es besteht die Möglichkeit, das Stimmrecht von der Anzahl der Wohnungs- und Teileigentumseinheiten abhängig zu machen. Jeder Eigentümer hat dann so viele Stimmen wie Sondereigentumsrechte. Auf die Größe der Einheiten wird hierbei keine Rücksicht genommen. Dies kann dazu führen, dass ein Garageneigentümer die gleiche Stimmkraft besitzt wie ein Eigentümer einer großen Wohnung. Denn ist in einer Gemeinschaftsordnung das Objektprinzip vereinbart, besitzt auch der Teileigentümer eine Stimme in der Eigentümerversammlung (AG Wiesbaden, 13.1.2012, 92 C 4523/11). Obgleich dies zunächst ungerecht erscheint, da den Eigentümer der Wohnung eine erheblich größere Kostenlast trifft, ist die Vereinbarung des Objektprinzips zulässig, denn auch das gesetzliche Kopfprinzip trennt zwischen der wirtschaftlichen Belastung und dem Wert des Stimmrechts.

Die mit dem Objektprinzip verbundene Gefahr einer Majorisierung der Mehrzahl der Wohnungseigentümer durch einen Wohnungseigentümer oder durch eine kleine Gruppe von Wohnungseigentümern führt, für sich allein betrachtet, noch nicht zur Aufhebbarkeit eines gefassten Beschlusses. Eine Anfechtungsklage hat allenfalls dann Aussicht auf Erfolg, wenn missbräuchlich von der Stimmmacht Gebrauch gemacht wurde (LG Saarbrücken, 23.7.2012, 5 S 28/11).

1.2.3.4 Nachträgliche Änderungen des Stimmrechts

Bei Veränderungen in der Wohnungseigentümergemeinschaft, beispielsweise durch Veräußerung, kann es zu veränderten Stimmverhältnissen kommen. Veräußert ein Wohnungseigentümer, dem mehrere Wohnungen gehören, einzelne davon, kommt es bei Geltung des Kopfprinzips zu einer Vermehrung der Stimmrechte (OLG München,

23.8.2006, 34 Wx 58/06, ZWE 2007, 153; BayObLG, 19.12.2001, 2 Z BR 15/01, ZMR 2002, 527). Dies gilt auch, wenn ein Wohnungseigentümer, der zwei Wohnungen besitzt, eine der Wohnungen auf eine juristische Person überträgt, deren Gesellschafter und Geschäftsführer er ist. Es handelt sich fortan um zwei unterschiedliche Rechtssubjekte. Hierbei ist unerheblich, ob der veräußernde Eigentümer beherrschenden Einfluss auf den Erwerber ausübt (BGH, 14.7.2017, V ZR 290/16).

Bei der Teilung von Miteigentumsanteilen oder der Zusammenlegung von Wohnungen gelten Besonderheiten jeweils auch abhängig vom geltenden Stimmprinzip. Teilt ein Miteigentümer in einer Wohnungseigentümergemeinschaft, in der das Kopfstimmrecht gilt, seinen Miteigentumsanteil ohne Zustimmung der übrigen Miteigentümer auf und veräußert den neu hinzugewonnenen Anteil an einen Dritten, führt das nicht zu einer Stimmrechtsmehrung, obwohl die Wohnungseigentümergemeinschaft nun aus einem Miteigentümer mehr besteht (BGH, 27.4.2012, V ZR 211/11; LG München I, 19.10.2009, 1 S 21731/08). Die Unterteilung einer Wohnungseigentumseinheit in zwei Einheiten führt auch im Fall der Veräußerung nicht zu einer Stimmrechtsvermehrung (BGH, 7.10.2004, V ZB 22/04). Sieht die Teilungserklärung ein Stimmrecht in der Eigentümerversammlung nach Miteigentumsanteilen vor, so führt die Unterteilung eines Wohnungseigentums nicht zu einer Stimmrechtsvermehrung (OLG Hamm, 12.3.2002, 15 W 358/01). Gleiches gilt bei der Teilung eines Miteigentumsanteils unter Geltung des Objektprinzips. Die Teilung führt nicht zu einer Verdoppelung der Stimmen, sondern zu einer gleichmäßigen Aufteilung nach Bruchteilen auf die neuen Miteigentumsanteile. Die Teilung darf keinen Nachteil für die übrigen Eigentümer nach sich ziehen, insbesondere keine Beeinträchtigung ihrer Stimmkraft (LG Karlsruhe, 21.3.2017, 11 S 88/16). Ist ein zum Ausbau berechtigter Wohnungseigentümer nach der Teilungserklärung aber berechtigt, die Einheiten im Dachgeschoss zu Wohnzwecken auszubauen, und ist er gleichzeitig zur »Begründung von neuem Wohnungseigentum« ermächtigt bzw. dazu, »beliebig viele Wohnungseigentumsrechte zu begründen«, so ist die entsprechende Regelung dahingehend auszulegen, dass den neu geschaffenen zusätzlichen Einheiten im Fall der Vereinbarung eines Objektstimmrechts jeweils ein volles Stimmrecht zukommen soll (LG Berlin, 7.2.2023, 55 S 56/22 WEG).

1.2.4 Stimmenthaltung

Die Ermittlung des Abstimmungsergebnisses erfolgt durch Auszählung der Ja-Stimmen, Nein-Stimmen und Enthaltungen. Die Stimmenthaltungen werden bei der Feststellung, ob ein Beschluss zustande gekommen ist, nicht berücksichtigt. Für das Beschlussergebnis ausschließlich maßgeblich ist, ob die Anzahl der Ja-Stimmen die Anzahl der Nein-Stimmen übersteigt. Die Beschlussfähigkeit der Eigentümerversammlung wird durch Stimmenthaltungen nicht beeinträchtigt. Durch ausdrückliche Vereinbarung in der Gemeinschaftsordnung ist es aber möglich, Stimmenthaltungen als Nein-Stimmen zu werten. Im schriftlichen Umlaufverfahren gilt es zu beachten, dass ein Beschluss nur dann zustande kommt, wenn alle Miteigentümer positiv zustimmen. Bei nur einer Enthaltung kommt er hier bereits nicht zustande.

1.2.5 Stimmrechtsmissbrauch und Majorisierung

Eine majorisierende Stimmenmehrheit liegt dann vor, wenn ein einzelner Eigentümer die Mehrheit aller berechtigten Stimmen auf sich vereinigt. Nach der gesetzlichen Vorgabe des § 25 Abs. 2 WEG hat jeder Eigentümer bei der Abstimmung nur eine Stimme. Hiervon kann jedoch durch Vereinbarung in der Teilungserklärung/Gemeinschaftsordnung abgewichen werden. Die Stimmrechtsausübung nach dem Wert- oder Objektprinzip kann unter Umständen dazu führen, dass ein Eigentümer, der viele Sondereigentumseinheiten besitzt, die Mehrheit der Stimmrechte auf sich vereinigt. Übt dieser Eigentümer seine Stimmenmehrheit rechtsmissbräuchlich aus, so kann der Beschluss im Rahmen einer Anfechtungsklage binnen Monatsfrist gerichtlich überprüft und ggf. für ungültig erklärt werden. Bei Majorisierung ist der Minderheitenschutz durch die Beschlussmängelklage gewährleistet. Majorisierende Beschlüsse können insbesondere unter dem Blickwinkel der Willkür, des Rechtsmissbrauchs oder einer unbilligen Benachteiligung Einzelner ordnungsmäßiger Verwaltung widersprechen (BGH, 14.7 2017, V ZR 290/16).

Die Problematik stellt sich oftmals bei der Verwalterwahl. Von einer rechtsmissbräuchlichen Stimmrechtsausübung ist dann auszugehen, wenn ein Mehrheitseigentümer einen ihm verbundenen Verwalter bestellt,

- dessen persönliche und fachliche Ungeeignetheit ihm bekannt ist.
- obwohl bereits in diesem Zeitpunkt Interessensgegensätze offenkundig sind und deshalb von vornherein nicht mit der Begründung eines unbelasteten, für die Ausübung des Verwalteramts erforderlichen Vertrauensverhältnisses gegenüber allen Wohnungseigentümern zu rechnen ist (OLG Düsseldorf, 16.4.1999, 3 Wx 77/99).

Es versteht sich in diesem Zusammenhang jedenfalls auch nicht von selbst, dass sich ein Mehrheitseigentümer, der nicht professioneller Verwalter ist, gegen den Willen der Minderheit selbst zum Verwalter bestellen darf. Dies wird ordnungsmäßiger Verwaltung in der Regel dann nicht entsprechen, wenn ein professioneller Verwalter zur Verfügung steht. Im Übrigen wird es auf die Umstände des Einzelfalls ankommen. Dabei ist insbesondere zu prüfen, ob der Mehrheitseigentümer persönlich und fachlich geeignet ist (BGH, 21.7.2023, V ZR 215/21).

Eine rechtsmissbräuchliche Majorisierung durch einen Mehrheitseigentümer liegt immer dann vor, wenn neben der Ausübung des Mehrheitsstimmrechts weitere Umstände hinzutreten, die sich als Verstoß gegen die Pflicht zur Rücksichtnahme auf die

Interessen der Gemeinschaft und damit gegen die Grundsätze ordnungsmäßiger Verwaltung darstellen. Ein solcher Verstoß kann schon anzunehmen sein, wenn der Mehrheitseigentümer eine erheblich teurere Verwaltung wählt, obwohl kein sachlicher Grund für die Bevorzugung besteht (LG Berlin, 23.9.2014, 55 S 302/12). Die Verfolgung privater Sonderinteressen eines Eigentümers bei der Wahl des Verwalters schließt diesen grundsätzlich nicht nach § 25 Abs. 4 WEG von der Abstimmung aus, wenn zur Majorisierung nicht weitere Umstände hinzutreten, die eine unangemessene Bevorteilung darstellen (LG Frankfurt/Oder, 18.9.2012, 16 S 9/12).

Eine unzulässige Majorisierung liegt zwar nicht schon dann vor, wenn der Mehrheitseigentümer mit seinen Stimmen einen Beschluss gegen die Stimmen aller anderen Wohnungseigentümer durchsetzt. Nutzt er jedoch ein ihm zustehendes Stimmenübergewicht, wie es sich insbesondere aus der Vereinbarung eines Objektstimmrechts ergeben kann, um eine eigennützige, sachlich nicht gerechtfertigte, insbesondere gegen die Grundsätze ordnungsmäßiger Verwaltung verstoßende oder gesetzwidrige Entscheidung herbeizuführen, begründet dies den Vorwurf rechtsmissbräuchlichen Verhaltens. Die unter Missbrauch des Stimmrechts abgegebenen Stimmen sind unwirksam, müssen also bei der Feststellung des Beschlussergebnisses unberücksichtigt bleiben (LG Mainz, 15.8.2011, 306 T 129/08).

Ein Stimmrechtsmissbrauch liegt nicht schon deshalb vor, weil ein Mehrheitseigentümer bereits allein 90% der Stimmen innehat; auch dann nicht, wenn er selbst oder ein von ihm favorisierter Kandidat als Verwalter zur Wahl steht (vgl. BGH, 19.9.2002, V ZB 30/02). Gleichfalls ist das Abstimmungsverhalten eines Wohnungseigentümers, der über eine Stimmmehrheit verfügt, dann nicht rechtsmissbräuchlich, wenn für die Stimmabgabe nachvollziehbare und verständliche Gründe vorliegen (BayObLG, 3.5.2005, 2Z BR 143/04, hier: zur Ablehnung der Genehmigung der Jahresabrechnung).

Nur wenn (ausnahmsweise) konkrete Umstände in der Versammlung hervorgetreten sind, die die Annahme eines Stimmrechtsmissbrauchs nahelegen, ist der Verwalter als Versammlungsleiter berechtigt und verpflichtet, die wegen Missbrauchs nichtige Stimme des Mehrheitseigentümers nicht mitzuzählen (BGH, a.a.O.). Wird in einem solchen Fall ein Beschlussantrag gegen den Willen des Mehrheitseigentümers abgelehnt, muss dieser den Beschluss fristgerecht anfechten, damit er nicht bestandskräftig wird. Es reicht nicht, dass der Mehrheitseigentümer Beschlüsse herbeiführt, die nicht ordnungsmäßiger Verwaltung entsprechen, oder Beschlüsse verhindert, die ordnungsmäßiger Verwaltung entsprechen würden. Die Art und Weise der Stimmrechtsausübung muss die übrigen Wohnungseigentümer vielmehr offenkundig und ohne jeden Zweifel in treuwidriger Weise benachteiligen (BGH, 14.7.2017, V ZR 290/16).

1.2.6 Stimmrechtsausschlüsse und -beschränkungen

In bestimmten Fällen schreibt § 25 Abs. 4 WEG vor, dass ein Wohnungseigentümer von der Ausübung seines Stimmrechts ausgeschlossen ist. Dies gilt,

- wenn die Beschlussfassung auf die Vornahme eines auf die Verwaltung des gemeinschaftlichen Eigentums bezüglichen Rechtsgeschäfts mit ihm gerichtet ist,
- wenn die Beschlussfassung die Einleitung oder Erledigung eines Rechtsstreits gegen ihn beinhaltet oder
- wenn der Wohnungseigentümer gemäß § 17 WEG rechtskräftig zur Veräußerung seines Wohnungseigentums verurteilt ist.

Beispiele: Gründe für einen Stimmrechtsausschluss

- Abschluss eines Rechtsgeschäfts (Kaufvertrag, Werkvertrag etc.) mit einem Miteigentümer, das auf die Vornahme von Instandsetzungs- und Instandhaltungsmaßnahmen am Gemeinschaftseigentum gerichtet ist. Wird entsprechend angewendet, wenn der Vertragspartner zwar ein Dritter ist, der Wohnungseigentümer mit dem Dritten aber wirtschaftlich so eng verbunden ist, dass sein persönliches Interesse mit dem des Dritten »völlig gleichgesetzt« werden kann. Dies wird angenommen, wenn der Wohnungseigentümer Alleingesellschafter der Gesellschaft ist oder wenn der die Gesellschaft beherrscht (BGH, 13.1.2017, V ZR 138/16).
- Von dem Stimmrechtsverbot nach § 25 Abs. 4 Alt. 2 WEG – Einleitung oder Erledigung eines Rechtsstreits – werden nur Abstimmungen über Beschlussgegenstände erfasst, die verfahrensrechtliche Maßnahmen betreffen. Darunter fallen insbesondere Beschlüsse über die Einleitung des Rechtsstreits, die Art und Weise der Prozessführung sowie die Frage der verfahrensrechtlichen Beendigung. Dass eine Beschlussfassung Auswirkungen auf den Rechtsstreit in materiell-rechtlicher Hinsicht hat oder haben kann, genügt nicht (BGH, 14.10.2011, V ZR 56/11). Ein Wohnungseigentümer unterliegt in entsprechender Anwendung von § 25 Abs. 4 Alt. 2 WEG einem Stimmverbot, wenn er einen Rechtsstreit gegen die Wohnungseigentümergemeinschaft führt und verfahrensbezogene Maßnahmen Gegenstand der Beschlussfassung sind (BGH, 6.12.2013, V ZR 85/13).
- Ein vom Stimmrecht ausgeschlossener Miteigentümer darf nicht auf die Beschlussfassung Einfluss nehmen, sodass er auch nicht Stimmrechtsvollmachten anderer Eigentümer ausüben darf (LG München I, 15.11.2022, 36 S 5288/22 WEG).
- Ist Gegenstand einer Beschlussfassung die Frage, ob Anschlussrechtsmittel in einem von einigen Wohnungseigentümern betriebenen Anfechtungsverfahren einzulegen sind, so ist ein Stimmrechtsverbot der Kläger gerechtfertigt und ihre Nein-Stimmen sind nicht zu berücksichtigen (LG Stuttgart, 24.9.2010, 19 S 23/10).
- Eine Mehrheitseigentümerin unterliegt keinem Stimmverbot gemäß § 25 Abs. 4 WEG n. F. bei der Beschlussfassung über die Abberufung einer zum selben Mutterkonzern gehörenden Verwalterin. Allein eine wirtschaftliche Verbundenheit zwischen Mehrheitseigentümerin und Verwalterin führt nicht zum Stimmrechtsausschluss. Die bloße Majorisierung als solche ist kein Fall des Rechtsmissbrauchs (LG Hamburg, 2.2.2022, 318 S 31/21).
- Vermietung gemeinschaftlichen Eigentums an einen Miteigentümer.

- Bei einem Antrag eines Eigentümers, eine bauliche Veränderung vornehmen zu dürfen, ist er selbst nicht stimmberechtigt (BayObLG, 20.6.1974, 2 Z 22/74). Neuere Ansicht: Bei einem Beschluss über eine bauliche Veränderung, die überwiegend oder sogar ausschließlich einem Miteigentümer zugutekommt, ist dieser grundsätzlich nicht von seinem Stimmrecht ausgeschlossen (BayObLG, 25.9.2003, 2 Z BR 171/03, ZMR 2004, 209).
- Für einen zum Verwalter bestellten Wohnungseigentümer besteht bei der Beschlussfassung über seine Abberufung auch bei gleichzeitiger Entscheidung über die Beendigung des Verwaltervertrags nur bei Vorliegen eines wichtigen Grundes ein Stimmverbot (BGH, 19.9.2002, V ZB 30/02).
- Ein Wohnungseigentümer, der zugleich das Verwalteramt innehat, ist nicht stimmberechtigt und auch nicht befugt, einen anderen Wohnungseigentümer bei der Stimmabgabe zu vertreten, wenn seine Abberufung als Verwalter aus wichtigem Grund zur Beschlussfassung steht. Ein Nichtwohnungseigentümer kann einen Wohnungseigentümer dann nicht bei der Stimmabgabe wirksam vertreten, wenn der Vertreter (hier: der Verwalter) – wäre er selbst Wohnungseigentümer – einem Stimmverbot unterläge (OLG Düsseldorf, 20.7.2001, 3 Wx 174/01).
- Entlastung des verwaltenden Miteigentümers (BayObLG, 22.6.1995, 2Z BR 48/95, WE 1996, 235; OLG Karlsruhe, 27.5.2002, 14 Wx 91/01, ZMR 2003, 289).
- Der Verwalter, der einzelne Wohnungseigentümer vertritt, ist im Hinblick auf seine Entlastung bei der Beschlussfassung nicht stimmberechtigt (LG Itzehoe, 31.5.2013, 11 S 14/11; OLG Hamm, 20.7.2006, 15 W 142/05; AG Weimar, 1.3.2013, 5 C 839/11). Bei der Abstimmung über die Entlastung kann der Verwalter weder mit eigenen noch mit durch Vollmacht zur Ausübung übertragenen Stimmen mitwirken (AG Neuss, 28.1.2008, 101 C 442/07). Wird zugleich unter demselben Tagesordnungspunkt und in einem Verfahren über eine weitere Frage abgestimmt, zum Beispiel über die Jahresabrechnung, so erstreckt sich der Stimmrechtsausschluss des Verwalters auch auf die Abstimmung über diesen weiteren Punkt (OLG Köln, 18.11.2006, 16 Wx 165/06).
- Bei einem Antrag über die Entlastung des Verwaltungsbeirats ist dieser von der Abstimmung ausgeschlossen (OLG Zweibrücken, 11.3.2002, 3 W 184/01, NZM 2002, 345; LG Itzehoe, 31.5.2013, 11 S 14/11).
- Die gerichtliche Geltendmachung von Gewährleistungsansprüchen gegen den Bauträger, wenn er zugleich Miteigentümer ist (BayObLG, WE 1993, 27), oder die Einleitung eines Beweisverfahrens gegen ihn (BayObLG, 20.2.1978, 2 Z 5/77; OLG Köln, 10.12.1990, 16 Wx 134/90). In der Ausnutzung der Stimmenmehrheit kann ein nach § 242 BGB unzulässiger Rechtsmissbrauch liegen, wenn ein Wohnungseigentümer zum Verwalter bestellt wird, mit dem als früherem Bauträger Streitigkeiten wegen Baumängeln bestehen. Denn als Verwalter ist er nach § 27 Abs. 1 Nr. 2 WEG unter anderem dazu berufen, Maßnahmen zur ordnungsmäßigen Instandhaltung und Instandsetzung des gemeinschaftlichen Eigentums zu treffen. Dazu gehört auch die Beseitigung der Baumängel (BayObLG, 19.12.2001, 2Z BR 15/01; OLG München, 23.8.2006, 34 Wx 58/06).
- Einleitung eines Verfahrens auf Entziehung des Wohnungseigentums nach § 17 WEG.
- Einleitung eines Rechtsstreits gegen bestimmte Eigentümer wegen Beseitigung von Verunreinigungen an der Fassade (LG München I, 6.12.2010, 1 S 11024/10).
- Sind mehrere Personen nur gemeinsam stimmberechtigt und ist einer von der Stimmrechtsausübung ausgeschlossen, so gilt das auch für die anderen Miteigentümer.

Keine Gründe für Stimmrechtsausschluss

- Bei Hausgeldrückständen (BGH, 10.12.2010, V ZR 60/10; BGH, 14.7.2017, V ZR 290/16): Ein Wohnungseigentümer, der mit der Zahlung von Beiträgen in Verzug ist, kann deswegen nicht von der Wohnungseigentümerversammlung ausgeschlossen werden; ihm kann auch nicht das Stimmrecht entzogen werden. Eine entsprechende Klausel in der Teilungserklärung ist nichtig.
- Abschluss eines Rechtsgeschäfts (Kaufvertrag, Werkvertrag etc.) mit einer Gesellschaft, deren Kommanditist Wohnungseigentümer ist; hier Abschluss eines Wärmelieferungsvertrags mit einer GmbH & Co. KG. Ein Kommanditist ist nicht zur Vertretung der Gesellschaft berechtigt und haftet nur beschränkt. Es kann daher nicht von einer Beherrschung der Gesellschaft ausgegangen werden (BGH, 13.1.2017, V ZR 138/16).
- Kein Ausschluss eines Wohnungseigentümer bei der Beschlussfassung über seine Bestellung zum Verwalter (BGH, 21.7.2023, V ZR 215/21). Im Fall einer Majorisierung sind jedoch andere Punkte zu überprüfen (a. a. O.).
- Kein Ausschluss des Verwalters von der Stimmrechtsausübung, wenn er einzelne Wohnungseigentümer bei der Beschlussfassung zu seiner Wiederbestellung vertritt (OLG Hamm, 20.7.2006, 15 W 142/05; OLG Köln, 18.11.2006, 16 Wx 165/06; OLG Hamburg, 16.7.2001, 2 Wx 116/00).
- Kein Ausschluss des teilenden Alleineigentümers, wenn dieser mit einem Ein-Mann-Beschluss einen Verwalter bestellt (BT-Drucks. 19/18791, 43).
- Bestellung als Verwaltungsbeirat (BayObLG, WuM 1990, 322 und ZMR 2001, 996) sowie dessen Abberufung, soweit sie nicht aus wichtigem Grund erfolgt.
- Kann nach der Gemeinschaftsordnung die Nutzungsänderung eines zum Sondereigentum gehörenden Raums (hier: Keller) mit Mehrheit beschlossen werden, so ist der Wohnungseigentümer, dem dieses Sondereigentum zusteht, grundsätzlich nicht von der Beschlussfassung ausgeschlossen (BayObLG, 22.5.1997, 2Z BR 15/97).
- Beschluss über die Abrechnung, wenn der Verwalter auch Miteigentümer ist (BayObLG, 22.6.1995, 2Z BR 48/95, WE 1996, 234). Soweit der Verwalter in Ausübung ihm erteilter Vollmachten für die Genehmigung der Jahresabrechnung gestimmt hat, besteht kein Stimmrechtsausschluss (LG Hamburg, 11.5.2011, 318 S 171/10).
- Ein Stimmrechtsausschluss kann nicht allein aus dem Umstand abgeleitet werden, dass Wohnungseigentum an nahe Angehörige mit dem Ziel übertragen wird, sich weitere Stimmrechte (bei Kopfprinzip) in der Eigentümerversammlung zu sichern. Maßgeblich ist vielmehr, ob in der Ausnutzung der Stimmenmehrheit ein Rechtsmissbrauch zulasten der Minderheit liegt. Solcherart zustande gekommene Beschlüsse sind auf Antrag für ungültig zu erklären (OLG München, 23.8.2006, 34 Wx 58/06).
- Wenn ein Verwalter nicht selbst Wohnungseigentümer ist, sondern als Vertreter anderer Wohnungseigentümer auftritt und dabei über seine eigene Abberufung abstimmt, so geht es um die Ausübung des Stimmrechts der Miteigentümer und damit um deren Recht zur Mitgestaltung der Gemeinschaftsangelegenheiten. Der Verwalter ist deshalb weder durch § 25 Abs. 4 WEG noch durch den allgemeinen Rechtsgedanken, wonach das Mitglied einer Personenvereinigung nicht an der Entscheidung über Maßnahmen beteiligt sein soll, die die Gemeinschaft ihm gegenüber aus wichtigem Grund vornehmen will, gehindert, an einer solchen Beschlussfassung mitzuwirken (OLG München, 15.9.2010, 32 Wx 16/10; a. A. LG Köln, 7.7.2016, 29 S 180/15).

- Von dem Stimmrechtsverbot nach § 25 Abs. 4 Alt. 2 WEG werden nur Abstimmungen über Beschlussgegenstände erfasst, die verfahrensrechtliche Maßnahmen betreffen, worunter insbesondere Beschlüsse über die Einleitung des Rechtsstreits, die Art und Weise der Prozessführung und die Frage der verfahrensrechtlichen Beendigung fallen; dass eine Beschlussfassung Auswirkungen auf den Rechtsstreit in materiell-rechtlicher Hinsicht hat oder haben kann, genügt nicht (BGH, 14.10.2011, V ZR 56/11).
- Der Umstand, dass Eigentumswohnungen nicht errichtet wurden, führt nicht dazu, dass das Sondereigentum nicht wirksam entstanden und den Inhabern dieses Sondereigentums die hiermit verbundenen Rechte nicht zustehen würden, sie insbesondere von der Mitwirkung und Abstimmung in der Eigentümerversammlung ausgeschlossen wären (LG München I, 15.3.2017, 1 S 10106/16).

Selbst wenn ein Eigentümer wegen § 25 Abs. 4 WEG kein Stimmrecht besitzt, schließt das nicht sein Teilnahme-, Rede- und Antragsrecht bei der Versammlung aus. Er ist auch berechtigt, die ohne seine Mitwirkung gefassten Beschlüsse gerichtlich anzufechten. Der ausgeschlossene Miteigentümer kann einen formellen Mangel, zum Beispiel den Verstoß gegen den Grundsatz der Nichtöffentlichkeit, auch nach erfolgtem Stimmrechtsausschluss rügen (LG Frankfurt/Main, 21.9.2011, 2-13 S 118/10).

Die Beteiligung an einer Abstimmung durch nicht stimmberechtigte Personen führt grundsätzlich zur Anfechtbarkeit des entsprechenden Beschlusses, die jedoch nur bei Kausalität der Abgabe der Stimmen für das Beschlussergebnis durchgreift (AG Essen-Steele, 27.10.2014, 21 C 51/13).

Soweit ein Wohnungseigentümer von seinem Stimmrecht ausgeschlossen ist, kann er auch keine dritte Person mit der Ausübung seines Stimmrechts bevollmächtigen. Ist ein Wohnungseigentümer von einem Stimmverbot betroffen, ist er umgekehrt grundsätzlich nicht befugt, einen anderen Wohnungseigentümer zu vertreten (AG Essen-Steele, 27.10.2014, 21 C 51/13).

Sind Ehegatten Miteigentümer eines Wohnungseigentums nach Bruchteilen oder in Gütergemeinschaft und ist einer von ihnen nicht stimmberechtigt, so wirkt der Ausschluss auch gegen den anderen (vgl. BayObLG, 15.10.1992, 2Z BR 75/92, NJW-RR 1993, 206).

Wirkt ein Eigentümer, der eigentlich von seinem Stimmrecht ausgeschlossen ist, dennoch an der Beschlussfassung mit, darf die Stimme nicht gezählt werden. Übersieht der Verwalter dies, so ist der Beschluss zunächst nicht nichtig, aber auf Anfechtung für ungültig zu erklären, wenn ohne die Stimme des Ausgeschlossenen keine Mehrheit zustande gekommen wäre.

Verhält es sich jedoch umgekehrt, und zwar dass einzelne Wohnungseigentümer zu Unrecht von der Beschlussfassung ausgeschlossen wurden, so sind diese Beschlüsse im Fall der Anfechtung für ungültig zu erklären, da ein formeller Mangel vorliegt (BGH, 14.7.2017, V ZR 290/16). Dies gilt unabhängig von der Frage, ob sich die Stimmrechtsausübung des Ausgeschlossenen auf das Beschlussergebnis ausgewirkt hätte oder nicht, insbesondere bei schwerwiegenden Eingriffen in den Kernbereich elementarer Mitgliedschaftsrechte, die dazu führen, dass das Teilnahme- und Mitwirkungsrecht eines Wohnungseigentümers in gravierender Weise ausgehebelt wird (BGH, 14.2.2020, V ZR 159/19, hier zum einem zum Verwaltungsbeirat bestellten werdenden Wohnungseigentümer, der bereits an mehreren Versammlungen teilgenommen hatte und von der anstehenden Versammlung ausgeschlossen wurde).

Durch Vereinbarung kann eine Beschränkung des Stimmrechts dahingehend erfolgen, dass zur Vertretung in der Eigentümerversammlung nur bestimmte Personen ermächtigt werden können. Dies lässt sich auf den Grundsatz der Nichtöffentlichkeit der Versammlung zurückführen. Insbesondere kommt hier ein Ausschluss des Mieters als Vertretungsberechtigter in Betracht. Ein mehrheitlicher Beschluss reicht für die Beschränkung des Stimmrechts allerdings nicht aus und wäre als gesetzesändernder Mehrheitsbeschluss nichtig.

1.2.7 Was bedeutet »Ruhen des Stimmrechts«?

Von einem »ruhenden Stimmrecht« spricht man, wenn der Wohnungseigentümer aus bestimmten Gründen nicht nur punktuell bei einem Beschlussgegenstand, sondern generell bei allen Beschlussfassungen nicht stimmberechtigt ist. Gesetzlich geregelt ist dieser Fall in § 25 Abs. 4 Alt. 3 WEG, wonach der gemäß § 17 WEG (Entziehung des Eigentums) rechtskräftig verurteilte Wohnungseigentümer sein Stimmrecht verliert.

Neben der gesetzlichen Regelung des § 25 Abs. 4 WEG über Stimmrechtsausschlüsse kann auch in der Teilungserklärung oder Gemeinschaftsordnung für bestimmte Fälle das Ruhen des Stimmrechts vereinbart werden. Hierbei muss die Vereinbarung allerdings der Bedeutung des Stimmrechts für den einzelnen Wohnungseigentümer Rechnung tragen. Derartige Vereinbarungen müssen hinreichend konkret gefasst sein, damit sich die Eigentümer darauf einstellen können. Dies kommt in Betracht, wenn sich ein Wohnungseigentümer einer ernsthaften Verletzung der ihm obliegenden Pflichten schuldig macht. Nach früherer Ansicht war dies der Fall, wenn ein Wohnungseigentümer seiner Verpflichtung zur Zahlung des Hausgeldes in erheblichem Umfang schuldhaft nicht nachgekommen ist. Nach neuerer Ansicht (BGH, 10.12.2010, V ZR 60/10) ist eine Regelung in der Teilungserklärung/Gemeinschaftsordnung, die einen Wohnungseigentümer bei Hausgeldschulden von seinem Stimmrecht ausschließt, gemäß § 134 BGB nichtig, da damit in den Kernbereich elementarer Mitgliedschaftsrechte eingegriffen wird.

1.2.8 Checkliste zum Stimmrecht

DIGITALE EXTRAS

Wer ist Inhaber des Stimmrechts?

- Der aktuell im Grundbuch eingetragene Wohnungseigentümer,
- der werdende Eigentümer bei Ersterwerb; nicht bei Zweiterwerb,
- neben dem jeweiligen Wohnungseigentümer: der Zwangsverwalter,
- anstelle des jeweiligen Wohnungseigentümers: Nachlassverwalter, Insolvenzverwalter oder Testamentsvollstrecker.

Kein Stimmrecht haben Grundschuld- und Hypothekengläubiger, Nießbraucher, Mieter oder Pächter.

Wer darf das Stimmrecht bei mehreren Berechtigten ausüben?
Sind mehrere Personen gemeinsam Eigentümer einer Wohnungseinheit, so können diese ihr Stimmrecht nur gemeinschaftlich ausüben, da ihnen nur eine Stimme zusteht.

Welches Stimmprinzip gilt?
Es wird unterschieden zwischen dem gesetzlich vorgesehenen Kopfprinzip, dem Wertprinzip und dem Objektprinzip. Das Kopfprinzip kann durch Vereinbarung in der Teilungserklärung abbedungen werden. Daher ist vor einer Eigentümerversammlung dringend zu klären, welches Stimmprinzip in der jeweiligen Wohnungseigentümergemeinschaft gilt.

Liegen Stimmrechtsausschlüsse vor?
Einzelne Wohnungseigentümer können vom Stimmrecht ausgeschlossen sein bzw. ihr Stimmrecht kann ruhen. Diese Eigentümer dürfen zwar an der Versammlung teilnehmen und ihr Rede- und Antragsrecht wahrnehmen, aber nicht mit abstimmen. Vor jedem Abstimmungsvorgang hat der Versammlungsleiter daher zu überprüfen, ob für die konkrete Beschlussfassung Stimmrechtsausschlüsse vorliegen.

Was passiert, wenn beim Stimmrechtsausschluss Fehler gemacht werden?

- Ein Eigentümer ist mit seinem Stimmrecht ausgeschlossen, wirkt aber dennoch an der Beschlussfassung mit. Die Folge: Der Beschluss ist nicht nichtig, aber anfechtbar und für ungültig zu erklären, wenn sich die Stimme auf das Beschlussergebnis ausgewirkt hat.
- Ein Eigentümer wird irrtümlich von der Stimmrechtsausübung ausgeschlossen. Die Folge: Der Beschluss ist anfechtbar und unabhängig von der Frage, ob sich der Stimmrechtsausschluss auf das Beschlussergebnis ausgewirkt hat, für ungültig zu erklären.

Was passiert bei Stimmrechtsmissbrauch?
Liegt eine Majorisierung vor – das heißt, ein Mehrheitseigentümer missbraucht seine Stimmenmehrheit rechtswidrig, um einen für ihn vorteilhaften Beschluss herbeizuführen –, kann dieser Beschluss binnen Monatsfrist gerichtlich angefochten werden.

1.3 Regelungen zur Vertretung in der Eigentümerversammlung

Jeder Wohnungseigentümer ist berechtigt, sich durch eine frei wählbare dritte Person bei der Eigentümerversammlung vertreten zu lassen. Handelt es sich bei der Person des Vertretenen um einen Geschäftsunfähigen oder Minderjährigen, ist die Vertretung durch den Betreuer gemäß § 1902 BGB bzw. durch die Eltern gemäß §§ 1626, 1629 BGB bereits gesetzlich angeordnet. Minderjährige können ihr Stimmrecht nur dann selbst ausüben, wenn der Beschluss für sie lediglich rechtlich vorteilhaft ist (§ 107 BGB).

Bei juristischen Personen wie der Aktiengesellschaft und der Gesellschaft mit beschränkter Haftung vertritt der gesetzliche Vertreter gemäß § 78 AktG und § 35 GmbHG die Gesellschaft, bei Personengesellschaften wie der KG, OHG und GbR der vertretungsberechtigte Gesellschafter oder ein Prokurist, der seine Vollmacht nachweist. Sind mehrere Personen zur Vertretung der Gesellschaft berechtigt, gilt auch hier, dass das Stimmrecht nur einheitlich ausgeübt werden kann.

Liegt keine gesetzliche, sondern eine gewillkürte Stellvertretung vor, so kann, wenn die Gemeinschaftsordnung keine diesbezügliche Vereinbarung enthält, die Person des Vertreters frei gewählt werden. Als Vertreter können zum Beispiel bestimmt werden: der Ehegatte, der Verwalter, ein Mitglied des Verwaltungsbeirats oder sonstige Miteigentümer; Rechtsanwälte, Steuerberater, Vermögensverwalter; sogar Mieter können bevollmächtigt werden, wobei dies nicht empfehlenswert ist, da oft Interessenkollisionen vorliegen.

Die Verwaltung darf in einem Einladungsschreiben nicht den Eindruck erwecken, ein Wohnungseigentümer könne sich nur durch die Verwaltungsbeiräte in der Versammlung vertreten lassen. Dies ist der Fall, wenn der Einberufung ein Formular beigefügt wird, mit dem ein Wohnungseigentümer nur die Verwaltungsbeiräte bevollmächtigen kann (LG München I, 4.11.2021, 36 S 14711/20).

Ein Wohnungseigentümer kann sich bei der Ausübung seines Stimmrechts auch durch mehrere Bevollmächtigte vertreten lassen. Diese können jedoch nur einheitlich abstimmen, wenn sie gleichzeitig in der Versammlung anwesend sind (BGH, 30.3.2012, V ZR 178/11).

Ist ein Wohnungseigentümer mit seinem Stimmrecht ausgeschlossen, kann dies nicht durch eine Vertretung umgangen werden. Der Vertreter hat nur die Rechte, die er von dem Vertretenen ableitet (BGH, 6.12.2013, V ZR 85/13). Da ein vom Stimmrecht ausgeschlossener Miteigentümer nicht auf die Beschlussfassung Einfluss nehmen darf, kann er auch nicht Stimmrechtsvollmachten anderer Eigentümer ausüben (LG München I, 15.11.2022, 36 S 5288/22 WEG).

Ein Eigentümerbeschluss, durch den der Vertreter von der Teilnahme an der Versammlung ausgeschlossen wurde, ist als sogenannter Geschäftsordnungsbeschluss nicht anfechtbar. Jedoch kann der Ausschluss die Anfechtbarkeit der in der Versammlung gefassten Beschlüsse begründen, wenn er zu Unrecht erfolgte und nicht ausgeschlossen werden kann, dass diese auch ohne den Ausschluss zustande gekommen wären.

Macht der Vertreter eines Wohnungseigentümers in der Eigentümerversammlung von der Stimmrechtsvollmacht keinen Gebrauch, kann der Auftraggeber daraus weder Anfechtungs- noch Nichtigkeitsgründe hinsichtlich eines gegen seinen Willen zustande gekommenen Eigentümerbeschlusses herleiten (KG Berlin, 8.1.1997, 24 W 4957/96).

1.3.1 Wann gelten Vertretungsbeschränkungen?

Durch eine Vereinbarung der Wohnungseigentümer in der Gemeinschaftsordnung kann das Recht, eine andere Person zur Ausübung des Stimmrechts zu bevollmächtigen, beschränkt werden.

Eine Regelung, die vorsieht, dass eine Vertretung bei der Ausübung des Stimmrechts nur durch Ehegatten, andere Wohnungseigentümer oder den Verwalter stattfinden kann, ist zulässig (BayObLG, 10.8.2000, 2Z BR 36/00, NZM 2001, 296; nach OLG Köln, 8.12.2003, 16 Wx 200/03, ZMR 2004, 378 gilt dies auch für den Lebensgefährten, wenn die nichteheliche Lebensgemeinschaft unstreitig und evident sowie auf Dauer angelegt ist und durch gemeinsame Kinder als ehegleiches Verhältnis nach außen dokumentiert wird). Ein Wohnungseigentümer kann sich auf einer Eigentümerversammlung auch nicht von seinem Sondereigentumsverwalter vertreten lassen, wenn dies der Vertretungsregelung in der Teilungserklärung widerspricht. Beschränkungen des Vertreterkreises in Altvereinbarungen sind auch nach Inkrafttreten der WEG-Reform 2020 weiterhin wirksam (LG Frankfurt/Main, 10.11.2022, 2-13 S 54/22).

Dies betrifft dann nicht nur die Stimmabgabe, sondern jede aktive Beteiligung (BGH, 29.1.1993, V ZB 24/92). Vertretungsbeschränkungen sind bedeutungslos, wenn die Stimmabgabe eines Vertreters in der Versammlung weder von den Miteigentümern noch vom Versammlungsleiter beanstandet wird (KG Berlin, 20.7.1994, 24 W 3942/94, ZMR 1994, 525; OLG Frankfurt/Main, DWE 1994, 162). Darüber hinaus unterliegen

Eigentümerbeschlüsse nicht deshalb der Aufhebung wegen formaler Mängel der Beschlussfassung, weil der Verwalter mit der Einladung Stimmrechtsvollmachten verschickt hat, ohne darauf hinzuweisen, dass nach der Teilungserklärung nur ein bestimmter Personenkreis bevollmächtigt werden darf, und ein Wohnungseigentümer in Unkenntnis der Teilungserklärung einen Dritten bevollmächtigt hat, der dann vom Verwalter von der Stimmabgabe ausgeschlossen wird.

Ist ein Wohnungseigentümer mit seinem Stimmrecht ausgeschlossen, kann dies nicht durch eine Vertretung umgangen werden. Der Vertreter hat nur die Rechte, die er von dem Vertretenen ableitet. Ein Stimmrechtsverbot des Vertreters ergibt sich aus § 25 Abs. 5 WEG dann, wenn er selbst Miteigentümer und von der Stimmrechtsausübung ausgeschlossen ist.

Wird dem Verwalter die Vollmacht erteilt, ist das Selbstkontrahierungsverbot des § 181 BGB zu beachten. Vom »Selbstkontrahieren« spricht man, wenn jemand als Vertreter eines anderen im eigenen Namen mit sich selbst oder im Namen eines von ihm vertretenen Dritten ein Rechtsgeschäft abschließt. Wenn der Verwalter nicht von § 181 BGB befreit ist, ist er bei Beschlussfassungen über die Abrechnung, die Entlastung, die Kündigung des Verwaltervertrags und andere mit ihm abzuschließende Rechtsgeschäfte ausgeschlossen.

1.3.2 Wer benötigt eine Vollmacht und wie muss sie aussehen?

Dem Vertreter ist eine Vollmacht zu erteilen. Bislang bedurften Stimmrechtsvollmachten keiner besonderen Form. Im Zuge der WEG-Reform wurde § 25 Abs. 3 WEG neu gefasst und regelt:

> »Vollmachten bedürfen zu ihrer Gültigkeit der Textform.«

Textform bedeutet, dass eine lesbare Erklärung, in der die Person des Erklärenden genannt ist, auf einem dauerhaften Datenträger abgegeben werden muss. Ein dauerhafter Datenträger ist jedes Medium,

1. das es dem Empfänger ermöglicht, eine auf dem Datenträger befindliche, an ihn persönlich gerichtete Erklärung so aufzubewahren oder zu speichern, dass sie ihm während eines für ihren Zweck angemessenen Zeitraums zugänglich ist, und
2. das geeignet ist, die Erklärung unverändert wiederzugeben.

So kommen nunmehr also auch Fax, E-Mail oder eine andere elektronische Nachricht für eine Vollmacht in Betracht. Die Textform kann notfalls auch noch während der Versammlung erfüllt werden.

Hinweis

Ein Bevollmächtigter, dessen Vollmacht gerügt wird, darf bei einer Abstimmung nur mitwirken, wenn er seine Vollmacht in Textform vorlegen kann. Die Stimmabgabe eines Bevollmächtigten, dessen Vollmacht nicht infrage gestellt wurde, ist dagegen wirksam, wenn er nur mündlich bevollmächtigt wurde.

Vereinbarungen in der Teilungserklärung nach alter Rechtslage

Zahlreiche Gemeinschaftsordnungen beinhalten Vereinbarungen, dass die Vollmacht in Schriftform – also eigenhändig unterschrieben – vorzulegen ist. Daher reichte bislang eine E-Mail oder ein Fax nicht aus. Fraglich ist, wie diese Vereinbarungen, die eine strengere Form an die Bevollmächtigung vorsehen, in Zukunft zu berücksichtigen sind. Gilt in diesen Fällen weiterhin die strenge Schriftform oder die erleichterte Textform nach § 25 Abs. 3 WEG? Diese Frage wurde vom Gesetzgeber nicht geklärt und wird wohl der Rechtsprechung vorbehalten bleiben. Bis sie geklärt ist, ist jeder Wohnungseigentümer, dessen Gemeinschaftsordnung für die Vertretungsvollmacht die Schriftform vorsieht, gut beraten, diese mit eigenhändiger Unterschrift vorzulegen, um nicht Gefahr zu laufen, dass sein Vertreter unter Berufung auf § 174 BGB zurückgewiesen wird.

Die bislang geltende Rechtsprechung wird wohl weitergelten, nur dass sie sich auf die Textform beziehen wird:

- Kann der Vertreter seine Bevollmächtigung nicht durch Vorlage einer Originalvollmachtsurkunde (seit 1.12.2020: in Textform) nachweisen und ist der Verwalter von der Bevollmächtigung nicht überzeugt, kann der Verwalter dessen Stimme zurückweisen (OLG Düsseldorf, 9.7.2003, I-3 Wx 119/03; OLG München, 1.12.2005, 32 Wx 93/05, ZMR 2006, 231). Dies kann auch durch den Widerspruch eines einzelnen Eigentümers erfolgen. Die abgegebene Stimme muss dann bei der Feststellung des Beschlussergebnisses unberücksichtigt bleiben.
- Wird in einer Wohnungseigentümerversammlung der versammlungsleitende Verwalter durch eine Direktbevollmächtigung des Mehrheitseigentümers tätig und wird von anderen Wohnungseigentümern mit Blick auf § 174 Satz 1 BGB die Stimmabgabe für den Mehrheitseigentümer mangels Nachweises der Bevollmächtigung durch Vorlage eines Originals der Vollmachtsurkunde (seit 1.12.2020: in Textform) zurückgewiesen, ist für die Wirksamkeit des Beschlusses unerheblich, ob die direkt erteilte Innenvollmacht tatsächlich bestand.
- In der Gemeinschaftsordnung kann vereinbart werden, dass im Fall der Vertretung eine schriftliche Vollmacht (seit 1.12.2020: Textform) vorgelegt und diese zu den Akten des Verwalters übergeben werden muss. Die Übergabe der Vollmacht zu den Akten kann hierbei als Voraussetzung für die Ausübung des Stimmrechts erachtet werden (OLG München, 1.12.2005, 32 Wx 093/05).

Bei Ehegatten ist anerkannt, dass diese auch ohne eine ausdrückliche Vertretungsregelung in der Gemeinschaftsordnung jeweils einzeln berechtigt sind, auch allein das gemeinschaftliche Stimmrecht ihrer Einheit wahrzunehmen; einer Vollmachtsvorlage bedarf es nicht (LG München, 31.1.2011, 36 S 1580/11).

Dauervollmacht

Eine Vollmacht zur Vertretung in der Eigentümerversammlung kann nicht nur für den Einzelfall, sondern auch für die Zukunft erteilt werden. Eine solche Vollmacht muss ebenfalls die Textform erfüllen und erforderlichenfalls in jeder einzelnen Versammlung vorgelegt werden können. Die einem Wohnungseigentümer von einem Miteigentümer erteilte Vollmacht, ihn in allen künftigen Wohnungseigentümerversammlungen bis auf Widerruf zu vertreten, kann sowohl gegenüber dem Bevollmächtigten als auch dem Dritten, dem gegenüber sie besteht, das heißt der Eigentümerversammlung, wirksam widerrufen werden. Die Widerrufserklärung kann ausdrücklich oder durch schlüssiges Verhalten, etwa durch Bestellung eines neuen Bevollmächtigten, erklärt werden. Erteilt der Wohnungseigentümer dem Verwalter eine speziell auf eine bestimmte Eigentümerversammlung bezogene Vollmacht, erlischt die einem Miteigentümer generell bis auf Widerruf erteilte Vollmacht, soweit sie sich auf die konkrete Versammlung erstreckt (OLG Hamburg, 28.1.2005, 2 Wx 44/04).

Hinweis

Die Vollmacht sollte klar erkennen lassen, welchen Umfang sie zeitlich und inhaltlich hat. Dabei kann bestimmt werden, ob die Bevollmächtigung im Hinblick auf einzelne Tagesordnungspunkte, die ganze Versammlung oder als sogenannte Dauervollmacht, also auch für alle künftigen Versammlungen, gelten soll. In der Vollmacht können zudem bestimmte Weisungen aufgenommen werden, wie der Vertreter zu stimmen hat. Enthält sie keine ausdrücklichen Vorgaben, ist davon auszugehen, dass sich die Vollmacht auf alle in der Tagesordnung genannten Punkte erstreckt. Die Vollmacht umfasst üblicherweise nicht nur das Stimmrecht, sondern gibt dem Vertreter auch ein Rede- und Antragsrecht.

Jeder Wohnungseigentümer ist berechtigt, Einblick in die zur Eigentümerversammlung dem Verwalter erteilten Vollmachten zu nehmen (OLG München, 31.10.2007, 34 Wx 60/07). Wird die Bitte um Einsichtnahme zurückgewiesen, stellt dies einen Beschlussmangel dar und führt zur Ungültigkeit der angefochtenen Beschlüsse (LG Frankfurt, 8.4.2015, 2-13, S 35/13).

Achtung: Vollmacht in Textform

Vollmachten sollten immer klar verständlich erteilt werden. Die Textform (E-Mail, Fax, sonstige elektronische Übermittlung) ist zwingend zu beachten.

Untervollmacht

Es besteht die Möglichkeit, dass der Vertreter eine Untervollmacht erteilt. Dies ist grundsätzlich zulässig, wenn die Gemeinschaftsordnung keine abweichende Regelung enthält. Mangels anderweitiger Bestimmung in der Gemeinschaftsordnung oder in der

Vollmacht kann der Verwalter für ihm erteilte Abstimmungsvollmachten Untervollmachten erteilen, soweit er damit nicht Weisungen über die Stimmrechtsausübung verbindet (BayObLG, 5.4.1990, BReg 2 Z 14/90). Ob jedoch aus der Vollmacht ersichtlich sein muss, dass die Unterbevollmächtigung gestattet oder generell zulässig ist, wird in der Rechtsprechung nicht einheitlich beurteilt. Im Einzelfall wird dies durch Auslegung zu ermitteln sein, wobei der höchstpersönliche Charakter einer Vollmacht meist zu einer Verneinung der Berechtigung zur Erteilung einer Untervollmacht führen wird. Jedenfalls wird auch eine Untervollmacht das Erfordernis der Textform erfüllen müssen.

Sieht die Gemeinschaftsordnung eine begrenzte Anzahl von Vertretungsmöglichkeiten vor, so muss die Erteilung einer Untervollmacht jedenfalls gestattet werden, weil ansonsten das Stimmrecht des bevollmächtigenden Eigentümers in der Versammlung verlorengehen würde, wenn einem Eigentümer mehr Vollmachten erteilt werden, als nach der Vereinbarung zulässig wäre.

Ist ein Wohnungseigentümer mit seinem Stimmrecht ausgeschlossen (siehe Kapitel 1.2.6), kann dies nicht durch eine Vertretung umgangen werden. Der Vertreter hat nur die Rechte, die er von dem Vertretenen ableitet.

Ein Stimmrechtsverbot des Vertreters selbst ergibt sich aus § 25 Abs. 4 WEG dann, wenn er selbst Miteigentümer und von der Stimmrechtsausübung ausgeschlossen ist. Uneinheitlich wird die Frage beantwortet, ob der vom Stimmrecht ausgeschlossene Wohnungseigentümer ihm erteilte Vollmachten weitergeben, also eine Untervollmacht erteilen kann. Nach einer Ansicht (BayObLG, 5.4.1990, BReg 2 Z 14/90, NJW-RR 1990, 784, NZM 1998, 668) soll der Bevollmächtigte, wenn sich aus der Vollmacht oder entsprechenden Regelungen in der Vereinbarung der Wohnungseigentümer nicht ausdrücklich etwas anderes ergibt, berechtigt sein, eine Untervollmacht zu geben, soweit er dem Unterbevollmächtigten nicht Weisungen über die Stimmrechtsausübung erteilt. Nach anderer Ansicht (OLG Zweibrücken, 14.5.1998, 3 W 40/98, WE 1998, 504) soll der Bevollmächtigte nur dann eine Untervollmacht erteilen können, wenn ihm dies ausdrücklich gestattet ist.

Die Untervollmacht darf jedenfalls nicht mit Weisungen über das Abstimmungsverhalten verbunden werden, da sich ansonsten der in der Person des Vertreters bestehende Interessenkonflikt in der Person des von ihm bestimmten Unterbevollmächtigten fortsetzen würde und der Stimmrechtsausschluss auf diese Weise umgangen werden würde.

MUSTER: VOLLMACHT

DIGITALE EXTRAS

Vollmacht

Zur Vertretung meiner/unserer Rechte, insbesondere der Ausübung meines/unseres Stimmrechts bei der Eigentümerversammlung der Wohnungseigentümergemeinschaft Tannstraße 100, 80123 München

am Donnerstag, 3.5.2024 um 18.00 Uhr in den Nebenräumen
der Gaststätte »Zur Eiche«, Tannstraße 1, 80123 München,

bevollmächtige(n) ich/wir ………………..
Herrn/Frau ………………..,
das Mitglied des Verwaltungsbeirats
Frau Isolde Müller, Müllerstraße 1, 80234 München
Herrn Balduin Maier, Tannstraße 100, 80123 München
Herrn Eduard Stein, Tannstraße 100, 80123 München
oder
den Verwalter.

Mir/uns gehören folgende Einheiten:
Wohnung: ………………..
Garage: ………………..

Diese Vollmacht schließt das Recht zur Erteilung von Untervollmachten ausdrücklich ein/aus.

Ich/wir erteile(n) folgende Weisung(en):
……………………………………………………………………………………
……………………………………………………………………………………

……………………………………………………………………
[Ort, Datum]

……………………………………………………………………
[Name Eigentümer]

1.3.3 Checkliste zur Vertretung

DIGITALE EXTRAS

Wer darf einen Wohnungseigentümer in der Versammlung vertreten?
Die Person des Vertreters darf frei gewählt werden, es sei denn, die Gemeinschaftsordnung sieht hierfür Einschränkungen vor, zum Beispiel Vertretung nur durch Miteigentümer, bestimmte Familienangehörige oder Ehegatten.

Achtung: Interessenkollision

In aller Regel empfiehlt es sich nicht, zum Beispiel den Mieter oder den Hausmeister mit der Stimmrechtsausübung zu betrauen, weil hierbei oftmals Interessenkollisionen gegeben sind.

Wie muss der Vertreter seine Vertretungsberechtigung nachweisen?
Eine Vollmacht, die den Vertreter eines Wohnungseigentümers berechtigt, dessen Rechte und Pflichten in der Eigentümerversammlung wahrzunehmen, muss in Textform vorliegen.

Was passiert, wenn der Vertreter keine Vollmacht vorlegt?
Bestehen berechtigte Zweifel über das tatsächliche Vorliegen einer Bevollmächtigung, weil der Vertreter keine Vollmacht in Textform vorlegen kann, und wird dies gerügt, so kann er zurückgewiesen und von der Teilnahme an der Versammlung und Stimmrechtsabgabe ausgeschlossen werden.

Welchen Inhalt muss eine Vollmacht haben?
Aus der Vollmachtsurkunde muss die Person des Vertretenen und des Vertreters hervorgehen. Die Vollmacht kann zeitlich, zum Beispiel auf eine bestimmte Versammlung, sowie inhaltlich beschränkt werden. So kann das Stimmrecht auf den Vertreter nur für einzelne Tagesordnungspunkte übertragen werden. Außerdem kann die Vollmacht bestimmte Weisungen enthalten, an die sich der Vertreter zu halten hat.

Welche Rechte hat der Vertreter?
Der Vertreter hat alle Rechte und Pflichten, die der Wohnungseigentümer selbst auch hätte. Er darf in der Eigentümerversammlung nicht nur vom Stimmrecht, sondern auch vom Rede- und Antragsrecht Gebrauch machen. Ist der Wohnungseigentümer von seinem Stimmrecht ausgeschlossen, gilt das auch für den Vertreter.

1.4 Virtuelle Teilnahme an Versammlungen

§ 23 Abs. 1 Satz 2 WEG
»Die Wohnungseigentümer können beschließen, dass Wohnungseigentümer an der Versammlung auch ohne Anwesenheit an deren Ort teilnehmen und sämtliche oder einzelne ihrer Rechte ganz oder teilweise im Wege elektronischer Kommunikation ausüben können.«

Die im Rahmen der WEG-Reform 2020 eingeführte Regelung des § 23 Abs. 1 Satz 2 WEG ist an § 118 Abs. 1 Satz 2 AktG angelehnt und soll es den Wohnungseigentümern ermöglichen, künftig auch virtuell und damit erleichtert an Versammlungen teilzunehmen.

Achtung: Präsenzversammlung

Es sind keine reinen Online-Versammlungen vorgesehen. Eine Präsenzversammlung muss weiterhin unter Einhaltung aller Formalia stattfinden und jeder Eigentümer muss die Möglichkeit haben, an ihr teilzunehmen. Sollte sich kein Eigentümer persönlich einfinden und wollen alle Eigentümer virtuell teilnehmen, ist dies zulässig.

Zunächst müssen die Eigentümer in einer Präsenzversammlung einen Beschluss fassen, dass die virtuelle Teilnahme an Versammlungen künftig möglich sein soll. Die Eigentümer können völlig frei entscheiden, ob sie diese Möglichkeit nutzen möchten. Ein Anspruch eines einzelnen Eigentümers auf eine solche Öffnung besteht nicht. Dieser Beschluss, für den die einfache Mehrheit ausreicht, sollte möglichst genau regeln, wie die Teilnahme ausgestaltet werden soll. Es gilt zu klären, wie konkret die Teilnahme und Beteiligung an der Versammlung erfolgen kann. Zum Beispiel lässt sich die Teilnahme auf die reine Abstimmungsmöglichkeit beschränken. Sollen die Teilnehmer nur die Veranstaltung hören oder auch sehen können? Dürfen die Teilnehmer auch ihr Rede- und Antragsrecht ausüben können? Die Gesetzesbegründung macht hierzu keine Vorgaben und räumt den Eigentümern einen weiten Gestaltungsspielraum ein. In Betracht kommen eine Zuschaltung per Telefon, Smartphone, Tablet oder Computer.

Achtung

Aktuell möchte die Bundesregierung, dass die Wohnungseigentümergemeinschaft auch gegen den Willen mancher Eigentümer beschließen kann, dass alle nur noch online teilnehmen können. Dazu soll es ausreichen, wenn bei der Eigentümerversammlung drei Viertel der anwesenden Eigentümer für eine reine Online-Veranstaltung stimmen. Die Lesungen hierzu begannen im Bundestag im Januar 2024. Näheres war zum Redaktionsschluss dieses Buches noch nicht bekannt.

Bedenkt man, dass das Teilnahme-, Rede- und Antragsrecht sowie die Abstimmung zu den wesentlichen Mitgliedschaftsrechten eines Eigentümers in der Wohnungseigentümergemeinschaft zählen, sollten wohl Lösungen gefunden werden, die sämtliche Rechte ermöglichen. Wie dies im Hinblick auf Software und Hardware in der Zukunft effektiv umgesetzt werden kann, bleibt immer noch abzuwarten. Verwalter müssen sich darauf vorbereiten und abklären, auf welche Art und Weise sie die neuen Möglichkeiten künftig wahrnehmen können und wollen. Da das Gesetz diese nunmehr vorsieht, werden Verwalter nicht umhinkommen, die notwendige Technik vorzuhalten, wenn die Eigentümer das durch entsprechende Beschlussfassung verlangen.

Sämtliche Kosten für die Organisation der Online-Teilnahme und eine mögliche Verwalter-Sondervergütung sind Kosten der Gemeinschaft der Wohnungseigentümer im Sinne von § 16 Abs. 2 Satz 1 WEG. Die Wohnungseigentümer können jedoch nach § 16 Abs. 2 Satz 2 WEG einen anderen Kostenverteilungsschlüssel hierfür vereinbaren. So könnte beschlossen werden, dass die Kosten nur diejenigen tragen, die virtuell an der Eigentümerversammlung teilnehmen wollen. Auch die Vertretung für sie muss möglich sein, wenn eine Vollmacht in Textform vorgelegt wird.

Probleme der virtuellen Teilnahme

Es gibt jedoch noch ungelöste Probleme, was dieses Thema angeht. Zudem sind Fragen, wie ein Missbrauch einwandfrei verhindert werden kann, nicht geklärt.

- Wie soll die Legitimation des jeweiligen Eigentümers zuverlässig erfolgen? Beispielsweise mit Kamera und Personalausweis oder einem vorab übermittelten PIN-Code etc.?
- Der Grundsatz der Nichtöffentlichkeit von Versammlungen muss weiterhin eingehalten werden können. Was passiert, wenn sich dritte Personen im Raum mit dem virtuellen Teilnehmer aufhalten? Können Eigentümer verpflichtet werden, ihre Webcam einzuschalten?
- Was passiert, wenn die Verbindung aufgrund technischer Störungen – ob am Versammlungsort oder beim virtuellen Teilnehmer – unterbrochen wird? Sind Beschlüsse dann anfechtbar? Hier hat sich die »Sphärentheorie« entwickelt. Es wird also darauf ankommen, in wessen Sphäre das technische Problem aufgetreten ist. Jeder Online-Teilnehmer trägt die Verantwortung für seinen Zugang, der Versammlungsleiter für die Software, das Portal, Kamera, Beamer etc.
- Wie kann der Versammlungsleiter sicher feststellen, welche Mehrheitsverhältnisse bei der Abstimmung vorliegen? Letztlich muss zu jeder Beschlussfassung klar ersichtlich sein, wie viele Stimmanteile an jeder Abstimmung beteiligt sind oder ggf. die Versammlung verlassen haben.

1.5 Teilnahme Dritter an der Versammlung

Lässt die Gemeinschaftsordnung nicht ausdrücklich zu, dass Dritte an der Eigentümerversammlung teilnehmen, so sind außenstehende Personen und Berater regelmäßig wegen des Grundsatzes der Nichtöffentlichkeit der Versammlung ausgeschlossen. Die Wohnungseigentümer haben ein schutzwürdiges Interesse daran, fremden Einfluss von der Versammlung fernzuhalten und dass interne Angelegenheiten nicht in die Öffentlichkeit getragen werden (BGH, 29.1.1993, V ZB 24/92; BayObLG, 16.5.2002, 2Z BR 32/02; OLG Frankfurt/Main, 7.4.1995, 20 W 16/95). Es ist jedoch zulässig, dass sich Wohnungseigentümer von Dritten vertreten lassen. Der Vertretene selbst muss dann der Versammlung fernbleiben.

Auch mit Einführung der virtuellen Teilnahmemöglichkeit an Versammlungen gilt, dass der Grundsatz der Nichtöffentlichkeit gewahrt werden muss. Ist dies augenscheinlich nicht der Fall, beispielsweise wenn in der Videoübertragung dritte Personen erkennbar sind, so muss der Verwalter einschreiten. Andernfalls ist die Anfechtung der gefassten Beschlüsse denkbar.

Liegt eine Vereinbarung hierzu in der Gemeinschaftsordnung vor, so ist deren Einhaltung vom Verwalter zwingend zu überprüfen. Zudem ist er verpflichtet, im Rahmen seines Hausrechts Dritte von der Versammlung auszuschließen. Besteht keine Vereinbarung in der Gemeinschaftsordnung, kann der Verwalter die betreffende Person von der Versammlung ausschließen oder die Wohnungseigentümergemeinschaft kann durch einen Antrag zur Geschäftsordnung entscheiden, ob die Teilnahme geduldet wird oder ob die dritte Person die Versammlung verlassen muss. Wenn sämtliche Wohnungseigentümer mit der Teilnahme einverstanden sind, dürfen Gäste bei der Versammlung anwesend sein (OLG Köln, 22.6.2009, 16 Wx 266/08); so auch das LG Itzehoe (7.8.2020, 11 S 43/17) zur Beschlussfassung über die Teilnahme von Ehegatten.

Nach neuerer Ansicht wird vertreten, dass die Wohnungseigentümer über die Zulassung der Teilnahme Dritter durch mehrheitlichen Geschäftsordnungsbeschluss entscheiden können (LG München I, 9.11.2022, 1 S 3113/21).

MUSTER: ANTRAG AUF AUSSCHLUSS EINER DRITTEN PERSON VON DER VERSAMMLUNG

DIGITALE EXTRAS

Es wird folgender Antrag gestellt: Der Besucher A/der Rechtsanwalt B/die dritte Person C wird wegen des Grundsatzes der Nichtöffentlichkeit der Eigentümerversammlung von der weiteren Durchführung der Versammlung ausgeschlossen und des Saales verwiesen.

Wird der Beschluss dahingehend gefasst, dass die dritte Person der Versammlung nicht beiwohnen darf, muss der Versammlungsleiter dafür sorgen, dass sie die Versammlung verlässt. Gegen solch einen Geschäftsordnungsbeschluss gibt es keinen Rechtsschutz, das heißt, er ist nicht anfechtbar. Ein Beschluss, der die grundsätzliche Teilnahme von Mietern an der Eigentümerversammlung zulässt, ist jedoch anfechtbar (AG Bochum, 30.10.2008, C 26/08).

Ein Ausschluss ist dann nicht möglich, wenn ein berechtigtes Interesse des Wohnungseigentümers an der Teilnahme der dritten Person besteht. Ob ein berechtigtes Interesse vorliegt, ist im Einzelfall nach Treu und Glauben und unter Abwägung der Interessen des einzelnen Wohnungseigentümers gegenüber den Interessen der restlichen Wohnungseigentümer auf Ausschluss der Öffentlichkeit zu beurteilen (BGH, 29.1.1993, V ZB 24/92, NJW 1993, 1329; BayObLG, 16.5.2002, 2 Z BR 32/02, ZMR 2002, 844).

Beispiel: Berechtigtes Interesse

Ein berechtigtes Interesse des Wohnungseigentümers kann sich aus einem in der Person des Eigentümers liegenden Umstand ergeben: etwa hohes Alter, geistige Gebrechlichkeit, Krankheit oder der besondere Schwierigkeitsgrad der in der Tagesordnung angekündigten Beschlussgegenstände. Bei einer ständigen persönlichen Erschwernis – etwa Schwerhörigkeit – eines Wohnungseigentümers ist die Teilnahme eines Rechtsanwalts als Begleitperson an der Versammlung auch dann zuzulassen, wenn die Gemeinschaftsordnung eine qualifizierte Vertretungsregelung enthält. Eine beliebige andere Person ist hingegen zur Begleitung des Wohnungseigentümers nicht berechtigt (AG Hannover, 17.2.2017, 482 C 11327/16).

Ein Ausländer hat zum Beispiel ein berechtigtes Interesse daran, einen Dolmetscher mitzubringen (BayObLG, 16.5.2002, 2 Z BR 32/02, ZMR 2002, 844; BGH, 29.1.1993, V ZB 24/92; AG Wiesbaden, 27.7.2012, 92 C 217/11). Dem Dolmetscher ist es jedoch untersagt, eigene Redebeiträge zu leisten oder seine persönliche Meinung einzubringen.

Die Teilnahme eines Rechtsanwalts als Berater eines Wohnungseigentümers ist im Normalfall generell unzulässig (BayObLG, 16.5.2002, 2 Z BR 32/02, ZMR 2002, 844) und wird, selbst bei älteren Wohnungseigentümern, regelmäßig abgelehnt, wenn nicht besondere Umstände hinzukommen. So kann dem Wohnungseigentümer zugemutet werden, dass er bei Bedarf bereits im Vorfeld der Wohnungseigentümerversammlung fachlichen Rat von einem Dritten einholt. Soll der Berater durch Redebeiträge auf die übrigen Wohnungseigentümer Einfluss nehmen oder in sonstiger Weise die Interessen eines einzelnen Eigentümers in der Diskussion vertreten, kann der betreffende Eigentümer dem Berater Stimmvollmacht erteilen und ihm damit Zugang zur Versammlung verschaffen (AG Rosenheim, 9.9.2014, 12 C 322/14). Die Vertretung durch einen Berater kann unzulässig sein, wenn die Gemeinschaftsordnung eine sogenannte Vertreterklausel vorsieht, nach der nur bestimmte Personen zur Vertretung berechtigt sein sollen, zum Beispiel Ehegatten, andere Eigentümer oder der Verwalter (siehe auch AG Hannover, 17.2.2017, 482 C 11327/16).

Tipp

Der allgemeine Ausschluss von Beratern einzelner Miteigentümer ist oftmals nicht sachgerecht. Kompetente Berater können durch das Erteilen von Informationen und die Mitwirkung in den Diskussionen durchaus nützlich und daher für den zu entscheidenden Gegenstand dienlich sein. Solange keine Störungen zu erwarten sind, sollte ein Berater daher zunächst stillschweigend oder durch Geschäftsordnungsbeschluss zugelassen werden. Ein späterer Ausschluss, wenn ein Eigentümer ihn beantragt oder der Berater die Versammlung stört, ist immer noch möglich.

Weigert sich ein Verwalter von vornherein, einen Berater zuzulassen, so kann der betreffende Eigentümer beantragen, dass ein Geschäftsordnungsbeschluss herbeigeführt wird, der entscheidet, ob der Berater zugelassen oder ausgeschlossen wird. Entscheidet sich die Eigentümerversammlung durch Geschäftsordnungsbeschluss für den Ausschluss des Beraters, kann ihn der jeweilige Miteigentümer mit seiner Vertretung beauftragen. Der Berater übt dann das Stimmrecht aus, der jeweilige Eigentümer muss jedoch die Versammlung verlassen.

Die Zerstrittenheit einzelner Eigentümer in der Wohnungseigentümergemeinschaft allein begründet noch kein berechtigtes Interesse an der Zuziehung eines Rechtsbeistands (OLG Hamm, 28.10.2003, 15 W 203/02, NZM 2005, 185).

Dem Mitglied eines Verwaltungsbeirats, das nicht zugleich Wohnungseigentümer ist, steht ein Anwesenheitsrecht in der Eigentümerversammlung jedenfalls in dem Umfang zu, in dem der Aufgabenbereich des Verwaltungsbeirats betroffen ist (OLG Hamm, ZMR 2007, 133).

Eine Ausnahme bei der Teilnahme dritter Personen lässt die Rechtsprechung im Hinblick auf Mitarbeiter des Verwalters oder einen ihn beratenden Dritten zu: Die Anwesenheit von Mitarbeitern der Verwaltung ist zulässig (vgl. BayObLG, 11.4.2001, 2 Z BR 27/01, ZWE 2001, 490; KG Berlin, 15.9.2000, 24 W 3301/00, ZWE 2001, 75), denn sie sind im Rahmen ihres Arbeitsverhältnisses zu Verschwiegenheit verpflichtet, und für das Führen einer ordnungsmäßigen Verwaltung insbesondere bei größeren Verwaltungsbüros erforderlich. So ist oftmals der die Buchhaltung ausführende Mitarbeiter mit Einzelheiten der Jahresabrechnung vertraut und kann daher Fragen der Wohnungseigentümer besser beantworten.

Der Verwalter darf zur Versammlung auch sach- oder rechtskundige Personen als Berater hinzuziehen, insbesondere wenn aufgrund der Tagesordnung damit zu rechnen ist, dass Fragen an den Verwalter gestellt werden, zu deren Beantwortung er in sachlicher oder rechtlicher Hinsicht der Beratung bedarf. Der Grundsatz der Nichtöffentlichkeit der Wohnungseigentümerversammlung hindert den Verwalter nicht daran, im Interesse der Gesamtheit der Wohnungseigentümer in Hinblick auf bestimmte Tagesordnungspunkte einen Rechtsanwalt als Berater zur Information und Meinungsbildung hinzuzuziehen. Das gilt, solange nicht ein konkreter Interessengegensatz zwischen einem einzelnen Wohnungseigentümer hervortritt und kein Wohnungseigentümer der Anwesenheit des Dritten widerspricht. Notwendig, aber auch hinreichend ist in diesem Fall, dass der Beratungsbedarf gerade in der Versammlung besteht, nur hier sachgerecht erfüllt werden kann und die Beratung bei objektiver Betrachtung allen anwesenden Eigentümern zugutekommt (OLG Köln, 22.6.2009, 16 Wx 266/08; OLG München, 18.9.2006, 34 Wx 89/06).

Nimmt ein Rechtsanwalt als Prozessbevollmächtigter zum Zweck der Beratung der in einem Anfechtungsverfahren beklagten Eigentümer an einer Eigentümerversammlung teil, liegt kein Verstoß gegen das Nichtöffentlichkeitsgebot vor (LG Frankfurt/Main, 21.9.2011, 2-13 S 118/10). Ist ein Rechtsanwalt im Auftrag der Wohnungseigentümergemeinschaft in der Eigentümerversammlung anwesend, der gegen die Interessen eines einzelnen Wohnungseigentümers tätig wird, so wird man dem Eigentümer, gegen den die Beratung gerichtet ist, die Begleitung durch einen eigenen Rechtsanwalt zugestehen müssen. Es verstößt gegen das Fairnessgebot und das gemeinschaftliche Rücksichtnahmegebot, wenn nur eine Seite anwaltlich beraten wird (AG Schöneberg, 17.3.2016, 771 C 64/15).

Allerdings entspricht die Unterbrechung einer Versammlung – bei Ausschluss des anfechtenden Wohnungseigentümers – zu dem Zweck, den von einem Beschlussanfechtungsverfahren betroffenen Wohnungseigentümern ein Informationsgespräch mit ihrem Rechtsanwalt zu ermöglichen, regelmäßig nicht einer ordnungsmäßigen Durchführung der Versammlung (BGH, 8.7.2016, V ZR 261/15). Zwar liegt es im Interesse der Wohnungseigentümer, sich über einen laufenden Anfechtungsprozess und dessen Ausgang, mögliche Konsequenzen und die weitere Vorgehensweise zu informieren und rechtlich beraten zu lassen. Eine sachgerechte Beratung hierzu erfordert es aber nicht, das Mandantengespräch auf den Zeitpunkt einer bereits laufenden Eigentümerversammlung zu legen. Nur wenn besondere Umstände vorliegen, etwa wenn Beratungsbedarf erst aufgrund der in der Eigentümerversammlung geführten Diskussion entsteht, kann eine solche Unterbrechung für ein Mandantengespräch in Betracht kommen. Eine ermessensfehlerhafte Unterbrechung der Eigentümerversammlung kann zur Anfechtbarkeit der anschließend gefassten Beschlüsse führen.

Ist der Verwalter gemäß dem Verwaltervertrag zur Beauftragung eines Rechtsanwalts ermächtigt, so kann dieser nicht ausgeschlossen werden, selbst wenn er unangekündigt zur Eigentümerversammlung erscheint (AG Schöneberg, 30.3.2006, 76 II 577/05 WEG). In einem solchen Fall wird davon auszugehen sein, dass aus Gründen der »Waffengleichheit« auch der Berater eines einzelnen Eigentümers zur Versammlung zuzulassen ist.

Rechtsfolge bei unberechtigter Teilnahme

Nimmt eine Person an der Versammlung teil, obwohl sie hierzu nicht berechtigt ist, sind sämtliche Beschlüsse, die bei der Versammlung gefasst werden, anfechtbar. Die unberechtigte Teilnahme allein reicht jedoch für eine erfolgreiche Anfechtung nicht aus. Die Anwesenheit dieser Person muss sich vielmehr konkret auf das Abstimmungsergebnis ausgewirkt haben. Dies kann bereits dann der Fall sein, wenn feststeht, dass sich die Anwesenheit des Nichteigentümers auf die Meinungsbildung der übrigen Eigentümer derart ausgewirkt hat, dass sie hierdurch ihr Stimmverhalten verändert haben. Verhält sich der Anwesende still und mischt sich nicht in die Versammlung ein, so reicht dies für eine Ungültigerklärung der Beschlüsse nicht aus (OLG Hamm, 14.6.1996, 15 W 15/96, ZMR 1996, 677). Steht dagegen fest, dass sich ein entsprechender Verstoß nicht ausgewirkt hat, scheidet eine Ungültigerklärung aus. Der Kläger muss regelmäßig den Verstoß gegen den Grundsatz der Nichtöffentlichkeit beweisen, die Beklagten müssen dagegen die fehlende Kausalität für das Beschlussergebnis darlegen und beweisen (OLG München, 7.6.2005, 32 WX 32/05). Die Kausalität eines Verstoßes gegen den Grundsatz der Öffentlichkeit ist regelmäßig zu verneinen, wenn sich der oder die Dritten weder an der Abstimmung beteiligt haben noch im Rahmen der Erörterungen Wortbeiträge eingebracht haben (LG Itzehoe, 7.8.2020, 11 S 43/17).

Hinweis

Wer von der Anwesenheit des Dritten bei der Versammlung Kenntnis hat und den Verstoß nicht rügt, verzichtet konkludent auf sein Recht, dass diese Person von der Versammlung ausgeschlossen wird (OLG Hamburg, 11.4.2007, 2 Wx 2/07; LG Düsseldorf, 16.3.2011, 25 S 56/10; AG München, 30.11.2012, 481 C 15837/12).

Der Widerspruch nur eines (anwesenden) Eigentümers gegen die Anwesenheit eines Gastes genügt, um diesen auszuschließen. Werden trotzdem Gäste zugelassen, so sind alle auf der Versammlung in deren Gegenwart gefassten Beschlüsse für ungültig zu erklären, und zwar ohne Kausalitätsprüfung (LG Frankfurt/Main, 21.9.2011, 2-13 S 118/10; AG München, 19.12.2013, 483 C 33043/12).

Lässt sich ein Eigentümer in der Versammlung vertreten, hängt es von der Person des Vertreters ab, ob eine unzulässige Beeinflussung der Willensbildungs- und Entschließungsfreiheit durch den unberechtigten Versammlungsteilnehmer anzunehmen ist. War der Vertreter mit der Anwesenheit des Unberechtigten einverstanden, kann der vertretene Eigentümer sich nicht mehr auf einen Verstoß gegen den Grundsatz der Nichtöffentlichkeit berufen (LG Berlin, 5.2.2013, 85 S 31/12).

Rechtsfolge bei unberechtigtem Ausschluss

Wurde ein Vertreter oder Begleiter, der zuzulassen ist, ausgeschlossen und soll ein Eigentümer auf diese Weise gezielt von der Versammlung ausgeschlossen werden, kann jeder auf der Versammlung gefasste Beschluss angefochten und für nichtig erklärt werden (OLG Köln, 17.12.2004, 16 Wx 191/04, NZM 2005, 149). Gleiches gilt, wenn ein Beschluss gefasst wird, der den Ausschluss auch für künftige Eigentümerversammlungen vorsieht (BayObLG, 7.12.1995, 2Z BR 72/95, WuM 1996, 113).

2 Ablauf der Eigentümerversammlung

Damit eine Eigentümerversammlung ordnungsmäßig abläuft, müssen einige Punkte berücksichtigt werden.

2.1 Leitung der Versammlung

Der Verwalter führt gemäß § 24 Abs. 5 WEG den Vorsitz in der Wohnungseigentümerversammlung, sofern die Gemeinschaftsordnung keine andere Regelung vorsieht. Handelt es sich bei dem Verwalter um eine natürliche Person, so ist er grundsätzlich persönlich zur Versammlungsleitung berechtigt und verpflichtet (OLG Schleswig, 4.12.1996, 2 W 85/96, MDR 1997, 821). Handelt es sich bei der Verwaltung um eine juristische Person oder eine Personengesellschaft, so gilt dies für deren gesetzlichen Vertreter, zum Beispiel den Geschäftsführer einer GmbH, den Prokuristen oder den vertretungsberechtigten Gesellschafter.

Der Verwalter ist allerdings auch berechtigt, sich Erfüllungsgehilfen zu bedienen und die Aufgabe der Versammlungsleitung im Einzelfall auf eine dritte Person, zum Beispiel Mitarbeiter, Sachbearbeiter, Rechtsberater etc. durch Bevollmächtigung zu übertragen, wenn sie in seinen Geschäftsbetrieb eingegliedert sind (OLG München, 7.6.2005, 32 Wx 32/05, NJW-RR 2005, 964; BayObLG, 11.4.2001, 2Z BR 27/01, ZWE 2001, 490; KG Berlin, 15.9.2000, 24 W 3301/00, ZWE 2001, 75; LG Berlin, 3.9.1986, 191 T 67/86, WuM 1989, 203).

Der Verwalter führt den Vorsitz auch dann, wenn die Eigentümerversammlung durch einen Dritten – einen zur Einberufung ermächtigten Eigentümer, dem Verwaltungsbeiratsvorsitzenden oder dessen Vertreter – einberufen wird. Die Wohnungseigentümer haben allerdings die Möglichkeit, einen Beschluss zu fassen (Geschäftsordnungsbeschluss), dass eine andere Person als der Verwalter die Versammlung leitet (§ 24 Abs. 5 WEG; vgl. BayObLG, 11.4.2001, 2 Z BR 27/01, ZWE 2001, 490).

Beispiele: Mögliche Versammlungsleiter

Als Versammlungsleiter kommen außer dem Verwalter in Betracht:

- ein Mitglied des Verwaltungsbeirats,
- ein Miteigentümer,
- eine dritte Person, zum Beispiel ein Rechtsanwalt.

Tipp

Eine andere Person zum Vorsitzenden zu wählen kann dann sinnvoll sein, wenn in der Versammlung

- Vorwürfe gegen den Verwalter erörtert werden sollen oder
- geplant ist, den Verwalter abzuberufen, oder
- ein neuer Verwalter gewählt werden soll.

Die Übertragung der Versammlungsleitung muss nicht zwingend die ganze Versammlung umfassen. Sie kann auch nur für einzelne Tagesordnungspunkte an eine andere Person gelten. Wie der Vorsitzende die Versammlung führt, liegt in seinem pflichtgemäßen Ermessen, das heißt, er muss für eine sachgerechte Behandlung der Tagesordnung und eine ungestörte Willensbildung der Wohnungseigentümer sorgen. Zu den Aufgaben des Vorsitzenden zählen insbesondere diese:

- Eröffnung und Schließung der Versammlung,
- Ausfüllen der Teilnehmerliste,
- Sicherstellung der Nichtöffentlichkeit,
- Registrierung und Überprüfung von Vertretungsvollmachten/Teilnahmerechten,
- einen störungsfreien Ablauf der Versammlung zu gewährleisten (Ordnungsrecht), zum Beispiel auch durch einen Saalverweis,
- dafür zu sorgen, dass jeder Eigentümer ausreichend rechtliches Gehör erhält, und zwar durch Einräumung und Entzug des Rederechts,
- Überprüfung von Stimmrechtsausschlüssen,
- Aufruf der Tagesordnungspunkte,
- Beschlussantragsformulierung,
- Durchführung der Abstimmung,
- Feststellung und Verkündung der gefassten Beschlüsse,
- Kontrolle der ordnungsmäßigen Protokollierung,
- Unterzeichnung des Protokolls sowie
- Führung der Beschlusssammlung.

2.2 Versammlungsbeginn

Zu Beginn einer jeden Versammlung sollte der Verwalter, der den Vorsitz der Versammlung übernimmt, feststellen, ob diese ordnungsmäßig einberufen wurde.

WEG-Reform 2020

Bisweilen musste zunächst festgestellt werden, ob die Versammlung beschlussfähig ist, was gemäß § 25 Abs. 3 WEG nur der Fall war, wenn die erschienenen oder vertretenen stimmberechtigten Wohnungseigentümer mehr als die Hälfte aller Miteigentumsanteile repräsentierten, berechnet nach der im Grundbuch eingetragenen Größe dieser Anteile. War dies nicht der Fall, musste der Versammlungsleiter die Versammlung wieder schließen. Diese Regelung ist im Zuge der Reform entfallen. Künftig ist jede Versammlung beschlussfähig, unabhängig von der Zahl der Teilnehmer.

Anderes kann sich nur noch aus einer Vereinbarung in einer Teilungserklärung/Gemeinschaftsordnung ergeben, die auch vor der WEG-Reform 2020 von der Regelung des § 25 Abs. 3 WEG a.F. abwich. In einem solchen Fall kann auch vereinbart werden, dass bei der Mehrheitsberechnung auf die Kopfzahl der Eigentümer oder die Anzahl der von ihnen gehaltenen Wohnungseinheiten abgestellt wird (vgl. KG Berlin, 10.11.1993, 24 W 6075/92, 24 W 6297/92, NJW-RR 1994, 659).

Bereits bei der Vorbereitung zur Versammlung sollte der Verwalter eine Teilnehmerliste erstellen. Die entsprechenden Miteigentumsanteile trägt er dann neben die Namen der Miteigentümer ein. Haben Eigentümer Vollmachten erteilt, werden die Vertreter ebenfalls notiert. Auch Miteigentümer die auf elektronischem Wege teilnehmen, sollten separat erfasst werden. Mit einer übersichtlichen Teilnehmerliste kann der Verwalter bei der Auszählung der Abstimmungsergebnisse erheblich Zeit einsparen und Fehler vermeiden.

2.3 Der Umgang mit der Tagesordnung

Mit dem Einladungsschreiben erhalten die Wohnungseigentümer bei Einberufung der Eigentümerversammlung die Tagesordnung. Für die Gültigkeit von Beschlüssen ist es erforderlich, dass ihr Gegenstand in der Einladung zur Versammlung ausreichend bezeichnet wurde und ggf. erforderliche Unterlagen mit übermittelt wurden (siehe auch Kapitel 1.1.6).

2.3.1 Aufruf der Tagesordnungspunkte

Der Versammlungsleiter ruft die Punkte der Tagesordnung gemäß der Reihenfolge in der Einladung auf. Ein neuer Tagesordnungspunkt darf erst dann besprochen werden, wenn die Diskussion und Abstimmung zum vorhergehenden beendet ist. Der Vorsitzende sollte die Teilnehmer über den Sachstand bezüglich der aufgerufenen Tagesordnungspunkte informieren und erläutern, warum eine Entscheidung der Versammlung durch Beschluss notwendig ist. Dies kann er tun, indem er zum Beispiel Informationen zum Stand einer Sanierungsmaßnahme gibt und die Erforderlichkeit einer Sonderumlage darlegt.

Der Vorsitzende wird dann die Teilnehmer um Wortbeiträge bitten bzw. die Diskussion mit einer Frage an die Anwesenden einleiten. Die Diskussions- und Beratungsphase dient dazu, eine Entscheidung zu finden, die dem Interesse der Wohnungseigentümergemeinschaft entspricht. Zum Ende der Diskussion empfiehlt sich eine Zusammenfassung der Wortbeiträge, wobei wichtige Punkte herauszustellen sind.

2.3.2 Formulierung des Beschlussantrags

Ist die Meinungsbildung zu einem Tagesordnungspunkt abgeschlossen, führt der Vorsitzende die Abstimmung zur Beschlussfassung durch. Er formuliert einen Beschlussvorschlag, liest ihn vor und stellt ihn zur Abstimmung.

Der Beschlussantrag muss hinreichend bestimmt sein, damit Auseinandersetzungen über den Inhalt vermieden werden können (OLG Düsseldorf, 4.9.1996, 3 Wx 125/96, ZMR 1997, 91). Zunächst muss deutlich erkennbar sein, dass es sich um einen Beschlussantrag handelt und nicht nur etwa um einen Hinweis. Lässt sich mangels Klarheit und Bestimmtheit auch durch Auslegung der Sinn des Beschlusses nicht ermitteln, so ist dieser nichtig (herrschende Meinung, BayObLG, 10.3.2004, 2Z BR 016/04, WuM 2004, 425; BayObLG, 6.6.2002, 2Z BR 124/01, NZM 2002, 875).

Tipp

Bei Beschlüssen ist darauf zu achten,
- sie klar, bestimmt, vollständig und möglichst auslegungsfrei zu formulieren,
- den Beschlussgegenstand exakt zu erfassen,
- die Art und Weise der Ausführung genau zu bestimmen,
- einen Kostenrahmen und die Finanzierung festzulegen und
- ggf. eine Kostentragungsregelung festzulegen.

Ein Beschlussantrag sollte nach Möglichkeit positiv formuliert werden. Zwar ist ein negativer Beschluss ebenso zulässig, dennoch sind aus Gründen der Allgemeinverständlichkeit negative Formulierungen zu vermeiden, da sie oft zu Verwirrungen führen.

Beispiele: Formulierung von Beschlüssen

Positive Formulierung: »Der Anstrich des Treppenhauses in der bisherigen Ausführung bis Ende des Jahres wird genehmigt. Mit der Durchführung beauftragt wird die Firma Maier gemäß vorliegendem Kostenvoranschlag.«

Negative Formulierung: »Bis Ende des Jahres wird kein neuer Anstrich des Treppenhauses genehmigt.«

Es zählt zu den Pflichten des Verwalters, einen Beschlussantrag ordnungsmäßig zu formulieren. Verletzt er diese Pflicht schuldhaft, indem die Beschlussvorlage zu unbestimmt formuliert wird, so kann er sich gegenüber der Wohnungseigentümergemeinschaft im Fall eines hieraus resultierenden gerichtlichen Verfahrens schadensersatzpflichtig machen (BGH, 9.10.1997, V ZB 3/97, NJW 1998, 755; OLG Oldenburg, 5.4.2005, 5 W 194/04, ZMR 2005, 814).

Tipp

Besonders bei schwierigen Beschlussfassungen sollte der Verwalter die Beschlussformulierung bereits vor der Versammlung gut durchdenken und – wenn erforderlich – verschiedene Beschlussvarianten vorbereiten. Schon für die Einberufung können die Beschlussvorschläge mit in die Tagesordnung aufgenommen werden.

2.3.3 Abstimmung über einen Beschluss

Gemäß § 25 Abs. 1 WEG entscheidet bei der Beschlussfassung die Mehrheit der abgegebenen Stimmen. Dies bedeutet, dass ein Beschluss zustande gekommen ist, wenn mehr Ja- als Nein-Stimmen abgegeben werden. Künftig gilt also, dass ein einfacher Mehrheitsbeschluss immer ausreicht. Ausnahmen können gelten im Fall von in der Teilungserklärung/Gemeinschaftsordnung enthaltenen Öffnungsklauseln oder im Fall des § 21 Abs. 2 Satz 1 Nr. 1 WEG bei der Frage zur Kostentragungsverpflichtung aller Wohnungseigentümer bei baulichen Veränderungen.

Die Beschlussfassung in der Wohnungseigentümergemeinschaft erfolgt durch Abstimmung über den Beschlussantrag; gesetzliche Regelungen zum Verfahren der Abstimmung existieren nicht. Wenn nicht bereits die Gemeinschaftsordnung eine Vereinbarung zum Abstimmungsverfahren enthält, können die Wohnungseigentümer hierzu einen sogenannten Geschäftsordnungsbeschluss fassen. Damit legen die Wohnungseigentümer das Verfahren der Abstimmung fest, beispielsweise die Reihenfolge der Fragen nach Zustimmung, Ablehnung oder Enthaltung, die Reihenfolge der Beschlussanträge, die Wahl einer geheimen Abstimmung mit Stimmzetteln oder einer offenen Abstimmung mit Stimmkarten oder Handzeichen. Liegt weder eine Vereinbarung noch ein Geschäftsordnungsbeschluss vor, entscheidet über Fragen zum Verfahren der Abstimmung der Versammlungsvorsitzende nach pflichtgemäßem Ermessen. Hierbei hat er darauf zu achten, ob die Abstimmung nach dem Kopf-, Wert- oder Objektprinzip erfolgen muss.

Er hat die Wahl, wie er die Abstimmung durchführt:

- offen durch Handzeichen, Zuruf oder Stimmkarten oder
- geheim durch Stimmzettel mit oder ohne Unterschrift.

Die geheime Abstimmung hat den Vorteil, dass jeder Eigentümer sein Stimmrecht unbefangen ausüben kann, da der Inhalt seiner Stimmrechtserklärung nicht offenkundig ist (wie bei einem Handzeichen). Wird nach dem Wertprinzip gestimmt, ist es unbedingt erforderlich, dass auf den Stimmzetteln die Höhe des Miteigentumsanteils vermerkt ist. Probleme bereitet insbesondere eine völlig anonyme Abstimmung mit Stimmzetteln, die nicht zugeordnet werden können, wenn es von Bedeutung ist, wie bestimmte Miteigentümer abgestimmt haben.

Tipp

Bei komplizierten Abstimmungen ist dem Verwalter zu raten, Stimmzettel zu verwenden, auf denen die Einheit des Miteigentümers sowie der Wert seines Stimmrechts vermerkt sind. Die Stimmabgabe erfolgt durch Ankreuzen von »Ja«, »Nein« oder »Enthaltung«. So kann jeder Eigentümer zunächst seine Stimme unbefangen abgeben und der Verwalter kann erforderlichenfalls die Stimmabgabe konkreten Eigentümern zuordnen. Die Stimmzettel können schon mit der Einladung zur Eigentümerversammlung verschickt werden.

Oftmals wird die Frage nach der Annahme oder Ablehnung eines Beschlusses vom Vorsitzenden so gewählt, dass zur Ermittlung des Ergebnisses in der offenen Abstimmung zunächst nach der zu erwartenden Minderheit gefragt wird und dann eine Rückrechnung auf die verbliebene Mehrheit erfolgt. Diese sogenannte Subtraktionsmethode ist zwar grundsätzlich zulässig (BGH, 19.9.2002, V ZB 37/02), solange ein Abstimmungsergebnis sicher festgestellt werden kann, sie ist jedoch nicht unbedenklich. Denn hier werden Stimmrechtsverbote und Enthaltungen meist nicht berücksichtigt und oftmals wagen es einzelne Wohnungseigentümer, die sich in der Minderheit befinden, nicht, ihr Handzeichen abzugeben und ihre Stimme entgegen der Mehrheit abzugeben.

Tipp

Um solche Situationen zu vermeiden, kann ein Antrag zur Geschäftsordnung dahingehend gestellt werden, dass bestimmte Abstimmungsmodalitäten einzuhalten sind, beispielsweise dass regelmäßig erst alle Ja-Stimmen, dann die Nein-Stimmen und zuletzt die Enthaltungen gezählt werden. In Betracht kommt auch, wie bereits erläutert, vor der Abstimmung Stimmzettel zu verteilen und die Abstimmung geheim durchzuführen.

Die Abstimmung erfolgt durch

- Zustimmung, Ja-Stimmen,
- Ablehnung, Nein-Stimmen und
- Enthaltung.

Der Vorsitzende stellt die Ja-Stimmen, die Nein-Stimmen und die Enthaltungen fest. Bei der Feststellung des Abstimmungsergebnisses kommt es nur auf die abgegebenen Ja- und Nein-Stimmen an (BGH, 8.12.1988, V ZB 3/88). Stimmenthaltungen bleiben außer Betracht, sie sind bei der Bestimmung der Mehrheit nicht mitzuzählen. Durch Vereinbarung kann abweichend geregelt werden, dass Stimmenthaltungen grundsätzlich als abgegebene Stimmen zu berücksichtigen und als Nein-Stimmen zu werten sind.

Tipp

Bei schwierigen Beschlussfassungen, knappen Ergebnissen, zu erwartenden Beschlussanfechtungen und wenn es um die erforderliche Zustimmung bestimmter Eigentümer geht, zum Beispiel bei baulichen Veränderungen oder bei der Verweigerung der Zustimmung zu einer erforderlichen Erhaltungsmaßnahme, ist es dringend anzuraten, die Stimmabgabe der jeweiligen Eigentümer namentlich zu dokumentieren. Sind sich die Wohnungseigentümer nicht über den Umfang oder die Art und Weise einer vorzunehmenden Maßnahme einig, so sollte der Versammlungsvorsitzende zuerst über den weitestgehenden Beschlussantrag abstimmen lassen.

Ist sich der Verwalter unschlüssig, zu welcher Meinungsbildung die Teilnehmer der Eigentümerversammlung neigen, kann er zunächst eine Probeabstimmung durchführen. Dies ist auch dann sinnvoll, wenn ein Beschluss nur mit qualifizierter Mehrheit festgestellt werden kann, beispielsweise wenn es um die Kosten für bauliche Veränderungen geht oder aufgrund einer Öffnungsklausel. Dass es sich lediglich um eine Probeabstimmung handelt, sollte der Verwalter vorher zur Vermeidung von Unklarheiten ausdrücklich anmerken.

2.3.4 Beschlussfeststellung und -verkündung

Nach Auszählung des Abstimmungsergebnisses stellt der Versammlungsleiter das Beschlussergebnis fest, gibt es bekannt und muss es in das Protokoll der Eigentümerversammlung aufnehmen. Bei der schriftlichen Beschlussfassung (Umlaufverfahren) findet die Verkündung des Beschlusses durch eine entsprechende Mitteilung des Verwalters an die Eigentümer statt. Dies kann in Form eines Rundschreibens erfolgen.

Der Beschluss kommt regelmäßig erst mit Feststellung und Bekanntgabe des Beschlussergebnisses durch den Versammlungsleiter zustande (BGH, 23.8.2001, V ZB 10/01, NZM 2001, 961). Die Feststellung und Bekanntgabe des Beschlusses hat damit konstitutive Wirkung. Das bedeutet: Erst mit der Beschlussfeststellung wird aus einer Willensäußerung der Wohnungseigentümer ein Beschluss der Eigentümerversammlung. Dies gilt sowohl für positive als auch für negative Beschlüsse.

Bereits in der Versammlung soll für die Wohnungseigentümer erkennbar sein, mit welchem Ergebnis der Beschluss zustande gekommen ist. Wegen der kurzen Anfechtungsfrist von einem Monat sollen die Eigentümer schon in der Versammlung beurteilen können, ob der Beschluss in ihrem Interesse liegt oder ob sie ihn anfechten wollen.

Ein Beschlussergebnis kann nicht unter der Bedingung festgestellt werden, dass kein Wohnungseigentümer innerhalb einer bestimmten Frist widerspricht; geschieht dies dennoch, ist ein Beschluss nicht zustande gekommen (BGH, 6.7.2018, V ZR 221/17).

Beispiele: Formulierung des Beschlussergebnisses

- »Der Beschlussantrag wurde angenommen.«
- »Der Beschlussantrag wurde abgelehnt.«

Bei der Kostenverteilung bei baulichen Veränderungen nach § 21 Abs. 2 Nr. 1 WEG oder Öffnungsklauseln:

- »Der Beschluss wurde mit der vorgeschriebenen doppelt qualifizierten Mehrheit angenommen.«
- »Der Beschluss wurde mangels Erreichens der vorgeschriebenen qualifizierten Mehrheit abgelehnt.«

Die konstitutive Verkündung des Beschlussergebnisses ist von der anschließenden Protokollierung in der Niederschrift zu unterscheiden. Die Protokollierung ist für die Entstehung eines Beschlusses nicht konstitutiv, also keine Voraussetzung für das wirksame Zustandekommen eines Beschlusses. Die Missachtung einer Regelung der Gemeinschaftsordnung, wonach zur Gültigkeit eines Wohnungseigentümerbeschlusses die Eintragung des Beschlusses in ein Beschlussbuch erforderlich ist, führt grundsätzlich nicht zur Nichtigkeit, sondern lediglich zur Anfechtbarkeit des nicht in das Beschlussbuch eingetragenen Wohnungseigentümerbeschlusses (LG Saarbrücken, 27.10.2010, 5 S 7/10). Sind die Beschlussverkündung in der Versammlung und die protokollierte Beschlussfassung nicht inhaltsgleich, kann dem Protokoll keine konstitutive Wirkung beigemessen werden (OLG Düsseldorf, 30.4.2000, 3 Wx 465/99).

In der Praxis kommt es häufig vor, dass eine ausdrückliche Feststellung und Bekanntgabe des Beschlussergebnisses unterbleibt. In diesen Fällen kann bei einem eindeutigen Abstimmungsergebnis mangels entgegenstehender Anhaltspunkte von einer konkludenten Feststellung und Bekanntgabe des Beschlusses ausgegangen werden (BGH, 23.8.2001, V ZB 10/01, NZM 2001, 961; LG Hamburg, 29.2.2012, 318 S 96/11).

Wurde ein Beschluss fehlerhaft verkündet, so ist er im Interesse der Rechtssicherheit dennoch vorläufig verbindlich, solange er nicht auf fristgerechte Klage im gerichtlichen Beschlussmängelverfahren für ungültig erklärt wird.

Achtung: Ausdrückliches und eindeutiges Beschlussergebnis

Um Haftungsrisiken zu vermeiden, sollten bestehende Zweifel in der Versammlung aufgenommen und auch im Protokoll vermerkt werden. Zur Vermeidung von Streitigkeiten muss der Versammlungsleiter darauf achten, das Beschlussergebnis ausdrücklich und eindeutig zu verkünden.

Die Rechtsprechung, in welchen Fällen ein Verwalter einen Beschluss verkünden muss oder aber die Verkündung ablehnen darf, ist nicht einheitlich, grundsätzlich kommt es auf die Umstände im Einzelfall an. Weiß der Verwalter nicht, ob Stimmen treuwidrig, entgegen einem Stimmverbot oder aufgrund einer möglicherweise nicht ausreichenden Vollmacht abgegeben wurden, darf der Verwalter ausnahmsweise von einer Beschlussfeststellung absehen und die Wohnungseigentümer auf den Weg einer positiven Beschlussfeststellungsklage verweisen. Handelt es sich um offensichtlich nichtige Beschlüsse, zum Beispiel wegen mangelnder Beschlusskompetenz, darf und sollte der Verwalter auf eine Beschlussfeststellung verzichten. (Nur) rechtswidrige Beschlüsse müssen vom Versammlungsleiter grundsätzlich festgestellt und verkündet werden (strittig). Dieser Verpflichtung darf er sich nur entziehen, wenn er sich hierzu wegen tatsächlicher oder rechtlicher Schwierigkeiten bei der Bewertung des Abstimmungsergebnisses außerstande sieht.

Gleiches gilt für Fälle, in denen die erforderliche Mehrheit für eine positive Beschlussfassung nicht erzielt werden konnte. Stellt der Verwalter dennoch ein positives Beschlussergebnis fest und verkündet es, ist der Beschluss zwar nicht nichtig, jedoch anfechtbar.

Der Verwalter ist nicht verpflichtet, das Zustandekommen eines Beschlusses festzustellen, bei dem die erforderliche Mehrheit nicht erreicht wird (LG München I, 27.4.2009, 1 S 19129/08). Tut er es dennoch, handelt er nicht zwingend pflichtwidrig (BGH, 29.5.2020,V ZR 141/19; hier zur baulichen Veränderung nach altem Recht, was im Hinblick auf § 20 Abs. 3 WEG fortgelten dürfte).

Unterlässt ein Versammlungsleiter die Verkündung des Beschlussergebnisses, sei es pflichtwidrig oder weil er sich zur Verkündung wegen tatsächlicher oder rechtlicher Schwierigkeiten bei der Bewertung des Abstimmungsergebnisses außerstande sieht, kann jedenfalls Klage auf Feststellung des Beschlussergebnisses erhoben werden. Die rechtskräftige Feststellung des Beschlussergebnisses durch das Gericht ersetzt die unterbliebene Feststellung des Versammlungsleiters und komplettiert so den Tatbestand für das Entstehen eines Eigentümerbeschlusses (vgl. LG Itzehoe, 19.1.2016, 11S 61/14).

Achtung: Grobe Pflichtverletzung

Nach bis zur WEG-Reform 2020 geltender Rechtslage trug der Verwalter als Versammlungsleiter das Risiko, dass ihm im Fall einer fehlerhaften oder pflichtwidrig unterlassenen Beschlussverkündung die Kosten eines dadurch veranlassten Beschlussmängelverfahrens auferlegt werden konnten (§ 49 Abs. 2 WEG a. F.), falls die Pflichtverletzung auf grobem Verschulden beruhte (BGH, 18.8.2010, V ZB 164/09). Dies gilt auch grundsätzlich weiterhin. Lediglich die Vorschrift des § 49 Abs. 2 WEG a. F. wurde abgeschafft. Die Kosten des Verfahrens können ihm nicht mehr direkt aufgebürdet werden, sondern müssen ggf. als Regress im Nachgang des Verfahrens gegen ihn geltend gemacht werden.

Beispiele: Rechtsprechung

- **Achtung!** Geltung zum alten Recht vor dem 1.12.2020, aber wohl Fortgeltung für § 20 Abs. 3 WEG n. F. und im Fall von Öffnungsklauseln!
- Die Eigentümer möchten mehrheitlich eine bauliche Veränderung beschließen. Wegen Abwesenheit einiger Eigentümer kann der Beschluss nicht mit der erforderlichen Zustimmung all der Eigentümer, die in ihren Rechten betroffen sind, gefasst werden, worauf der Versammlungsleiter hinweist. Gleichwohl wird dieser rechtswidrige (aber nicht nichtige, sondern nur anfechtbare) Beschluss von der Eigentümerversammlung gefasst. Der Verwalter darf und sollte in diesem Fall die Feststellung und Verkündung des Beschlussergebnisses verweigern, wenn die erforderlichen Zustimmungen nicht vorliegen. Kommt bei einem Beschlussantrag über eine bauliche Veränderung zwar ein Mehrheitsbeschluss zustande, stimmen aber nicht alle beeinträchtigten Wohnungseigentümer zu, ist der Versammlungsleiter nicht verpflichtet, den Beschluss positiv zu verkünden (LG München I, 27.4.2009, 1 S 19129/08; a. A. AG Oberhausen, 22.12.2009, 34 C 55/09). Der Verwalter muss in Vorbereitung einer Beschlussfassung über die bauliche Veränderung des gemeinschaftlichen Eigentums gemäß § 22 Abs. 1 WEG (altes Recht; jetzt noch Anwendungsfall des § 20 Abs. 3 WEG) prüfen, ob einzelne Wohnungseigentümer (und ggf. welche) ihre Zustimmung erteilen müssen. Zudem muss er die Eigentümerversammlung vor der Beschlussfassung über das Ergebnis seiner Prüfung informieren und ggf. auf ein bestehendes Anfechtungsrisiko hinweisen. Er handelt nicht pflichtwidrig, wenn er den Beschluss verkündet, obwohl nicht alle Eigentümer zugestimmt haben, die über das in § 14 Nr. 1 WEG bestimmte Maß hinaus beeinträchtigt werden (BGH, 29.5.2020, V ZR 141/19).
- Eine grobe Pflichtverletzung soll jedoch nicht vorliegen, wenn der Verwalter auf erforderliche Stimmrechtserfordernisse hingewiesen hat, sich aber dem ausdrücklichen Willen der Mehrheit der Wohnungseigentümer gebeugt und trotz Nichterreichens der erforderlichen Stimmenmehrheit einen Beschluss als angenommen verkündet hat (LG Berlin, 17.2.2009, 55 T 34/08).
- Die Eigentümergemeinschaft möchte beschließen, dass für künftige Eigentümerbeschlüsse nicht das in der Gemeinschaftsordnung für das Stimmrecht verankerte Wertprinzip, sondern das Objektprinzip gelten soll. Ein solcher Beschluss wäre mangels Beschlusskompetenz der Eigentümergemeinschaft nichtig und der Verwalter muss und sollte ihn nicht feststellen und verkünden.

Weigert sich der Versammlungsleiter, einen Beschluss festzustellen, können die Eigentümer auf zwei Arten damit umgehen:

- Sie können im Wege eines sogenannten Geschäftsordnungsbeschlusses einen anderen Versammlungsleiter wählen und diesen den Beschluss feststellen lassen.
- Sie können die Feststellung des Beschlusses durch das Gericht veranlassen (BayObLG, 13.3.2003, 2Z BR 85/02, ZMR 2004, 125; LG Berlin, 18.12.2001, 85 T 182/01, ZMR 2003, 139). Ein solcher Antrag an das Gericht ist nicht fristgebunden.

Auch kann sich der Verwalter, wenn er unsicher ist, eine entsprechende Weisung durch einen Geschäftsordnungsbeschluss einholen (BGH, 29.5.2020, V ZR 141/19).

2.4 Geschäftsordnungsbeschluss zum Ablauf der Versammlung

Die Gemeinschaft kann über alle Angelegenheiten bestimmen, die den Ablauf der Versammlung und die Geschäftsordnung betreffen, beispielsweise die Versammlungsleitung, die Reihenfolge der Behandlung der Tagesordnungspunkte, die Redezeit und die Abstimmungsmodalitäten durch einen Geschäftsordnungsbeschluss (ausführlich siehe Kapitel 4.2.4.10).

Regeln über die Geschäftsordnung können bereits in der Gemeinschaftsordnung enthalten sein oder mehrheitlich beschlossen werden. Ein Beschluss über die Geschäftsordnung muss nicht in der Tagesordnung angekündigt werden und ist nicht selbstständig anfechtbar (BayObLG, 10.7.1987, 2 Z 47/87, NJW-RR 1987, 1363; LG Köln, 30.6.2011, 29 S 246/10).

2.5 Antrags- und Rederecht

Das Antrags- und das Rederecht eines Wohnungseigentümers oder dessen Vertreters gehören zum Inhalt seines auf dem Mitverwaltungsrecht beruhenden Teilnahmerechts. In der Versammlung ist jeder Wohnungseigentümer berechtigt, einen Antrag zur Beschlussfassung zu stellen. Im Regelfall sollten die Wohnungseigentümer die Beschlussantragsformulierung aber dem Verwalter überlassen, da zumindest ein professioneller Verwalter Übung in der Abfassung verständlicher und hinreichend bestimmter Beschlüsse haben sollte.

Durch ihr Rederecht können die Versammlungsteilnehmer Einfluss auf die Meinungsbildung nehmen. Jedem Teilnehmer muss es möglich sein, sich an der Diskussion und der Meinungsbildung zu beteiligen und die Argumente vorzutragen, die seiner Ansicht nach für oder gegen den Beschlussantrag sprechen. Auch Stimmrechtsvertreter und diejenigen Eigentümer, die mit ihrem Stimmrecht ausgeschlossen sind, haben das Antrags- und Rederecht; Letztere dürfen bei der Abstimmung allerdings nicht mitwirken. Wird das Antrags- und Rederecht eines Wohnungseigentümers zu Unrecht beschnitten, kann dies einen formellen Grund für eine Anfechtungsklage darstellen.

Bei großen Wohnungseigentümergemeinschaften und vielen Wortmeldungen hat der Vorsitzende jedoch das Recht, die Redezeit des einzelnen Wohnungseigentümers zu beschränken, um eine zumutbare Dauer der Versammlung sicherzustellen. Eine Beschränkung des Rederechts von Eigentümern auf der Versammlung muss unter Wahrung des Verhältnismäßigkeitsgrundsatzes so schonend wie möglich erfolgen (LG Frankfurt, 7.6.2018, 2-13 S 88/17). Die Beschränkung der Redezeit hat sich an der Bedeutung und der Schwierigkeit des Diskussionsgegenstands sowie der Anzahl der

Versammlungsteilnehmer zu orientieren (BayObLG, 22.4.1999, 2Z BR 9/99, NZM 1999, 852; OLG Stuttgart, 30.4.1986, 8 W 531/85, ZMR 1986, 370; AG Koblenz, 18.5.2010, 133 C 3201/09) und muss alle Wohnungseigentümer gleich behandeln.

Ein Wohnungseigentümerbeschluss, der eine generelle Regelung über die Beschränkung der Redezeit bei Wohnungseigentümerversammlungen enthält, ist im Gegensatz zu einfachen Geschäftsordnungsbeschlüssen, die sich mit dem Ablauf einer Versammlung erledigen, separat anfechtbar (LG Frankfurt/Main, 5.6.2014, 2-09 S 6/13). In seltenen Fällen enthält bereits die Gemeinschaftsordnung eine Vereinbarung über die Dauer der Redezeit.

Tipp

Eine Beschränkung der Redezeit zu einem einzelnen Tagesordnungspunkt auf fünf Minuten pro Eigentümer dürfte sachgerecht und zulässig sein. Je bedeutsamer ein Beschlussgegenstand ist, desto mehr Redezeit kann eingeräumt werden.

Hält sich ein Versammlungsteilnehmer nicht an seine Redezeit, so kann ihm nach vorheriger Abmahnung das Wort entzogen werden. Des Weiteren kommt ein Wortentzug in Betracht, wenn sich ein Teilnehmer in beleidigender oder offenkundig unsachlicher Art und Weise äußert. Unangemessenes Benehmen und ein Verstoß gegen allgemeine Anstandsregeln können nicht nur zum Wortentzug führen, sondern der betreffende Wohnungseigentümer kann auch von der Teilnahme an der Wohnungseigentümerversammlung ausgeschlossen werden. Dies darf jedoch nur als letztes Mittel in Betracht gezogen werden, die Störung der Versammlung muss erheblich sein.

Beispiele: Ausschluss von der Versammlung

- Stört ein Wohnungseigentümer den Versammlungsablauf, etwa durch beleidigende Zwischenrufe, Lärmen, Missachtung des Wortentzugs oder gar durch tätliche Angriffe auf andere Versammlungsteilnehmer, so sollte er zunächst mündlich ermahnt werden. Wenn der weitere ordnungsmäßige Ablauf der Eigentümerversammlung gefährdet ist, kann er bei vorheriger Androhung des Ausschlusses aus der Versammlung verwiesen werden.
- Werden von einem Eigentümer heimlich Tonbandmitschnitte vorgenommen und weigert sich der aufnehmende Anwesende, dies zu unterlassen und vorhandene Aufnahmen nachprüfbar zu löschen, kann er des Saales verwiesen werden. Heimliche Mitschnitte sind unzulässig. Eine Aufzeichnung der Versammlung ist nur zulässig, wenn alle Versammlungsteilnehmer dem zustimmen. Liegt eine Zustimmung nicht vor, kann der Vorsitzende die Herausgabe der Aufnahme verlangen.

Der Saalverweis ist der schwerwiegendste Eingriff in die Rechte eines Wohnungseigentümers und sollte daher nur als letztes Mittel gewählt werden, wenn anders der störungsfreie Ablauf der Versammlung nicht gewährleistet werden kann (vgl. OLG

Saarbrücken, 28.8.2003, 5 W 11/03-4, ZMR 2004, 67; Bärmann, Kommentar WEG, 15. Auflage 2023, § 24 Rn. 105).

2.6 Schluss der Versammlung

Sind alle Tagesordnungspunkte vollständig erörtert und alle Beschlüsse verkündet, schließt der Versammlungsleiter formell die Eigentümerversammlung. Eigenmächtig darf der Verwalter die Versammlung nicht vorzeitig beenden. Zum Abbruch oder zur Vertagung einer Eigentümerversammlung bedarf es eines entsprechenden Mehrheitsbeschlusses der Eigentümer.

Tipp

Um deutlich zu machen, dass im Anschluss möglicherweise stattfindende Diskussionen und Feststellungen nicht mehr Gegenstand der Versammlung sind, sollte der Verwalter deren Ende deutlich und unter Angabe der Uhrzeit förmlich feststellen.

2.7 Checkliste zum Ablauf der Versammlung

Welche Unterlagen muss der Verwalter für die Versammlung vorbereiten? DIGITALE EXTRAS

- Anwesenheitsliste,
- Vollmachten von Eigentümern,
- Einladungsschreiben, Tagesordnung,
- Geschäftsordnung, soweit vorhanden,
- Teilungserklärung/Gemeinschaftsordnung,
- Unterlagen zu einzelnen Tagesordnungspunkten, zum Beispiel Gutachten, Kostenvoranschläge etc.,
- Protokolle vergangener Versammlungen, Beschlusssammlung,
- Beschlussantragsentwürfe,
- Stimmkarten,
- Arbeitsmaterialien wie Taschenrechner, Schreibblock, Diktiergerät etc.

Wer leitet die Versammlung?

Sieht die Gemeinschaftsordnung keine andere Regelung vor, so führt den Vorsitz der Versammlung der Verwalter. Durch Geschäftsordnungsbeschluss können die Wohnungseigentümer auch eine andere Person als die des Verwalters bestimmen.

Welche Aufgaben hat der Versammlungsvorsitzende?

- Eröffnung und Schließung der Versammlung,
- Überprüfung der Teilnahmeberechtigung der erschienenen Personen und Entgegennahme von Vollmachten,

- Sicherstellung der Nichtöffentlichkeit,
- Überprüfung von Stimmrechtsausschlüssen zu jeder einzelnen Beschlussfassung,
- Behandlung der Tagesordnungspunkte,
- Durchführung der Abstimmung,
- Feststellung und Verkündung der gefassten Beschlüsse,
- ordnungsmäßige Erstellung und Unterzeichnung des Protokolls,
- Führung der Beschlusssammlung.

Was bedeutet Beschlussfähigkeit?
In jeder ordnungsmäßig einberufenen Eigentümerversammlung können Beschlüsse gefasst werden. Auf die Anzahl der erschienenen oder vertretenen Stimmen kommt es nicht an.

Wie verläuft die Abstimmung?
Der Versammlungsvorsitzende formuliert den Beschlussantrag und stellt ihn zur Abstimmung. Die Abstimmung kann offen oder geheim, mittels Handzeichen oder Stimmzetteln erfolgen. Den Abstimmungsmodus bestimmt der Versammlungsvorsitzende nach seinem Ermessen. Ebenso kann die Versammlung hierzu einen Geschäftsordnungsbeschluss fassen, nach dem die Abstimmung auf bestimmte Art und Weise zu erfolgen hat.

Die Abstimmung erfolgt durch Auszählung der abgegebenen Ja- und Nein-Stimmen sowie Enthaltungen. Ein Beschluss ist dann zustande gekommen, wenn mehr Ja- als Nein-Stimmen abgegeben wurden. Enthaltungen bleiben mangels anderslautender Regelung in der Teilungserklärung bei der Bestimmung außer Betracht. Sie zählen weder als Ja- noch als Nein-Stimmen.

Nach Auszählung des Abstimmungsergebnisses stellt der Versammlungsleiter das Beschlussergebnis fest und verkündet es.

Was sind Geschäftsordnungsbeschlüsse?
Die Gemeinschaft kann über alle Angelegenheiten, die den Ablauf der Versammlung und die Geschäftsordnung betreffen, etwa die Versammlungsleitung, die Reihenfolge der Behandlung der Tagesordnungspunkte, die Redezeit und die Abstimmungsmodalitäten, durch Beschluss bestimmen. Der sogenannte Geschäftsordnungsbeschluss kann von jedem Eigentümer jederzeit während der Versammlung beantragt werden.

Wann endet die Versammlung?
Der Versammlungsvorsitzende schließt die Versammlung

- bei Beschlussunfähigkeit,
- wenn die Versammlung hierüber beschließt,
- nach der Behandlung aller Tagesordnungspunkte.

3 Nach der Versammlung – das Protokoll

§ 24 Abs. 6 WEG
»Über die in der Versammlung gefassten Beschlüsse ist unverzüglich eine Niederschrift aufzunehmen. Die Niederschrift ist von dem Vorsitzenden und einem Wohnungseigentümer und, falls ein Verwaltungsbeirat bestellt ist, auch von dessen Vorsitzenden oder seinem Vertreter zu unterschreiben.

Über die Wohnungseigentümerversammlung ist eine Niederschrift zu fertigen. Die Protokollierung ist allerdings keine Voraussetzung für die Wirksamkeit der Beschlüsse. Der Beschluss liegt dann vor, wenn der Versammlungsleiter verkündet und feststellt, dass ein Beschluss zustande gekommen ist (BayObLG, 13.10.2004, 2Z BR 152/04, ZMR 2005, 462; BGH, 23.8.2001, V ZB 10/01, NZM 2001, 961). Macht jedoch die Teilungserklärung die Gültigkeit der Beschlüsse der Gemeinschaft von der Protokollierung und der Unterzeichnung des Protokolls von zwei Wohnungseigentümern abhängig, muss das Protokoll von zwei verschiedenen natürlichen Personen unterzeichnet werden, die entweder selbst Wohnungseigentümer sind oder für sich oder andere Wohnungseigentümer handeln (BGH, 30.3.2012, V ZR 178/11).

Wer für die Erstellung des Protokolls zuständig ist, ist nicht gesetzlich geregelt. Jedoch ist anzunehmen, dass der Versammlungsleiter der Wohnungseigentümerversammlung zur Anfertigung der Niederschrift berechtigt und verpflichtet ist, solange die Wohnungseigentümer nicht durch Mehrheitsbeschluss eine andere Person hierzu bestimmt haben. Selbst wenn der Versammlungsleiter diese Aufgabe einer Hilfsperson, zum Beispiel einem Mitarbeiter der Verwaltung oder einem Miteigentümer, übertragen hat, bleibt er verantwortlich für die Richtigkeit des Protokolls (BayObLG, 5.12.1989, BReg 2 Z 121/89, WuM 1990, 173).

Die Protokollurschriften der Versammlung nebst Teilnehmerlisten und Stimmrechtsvollmachten gehören zu den Verwaltungsunterlagen der Wohnungseigentümergemeinschaft, in die gemäß § 18 Abs. 4 WEG für alle Wohnungseigentümer ein Einsichtsrecht besteht. Sämtliche Protokolle sind unbefristet aufzubewahren.

3.1 Inhalt des Protokolls

Das Protokoll dient der Information über Inhalt und Zustandekommen von Beschlüssen. Dem Versammlungsprotokoll kommt eine Indizwirkung dafür zu, dass die Beschlüsse wie protokolliert gefasst wurden (LG Frankfurt, 11.12.2019, 2-13 T 106/19). Wegen dieser Beweisfunktion sollte es daher möglichst sorgfältig erstellt werden. Hierbei wird dem Versammlungsleiter ein Ermessensspielraum eingeräumt, solange die Protokollierung den Grundsätzen ordnungsmäßiger Verwaltung entspricht. Falls in der Gemeinschaftsordnung nicht anders geregelt, reicht ein Ergebnisprotokoll der Versammlung aus, das heißt, der Verlauf oder auch Wortbeiträge einzelner Wohnungseigentümer müssen nicht, können aber in das Protokoll aufgenommen werden. Teilweise wird jedoch in der Rechtsprechung verlangt, dass wesentliche Fragen, die für die Beschlussfassung relevant sind, im Protokoll aufgeführt werden müssen, so bei Ermessenserwägungen (LG Dortmund, 31.1.17, 1 S 99/16) und zur Aufklärung über eine Nachschusspflicht (BGH, 25.9.15, V ZR 244/14).

Tipp

Zur besseren Verständlichkeit sollten nicht nur die Beschlussergebnisse, sondern auch eine kurze Darstellung des Sachverhalts und wichtige Diskussionsbeiträge in das Protokoll aufgenommen werden.

Folgende Punkte sollten mindestens im Protokoll festgehalten werden:

- Bezeichnung der Wohnungseigentümergemeinschaft,
- Versammlungstag und -ort,
- Zeitpunkt der Eröffnung der Versammlung,
- Angabe des Versammlungsleiters, ggf. seiner Hilfspersonen,
- Anwesenheit von Gästen oder Beratern,
- Feststellung der ordnungsmäßigen Einberufung der Versammlung,
- Angabe der anwesenden oder vertretenen Stimmen,
- Feststellung der virtuell teilnehmenden Stimmen,
- Bezeichnung der Tagesordnungspunkte,
- kurze Inhaltsangabe zu jedem Tagesordnungspunkt und zum Verständnis erforderliche Erläuterungen oder Diskussionsbeiträge,
- genaue Formulierung der Beschlussanträge,
- Abstimmungsergebnisse (Ja-/Nein-Stimmen, Enthaltungen),
- Beschlussfeststellung durch den Versammlungsleiter,
- Zeitpunkt der Schließung der Versammlung,
- Unterschriften.

Tipp

Bei knappen oder schwierigen Abstimmungen sowie bei Beschlüssen über bauliche Veränderungen sollten die Namen der einzelnen Wohnungseigentümer und ihr Stimmverhalten genau festgehalten werden.

Worauf auch zu achten ist: Schriftstücke, auf die im Beschlusstext Bezug genommen wird, müssen dem Protokoll und der Beschlusssammlung als Anlage beigefügt werden (BGH, 8.4.2016, V ZR 104/15).

Auch ein im Umlaufverfahren zustande gekommener Beschluss muss in eine Niederschrift aufgenommen werden (§ 24 Abs. 6 Satz 1 WEG analog). Der Wortlaut des Beschlusses ist körperlich festzuhalten und vom Verwalter, von einem Wohnungseigentümer und, falls ein Verwaltungsbeirat bestellt ist, von dessen Vorsitzenden oder seinem Vertreter unterschrieben werden. Hat eine andere Person als der Verwalter den Umlaufbeschluss initiiert, tritt diese Person an dessen Stelle.

3.2 Form des Protokolls

Das Protokoll muss gemäß § 24 Abs. 6 WEG schriftlich verfasst und vom Vorsitzenden der Eigentümerversammlung, einem Wohnungseigentümer und, soweit ein Verwaltungsbeirat vorhanden ist, vom Vorsitzenden oder seinem Vertreter unterschrieben werden. Die Unterschriften dienen der Beweisfunktion. Ist eine dieser Personen in Doppelfunktion tätig, muss sie nur einmal unterschreiben. Die erforderliche Unterschrift eines Wohnungseigentümers kann auch von einem Mitglied des Verwaltungsbeirats geleistet werden (OLG Hamm, 8.7.2011, I-15 W 183/11). Sie sind aber nur dann zur Unterschriftsleistung verpflichtet, wenn sie auch selbst an der Eigentümerversammlung teilgenommen haben. Denn durch die Unterschrift der genannten Personen soll die inhaltliche Richtigkeit des Protokolls bestätigt werden (vgl. AG Hamburg-Wandsbek, 21.9.2006, 715 II 53/05). Fehlen auf dem Protokoll Unterschriften, so mindert das seinen Beweiswert.

Achtung: Unterschrift unter dem Protokoll

Nimmt der Verwalter oder der Verwaltungsbeiratsvorsitzende an der Versammlung nicht teil, kann er auch nicht das Protokoll unterzeichnen. Ist der Vorsitzende des Verwaltungsbeirats zugleich Versammlungsleiter, reicht seine Unterschrift als Versammlungsleiter aus, er muss nicht noch in seiner Funktion als Beiratsvorsitzender unterschreiben. Die Unterschrift kann in diesem Fall sein Stellvertreter leisten, sofern dieser an der Versammlung teilgenommen hat.

Auch wenn die Unterschrift eines Wohnungseigentümers oder des Verwaltungsbeiratsvorsitzenden oder seines Stellvertreters fehlt, kommt ein gefasster Beschluss zustande. Die Unterzeichnung des Protokolls ist hierfür keine Wirksamkeitsvoraussetzung. Etwas anderes gilt, wenn die Gemeinschaftsordnung der Wohnungseigentümergemeinschaft eine Vereinbarung darüber enthält, dass die Protokollierung und Unterzeichnung Gültigkeitsvoraussetzung der Beschlussfassung ist (sogenannte qualifizierte Protokollierungsklausel). Ein Verstoß gegen diese Bestimmung führt zur Anfechtbarkeit und Ungültigerklärung des Beschlusses (BGH, 30.3.2012, V ZR 178/11). Macht die Teilungserklärung die Gültigkeit der Beschlüsse der Wohnungseigentümer von der Protokollierung und der Unterzeichnung durch den Verwalter und zwei von der Versammlung bestimmten Wohnungseigentümern abhängig, ist in der Versammlung aber nur der Verwalter anwesend, der zugleich Mehrheitseigentümer ist, genügt es, wenn er das Protokoll unterzeichnet (BGH, 25.9.2015, V ZR 203/14).

Ein Verstoß gegen die konstitutive Regelung der Gemeinschaftsordnung, dass zur Gültigkeit von Beschlüssen der Eigentümergemeinschaft die Protokollierung und die Unterschrift zweier von der Gemeinschaft bestimmter Wohnungseigentümer erforderlich sind, hat die Anfechtbarkeit der Beschlüsse zur Folge. Selbst bei unberechtigter Verweigerung der Unterschrift muss ein Verfahren gegen den verweigernden Eigentümer auf Leistung der entsprechenden Unterschrift geführt werden; dies kann mit dessen Beschlussanfechtungsklage verbunden werden (LG Dortmund, 16.8.2016, 1 S 35/16).

Beispiele: Fehler im Protokoll

Fehler bei der Unterzeichnung

Die Gemeinschaftsordnung enthält die Regelung, dass für die Gültigkeit der in der Versammlung gefassten Beschlüsse das Versammlungsprotokoll vom Verwalter und von einem von der Versammlung bestimmten Wohnungseigentümer zu unterzeichnen ist. Tatsächlich wird das Protokoll nicht von einem von der Versammlung bestimmten Eigentümer unterzeichnet, sondern von einem nicht bestellten Verwaltungsbeirat.

Folge: Auf Anfechtung hin sind die Beschlüsse für ungültig zu erklären (OLG Hamburg, 7.2.2005, 2 Wx 45/02).

Fehlende Unterschrift

Die Gemeinschaftsordnung bestimmt, dass zur Gültigkeit eines Beschlusses die Unterschrift des Versammlungsvorsitzenden und auch die Unterschriften von zwei Miteigentümern oder Verwaltungsbeiräten auf dem Protokoll erforderlich sind. Tatsächlich hat nur ein Wohnungseigentümer das Protokoll unterschrieben.

Folge: Die gefassten Beschlüsse sind auf Anfechtung hin für ungültig zu erklären, wenn nicht die Unterschrift im gerichtlichen Verfahren nachgeholt wird (OLG München, 7.8.2007, 34 Wx 3/05, NZM 2007, 772).

Gleichermaßen kann durch Vereinbarung geregelt werden, dass die Niederschrift notariell beurkundet werden muss oder die Unterschriften zu beglaubigen sind. Enthält die Gemeinschaftsordnung die Regelung, dass im Fall der Veräußerung eines Sondereigentums die Zustimmung des Verwalters erforderlich ist, so muss dieser seine Verwalterstellung gemäß § 29 GBO in notariell beglaubigter Form nachweisen können. Bei den Kosten der Unterschriftsbeglaubigung handelt es sich um Gemeinschaftskosten.

3.3 Frist

In § 24 Abs. 6 WEG ist geregelt, dass das Protokoll unverzüglich zu erstellen ist. Unverzüglich bedeutet ohne schuldhaftes Zögern (§ 121 Abs. 1 Satz 1 BGB). Bereits vor der Reform hatte sich in der Rechtsprechung die Ansicht durchgesetzt, dass die Niederschrift in angemessener Frist vor Ablauf der Anfechtungsfrist – diese beträgt einen Monat – gemäß § 45 Abs. 1 Satz 1 WEG vorzulegen ist, spätestens jedoch eine Woche vor deren Ablauf (BayObLG, 20.3.2001, 2Z BR 101/00, NZM 2001, 754; OLG Frankfurt/Main, 23.8.1990, 20 W 165/90, WuM 1990, 461). Da nunmehr unverzügliches Handeln gefordert wird, dürfte sich diese Frist deutlich verkürzen. In der Regel ist von drei Werktagen auszugehen. Für Anfechtungsklagen spielt diese Frist jedoch keine wesentliche Rolle, da hier die Beschlusssammlung Vorrang hat, für die jeder Wohnungseigentümer ein Einsichtsrecht hat.

Achtung: Beginn der Frist

Die Beschlussanfechtungsfrist von einem Monat beginnt zum Zeitpunkt der jeweiligen Beschlussfassung und nicht erst mit Kenntnisnahme des Protokolls.

3.4 Einsichtsrecht

§ 18 Abs. 4 WEG

»Jeder Wohnungseigentümer kann von der Gemeinschaft der Wohnungseigentümer Einsicht in die Verwaltungsunterlagen verlangen.«

Auch wenn ein Eigentümer nicht an der Versammlung teilgenommen hat, ist es ihm zuzumuten, dass er rechtzeitig vor Ablauf der Anfechtungsfrist Erkundigungen über die gefassten Beschlüsse einholt. Die Vorgehensweise der vorsorglichen Anfechtung sämtlicher in der Eigentümerversammlung gefassten Beschlüsse für den Fall, dass das Protokoll vom Verwalter nicht rechtzeitig zur Verfügung gestellt wird, ist seit Einführung der Beschlusssammlung nur noch eingeschränkt möglich (LG München I, 6.2.2008, 1 T 22613/07). Eigentümer müssen zunächst von ihrem Einsichtsrecht in die Beschlusssammlung Gebrauch machen, denn der Versammlungsvorsitzende ist verpflichtet, darin sämtliche in der Versammlung gefassten Beschlüsse mit ihrem genauen Wortlaut unverzüglich nach der Versammlung einzutragen. Wenn ein Eigentümer also sein Einsichtsrecht in die Beschlusssammlung nachweislich eingefordert hat, aber der Verwalter die Einsichtnahme pflichtwidrig verweigert und der Ablauf der Anfechtungsfrist von einem Monat droht, so ist eine vorsorgliche Anfechtung aller in der Versammlung gefassten Beschlüsse denkbar.

Die Eigentümer haben gemäß § 18 Abs. 4 WEG jederzeit das Recht, das Protokoll einzusehen. Dieses Recht kann auf Dritte übertragen werden, etwa Kaufinteressenten oder Mieter, und umfasst auch die Anfertigung von Abschriften. Erstellt der Verwalter Kopien des Protokolls, so ist der Eigentümer zur Kostenerstattung hierfür verpflichtet.

Das Recht auf Einsicht besteht gegenüber der Gemeinschaft der Wohnungseigentümer. Verweigert der Verwalter pflichtwidrig die Einsichtnahme, so muss der die Einsichtnahme begehrende Wohnungseigentümer die Gemeinschaft der Wohnungseigentümer auf Einsichtnahme verklagen.

Die gesetzliche Regelung des § 18 Abs. 4 WEG sieht nur vor, dass die Wohnungseigentümer berechtigt sind, die Niederschrift einzusehen. Eine Pflicht zur Versendung des Protokolls hat der Verwalter grundsätzlich nicht. Eine solche kann sich aber aus der Gemeinschaftsordnung, dem Verwaltervertrag oder daraus, dass in der Vergangenheit eine entsprechende Übung bestand, ergeben.

3.5 Fehlerhaftes Protokoll

Wird die Versammlungsniederschrift nicht richtig oder unvollständig erstellt, kann jeder Wohnungseigentümer einen aus § 19 Abs. 2 WEG folgenden Anspruch auf Berichtigung geltend machen, erforderlichenfalls auch einen Berichtigungsantrag beim Wohnungseigentumsgericht stellen. Ein Berichtigungsanspruch besteht, wenn

- ein Wohnungseigentümer durch den Inhalt des Protokolls rechtswidrig beeinträchtigt wird, zum Beispiel bei Verletzung des Persönlichkeitsrechts gemäß §§ 823, 1004 BGB, oder
- eine von ihm abgegebene rechtsgeschäftliche erhebliche Willenserklärung falsch protokolliert wurde oder
- der Inhalt der Niederschrift nicht den Grundsätzen ordnungsmäßiger Verwaltung entspricht.

Bei jedem Berichtigungsbegehren muss geprüft werden, ob sich ein falsch wiedergegebener Beschlusstext auf das Beschlussergebnis auswirkt; falls nicht, ist das Berichtigungsbegehren unerheblich, es fehlt das Rechtsschutzbedürfnis (LG Hamburg, 31.8.2012, 318 S 8/12). Ein Rechtsschutzinteresse an der gerichtlichen Geltendmachung eines Protokollberichtigungsanspruchs ist nur gegeben, wenn sich die Rechtsposition durch die begehrte Änderung verbessern oder zumindest rechtlich erheblich ändern würde. Dies ist insbesondere nicht der Fall, wenn wegen Bagatellen inhaltlicher oder formeller Art Berichtigungen verlangt werden, die auf die Auslegung von Wohnungseigentümerbeschlüssen keine Auswirkung haben (LG Dresden, 22.5.2013, 2 S 311/12; KG Berlin, 20.3.1989, 24 W 3239/88, WuM 1989, 347; LG Frankfurt/Main, 12.10.2017, 2-13 S 107/17).

Beispiel

Wird der Beschlussinhalt im Protokoll völlig falsch, unvollständig oder überhaupt nicht wiedergegeben, liegt ein Verstoß gegen den Grundsatz der ordnungsmäßigen Verwaltung gemäß § 19 Abs. 2 WEG und dem hieraus abgeleiteten Ermessen des Versammlungsleiters zur Erstellung der Niederschrift vor (BayObLG, 21.2.1991, 2Z BR 2/91).

Kein Berichtigungsanspruch besteht wegen unerheblicher sprachlicher Feinheiten, ebenfalls bei falscher Wiedergabe der abgegebenen Ja- und Nein-Stimmen, wenn sich dies nicht auf das Abstimmungsergebnis ausgewirkt hat (BayObLG, 28.2.1991, 2Z 144/90). Dem Verwalter ist es gestattet, Schreibfehler in der Niederschrift zu berichtigen (AG Freising, 14.1.2005, 2 UR II 9/04, WE 2005, 152). Für eine Berichtigung der Niederschrift in Bezug auf die Abstimmung besteht auch kein Rechtsschutzinteresse, wenn unstreitig protokollierte Beschlüsse mit bestimmtem Inhalt verkündet und diese nicht mit der Anfechtungsklage angegriffen wurden, sondern bestandskräftig sind (LG Frankfurt/Main, 23.12.2016, 2-13 S 100/15).

Ob auch für den Berichtigungsanspruch die Monatsfrist des § 45 Satz 1 WEG gilt, ist umstritten. Obergerichtliche Rechtsprechung existiert hierzu nicht. Im Fall der Geltendmachung eines Berichtigungsanspruchs sollte sie daher jedenfalls vorsorglich beachtet werden. Zudem ist zu beachten, dass in diesem Fall Beklagte die das Protokoll unterzeichnende(n) Person(en) ist/sind und nicht die Wohnungseigentümergemeinschaft, da diese mangels Beschlusskompetenz hierfür überhaupt nicht zuständig ist (LG Stuttgart, 5.8.2015, 10 S 10/15; AG Freising, 14.1.2005, 2 UR II 9/04, WE 2005, 152; AG Kassel, 28.4.2004, 800 II 114/03, ZMR 2004, 711).

MUSTER: PROTOKOLL

DIGITALE EXTRAS

Josef Steinmann Hausverwaltungs GmbH | Arnoldstraße 30 | 80123 München
Tel. 089 123456 | Fax 089 123457

An die
Eigentümer der WEG
Tannstraße 100
80123 München

München, 3.5.2024

Protokoll der ordentlichen Eigentümerversammlung der Wohnungseigentümergemeinschaft Tannstraße 100, 80123 München vom Donnerstag, 3.5.2024 um 18.00 Uhr in der Gaststätte »Zur Eiche«, Tannstraße 1, 80123 München.

Teilnehmer: Die Josef Steinmann Hausverwaltungs GmbH als Verwalterin, vertreten durch Herrn Steinmann (Versammlungsleiter) und Frau Müller, sowie Teilnehmer gemäß Anwesenheitsliste und Vollmachten, die dem Originalprotokoll beiliegen.

Tagesordnung laut Einladung

1. Begrüßung, Feststellung der ordnungsmäßigen Einberufung der Versammlung
2. Bericht des Verwalters und des Verwaltungsbeirats über die Jahresabrechnung 2023 sowie Genehmigung der Abrechnungsergebnisse aus den Gesamt- und Einzelabrechnungen 2023
3. Entlastung der Verwaltung für das Wirtschaftsjahr 2023
4. Entlastung des Verwaltungsbeirats für das Wirtschaftsjahr 2023
5. Genehmigung der Vorschüsse aus dem Wirtschaftsplan 2024
6. Sicherheitstechnische Bewertung durch TÜV/Mängelbeseitigung
7. Instandhaltungsmaßnahme hofseitige Fassade
   - Art, Umfang, Ausführungszeitraum und Auftragsvergabe der Maßnahme
   - Finanzierung der Maßnahme
8. Streichen des Treppenhauses
9. Mängelgewährleistung Tiefgarage
   - Reparaturbedarf, Investitionsvolumen, Auftragsvergabe
10. Neuwahl/Wiederwahl des Verwalters zum 1.1.2025
11. Sonstiges

Zu TOP 1

Herr Steinmann stellt fest, dass die Einladung zur Eigentümerversammlung form- und fristgerecht mit Schreiben vom [Datum] erfolgte. Es sind 543/1.000stel Miteigentumsanteile und hiermit 24 von 40 Wohnungseigentümern anwesend bzw. durch Vollmachten vertreten. Ab 18.55 Uhr sind 590/1.000stel Miteigentumsanteile und hiermit 26 von 40 Wohnungseigentümern vertreten. Ab 21.05 Uhr sind nur noch 520/1.000stel Miteigentumsanteile und 23 von 40 Wohnungseigentümern anwesend oder vertreten. Für die vertretenen Miteigentumsanteile wurden dem Versammlungsvorsitzenden Vollmachten in Textform vorgelegt, die dem Originalprotokoll als Anhang beigefügt werden. Folgende Eigentümer haben der Versammlung in elektronischer Form beigewohnt: ....

Zu TOP 2

Der Verwaltungsbeiratsvorsitzende Herr Meier berichtet über die Prüfung der Abrechnungsunterlagen, die am [Datum] vorgenommen wurde. Beanstandungen wurden, soweit vorhanden, von der Verwaltung berichtigt. Der Verwalter erläutert im Weiteren die den Eigentümern vorab übersendete

Abrechnung, insbesondere die Positionen mit Kostensteigerungen, und beantwortet Fragen einzelner Eigentümer.
Beschluss Nr. 1: Die Nachschüsse bzw. Anpassungen der beschlossenen Vorschüsse aus den Einzelabrechnungen für das Jahr ..... vom .... [Datum der Abrechnung] werden genehmigt und fällig gestellt. Der Verwalter ist berechtigt, Nachschüsse bzw. Beitragsanpassungen aus der jeweiligen Einzelabrechnung mit dem Hausgeld des Monats ..../*alternativ:* zum ....] konkretes Datum] abzubuchen. Soweit Eigentümer am Lastschriftverfahren teilnehmen, ist für eine ausreichende Kontodeckung zu sorgen. Eigentümer, die nicht am SEPA-Lastschriftverfahren teilnehmen, haben die Nachschüsse bzw. Beitragsanpassungen ebenfalls bis .... [konkretes Datum] zu bezahlen. Etwaige Guthaben der Eigentümer aufgrund der Anpassung der beschlossenen Vorschüsse hat der Verwalter – sofern kein anderweitiger Rückstand besteht – zum gleichen Termin auszukehren.
Abstimmung: Ja-Stimmen: 543/1.000stel, Nein-Stimmen: 0, Enthaltungen: 0
Beschlussfeststellung: Der Beschluss ist einstimmig angenommen.

Zu TOP 3
Pflichtverletzungen des Verwalters oder Schadenersatzansprüche gegen den Verwalter aus seiner Amtstätigkeit im Jahr 2023 sind nicht ersichtlich. Daher ist es angemessen, dem Verwalter Entlastung zu erteilen.
Beschluss Nr. 2: Der Verwaltung wird für das Wirtschaftsjahr 2023 Entlastung erteilt.
Abstimmung: Ja-Stimmen: 543/1.000stel, Nein-Stimmen: 0, Enthaltungen: 0
Beschlussfeststellung: Der Beschluss ist einstimmig angenommen.

Zu TOP 4
Pflichtverletzungen des Verwaltungsbeirats oder Schadenersatzansprüche gegen den Verwaltungsbeirat aus seiner Amtstätigkeit im Jahr 2023 sind nicht ersichtlich. Daher ist es angemessen, dem Verwaltungsbeirat Entlastung zu erteilen. Der Verwalter bedankt sich für das große Engagement und die gute Zusammenarbeit von Verwaltung und Beirat.
Beschluss Nr. 3: Die Mitglieder des Verwaltungsbeirats werden für das Wirtschaftsjahr 2023 entlastet.
Abstimmung: Ja-Stimmen: 427/1.000stel, Nein-Stimmen: 29/1.000stel, Enthaltungen: 87/1.000stel (Beirat)
Beschlussfeststellung: Der Beschluss ist mehrheitlich angenommen.

Zu TOP 5
Gemäß dem den Eigentümern vorab übersendeten vorliegenden Wirtschaftsplan für 2024 sind Einnahmen in Höhe von 100.000 EUR vorgesehen, denen Ausgaben von circa 120.000 EUR gegenüberstehen. Daraus ergibt sich ein

Fehlbetrag in Höhe von 20.000 EUR, der primär aus der Erhöhung der Heizkosten resultiert. Es wird empfohlen, das Wohngeld gemäß den vorliegenden Einzelwirtschaftsplänen anzupassen.
Der Verwalter stellt fest, dass nunmehr 190/1.000stel Miteigentumsanteile anwesend bzw. vertreten sind.
Beschluss Nr. 4: Die Vorschüsse aus den Einzelwirtschaftsplänen für das Jahr .... vom .... [Datum der Druckfassung] werden genehmigt.
Die in den Einzelwirtschaftsplänen ausgewiesenen Vorschüsse sind jeweils bis zum dritten Werktag eines Monats im Voraus fällig und auf das Gemeinschaftskonto zu entrichten, erstmals im Januar ..... Die Vorschüsse aus den Einzelwirtschaftsplänen für das Jahr ..... gelten so lange, bis ein neuer Beschluss über Vorschüsse aus Einzelwirtschaftsplänen gefasst wird.
Abstimmung: Ja-Stimmen: 571/1.000stel, Nein-Stimmen: 0, Enthaltungen: 19/1.000stel
Beschlussfeststellung: Der Beschluss ist ohne Gegenstimmen angenommen.

Zu TOP 6
Die Empfehlung des TÜV zur Beseitigung der festgestellten Mängel sieht eine Frist von fünf Jahren vor. In Betracht kommt eine Voll- oder Teilsanierung des Aufzugs. Hierzu ist ein Ortstermin mit dem Aufzugsdienst zur Beratung der weiteren Vorgehensweise ratsam.
Beschluss Nr. 5: Noch in diesem Jahr wird mit dem Aufzugsdienst, dem Verwaltungsbeirat und der Verwaltung bei einem Ortstermin erörtert, welche Mängel zwingend in diesem Jahr zu beheben sind. Diese Arbeiten werden in Absprache mit dem Verwaltungsbeirat in Auftrag gegeben und dürfen einen Kostenrahmen von 1.000 EUR im Einzelfall und 7.000 EUR gesamt nicht überschreiten. Im Hinblick auf die übrigen Mängel soll ein Zeitplan mit Kostenübersicht in der nächsten ordentlichen Eigentümerversammlung vorgelegt werden.
Abstimmung: Ja-Stimmen: 590/1.000stel, Nein-Stimmen: 0, Enthaltungen: 0
Beschlussfeststellung: Der Beschluss ist einstimmig angenommen.

Zu TOP 7
Die Verwaltung erläutert, dass die Sanierung der hofseitigen Fassade dringend erforderlich ist. Herr Kober von der Firma Blitzsanierung wurde zur Versammlung eingeladen, um Fragen der Wohnungseigentümer zu beantworten. Laut Vorgabe in der letzten Eigentümerversammlung liegt ein Angebot für die Sanierung in Höhe von circa 65.000 EUR vor.
Der Eigentümer Reber erläutert seine Ansicht, dass eine Sanierung erst in fünf Jahren fällig sei, und bemängelt, dass keine weiteren Angebote eingeholt wurden. Das vorgelegte Angebot gehe von völlig falschen Abmessungen aus und die Art und Weise der Ausführung entspräche nicht den neuesten

Methoden. Er kündigt bereits jetzt an, dass er eine positive Beschlussfassung anfechten werde.
Nach eingehender Diskussion ergeht dennoch folgender Antrag:
Beschluss Nr. 6: Die Verwaltung wird beauftragt, die Firma Blitzsanierung mit der Sanierung der hofseitigen Fassade laut vorliegendem Angebot zu beauftragen. Die Arbeiten sollen im Juni 2024 beginnen. Die Finanzierung der Maßnahme erfolgt aus der Rücklage.
Abstimmung: Ja-Stimmen: 512/1.000stel, Nein-Stimmen: 78/1.000stel, Enthaltungen: 0
Beschlussfeststellung: Der Beschluss ist mehrheitlich angenommen.

Zu TOP 8
Das Treppenhaus braucht einen neuen Anstrich. Die Kosten für das Streichen von Decken und Wänden betragen circa 6.000 EUR. Von den Eigentümern wird angesprochen, dass primär eine Erneuerung der Haustür notwendig ist. Aufgrund der derzeitigen finanziellen Lage der Eigentümergemeinschaft wäre die Durchführung der Arbeiten nur durch eine Sonderumlage finanzierbar.
Beschluss Nr. 7: Der Verwalter wird beauftragt, die Malerarbeiten zum Streichen des Treppenhauses bis zu einem Kostenaufwand in Höhe von 6.000 EUR in Auftrag zu geben.
Abstimmung: Ja-Stimmen: 72/1.000stel, Nein-Stimmen: 498/1.000stel, Enthaltungen: 20/1.000stel
Beschlussfeststellung: Der Beschluss ist mehrheitlich abgelehnt.

Zu TOP 9
Der Verwalter erläutert, dass nach der Großsanierung der Tiefgarage im Jahr 2022 an den Wänden zum Nachbaranwesen Tannstraße 102 immer wieder großflächige Feuchtigkeitsflecken auftreten. Die Mängelgewährleistungsfrist gegenüber der die Sanierung durchführenden Firma Bandel ist noch nicht abgelaufen. Zunächst wäre es empfehlenswert, einen Sachverständigen mit der Mängelbegutachtung zu beauftragen.
Beschluss Nr. 8: Der Verwalter wird beauftragt, einen vereidigten Bausachverständigen mit der Begutachtung der Feuchtigkeitsschäden in der Tiefgarage zu beauftragen. Er wird vorsorglich ermächtigt, ein selbstständiges Beweissicherungsverfahren im eigenen Namen oder im Namen der Wohnungseigentümergemeinschaft einzuleiten sowie Gewährleistungsansprüche gegen die Firma Bandel außergerichtlich sowie gerichtlich mithilfe eines zu beauftragenden Rechtsanwalts geltend zu machen.
Abstimmung: Ja-Stimmen: 590/1.000stel, Nein-Stimmen: 0, Enthaltungen: 0
Beschlussfeststellung: Der Beschluss ist einstimmig angenommen.

Zu TOP 10
Der bestehende Verwaltervertrag läuft zum 31.12.2024 aus. Die Josef Steinmann Hausverwaltungs GmbH würde die Verwaltung gerne weiter fortführen und bietet die Verlängerung zu folgenden Konditionen an: Verwaltervergütung in Höhe von 27,30 EUR pro Wohneinheit und 3,50 EUR pro Teileigentum zuzüglich der gesetzlichen Mehrwertsteuer für die Zeit vom 1.1.2025 bis 31.12.2027. Der Verwaltungsbeirat erläutert, dass die Firma Josef Steinmann Hausverwaltungs GmbH großartige Arbeit leiste und aus diesem Grund keine Alternativangebote eingeholt wurden. Einzelne Eigentümer äußern sich zur Arbeit der Verwaltung. Sie sind im Großen und Ganzen zufrieden, möchten jedoch die Verlängerung des Verwaltervertrags auf zwei Jahre beschränken. Die Eigentümer Bauer, Gruber und Müller verlassen noch vor der Beschlussfassung die Eigentümerversammlung. Der Versammlungsleiter stellt fest, dass nunmehr noch 520/1.000stel Miteigentumsanteile und 23 von 40 Wohnungseigentümern anwesend oder vertreten sind, die Versammlung ist damit nach wie vor beschlussfähig.
Beschluss Nr. 9: Die Josef Steinmann Hausverwaltungs GmbH wird für die Zeit vom 1.1.2025 bis 31.12.2026 zu Kosten in Höhe von monatlich 27,30 EUR je Wohneigentum und 3,50 EUR je Teileigentum zuzüglich Mehrwertsteuer zum Verwalter bestellt. Der bestehende Verwaltervertrag verlängert sich entsprechend.
Abstimmung: Ja-Stimmen: 480/100stel, Nein-Stimmen: 40/1.000stel, Enthaltungen: 0
Beschlussfeststellung: Der Beschluss ist mehrheitlich angenommen.

Zu TOP 11
Es wird darum gebeten, alle drei Müllcontainer gleichmäßig zu befüllen und nicht den Müll neben den Containern abzustellen.
Die Eigentümer werden aufgefordert, die Ruhezeiten gemäß der Hausordnung einzuhalten. Dies gilt auch, wenn Wohnungen renoviert werden. Vermietende Eigentümer informieren bitte entsprechend ihre Mieter.
Der Eigentümer Herr Schlau weist darauf hin, dass mittelfristig die Sanierung der straßenseitigen Balkone erforderlich werden wird.
Eine Beschlussfassung erfolgt im **TOP »Sonstiges«** nicht.

Nachdem keine weiteren Wortmeldungen mehr erfolgen, bedankt sich der Verwalter bei den anwesenden Eigentümern für die rege Teilnahme an der Versammlung und schließt diese um 21.46 Uhr.

....

[Ort, Datum]

....

[Unterschrift Verwalter]

....

[Ort, Datum]

....

[Unterschrift Beiratsvorsitzender]

....

[Ort, Datum]

....

[Unterschrift Eigentümer]

3.6 Checkliste zum Protokoll

DIGITALE EXTRAS

1. Von der Versammlung muss ein schriftliches Protokoll erstellt werden. Dies kann ein reines Ergebnis- oder Beschlussprotokoll sein. Ein genaues Ablaufprotokoll ist nicht erforderlich.
2. Zuständig und verantwortlich für die ordnungsmäßige Protokollerstellung ist der Versammlungsvorsitzende. Die Wohnungseigentümer können dies jedoch durch Beschluss an jemand anderen übergeben.
3. Den Inhalt des Protokolls kann der Versammlungsvorsitzende nach seinem pflichtgemäßen Ermessen bestimmen. Folgendes sollte jedoch enthalten sein:
   - Bezeichnung der Wohnungseigentümergemeinschaft,
   - Versammlungstag und -ort,
   - Zeitpunkt der Eröffnung der Versammlung,
   - Angabe des Versammlungsleiters, ggf. seiner Hilfspersonen,
   - Anwesenheit von Gästen oder Beratern,
   - Feststellung der ordnungsmäßigen Einberufung der Versammlung,
   - Angabe der anwesenden oder vertretenen Stimmen,
   - Feststellung der virtuell teilnehmenden Stimmen,

- Bezeichnung der Tagesordnungspunkte,
- kurze Inhaltsangabe jedes Tagesordnungspunkts und zum Verständnis erforderliche Erläuterungen oder Diskussionsbeiträge,
- genaue Formulierung der Beschlussanträge,
- Abstimmungsergebnisse (Ja-, Nein-Stimmen, Enthaltungen),
- Beschlussfeststellung durch den Versammlungsleiter,
- Zeitpunkt der Schließung der Versammlung,
- Unterschriften.

4. Das Protokoll muss unverzüglich, also ohne schuldhaftes Verzögern, zur Einsichtnahme bereitliegen. Besteht eine Versendungspflicht, zum Beispiel nach der Gemeinschaftsordnung, dem Verwaltervertrag oder durch jahrelange Übung, muss es bis dahin den Wohnungseigentümern zugegangen sein. **Achtung:** Die Beschlussanfechtungsfrist beginnt mit dem Zeitpunkt der Beschlussfassung und nicht erst mit dem Zugang des Versammlungsprotokolls.
5. Für weitere Form- und Fristvorschriften immer die bestehenden Regelungen in der Gemeinschaftsordnung beachten!
6. Die Protokolle geben die Beschlusslage der Gemeinschaft wieder, die darin enthaltenen Beschlüsse wirken auch gegen Rechtsnachfolger. Sie zählen daher zu den Verwaltungsunterlagen der Wohnungseigentümergemeinschaft und sind unbefristet aufzubewahren.
7. Jedem Wohnungseigentümer steht das Recht zu, in die Versammlungsniederschrift Einsicht zu nehmen.

4 Rund um die Beschlüsse

Der Leiter der Versammlung muss wissen, wie er mit den Beschlüssen in einer Eigentümerversammlung umzugehen hat. Dabei sind einige Dinge zu beachten.

4.1 Die Beschlusssammlung

§ 24 Abs. 7 WEG

»Es ist eine Beschlusssammlung zu führen. Die Beschlusssammlung enthält nur den Wortlaut

- der in der Versammlung verkündeten Beschlüsse mit Angabe von Ort und Datum der Versammlung,
- der schriftlichen Beschlüsse mit Angabe von Ort und Datum der Verkündung,
- der Urteilsformeln der gerichtlichen Entscheidungen in einem Rechtsstreit gemäß § 43 mit Angabe ihres Datums, des Gerichts und der Parteien,

soweit diese Beschlüsse und gerichtlichen Entscheidungen nach dem 1.7.2007 ergangen sind. Die Beschlüsse und gerichtlichen Entscheidungen sind fortlaufend einzutragen und zu nummerieren. Sind sie angefochten oder aufgehoben worden, so ist dies anzumerken. Im Fall einer Aufhebung kann von einer Anmerkung abgesehen und die Eintragung gelöscht werden. Eine Eintragung kann auch gelöscht werden, wenn sie aus einem anderen Grund für die Wohnungseigentümer keine Bedeutung mehr hat. Die Eintragungen, Vermerke und Löschungen gemäß den Sätzen 3 bis 6 sind unverzüglich zu erledigen und mit Datum zu versehen. Einem Wohnungseigentümer oder einem Dritten, den ein Wohnungseigentümer ermächtigt hat, ist auf Verlangen Einsicht in die Beschlusssammlung zu geben.«

§ 24 Abs. 8 WEG

»Die Beschlusssammlung ist von dem Verwalter zu führen. Fehlt ein Verwalter, so ist der Vorsitzende der Wohnungseigentümerversammlung verpflichtet, die Beschlusssammlung zu führen, sofern die Wohnungseigentümer durch Stimmenmehrheit keinen anderen für diese Aufgabe bestellt haben.«

Der Verwalter ist gemäß § 24 Abs. 7, 8 WEG verpflichtet, eine Beschlusssammlung zu führen. Sie dient der Information und der besseren Übersicht über die in einer Wohnungseigentümergemeinschaft gefassten Beschlüsse. Insbesondere Rechtsnachfolger, für die gemäß § 10 Abs. 4 WEG alle gefassten Beschlüsse bindend sind, können sich durch die Beschlusssammlung vor ihrem Eintritt in die Wohnungseigentümergemeinschaft über ihre Rechte und Pflichten informieren. Dies ist umso wichtiger bei Beschlüssen, die aufgrund einer Öffnungsklausel gefasst wurden, die die Gemeinschaftsordnung abgeändert haben. Auch allen anderen Wohnungseigentümern gibt die Beschlusssammlung Aufschluss über Beschlüsse, die sie nicht mehr nachvollziehen können.

Die Verpflichtung zur Eintragung gilt erst für ab dem 1.7.2007 gefasste Beschlüsse, sodass über »Altbeschlüsse« nur die Protokollsammlung einen Überblick geben kann. Die vorhandenen »Altbeschlüsse« müssen nicht in die Beschlusssammlung aufgenommen werden.

Tipp

Auch wenn der Gesetzgeber nicht vorschreibt, dass alte Beschlüsse in die Beschlusssammlung aufgenommen werden müssen, empfiehlt sich dies trotz des erheblichen Verwaltungsaufwands. In vielen Fällen können Verwalter alte Beschlüsse der Gemeinschaft selbst nicht mehr nachvollziehen, oftmals wenn der Verwalter gewechselt hat und möglicherweise die Verwaltungsunterlagen nicht vollständig sind. Ein eindeutiger Überblick über die Beschlusslage in der Eigentümergemeinschaft kann helfen, Fehler zu vermeiden, und die Verwaltung erleichtern.

Ferner können die Wohnungseigentümer einen Beschluss fassen und dem Verwalter diese Aufgabe übertragen, auch wenn der Verwalter nicht zur Aufnahme von »Altbeschlüssen« in die Beschlusssammlung verpflichtet ist. Ein solcher Beschluss entspricht ordnungsmäßiger Verwaltung. Da diese Aufgabe aber nicht zu den regelmäßigen Verwalteraufgaben zählt, wird ihm hierfür eine Sondervergütung zuzubilligen sein.

Seit dem 1.12.2020 gilt, dass sämtliche Altbeschlüsse, **die eine Vereinbarung abändern**, im Grundbuch nachgetragen werden müssen, um gegenüber Sondernachfolgern zu wirken (§ 48 Abs. 1 Satz 1 WEG). Die Zuständigkeit, solche Beschlüsse zu ermitteln und deren Nachtrag zu veranlassen, liegt beim Verwalter. Da eine Niederschrift über den Altbeschluss vorgelegt werden muss (§ 7 Abs. 2 WEG), kann dies zu Schwierigkeiten führen; und zwar dann, wenn eine Person, deren Unterschrift auf der Niederschrift beglaubigt werden müsste, nicht mehr zur Verfügung steht, weil sie zum Beispiel ihr Eigentum veräußert hat und nicht mehr auffindbar ist. In solchen Fällen kann jeder Wohnungseigentümer verlangen, dass der einzutragende Altbeschluss mit identischem Inhalt neu gefasst wird (Reproduktionsanspruch, § 48 Abs. 1 Satz 3 WEG). Dazu muss der Verwalter die Angelegenheit in die Tagesordnung aufnehmen, es handelt sich hierbei um eine Maßnahme ordnungsmäßiger Verwaltung. Wird der Anspruch auf erneute Beschlussfassung nicht erfüllt, kann eine Beschlussersetzungsklage erhoben werden. Denkbar wäre allerdings auch, dass die Wohnungseigentümer im Rahmen ihrer Beschlusskompetenz einen abändernden Zweitbeschluss in der Angelegenheit fassen. Dies ist grundsätzlich möglich, wenn dem keine schutzwürdigen Interessen einzelner Eigentümer entgegenstehen.

Für die Nachtragung solcher Beschlüsse ist eine Übergangsfrist bis 31.12.2025 vorgesehen (§ 48 Abs. 1 Satz2 WEG). Auch der Individualanspruch eines Eigentümers auf erneute Beschlussfassung endet am 31.12.2025.

Achtung: Protokollpflicht

Das Führen der Beschlusssammlung entbindet den Versammlungsvorsitzenden nicht von seiner Verpflichtung, ein ordnungsmäßiges Protokoll über die Eigentümerversammlung zu erstellen. Das Protokoll ergänzt die Beschlusssammlung, da sie umfangreichere Informationen zu den Beschlussgegenständen wiedergibt.

4.1.1 Was muss in der Beschlusssammlung stehen?

In die Beschlusssammlung aufgenommen werden müssen gemäß § 24 Abs. 7 Satz 2 WEG

- alle in Wohnungseigentümerversammlungen verkündeten Beschlüsse mit Angabe von Ort und Datum der Versammlung,
- alle schriftlichen Beschlüsse gemäß § 23 Abs. 3 WEG sowie
- alle Urteilsformeln wohnungseigentumsrechtlicher Entscheidungen gemäß § 43 WEG.

4.1.1.1 Beschlüsse

In die Beschlusssammlung sind alle Beschlüsse der Wohnungseigentümergemeinschaft mit ihrem genauen Wortlaut einzutragen. Dies gilt unabhängig davon, ob sie auf einer ordentlichen oder außerordentlichen Eigentümerversammlung oder im schriftlichen Umlaufverfahren zustande gekommen sind.

Hiervon erfasst sind auch die sogenannten Negativbeschlüsse. Es müssen nicht nur die Beschlüsse eingetragen werden, die positiv zustande gekommen sind, sondern auch die Beschlussanträge, die abgelehnt wurden. Nichtige Beschlüsse sind nicht einzutragen. Da der Verwalter oftmals nicht zweifelsfrei erkennen kann, ob ein Beschluss bereits nichtig oder nur anfechtbar ist, sollte im Zweifel ein solcher Beschluss dennoch in die Beschlusssammlung aufgenommen werden.

Bei den Beschlüssen sind Angaben zu Ort und Datum der Eigentümerversammlung zu vermerken (AG München, 28.6.2008, 485 C 602/07). Bei schriftlichen Beschlüssen sind der Ort und das Datum der Verkündung anzugeben, zum Beispiel der Tag der Versendung des Rundschreibens an die Eigentümer. Zudem hat eine Eintragung zu erfolgen, ob der Beschluss angenommen oder abgelehnt, bestandskräftig, aufgehoben oder gelöscht ist.

Weiter ist darauf zu achten, dass Schriftstücke, auf die im Beschlusstext Bezug genommen wird, der Beschlusssammlung als Anlage beigefügt werden müssen (BGH, 8.4.2016, V ZR 104/15). Dies können zum Beispiel sein:

- Abrechnungen,
- Wirtschaftspläne,
- Angebote,
- Beschreibungen,
- Gutachten,
- Lichtbilder,
- Stellungnahmen,
- Verträge,
- Zeichnungen und Pläne.

Nur so kann dem Informationsbedürfnis der Eigentümer, Erwerber oder auch der Gerichte im Fall von Streitigkeiten Rechnung getragen werden (LG Frankfurt, 12.12.2019, 2-13 S 143/18). Werden die Anlagen vergessen, begründet dies keine Anfechtbarkeit des Beschlusses, da die Dokumentation für den Beschluss nicht konstitutiv wirkt. Maßgeblich ist dies jedoch im Hinblick auf die Verpflichtung des Verwalters, die Beschlusssammlung ordnungsmäßig zu führen.

Beispiel: Beschlussantrag Vertragsangebot

Beschlussantrag: »Die Eigentümer beschließen, die Firma Blitzsauber ab dem .... mit der Hausmeistertätigkeit zu betrauen. Das Vertragsangebot vom .... zu monatlich .... EUR wird angenommen.«

Das Vertragsangebot, auf das im Beschluss Bezug genommen wird, muss mit in die Beschlusssammlung aufgenommen werden.

Achtung: Beschlüsse aufgrund einer Öffnungsklausel

Beschlüsse, die aufgrund einer Öffnungsklausel gefasst werden, ändern abdingbare gesetzliche Regelungen oder Vereinbarungen der Teilungserklärung/Gemeinschaftsordnung und sind daher von ganz wesentlicher Bedeutung. Solche Beschlüsse sollten in der Beschlusssammlung besonders hervorgehoben werden, zum Beispiel durch Fettung.

4.1.1.2 Ausnahme für Geschäftsordnungsbeschlüsse?

Beschlüsse zur Geschäftsordnung (siehe auch Kapitel 4.2.4.10) erledigen sich in der Regel mit Ende der Eigentümerversammlung und haben aus diesem Grund keine wesentliche Bedeutung für die Zukunft. Daher erscheint es fraglich, ob auch sie in die Beschlusssammlung aufgenommen werden müssen. Eine isolierte Anfechtung von Geschäftsordnungsbeschlüssen wird zumindest dann für zulässig erachtet, wenn ihr Inhalt in die Zukunft wirkt. Wird also ein gerichtliches Verfahren angestrengt und ein Urteil gefällt, so liegt eine gerichtliche Entscheidung vor, die in jedem Fall in die Beschlusssammlung aufzunehmen ist. Zudem sieht der Wortlaut des § 24 Abs. 7 Satz 2 Nr. 1 WEG keine Differenzierung von Geschäftsordnungsbeschlüssen und sonstigen Beschlüssen vor.

Wegen des geringen Aufwands ist es daher zu empfehlen, auch Geschäftsordnungsbeschlüsse, sofern sie nicht völlig bedeutungslos sind, aus Gründen der Vollständigkeit in die Beschlusssammlung mit aufzunehmen. Damit die Beschlusssammlung übersichtlich bleibt, ermöglicht es § 24 Abs. 7 Satz 6 WEG Eintragungen, die für die Wohnungseigentümer keine Bedeutung mehr haben, zu löschen, zum Beispiel nach Ablauf der Anfechtungsfrist.

4.1.1.3 Gerichtliche Entscheidungen

In die Beschlusssammlung sind alle Gerichtsentscheidungen gemäß § 43 WEG unabhängig von ihrer Rechtskraft aufzunehmen. Hierzu zählen Streitigkeiten über folgende Themen:

- Rechte und Pflichten der Wohnungseigentümer untereinander,
- Rechte und Pflichten zwischen der Gemeinschaft der Wohnungseigentümer und Wohnungseigentümern,
- Rechte und Pflichten des Verwalters, einschließlich solcher über Ansprüche eines Wohnungseigentümers gegen den Verwalter,
- Beschlussklagen gemäß § 44 WEG,
- Klagen gegen Wohnungseigentümer im Fall des § 9a Abs. 4 Satz 1 WEG.

In die Beschlusssammlung muss nur die Urteilsformel eingetragen werden, also der Tenor des Urteils. Hierzu gehören die Sachentscheidung, die Kostenentscheidung sowie die Entscheidung über die vorläufige Vollstreckbarkeit. Ergänzend müssen Angaben zu dem Datum der Entscheidung, dem Gericht und den Parteien gemacht werden. Die Angabe der Parteien kann durch namentliche Bezeichnung erfolgen, Anschriften sind nicht notwendig. Die Gemeinschaft der Wohnungseigentümer als Partei ist mit »Wohnungseigentümergemeinschaft (Grundstücksanschrift)« zu bezeichnen. Nach den gesetzlichen Vorschriften nicht erforderlich ist die Angabe des Aktenzeichens, der Vollständigkeit halber empfiehlt sich dies aber, denn nur die genaue Bezeichnung einer gerichtlichen Entscheidung ermöglicht ihr Auffinden.

Beispiel: Eintrag zu einem Urteil

AG München, 21.6.2024, Az. 245 C 87/24

In Sachen Müller ./. Wohnungseigentümergemeinschaft Tannstraße 100, 80123 München, zugestellt am 28.6.2024:

1. Der Beschluss der Eigentümerversammlung vom 8.3.2024 zu TOP 14 wird für ungültig erklärt.

2. Die Kosten des Verfahrens werden der Beklagten auferlegt.
3. Das Urteil ist vorläufig vollstreckbar.

Tipp

Handelt es sich um Urteile, durch die eine Klage abgewiesen wird, so lautet die Entscheidung: »Die Klage wird abgewiesen.« Allein die Eintragung dieses Tenors lässt nicht erkennen, worum gestritten wurde. In solchen Fällen sollte auch der Klageantrag in die Beschlusssammlung eingetragen werden, damit die Rechtslage erkennbar wird.

4.1.1.4 Vergleiche

Ob neben den gerichtlichen Entscheidungen Vergleiche mit in die Beschlusssammlung aufzunehmen sind, ist gesetzlich nicht geregelt. Wird ein gerichtlicher Vergleich geschlossen, so sind hieran nur die Parteien des Rechtsstreits gebunden, allerdings nicht Sondernachfolger der Wohnungseigentümergemeinschaft. Aus diesem Grund lässt sich die Ansicht vertreten, Vergleiche müssten nicht in die Beschlusssammlung eingetragen werden, denn aus ihr allein wäre nicht ersichtlich, wem gegenüber der Vergleich überhaupt noch rechtsverbindlich ist. Die Aufnahme könnte allenfalls zur Unübersichtlichkeit der Beschlusssammlung führen. Nach anderer Ansicht bestimmen auch Vergleiche die Rechtslage der Wohnungseigentümergemeinschaft, zum Beispiel wenn sie den Ausgangsbeschluss abändern. Vergleiche können sogar durch Beschlussgenehmigung Bindungswirkung entfalten, dann sind sie in jedem Fall einzutragen.

Tipp

Auch wenn nach überwiegender Meinung Vergleiche nicht in die Beschlusssammlung aufzunehmen sind, wird empfohlen, sie vorsorglich aufzunehmen. Das gilt dann unbedingt, wenn es sich um (schuldrechtliche) Vereinbarungen zwischen allen Wohnungseigentümern handelt oder eine Partei des Vergleichs die Wohnungseigentümergemeinschaft selbst ist. Aus dem Eintrag sollte sich klar und deutlich ergeben, dass es sich um einen Vergleich und eben nicht um eine gerichtliche Entscheidung handelt. Zur Bindung der Sonderrechtsnachfolger von Wohnungseigentümern kann im Rahmen der Beschlusskompetenz der Wohnungseigentümer ein entsprechender Mehrheitsbeschluss gefasst werden. Dieser müsste dann ohnehin in die Beschlusssammlung aufgenommen werden.

4.1.1.5 Vermerke

Wurden Beschlüsse oder gerichtliche Entscheidungen angefochten oder aufgehoben, so ist dies nach § 24 Abs. 7 Satz 4 WEG anzumerken. Eine solche Anmerkung dient der Aktualität der Sammlung.

Angefochten ist ein Beschluss, wenn Klage auf Erklärung seiner Ungültigkeit gemäß § 44 WEG erhoben wurde. Eine gerichtliche Entscheidung gilt als angefochten, wenn gegen sie ein Rechtsmittel eingelegt wurde.

Aufgehoben ist ein Beschluss, wenn dies durch Beschluss der Wohnungseigentümer ausdrücklich durchgesetzt wurde; auch durch einen Zweitbeschluss kann die Regelung eines früheren Beschlusses aufgehoben werden. Wird ein Beschluss durch gerichtliche Entscheidung für ungültig erklärt, ist dies zwar keine Aufhebung in wohnungseigentumsrechtlicher Terminologie. Versteht man aber den Begriff »Aufhebung« als Oberbegriff für außergerichtliche und gerichtliche Gestaltungen, kann auch die gerichtliche Ungültigerklärung eines Beschlusses hierunter fallen. Ein entsprechender Vermerk beim angefochtenen Beschluss ist daher erforderlich, aber auch sinnvoll, denn er dient der Übersichtlichkeit der Sammlung. Eine gerichtliche Entscheidung verliert ihre Wirkung, wenn sie durch die Rechtsmittelinstanz aufgehoben, etwa durch Klageabweisung, oder geändert wird.

Für den einzutragenden Vermerk reicht der Hinweis, dass ein Beschluss angefochten, durch Beschluss aufgehoben, durch Urteil für ungültig erklärt oder gegen eine gerichtliche Entscheidung ein Rechtsmittel, etwa Berufung, eingelegt wurde. Die Anmerkung ist bei dem Beschluss oder der Entscheidung anzubringen, der bzw. die davon betroffen ist. Bei einer entsprechenden Anmerkung lässt sich so der Stand der aktuellen Beschluss- und Rechtslage aus der Beschlusssammlung ersehen (Merle, ZWE 2007, 272, 277).

Beispiele: Für den Vermerk ausreichende Bezeichnungen

- »Aufgehoben durch Zweitbeschluss [Datum].«
- »Angefochten mit Klage vom [Datum] vor dem AG München, 245 C 87/23, zugestellt am [Datum].«
- Zu einer Gerichtsentscheidung: »Zugestellt am [Datum], rechtskräftig« oder »Zugestellt am [Datum], rechtshängig in zweiter Instanz«.
- »Gelöscht aufgrund rechtskräftiger gerichtlicher Ungültigkeitserklärung.«

4.1.1.6 Löschungen

Aus Gründen der Übersichtlichkeit der Beschlusssammlung eröffnet § 24 Abs. 7 Satz 5, 6 WEG die Möglichkeit, unter bestimmten Voraussetzungen Eintragungen aus der Beschlusssammlung zu löschen. Ob der Verwalter einen Eintrag löschen möchte, steht hierbei in seinem pflichtgemäßen Ermessen. Eine Löschung darf erfolgen, wenn ein Beschluss oder eine gerichtliche Entscheidung aufgehoben wird oder eine Eintragung für die Wohnungseigentümer keine Bedeutung mehr hat. Bedeutungslos werden kann eine Eintragung, wenn sie durch eine spätere Regelung überholt ist oder sich durch Ausführung oder Zeitablauf erledigt hat.

Beispiele: Vermerk einer Löschung

- »Gelöscht am ...«
- »Gelöscht aufgrund rechtskräftiger gerichtlicher Ungültigkeitserklärung.«
- »Gelöscht, da bedeutungslos geworden.«

Wurde eine Eintragung gelöscht, ist dies gemäß § 24 Abs. 7 Satz 7 WEG mit Datumsangabe zu vermerken. Die laufende Nummer in der Beschlusssammlung bleibt bestehen. Wird eine Beschlusssammlung in Papierform geführt, kann der Text der Eintragung durchgestrichen, bei einer elektronischen Sammlung vollständig gelöscht werden. In beiden Fällen ist es wichtig, die Löschung zu vermerken.

Tipp

Die Löschung einer Eintragung wegen Bedeutungslosigkeit sollte nur dann vorgenommen werden, wenn die Eintragung tatsächlich offensichtlich keinerlei Bedeutung mehr für die Wohnungseigentümergemeinschaft hat. In Zweifelsfällen ist hiervon eher abzusehen, denn die Bewertung, ob eine Eintragung noch Bedeutung hat oder haben kann, ist oftmals schwierig.

4.1.2 In welcher Form muss eingetragen werden?

Bei der Form der Eintragung ist zunächst Sinn und Zweck der Beschlusssammlung zu beachten. Sie dient der Übersicht und der Information über die Rechtslage bezüglich der Wohnungseigentümergemeinschaft. Daher sollte sie auch klar strukturiert und übersichtlich sein. Überflüssige Informationen und Anmerkungen sollten vermieden werden. Die Beschlüsse und gerichtlichen Entscheidungen sind

- fortlaufend in zeitlicher Reihenfolge einzutragen und
- zu nummerieren.

Dies dient zur Kontrolle der Vollständigkeit einer Beschlusssammlung.

Werden Beschlüsse angefochten oder aufgehoben, ist dies anzumerken. Im Fall einer Aufhebung kann jedoch von einer Anmerkung abgesehen und die Eintragung gelöscht werden. Dies kommt dann in Betracht, wenn ein Beschluss rechtskräftig für ungültig oder nichtig erklärt wurde. Eine Eintragung kann auch gelöscht werden, wenn sie aus anderen Gründen für die Wohnungseigentümer keine Bedeutung mehr hat, beispielsweise, wenn sich die betreffende Angelegenheit wegen Zeitablaufs erledigt hat.

Bei Beschlüssen sind der Beschlusswortlaut, die Angabe der Versammlung mit Art und Datum sowie die Angabe des Tagesordnungspunkts einzutragen. Handelt es sich um eine schriftliche Beschlussfassung, ist dies mit Angabe des Zeitpunkts, Orts sowie der Form der Verkündung des Umlaufbeschlusses zu vermerken. Im Fall der gerichtlichen Entscheidung sind Gericht, Datum der Entscheidung, Aktenzeichen, Parteien und Tenor einzutragen. Zudem muss jeweils ergänzt werden, durch wen und zu welchem Zeitpunkt eine Eintragung vorgenommen wurde.

Tipp

Eintragungen, die für die Wohnungseigentümergemeinschaft von besonderer Bedeutung sind, sollten optisch hervorstechen, zum Beispiel durch Fettung oder sonstige Hervorhebung.

Weitere Formvorschriften sind gesetzlich nicht normiert. Daher steht es dem Verwalter frei, ob er die Beschlusssammlung handschriftlich oder elektronisch führen möchte. Bei einer elektronischen Beschlusssammlung ist in jedem Fall darauf zu achten, dass der Verwalter für ausreichenden Schutz vor Datenverlust, -vernichtung und -veränderung sorgt.

4.1.3 Wann muss eingetragen werden?

Einen klaren Zeitpunkt, wann nach ihrer Entstehung die Beschlüsse in die Beschlusssammlung einzutragen sind, gibt § 24 Abs. 7 Satz 7 WEG nicht vor. Die erforderlichen Eintragungen sollen vom Verwalter unverzüglich vorgenommen und mit Datum versehen werden. »Unverzüglich« bedeutet, dass die Eintragung ohne schuldhaftes Verzögern (§ 121 Abs. 1 Satz 1 BGB) erfolgen muss. Ob die Formulierung »unverzüglich« nur den Tag der Versammlung, den darauffolgenden Werktag oder bis zu drei Tage danach umfasst, wurde bislang nicht höchstrichterlich entschieden. Im Schrifttum wird vertreten, dass die Eintragung am nächsten bzw. spätestens am übernächsten Werktag vorzunehmen ist. Das LG Karlsruhe (21.2.2012, 11 S 46/11) erachtet einen Zeitraum von maximal drei Tagen als unverzüglich. Nach anderer Ansicht ist die Eintragung eines Beschlusses der Wohnungseigentümergemeinschaft in die Beschlusssammlung binnen einer Woche noch als unverzüglich zu erachten (LG Berlin, 7.10.2009, 85 S 101/08; LG München I, 6.2.2008, 1 T 22613/07). Ein Zeitraum von sechs Wochen ist hingegen keinesfalls mehr als unverzüglich anzusehen (LG Hamburg, 23.3.2011, 318 S 72/10).

Tipp

Eigentümerversammlungen dauern oft bis in den späten Abend, daher kann die Eintragung der Beschlüsse am selben Abend nicht verlangt werden. Doch dies am folgenden Werktag zu erledigen erscheint als durchaus angemessen und sollte daher auch so vorgenommen werden. Die Eintragung in die Beschlusssammlung ist nicht an die Erstellung des Protokolls gekoppelt. Der Verwalter kann sich nicht dadurch entschuldigen, dass die erforderlichen Unterschriften zum Protokoll noch nicht vorlagen. Die gerichtliche Anfechtung eines Beschlusses oder die Ankündigung dieses Vorhabens eines Wohnungseigentümers macht die unverzügliche Eintragung ebenfalls nicht entbehrlich. Beschlüsse sind so lange gültig, bis sie durch eine gerichtliche Entscheidung aufgehoben werden.

4.1.4 Wer führt die Beschlusssammlung?

Die Aufgabe, die Beschlusssammlung zu führen, obliegt gemäß § 24 Abs. 8 WEG dem Verwalter. Er kann diese an Hilfspersonen seines Geschäftsbetriebs delegieren. Das Führen der Beschlusssammlung kann nicht durch Mehrheitsbeschluss der Wohnungseigentümergemeinschaft auf eine andere Person übertragen werden. Wechselt der Verwalter, so ist die Beschlusssammlung nebst aller anderen Verwaltungsunterlagen an den neuen Verwalter herauszugeben. Auch nach Niederlegung seines Amts hat der alte Verwalter Berichtigungen und Ergänzungen der Beschlusssammlung aus seiner Amtszeit, für die er zuständig war, durchzuführen. Von der Versammlung an, in der der neue Verwalter bestellt wird, muss dieser die Beschlusssammlung fortführen (AG Schöneberg, 9.1.2014, 772 C 24/13).

Gibt es keinen Verwalter, muss der Vorsitzende der Eigentümerversammlung die Beschlusssammlung führen und erforderliche Eintragungen vornehmen. Die Wohnungseigentümergemeinschaft hat in diesem Fall die Möglichkeit, hierzu eine andere Person durch Mehrheitsbeschluss zu bestimmen.

4.1.5 Wer darf die Beschlusssammlung einsehen?

Jeder Wohnungseigentümer hat gemäß § 24 Abs. 7 Satz 8 WEG das Recht, die Beschlusssammlung einzusehen. Diese Regelung korrespondiert mit derjenigen in § 18 Abs. 2 WEG, die für alle Wohnungseigentümer ein umfassendes Einsichtsrecht in alle Verwaltungsunterlagen vorsieht. Dieses Recht kann ein Wohnungseigentümer auf Dritte übertragen, beispielsweise auf Kaufinteressenten. Zur Wahrung des Geheimhaltungsinteresses der übrigen Sondereigentümer muss bei Einsichtnahme in die Verwaltungsunterlagen durch einen Dritten ein berechtigtes Interesse daran nachvollziehbar dargelegt werden (LG Saarbrücken, 26.4.2019, 5 S 31/18). Die Einsichtnahme findet im Büro des Verwalters statt (OLG Köln, 7.6.2006, 16 Wx 241/05, NZM 2006, 702). Hierzu bedarf es der vorherigen Terminabsprache.

Das Recht eines Wohnungseigentümers auf Einsichtnahme in die Beschlusssammlung ist an keine weiteren besonderen Voraussetzungen geknüpft. Ein berechtigtes Interesse oder sonstiges Interesse muss nicht geltend gemacht werden. Kommt die Verwaltung einem Einsichtsverlangen nicht nach, kann der Anspruch auch im Klageweg geltend gemacht werden (LG Hamburg, 18.1.2016, 318 T 65/15). Auch wenn der Verwalter die Einsichtnahme pflichtwidrig verweigert, muss die Klage gegen die Gemeinschaft der Wohnungseigentümer erhoben werden.

Ein Anspruch auf Herausgabe der Beschlusssammlung besteht aufgrund des damit verbundenen Risikos von Verlust oder Manipulation nicht. Von der Beschlusssammlung darf der Wohnungseigentümer oder der Bevollmächtigte jedoch selbst Abschriften vornehmen oder Ausdrucke oder Kopien vom Verwalter verlangen (Gesetzesbegründung in BT-Drucks. 16/887, S. 34). Hierfür darf der Verwalter, ggf. über Vorkasse, ein Sonderhonorar verlangen. Für die Anfertigung von Kopien aus Verwaltungsunterlagen wird ein Betrag von 0,50 EUR zzgl. MwSt. pro Kopie als zulässig erachtet (BayObLG, 19.12.2002, 2Z BR 104/02). Ab erwünschter 51. Kopie ist eine Ermäßigung entsprechend dem Rechtsanwaltsvergütungsgesetz (RVG) auf 0,15 EUR angemessen (OLG Hamm, 19.10.2000, 15 W 133/00). Für Farbkopien sieht das RVG 1 EUR für die ersten 50 Seiten und 0,30 EUR für die weiteren Seiten vor.

4.1.6 Fehler in der Beschlusssammlung

Ist eine Beschlusssammlung inhaltlich fehlerhaft, so muss sie berichtigt werden. Hierzu ist der Verwalter verpflichtet und berechtigt. Als Fehler kommen in Betracht:

- Schreibfehler,
- Eintragung von Redebeiträgen,
- Eintragung nichtiger Beschlüsse und sonstiger unzulässiger Inhalte,
- sonstige offenbare Unrichtigkeiten,
- Nichteintragung oder falsche Eintragung eines Beschlusses.

Die Nichteintragung eines Beschlusses berührt allerdings dessen Wirksamkeit nicht. Die Eintragung in die Beschlusssammlung hat keine konstitutive Wirkung. Ein Beschluss wird zu dem Zeitpunkt, zu dem er festgestellt und verkündet wird, wirksam.

Kommt der Verwalter seiner Aufgabe zur ordnungsmäßigen Führung der Beschlusssammlung nicht nach, kann darin ein wichtiger Grund für seine Abberufung liegen. Geringste Fehler rechtfertigen allerdings nicht die sofortige Abberufung, Mängel beim Führen der Beschlusssammlung müssen ein gewisses Gewicht haben (LG Hamburg, 13.11.2013, 318 S 23/13; LG Berlin, 7.10.2009, 85 S 101/08). Ein Verwalter kann abberufen werden, wenn er entgegen seiner Verpflichtung zum Führen der Beschlusssammlung gegen ihn ergangene Entscheidungen nicht in die Beschlusssammlung aufgenommen hat (LG Karlsruhe, 21.2.2012, 11 S 46/11).

Der Verwalter haftet gegenüber den Wohnungseigentümern bei nicht ordnungsmäßiger Führung der Beschlusssammlung. Enthält die Beschlusssammlung Fehler, zum Beispiel falsche Eintragungen, oder fehlen gar Beschlüsse, kommt eine Schadenersatzpflicht des Verwalters in Betracht, wenn er diese Pflichtverletzung zu vertreten hat. Den Schadenersatzanspruch sollen aber nur Wohnungseigentümer und nicht (Neu-)Erwerber geltend machen können, da zwischen dem Verwalter und dem Erwerber bei der Einsicht in die Beschlusssammlung noch keine schuldrechtlichen Beziehungen bestanden haben (BT-Drucks. 16/887, S. 34; Abramenko, § 2 Rn. 87; Demharter, NZM 2006, 489, 493).

MUSTER: Beschlusssammlung

DIGITALE EXTRAS

Lfd. Nr.	Beschluss	Eigentümerversammlung [Art, Ort, Datum, TOP] bzw. Umlaufbeschluss [Datum der Verkündung]	Gerichtsentscheidung [Gericht, Datum, Az., Tenor, Parteien]	Vermerke [angenommen/ abgelehnt, bestandskräftig, aufgehoben, gelöscht, bedeutungslos/ rechtskräftig]	Eintragungsvermerk [Name des Verwalters bzw. Versammlungsleiters, Datum, Unterschrift]
1	»Die Nachschüsse bzw. Anpassungen der beschlossenen Vorschüsse aus den Einzelabrechnungen für das Jahr ….. vom ….. [Datum der Abrechnung] werden genehmigt und fällig gestellt. Der Verwalter ist berechtigt, Nachschüsse bzw. Beitragsanpassungen aus der jeweiligen Einzelabrechnung mit dem Hausgeld des Monats …………… /alternativ: zum ……. [konkretes Datum] abzubuchen. Soweit Eigentümer am Lastschriftverfahren teilnehmen, ist für eine ausreichende Kontodeckung zu sorgen. Eigentümer die nicht am SEPA-Lastschriftverfahren teilnehmen, haben die Nachschüsse bzw. Beitragsanpassungen ebenfalls bis ……. [konkretes Datum] zu bezahlen. Etwaige Guthaben der Eigentümer aufgrund der Anpassung der beschlossenen Vorschüsse hat der Verwalter – sofern kein anderweitiger Rückstand besteht – zum gleichen Termin auszukehren.«	Ordentliche Eigentümerversammlung am 3.5.2024, Tannstraße 1, 80123 München, zu TOP 2		Einstimmig angenommen	Verwalter [Name], 6.5.2024 [Datum], [Unterschrift]
2	»Der Verwaltung wird für das Wirtschaftsjahr 2023 Entlastung erteilt.«	Ordentliche Eigentümerversammlung am 3.5.2024, Tannstraße 1, 80123 München, zu TOP 3		Einstimmig angenommen	Verwalter [Name], 6.5.2024 [Datum], [Unterschrift]

Lfd. Nr.	Beschluss	Eigentümerversammlung [Art, Ort, Datum, TOP] bzw. Umlaufbeschluss [Datum der Verkündung]	Gerichtsentscheidung [Gericht, Datum, Az., Tenor, Parteien]	Vermerke [angenommen/abgelehnt, bestandskräftig, aufgehoben, gelöscht, bedeutungslos/rechtskräftig]	Eintragungsvermerk [Name des Verwalters bzw. Versammlungsleiters, Datum, Unterschrift]
3	»Die Mitglieder des Verwaltungsbeirats werden für das Wirtschaftsjahr 2023 entlastet.«	Ordentliche Eigentümerversammlung am 3.5.2024, Tannstraße 1, 80123 München, zu TOP 4		Mehrheitlich angenommen	Verwalter [Name], 6.5.2024 [Datum], [Unterschrift]
4	»Die Vorschüsse aus den Einzelwirtschaftspläne für das Jahr………… vom …… [Datum der Druckfassung] werden genehmigt. Die in den Einzelwirtschaftsplänen ausgewiesenen Vorschüsse sind jeweils bis zum dritten Werktag eines Monats im Voraus fällig und auf das Gemeinschaftskonto zu entrichten, erstmals im Januar …. Die Vorschüsse aus den Einzelwirtschaftsplänen für das Jahr ….. gelten so lange, bis ein neuer Beschluss über Vorschüsse aus Einzelwirtschaftsplänen gefasst wird.«	Ordentliche Eigentümerversammlung am 3.5.2024, Tannstraße 1, 80123 München, zu TOP 5		Angenommen ohne Gegenstimmen	Verwalter [Name], 6.5.2024 [Datum], [Unterschrift]

lfd. Nr.	Beschluss	Eigentümerversammlung [Art, Ort, Datum, TOP] bzw. Umlaufbeschluss [Datum der Verkündung]	Gerichtsentscheidung [Gericht, Datum, Az., Tenor, Parteien]	Vermerke [angenommen/ abgelehnt, bestandskräftig, aufgehoben, gelöscht, bedeutungslos/ rechtskräftig]	Eintragungsvermerk [Name des Verwalters bzw. Versammlungsleiters, Datum, Unterschrift]
5	»Noch in diesem Jahr wird mit dem Aufzugsdienst, dem Verwaltungsbeirat und der Verwaltung bei einem Ortstermin erörtert, welche Mängel zwingend in diesem Jahr zu beheben sind. Diese Arbeiten werden in Absprache mit dem Verwaltungsbeirat in Auftrag gegeben und dürfen einen Kostenrahmen von 1.000 EUR im Einzelfall und 7.000 EUR gesamt nicht überschreiten. Im Hinblick auf die übrigen Mängel soll ein Zeitplan mit Kostenübersicht in der nächsten ordentlichen Eigentümerversammlung vorgelegt werden.«	Ordentliche Eigentümerversammlung am 3.5.2024, Tannstraße 1, 80123 München, zu TOP ….		Einstimmig angenommen	Verwalter [Name], 6.5.2024 [Datum], [Unterschrift]

Lfd. Nr.	Beschluss	Eigentümerversammlung [Art, Ort, Datum, TOP] bzw. Umlaufbeschluss [Datum der Verkündung]	Gerichtsentscheidung [Gericht, Datum, Az., Tenor, Parteien]	Vermerke [angenommen/ abgelehnt, bestandskräftig, aufgehoben, gelöscht, bedeutungslos/ rechtskräftig]	Eintragungsvermerk [Name des Verwalters bzw. Versammlungsleiters, Datum, Unterschrift]
6	»Die Verwaltung wird beauftragt, die Firma Blitzsanierung mit der Sanierung der hofseitigen Fassade laut vorliegendem Angebot zu beauftragen. Die Arbeiten sollen im Juni 2024 beginnen. Die Finanzierung der Maßnahme erfolgt aus der Rücklage.«	Ordentliche Eigentümerversammlung am 3.5.2024, Tannstraße 1, 80123 München, zu TOP …		Mehrheitlich angenommen	Verwalter [Name], 6.5.2024 [Datum], [Unterschrift]
				Angefochten mit Klage vom 27.5.2024 vor dem AG München, 481 UR II 89/24, zugestellt am 11.6.2024	Verwalter [Name], [Datum], [Unterschrift]
				Aufgehoben gemäß lfd. Nr.	Verwalter [Name], [Datum], [Unterschrift]
7	»Der Verwalter wird beauftragt, die Malerarbeiten zum Streichen des Treppenhauses bis zu einem Kostenaufwand in Höhe von 6.000 EUR in Auftrag zu geben.«	Ordentliche Eigentümerversammlung am 3.5.2024, Tannstraße 1, 80123 München, zu TOP 8		Mehrheitlich abgelehnt	Verwalter [Name], 6.5.2024 [Datum], [Unterschrift]

Lfd. Nr.	Beschluss	Eigentümerversammlung [Art, Ort, Datum, TOP] bzw. Umlaufbeschluss [Datum der Verkündung]	Gerichtsentscheidung [Gericht, Datum, Az., Tenor, Parteien]	Vermerke [angenommen/abgelehnt, bestandskräftig, aufgehoben, gelöscht, bedeutungslos/rechtskräftig]	Eintragungsvermerk [Name des Verwalters bzw. Versammlungsleiters, Datum, Unterschrift]
8	»Der Verwalter wird beauftragt, einen vereidigten Bausachverständigen mit der Begutachtung der Feuchtigkeitsschäden in der Tiefgarage zu beauftragen. Er wird vorsorglich ermächtigt, ein selbstständiges Beweissicherungsverfahren im eigenen Namen oder im Namen der Wohnungseigentümergemeinschaft einzuleiten sowie Gewährleistungsansprüche gegen die Firma Bandel außergerichtlich sowie gerichtlich mithilfe eines zu beauftragenden Rechtsanwalts geltend zu machen.«	Ordentliche Eigentümerversammlung am 3.5.2024, Tannstraße 1, 80123 München, zu TOP 9		Einstimmig angenommen	Verwalter [Name], 6.5.2024 [Datum], [Unterschrift]
9	»Die J. Steinmann HV GmbH wird für die Zeit vom 1.1.2025 bis 31.12.2026 zu Kosten in Höhe von monatlich 27,30 EUR je Wohneigentum und 3,50 EUR je Teileigentum Garagenstellplatz zzgl. MwSt. zum Verwalter bestellt. Der bestehende Verwaltervertrag verlängert sich entsprechend.«	Ordentliche Eigentümerversammlung am 3.5.2024, Tannstraße 1, 80123 München, zu TOP …		Mehrheitlich angenommen	Verwalter [Name], 6.5.2024 [Datum], [Unterschrift]
				Notarielle Beglaubigung der Unterschriften auf dem Protokoll erfolgt am [Datum]	Verwalter [Name], [Datum], [Unterschrift]

Lfd. Nr.	Beschluss	Eigentümerversammlung [Art, Ort, Datum, TOP] bzw. Umlaufbeschluss [Datum der Verkündung]	Gerichtsentscheidung [Gericht, Datum, Az., Tenor, Parteien]	Vermerke [angenommen/ abgelehnt, bestandskräftig, aufgehoben, gelöscht, bedeutungslos/ rechtskräftig]	Eintragungsvermerk [Name des Verwalters bzw. Versammlungsleiters, Datum, Unterschrift]
10	Zu lfd. Nr. 6		AG München, [Datum], 481 UR II 89/24, in Sachen Meier ./. WEG Tannstraße 100, München, zugestellt am [Datum]: I. Der Beschluss der Eigentümerversammlung vom 3.5.2024 zu TOP 7 wird für ungültig erklärt. II. Die Kosten des Verfahrens werden der Beklagten auferlegt.		Verwalter [Name], [Datum], [Unterschrift]

Lfd. Nr.	Beschluss	Eigentümerversammlung [Art, Ort, Datum, TOP] bzw. Umlaufbeschluss [Datum der Verkündung]	Gerichtsentscheidung [Gericht, Datum, Az., Tenor, Parteien]	Vermerke [angenommen/ abgelehnt, bestandskräftig, aufgehoben, gelöscht, bedeutungslos/ rechtskräftig]	Eintragungsvermerk [Name des Verwalters bzw. Versammlungsleiters, Datum, Unterschrift]
			III. Das Urteil ist vorläufig vollstreckbar.		
				Rechtskräftig	Verwalter [Name], [Datum], [Unterschrift]
11	»Die WEG duldet eine bislang nicht vorgesehene Einzäunung der den EG-Wohnungen zugeordneten Terrassenflächen (Sondernutzungsrecht) mit grünem Maschendrahtzaun. Die Kosten der erstmaligen Errichtung sowie der Instandsetzung und Instandhaltung trägt der jeweilige Sondernutzungsberechtigte.«	Umlaufbeschluss im schriftlichen Verfahren. Verkündet durch Schreiben an alle Wohnungseigentümer vom [Datum]		Einstimmig angenommen	Verwalter [Name], [Datum], [Unterschrift]

4.1.7 Checkliste zur Beschlusssammlung

Wann beginnt die Eintragungsverpflichtung?
In die Beschlusssammlung müssen alle ab dem 1.7.2007 gefassten Beschlüsse und gerichtlichen Entscheidungen eingetragen werden. Beschlüsse und Entscheidungen vor diesem Zeitpunkt können, müssen aber nicht aufgenommen werden.

Wie ist das Verhältnis zum Versammlungsprotokoll?
Die Beschlusssammlung ersetzt nicht die ordnungsmäßige Erstellung des Protokolls. Die Beschlusssammlung und das Protokoll stehen unabhängig nebeneinander und ergänzen sich.

Wer ist für die Beschlusssammlung verantwortlich?
Der Verwalter ist zur Führung der Beschlusssammlung verpflichtet. Gibt es in der Wohnungseigentümergemeinschaft keinen Verwalter, nimmt diese Aufgabe der Versammlungsvorsitzende wahr oder die Wohnungseigentümergemeinschaft kann hierfür eine Person durch Mehrheitsbeschluss bestimmen.

Welche Eintragungen sind in der Beschlusssammlung vorzunehmen?
In die Beschlusssammlung müssen sämtliche von der Wohnungseigentümergemeinschaft gefassten Beschlüsse, auch die im schriftlichen Umlaufverfahren zustande gekommenen, sowie alle gerichtlichen Entscheidungen aufgenommen werden.

Kommt ein Beschluss erst mit Eintragung in die Beschlusssammlung zustande?
Nein! Die Eintragung des Beschlusses in die Beschlusssammlung ist keine Voraussetzung für seine Wirksamkeit. Ein Beschluss kommt zustande, wenn er festgestellt und verkündet wird.

Wann muss die Eintragung vorgenommen werden?
Der Verwalter ist verpflichtet, die Eintragungen in die Beschlusssammlung »unverzüglich« vorzunehmen. Wie viele Tage »unverzüglich« bedeutet, ist noch nicht höchstrichterlich geklärt. Die Eintragung bis zu drei Werktage nach der Beschlussfassung oder Zustellung der gerichtlichen Entscheidung reicht aus.

Wann können Einträge gelöscht werden?
Einträge können gelöscht werden, wenn ein Beschluss oder eine gerichtliche Entscheidung aufgehoben wurde oder eine Eintragung bedeutungslos geworden ist. Die Löschung kann durch Durchstreichen des Textes und im Fall der elektronischen Führung der Beschlusssammlung durch Entfernen des Textes erfolgen. Eine Löschung kann, muss aber nicht erfolgen. Von der Möglichkeit der Löschung sollte zurückhaltend Gebrauch gemacht werden. In jedem Fall ist ein Löschungsvermerk vorzunehmen.

Was passiert bei Fehlern in der Beschlusssammlung?
Wird die Beschlusssammlung nicht ordnungsmäßig geführt, kann darin ein Grund für die Abberufung des Verwalters liegen. Fehler in der Beschlusssammlung dürfen vom Verwalter berichtigt werden. Weigert er sich, dies zu tun, kann jeder Wohnungseigentümer einen Berichtigungsanspruch gerichtlich geltend machen.

Muss Einsicht in die Beschlusssammlung gewährt werden?
Ja! Jeder Wohnungseigentümer oder eine von ihm hierzu bevollmächtigte dritte Person darf Einsichtnahme in die Beschlusssammlung beanspruchen sowie Kopien (gegen Kostenerstattung) fertigen lassen.

4.2 Der Beschluss

§ 23 Abs. 1 WEG bestimmt, dass die Angelegenheiten, über die die Wohnungseigentümer nach dem WEG oder nach einer Vereinbarung durch Beschluss entscheiden können, durch Beschlussfassung in einer Eigentümerversammlung geordnet werden. Ohne Versammlung ist ein Beschluss nur gültig, wenn alle Wohnungseigentümer ihre Zustimmung zu ihm schriftlich erklären, und zwar in einem sogenannten Umlaufverfahren.

In seiner Rechtsnatur ist der Beschluss ein mehrseitiges Rechtsgeschäft eigener Art, ein sogenannter Gesamtakt (BGH, 19.9.2002, V ZB 37/02, NZM 2002, 992; BayObLG, 2.8.2001, 2Z BR 144/00, NZM 2001, 1037). Er ist kein Vertrag, sondern das in Worte gefasste Ergebnis der internen, kollektiven Willensbildung der Wohnungseigentümer. Nunmehr entfaltet auch der »Ein-Mann-Beschluss« eines teilenden Eigentümers oder seines Rechtsnachfolgers Wirkung.

4.2.1 Der Unterschied zwischen Vereinbarung und Beschluss

Zwischen einer Vereinbarung im Sinne des § 10 WEG und Beschlüssen gemäß § 23 WEG ist zu unterscheiden. Beschlüsse beruhen auf gleichgerichteten Willenserklärungen, Vereinbarungen haben gegenseitige korrespondierende Verpflichtungen zum Gegenstand. Bedeutung gewinnt die Frage der Abgrenzung dann, wenn ein einstimmiger Beschluss vorliegt. Ob nun eine von den Wohnungseigentümern einstimmig getroffene Regelung einen Beschluss oder eine Vereinbarung darstellt, ist im Wege der Auslegung zu ermitteln. Entscheidend ist nicht, wie die Regelung bezeichnet wurde, beispielsweise als »Beschluss«, sondern der jeweilige Inhalt.

Achtung: Faustformel

Was zu vereinbaren ist, kann nicht beschlossen werden, außer es liegt eine Vereinbarung vor, die den Wohnungseigentümern Beschlusskompetenz zuweist.

Von einer Vereinbarung ist regelmäßig dann auszugehen, wenn der Gegenstand einer Regelung durch Mehrheitsbeschluss nicht möglich ist, eine Beschlusskompetenz der Wohnungseigentümer damit nicht vorliegt. Eine Vereinbarung kann mündlich oder schriftlich geschlossen werden, jedoch wirkt sie aufgrund ihres schuldrechtlichen Charakters gegenüber in die Wohnungseigentümergemeinschaft neu eintretende Wohnungseigentümer (Sonderrechtsnachfolger) nur dann, wenn sie in das Grundbuch eingetragen ist (§ 10 Abs. 3 WEG).

Beschlüsse, die aufgrund einer Vereinbarung gefasst werden, zum Beispiel einer Öffnungsklausel, müssen in das Grundbuch eingetragen werden, um gegen den Sondernachfolger zu wirken (§ 10 Abs. 3 Satz 1 WEG). Hingegen wirken Beschlüsse, die aufgrund einer gesetzlichen Beschlusskompetenz gefasst wurden, zum Beispiel nach § 12 Abs. 4 Satz 1, § 16 Abs. 2 Satz 2 oder § 19 WEG, nach § 10 Abs. 3 Satz 2 WEG auch ohne Grundbucheintragung gegen den Sonderrechtsnachfolger. Gerichtliche Entscheidungen in einem Rechtsstreit gemäß § 43 WEG binden den Sonderrechtsnachfolger eines Wohnungseigentümers ebenfalls auch ohne Grundbucheintragung (§ 44 Abs. 3 Satz 2 WEG).

Beispiele: Regelungsgegenstände, die eine Vereinbarung erfordern

- Änderungen der Gemeinschaftsordnung, Umstellung des Abstimmungsmodus/Stimmkraftprinzips vom Kopfprinzip auf das Wertprinzip,
- Begründung oder Entzug von Sondernutzungsrechten,
- Veränderung der Zweckbestimmung von Gemeinschaftseigentum, zum Beispiel Bestimmung der Nutzung des Fahrradkellers als Hobbyraum,
- Bestimmung, Stimmenthaltungen in bestimmter Weise zu zählen.

4.2.2 Wann hat die Gemeinschaft Beschlusskompetenz?

Die Wohnungseigentümergemeinschaft kann grundsätzlich nur dann einen Beschluss fassen, wenn ihr die Gemeinschaftsordnung im Rahmen einer Öffnungsklausel oder das WEG Beschlusskompetenz zuweist. Das WEG weist Beschlusskompetenz bei folgenden Angelegenheiten zu:

- Genehmigung von Wirtschaftsplan und Jahresabrechnung in Form der Vorauszahlungsbeträge und Überschüsse bzw. Fehlbeträge,
- Maßnahmen zur ordnungsmäßigen Instandhaltung und Instandsetzung des Gemeinschaftseigentums (§ 19 Abs. 1 WEG),

- Maßnahmen ordnungsmäßiger Verwaltung des Gemeinschaftseigentums, zum Beispiel Aufstellung der Hausordnung, Sach- und Haftpflichtversicherung der Wohnungseigentümer,
- Einleitung eines Verfahrens zur Entziehung des Wohnungseigentums (§ 17 WEG),
- Gebrauchsregeln bezüglich des Sondereigentums und des Gemeinschaftseigentums, wenn die Gemeinschaftsordnung keine entgegenstehende Regelung enthält (§ 19 WEG), zum Beispiel Nutzungsregelungen für Gemeinschaftsflächen oder Regelungen der Hausordnung,
- Aufhebung von Veräußerungsbeschränkungen (§ 12 Abs. 4 WEG),
- Bestellung des Verwaltungsbeirats (§ 29 Abs. 1 Satz 1 WEG),
- Bildung, Höhe und Anlage einer Erhaltungsrücklage,
- Bestellung und Abberufung des Verwalters (§ 26 Abs. 1 Satz 1 WEG),
- Abänderung der Kostenverteilung (§ 16 Abs. 2 WEG),
- bauliche Veränderungen und Kostenverteilung (§§ 20, 21 WEG),
- Geldangelegenheiten und deren Fälligkeit (§ 28 Abs. 3 WEG),
- Teilnahme an Versammlungen im Wege der elektronischen Kommunikation (§ 23 Abs. 1 S. 2 WEG),
- Beschlussfassung über die Abstimmung im Umlaufverfahren bei konkreten Gegenständen durch einfachen Mehrheitsbeschluss (§ 23 Abs. 3 WEG).

Beispiele: Hier fehlt die Beschlusskompetenz

- Nachträgliche Umwandlung von Gemeinschaftseigentum in Sondereigentum,
- Zweckbestimmungsänderungen des Gemeinschaftseigentums,
- Begründung oder Beschränkung von Sondernutzungsrechten,
- Zusammenfassung mehrerer Wohnungseigentümergemeinschaften zu einer,
- Gebrauchsentzug von Gemeinschaftseigentum zulasten einzelner Wohnungseigentümer,
- Bestimmung, Stimmenthaltungen in bestimmter Weise zu zählen, zum Beispiel als Nein-Stimmen,
- dauerhafte Änderungen hinsichtlich Form und Frist der Einberufung von Eigentümerversammlungen,
- Abänderung des Stimmkraftprinzips, zum Beispiel vom Kopf- zum Wertprinzip,
- nachträgliche Einführung einer Veräußerungs- oder Vermietungszustimmung,
- Einschränkung der nach der Teilungserklärung erlaubten gewerblichen Nutzung eines Teileigentums.

Trifft die Eigentümerversammlung dennoch Beschlüsse, obwohl ihr weder die Gemeinschaftsordnung noch das WEG entsprechende Beschlusskompetenz zuweist, so können diese Beschlüsse nichtig oder aber wirksam, jedoch anfechtbar sein. Zur Frage, wann der Eigentümergemeinschaft die Beschlusskompetenz fehlt und wann ein Beschluss nichtig oder nur anfechtbar ist (siehe Kapitel 4.3 und 4.4).

4.2.3 Was sind Öffnungsklauseln?

Es gibt begrifflich gesetzliche Öffnungsklauseln und vereinbarte Öffnungsklauseln. Bei den gesetzlichen Öffnungsklauseln weist das Gesetz die Beschlusskompetenz zu, Vereinbarungen abzuändern.

Beispiele: Gesetzliche Öffnungsklauseln

- Aufhebung einer Veräußerungsbeschränkung (§ 12 Abs. 4 Satz 1 WEG),
- abändernde Kostenverteilung (§ 16 Abs. 2 Satz 2 WEG),
- Änderung der Kostenverteilung bei baulichen Veränderungen (§ 21 Abs. 5 Satz 1 WEG),
- ordnungsmäßige Verwaltung/Benutzung (§ 19 Abs. 1 WEG),
- Teilnahme an Versammlungen im Wege der elektronischen Kommunikation (§ 23 Abs. 1 Satz 2 WEG),
- Beschlussfassung über Art und Weise von Zahlungen sowie der Fälligkeit (§ 28 Abs. 3 WEG).

Oftmals enthalten Gemeinschaftsordnungen Öffnungsklauseln, im Rahmen derer durch qualifizierten Mehrheitsbeschluss, zum Beispiel mit Zweidrittel- oder Dreiviertelmehrheit, von den abdingbaren gesetzlichen Bestimmungen oder den getroffenen Vereinbarungen in der Teilungserklärung/Gemeinschaftsordnung abgewichen werden kann. Solche Öffnungsklauseln erleichtern die Neuregelung von Gegenständen, die sonst nur durch Vereinbarung geregelt werden dürfen, und sind grundsätzlich zulässig.

Soll eine Vereinbarung aufgrund einer vereinbarten Öffnungsklausel geändert werden, ist jedoch zwingend erforderlich,

- dass die Öffnungsklausel hinreichend bestimmt ist,
- dass ein sachlicher Grund für die Änderung vorliegt,
- dass kein Eigentümer gegenüber der bisherigen Regelung unbillig benachteiligt wird und
- dass die Änderung den Grundsätzen ordnungsmäßiger Verwaltung entspricht (BGH, 10.6.2011, V ZR 2/10; BGH, 1.4.2011, V ZR 162/10; BGH, 27.6.1985, VII ZB 21/84; BGH, ZMR 1995, 34; BayObLG, 21.10.1999, 2 Z BR 126/99; BayObLG, 30.10.2003, 2Z BR 132/03 ZMR 2004, 211; OLG Hamm, 22.12.2003, 15 W 396/03, ZMR 2004, 852).

Fehlt es an diesen Voraussetzungen, ist der Beschluss zwar nicht von vornherein nichtig, jedoch erfolgreich anfechtbar (BGH, 12.12.2014, V ZR 53/14). Gleiches gilt, wenn die Öffnungsklausel ein qualifiziertes Stimmenquorum voraussetzt, dieses bei der Beschlussfassung aber nicht erreicht wird und der Versammlungsvorsitzende gleichwohl einen positiven Beschluss verkündet (LG München I, 3.11.2010, 36 S 12714/10; LG Köln, 15.10.2009, 29 S 102/09). Ob die aufgrund einer Öffnungsklausel getroffene Vereinbarung billig ist, lässt sich gerichtlich überprüfen.

Beispiele: Vereinbarungsänderungen durch Öffnungsklausel

- Im Rahmen eines auf einer Öffnungsklausel beruhenden qualifizierten Mehrheitsbeschlusses wird dem Wohnungseigentümer A ein ihm eingeräumtes Sondernutzungsrecht entzogen. A hat jedoch im Vertrauen auf das ihm eingeräumte Sondernutzungsrecht erhebliche Vermögensdispositionen getroffen. A kann nun die Billigkeit gerichtlich überprüfen lassen, insbesondere die Verletzung von Treuepflichten und des Rücksichtnahmegebots der anderen Wohnungseigentümer.
- Stimmrechtsfragen (Wert-/Kopfprinzip).
- Änderung der Kostenverteilung für die Fälle, die nicht bereits von § 16 Abs. 2 Satz 2 WEG erfasst sind.

Eine Öffnungsklausel kann abstrakt-generell (allgemeine Öffnungsklausel) formuliert sein, zum Beispiel: »Die Bestimmungen der Gemeinschaftsordnung können durch die Zustimmung von drei Viertel aller im Grundbuch eingetragenen Wohnungseigentümer abgeändert werden.« Oder die Öffnungsklausel beschränkt sich auf bestimmte Bereiche (konkrete Öffnungsklausel). Die durch eine Öffnungsklausel legitimierte Mehrheitsmacht wird materiell-rechtlich unter anderem durch unentziehbare, aber verzichtbare Mitgliedschaftsrechte begrenzt. Ein in solche Rechte ohne Zustimmung der nachteilig betroffenen Wohnungseigentümer eingreifender Beschluss ist schwebend unwirksam. Zu den unentziehbaren, aber verzichtbaren Mitgliedschaftsrechten gehört das sogenannte Belastungsverbot, das jeden Wohnungseigentümer vor der Aufbürdung neuer (originärer) Leistungspflichten schützt – also vor solchen, die sich weder aus dem Gesetz noch aus der bisherigen Gemeinschaftsordnung ergeben. Auch eine Öffnungsklausel erlaubt es daher nicht, Wohnungseigentümern gegen ihren Willen zusätzliche Leistungen aufzuerlegen (BGH, 10.10.2014, V ZR 315/13, zu einem Beschluss, der den Sondernutzungsberechtigten von sehr großen Gartenflächen die alleinige Instandhaltungsverpflichtung übertragen sollte). Individualrechte, die zwar zu den unentziehbaren Mitgliedschaftsrechten gehören, aber verzichtbar sind, begrenzen ebenfalls die durch eine Öffnungsklausel legitimierte Mehrheitsmacht. Es ist nur dann von der Wirksamkeit eines in diese Rechte eingreifenden Beschlusses auszugehen, wenn die hiervon nachteilig betroffenen Wohnungseigentümer ihre Zustimmung erklären; bis dahin ist der Beschluss schwebend unwirksam (LG Karlsruhe, 21.3.2017, 11 S 88/16).

Im Hinblick auf vorhandene Öffnungsklauseln ist im Fall einer Beschlussfassung zu beachten, dass diese Regelung einschlägig ist, falls die Öffnungsklausel geringere Anforderungen als eine gesetzliche Beschlusskompetenz an die Beschlussfassung stellt. Werden jedoch nach der Öffnungsklausel höhere Anforderungen an eine Abänderung gestellt, als die gesetzliche Beschlusskompetenz Möglichkeiten bietet, so sind letztere vorrangig (so zum alten Recht: LG Berlin, 2.7.2010, 85 S 47/10).

Öffnungsklauseln können auch nachträglich vereinbart werden, um eine leichtere Abänderbarkeit und Anpassung der Teilungserklärung oder Gemeinschaftsordnung zu ermöglichen. Die nachträgliche Vereinbarung bedarf der Zustimmung aller im Grundbuch eingetragenen Eigentümer und der Eintragung in das Grundbuch. Die Zustimmung eines Drittberechtigten, zum Beispiel eines Grundpfandrechtsgläubigers, ist nicht notwendig, da dessen dingliche Rechtsposition durch die Öffnungsklausel noch nicht beeinträchtigt wird (OLG Düsseldorf, 30.1.2004, I-3 Wx 329/03, ZMR 2004, 284).

Beispiel: Formulierung für eine Öffnungsklausel

»Liegt eine nach dem Gesetz oder der Gemeinschaftsordnung vereinbarungsbedürftige Angelegenheit vor, können die Wohnungseigentümer die Angelegenheit durch Beschluss regeln, wenn eine Mehrheit von mindestens drei Vierteln der abgegebenen Stimmen und mehr als die Hälfte der im Grundbuch eingetragenen Miteigentumsanteile (alternativ: eine Mehrheit von mindestens zwei Dritteln aller im Grundbuch eingetragenen Miteigentumsanteile) vorliegt, für die Änderung ein sachlicher Grund besteht und kein Eigentümer unbillig benachteiligt wird.«

Beispiele: Rechtsprechung

- Beschlüsse, die auf Grundlage einer allgemeinen Öffnungsklausel mit der erforderlichen Mehrheit gefasst werden, sind im Allgemeinen nur insoweit materiell überprüfbar, als das »Ob« und das »Wie« der Änderung nicht willkürlich sein dürfen. Einer weiterreichenden Kontrolle unterliegen dagegen Beschlussgegenstände, die unverzichtbare oder unentziehbare, aber verzichtbare (»mehrheitsfeste«) Rechte der Sondereigentümer betreffen. Zu den unentziehbaren, aber verzichtbaren (»mehrheitsfesten«) Rechten eines Sondereigentümers gehört die Zweckbestimmung seines Wohnungs- oder Teileigentums; sie darf durch einen auf Grundlage einer allgemeinen Öffnungsklausel gefassten Mehrheitsbeschluss nur mit Zustimmung des Sondereigentümers geändert oder eingeschränkt werden (BGH, 12.4.2019, V ZR 112/18; BGH 10.10.2014, V ZR 315/13)
- Besteht eine allgemeine Öffnungsklausel in der Gemeinschaftsordnung, kann beschlossen werden, dass eine Vermietung für weniger als 14 Tage nicht zulässig sein soll. Dies greift nicht unzulässig in den Kernbereich des Sondereigentümers ein (LG Berlin, 23.9.2014, 55 S 89/13). Andere Ansicht war jedoch im Anschluss der BGH (12.4.2019, V ZR 112/18), wenn ein auf Grundlage einer allgemeinen Öffnungsklausel gefasster Beschluss die kurzzeitige Vermietung des Wohnungseigentums (zum Beispiel an Feriengäste) verbietet. Ein solcher Beschluss ist nur dann rechtmäßig, wenn alle Wohnungseigentümer ihre Zustimmung erteilt haben.
- Auf Grundlage einer allgemeinen Öffnungsklausel kann gegen die Stimmen der Minderheit beschlossen werden, dass die Überlassung einer Wohnung an Dritte der Verwaltung anzuzeigen ist (BGH, 12.4.2019, V ZR 112/18).
- Eine Öffnungsklausel mit Vierfünftelmehrheit kann auch Beschlusskompetenz für die Änderung des Kostenverteilungsschlüssels bei Instandsetzungen verleihen. Wird das nach der Gemeinschaftsordnung erforderliche Quorum (vier Fünftel) nicht erreicht und dennoch ein positiver Beschluss verkündet, ist dieser nicht nichtig. Allein der Umstand,

dass die Öffnungsklausel ein bestimmtes Mehrheitserfordernis vorgibt und damit ein gewisser Bestandsschutz der bestehenden Regelungen erreicht werden soll, führt nicht dazu, dass eine Öffnungsklausel stets dahingehend auszulegen wäre, dass die Beschlusskompetenz als solche bereits an das Erreichen des Quorums geknüpft wäre (LG München I, 13.1.2014, 1 S 1817/13; BGH, 10.10.2014, V ZR 315/13).

- Ist in der Teilungserklärung/Gemeinschaftsordnung keine Bezugsbasis für die nach der Öffnungsklausel erforderliche qualifizierte Mehrheit genannt, muss eine Auslegung dahingehend vorgenommen werden, dass zur Erreichung des Quorums die Mehrheit aller im Grundbuch eingetragenen Wohnungseigentümer und nicht nur die Mehrheit der bei der Versammlung anwesenden Eigentümer erforderlich ist (BGH, 10.6.2011, V ZR 2/10).
- Um keine Öffnungsklausel handelt es sich bei der Regelung, dass zum Beispiel der Alleineigentümer nach Entstehung der Wohnungseigentümergemeinschaft noch Gemeinschafts- in Sondereigentum oder Teil- in Wohnungseigentum umwidmen kann. Will der Alleineigentümer nach Entstehung der Wohnungseigentümergemeinschaft das Recht behalten, die Teilungserklärung einseitig zu verändern, so kann er sich dies in den Erwerbsverträgen durch eine entsprechende Vollmacht einräumen lassen (OLG Hamburg, 6.12.2002, 2 Wx 27/99).
- Durch einen Mehrheitsbeschluss kann das Stimmrecht nicht entzogen oder das geltende Stimmprinzip nicht abgeändert werden. Auch eine etwaige in der Teilungserklärung enthaltene Öffnungsklausel gibt hierfür keine Beschlusskompetenz (LG Karlsruhe, 21.3.2017, 11 S 88/16).

Achtung

Beschlüsse, die aufgrund einer Öffnungsklausel in der Gemeinschaftsordnung gefasst wurden, bedürfen zu ihrer Wirksamkeit gegenüber Sondernachfolgern der Eintragung in das Grundbuch.

4.2.4 Welche Beschlussarten gibt es?

Es können folgende Beschlussarten unterschieden werden:

- einfacher Mehrheitsbeschluss,
- qualifizierter Mehrheitsbeschluss,
- Ein-Mann-Beschluss,
- allstimmiger Beschluss,
- einstimmiger Beschluss,
- Nichtbeschluss,
- positiver Beschluss,
- negativer Beschluss,
- Zweitbeschluss,
- schriftliche Beschlussfassung,
- Geschäftsordnungsbeschluss,
- Standardbeschluss,
- Delegationsbeschluss.

4.2.4.1 Einfacher Mehrheitsbeschluss

WEG-Reform 2020

Nach der Reform kennt das Gesetz – mit Ausnahme bei der Kostenverteilung bei baulichen Veränderungen gemäß § 21 Abs. 2 Nr. 1 WEG – grundsätzlich nur noch den »einfachen« Mehrheitsbeschluss.

> **§ 25 Abs. 1 WEG**
> »Bei der Beschlussfassung entscheidet die Mehrheit der abgegebenen Stimmen«.

Angelegenheiten des Gebrauchs des Gemeinschaftseigentums und der laufenden Verwaltung sowie Änderungen bei der Kostenverteilung können mit einfacher Mehrheit beschlossen werden. Ein einfacher Mehrheitsbeschluss kommt dann zustande, wenn für einen Beschlussantrag mehr Ja- als Nein-Stimmen abgegeben werden. Hierfür maßgeblich sind allein die in der Eigentümerversammlung abgegebenen Stimmen. Eine nachträglich zu einem Beschluss erklärte Zustimmung ist ohne Belang (BayObLG, 22.5.1998, 2Z BR 38/98). Bei der Feststellung des Abstimmungsergebnisses kommt es nur auf die abgegebenen Ja-Stimmen und Nein-Stimmen an. Stimmenthaltungen bleiben außer Betracht, sie sind bei der Bestimmung der Mehrheit nicht mitzuzählen (BGH, 8.12.1988, V ZB 3/88; OLG Köln, 16.2.2001, 16 Wx 4/01).

Beispiel: Geltung des Kopfprinzips

Bei der Eigentümerversammlung sind 16 von 20 Wohnungseigentümern erschienen. Zwei sind nicht stimmberechtigt und dürfen bei der Abstimmung zur Genehmigung der Abrechnungssaldi aus der Jahresabrechnung nicht mitwirken. Von den restlichen 14 Wohnungseigentümern stimmen acht mit Ja, vier mit Nein und zwei enthalten sich der Stimme.

Abstimmungsergebnis: acht Ja-Stimmen, vier Nein-Stimmen und zwei Enthaltungen.

Verkündung des Beschlussergebnisses: Der Antrag ist mehrheitlich angenommen.

Allerdings kann durch Vereinbarung abweichend geregelt werden, dass Stimmenthaltungen grundsätzlich als abgegebene Stimmen zu berücksichtigen und als Nein-Stimmen zu werten sind. Eine solche in der Gemeinschaftsordnung enthaltene Regelung wäre wohl auch nach der WEG-Reform 2020 noch wirksam.

Hinweis

Wird ein Beschlussantrag angenommen, so liegt ein sogenannter positiver Beschluss vor, wird er abgelehnt, handelt es sich um einen sogenannten negativen Beschluss.

Durch einfachen Mehrheitsbeschluss können insbesondere folgende Angelegenheiten geregelt werden:

- Genehmigung von Wirtschaftsplan und Jahresabrechnung in Form der Vorauszahlungsbeträge und Überschüsse bzw. Fehlbeträge,
- Maßnahmen zur ordnungsmäßigen Instandhaltung und Instandsetzung des Gemeinschaftseigentums (§ 19 Abs. 1 WEG),
- Maßnahmen ordnungsmäßiger Verwaltung des Gemeinschaftseigentums, zum Beispiel Aufstellung der Hausordnung, Sach- und Haftpflichtversicherung der Wohnungseigentümer,
- Einleitung eines Verfahrens zur Entziehung des Wohnungseigentums (§ 17 WEG),
- Gebrauchsregeln bezüglich des Sondereigentums und des Gemeinschaftseigentums, wenn die Gemeinschaftsordnung keine entgegenstehende Regelung enthält (§ 19 WEG), zum Beispiel Nutzungsregelungen für Gemeinschaftsflächen oder Regelungen der Hausordnung,
- Benutzung von Waschküche, Spiel- und Hofflächen,
- Aufhebung von Veräußerungsbeschränkungen (§ 12 Abs. 4 WEG),
- Bestellung des Verwaltungsbeirats (§ 29 Abs. 1 Satz 1 WEG),
- Bildung, Höhe und Anlage einer Erhaltungsrücklage,
- Bestellung und Abberufung des Verwalters (§ 26 Abs. 1 Satz 1 WEG),
- Kostenverteilung von Betriebs- und Verwaltungskosten, Erhaltungskosten (§ 16 Abs. 2 WEG),
- Geldangelegenheiten (§ 28 Abs. 3 WEG),
- bauliche Veränderungen (§§ 20, 21 WEG).

4.2.4.2 Qualifizierter Mehrheitsbeschluss

Anders als der einfache Mehrheitsbeschluss erfordert der qualifizierte Mehrheitsbeschluss eine entweder durch Gesetz oder Vereinbarung geregelte Mehrheit. Die Gemeinschaftsordnung kann qualifizierte Mehrheitserfordernisse bestimmen, so im Fall einer Öffnungsklausel.

Das Gesetz sieht nach der WEG-Reform 2020 nur noch eine konkrete Beschlusskompetenz vor, bei der eine sogenannte doppelt qualifizierte Mehrheit erforderlich ist. Hierbei handelt es sich um die Kostenverteilung bei baulichen Veränderungen nach § 21 Abs. 2 Nr. 1 WEG. Die Kosten einer baulichen Veränderung sind von allen Wohnungseigentümern zu tragen, wenn die bauliche Veränderung mit mehr als zwei Dritteln der abgegebenen Stimmen und der Hälfte aller Miteigentumsanteile beschlossen wurde, es sei denn, die bauliche Veränderung ist mit unverhältnismäßigen Kosten verbunden. Zwar bedarf der Beschluss über die bauliche Veränderung gemäß § 20 Abs. 1 WEG immer nur der einfachen Mehrheit, wird der Beschluss aber mit dem erforderlichen Quorum beschlossen, so haben sich alle Miteigentümer kostenmäßig an der Maßnahme zu beteiligen. Dies ist also der Fall, wenn sich mehr als zwei Drittel der abgegebenen Stimmen für die bauliche Veränderung ausgesprochen haben, die wiederum mehr als die Hälfte der Miteigentumsanteile repräsentieren müssen. Bei der Berechnung der Zweidrittelmehrheit gilt grundsätzlich das gesetzliche Kopfprinzip (§ 25 Abs. 2 Satz 1 WEG). Dieses kann aber durch Vereinbarung in der Gemeinschaftsordnung zugunsten des Wert-, Objekt- oder eines anderen Stimmprinzips abbedungen worden sein. Dann gilt das entsprechende Stimmprinzip (Lehmann-Richter/Wobst, WEG-Reform 2020, Rn. 1067 f.).

Erfordert eine bestimmte Beschlussfassung eine qualifizierte Mehrheit, sollte der Verwalter in der Eigentümerversammlung vor der Abstimmung darüber aufklären, welche Mehrheit für das Zustandekommen vorausgesetzt wird. Kann die erforderliche Mehrheit nicht erreicht werden, liegt ein negativer Beschluss vor. Das Beschlussergebnis lautet dann zum Beispiel: »Das gemäß der in der Öffnungsklausel vorgeschriebene Quorum von drei Vierteln aller Stimmen wurde nicht erreicht. Ein Beschluss kam nicht zustande.« Falls die qualifizierte Mehrheit nicht erreicht, aber der Beschluss dennoch positiv verkündet wurde, ist der Beschluss nicht nichtig, sondern lediglich binnen Monatsfrist anfechtbar (LG München I, 3.11.2010, 36 S 12714/10; LG Köln, 15.10.2009, 29 S 102/09).

Sieht eine Öffnungsklausel strengere Anforderungen an eine bestimmte Beschlussfassung vor als das WEG, ist allein die gesetzliche Regelung maßgeblich, zum Beispiel § 16 Abs. 2 Satz 2 und § 21 Abs. 2 Nr. 1 WEG. Gibt die Öffnungsklausel hingegen geringere Anforderungen an die Beschlussfassung vor, gilt der Inhalt der Öffnungsklausel als maßgeblich. Wird dieses geringere Quorum nicht erreicht, ist der Beschluss zwar nicht nichtig, jedoch anfechtbar (BGH, 10.6.2011, V ZR 2/10).

4.2.4.3 Ein-Mann-Beschluss

WEG-Reform 2020

Gemäß § 9a Abs. 1 Satz 2 WEG entsteht die Wohnungseigentümergemeinschaft mit Anlegung der Wohnungsgrundbücher. Eine Wohnungseigentümergemeinschaft kann daher auch nur aus einem Mitglied bestehen, zum Beispiel dem teilenden Bauträger. Der Alleineigentümer kann die Wohnungseigentümergemeinschaft dadurch verwalten, dass er sogenannte Ein-Mann-Beschlüsse fasst. Auf die Formalia bei der Einberufung und Abstimmung in der Eigentümerversammlung kann freilich verzichtet werden. Zum einen kommt ein Beschluss in einer »Versammlung« in Betracht, wobei hierbei der Beschluss festgestellt und in einer Niederschrift aufgenommen werden muss. Zum anderen kann die Beschlussfassung auch mittels schriftlicher Beschlussfassung gemäß § 23 Abs. 3 WEG erfolgen, wobei der Beschluss in Textform hinterlegt werden muss. In beiden Fällen müssen die Beschlüsse in die Beschlusssammlung aufgenommen werden.

Beispiele: Mögliche Beschlussthemen

- Abschluss von Versorgungsverträgen durch den Bauträger,
- Abschluss eines Verwaltervertrags (Begründung zum Regierungsentwurf, BT-Drucks. 19/18791, S. 43). Hierbei gilt auch dann kein Stimmrechtsausschluss nach § 25 Abs. 4 WEG, wenn er sich selbst oder eine mit ihm verbundene Gesellschaft zum Verwalter bestellt.

So gefasste Beschlüsse, die für die später in die Wohnungseigentümergemeinschaft eintretenden Eigentümer bindend sind, können grundsätzlich angefochten werden, wenn der Erwerber noch innerhalb der Anfechtungsfrist von einem Monat (§ 45 Abs. 1 WEG) Wohnungseigentümer wird, oder aber ggf. zu einem späteren Zeitpunkt durch einen sogenannten Zweitbeschluss ersetzt werden, weil der teilende Eigentümer keinen Anspruch darauf hat, dass seine Entscheidungen dauerhaften Bestand haben (so Bärmann/Merle, § 23 Rn. 65).

4.2.4.4 Allstimmige und einstimmige Beschlüsse

Die allstimmigen und einstimmigen Beschlüsse sind von der Vereinbarung abzugrenzen, haben aber durch die WEG-Reform 2020 ihre Bedeutung verloren, da fortan das Gesetz grundsätzlich nur noch einen Mehrheitsbeschluss verlangt. Eine Ausnahme gilt für bauliche Veränderungen gemäß § 20 Abs. 3 WEG und die Kostenverteilung bei baulichen Veränderungen gemäß § 21 Abs. 2 Nr. 1 WEG. Weiterhin gilt die Allstimmigkeit bei Beschlüssen im schriftlichen Umlaufverfahren nach § 23 Abs. 3 Satz 1 WEG.

4.2.4.5 Nichtbeschluss

Vom Negativbeschluss ist der sogenannte Nichtbeschluss abzugrenzen. Im Fall des sogenannten Nichtbeschlusses oder Scheinbeschlusses liegt ein Beschluss gar nicht vor. Dies kann der Fall sein, wenn das Verfahren der Beschlussfassung unter erheblichen Mängeln leidet. Einer Anfechtung bedarf es hier nicht, da der Nichtbeschluss keinerlei rechtliche Wirkung erzeugt (BayObLG, 10.10.1996, 2Z BR 108/96). Wird ein Nichtbeschluss irrtümlich als negativer Beschluss verkündet, liegt wegen der konstitutiven Wirkung der Beschlussfeststellung zunächst ein wirksamer Beschluss vor. Dieser ist der gerichtlichen Überprüfung zugänglich; so entschieden im Fall eines Beschlussantrags, bei dem sich alle Versammlungsteilnehmer der Stimme enthielten, aber dennoch festgestellt und verkündet wurde, dass der Beschlussantrag abgelehnt worden sei (OLG München, 21.2.2007, 34 Wx 100/03).

Beispiele: Nichtbeschlüsse

- Ein Beschluss wurde außerhalb einer ordnungsmäßigen Eigentümerversammlung gefasst, zum Beispiel im Rahmen einer bloßen Zusammenkunft aller Wohnungseigentümer.

- Es handelte sich um eine Probeabstimmung.
- Eine Abstimmung lag gar nicht vor.
- Eine Abstimmung wurde durchgeführt, aber alle haben sich der Stimme enthalten.
- Im schriftlichen Verfahren nach § 23 Abs. 3 WEG liegt die Zustimmung nicht von allen Wohnungseigentümern vor.

4.2.4.6 Positiver Beschluss

Um einen positiven Beschluss handelt es sich, wenn der zur Abstimmung gestellte Antrag mehrheitlich angenommen wurde. Dabei kann der Beschlussantrag entweder positiv oder negativ formuliert sein. Ob eine positive Beschlussfassung tatsächlich zustande gekommen ist, hängt davon ab, ob der Beschluss die erforderliche Mehrheit, zum Beispiel die einfache oder qualifizierte, erreicht hat.

Beispiel: Positiver Beschluss mit einfacher Mehrheit (Wertprinzip)

Beschlussantrag: Die Abrechnungsergebnisse aus der Jahresabrechnung 2020 werden genehmigt.

Abstimmungsergebnis: 566/1.000stel Ja-Stimmen, 142/1.000stel Nein-Stimmen, 80/1.000stel Enthaltungen

Beschlussverkündung: Der Beschluss ist mehrheitlich angenommen.

4.2.4.7 Negativbeschluss

Ein Negativbeschluss liegt vor, wenn die Mehrheit den Beschlussantrag abgelehnt hat oder die erforderliche Mehrheit bei der Abstimmung nicht erreicht wurde. Hierbei handelt es sich um einen echten Beschluss (BayObLG, 25.7.2002, 2Z BR 63/02; BayObLG, 20.11.2003, 2Z BR 133/03), nur hat die Willensbildung der Wohnungseigentümer dazu geführt, dass sie den Beschlussantrag ablehnen möchten. Die formal einwandfrei zustande gekommene Ablehnung eines Beschlussantrags durch die Wohnungseigentümer hat Beschlussqualität. Ein solcher Negativbeschluss ist kein Nichtbeschluss (BGH, 23.8.2001, V ZB 10/01). Ein Negativbeschluss ist anfechtbar (BGH, 15.1.2010, V ZR 114/09) und kann mit dem Feststellungsantrag verbunden werden, dass ein positiver Beschluss zustande gekommen ist (Beschlussersetzungsklage), wenn beispielsweise ein Wohnungseigentümer die Feststellung eines ablehnenden Beschlussergebnisses aufgrund einer fehlerhaften Stimmenauszählung für unrichtig hält (BGH, 23.8.2001, V ZB 10/01; BGH, 19.9.2002, V ZB 30/2).

Wendet sich ein Wohnungseigentümer mit der Anfechtungsklage gegen die Ablehnung eines Beschlussantrags (sogenannter Negativbeschluss), hat er hiermit nur dann Erfolg, wenn lediglich die beantragte positive Beschlussfassung ordnungsmäßiger Verwaltung entsprochen hätte, also insoweit das Ermessen auf null reduziert war (BGH, 23.6.2023, V ZR 158/22; LG Hamburg, 23.7.2014, 318 S 78/13).

Begehrt ein Wohnungseigentümer beispielsweise die Zustimmung zur Durchführung einer privilegierten baulichen Veränderung und erreicht der Beschluss nicht die erforderliche Mehrheit, muss der Wohnungseigentümer den Beschluss mit einer Anfechtungsklage bei Gericht anfechten und den Antrag stellen, die übrigen Wohnungseigentümer zur Zustimmung zu verurteilen (Beschlussersetzungsklage). Hat ein Wohnungseigentümer gegen einen Negativbeschluss zunächst nur einen Anfechtungsantrag gestellt, fehlt diesem nicht deshalb das Rechtsschutzinteresse, weil der Wohnungseigentümer erst nach Ablauf der Frist zur Erhebung der Anfechtungsklage diese um einen Verpflichtungsantrag erweitert. Der Verpflichtungsantrag ist nämlich nicht an die Frist gebunden. Auch im Übrigen existiert keine Vorschrift, die eine Verpflichtungsklage einer Frist unterwirft. Sie kann also jederzeit erhoben werden (AG Kassel, 17.5.2018, 800 C 4100/17).

Wenn das Ermessen der Wohnungseigentümergemeinschaft, einen Anspruch klageweise geltend zu machen, nicht auf null reduziert ist, entspricht der Negativbeschluss ordnungsmäßiger Verwaltung. Ein negativer Beschluss entfaltet keine Sperrwirkung, das heißt, es kann jederzeit über die Angelegenheit neu beschlossen werden. Eine Anfechtung ist daher nicht zwingend erforderlich. Auch ist es nicht erforderlich, dass im Fall der Anfechtung zugleich der Antrag auf Vornahme einer bestimmten Handlung gestellt wird. Wird ein negativer Beschluss aber nicht in der Frist des § 46 Abs. 1 WEG angefochten, so kann der bestandskräftig gewordene Beschluss regelmäßig einem späteren Verpflichtungsantrag entgegengehalten werden (AG München, 12.10.2022, 1293 C 18362/21; LG München I, 24.3.2016, 36 S 12134/15; LG Hamburg, 2.6.2016, 318 S 75/15).

Beispiel: Geltung des Wertprinzips

Beschlussantrag: Der Anstrich im Treppenhaus des Anwesens Tannstraße 100 wird erneuert. Die Kosten betragen circa 4.100 EUR. Die Finanzierung erfolgt aus der Instandhaltungsrücklage.

Abstimmungsergebnis: 21/1.000stel Ja-Stimmen, 767/1.000stel Nein-Stimmen, null Enthaltungen

Beschlussverkündung: Der Beschluss ist mehrheitlich abgelehnt.

4.2.4.8 Zweitbeschluss

Ein Zweitbeschluss – auch Wiederholungsbeschluss genannt – liegt vor, wenn die Wohnungseigentümer zu einer bereits durch Beschluss geregelten Angelegenheit erneut einen Beschluss fassen. Die Bestandskraft des Erstbeschlusses steht einer erneuten Beratung, Willensbildung und Beschlussfassung der Wohnungseigentümer in derselben Angelegenheit grundsätzlich nicht entgegen. Hierbei spielt es keine Rolle, aus welchen Gründen eine Wohnungseigentümergemeinschaft über die Angelegenheit erneut beschließen will. Der neue Beschluss kann mit dem Erstbeschluss inhaltsgleich sein, ihn ergänzen oder abändern. Durch objektiv-normative Auslegung ist zu ermitteln, ob ein Zweitbeschluss den Erstbeschluss in jedem Fall aufheben will oder nur verstärken soll (LG Hamburg, 23.7.2014, 318 S 19/14).

Von einem bestätigenden Zweitbeschluss spricht man, wenn er inhaltlich mit einem bereits gefassten Beschluss identisch ist. Mit dem bestätigenden Zweitbeschluss sollen in der Regel formelle oder materielle Mängel bei der früheren Beschlussfassung korrigiert werden. Eine inhaltsgleiche Beschlussfassung ist jedoch dann nicht möglich, wenn der Erstbeschluss in einem gerichtlichen Anfechtungsverfahren rechtskräftig aufgehoben wurde und sich die tatsächlichen oder rechtlichen Umstände nicht wesentlich geändert haben. Gab es beim Erstbeschluss formelle Fehler und wurde dieser daraufhin im Rahmen einer Anfechtungsklage für ungültig erklärt, steht dies einer erneuten inhaltsgleichen Beschlussfassung nicht entgegen (LG Köln, 21.6.2012, 29 S 225/11).

Nachdem ein Beschluss wegen eines materiellen Beschlussmangels rechtskräftig für ungültig erklärt wurde, darf ein im Kern inhaltsgleicher Zweitbeschluss nur dann gefasst werden, wenn besondere Umstände die Annahme rechtfertigen, dass dieses Vorgehen ordnungsmäßiger Verwaltung entspricht; das kommt regelmäßig nur in Betracht, wenn der in dem Vorprozess benannte Beschlussmangel behoben wurde oder wenn sich die darauf bezogenen tatsächlichen oder rechtlichen Umstände geändert haben. Wurde ein Beschluss wegen eines materiellen Beschlussmangels rechtskräftig für ungültig erklärt, besteht eine tatsächliche Vermutung dafür, dass ein anschließend gefasster und im Kern inhaltsgleicher Zweitbeschluss ordnungsmäßiger Verwaltung widerspricht; nur wenn die Gemeinschaft der Wohnungseigentümer nachweist, dass besondere Umstände die zweite Beschlussfassung erlaubten, ist die Vermutung erschüttert, sodass das Gericht die gerügten Beschlussmängel in der Sache prüfen kann. Wird ein nach diesen Maßstäben unzulässiger Zweitbeschluss gefasst, hat dies nicht die Nichtigkeit des Beschlusses, sondern in der Regel lediglich dessen Anfechtbarkeit zur Folge (BGH, 10.2.2023, V ZR 246/21).

Beispiel: Zweitbeschluss

Bei der Beschlussfassung zu einem bestimmten Antrag sind formelle Fehler aufgetreten, zum Beispiel wurde ein Wohnungseigentümer bei der Abstimmung ausgeschlossen, obwohl tatsächlich kein Stimmrechtsverbot vorlag oder ein solches auf der Tagesordnung zur Eigentümerversammlung nicht hinreichend berücksichtigt war. Die Wohnungseigentümer fassen daraufhin einen neuen Beschluss gleichen Inhalts, um den Rechtsfehler des Erstbeschlusses zu beseitigen. Erhält dieser Wiederholungsbeschluss Bestandskraft, weil er nicht angefochten wird, ersetzt der Zweitbeschluss den Erstbeschluss.

Ein ergänzender Zweitbeschluss liegt vor, wenn dieser einen bereits gefassten Beschluss nicht abändert oder wiederholt, jedoch inhaltlich auf ihn Bezug nimmt oder in bestimmter Weise von diesem abhängt.

Beispiel: Ergänzender Zweitbeschluss

Beschlussantrag: In der letzten Eigentümerversammlung wurde die bislang noch nicht ausgeführte Sanierung der Südbalkone gemäß Kostenvoranschlag der Firma Maier beschlossen. Die Finanzierung soll zulasten der Instandhaltungsrücklage erfolgen. Die Sanierung soll auf die Nordbalkone gemäß ergänzendem Gesamtangebot der Firma Maier erweitert werden. Die Kosten der Gesamtsanierung gehen zulasten der Instandhaltungsrücklage.

Unter einem abändernden Zweitbeschluss versteht man einen Beschluss, der denselben Gegenstand wie ein früherer Beschluss hat und die durch den Erstbeschluss getroffene Regelung ändert oder aufhebt.

Beispiel: Abändernder Zweitbeschluss

Einem Miteigentümer wurde durch einen rechtmäßig zustande gekommenen rechtskräftigen Beschluss eine bauliche Veränderung genehmigt. Im Nachhinein möchte ihm die Eigentümerversammlung durch Zweitbeschluss Auflagen für die Durchführung der damit verbundenen Maßnahmen machen. Ein solcher Zweitbeschluss wäre nur dann rechtmäßig, wenn hierfür ein sachlicher Grund vorliegt und die Interessen des betreffenden Miteigentümers hierdurch nicht unzumutbar beeinträchtigt werden, zum Beispiel weil er schon erhebliche Aufwendungen getätigt hat, die sich mit dem Zweitbeschluss als nutzlos erweisen würden.

Wird ein Erstbeschluss durch einen Wiederholungsbeschluss ergänzt oder abgeändert, kann jeder Wohnungseigentümer verlangen, dass schutzwürdige Belange hinsichtlich Inhalt und Wirkung des Erstbeschlusses zu berücksichtigen sind (BGH, 20.12.1990, V ZB 8/90). Das bedeutet, kein Eigentümer darf gegenüber der zunächst beschlossenen Regelung unbillig benachteiligt werden. Schutzwürdige Belange können insbesondere dann beeinträchtigt sein, wenn der Erstbeschluss ein subjektives Recht eines Wohnungseigentümers begründet, das durch den Zweitbeschluss wieder entzogen werden soll. Dies ist dann der Fall, wenn der Wohnungseigentümer einen rechtlichen Nachteil im Verhältnis zum Erstbeschluss erleidet. Das bedeutet jedoch nicht, dass durch den abändernden Beschluss etwaige tatsächliche Vorteile erhalten bleiben müssen, die ein Wohnungseigentümer nach dem Erstbeschluss gehabt hätte (LG Hamburg, 23.7.2014, 318 S 43/14). Ob schutzwürdige Belange vorliegen, richtet sich nach den Umständen des Einzelfalls, wobei auch der Grundsatz von Treu und Glauben nach § 242 BGB zu berücksichtigen ist.

Beispiele: Rechtsprechung

- Nach Ansicht des OLG Frankfurt/Main (24.2.2006, 20 W 229/03) ist das Vorliegen eines sachlichen Grundes erforderlich, der jedenfalls dann vorliegt, wenn der aufzuhebende Erstbeschluss der Gemeinschaftsordnung widerspricht.
- Wurde in der Vergangenheit (zeitlich vor dem Beschluss des BGH vom 20.9.2000) ein mehrheitlicher Eigentümerbeschluss gefasst, demzufolge jeder Wohnungseigentümer die Kosten für die Sanierung seines Balkons bis zur Betonplatte selbst zu tragen hat, ist die Gemeinschaft auch dann nicht gehindert, im Wege eines abändernden Zweitbeschlusses die Instandhaltungslast insoweit wieder in eigene Regie zu übernehmen, wenn ein einzelner Miteigentümer zwischenzeitlich bereits Kosten für die Sanierung des zu seiner Wohnung gehörenden Balkons aufgewendet hat. Eine solche Beschlussfassung entspricht dann ordnungsmäßiger Verwaltung, wenn sie sich nicht darauf beschränkt, die geänderte Regelung für die Zukunft in Kraft zu setzen. Vielmehr muss sie zusätzlich eine Übergangsregelung für die bereits durchgeführte Balkonsanierung treffen, die dem Grundsatz der notwendigen Gleichbehandlung der Miteigentümer sowie der Gewährung von Vertrauensschutz gegenüber früher getroffenen gemeinschaftlichen Regelungen Rechnung trägt. Eine danach erforderliche Regelung über die Erstattung der von einem einzelnen Wohnungseigentümer bereits aufgewendeten Kosten kann nicht abgewehrt und durch gerichtliche Entscheidung nach § 43 Abs. 2 WEG ersetzt werden (OLG Hamm, 20.11.2006, 15 W 166/06).
- Schutzwürdige Belange werden nicht verletzt, wenn im Wege eines Zweitbeschlusses eine Jahresabrechnung korrigiert wird, die die Heizkosten wegen fehlerhaft arbeitender Messgeräte falsch verteilte. Gegenüber diesem abändernden Zweitbeschluss kann sich der durch die fehlerhafte Abrechnung Begünstigte nicht auf Vertrauensschutz zulasten der Gemeinschaft berufen (OLG Düsseldorf, 22.10.1999, 3 Wx 141/99).
- Eine Abänderung der Kostenverteilung durch Zweitbeschluss ist für eine bestandskräftig beschlossene Sanierungsmaßnahme nicht möglich (LG Itzehoe, 16.8.2011, 11 S 42/10).
- Wird eine Veräußerungsbeschränkung durch Beschluss gemäß § 12 Abs. 4 WEG aufgehoben, so kann diese nicht durch einen Zweitbeschluss wieder eingeführt werden (OLG München, 4.4.2014, 34 Wx 62/14).
- Das Rechtsschutzinteresse für die Anfechtung des Zweitbeschlusses fehlt nur bei Inhaltsgleichheit und Bestandskraft des Erstbeschlusses (LG München I, 13.4.2017, 36 T 3922/17).
- Wenn sich die Wohnungseigentümer anhand eines eingeholten Gutachtens mit der Materie beschäftigt und das Kostenrisiko eines Prozesses gegen den Bauträger als zu hoch bewertet haben, ist die Fassung eines positiven Zweitbeschlusses zwar unter Einschränkungen möglich (vgl. BGH, 20.12.1990, V ZB 8/90, ZMR 1991, 146), dessen Ablehnung aber ermessensfehlerfrei (LG Lüneburg, 1.9.2016, 1 S 5/16).
- Nach § 242 BGB kann die Änderung oder Aufhebung eines Eigentümerbeschlusses nur dann verlangt werden, wenn außergewöhnliche Umstände das Festhalten an der bestehenden Regelung als grob unbillig und damit als gegen Treu und Glauben verstoßend erscheinen lassen würden. Nach diesem Grundsatz kann kein Zweitbeschluss nach mehrheitlicher und bestandskräftiger Genehmigung einer Jahresabrechnung über das Hausgeld deshalb verlangt werden, weil sie eventuell Fehler enthält. Zwar können die

Eigentümer grundsätzlich auch einen Beschluss über eine Jahresabrechnung wiederholen, mit dem Mängel der Erstabrechnung korrigiert werden. Soll ein Eigentümerbeschluss aber unter Anwendung der Grundsätze von Treu und Glauben abgeändert werden, muss sich die Treuwidrigkeit grundsätzlich aus neu hinzugetretenen Umständen ergeben. Verstößt ein Eigentümerbeschluss von Anfang an gegen die Grundsätze von Treu und Glauben, muss dies durch Anfechtung des Eigentümerbeschlusses geltend gemacht werden (AG Hamburg-St. Georg, 23.11.2018, 980b C 17/18 WEG).

- Ein Anspruch auf einen abändernden Zweitbeschluss kann ausgeschlossen sein, wenn nicht schwerwiegende Umstände das Festhalten an der bestehenden Regelung als unbillig erscheinen lassen, wobei überwiegend nur solche Umstände als berücksichtigungsfähig angesehen werden, die bei der Beschlussfassung noch nicht berücksichtigt wurden oder werden konnten und auch durch ein Beschlussanfechtungsverfahren nicht geltend gemacht werden konnten (LG Frankfurt, 13.2.2020, 2-13 S 103/19).
- Es besteht nur ganz ausnahmsweise ein Anspruch auf abändernden Zweitbeschluss, wenn der bestandskräftige Erstbeschluss noch nicht umgesetzt wurde und sich nachträglich gravierende Änderungen der Verhältnisse ergeben haben, die die Umsetzung als treuwidrig erscheinen lassen (AG Charlottenburg, 8.11.2019, 73 C 39/19).

4.2.4.9 Umlaufverfahren/Schriftliche Beschlussfassung

Die Wohnungseigentümergemeinschaft hat gemäß § 23 Abs. 3 WEG die Möglichkeit, ihre Willensbildung auch außerhalb der Eigentümerversammlung vorzunehmen, und zwar im sogenannten Umlaufverfahren. Steht nur ein einziger Tagesordnungspunkt zur Debatte, für den andernfalls eine außerordentliche Eigentümerversammlung einberufen werden müsste, ist dieses Verfahren zweckmäßig, da es die Verwaltung erheblich erleichtert. Zweckmäßig ist die Durchführung des schriftlichen Beschlussverfahrens oftmals auch in kleineren Wohnungseigentümergemeinschaften, da so Aufwand und Kosten für eine außerordentliche Eigentümerversammlung vermieden werden können. In größeren Wohnungseigentümergemeinschaften kann das Verfahren nicht empfohlen werden, denn es ist unwahrscheinlich, dass alle Wohnungseigentümer ihre Zustimmung erklären, sodass hierdurch nur Kosten, aber keine Beschlüsse entstehen.

Beim schriftlichen Beschluss fehlt der Meinungsaustausch in der Eigentümerversammlung. Derjenige, der einen solchen Beschluss initiiert, sollte daher den Beschlussgegenstand und alles Wissenswerte hierzu möglichst konkret bezeichnen, damit sich die Wohnungseigentümer eine Meinung bilden können.

Es reicht nicht aus, wenn die Eigentümer lediglich zur Meinungsäußerung aufgefordert werden (OLG Celle, 8.6.2006, 4 W 82/06). Für jeden Eigentümer muss ersichtlich sein, dass eine verbindliche Entscheidung und nicht nur eine unverbindliche Meinungsäußerung herbeigeführt werden soll. Eine angemessene Fristsetzung zur Abgabe der Erklärung ist hierbei zulässig und aus Gründen der Rechtssicherheit zu empfehlen.

Textform

Neu im Rahmen der WEG-Reform 2020 ist, dass die Zustimmung zum Beschluss nicht mehr in Schriftform, also eigenhändig unterschrieben erfolgen muss, sondern die Textform gemäß § 126 BGB ausreicht. Textform bedeutet, dass eine lesbare Erklärung, in der die Person des Erklärenden genannt ist, auf einem dauerhaften Datenträger abgegeben werden muss. Ein dauerhafter Datenträger ist jedes Medium,

1. das es dem Empfänger ermöglicht, eine auf dem Datenträger befindliche, an ihn persönlich gerichtete Erklärung so aufzubewahren oder zu speichern, dass sie ihm während eines für ihren Zweck angemessenen Zeitraums zugänglich ist, und
2. das geeignet ist, die Erklärung unverändert wiederzugeben.

Nunmehr kommen dafür auch Fax, E-Mail, SMS oder ggf. WhatsApp-Nachricht, sonstige mobile Instant-Messenger sowie soziale Netzwerke in Betracht. Für einen wirksamen Zugang (§ 130 BGB) solcher Erklärungen ist allerdings Voraussetzung, dass der Verwalter diesen Kommunikationsweg eröffnet, das heißt, sein Einverständnis mit dem Empfang elektronischer Erklärungen ausdrücklich oder konkludent erteilt hat. Dies ist der Fall, wenn der Verwalter seine E-Mail-Adresse oder Mobilfunknummer mitgeteilt hat oder aber selbst hierüber kommuniziert. Mit einer E-Mail oder SMS muss der Verwalter dann rechnen und solche Nachrichten auch entsprechend behandeln. Bei mobilen Instant-Messengern wie WhatsApp oder sozialen Netzwerken, die er ggf. nur privat nutzt, muss der Verwalter zu erkennen gegeben haben, dass er mit dieser Form der Kommunikation einverstanden ist.

Initiierung und Verkündung von Beschlüssen beim Umlaufverfahren

Für die Frage, wer berechtigt ist, ein Umlaufverfahren zu initiieren, gibt es keine gesetzliche Regelung. Es ist auf § 24 WEG zurückzugreifen (so Lehmann-Richter/Wobst 2020, Rn. 642). Danach steht dieses Recht nur dem Verwalter zu, hilfsweise dem Vorsitzenden des Verwaltungsbeirats oder einem dazu ermächtigten Wohnungseigentümer. Ein einzelner Wohnungseigentümer wäre daher nicht berechtigt, ein Umlaufverfahren zu initiieren, das heißt, selbst die Aufforderung zur Zustimmung an die Miteigentümer zu übersenden. Er muss den Weg über die Verwaltung gehen. Ist dies dennoch in Eigeninitiative erfolgt, so wäre der Beschluss grundsätzlich anfechtbar. Die fehlende Initiationsbefugnis kann aber durch Allstimmigkeit geheilt werden.

Zwischen dem Zugang der Abstimmungsunterlagen und der gesetzten Frist zur Abgabe der Zustimmung sollten entsprechend § 24 Abs. 3 Satz 2 WEG grundsätzlich mindestens drei Wochen liegen, damit die Wohnungseigentümer ausreichend Zeit haben, sich eine Meinung zu bilden.

Rechtswirksam ist ein schriftlicher Beschluss dann, wenn alle Zustimmungserklärungen in Textform dem Empfangsberechtigten (im Regelfall dem Verwalter) zugegangen sind und der Beschluss verkündet wird. Die Verkündung des Umlaufbeschlusses erfolgt durch Mitteilung des Verwalters über das Beschlussergebnis an die Eigentümer, beispielsweise in Form eines Rundschreibens. Auch ein Aushang in der Wohnanlage soll für die Verkündung ausreichen (OLG Celle, 8.6.2006, 4 W 82/06; BGH, 23.8.2001, V ZB 10/01, ZWE 2001, 530, 532). Weiter besteht die Möglichkeit, dass der Verwalter Beschlüsse im Umlaufverfahren in seinen Geschäftsräumen verkündet, wenn er die Wohnungseigentümer hierauf hingewiesen hat (OLG Düsseldorf, 2.7.2019, 23 U 205/18).

Die Zustimmungserklärung im schriftlichen Beschlussverfahren ist widerruflich, bis der Beschlussinitiator das Zustandekommen des Beschlusses festgestellt und eine an alle Wohnungseigentümer gerichtete Mitteilung über das Beschlussergebnis veranlasst hat (§ 23 Abs. 3 WEG). Es bedarf nicht zwingend der Verkündung eines im Umlaufverfahren gefassten Beschlusses durch den Verwalter. Auch der Initiator ist zur Verkündung der Beschlüsse befugt (AG Idstein, 14.10.2019, 3 C 182/19 (10)).

Allstimmigkeit
Im schriftlichen Verfahren ist es erforderlich, dass alle Wohnungseigentümer zustimmen (LG München I, 18.7.2013, 36 S 20429/12; LG München I, 20.4.2015, 1 S 12462/14). Bereits eine einzige Nein-Stimme oder die Nichtteilnahme eines Wohnungseigentümers an der Abstimmung verhindert das Zustandekommen eines Beschlusses. Dies gilt auch dann, wenn die Angelegenheit durch Mehrheitsbeschluss geregelt werden könnte. Die von § 23 Abs. 3 WEG geforderte Allstimmigkeit stellt eine Rechtsvorschrift dar, auf deren Einhaltung rechtswirksam nicht verzichtet werden kann.

Bisher war umstritten, ob ein Beschluss, dem die Allstimmigkeit fehlte und der dennoch verkündet wurde, bereits nichtig oder nur anfechtbar war. Angesichts der Neufassung von § 23 Abs. 3 Satz 2 WEG, der das Allstimmigkeitserfordernis zumindest partiell den Wohnungseigentümern zur Disposition stellt, dürfte künftig nur noch von einer Anfechtbarkeit auszugehen sein (so Lehmann-Richter/Wobst 2020, Rn. 650). Da der Streit, ob bei solchen Beschlussmängeln ggf. Nichtigkeit (BayObLG, 26.7.2001, 2Z BR 73/01; OLG Zweibrücken, 21.11.2002, 3 W 179/02; LG München I, 18.7.2013, 36 S 20429/12, juris) oder nur Anfechtbarkeit vorliegt, noch nicht abschließend entschieden ist, empfiehlt es sich, stets rein vorsorglich anzufechten, damit nicht ggf. die Anfechtungsfrist von einem Monat versäumt und der Beschluss bestandskräftig wird.

Mehrheitsbeschluss im Umlaufverfahren

> **WEG-Reform 2020**
>
> Eine weitere Erleichterung neben der Textform bei Umlaufbeschlüssen bringt die Möglichkeit des § 23 Abs. 3 Satz 2 WEG mit sich. Hiernach können die Wohnungseigentümer beschließen, dass für einen einzelnen Gegenstand die Mehrheit der abgegebenen Stimmen genügt (sogenannter Absenkungsbeschluss).

Die Neuregelung bedeutet also, dass das Allstimmigkeitserfordernis abgesenkt wird (Absenkungsbeschluss). Dies ist allerdings nur möglich, wenn es sich um einen konkreten Gegenstand handelt und die Eigentümer zuvor in einer Eigentümerversammlung über diese erleichterte Vorgehensweise beschlossen haben. Ein entsprechender Beschluss muss erkennen lassen, für welche Gegenstände die Mehrheit der abgegebenen Stimmen genügen soll (AG Essen, 2.11.2021, 196 C 50/21). Ein Absenkungsbeschluss muss nicht in der Tagesordnung angekündigt worden sein; oftmals ergibt sich das Bedürfnis nach einem solchen Beschluss ja erst in der Versammlung.

Beispiele: Erleichtertes Umlaufverfahren

Das erleichtere Umlaufverfahren kommt in folgenden Fällen in Betracht:

- In einer Eigentümerversammlung können nicht alle Angelegenheiten abschließend geregelt werden.
- Es lagen nicht ausreichend viele Angebote für die Abstimmung vor.
- Ein neuer Antrag wird gestellt, der nicht in der Tagesordnung angekündigt war.

Sieht die Teilungserklärung oder das Gesetz (so § 21 Abs. 2 Nr. 1 WEG) jedoch ein höheres Quorum vor, so bleibt es bei diesem. Beschlüsse über die Durchführung des vereinfachten Umlaufverfahrens sind Geschäftsordnungsbeschlüsse und daher nicht isoliert anfechtbar.

Streitig ist, wie sich ein Stimmrechtsverbot im schriftlichen Verfahren auswirkt. Einerseits wird vertreten, dass die Teilnahme eines nicht Stimmrechtsberechtigten nicht erforderlich ist, da er auch im mündlichen Beschlussverfahren nicht zur Abstimmung berechtigt sei. Jedoch könne er hier wenigstens auf die allgemeine Willensbildung in der Wohnungseigentümerversammlung Einfluss nehmen. Daher hält die herrschende Rechtsauffassung das Stimmrechtsverbot im schriftlichen Verfahren nicht für anwendbar, sodass auch der nicht stimmberechtigte Wohnungseigentümer zustimmen muss (BayObLG, 26.7.2001, 2Z BR 73/01, ZMR 2002, 138; Drasdo, Rn. 977; Bärmann, Kommentar WEG, 15. Auflage 2023, § 23 Rn. 112). Bei einem Absenkungsbeschluss, der auch so die Mehrheit erreicht, kommt es hierauf aber nicht an.

Niederschrift und Beschlusssammlung

Auch ein im Umlaufverfahren zustande gekommener Beschluss muss in die Beschlusssammlung eingetragen und eine Niederschrift aufgenommen werden (§ 24 Abs. 6 Satz 1 WEG analog). Der Wortlaut des Beschlusses ist körperlich festzuhalten und von dem Verwalter und einem Wohnungseigentümer, falls ein Verwaltungsbeirat bestellt ist, auch von dessen Vorsitzenden oder seinem Vertreter unterschrieben werden. Hat eine andere Person als der Verwalter den Umlaufbeschluss initiiert, tritt diese Person an dessen Stelle.

MUSTER: BESCHLUSSFASSUNG IM SCHRIFTLICHEN VERFAHREN

DIGITALE EXTRAS

Josef Steinmann Hausverwaltungs GmbH | Arnoldstraße 30 | 80123 München
Tel. 089 123456 | Fax 089 123457

Herrn
Max Mustereigentümer
Tannstraße 100
80123 München

München, [Datum]

Wohnungseigentümergemeinschaft Tannstraße 100, 80123 München
Beschluss im Umlaufverfahren gemäß § 23 Abs. 3 WEG

Begründung: Den Wohnungseinheiten im Erdgeschoss der Wohnungseigentümergemeinschaft Tannstraße 100, 80123 München sind gemäß Teilungserklärung Grünflächen als Sondernutzungsrecht zugeteilt. Wegen Eindringens von Personen und Tieren von der Straße auf die Grünflächen haben mehrfach Eigentümer in der Vergangenheit ihre Bereiche eingezäunt. Eine entsprechende Regelung ist in der Teilungserklärung/Gemeinschaftsordnung nicht vorgesehen. Eine Erlaubnis hierzu durch die Wohnungseigentümergemeinschaft liegt bislang nicht vor. Daher haben die Eigentümer Müller, Hauser und Kleingärtner folgenden Antrag gestellt:

»Die WEG duldet eine bislang nicht vorgesehene Einzäunung der den EG-Wohnungen zugeordneten Terrassenflächen (Sondernutzungsrecht) mit grünem Maschendrahtzaun. Die Kosten der erstmaligen Errichtung sowie der Instandsetzung und Instandhaltung trägt der jeweilige Sondernutzungsberechtigte.«

Mit meiner/unserer Unterschrift erkläre(n) ich/wir die Zustimmung/Ablehnung zu dem vorstehenden Beschluss und zur Beschlussabgabe im Umlaufverfahren.

………………………………………………………………………

[Ort, Datum]

………………………………………………………………………

[Wohnungseinheiten]

………………………………………………………………………

[Wohnungseigentümer]

Hinweise Ein Beschluss im schriftlichen Umlaufverfahren wird nur wirksam, wenn sämtliche Wohnungseigentümer diesem zustimmen. Die Rücksendung des unterzeichneten Beschlussantrags erbitten wir bis (Datum). Gehört eine Wohnungseinheit mehreren Eigentümern, müssen entweder alle von ihnen zustimmen oder eine entsprechende Vollmacht erteilen. Die Zustimmung kann in Textform erfolgen. Kommt der Beschluss im Umlaufverfahren wirksam zustande, bindet er die Wohnungseigentümer und ihre Rechtsnachfolger ebenso wie ein in einer Eigentümerversammlung gefasster Beschluss. Der Verwalter wird das Beschlussergebnis feststellen und an alle Wohnungseigentümer mittels Rundschreiben versenden.

Mit freundlichen Grüßen
Josef Steinmann Hausverwaltungs GmbH

DIGITALE EXTRAS

MUSTER: ABSENKUNGSBESCHLUSS IN DER EIGENTÜMERVERSAMMLUNG

TOP ..... Instandsetzungsmaßnahme Anstrich des Treppenhauses
Die Wohnungseigentümer sind sich darüber einig, dass ein Anstrich des Treppenhauses erfolgen soll. Bis zur Versammlung konnten jedoch nicht mindestens drei Vergleichsangebote eingeholt werden. Im Rahmen dieser Versammlung kann also kein Beschluss über die Vergabe der Arbeiten gefasst werden. Die Wohnungseigentümer beschließen daher, dass ein Beschluss über die Vergabe der Arbeiten im Umlaufverfahren nach § 23 Abs. 3 Satz 2 WEG erfolgen soll, wenn die Angebote vorliegen, zu deren Einholung der Verwalter hiermit beauftragt wird. Nach Vorlage der Angebote wird der Verwalter diese den Wohnungseigentümern zusammen mit einer Beschlussvorlage übersenden und zur Abstimmung binnen einer Frist von vier Wochen auffordern. Diese Beschlussfassung im Umlaufverfahren bedarf nicht der Allstimmigkeit. Die einfache Mehrheit der abgegebenen Stimmen reicht aus.
Abstimmungsergebnis
Ja-Stimmen: .....
Nein-Stimmen: .....
Enthaltungen: .....
Der Versammlungsleiter verkündet folgendes Beschlussergebnis:
Der Beschluss wurde angenommen/abgelehnt.

MUSTER: MITTEILUNG ERGEBNIS DES UMLAUFBESCHLUSSES 1

DIGITALE EXTRAS

Josef Steinmann Hausverwaltungs GmbH | Arnoldstraße 30 | 80123 München
Tel. 089 123456 | Fax 089 123457

Herrn
Max Mustereigentümer
Tannstraße 100
80123 München

München, [Datum]

Sehr geehrte Damen und Herren,

unter Bezugnahme auf unser Schreiben vom (Datum) teilen wir Ihnen mit, dass alle Miteigentümer Ihre Zustimmung zu dem Beschlussantrag in Textform erklärt haben.

Nachfolgend nochmals aufgeführter Umlaufbeschluss ist somit gemäß § 23 Abs. 3 WEG zustande gekommen:
Beschlussfassung: »Die WEG duldet eine bislang nicht vorgesehene Einzäunung der den EG-Wohnungen zugeordneten Terrassenflächen (Sondernutzungsrecht) mit grünem Maschendrahtzaun. Die Kosten der erstmaligen Errichtung sowie der Instandsetzung und Instandhaltung trägt der jeweilige Sondernutzungsberechtigte.«
Abstimmungsergebnis: Stimmberechtigt sind 28 Eigentümer, Zustimmungen: 28 Eigentümer, Ablehnungen: 0 Eigentümer, Enthaltungen: 0 Eigentümer.

Mit freundlichen Grüßen
Hausverwaltung

Alternativ

DIGITALE EXTRAS

MUSTER: MITTEILUNG ERGEBNIS DES UMLAUFBESCHLUSSES 2

Josef Steinmann Hausverwaltungs GmbH | Arnoldstraße 30 | 80123 München
Tel. 089 123456 | Fax 089 123457

Herrn
Max Mustereigentümer
Tannstraße 100
80123 München

München, [Datum]

Sehr geehrte Damen und Herren,

unter Bezugnahme auf unser Schreiben vom (Datum) haben wir Ihnen nachfolgend das Ergebnis des Umlaufbeschlusses aufgeführt:

Abstimmungsergebnis: Stimmberechtigt sind 28 Eigentümer.
Zustimmungen: 26 Eigentümer.
Ablehnungen: 0 Eigentümer.
Enthaltungen: 2 Eigentümer.

Aufgrund der eingegangenen Enthaltungen wurde die erforderliche Allstimmigkeit nicht erreicht. Der Beschlussantrag ist somit abgelehnt, da die Bestimmungen des § 23 Abs. 3 WEG nicht erfüllt sind. Die Einberufung einer außerordentlichen Eigentümerversammlung ist somit unumgänglich. Eine entsprechende Einladung inklusive Tagesordnung wird Ihnen in den nächsten Tagen zugesendet.

Mit freundlichen Grüßen
Hausverwaltung

4.2.4.10 Geschäftsordnungsbeschluss

Enthält die Gemeinschaftsordnung keine Vereinbarungen über den Ablauf der Versammlung, können sich die Wohnungseigentümer auf Antrag des Versammlungsleiters oder eines Eigentümers durch einfachen Mehrheitsbeschluss selbst eine Geschäftsordnung geben. Anträge zur Geschäftsordnung können insbesondere zu folgenden Angelegenheiten gestellt werden:

- wer den Vorsitz der Versammlung führt (§ 24 Abs. 5 WEG; AG Heidelberg, 8.7.2020, 45 C 57/19),

- Weisung an den Verwalter bei Unklarheiten, ob eine Beschlussfassung zustande gekommen ist und damit verkündet werden darf (BGH, 29.5.2020, V ZR 141/19),
- Teilnahmeberechtigung dritter Personen,
- Abstimmungsmodalitäten (BGH, 18.1.2019, V ZR 324/17),
- Ausschluss eines Wohnungseigentümers oder einer dritten Personen von der Teilnahme an der Eigentümerversammlung,
- Reihenfolge der Tagesordnungspunkte,
- Vertagung über die Beschlussfassung zu einem bestimmten Tagesordnungspunkt (AG Hamburg-St. Georg, 14.8.2020, 980b C 4/20 WEG; a.A. AG Dortmund, 19.10.2017, 514 C 74/17),
- Beschluss über einen Mehrheitsbeschluss im Umlaufverfahren (§ 23 Abs. 3 Satz 2 WEG),
- Beschränkung der Redezeit/Entzug des Rederechts,
- Unterbrechung, Abbruch und Fortsetzung der Versammlung.

Ein Beschluss über die Geschäftsordnung muss nicht in der Tagesordnung angekündigt werden und ist nicht selbstständig anfechtbar, da er mit Beendigung der Eigentümerversammlung gegenstandslos wird (BayObLG, 10.7.1987, BReg 2 Z 47/87; BayObLG, 19.2.2004, 2Z BR 219/03; KG Berlin, 15.1.2003, 24 W 129/01; LG Köln, 30.6.2011, 29 S 246/10). So kann die Eigentümerversammlung mit einfacher Mehrheit durch Geschäftsordnungsbeschluss über die Zulassung eines Dritten zur Versammlung (unanfechtbar) befinden, sogar ohne Verkündung und Beschlussfeststellung, da lediglich der Folgebeschluss anfechtbar wäre (LG Karlsruhe, 27.7.2010, 11 S 70/09). Wird zum Beispiel ein Vertreter durch Geschäftsordnungsbeschluss nicht zur Versammlung zugelassen, ist nicht der Geschäftsordnungsbeschluss anzufechten, sondern es müssen die nach ordnungswidrigem Ausschluss gefassten Beschlüsse angegriffen werden (AG Rosenheim, 9.9.2014, 12 C 322/14). Handelt es sich jedoch um einen Geschäftsordnungsbeschluss, der eine für die Wohnungseigentümerversammlung grundsätzliche Frage betrifft und auch für die Zukunft wirken soll, kann dieser isoliert angefochten werden (LG Frankfurt/Main, 5.6.2014, 2-09 S 6/13, Urteil zur Anfechtbarkeit eines Beschlusses über die generelle Beschränkung der Redezeit bei Wohnungseigentümerversammlungen).

Ist die getroffene Regelung rechtswidrig, so kann sie, wenn sich der Fehler entsprechend auf sonstige Beschlüsse auswirkt, bei rechtzeitiger Anfechtung zur Ungültigkeit der sonstigen in der Versammlung gefassten Beschlüsse führen (BayObLG, 16.5.2002, 2Z BR 32/02; OLG Köln, 16.8.2000, 16 Wx 87/00). Maßnahmen der Geschäftsordnung können ausnahmsweise in folgenden Fällen gerichtlich überprüft werden:

- Es handelt sich um eine in der Gemeinschaft aufgetretene grundsätzliche Frage,
- die aller Voraussicht nach auch künftig immer wieder auftreten wird und
- daher einer gerichtlichen Überprüfung bedarf (KG Berlin, 15.1.2003, 24 W 129/01; BayObLG, 7.12.1995, 2Z BR 72/95).

Beispiele: Rechtswidrige Geschäftsordnungsbeschlüsse

- Zulassung nicht teilnahmeberechtigter Personen an der Versammlung.
- Ausschluss von der Abstimmung.
- Über das Recht des einzelnen Wohnungseigentümers, Vollmachten ohne extremen Zeitdruck zu prüfen, um festzustellen, ob der Vertretende zu Recht zugelassen wurde, kann nicht durch Geschäftsordnungsbeschluss disponiert werden (AG Offenbach, 22.7.2016, 320 C 27/16).
- Ergänzung der Tagesordnung durch Geschäftsordnungsbeschluss; die ergänzende Beschlussfassung ist anfechtbar, da sie nicht ordnungsmäßig angekündigt wurde (OLG München, 19.9.2005, 34 Wx 76/05).

4.2.4.11 Standardbeschluss

Als Standardbeschluss werden solche Beschlüsse bezeichnet, die regelmäßig bei der ordentlichen Eigentümerversammlung auf der Tagesordnung stehen.

Beispiel: Themen für Standardbeschlüsse

- Guthaben/Fehlbeträge der Jahresabrechnung,
- Vorschüsse aus dem Wirtschaftsplan,
- Verwalter- und Verwaltungsbeiratswahl,
- Erhaltungsmaßnahmen,
- Hausordnung.

4.2.4.12 Delegationsbeschluss

WEG-Reform 2020

Bislang war bei der Beschlussfassung von Delegationen grundsätzlich abzuraten, da diese Beschlüsse anfechtbar sind bzw. sogar nichtig sein konnten. So waren Beschlüsse anfechtbar, die Entscheidungen über die Vergabe von Aufträgen bei Instandsetzungsmaßnahmen dem Verwalter oder dem Beirat überlassen haben. Hier bringt § 27 Abs. 2 WEG eine Änderung mit sich. Danach können die Wohnungseigentümer die Rechte und Pflichten des Verwalters nach § 27 Abs. 1 WEG durch Beschluss einschränken oder erweitern. Hiernach sind sowohl abstrakt-generelle als auch konkrete Beschlüsse möglich, um bestimmte Angelegenheiten an den Verwalter, ggf. auch in Absprache mit dem Verwaltungsbeirat, zu delegieren.

Beispiele

- Der Verwalter ist berechtigt und verpflichtet, ohne Beschluss der Wohnungseigentümer Erhaltungsmaßnahmen aller Art bis zu einem Betrag von …………… EUR je Maßnahme, insgesamt bis zu einem Betrag von …………… EUR pro Kalenderjahr zu treffen.

- Der Verwalter ist berechtigt und verpflichtet, ohne Beschluss der Wohnungseigentümer die gerichtliche Durchsetzung von Hausgeldforderungen der Gemeinschaft der Wohnungseigentümer gegenüber Wohnungseigentümern zu veranlassen, wenn diese seit mindestens zwei Monaten in Verzug sind.
- Der Verwalter ist berechtigt und verpflichtet, nach der Einholung von drei Vergleichsangeboten über die Vergabe der Arbeiten »Streichen des Treppenhauses« bis zu einem Maximalbetrag von .... EUR zu entscheiden. *Optional:* Die Vergabe hat an den günstigsten Anbieter zu erfolgen.

Damit können viele Entscheidungen, die

- die ordnungsmäßige Verwaltung (§ 19 Abs. 1 WEG),
- die Durchführung privilegierter baulicher Maßnahmen (§ 20 Abs. 2 Satz 2 WEG) sowie

die Fälligkeit und Erfüllungsweise von Zahlungen (§ 28 Abs. 3 WEG) betreffen, auf den Verwalter delegiert werden.

Eine Delegation scheidet in folgenden Angelegenheiten aus (Aufzählung nach Lehmann-Richter/Wobst 2020, Rn. 495):

- diejenigen, die den Verwalter selbst betreffen, zum Beispiel seine (Wieder-)Bestellung,
- Aufhebung von Veräußerungsbeschränkungen (§ 12 Abs. 4 Satz 1 WEG),
- Abänderung von Kostenverteilungsschlüsseln (§ 16 Abs. 2 Satz 2, § 21 Abs. 5 Satz 1 WEG),
- Zulassung der Online-Teilnahme an Versammlungen (§ 23 Abs. 1 Satz 2 WEG),
- Bestellung des Verwaltungsbeirats (§ 29 Abs. 1 Satz 1 WEG),
- Beschlussfassung über Jahresabrechnung und Wirtschaftsplan (§ 28 Abs. 1, 2 WEG),
- das Ob baulicher Veränderungen (§ 20 Abs. 1 WEG).

4.2.5 Wie müssen Beschlüsse formuliert werden, damit sie gültig sind?

Ein Beschluss muss, insbesondere weil ein Sonderrechtsnachfolger nach § 10 Abs. 3 WEG daran gebunden ist, inhaltlich hinreichend bestimmt sein. Sowohl der Beschlussantrag als auch der verkündete Beschluss muss bei einer Auslegung »aus sich heraus«, also objektiv und normativ (vgl. BGH, 10.9.1998, V ZB 11/98), inhaltlich ausreichend bestimmt sein. Ein Beschluss, der nicht ausreichend bestimmt ist, entspricht nicht den Grundsätzen ordnungsmäßiger Verwaltung (AG München, 6.9.2017, 481 C 7764/17 WEG).

Schon aufgrund des Antrags müssen sich die Eigentümer sorgfältig auf die Eigentümerversammlung und die Abstimmung vorbereiten können, damit sie wissen, was auf sie zukommt. Ferner muss der Beschluss einen durchführungsfähigen Inhalt haben, damit er nach – positiver – Abstimmung in die Praxis umgesetzt werden kann; dabei dürfen keine Zweifel bestehen bleiben. Jedenfalls bei größeren (Bau-)Maßnahmen am gemeinschaftlichen Eigentum müssen die Eigentümer auch über deren Finanzierung Beschluss fassen. Sie müssen also darüber entscheiden, ob die Kosten der jeweiligen Maßnahme durch Erhebung einer Sonderumlage oder durch Rückgriff auf die gebildete Instandhaltungsrücklage gedeckt werden sollen; außerdem ggf. darüber, welcher Verteilungsschlüssel zur Anwendung gelangt (LG Hamburg, 28.3.2012, 318 S 17/11). Knüpft ein Beschluss der Wohnungseigentümer an die tatsächlich nicht wirksam gefassten und somit nicht existenten Vorbeschlüsse zur Verteilung der Kosten auf die Sondereigentumsgruppen an und trifft hierzu keine eigene Regelung, so ist der Beschluss hinsichtlich der Rechtsfolgenbestimmung unklar und mangels hinreichender Bestimmtheit nichtig (LG Düsseldorf, 19.7.2011, 16 S 60/10).

Um Schwierigkeiten zu vermeiden, sollten folgende Anforderungen erfüllt sein:
- Der Beschluss ist klar, bestimmt, vollständig und möglichst auslegungsfrei formuliert.
- Der Beschlussgegenstand, die konkrete Maßnahme ist exakt erfasst.
- Die Art und Weise der Ausführung ist genau bestimmt.
- Der Ausführungszeitpunkt steht fest.
- Ein Kostenrahmen und die Grundlage für die Kosten, zum Beispiel Pauschale oder Einheitspreise, wurden festgelegt.
- Die Finanzierung der Maßnahme ist geklärt.
- Eine Kostentragungsregelung ist ggf. enthalten.

Beispiele: Rechtsprechung

- Nimmt ein Beschluss der Wohnungseigentümer auf ein Dokument Bezug, das weder Teil des Beschlusstextes noch des Protokolls ist, erfordert das Gebot der inhaltlichen Klarheit und Bestimmtheit, dass das in Bezug genommene Dokument zweifelsfrei bestimmt ist. Nur dann ist sichergestellt, dass ein Dritter, insbesondere ein Rechtsnachfolger eines Wohnungseigentümers, dem Beschluss entnehmen kann, welchen Inhalt dieser hat. Die Publizität der auch gegen Sonderrechtsnachfolger wirkenden Beschlüsse wird dadurch gewährleistet, dass das in Bezug genommene Schriftstück in die Beschlusssammlung oder als Anlage zu dieser aufzunehmen ist, wenngleich dies keine konstitutive Wirkung für das Zustandekommen des Beschlusses hat (BGH, 8.4.2016, V ZR 104/15).
- Ebenfalls sind die Eckdaten bei der Verwalterbestellung zwingend erforderlich. Die Bestellung des Verwalters entspricht grundsätzlich nur dann ordnungsmäßiger Verwaltung, wenn in derselben Eigentümerversammlung, in der die Bestellung erfolgt, auch die Eckpunkte des abzuschließenden Verwaltervertrags (Laufzeit und Vergütung) in wesentlichen Umrissen geregelt werden; hiervon kann nur unter besonderen Umständen übergangsweise abgewichen werden (BGH, 27.2.2015, V ZR 114/14).
- Die Nichtigkeit eines Beschlusses wegen Unbestimmtheit ist auf Extremfälle beschränkt, in denen der Beschluss keinen durchführbaren Inhalt hat, widersprüchlich ist oder nach Auslegung nicht eindeutig ist, welche von mehreren Möglichkeiten gewollt ist. Kann dem Beschluss durch Auslegung ein durchführbarer Regelungsgehalt noch entnommen werden (hier Sonderumlage mit »Ca.«-Angabe), kann die fehlende Bestimmtheit nur als Anfechtungsgrund gerügt werden (LG Frankfurt/Main, 27.7.2023, 2-13 S 94/22).

- Ein Eigentümerbeschluss, nach dem eine Baumaßnahme »in Abstimmung mit« dem Bauausschuss oder »bedarfsorientiert« beauftragt werden soll, ist wegen Unbestimmtheit nichtig (AG Hamburg-Blankenese, 24.6.2015, 539 C 31/14).
- Es sind an einen die Digitalisierung der Verwaltung regelnden Beschluss im Hinblick auf die konkrete Umsetzung klare und unmissverständliche Vorgaben zu fordern, die dem Interesse der Wohnungseigentümer unter anderem an einer zeitlich unbegrenzten Aufbewahrungspflicht für bestimmte Unterlagen und am Einsichtsrecht Rechnung tragen. Die Formulierung »nicht aufbewahrungspflichtige Unterlagen« erfüllt nicht die für einen ordnungsgemäßen Beschluss erforderliche hinreichende Bestimmbarkeit (LG Düsseldorf, 21.7.2021, 25 S 58/19).
- Ein Beschluss wie »Die Eigentümer nutzen die ihnen gemäß TE und gemäß den aktuellen Markierungen zustehenden Flächen« ist zu unbestimmt. Auch ein Beschluss wie »Die Flächen, die mit der Nr. 5 und 6 gekennzeichnet sind, sollen als Gästeparkplätze für alle Eigentümer genutzt werden. Die Eigentümer selbst dürfen die Parkplätze nur kurzfristig nutzen« ist im Schlusssatz zu unbestimmt und insgesamt für ungültig zu erklären (LG Itzehoe, 21.2.2017, 11 S 6/16).
- Ein Beschluss, der beispielsweise lautet »Die Kündigung (der WEG) umfasst alle weiteren mit der S-GmbH geschlossenen Verträge«, ist zu unbestimmt und nichtig. Die Nichtigkeit dieses Satzes führt zur Beschlussnichtigkeit insgesamt. Das Gericht hat bei der Beschlussmängelklage kein Gestaltungsermessen und kann im Zweifel Beschlüsse nicht in einen wirksamen und einen unwirksamen Teil aufsplitten (LG Berlin, 19.3.2021, 85 S 30/20 WEG).
- Durch einen Beschluss, in dem »die Verwaltung zur gerichtlichen Durchsetzung beauftragt und bevollmächtigt wird« erfolgt dagegen in der Regel eine Vergemeinschaftung der Ansprüche, da die Eigentümer im Zweifel wirksame Beschlüsse fassen wollen (LG Aurich, 24.7.2017, 4 S 49/17). Wird die Hausverwaltung qua Beschluss ermächtigt und beauftragt, nach fruchtlosem Fristablauf einen Rechtsanwalt mit dem Einzug der Hausgeldrückstände zu beauftragen, ist dies eine ausreichende Ermächtigung zur Prozessführung im Namen des Verbandes (LG Aurich, 3.3.2017, 4 S 226/16).
- Selbst rein deklaratorische Beschlüsse sind nur unbedenklich, wenn sie eine klarstellende Funktion haben und kein Zweifel an der Rechtslage aufkommen lassen (vgl. BGH, 28.10.2016, V ZR 91/16) und sich der deklaratorische Inhalt aus dem Beschluss oder seiner Auslegung eindeutig ergibt. Ein Beschluss lautend »Die mit RA … und Herrn … geführten Vergleichsverhandlungen in der Sache ›Schadenersatz des Vorverwalters‹ … werden anerkannt« ist wegen Unbestimmtheit nichtig (LG München I, 13.7.2017, 36 S 13356/16).
- Ein Grund- oder Vorbereitungsbeschluss ist dann zu unbestimmt und auch nicht hinreichend bestimmbar, wenn für einen außenstehenden Dritten unklar bleibt, auf welches von mehreren (inhaltlich nicht identischen) vorliegenden Leistungsverzeichnissen er (der Architekt) Bezug nimmt. Es muss präzise feststehen, für welches Leistungsverzeichnis der Architekt oder Verwalter Angebote einholen soll. Insoweit gelten auch hier die Grundsätze des BGH über die Bestimmtheit von Eigentümerbeschlüssen (BGH, 8.4.2016, V ZR 104/15; LG Berlin, 13.12.2016, 85 S 23/15).
- Beinhaltet die Gemeinschaftsordnung eine sogenannte Öffnungsklausel und fasst eine Wohnungseigentümergemeinschaft einen Beschluss über die Änderung des Kosten-

verteilungsschlüssels dahin, dass zukünftig die Kostenverteilung nach der tatsächlich genutzten Wohnfläche erfolgen soll, so ist dieser Beschluss im Anfechtungsverfahren für unwirksam zu erklären. Ihm fehlt die inhaltliche Bestimmtheit insofern, als aus ihm nicht ersichtlich ist, was unter der tatsächlich genutzten Wohnfläche zu verstehen ist, insbesondere ob etwa leerstehende Wohnungen auch darunterfallen (LG Frankfurt/Oder, 21.11.2016, 16 S 85/16).

- Ein Beschluss der Wohnungseigentümerversammlung ist nichtig, soweit der Verwaltungsbeirat namens und im Auftrag der Eigentümergemeinschaft bzw. auch namens und im Auftrage der einzelnen Eigentümer dazu bevollmächtigt wird, mit der H.-Verwaltung GmbH einen neuen Verwaltervertrag über den Fünfjahresbestellungszeitraum abzuschließen. Ein Verstoß gegen das Transparenzgebot kann zur Unbestimmtheit und Nichtigkeit des Beschlusses führen (LG Dortmund, 24.5.2016, 1 S 42/16).
- Formulierungen in Eigentümerbeschlüssen wie »noch zu verhandelnde« Angebote, eine Obergrenze (im Klammerzusatz) von »max. ca. … EUR« oder dass »bei Wegfall von Treppenhausfenster und Kellerfenster und Gefährdung der KfW-Förderung überlegt werden soll, wenn es wirtschaftlich ist, die verbleibenden Fenster auch auszutauschen« sind unklar und zu unbestimmt. Eine Beschlussfassung, die nur den gesetzlichen Verteilerschlüssel mit anderen Worten unklarer wiederholt, ist überflüssig und entspricht nicht ordnungsmäßiger Verwaltung. Eine Sonderumlage für erst in mehr als sechs Monaten geplante Maßnahmen sollte den Fälligkeitszeitpunkt nennen; sie ist ggf. dahin auszulegen, dass sonst sofortige Fälligkeit gegeben ist (LG Hamburg, 23.12.2015, 318 T 61/15).
- Ein Beschlussteil lautend »Der Verwalter wird bevollmächtigt und beauftragt, den Baukostenzuschuss aus dem Verwaltungsvermögen auszubezahlen bzw. mit der zu zahlenden Summe von … zu verrechnen« genügt nicht dem Bestimmtheitsgrundsatz (AG München, 29.8.2018, 485 C 20738/17).
- Aus dem Beschluss über die Genehmigung der Jahresabrechnung muss eindeutig erkennbar sein, welche Abrechnung in Bezug genommen wird. Jedenfalls wenn vor der Versammlung verschiedene Abrechnungen versendet wurden, genügt die pauschale Bezeichnung des Jahres der Abrechnung den Bestimmtheitsanforderungen nicht (LG Frankfurt/Main, 25.2.2021, 2-13 S 127/19).
- Existieren nicht verschiedene Versionen eines Wirtschaftsplans, ist die Bezeichnung »Wirtschaftsplan + Jahr« bei der Beschlussfassung hinreichend bestimmt (LG Frankfurt, 1.11.2018, 2-13 S 112/17).
- Ein Beschluss ist zu unbestimmt, wenn er nur regelt, dass der Verwalter »beauftragt wird, alle weiteren Schritte, auch rechtlicher Art einzuleiten und durchzuführen, damit die nicht genehmigten baulichen Veränderungen zurückgebaut werden« (AG Hannover, 18.12.2018, 483 C 4269/18).
- Existieren zwei Versionen einer Jahresabrechnung, so muss sich aus dem Beschluss selbst ergeben, welche Version Gegenstand der Beschlussfassung war. Unbeachtlich ist, dass der Verwalter in der Beschlusssammlung die korrigierte Version aufgenommen hat (AG Köln, 23.7.2019, 215 C 37/19).

4.2.6 Eintragung in das Grundbuch/Bindungswirkung von Beschlüssen

Vor der seit 1.12.2020 geltenden Rechtslage bedurften Beschlüsse der Wohnungseigentümergemeinschaft zu ihrer Wirksamkeit gegen den Sondernachfolger eines Wohnungseigentümers nicht der Eintragung in das Grundbuch (§ 10 Abs. 4 Satz 1 WEG a. F.); wohl aber Vereinbarungen. Diese Regelung wurde neu gefasst:

> **§ 10 Abs. 3 WEG**
> »Vereinbarungen, durch die die Wohnungseigentümer ihr Verhältnis untereinander in Ergänzung oder Abweichung von Vorschriften dieses Gesetzes regeln, die Abänderung oder Aufhebung solcher Vereinbarungen sowie Beschlüsse, die aufgrund einer Vereinbarung gefasst werden, wirken gegen den Sondernachfolger eines Wohnungseigentümers nur, wenn sie als Inhalt des Sondereigentums im Grundbuch eingetragen sind. Im Übrigen bedürfen Beschlüsse zu ihrer Wirksamkeit gegen den Sondernachfolger eines Wohnungseigentümers nicht der Eintragung in das Grundbuch.«

Diese Regelung dient dem Erwerberschutz und bedeutet konkret:

- Beschlüsse, die aufgrund einer Vereinbarung, zum Beispiel eine Öffnungsklausel, gefasst werden, müssen in das Grundbuch eingetragen werden, um gegen den Sondernachfolger zu wirken (§ 10 Abs. 3 Satz 1 WEG).
- Beschlüsse, die aufgrund einer gesetzlichen Beschlusskompetenz gefasst wurden, beispielsweise nach § 12 Abs. 4 Satz 1, § 16 Abs. 2 Satz 2 oder § 19 WEG, wirken nach § 10 Abs. 3 Satz 2 WEG auch ohne Grundbucheintragung gegen den Sonderrechtsnachfolger.

Ebenfalls binden gerichtliche Entscheidungen in einem Rechtsstreit gemäß § 43 WEG den Sonderrechtsnachfolger eines Wohnungseigentümers auch ohne Grundbucheintragung (§ 44 Abs. 3 Satz 2 WEG).

Tipp

Der Verwalter muss sich stets fragen, ob eine Beschlusskompetenz nach dem WEG existiert. Ist dies der Fall, so bedürfen die Beschlüsse keiner Eintragung in das Grundbuch. Wird ein Beschluss jedoch aufgrund einer vereinbarten Beschlusskompetenz oder einer Öffnungsklausel gefasst, muss er in das Grundbuch eingetragen werden. Sämtliche Beschlüsse müssen allerdings in die Beschlusssammlung nach § 24 Abs. 7, 8 WEG eingetragen werden.

Nicht eintragungsbedürftig und auch nicht eintragungsfähig sind Beschlüsse, deren Beschlusskompetenz sich sowohl aus dem Gesetz als auch aus einer Vereinbarung/Öffnungsklausel in der Teilungserklärung/Gemeinschaftsordnung ergibt (BT-Drucks. 19/18791, S. 41), da in diesem Fall die Bestimmung nur das Gesetz wiederholt und keine Vereinbarung im Rechtssinn darstellt, die begrifflich eine Abweichung oder Ergänzung des Gesetzes verlangt. Aber auch wenn durch die Vereinbarung eine gesetzliche Beschlusskompetenz eingeengt wurde, ist ein auf dieser Grundlage gefasster Beschluss nicht eintragungsfähig, weil er eben genauso aufgrund einer gesetzlichen Beschlusskompetenz hätte gefasst werden können.

Achtung: Rechtsfolge bei unterlassener Eintragung

Wird die Eintragung eines aufgrund einer Vereinbarung gefassten Beschlusses übersehen, so gilt der Inhalt des Beschlusses nur zwischen den beschließenden Eigentümern, nicht aber gegenüber Sondernachfolgern.

Verfahren zur Eintragung in das Grundbuch

Zunächst muss eine Antragsberechtigung (§ 13 GBO) vorliegen. Antragsberechtigt sind

- die Gemeinschaft der Wohnungseigentümer (§ 7 Abs. 2 Satz 2 WEG), die vom Verwalter vertreten wird (§ 9b Abs. 1 Satz 1 WEG), und
- jeder einzelne Wohnungseigentümer.

Die Antragsberechtigung des einzelnen Wohnungseigentümers beschränkt sich dabei nicht auf sein eigenes Grundbuchblatt, sondern auf alle Grundbuchblätter. Der Antrag kann formfrei gestellt werden, also auch elektronisch (§ 136 GBO). Die Änderung der Grundbuchblätter bedarf grundsätzlich nach § 19 GBO der Einwilligung aller Wohnungseigentümer. Dieses Erfordernis kann jedoch ersetzt werden, wenn der Beschluss durch eine Niederschrift nachgewiesen wird, die von den in § 24 Abs. 6 WEG bezeichneten Personen unterschrieben wurde. Dies sind der Vorsitzende der Versammlung und ein Wohnungseigentümer, falls ein Verwaltungsbeirat bestellt ist zudem dessen Vorsitzender oder dessen Vertreter.

Die betreffenden Personen müssen bei der Versammlung anwesend gewesen sein, damit ihre Unterschrift unter dem Protokoll wirkt. Diese Unterschriften müssen öffentlich beglaubigt sein. Das heißt, die jeweiligen Personen müssen sich mit ihrer Unterschrift bei einem Notar oder einer sonstigen Stelle, die öffentliche Beglaubigungen durchführt, vorab legitimieren. Bei einem Umlaufbeschluss nach § 23 Abs. 3 WEG ersetzt die Unterschrift des Beschlussinitiators die des Versammlungsvorsitzenden.

Hinweis; Konkrete ausdrückliche Eintragung

Für die Niederschrift reicht es aus, wenn ein Beschluss durch ein beglaubigtes Urteil nachgewiesen wird, so im Fall der Beschlussersetzungsklage (§ 44 Abs. 1 Satz 2 WEG). Zu Veräußerungsbeschränkungen (§ 12 WEG) und zur Haftung von Sondernachfolgern für Geldschulden (§ 7 Abs. 3 Satz 2 WEG) ist eine konkrete ausdrückliche Eintragung erforderlich, die Bezugnahme auf eine Niederschrift genügt hier nicht.

Das Grundbuchamt übt sodann seine formelle Prüfungskompetenz aus. Das heißt, es prüft, ob der Beschluss überhaupt eintragungsfähig ist oder ob die Zustimmungen Dritter, zum Beispiel eines Grundbuchgläubigers, erforderlich ist (§ 5 Abs. 4 Satz 2

WEG). Die Frage, ob das Grundbuchamt auch ein materielles Prüfungsrecht hat, also dahingehend, ob der Beschluss rechtswidrig ist oder Beschlusskompetenz überhaupt vorlag, scheint noch strittig zu sein, die Klärung bleibt abzuwarten. Nach der Intention des Gesetzgebers (BT-Drucks. 19/18791, S. 42) hat das Grundbuchamt kein Prüfungsrecht. Eine Ausnahme gilt, wenn der Beschluss gegen zwingendes Recht verstößt (§§ 134, 138 BGB).

Jeder Wohnungseigentümer hat gegenüber der Gemeinschaft der Wohnungseigentümer den Anspruch, dass die Grundbucheintragung eines eintragungsbedürftigen Beschlusses auch vollzogen wird, damit er gegen Sondernachfolger wirkt.

Eintragung von Altbeschlüssen

Die seit 1.12.2020 geltenden Vorschriften richten sich auch auf Altbeschlüsse. Daher müssen sämtliche Altbeschlüsse, die eine Vereinbarung abändern, im Grundbuch nachgetragen werden, um gegenüber Sondernachfolgern zu wirken. Die Zuständigkeit, solche Beschlüsse zu ermitteln und deren Nachtrag zu veranlassen, liegt beim Verwalter. Da eine Niederschrift über den Altbeschluss vorgelegt werden muss (§ 7 Abs. 2 WEG), kann dies zu Schwierigkeiten führen; und zwar dann, wenn eine Person, deren Unterschrift auf der Niederschrift beglaubigt werden müsste, nicht mehr zur Verfügung steht, weil sie zum Beispiel ihr Eigentum veräußert hat und nicht mehr auffindbar ist. In solchen Fällen kann jeder Wohnungseigentümer verlangen, dass der einzutragende Altbeschluss mit identischem Inhalt neu gefasst wird (Reproduktionsanspruch, § 48 Abs. 1 Satz 3 WEG). Dazu muss der Verwalter die Angelegenheit in die Tagesordnung aufnehmen, es handelt sich hierbei um eine Maßnahme ordnungsmäßiger Verwaltung. Wird der Anspruch auf erneute Beschlussfassung nicht erfüllt, kann eine Beschlussersetzungsklage erhoben werden. Denkbar wäre allerdings auch, dass die Wohnungseigentümer im Rahmen ihrer Beschlusskompetenz einen abändernden Zweitbeschluss in der Angelegenheit fassen. Dies ist grundsätzlich möglich, wenn dem keine schutzwürdigen Interessen einzelner Eigentümer entgegenstehen (siehe hierzu Kapitel 4.2.4.8).

Hinweis

Für die Nachtragung solcher Beschlüsse ist eine Übergangsfrist bis 31.12.2025 vorgesehen (§ 48 Abs. 1 Satz 2 WEG). Auch der Individualanspruch eines Eigentümers auf erneute Beschlussfassung endet am 31.12.2025.

4.2.7 Vollzug von Beschlüssen und einstweiliger Rechtsschutz

Wurde ein Beschluss von den Wohnungseigentümern gefasst sowie vom Verwalter festgestellt und verkündet, ist er existent und damit zu vollziehen. Selbst wenn ein Wohnungseigentümer gegen einen Beschluss Anfechtungsklage erhoben hat, ist dieser zu vollziehen. Eine Anfechtungsklage hat keine aufschiebende Wirkung. Solange ein Beschluss nicht rechtskräftig für ungültig erklärt wurde, ist er gültig (BGH, 4.4.2014, V ZR 167/13). Nach der WEG-Reform 2020 ist nicht mehr der Verwalter zur Beschlussvollziehung verpflichtet, sondern gemäß § 18 Abs. 1 WEG fällt es nunmehr in den Zuständigkeitsbereich der Gemeinschaft der Wohnungseigentümer, einen Beschluss zu vollziehen (BGH, 16.12.2022, V ZR 263/21). Die Gemeinschaft der Wohnungseigentümer erfüllt diese Aufgabe durch ihr Organ, den Verwalter. Der Verwalter hat nach § 9b Abs. 1 Satz 1 WEG grundsätzlich für alle Verträge und Vertragseinwirkungen eine Vertretungsmacht. Hiervon ausgenommen ist nur das Abschließen von Grundstücks- oder Darlehensverträgen, hierzu braucht der Verwalter einen Beschluss der Wohnungseigentümer.

Es ist nicht entscheidend, ob die Beschlussfassung fehlerhaft ist oder nicht ordnungsmäßiger Verwaltung entspricht (LG München I, 8.8.2008, 1 T 13169/08). Stets sind Beschlüsse, sofern sie inhaltlich keinen Zeitpunkt bestimmen, durch den Verwalter sofort zu vollziehen; ein Beschluss ist für den Verwalter bindend. Insoweit spielt es keine Rolle, ob ein Beschluss ggf. sogar nichtig ist. Hinsichtlich der Ausführungspflicht ändert die Nichtigkeit eines Beschlusses nichts, weil das Gesetz in diesem Zusammenhang keine Differenzierung zwischen einer bloßen Anfechtbarkeit und der Nichtigkeit vornimmt. Die Rechtsfolgen (Unwirksamkeit *ex tunc*) sind daher identisch (so LG Dortmund, 24.4.2017, 1 S 53/17 wegen unzulässiger Delegation oder fehlender Bestimmtheit). Der Verwalter macht sich weder im Innenverhältnis gegenüber den Wohnungseigentümern noch im Außenverhältnis gegenüber Dritten schadenersatzpflichtig, wenn ein durch ihn ausgeführter Beschluss später für ungültig erklärt wird (LG Dortmund, a. a. O.)

Ein Beschluss über die Erhebung einer einmaligen Sonderumlage ist so lange als gültig zu behandeln, bis er durch rechtskräftiges Urteil für ungültig erklärt wird. Erst damit endet die Bindungswirkung, sodass trotz Anfechtung des Beschlusses über die Sonderumlage die Zahlungspflicht bis zum rechtskräftigen Abschluss des Anfechtungsverfahrens bestehen bleibt. Dem steht auch nicht entgegen, dass die Ungültigerklärung des Beschlusses Rückwirkung entfaltet. Für diese Zeit, in der die fälligen Forderungen dem Gläubiger vorenthalten werden, ist der hierdurch entstehende wirtschaftliche Nachteil durch Ersatz des Zinsschadens zu leisten (LG Düsseldorf, 31.5.2017, 25 S 52/16).

Nach Ansicht des LG Frankfurt/Main (15.2.2017, 2-13 S 128/16) ist ein Wohnungseigentümer nicht berechtigt, den Verwalter durch eine Klage dazu zu zwingen, Beschlüsse der Wohnungseigentümergemeinschaft durchzuführen. Das LG Frankfurt hat hierbei unter anderem Bezug auf die Rechtsprechung des BGH genommen, wonach gerade aus § 27 WEG a. F. folgte, dass die Umsetzung von Beschlüssen ausschließlich dem Verwalter obliegt, der dem Verband der Wohnungseigentümer – und nicht dem einzelnen Wohnungseigentümer – auf Erfüllung und ggf. auf Schadenersatz haftet (BGH, 13.7.2012, V ZR 94/11). Einzelne Wohnungseigentümer seien nicht berechtigt, durch Klage gegen den Verwalter die Durchführung beschlossener Maßnahmen zu erzwingen. Dies obliege einzig dem Verband der Wohnungseigentümer. Diese Problematik hat sich mit der WEG-Reform 2020 erübrigt. Die Vollziehung eines Beschlusses ist nach § 18 Abs. 1 WEG eine Aufgabe der Gemeinschaft der Wohnungseigentümer. Diese handelt durch ihr Organ, den Verwalter. Künftig sind daher Klagen auf Beschlussvollziehung nur noch gegen den Verband der Wohnungseigentümer zu richten.

Will ein Wohnungseigentümer parallel zum ggf. laufenden Anfechtungsverfahren unterbinden, dass ein Beschluss vollzogen wird, kann er dies mit einem einstweiligen Rechtsschutzverfahren versuchen und eine Unterlassungsverfügung gegen die Umsetzung des Beschlusses erwirken. Voraussetzung für eine erfolgreiche einstweilige Verfügung ist, dass ein Verfügungsgrund und ein Verfügungsanspruch bestehen. Ein Verfügungsgrund liegt immer dann vor, wenn nach objektiven Gesichtspunkten eines durchschnittlichen Wohnungseigentümers die Gefahr besteht, dass mit der Durchführung des angegriffenen Beschlusses die Rechte des Antragstellers vereitelt oder wesentlich beeinträchtigt werden und zur Abwendung dieser wesentlichen Nachteile die vorläufige Suspendierung des Beschlusses erforderlich ist. Der Verfügungsgrund kann jedoch entfallen, wenn mit den Einwendungen zu lange gewartet wird. Dies gilt insbesondere dann, wenn die Anfechtungsfrist für den betreffenden Beschluss abgelaufen ist und dieser damit bestandskräftig wurde, hingegen nicht, wenn der Beschluss ausnahmsweise nichtig ist.

Beispiele: Rechtsprechung

- Ein Verfügungsgrund besteht nur, wenn im Fall einer späteren gerichtlichen Ungültigerklärung des umzusetzenden Beschlusses das Recht des Anfechtenden ohne – mit einer einstweiligen Verfügung erreichbaren – Baustopp vereitelt oder wesentlich erschwert würde. Bei der Anbringung von Heizstrahlern inklusive Verkabelung ist der Eingriff in die Gebäudesubstanz überschaubar (LG Itzehoe, 11.4.2017, 11 T 20/17).
- Ein Beschluss zur Bestellung eines Verwalters widerspricht den Grundsätzen ordnungsmäßiger Verwaltung unter folgenden Bedingungen: Die Eckpunkte des abzuschließenden Verwaltervertrags wurden nicht in wesentlichen Umrissen geregelt und auch sonst wurde in der Wohnungseigentümerversammlung kein Beschluss zu den Eckpunkten des abzuschließenden Verwaltervertrags in seinen wesentlichen Umrissen gefasst; zudem lagen keine Alternativangebote anderer Verwaltungen vor. Die Wirkung des § 23 Abs. 4 Satz 2 WEG darf nur dann vorläufig außer Kraft gesetzt und eine einstweilige Verfügung daher nur dann erlassen werden, wenn dem Anfechtenden das Abwarten einer rechtskräftigen Hauptsacheentscheidung nicht zumutbar ist. Ein wesentlicher Nachteil des anfechtenden Wohnungseigentümers ist bereits dann anzunehmen, wenn er für die Zeit bis zum Abschluss des Hauptsacheverfahrens anteilig zur Zahlung einer Verwaltervergütung für den bestellten Verwalter verpflichtet wäre (LG München I, 30.11.2016, 1 T 18932/16).

- Zur Aussetzung von Beschlüssen der Wohnungseigentümer im Wege einstweiliger Verfügung (LG Frankfurt, 1.10.2020, 2-13 T 64/20; hier bejaht für eine Vertragsstrafenregelung und verneint für ein Vogelfütterungsverbot).
- Wenn keine irreversiblen Schäden durch die Durchführung eines Eigentümerbeschlusses aus Corona-Zeiten drohen, ist die Vollziehung nicht durch einstweilige Verfügung zu stoppen (AG Dortmund, 28.5.2020, 514 C 84/20).

4.2.8 Checkliste zu Beschlüssen

DIGITALE EXTRAS

Was ist ein Beschluss?
In seiner Rechtsnatur ist der Beschluss ein mehrseitiges Rechtsgeschäft eigener Art. Die Wohnungseigentümer regeln ihre Angelegenheiten, soweit sie nicht bereits durch Vereinbarung in der Teilungserklärung/Gemeinschaftsordnung geregelt sind, durch Beschlüsse.

Wann darf die Wohnungseigentümergemeinschaft beschließen?
Die Wohnungseigentümergemeinschaft kann grundsätzlich nur dann einen Beschluss fassen, wenn ihr Beschlusskompetenz zugewiesen wurde. Dies kann durch Regelung in der Gemeinschaftsordnung oder durch Zuweisung durch das WEG der Fall sein. Durch einen Beschluss kann nicht von gesetzlichen oder in der Teilungserklärung enthaltenen Regelungen abgewichen werden. Eine Ausnahme gilt, wenn eine gesetzliche oder vereinbarte Öffnungsklausel vorliegt.

Welche Beschlussarten gibt es?
- Einfache und qualifizierte Mehrheitsbeschlüsse,
- einstimmige und allstimmige Beschlüsse,
- Geschäftsordnungsbeschlüsse,
- Zweitbeschlüsse,
- Delegationsbeschlüsse,
- schriftliche Beschlüsse,
- Nichtbeschlüsse,
- positive und negative Beschlüsse.

Wie muss ein Beschluss formuliert werden?
Ein Beschluss muss hinreichend bestimmt sein. Das heißt, er muss klar, vollständig und möglichst auslegungsfrei formuliert und der Beschlussgegenstand exakt erfasst werden.

Wann kommt ein Beschluss zustande?
Ein einfacher Mehrheitsbeschluss kommt dann zustande, wenn bei der Abstimmung für einen Beschlussantrag mehr Ja- als Nein-Stimmen abgegeben werden. Stimmenthaltungen bleiben außer Betracht.

Wann wird ein Beschluss wirksam?

Nach der Feststellung des Abstimmungsergebnisses muss der Versammlungsvorsitzende das Beschlussergebnis feststellen und verkünden. Hierdurch wird der Beschluss wirksam, nicht bereits durch die Verkündung des Abstimmungsergebnisses. Die Beschlussfeststellung und -verkündung hat konstitutive Wirkung.

Können Beschlüsse auch außerhalb einer Eigentümerversammlung gefasst werden?

Die Wohnungseigentümergemeinschaft kann Beschlüsse grundsätzlich nur auf einer Eigentümerversammlung fassen. Eine Ausnahme gilt für das schriftliche Beschlussverfahren, das Umlaufverfahren: Ein solcher Beschluss wird dann gültig, wenn alle Wohnungseigentümer ihre Zustimmung zu diesem Beschluss in Textform erklären. Verweigert bereits ein Miteigentümer seine Zustimmung oder enthält er sich bei der Beschlussfassung, ist kein Beschluss zustande gekommen. Bei einem Absenkungsbeschluss für das Umlaufverfahren gilt auch die einfache Mehrheit.

Tagesordnungspunkt »Verschiedenes«

Achtung: Unter diesem Tagesordnungspunkt dürfen keine Beschlüsse gefasst werden, allenfalls solche, die von völlig untergeordneter Bedeutung sind. Werden dennoch wichtige Beschlüsse gefasst, sind diese binnen Monatsfrist gerichtlich anfechtbar.

Für und gegen wen wirken Beschlüsse?

Bestandskräftige Beschlüsse haben Bindungswirkung. Das bedeutet, dass sie beim Wechsel eines Miteigentümers auch für den in die Wohnungseigentümergemeinschaft neu Eintretenden gelten. Eine erneute Beschlussfassung von Angelegenheiten ist nicht erforderlich. Die geltenden Beschlüsse wirken gegen den Sondernachfolger auch ohne Eintragung in das Grundbuch. Besteht eine Beschlusskompetenz, Vereinbarungen abzuändern, so sind diese Beschlüsse in das Grundbuch einzutragen, damit sie auch gegenüber dem Sondernachfolger wirken. Für solche Altbeschlüsse gilt ebenfalls, dass sie nur Wirkung gegenüber dem Sondernachfolger entfalten, wenn sie im Grundbuch eingetragen sind. Hierfür gilt eine Frist zur Nachtragung bis 31.12.2015.

Wie werden Beschlüsse dokumentiert?

Sämtliche auf der Eigentümerversammlung gefassten Beschlüsse sind ins Protokoll der Versammlung aufzunehmen. Auch Beschlüsse im Umlaufverfahren bedürfen einer Niederschrift. Zudem müssen alle Beschlüsse in die Beschlusssammlung der Wohnungseigentümergemeinschaft aufgenommen werden.

4.3 Beschlussfehler/Beschlussmängel

Um das richtige Vorgehen gegen einen Beschluss der Wohnungseigentümergemeinschaft zu überprüfen, müssen verschiedene Vorfragen geklärt werden.

Vorliegen eines Beschlusses/Nichtbeschlusses
Von einem fehlerhaften Beschluss kann erst dann gesprochen werden, wenn überhaupt eine Willensäußerung der Wohnungseigentümergemeinschaft in Form eines Beschlusses vorliegt. Damit von einem mangelhaften Beschluss gesprochen werden kann, müssen also sämtliche Entstehungsvoraussetzungen eines Beschlusses erfüllt sein. Liegt nur ein Nichtbeschluss – auch Scheinbeschluss genannt – vor, so fehlt es bereits an der Beschlussqualität. Die Erhebung eines Rechtsmittels gegen diesen Beschluss ist dann nicht erforderlich, da er keine Bindungswirkung entfaltet. Ein Nichtbeschluss in diesem Sinne ist vor allem dann gegeben, wenn Entscheidungen mehrerer, aber nicht sämtlicher Wohnungseigentümer außerhalb einer Eigentümerversammlung getroffen werden (vgl. hierzu im Einzelnen und weiterführend Kapitel 4.2.4).

4.3.1 Wann ist ein Beschluss nichtig?

Mangelt es einem Beschluss nicht an der Beschlussqualität, sondern ist er mit einem Makel behaftet, sei dieser formell oder materiell, unterscheidet das WEG-Recht zwischen nichtigen und anfechtbaren Beschlüssen. Die Kernregelung zum Beschlussmangelrecht bildet dabei § 23 Abs. 4 WEG. Ein Beschluss, der gegen eine Rechtsvorschrift verstößt, auf deren Einhaltung rechtswirksam nicht verzichtet werden kann, ist nichtig. Im Übrigen ist ein Beschluss gültig, solange er nicht durch rechtskräftiges Urteil für ungültig erklärt ist (§ 23 Abs. 4 WEG).

Der Gesetzgeber hat sich hier klar dafür entschieden, dass nichtige Beschlüsse keine Rechtswirkung entfalten und *ipso jure* (von Gesetzes wegen) nichtig sind. Die Nichtigkeit eines Beschlusses kann von jedem jederzeit und in jedem möglichen Gerichtsverfahren eingewendet werden, ohne dass gegen den Beschluss ein Rechtsmittel erhoben werden müsste.

Jeder Wohnungseigentümer kann aber auch die Nichtigkeitsklage nach § 44 Abs. 1 Satz 1 Alt. 2 WEG erheben, wenn Streit über die Wirksamkeit eines Beschlusses besteht. Ein besonderes Rechtsschutzbedürfnis besteht hierfür nicht. Die Nichtigkeitsklage kann regelmäßig sogar dann erhoben werden, wenn der klagende Eigentümer selbst noch in der Versammlung für den Beschluss gestimmt hat. Die Nichtigkeitsklage ist im Gegensatz zur Anfechtungsklage nicht fristgebunden. Hier kann ausnahmsweise etwas anderes gelten, wenn sich der Eigentümer über einen längeren Zeitraum nicht gegen den Beschluss gewandt hat. Dies ist allerdings der Ausnahmefall.

Gründe für die Nichtigkeit eines Beschlusses

In § 23 Abs. 4 Satz 1 WEG hat sich der Gesetzgeber für eine Generalklausel entschieden und von einer Aufzählung der Nichtigkeitsgründe Abstand genommen. Für den Anwender bedeutet dies, dass sämtliche Rechtsvorschriften des allgemeinen zivilen und öffentlichen Rechts hinsichtlich des Kernbereichs, der unabänderbar ist, überprüft werden müssen. Rechtsvorschriften im Sinne des § 23 Abs. 4 Satz 1 WEG sind die unabdingbaren Vorschriften des WEG, des allgemeinen Zivil- und öffentlichen Rechts sowie die unabdingbaren Prinzipien des Wohnungseigentumsrechts.

Zeitpunkt der Beurteilung der Nichtigkeit

Zur Beurteilung, ob ein Beschluss nichtig ist, ist auf den Zeitpunkt der Beschlussfassung abzustellen. Ein einmal nichtiger Beschluss kann durch später eintretende Umstände nicht geheilt werden.

Verstoß gegen unabdingbare Vorschriften und Prinzipien des WEG

Wie beschrieben, sind Beschlüsse, die gegen eine unabdingbare Vorschrift des WEG verstoßen, nichtig. Unabdingbare Vorschriften des Wohnungseigentumsrechts sind solche, auf die auch nicht im Wege einer Vereinbarung nach § 10 Abs. 2 Satz 2 WEG verzichtet werden kann. Welche das sind, ergibt sich in der Regel direkt aus dem WEG. Hierzu im Einzelnen:

- § 5 Abs. 2 WEG: Nicht Gegenstand des Sondereigentums können Teile des Gebäudes sein, die für dessen Bestand oder Sicherheit erforderlich sind, sowie Anlagen und Einrichtungen, die dem gemeinschaftlichen Gebrauch der Wohnungseigentümer dienen.
- § 6 Abs. 2 WEG: untrennbare Verknüpfung von Miteigentumsanteil und Sondereigentum.
- § 11 WEG: Unauflösbarkeit der Gemeinschaft, kein Wohnungseigentümer kann die Aufhebung der Gemeinschaft verlangen.
- § 12 Abs. 2 WEG: Die Zustimmung zur Veräußerung des Wohnungseigentums darf nur aus einem wichtigen Grund versagt werden.
- § 12 Abs. 4 Satz 2 WEG: Befugnis der Wohnungseigentümergemeinschaft, eine Veräußerungsbeschränkung gemäß § 12 Abs. 1 WEG aufzuheben.
- § 18 Abs. 2 Nr. 2 WEG: Benutzung des gemeinschaftlichen Eigentums und des Sondereigentums muss dem Interesse der Gesamtheit der Wohnungseigentümer nach billigem Ermessen entsprechen. Dagegen kann das Recht zur Notgeschäftsführung durch einen Wohnungseigentümer gemäß § 18 Abs. 3 WEG abbedungen werden.
- Das Recht auf ordnungsmäßige Verwaltung ist grundsätzlich unabdingbar.
- Über die Bestellung und Abberufung des Verwalters beschließen die Wohnungseigentümer (§ 26 Abs. 1 WEG, unabdingbar).

- § 24 Abs. 3 WEG: Einschränkung des Rechts auf Einberufung einer Eigentümerversammlung, sofern dies von einem Viertel aller Wohnungseigentümer verlangt wird (nicht vollständig abdingbar).
- § 24 Abs. 7 WEG: Führen der Beschlusssammlung.
- § 26 Abs. 1 WEG: Beschränkungen der Verwalterbestellung über den im Gesetz niedergelegten Rahmen hinaus, das heißt, bei Bestellung und Abberufung, Bestellungsdauer und jederzeitige Abberufungsmöglichkeit sind Abweichungen nicht zulässig (§ 28 Abs. 5 WEG).
- Die Wohnungseigentümer können die Rechte und Pflichten des Verwalters nach § 27 Abs. 1 WEG entgegen früherer Rechtslage nun durch Beschluss einschränken oder erweitern (§ 27 Abs. 2 WEG).
- §§ 43 ff. WEG: Zuständigkeit und Verfahren in Wohnungseigentumssachen, zum Beispiel das Recht eines Miteigentümers, Beschlüsse der Wohnungseigentümer anzufechten.

Nach herrschender Auffassung führen Verstöße gegen unabdingbare Prinzipien des Wohnungseigentumsrechts zur Nichtigkeit des jeweiligen Beschlusses. Den Wohnungseigentümern steht in diesen Fällen keine Beschlusskompetenz zu. Diese allgemeinen Prinzipien des Wohnungseigentumsrechts ergeben sich jedoch lediglich aus der Verbindung der Wohnungseigentümer zur Gemeinschaft. Welche Prinzipien dazu zählen, ist noch nicht endgültig geklärt, sodass derzeit nur der Rückgriff auf die Rechtsprechung möglich ist. Hierzu zählen vor allem:

- Beschluss der Wohnungseigentümergemeinschaft bei einer absoluten Unzuständigkeit dieser (BGH, 20.9.2000, V ZB 58/99).
- Eingriff eines Beschlusses in Sondereigentumsrechte (OLG Düsseldorf, 27.2.2002, 3 Wx 348/01; OLG Köln, 5.12.2000, 16 Wx 121/00) und Eingriff eines Beschlusses in Sondernutzungsrechte.
- Umwandlung von Gemeinschaftseigentum in Sondereigentum.
- Eingriff in die einheitliche Ausübung der Verwaltung.
- Die Verwaltung kann nur einer einzelnen Person übertragen werden; Beschlüsse, die die Verwaltung auf mehrere Personen übertragen, sind nichtig (BGH, 26.1.2006, 5 ZB 132/05).
- Das Amt des Verwalters kann nicht mit einem Mitglied des Verwaltungsbeirats besetzt werden.
- Der Anspruch des einzelnen Wohnungseigentümers auf ordnungsmäßige Verwaltung kann nicht ausgeschlossen werden.
- Das Mitwirkungsrecht des einzelnen Wohnungseigentümers an der Verwaltung darf nicht beschränkt oder vereitelt werden (BGH, 5 ZB 2/93, NJW 1994, 3230).
- Dem Verwalter dürfen keine Rechte zugewiesen werden, die das Sondereigentum betreffen

Verstoß gegen gesetzliche Verbote/sonstige gesetzliche Vorschriften

Aus der Regelung des § 23 Abs. 4 WEG ergibt sich, dass sämtliche allgemeinen zivil- und öffentlich-rechtlichen Verbotsnormen zu beachten sind. Grundsätzlich gilt: Werden sie bei einem Beschluss missachtet, so ist dieser nichtig. Zu den zivilrechtlichen Verbotsnormen gehören die folgenden.

- Verstoß gegen ein gesetzliches Verbot (§ 134 BGB): In diese Gruppe fallen insbesondere Beschlüsse, die ein durch ein Strafgesetz sanktioniertes Verhalten gestatten oder den Verwalter zu einem derartigen Verhalten verpflichten, zum Beispiel die Vergabe von Instandsetzungsarbeiten an Schwarzarbeiter.
- Sittenwidrigkeit (§ 138 BGB): Gemäß § 138 BGB ist ein Beschluss nichtig, der gegen die guten Sitten verstößt (BGH, 4.5.1995, V ZB 5/95, NJW 1995, 2036). Ob ein Sittenverstoß vorliegt, ist wertend nach dem Anstandsgefühl aller billig und gerecht Denkenden zu ermitteln. Dabei ist nicht nur auf den objektiven Gehalt des Beschlusses, sondern auch auf die Motive des Wohnungseigentümers und den Zweck der Regelung abzustellen.

Beispiele: Sittenverstöße

- Vollständiges Verbot des Musizierens in der Wohnung (BGH, 10.9.1998, V ZB 11/98, NJW 1998, 3713).
- Ein Beschluss, der das Abstellen eines Rollstuhls im Treppenhaus verbietet, verstößt gegen die guten Sitten, wenn es keine andere Abstellmöglichkeit für ihn gibt (OLG Düsseldorf, 21.12.1983, 3 W 227/83, ZMR 1984, 161).
- Ausnutzung einer Stimmenmehrheit in sachwidriger Art und Weise auf Kosten der Gemeinschaft. Dies kann je nach Einzelfall gegen die guten Sitten verstoßen und ausnahmsweise nach § 138 Abs. 1 BGB nichtig sein (OLG Schleswig, 16.11.2005, 2 W 267/04, NZM 2006, 384).

- Verstoß gegen zwingende Vorschriften des öffentlichen Rechts.
- Sämtliche Regelungen der ZPO, des Gerichtsverfassungsgesetzes (GVG) und des Gesetzes über die Zwangsversteigerung und die Zwangsverwaltung (ZVG).
- Wertentscheidungen der Verfassung, die sich aus dem Grundgesetz und den Länderverfassungen ergeben.
- Regelungen des Baurechts, des Gebäudeenergiegesetzes (GEG), früher EnEV, und der Heizkostenverordnung (HeizkV), soweit sich aus diesen Gesetzen ein zwingender Charakter ergibt.

Bestimmtheit/Unverständlichkeit des Beschlusses

Ein Beschluss kann auch dann nichtig sein, wenn er inhaltlich vollkommen unbestimmt oder widersprüchlich ist, sodass sich daraus keine durchführbare Regelung ergibt.

Beispiele: Ungenaue Regelungen

- Ein Beschluss untersagt das Singen und Musizieren außerhalb von Ruhezeiten nur in nicht »belästigender Weise und Lautstärke« (BGH, 10.9.1998, V ZB 11/98, NJW 1998, 3713).
- Ein Beschluss genehmigt eine bauliche Veränderung, ohne diese hinreichend zu bestimmen oder zu beschreiben (BGH, 10.9.1998, V ZB 11/98, NJW 1998, 3713).

Achtung: Durchführbare Regelung

Soweit der Beschluss eine durchführbare Regelung erkennen lässt, ist er dennoch wirksam und muss fristgerecht mit der Anfechtungsklage (vgl. Kapitel 4.4) angegriffen werden.

Fehlende Beschlusskompetenz

Grundsätzlich gilt: Wohnungseigentümer können Beschlüsse nur in solchen Angelegenheiten fassen, in denen ihnen eine Beschlusskompetenz zusteht. Die Beschlusskompetenz wird den Wohnungseigentümern entweder durch das WEG direkt oder durch eine Vereinbarung eingeräumt (§ 23 Abs. 1 WEG). Bis zur Entscheidung des BGH im September 2000 (20.9.2000, V ZB 58/99, NJW 2000, 3500) war ständige Rechtsprechung, dass Mehrheitsbeschlüsse in Angelegenheiten, in denen den Wohnungseigentümern keine Beschlusskompetenz zustand, zwar fehlerhaft waren und erfolgreich angefochten werden konnten, jedoch nicht die Nichtigkeit nach sich zogen. Unterließ man es hier, die Anfechtungsklage fristgerecht zu erheben, wurden derartige Beschlüsse bestandskräftig.

4.3.2 Rechtsprechung des BGH: Definition Beschlusskompetenz

Höchstrichterlich ist seit dieser Entscheidung des BGH geklärt, dass Beschlüsse nur dann bestandskräftig werden können, wenn den Eigentümern für die zu regelnde Angelegenheit eine Beschlusskompetenz zustand, anderenfalls ist der Beschluss nichtig (»Zitterbeschluss«). Die Gerichte sind seit dieser BGH-Entscheidung mit der teilweise sehr schwierigen Frage konfrontiert, in welchen Fällen den Wohnungseigentümern überhaupt Beschlusskompetenz durch das Gesetz oder eine Vereinbarung eingeräumt wurde. Dazu legte der BGH Folgendes fest: Das WEG regelt in § 19: »Soweit die Verwaltung des gemeinschaftlichen Eigentums und die Benutzung des gemeinschaftlichen Eigentums und des Sondereigentums nicht durch Vereinbarung der Wohnungseigentümer geregelt sind, beschließen die Wohnungseigentümer eine ordnungsmäßige Verwaltung und Benutzung.«

Angelegenheiten der Verwaltung

Die Angelegenheiten der Verwaltung legt der BGH wiederum wie folgt fest: Angelegenheiten der Verwaltung sind sämtliche Maßnahmen und Entscheidungen, die in tatsächlicher oder rechtlicher Hinsicht auf eine Änderung des bestehenden Zustands der

Wohnanlage abzielen oder sich als Geschäftsführung zugunsten der Wohnungseigentümer in Bezug auf das Gemeinschaftseigentum darstellen. Unter den Begriff »Verwaltung« fallen sowohl Verwaltungsentscheidungen als auch Verwaltungsmaßnahmen. Entscheidend kommt es darauf an, dass es sich um konkrete Verwaltungsmaßnahmen und Regelungen des Einzelfalls handelt.

Beispiele: Konkrete Angaben

- Bestellung und Abberufung des Verwalters,
- Genehmigung der Vorschüsse und der Abrechnungsspitze (§ 28 WEG),
- Durchführung einer Sanierungsmaßnahme,
- Beauftragung eines Handwerkers.

Für die Beschlusskompetenz der Wohnungseigentümergemeinschaft ist es ohne Bedeutung, ob sich die getroffene Verwaltungsentscheidung im Rahmen ordnungsmäßiger Verwaltung bewegt oder nicht. So besteht die Beschlusskompetenz auch in den Fällen der Genehmigung einer fehlerhaften Abrechnungsspitze, zum Beispiel bei Anwendung eines falschen Kostenverteilungsschlüssels. Diese Fehlerhaftigkeit führt lediglich zur Anfechtbarkeit, nicht aber zur Nichtigkeit des Beschlusses (BayObLG, 24.11.2004, 2 Z BR 156/04, ZMR 2005, 638).

Angelegenheiten des Gebrauchs

Die Beschlusskompetenz der Wohnungseigentümer gilt auch für Regelungen über den Gebrauch des Sonder- oder Gemeinschaftseigentums, sofern nicht eine bestehende Vereinbarung (Teilungserklärung) vollständig abgeändert oder einem Eigentümer der Gebrauch von Bereichen des Gemeinschaftseigentums vollständig entzogen wird.

Beispiele: Beschlusskompetenz der Wohnungseigentümer

- Beschluss über Ruhezeiten im Haus,
- Beschluss über die Tierhaltung,
- Beschluss über die Nutzung von Gemeinschaftsräumen, zum Beispiel Kellerabteil, Stellplätze.

Auch hier ist es ohne Bedeutung für die Beschlusskompetenz, ob die Regelungen die Grenzen des ordnungsmäßigen Gebrauchs einhalten oder überschreiten. Werden die Grenzen der ordnungsmäßigen Verwaltung und des ordnungsmäßigen Gebrauchs überschritten, sind die Beschlüsse lediglich anfechtbar. Eine Nichtigkeit liegt nicht vor.

Bis zum Zeitpunkt der sogenannten Jahrhundertentscheidung des BGH (20.9.2000, V ZB 58/99) sah das WEG noch keine Beschlusskompetenzen vor, die das sogenannte Gemeinschaftsgrundverhältnis der Wohnungseigentümer betraf. Angelegenheiten des Gemeinschaftsgrundverhältnisses sind solche, mit denen die Wohnungseigentümer ihre Rechtsbeziehungen untereinander in Abweichung oder Ergänzung der Gesetzesnormen regeln. Im Rahmen der WEG-Reform aus dem Jahr 2007 wurden den Wohnungseigentümern zahlreiche neue Beschlusskompetenzen eingeräumt, zum Beispiel für die Änderung des Kostenverteilungsschlüssels nach § 16 Abs. 3, 4 a. F. WEG. Diese Beschlusskompetenzen wurden durch das Wohnungseigentumsmodernisierungsgesetz (WEMoG), das am 1.12.2020 in Kraft trat, nochmals erheblich erweitert.

Die Wohnungseigentümer können für einzelne Kosten oder bestimmte Arten von Kosten mit einfacher Mehrheit eine abweichende Kostenverteilung beschließen (§ 16 Abs. 2 Satz 2 WEG). Dies betrifft sämtliche Kostenpositionen, darunter Betriebs- oder Verwaltungskosten, aber auch die Kosten von Erhaltungsmaßnahmen. Bei den Betriebs- und Verwaltungskosten hat sich insoweit keine Änderung ergeben, sie konnten schon zuvor abweichend durch einen einfachen Mehrheitsbeschluss geregelt werden. Eine grundlegende Änderung gab es aber bei den Erhaltungsmaßnahmen. Nach früherem Recht konnten diese nur für einen konkreten Einzelfall und bei Vorliegen einer doppelt qualifizierten Mehrheit geändert werden. Beides ist nun nicht mehr erforderlich, das heißt, auch für Maßnahmen der Erhaltung kann eine vom Gesetz oder von einer Vereinbarung (Gemeinschaftsordnung) abweichende Kostenverteilung beschlossen werden.

Beispiel: Kostenverteilung

So können die Eigentümer zum Beispiel beschließen, dass künftig jeder Wohnungseigentümer die Kosten der Instandsetzung der zu seiner Wohnung gehörenden Fenster selbst tragen muss. Bisher war dies nicht möglich, da es sich dabei um eine generelle Regelung und nicht nur um einen Einzelfall handelte. Darüber hinaus musste für eine Einzelfallregelung eine doppelt qualifizierte Mehrheit erreicht werden. Beides ist nicht mehr erforderlich. Die Eigentümer können daher mit einfacher Mehrheit weitestgehend abweichende Kostenverteilungsmaßstäbe beschließen.

Die Beschlusskompetenz bezieht sich grundsätzlich auf alle Arten von Kosten mit Ausnahme derjenigen für bauliche Veränderungen. Für sie gilt gemäß § 16 Abs. 3 WEG die Spezialvorschrift des § 21 WEG. Nicht möglich ist eine vollständige Änderung des nach der Gemeinschaftsordnung geltenden Kostenverteilungsschlüssels, also sogenannte Generalsbeschlüsse, die beispielsweise regeln, dass künftig sämtliche Kosten nach Wohnfläche verteilt werden.

Im Rahmen der Beschlusskompetenz gemäß § 16 Abs. 2 Satz 2 WEG können die Wohnungseigentümer für einzelne Kosten oder bestimmte Arten von Kosten eine abweichende Kostenverteilung durch einfachen Mehrheitsbeschluss regeln. Dabei steht den Eigentümern ein weiterer Ermessensspielraum offen. Die Grenze ist das sogenannte Willkürverbot. So kann zum Beispiel nicht beschlossen werden, dass ein Teil der Wohnungseigentümer, etwa der Verwaltungsbeirat, generell von einer Kostentragungspflicht ausgenommen wird.

Die Grundsätze der Verteilungsgerechtigkeit und die Beachtung des Gebots der Maßstabskontinuität dürften insoweit auch künftig zu beachten sein. So wird es weiterhin nicht zulässig sein, im Fall einer nur für einen Teil der Wohnungen anstehenden Fenstersanierung zu beschließen, dass die Eigentümer der betroffenen Wohnungen die Kosten der Fenstersanierung selbst bezahlen müssen, und später den Beschluss zu fassen, dass die restlichen Fenster nun doch wieder auf Kosten sämtlicher Wohnungseigentümer saniert werden. Festzuhalten bleibt, dass die abweichende Kostenverteilung nach dem WEMoG wesentlich einfacher beschlossen werden kann als zuvor.

Die Eigentümer haben bei der Änderung des Kostenverteilungsschlüssels ein weitreichendes Ermessen. Ein Beschluss, mit dem einem Wohnungseigentümer die Kosten der Erhaltung und der Erneuerung der »zu seiner Sondereigentumseinheit zählenden Fenster, Balkontüren, Rollläden, Wohnungseingangstüren und Kellertüren« auferlegt werden, hält sich im Rahmen des weiten Ermessens der Wohnungseigentümer nach § 16 Abs. 2 Satz 2 WEG (LG Frankfurt/Main, 31.5.2023, 2-13 S 91/22). Ein solcher Beschluss sieht vor, dass bestimmte Bauteile, die sich üblicherweise im Bereich des Sondereigentums der Eigentümer befinden (Fenster, Balkontüren, Rollläden, Dachflächenfenster und Wohnungseingangstüren), allerdings Gemeinschaftseigentum sind, auf Kosten der Wohnungseigentümer, zu dessen Sondereigentumseinheit diese Einrichtung »zählt«, zu erhalten und zu erneuern sind. Dies ist keineswegs willkürlich, sondern entspricht dem naheliegenden Ansatz, dass diese Bauteile der Einwirkung durch die Wohnungseigentümer im höheren Maß als das sonstige Gemeinschaftseigentum ausgesetzt sind, und daher auf deren Kosten zu erhalten und auszutauschen sind.

Derartige Kostenverteilungsregelungen zu ermöglichen war ein Anliegen des Reformgesetzgebers, der als typisches Beispiel für einen derartigen Beschluss in der Gesetzesbegründung den Austausch von Fenstern angeführt hat (LG Frankfurt/Main, 31.5.2023, 2-13 S 91/22, Rz. 6).

Ein Beschluss über abweichende Kostenverteilungsregelungen darf aber nicht willkürlich sein. Dies wäre nach der Entscheidung des LG Frankfurt/Main nur dann denkbar, wenn faktisch der Beschluss zulasten einiger weniger Wohnungseigentümer ginge, weil alle anderen bereits von einer vergleichbaren Erhaltungsmaßnahme auf Gemeinschaftskosten profitierten.

Willkürlich wäre es demgegenüber wohl, zum Beispiel Grundlagenmängel am Gemeinschaftseigentum wie eine von Anfang an fehlende Kellerabdichtung über § 16 Abs. 2 Satz 2 WEG nur auf Kosten davon unmittelbar Betroffener »erledigen« zu wollen (vgl. Dötsch/IMR 2023, 373).

Dennoch ist die Verteilungsgerechtigkeit zu berücksichtigen. Nach einer Entscheidung des AG Potsdam (20.10.2022, 31 C 43/22) entspricht eine abweichende Kostenverteilung bei einem Sanierungsstau nicht mehr ordnungsmäßiger Verwaltung, wenn ein Eigentümer aufgrund der abweichenden Kostenverteilung statt bisher circa 3.150 EUR nun das Siebenfache und damit einen fünfstelligen Betrag bezahlen müsse. Insoweit kann die Verteilungsgerechtigkeit betroffen sein.

4.3.3 Kompetenzzuweisung durch Vereinbarung

Gemäß § 23 Abs. 1 WEG kann den Wohnungseigentümern eine Beschlusskompetenz auch durch eine Vereinbarung eingeräumt werden. Vielfach sehen Teilungserklärungen oder Gemeinschaftsordnungen hier sogenannte Öffnungsklauseln vor (vgl. eingehend Kapitel 5.5.5). Legt eine Öffnungsklausel sachliche Grenzen fest, kommt bei einem Beschluss, der die Grenzen dieser Öffnungsklausel überschreitet, Nichtigkeit, jedenfalls aber Anfechtbarkeit in Betracht. Ein Verstoß gegen die gesetzlichen oder vereinbarten Beschlusskompetenzen führt in der Regel zur Nichtigkeit des Beschlusses.

Die Ermittlung der fehlenden Beschlusskompetenz der Wohnungseigentümergemeinschaft erschließt sich am besten anhand von Fallgruppen, die im Folgenden beschrieben werden.

Gesetzes- oder vereinbarungsändernde Beschlüsse

Beabsichtigen Wohnungseigentümer, durch einen Beschluss vom Gesetz abzuweichen, oder wollen sie eine Vereinbarung in der Form abändern, dass diese gesetzliche oder vereinbarte Bestimmung Grundlage weiterer Angelegenheiten sein soll, ist der Beschluss nichtig (BGH, 20.9.2000, V ZB 58/99, NJW 2000, 3500).

Beispiele: Gesetzesändernde Beschlüsse durch einfachen Mehrheitsbeschluss

- Verteilung der Stimmkraft abweichend von § 25 Abs. 2 Satz 1,
- generelle Übertragung von Aufgaben auf den Beirat,
- dauerhafte Änderungen hinsichtlich Form und Frist der Einberufung von Eigentümerversammlungen und Einführung einer Ladungsfiktion.
- Ein Beschluss der Wohnungseigentümerversammlung, der die laut Teilungserklärung erlaubte gewerbliche Nutzung eines Teileigentümers einschränkt, ist als vereinbarungsändernder Beschluss mangels Beschlusskompetenz der Wohnungseigentümer nichtig (OLG Düsseldorf, 16.7.2003, 3 Wx 149/03, ZMR 2003, 861).

Anfechtbare Beschlüsse

Beschlüsse, mit denen die Wohnungseigentümer bei einer konkreten Verwaltungsentscheidung gegen das Gesetz oder eine bestehende Vereinbarung (Gemeinschaftsordnung) verstoßen, sind lediglich anfechtbar und nicht nichtig. Derartige Beschlüsse überschreiten die Grenze der Ordnungsmäßigkeit der Verwaltung und sind daher rechtswidrig. Da der Beschluss jedoch eine konkrete Verwaltungsentscheidung zum Inhalt hat, besteht Beschlusskompetenz und die Beschlüsse sind lediglich anfechtbar.

Beispiele: Gesetzes- oder vereinbarungswidrige Beschlüsse

- Beschluss über eine Sonderumlage mit einem unrichtigen Kostenverteilungsschlüssel,
- Übertragung von Entscheidungsbefugnissen auf den Beirat im Rahmen einer konkreten Sanierungsmaßnahme.

Im Gegensatz hierzu ist es nicht möglich, den einzelnen Wohnungseigentümern außerhalb der gemeinschaftlichen Kosten und Lasten Leistungspflichten aufzuerlegen. Für derartige Beschlüsse fehlt den Wohnungseigentümern die absolute Beschlusskompetenz. Diese sind daher nicht nur anfechtbar, sondern nichtig.

Beispiele: Nichtige Beschlüsse über Leistungspflichten

- Die Wohnungseigentümergemeinschaft beschließt, dass ein Wohnungseigentümer eine bauliche Veränderung beseitigen muss.
- Die Wohnungseigentümergemeinschaft beschließt, dass ein Wohnungseigentümer Schadenersatz leisten muss, obwohl er keinen Schaden verursacht hat.
- Die Wohnungseigentümergemeinschaft beschließt, dass die Wohnungseigentümer turnusmäßig das Treppenhaus reinigen müssen.

Entgegen teilweise anderslautender Rechtsprechung hat der BGH entschieden (18.6.2010, V ZR 193/09), dass aus der Kompetenz, den Gebrauch, die Verwaltung und die Instandhaltung oder Instandsetzung des gemeinschaftlichen Eigentums (Anmerkung: nach dem WEMoG nur noch einheitlich Erhaltung) durch Mehrheitsbeschluss zu regeln, nicht die Befugnis folgt, den Wohnungseigentümern außerhalb der gemeinschaftlichen Kosten und Lasten Leistungspflichten auferlegen zu können. Derartige Beschlüsse sind nichtig.

Achtung: Fristgebundene Anfechtungsklage

Um später Streit über die rechtlich teils schwierige Problematik einer Nichtigkeit zu vermeiden, sollte ein Wohnungseigentümer, dem persönliche Leistungspflichten durch Mehrheitsbeschluss auferlegt wurden, einen solchen Beschluss durch die fristgebundene Anfechtungsklage (Frist: ein Monat) bei Gericht anfechten.

Eingriff in das Sondereigentum

Den Wohnungseigentümern fehlt die Beschlusskompetenz für Regelungen zur Verwaltung des Sondereigentums. Die Verwaltung des Sondereigentums steht ausschließlich dem jeweiligen Wohnungseigentümer zu. Mangels Beschlusskompetenz sind Beschlüsse, die das Verwaltungsrecht des Sondereigentums betreffen, nichtig. Nichtig ist zum Beispiel ein Beschluss, der die Wohnungseigentümer zum Abschluss eines Mietvertrags über ihr Sondereigentum mit einem bestimmten Dritten verpflichtet.

4.3.4 Wann können Beschlüsse angefochten werden?

Sonstige Beschlussfehler, die nicht die Nichtigkeit des Beschlusses zur Folge haben, lassen die Wirksamkeit des Beschlusses unberührt. Dabei kann es sich um eine formale oder eine materielle Fehlerhaftigkeit handeln. Soll die Rechtswirkung eines derartigen Beschlusses aufgehoben werden, muss eine Anfechtungsklage erhoben werden (vgl. Kapitel 4.4).

Anders als die nichtigen Beschlüsse sind anfechtbare Beschlüsse trotz ihrer Fehlerhaftigkeit gültig. Anfechtbare Beschlüsse verlieren erst dann Ihre Gültigkeit, wenn ein Gericht den Beschluss durch rechtskräftiges Urteil für ungültig erklärt (§ 23 Abs. 4 Satz 2 WEG). Erst durch das Urteil wird der Beschluss aufgehoben.

Da die Erhebung der Anfechtungsklage die Wirksamkeit des Beschlusses noch unberührt lässt und keine aufschiebende Wirkung hat, ist der Verwalter bis zur Entscheidung des Gerichts verpflichtet, den angefochtenen Beschluss durchzuführen. Wird ein angefochtener Beschluss bereits vor der endgültigen Entscheidung des Gerichts vollzogen und obsiegt der Anfechtungskläger vor Gericht, kann der Anfechtungskläger einen Folgenbeseitigungsanspruch gegen die übrigen Wohnungseigentümer oder die Gemeinschaft geltend machen.

Formelle Fehlerhaftigkeit des Beschlusses

Ein formeller Mangel führt nicht dazu, dass der Beschluss ungültig, also nichtig wäre. Auch mehrere formelle Beschlussmängel können eine Nichtigkeit nicht herbeiführen. Beschlüsse, die an einem formellen Mangel leiden, sind daher nur anfechtbar. Anfechtungsklagen wegen formeller Beschlussmängel versprechen jedoch keinen Erfolg, wenn feststeht, dass der Beschluss bei ordnungsmäßiger Handhabung genauso gefasst worden wäre. Wurde zum Beispiel ein Wohnungseigentümer nicht geladen, muss der klagende Wohnungseigentümer ausführen, dass er aufgrund seines Abstimmungsverhaltens und des zu erwartenden Diskussionsverlaufs in der Eigentümergemeinschaft Einfluss auf die Entscheidung genommen hätte.

Beispiele: Ursachen für formale Beschlussmängel

- Ein Beschlussgegenstand wird erst in der Eigentümerversammlung benannt.
- Der Einladende verstößt gegen die Ladungsfrist von drei Wochen gemäß § 24 Abs. 4 Satz 2 WEG.
- Der Einladende lädt nicht sämtliche Stimmberechtigte.
- Die Versammlungszeit ist unangemessen, zum Beispiel in den früheren Morgenstunden.
- Der Versammlungstag ist nicht angemessen, zum Beispiel ein Feiertag.
- Bei der Beschlussfassung wurden Stimmberechtigte nicht beteiligt.
- Bei der Beschlussfassung wirkten nicht Stimmberechtigte mit.

- Ein Beschluss ist nicht bestimmt genug, aber nicht völlig unbestimmt, sodass sich noch ein Regelungsinhalt ergibt.
- Verstoß gegen den Grundsatz der Nichtöffentlichkeit bei Teilnahme fremder Dritter.
- Ein Beschluss wird unter dem Punkt »Verschiedenes/Sonstiges« gefasst.
- Das Protokoll wurde nicht ordnungsmäßig unterzeichnet, obwohl die Gemeinschaftsordnung dies vorschreibt.

Materielle Fehler
Ein materieller Beschlussmangel liegt vor, wenn der Beschluss nicht einer ordnungsmäßigen Verwaltung und Benutzung entspricht (§ 19 Abs. 1 WEG).

> Zur ordnungsmäßigen Verwaltung und Benutzung gehören gemäß § 19 Abs. 2 WEG insbesondere
> 1. die Aufstellung einer Hausordnung,
> 2. die ordnungsmäßige Erhaltung des gemeinschaftlichen Eigentums,
> 3. die angemessene Versicherung des gemeinschaftlichen Eigentums zum Neuwert sowie der Wohnungseigentümer gegen Haus- und Grundbesitzerhaftpflicht,
> 4. die Ansammlung einer angemessenen Erhaltungsrücklage,
> 5. die Festsetzung von Vorschüssen nach § 28 Absatz 1 Satz 1 sowie
> 6. die Bestellung eines zertifizierten Verwalters nach § 26a, es sei denn, es bestehen weniger als neun Sondereigentumsrechte, ein Wohnungseigentümer wurde zum Verwalter bestellt und weniger als ein Drittel der Wohnungseigentümer (§ 25 Absatz 2) verlangt die Bestellung eines zertifizierten Verwalters (vgl. § 19 Abs. 2 Nr. 6 WEG).

Auch ist ein Beschluss materiell fehlerhaft, wenn er gegen ein Gesetz oder eine Vereinbarung verstößt. Der Beschluss kann darüber hinaus an einem Ermessensfehler leiden, zum Beispiel bei der Durchführung von Erhaltungsmaßnahmen größeren Umfangs. In derartigen Fällen müssen die Wohnungseigentümer vorab umfassend über die Sanierungsmaßnahme und deren Kosten informiert werden, damit sie das ihnen eingeräumte Ermessen ordnungsmäßig ausüben können. Die Eigentümer müssen bei der Beschlussfassung über eine ausreichende Entscheidungsgrundlage verfügen. Bei Erhaltungsmaßnahmen größeren Umfangs ist daher regelmäßig die Einholung mehrerer Kostenangebote, möglichst drei an der Zahl, erforderlich. Damit sich die Eigentümer auf die Beschlussfassung entsprechend vorbereiten können, ist es darüber hinaus nach neuerer BGH-Rechtsprechung (BGH, 24.1.2020, V ZR 110/19) notwendig, dass den Wohnungseigentümern die Angebote grundsätzlich innerhalb der Einladungsfrist des §§ 24 Abs. 4 WEG vorliegen. Es reicht also nicht aus, dass die Angebote erst in der Eigentümerversammlung erläutert oder zugänglich gemacht werden. In der Regel müssen diese den Eigentümern vom Verwalter mindestens drei Wochen vor der Versammlung überlassen werden.

Die Entscheidung des BGH betraf die Neubestellung eines Hausverwalters. Nach ihr sind den Wohnungseigentümern bereits mit der Einladung zur Eigentümerversammlung die Informationen zur Verfügung zu stellen, um ihnen eine inhaltliche Befassung mit dem Beschlussgegenstand und eine ausreichende Vorbereitung auf die Eigentümerversammlung zu ermöglichen. Der BGH führt in der Entscheidung weiter aus, dass dies ebenso bei der Beschlussfassung über die Jahresabrechnung (jetzt Abrechnungsspitze) und den Wirtschaftsplan (jetzt Vorschüsse) oder über eine namhafte Sonderumlage für umfangreiche Sanierungsmaßnahmen der Fall sein kann. Bei derartigen wesentlichen Entscheidungen muss der Verwalter dafür sorgen, dass die Eigentümer über eine ausreichende Entscheidungsgrundlage verfügen. Was für eine ausreichende Entscheidungsgrundlage notwendig ist, ist umstritten. Insbesondere ist derzeit die Situation auf dem Bausektor so, dass Handwerksfirmen teilweise keine Angebote abgeben können/wollen, da dies einen erheblichen Zeitraum in Anspruch nimmt. Im Übrigen wissen viele Handwerker, dass ihr Angebot nur benötigt wird, um ausreichend Vergleichsangebote zur Verfügung zu haben, und damit nicht zwingend eine Beauftragung des Handwerkers einhergeht. Wenn der Verwalter im Prozess nachweisen kann, dass er hinreichend versucht hat, Vergleichsangebote zu erhalten, jedoch beispielsweise nur zwei bei ihm ankamen, kann eine zulässige Abweichung von der Rechtsprechung, wonach drei Vergleichsangebote vorliegen müssen, angenommen werden. Grundsatz ist jedoch, dass drei Vergleichsangebote vorliegen müssen, damit die Eigentümer ihr Ermessen bei Sanierungsmaßnahmen ausreichend ausüben können. Es besteht keine generelle Pflicht des Verwalters zur Übersendung von Vergleichsangeboten an sämtliche Wohnungseigentümer. Es genügt beispielsweise, dass der Verwalter einen Preisspiegel an die Wohnungseigentümer im Vorfeld der Eigentümerversammlung übersendet und die Eigentümer dadurch ausreichend Gelegenheit hatten, sich weitergehend zu informieren (LG München I, 6.10.2014, 1 S 21342/13 WEG). Liegt im Einzelfall keine hinreichende Entscheidungsgrundlage vor, kann ein entsprechender Eigentümerbeschluss innerhalb der einmonatigen Anfechtungsfrist nach § 44 Abs. 1 WEG mit der Beschlussklage (Anfechtungsklage) innerhalb der Monatsfrist beim zuständigen Amtsgericht angegriffen werden.

Sonderproblem: Negativbeschluss

Wie in Kapitel 4.2.4 ausgeführt, hat auch ein Negativbeschluss Beschlussqualität. So entfaltet ein Negativbeschluss, bei dem der Beschlussantrag nicht die erforderliche Mehrheit gefunden hat, grundsätzlich Bindungswirkung. Die Ablehnung des Beschlussantrags lässt jedoch die Rechtslage unverändert. Obwohl der Negativbeschluss grundsätzlich keine Sperrwirkung auslöst, ist ein Rechtsschutzbedürfnis zur Erhebung einer Beschlussklage in Form der sogenannten Beschlussersetzungsklage nach § 44 Abs. 1 Satz 2 WEG zu bejahen, wenn der Anfechtungskläger einen materiellrechtlichen Anspruch auf eine positive Beschlussfassung hat. In diesen Fällen kann der Wohnungseigentümer Beschlussersetzungsklage erheben. Wenn eine notwendige Beschlussfassung unterbleibt, kann das Gericht auf diese Klage eines Wohnungseigentümers den Beschluss fassen (ersetzen).

Beispiel: Beschluss zu Fenster und Rahmen

Die Gemeinschaftsordnung einer Eigentümerversammlung weist die Pflicht zur Instandhaltung und Instandsetzung von Fenstern nebst Rahmen in den räumlichen Bereich des Sondereigentums den einzelnen Wohnungseigentümern zu. Der Außenanstrich ist aber ausgenommen. Nun beantragt ein Eigentümer wegen des irreparablen Zustands seiner Fenster im Rahmen der Eigentümerversammlung, dass die Fenster vollständig ausgetauscht werden. Die Eigentümer lehnen dies unter Hinweis auf die Regelungen in der Gemeinschaftsordnung ab. Der Eigentümer erhebt innerhalb der einmonatigen Frist Beschlussersetzungsklage nach § 44 Abs. 1 Satz 2 WEG und beantragt, den ablehnenden Beschluss durch Gerichtsurteil zu ersetzen.

Der BGH gibt dem anfechtenden Eigentümer Recht: Nur bei einer klaren und eindeutigen Regelung in der Gemeinschaftsordnung ist ein Eigentümer verpflichtet, den vollständigen Fensteraustausch auf eigene Kosten vorzunehmen. Fenster stehen zwingend im gemeinschaftlichen Eigentum. Nachdem in der Gemeinschaftsordnung aber nur die Erneuerung des Außenanstrichs geregelt ist, nicht aber die vollständige Erneuerung der Fenster, fehlt es an einer solchen eindeutigen Regelung. Ein solcher ablehnender Mehrheitsbeschluss (Negativbeschluss) wurde daher in dritter Instanz beim BGH für ungültig erklärt. Die Eigentümer wurden verpflichtet, die vollständige Erneuerung der Fenster auf Kosten der Gemeinschaft durchzuführen (BGH, 2.3.2012, V ZR 174/11).

Wenn die notwendige Beschlussfassung unterbleibt, kann das Gericht den Beschluss »selbst« fassen. Das Urteil kann in diesem Fall zum Beispiel lauten: »Die Sanierung der Fenster der Gemeinschaft der Wohnungseigentümer, Müllerstraße 1, 80639 München ist beschlossen«. Dieser Beschluss ist ein sogenannter Grundlagenbeschluss und betrifft nur das sogenannte Ob der Maßnahme, das heißt die Fenstersanierung selbst. Über das sogenannte Wie ist in einer weiteren Eigentümerversammlung zu entscheiden. Die Eigentümer haben bei der Frage des Wie von Sanierungsmaßnahmen ein weitreichendes Ermessen.

Der Verwalter ist in einem solchen Fall gehalten, die weiteren Vorbereitungsmaßnahmen einzuleiten, zum Beispiel durch Einholung von Vergleichsangeboten. Danach muss eine Eigentümerversammlung stattfinden, bei der über die konkrete Auftragsvergabe entschieden wird.

Sonderproblem: Geschäftsordnungsbeschlüsse

Sogenannte Geschäftsordnungsbeschlüsse, die lediglich die Organisation der konkreten Eigentümerversammlung betreffen, zum Beispiel das Vorziehen eines Tagesordnungspunkts, sind nicht anfechtbar. Geschäftsordnungsbeschlüsse zeichnen sich dadurch aus, dass sie mit Ende der Versammlung gegenstandslos werden.

4.4 Die Anfechtung von Beschlüssen und Beschlussklage gemäß § 44 WEG

Will sich ein Wohnungseigentümer gegen einen Beschluss der Wohnungseigentümergemeinschaft wehren, da er der Meinung ist, dieser sei fehlerhaft, so muss zwischen folgenden Beschlussqualitäten unterschieden werden:

- Ist der Beschluss nichtig (vgl. Kapitel 4.2.4), ist er unwirksam und bedarf grundsätzlich keiner Anfechtung.
- Handelt es sich um einen Nicht- oder Scheinbeschluss, entfaltet er keine Rechtswirkung, sodass eine Anfechtung unterbleiben kann.

Da die Unterscheidung zwischen Nichtigkeit und Anfechtbarkeit sowie Nichtbeschluss und Anfechtbarkeit oftmals schwer zu treffen ist, wird bei Zweifeln über die Qualifizierung dieser Eigentümerentscheidung empfohlen, eine Anfechtungsklage zu erheben. Unterlässt der Wohnungseigentümer die Erhebung einer Anfechtungsklage und stellt sich später heraus, dass der von ihm vermeintlich für nichtig gehaltene Beschluss lediglich anfechtbar war, wird der Beschluss bestandskräftig. Er ist dann vom Verwalter und der Gemeinschaft der Wohnungseigentümer zu beachten und kann nicht mehr angegriffen werden.

Die Anfechtung eines Beschlusses kann sowohl mit formellen als auch mit materiellen Beschlussfehlern begründet werden. Leidet ein Beschluss der Wohnungseigentümer an Mängeln, können die Wohnungseigentümer die Rechtswirkung des Beschlusses entweder durch einen Zweitbeschluss, der jederzeit möglich ist, beseitigen oder – der Regelfall – durch eine gerichtliche Entscheidung, die den Beschluss für ungültig erklärt. Um eine derartige Entscheidung des Gerichts einzuholen, müssen die Wohnungseigentümer innerhalb der Anfechtungsfrist eine Klage auf Ungültigerklärung des Beschlusses erheben (Beschlussklage in Form der Anfechtungsklage, § 44 WEG).

Sonderproblem: Ergänzung der Anfechtungsklage um eine Feststellungsklage
Nach der Rechtsprechung des BGH kommt ein Beschluss der Wohnungseigentümer nicht vor Abschluss des Abstimmungsvorgangs zustande. Erst mit Feststellung und Verkündung des Abstimmungsergebnisses durch den Versammlungsleiter ist die Beschlussfassung abgeschlossen und der Inhalt des Beschlusses rechtsverbindlich. Fehler des Versammlungsleiters bei der Feststellung oder Verkündung des Beschlusses können nur mit der Anfechtungsklage beseitigt werden. Bei derartigen Anfechtungsklagen gegen die Feststellung und Verkündung eines Beschlusses muss das Gericht das zutreffende Beschlussergebnis feststellen, damit der Beschluss Geltung erhält.

In derartigen Fällen ist die Anfechtungsklage um eine Beschlussfeststellungsklage zu ergänzen.

Beispiel: Falsche Feststellung nach Abstimmung

Der Versammlungsleiter zählt die Stimmen falsch aus. Er stellt fest, dass die Mehrheit der Eigentümer gegen einen Beschlussantrag gestimmt hat. In Wirklichkeit hat die Mehrheit der Eigentümer aber für den Beschlussantrag gestimmt. In diesem Fall stellt das Gericht im Rahmen der Anfechtungsklage in Form der Feststellungsklage fest, dass der Beschluss nicht abgelehnt, sondern zustande gekommen ist.

4.4.1 Wer darf anfechten oder klagen?

Nur die Wohnungseigentümer sind zur Anfechtung von Beschlüssen berechtigt. Die Anfechtungsbefugnis zählt neben dem Stimmrecht, dem Teilnahmerecht und dem Auskunftsrecht zu den sogenannten elementaren Mitgliedschaftsrechten.

Anfechtungsberechtigte Wohnungseigentümer

Anfechtungsberechtigt ist jeder Wohnungseigentümer, der als solcher im Grundbuch eingetragen ist. Erwirbt jemand eine Eigentumswohnung im Wege der Zwangsvollstreckung, so wird er bereits mit Zuschlag Wohnungseigentümer und ist ab diesem Zeitpunkt anfechtungsberechtigt. Gleiches gilt für den Erben einer Eigentumswohnung, da dieser unmittelbar aufgrund der Vorschrift des § 1922 BGB Eigentümer der Eigentumswohnung ist.

Steht das Wohnungseigentum mehreren Personen zu, zum Beispiel beim Bruchteilseigentum, bei der Gesellschaft bürgerlichen Rechts oder einer Erbengemeinschaft, gilt Folgendes: Bei einer Bruchteilsgemeinschaft und der Erbengemeinschaft ist jeder einzelne Beteiligte allein berechtigt, eine Anfechtungsklage zu erheben. Anders bei der BGB-Gesellschaft: Hier ist der einzelne Gesellschafter grundsätzlich nicht berechtigt, einen Eigentümerbeschluss anzufechten. Etwas anderes gilt bei der BGB-Gesellschaft nur dann, wenn es sich um eine Maßnahme der Notgeschäftsführung im Sinne von § 744 Abs. 2 BGB handelt. Dies ist jedoch die Ausnahme.

Scheidet ein Wohnungseigentümer aus der Wohnungseigentümergemeinschaft aus, zum Beispiel durch Veräußerung des Wohnungseigentums, so ist er hinsichtlich der Beschlüsse, die vor seinem Ausscheiden aus der Gemeinschaft gefasst wurden, nach wie vor anfechtungsberechtigt. Maßgeblich ist die Eintragung im Grundbuch. Die Anfechtungsberechtigung entfällt demnach für den veräußernden Wohnungseigentümer für diejenigen Beschlüsse, die nach seinem Ausscheiden aus der Gemeinschaft gefasst wurden.

Beispiel: Recht zur Anfechtung bei Veräußerung

Die Eigentümergemeinschaft beschließt über die Jahresabrechnung 2023. Die Beschlussfassung erfolgt am 29.4.2024. Zu diesem Zeitpunkt hat der Wohnungseigentümer seine Wohnung bereits veräußert. Der neue Eigentümer ist im Grundbuch eingetragen. Da der neue Eigentümer zum Zeitpunkt der Beschlussfassung bereits im Grundbuch eingetragen war, ist der ehemalige Eigentümer nicht mehr berechtigt, den Beschluss über die Jahresabrechnung 2023 anzufechten – obwohl er im Jahr 2023 noch Eigentümer war und die Jahresabrechnung diesen Zeitraum betrifft.

Steht eine Eigentumswohnung unter Zwangsverwaltung oder wurde ein Insolvenzverwalter bestellt, ist der Wohnungseigentümer nicht mehr anfechtungsberechtigt. Inhaber des Stimmrechts sowie des Anfechtungsrechts sind in derartigen Fällen der Zwangsverwalter oder/und der Insolvenzverwalter. Dem Nießbrauchsberechtigten an einer Eigentumswohnung steht ebenfalls weder ein Stimmrecht noch ein Anfechtungsrecht zu.

Der Verwalter hat kein eigenes Anfechtungsrecht mehr. Zuvor konnte ein Verwalter Beschlüsse anfechten, wenn er in eigenen Rechten betroffen war, zum Beispiel durch den Beschluss über die Abberufung des Verwalters. Gemäß § 26 Abs. 3 WEG kann der Verwalter nach der neuen Vorschrift, eingeführt durch das WEMoG, nun jederzeit abberufen werden. Gemäß § 26 Abs. 3 Satz 2 WEG endet ein Verwaltervertrag spätestens sechs Monate nach Abberufung. Der Verwalter kann daher seinen Abberufungsbeschluss nicht mehr anfechten. § 44 Abs. 1 WEG sieht für die Beschlussklage insoweit nur noch vor, dass ein Wohnungseigentümer – somit eben nicht der Verwalter – eine Anfechtungsklage erheben kann.

4.4.2 Welche Frist muss eingehalten werden?

Die Anfechtungsklage ist binnen eines Monats nach der Beschlussfassung zu erheben. Bei der Anfechtungsfrist handelt es sich um eine materiell-rechtliche Ausschlussfrist, mit deren Ablauf eine Anfechtungsklage nicht mehr erfolgversprechend erhoben werden kann. Die verspätete Anfechtungsklage muss als unbegründet abgewiesen werden.

Die gesetzlich vorgeschriebene Anfechtungsfrist von einem Monat kann weder durch die Gemeinschaftsordnung noch durch eine Beschlussfassung verkürzt oder verlängert werden. Das Fristversäumnis führt kraft Gesetzes zum Wegfall der Anfechtungsbefugnis.

Fristbeginn

Die einmonatige Anfechtungsfrist beginnt mit der Beschlussfassung, das heißt am Ende der Eigentümerversammlung. Es ist ein weit verbreiteter Irrtum, dass die Anfechtungsfrist erst mit der Übersendung des Beschlussprotokolls durch den Verwalter beginnt. Die Beschlussfassung erfolgt jedoch in der Versammlung und ab diesem Zeitpunkt läuft die Klagefrist.

Beispiel: Frist für die Klage

Wenn die Versammlung am 15.3.2024 stattgefunden hat, muss die Klage spätestens am 15.4.2024 bei Gericht eingereicht werden, gleichgültig ob das Protokoll der Eigentümerversammlung schon vorliegt oder nicht. Anderenfalls wird der Beschluss bestandskräftig. Beschlussmängel können in diesem Fall grundsätzlich nicht mehr gerügt werden, es sei denn, der Eigentümerbeschluss ist nichtig (vgl. Kapitel 4.3.1).

Ist sich ein Eigentümer nicht sicher, ob und welche Beschlüsse gefasst wurden, muss er sich laut Rechtsprechung zur Einhaltung der Klagefrist von einem Monat ggf. bei Miteigentümern erkundigen, ob und welche Beschlüsse gefasst wurden. Es steht ihm außerdem frei, Einsicht in die sogenannte Beschlusssammlung nach § 24 Abs. 7 WEG zu nehmen. Der Verwalter ist hiernach verpflichtet, den wesentlichen Inhalt der in der Eigentümerversammlung verkündeten Beschlüsse mit Angabe von Ort und Datum der Versammlung in die Beschlusssammlung einzutragen. Er hat dies unverzüglich zu erledigen und mit einem Datum zu versehen. Eintragungen in die Beschlusssammlung hat der Verwalter nach Ablauf von einer Woche nach der Wohnungseigentümerversammlung vorzunehmen (LG München I, 6.2.2008, 1 T 22613/07, NJW 2008, 1823).

Tipp

Die Einsichtnahme in die Beschlusssammlung hat regelmäßig in den Geschäftsräumen des Verwalters zu erfolgen. Üblicherweise sind die Verwalter aber auch dazu bereit, die Beschlusssammlung, die heutzutage ohnehin meistens in digitalisierter Form vorliegt, per E-Mail zu übersenden.

Anhand der Beschlusssammlung kann sich der Eigentümer ein Bild davon machen, in welchem Umfang eine gerichtliche Anfechtungsklage nach § 44 WEG erhoben werden soll. Die Berechnung der einmonatigen Klagefrist richtet sich nach den §§ 186 ff. BGB.

Fristende

Die Frist endet mit dem Ablauf des Tages, der im folgenden Kalendermonat seiner Zahl nach dem Datum der Beschlussfassung entspricht. Für kurze Monate ist hier zu beachten:

- Beschlussfassung: 31.8.,
- Fristende: 30.9.

Fällt das Fristende auf einen Sonntag, einen Feiertag oder einen Sonnabend, so läuft die Frist erst mit Ende des nächsten Werktags ab. Hemmungen oder Unterbrechungen wie bei der Verjährungsfrist gibt es bei der Anfechtungsfrist nicht.

Beschluss in einer Versammlung
Wird ein Beschluss während einer Versammlung der Wohnungseigentümergemeinschaft gefasst, so beginnt die Frist mit dem Tag der Beschlussfassung.

Beschluss im schriftlichen Verfahren (Umlaufbeschluss, § 23 Abs. 3 WEG)
Bei einem Beschluss im schriftlichen Verfahren beginnt die Frist mit dem Tag, an dem das Ergebnis der schriftlichen Abstimmung festgestellt und die Mitteilung des Abstimmungsergebnisses an alle Wohnungseigentümer versendet wurde. Der Beschluss wird zu dem Zeitpunkt existent, zu dem mit seiner Kenntnisnahme durch die Wohnungseigentümer den Umständen nach gerechnet werden kann.

Der Beschluss im schriftlichen Verfahren – auch Umlaufverfahren oder Umlaufbeschluss genannt – ist bei wohnungseigentumsrechtlichen Entscheidungen die Ausnahme, da grundsätzlich die Beschlüsse in der Eigentümerversammlung gefasst werden. Ein Beschluss im Umlaufverfahren ist nur zulässig, wenn jeder Eigentümer sowohl dem Umlaufverfahren als auch dem Beschlussantrag zustimmt. Das Verfahren erfordert also eine doppelte Zustimmung und bedarf damit grundsätzlich der Einstimmigkeit. In der Praxis kommen derartige Beschlüsse insbesondere bei größeren Eigentümergemeinschaften äußerst selten vor.

Eine Erleichterung hat sich durch das WEMoG nur insoweit ergeben, als keine schriftliche Erklärung mehr erforderlich ist. Das Umlaufverfahren kann nun also per E-Mail oder sogar per SMS erfolgen, wenn der Verwalter diesen Kommunikationsweg eröffnet hat. Damit dürfte in Zukunft auch eine Zustimmung im Umlaufverfahren über eine hierfür vom Verwalter eingerichtete WhatsApp-Gruppe möglich sein. Die eigenhändige Unterschrift unter den Umlaufbeschluss ist nicht mehr erforderlich.

Durch das WEMoG wurde nun in § 23 Abs. 3 Satz 2 WEG neu eingeführt, dass die Wohnungseigentümer für einen einzelnen Gegenstand beschließen können, dass für ihn die Mehrheit der abgegebenen Stimmen genügt.

Beispiele: Umlaufbeschluss über bestimmte Einzelheiten

- Die Eigentümer wollen die Abrechnungsspitze nach § 28 WEG (Jahresabrechnung) eigentlich genehmigen. Nur eine einzelne Position ist streitig. Die Eigentümer können nun beschließen, dass die Änderung dieser Position im Umlaufverfahren beschlossen wird.
- Denkbar sind auch Beschlüsse über die Finanzierung einer Instandsetzungsmaßnahme oder darüber, dass eine solche Maßnahme dem Grunde nach beschlossen ist, der Ver-

walter aber noch drei Angebote einzuholen hat, bevor die konkrete Auftragsvergabe sodann im Umlaufverfahren beschlossen wird.

Die Zulässigkeit eines solchen Umlaufverfahrens bezieht sich genau auf den einen einzelnen Regelungsgegenstand. Es kann daher nicht generell beschlossen werden, dass künftig für eine bestimmte Art von Eigentümerbeschlüssen, etwa zum Wirtschaftsplan, stets ein Umlaufverfahren erfolgen muss. Nur wenn sich der Beschluss zur Ermöglichung des Umlaufverfahrens auf einen einzelnen Gegenstand beschränkt, ist dieses Vorgehen zulässig. Es handelt sich dabei um einen sogenannten Geschäftsordnungsbeschluss. Dieser Beschluss kann als solcher nicht angefochten werden. Anfechtbar bleibt aber der auf Basis des Geschäftsordnungsbeschlusses gefasste spätere Umlaufbeschluss.

4.4.3 Checkliste zur Anfechtung von Eigentümerbeschlüssen

DIGITALE EXTRAS

- Vorprüfung, ob ein Beschluss nichtig ist,
- Vorprüfung, ob der Wohnungseigentümergemeinschaft überhaupt Beschlusskompetenz zustand,
- Prüfung der formellen oder materiellen Beschlussmängel; Beachtung der Anfechtungsfrist,
- konkrete Antragstellung in der Klageschrift und Angaben zum Streitwert.

4.4.4 Das gerichtliche Verfahren

Bereits mit der WEG-Novelle 2007 hat der Gesetzgeber festgelegt, dass auch bei Verfahren in Wohnungseigentumssachen die Vorschriften der zivilen Prozessordnung (ZPO) Anwendung finden. Weiterhin sind die Sonderregelungen zu den Verfahrensvorschriften in §§ 43 ff. im dritten Teil des WEG für das gerichtliche Verfahren in Wohnungseigentumssachen maßgeblich.

Nach den allgemeinen Verfahrensvorschriften der Zivilprozessordnung ist Folgendes hervorzuheben:
- Das Gericht kann gemäß §§ 330 ff. ZPO durch Versäumnisurteil entscheiden.
- Die Vorschriften über die Zurückweisung bei verspätetem Vorbringen haben Geltung.
- Die strengeren Vorschriften des Beweisantritts der ZPO finden Anwendung.
- Der einstweilige Rechtsschutz wird durch die einstweilige Verfügung der §§ 935 ff. ZPO oder den Arrest gemäß §§ 916 ff. ZPO geregelt.
- Gesetzliche Einlassungs- und Ladungsfristen müssen beachtet werden.
- Die Rechtsmittel sind Berufung und Revision, sofern die Berufungsinstanz diese zugelassen hat; ferner seit 1.1.2016 die Nichtzulassungsbeschwerde zum BGH.

Beschlussklagen (§ 44 WEG)
Gemäß § 44 Abs. 1 WEG kann das Gericht auf Klage eines Wohnungseigentümers einen Beschluss für ungültig erklären (Anfechtungsklage) oder seine Nichtigkeit feststellen (Nichtigkeitsklage). Unterbleibt eine notwendige Beschlussfassung, kann das Gericht auf Klage eines Wohnungseigentümers den Beschluss fassen (Beschlussersetzungsklage). Die Anfechtungsklage ist die richtige Klageart, wenn sich ein Eigentümer gegen eine Beschlussfassung zur Wehr setzen will und die Ungültigerklärung durch das zuständige Amtsgericht erreichen will.

In der Praxis ist häufig festzustellen, dass Eigentümer versuchen, durch einfaches Schreiben an den Hausverwalter oder gar den Verwaltungsbeirat zu erreichen, dass ein von ihnen als nicht ordnungsmäßig erachteter Eigentümerbeschluss nicht ausgeführt wird. Derartige Schreiben sind rechtlich wirkungslos. Weder Beirat noch Verwalter sind befugt, Eigentümerbeschlüsse »zurückzunehmen« oder »aufzuheben«.

Die Ungültigerklärung eines Beschlusses kann nur durch Erhebung der Anfechtungsklage, die spätestens innerhalb eines Monats nach Beschlussfassung beim zuständigen Amtsgericht eingereicht werden muss, erfolgen. Wird die Anfechtungsklage nicht rechtzeitig erhoben, wird der gefasste Eigentümerbeschluss bestandskräftig und kann grundsätzlich nicht mehr angegriffen werden. Nach § 43 Abs. 1 Nr. 4 ist ausschließlich das Amtsgericht, in dessen Bezirk das betreffende Grundstück gelegen ist, für Beschlussklagen gemäß § 44 WEG zuständig.

Im Rahmen der WEG-Reform durch das WEMoG wurde eingeführt, dass sich die Beschlussklagen nicht mehr – wie früher – gegen alle übrigen Wohnungseigentümer zu richten haben, sondern die Klagen sind nun gemäß § 44 Abs. 2 Satz 1 WEG einheitlich gegen die Gemeinschaft der Wohnungseigentümer zu richten. Durch diese Gesetzesänderung entfallen viele der früher oft anzutreffenden Konstellationen: Ein Eigentümer war nach bisherigem Recht dazu gezwungen, sämtliche Miteigentümer, so zum Beispiel auch seinen ihm wohlgesonnenen Nachbarn, mit zu verklagen, was manchmal nicht nur zu unnötigen Reibungen führte, sondern auch dazu, dass der verklagte Nachbar ggf. mit Prozesskosten belastet wurde, obwohl er beispielsweise der gleichen Ansicht war wie der Kläger.

Allein die Tatsache, dass ein Eigentümer seinen Nachbarn mit verklagt hat – weil dies gesetzlich so vorgeschrieben war –, konnte erhebliche Differenzen und Unmut bei den anderen Eigentümern auslösen. Nachdem die Beschlussklagen gemäß § 44 Abs. 2 Satz 1 WEG nun gegen die durchaus als abstrakt empfundene Rechtspersönlichkeit der Gemeinschaft der Wohnungseigentümer zu führen sind, entfallen künftig derartige subjektiv empfundene Anwürfe einzelner Eigentümer. Im Übrigen ist auch die sogenannte Mehrvertretungsgebühr auf Beklagtenseite weggefallen, da die Beklagte nun die Gemeinschaft der Wohnungseigentümer ist und somit auf Beklagtenseite nur noch eine Prozesspartei vorliegt. Dadurch reduzieren sich die Rechtsanwaltskosten auf Beklagtenseite in erheblichem Umfang.

Fristen der Anfechtungsklage

Die Anfechtungsklage auf Erklärung der Ungültigkeit eines Beschlusses der Wohnungseigentümer muss innerhalb eines Monats nach der Beschlussfassung erhoben und innerhalb von zwei Monaten nach der Beschlussfassung begründet werden. Diese Fristen lassen sich nicht verlängern. Wichtig ist, dass die Frist zur Erhebung der Anfechtungsklage zu laufen beginnt, direkt nachdem die Beschlussfassung erfolgte. Dies bedeutet, dass die Klagefrist jeweils ab Beendigung der Eigentümerversammlung läuft, in der der Beschluss gefasst wurde.

Beispiel: Frist für Klage und Begründung

Die Eigentümerversammlung fand am 16.7.2024 statt. Die Klage muss zur Fristwahrung spätestens am 16.8.2024 bei Gericht eingereicht werden und innerhalb von zwei Monaten nach der Beschlussfassung begründet werden. Im Beispielsfall muss die Begründung spätestens am 16.9.2024 bei Gericht eingehen. Keine der Fristen, also weder die Klagefrist noch die Klagebegründungsfrist, kann verlängert werden.

Wie zuvor erwähnt, ist in der Praxis häufig festzustellen, dass Eigentümer davon ausgehen, dass die Klagefrist erst zu laufen beginnt, wenn sie das Protokoll der Eigentümerversammlung erhalten haben. Dies ist ein weitläufiger Irrtum. Auch wenn der Verwalter das Protokoll nach Ablauf der Klagefrist oder ggf. überhaupt nicht schickt, beginnt die Klagefrist immer mit Ende der Versammlung. Dies gilt auch dann, wenn ein Eigentümer nicht an der Eigentümerversammlung teilgenommen hat.

Ein Eigentümer, der mit dem Gedanken spielt, einen Eigentümerbeschluss bei Gericht anzufechten, muss daher dafür sorgen, dass er rechtzeitig über den Inhalt der gefassten Eigentümerbeschlüsse Kenntnis erhält. Er kann bei Eigentümern, die in der Versammlung waren, nachfragen und hat unabhängig hiervon das Recht, Einsicht in die Beschlusssammlung zu nehmen. Spätestens über diesen Weg erfährt der anfechtungswillige Eigentümer, was genau beschlossen wurde und was er ggf. bei Gericht anfechten will. Die Beschlusssammlung ist vom Verwalter regelmäßig zwei Wochen nach Durchführung der Eigentümerversammlung zu aktualisieren, die in der Versammlung gefassten Beschlüsse muss er dort eintragen. Durch Einsichtnahme kann und muss sich der Eigentümer selbst über die gefassten Eigentümerbeschlüsse informieren.

Keine aufschiebende Wirkung der Anfechtungsklage

Die Erhebung der Anfechtungsklage hat keine aufschiebende Wirkung. Der Beschluss der Wohnungseigentümergemeinschaft muss von dem Verwalter und den Wohnungseigentümern so lange beachtet und vollzogen werden, bis das Gericht den Beschluss durch Urteil für ungültig erklärt hat. Erst mit dem rechtskräftigen Urteil des Gerichts ist der Beschluss aufgehoben und unbeachtlich.

Einstweiliger Rechtsschutz?

In eilbedürftigen Fällen, die in der Praxis jedoch äußerst selten vorkommen, kann das Gericht auch im Wege der einstweiligen Verfügung angerufen werden, damit es die Durchführung des Beschlusses bis zur Beendigung des Verfahrens aufschiebt. Die Aussetzung der Vollziehung eines Beschlusses kommt aber nur ausnahmsweise und im Anschluss an eine umfassende Abwägung der Interessen des anfechtenden Eigentümers und der übrigen Wohnungseigentümer in Betracht. Im Rahmen eines solchen einstweiligen Verfügungsverfahrens ist zunächst Voraussetzung, dass eine Anfechtungsklage erhoben wurde.

Da die Anfechtungsklage grundsätzlich keine aufschiebende Wirkung hat, ist das Interesse der übrigen Wohnungseigentümer am sofortigen Vollzug des gefassten Eigentümerbeschlusses höher zu bewerten als das Interesse des anfechtenden Miteigentümers an der Aussetzung der Vollziehung (LG München I, 9.12.2013, 1 T 25152/13, ZWE 2014, 371). Ein Verfügungsgrund ist nur dann gegeben, wenn glaubhaft gemacht wird, dass dem Anfechtungskläger ein Warten auf den Ausgang des Anfechtungsprozesses, etwa wegen drohender irreparabler Schäden oder offenkundiger Rechtswidrigkeit des Beschlusses nicht zugemutet werden kann (LG München I, a. a. O.). Die Gerichte sind mit dem Erlass solcher einstweiliger Verfügungen äußerst zurückhaltend. Im Endeffekt kommen sie nur in Betracht, wenn der Beschluss ganz offenkundig rechtswidrig oder nichtig ist.

Anträge

Das Gericht ist an die Anträge der Parteien gebunden. Es darf nicht mehr zusprechen, als beantragt wurde.

Beispiele: Anträge einer Anfechtungsklage

- Der in der Eigentümerversammlung vom 25.1.2021 zu Tagesordnungspunkt 7 gefasste Beschluss über die Genehmigung des Wirtschaftsplans 2021 wird für ungültig erklärt.
- Der in der Eigentümerversammlung vom 25.1.2021 zu Tagesordnungspunkt 5 gefasste Beschluss über den Anbau eines Wintergartens, gelegen in der Sondernutzungsfläche des Wohnungseigentümers A, wird für ungültig erklärt.

Anwaltspflicht

Im Verfahren vor dem Amtsgericht in erster Instanz besteht keine Anwaltspflicht, jedoch in zweiter Instanz vor dem Landgericht als Berufungsgericht.

Kostenentscheidung

Die gerichtliche Kostenentscheidung richtet sich grundsätzlich nach dem Verhältnis des Obsiegens und Unterliegens. Wer verliert, trägt die Kosten des gesamten Rechtsstreits einschließlich der Ausgaben für den gegnerischen Rechtsanwalt. Hat die Klage nur teilweise Erfolg, werden die Kosten nach dem Verhältnis des Obsiegens und

Unterliegens gequotelt. Dies hat einschneidende Folgen: Der Eigentümer sollte vor Einreichung einer entsprechenden Klage genau prüfen, ob seine Klage in der Sache hinreichende Aussicht auf Erfolg hat. Ansonsten läuft er Gefahr, mit erheblichen Kosten – den Gerichtskosten und Rechtsanwaltskosten der Gegenseite – belastet zu werden.

Exkurs: Die Anfechtung des Beschlusses über die Genehmigung der Abrechnungsspitze

Wie bereits bei der Jahresabrechnung ausgeführt, kann der Beschluss über die Genehmigung der Abrechnungsspitze durch die Anfechtungsklage gemäß § 44 WEG angefochten werden. Hinsichtlich der Fehler, die zur Anfechtung berechtigen, wird auf die Ausführungen in Kapitel 5 verwiesen. Anfechtungsgründe sind insbesondere das Fehlen von Ausgaben oder Einnahmen, die Anwendung eines falschen Kostenverteilungsschlüssels oder unzulässige Direktbelastungen. Voraussetzung ist aber immer eine sogenannte Ergebnisrelevanz, das heißt, der Fehler in der Abrechnung muss sich auch auf das Ergebnis der Abrechnungsspitze auswirken. Dies muss der Anfechtungskläger in seiner Klage darlegen und beweisen. Fehler im zugrundeliegenden Zahlenwerk können nicht mehr als Anfechtungsgründe herangezogen werden.

Nach früherem Recht war es möglich, die Anfechtungsklage auf bestimmte Abrechnungspositionen, zum Beispiel Erhaltungsmaßnahmen, Heizung und Warmwasser, Versicherungen oder Ähnliches zu beschränken. Eine solche Beschränkung ist nach heute überwiegender Meinung nicht mehr möglich, da einheitlich nur Beschluss über die Genehmigung der Abrechnungsspitze gefasst wird und dieser Beschluss bei jedem Fehler, der sich auf die Abrechnungsspitze auswirkt, fehlerhaft ist, also insgesamt vom Gericht für ungültig erklärt werden muss. Eine Entscheidung des BGH hierzu gibt es noch nicht.

Beschlussanfechtungsklagen sind kostspielig. Grundsätzlich muss die Kosten des Rechtsstreits derjenige tragen, der den Rechtstreit verliert. Im Rahmen einer Beschlussanfechtungsklage, die erfolgreich ist, muss also die Wohnungseigentümergemeinschaft die gesamten Kosten des Rechtstreits tragen, das sind in der Regel die Kosten zweier Anwälte sowie die Gerichtskosten.

Eine Besonderheit ergibt sich durch das WEMoG 2020: Auch wenn ein Kläger vollständig obsiegt, ist er über seine Beteiligung als Eigentümer intern an den Kosten der unterlegenen Wohnungseigentümergemeinschaft in der Regel mit seinem Miteigentumsanteil zu beteiligen. Dies bedeutet also, dass er selbst dann, wenn er vollständig gewinnt, einen Teil der Prozesskosten bezahlen muss. Auch dies sollte bei Erhebung einer Klage berücksichtigt werden. Eine andere Auffassung vertritt derzeit das LG Rostock (16.6.2023, 1 S 109/22, ZWE 2023, 369): Hiernach ist der anfechtende Kläger der voll gewonnen hat, nicht zwingend an den Kosten des Rechtstreits über seinen

Miteigentumsanteil zu beteiligen. Das LG Rostock ließ die Revision zu. Der BGH hat hierüber noch nicht entschieden.

Rechtsschutzbedürfnis

Jeder Wohnungseigentümer hat grundsätzlich das Recht, gegen eine Beschlussfassung die Anfechtungsklage zu erheben, und zwar in der Regel sogar dann, wenn er in der Eigentümerversammlung noch selbst für den Beschluss gestimmt hat. Die Anfechtungsklage dient nämlich dem Schutz sämtlicher Wohnungseigentümer zur Einhaltung der ordnungsmäßigen Verwaltung.

Lehnt die Mehrheit in der Eigentümerversammlung einen Beschlussantrag ab, handelt es sich um einen »Negativbeschluss«. Ein Negativbeschluss entfaltet regelmäßig keine Sperrwirkung für die Zukunft, das heißt, die Eigentümergemeinschaft kann erneut über denselben Gegenstand beschließen. Deshalb kann es hier in Einzelfällen an einem Rechtsschutzbedürfnis zur Anfechtung eines Negativbeschlusses fehlen, wenn die Eigentümer durch die Ablehnung des Beschlusses in ihren Rechten nicht beeinträchtigt werden. Die Anfechtung eines Negativbeschlusses ist zum Beispiel möglich, wenn der Verwalter in der Eigentümerversammlung ein ablehnendes Beschlussergebnis feststellt, obwohl der Beschluss in Wirklichkeit angenommen wurde.

Beispiel: Verwalter kommt zu falschem Ergebnis

Der Verwalter geht von einem Stimmrechtsverbot aus, berücksichtigt zu Unrecht verschiedene Ja-Stimmen nicht und stellt deshalb als Ergebnis fest, dass der Antrag auf Abwahl des Hausverwalters abgelehnt wird. In Wirklichkeit wäre bei Berücksichtigung der Ja-Stimmen der Verwalter mehrheitlich abgewählt worden. In diesem Fall kann der Eigentümer seinen Antrag auf Beschlussanfechtung (des Negativbeschlusses) mit dem Antrag verbinden festzustellen, dass der Beschluss auf Abwahl des Verwalters in Wirklichkeit zustande gekommen ist (BGH, 19.9.2002, V ZB 30/02=NJW 2002, 3704).

Beschlussersetzungsklage

Der Begriff der Beschlussersetzungsklage wurde erst mit der WEG-Reform 2020 ausdrücklich in § 44 Abs. 1 Satz 2 WEG aufgenommen. Das Gericht kann im Rahmen dieser Klageart einen Eigentümerbeschluss, der notwendig ist, aber von den Eigentümern nicht gefasst wurde, »ersetzen«. Voraussetzung dafür ist, dass der Eigentümer einen Antrag auf entsprechende Beschlussfassung in der Eigentümerversammlung stellt. Ohne eine solche Vorbefassung kann ein Gericht einen Beschluss nicht »ersetzen«. Zudem ist Voraussetzung, dass die Wohnungseigentümer über eine entsprechende Beschlusskompetenz verfügen.

Liegt eine Beschlusskompetenz vor, muss das Gericht im Rahmen der Beschlussersetzungsklage weiterhin das Ermessen der Wohnungseigentümer berücksichtigen. Wenn es auf null reduziert ist, kann das Gericht die Beschlussfassung ersetzen. Das ist zum

Beispiel möglich, wenn die Eigentümer eine gebotene Erhaltungsmaßnahme ablehnen, etwa wenn das Dach sanierungsbedürftig ist und es hineinregnet. Das Gericht kann in diesem Fall den notwendigen Beschluss der Wohnungseigentümer ersetzen, etwa durch folgende Urteilsformel: »Die Sanierung des Daches der Wohnungseigentümergemeinschaft Sonnenstraße 1, München ist beschlossen«.

Weitergehendes kann das Gericht im Beispielsfall aber nicht entscheiden. Hierzu sind wiederum im Ermessen der Wohnungseigentümer stehende Einzelmaßnahmen möglich, deren Durchführung vorbereitet werden muss. Im Fall der Dachsanierung hat der Verwalter, nachdem der Grundlagenbeschluss über die Durchführung der Erhaltungsmaßnahme durch das Gericht »ersetzt« wurde, entweder Kostenangebote einzuholen. Oder es muss, sofern dies notwendig ist, ein weiterer Beschluss gefasst werden, zum Beispiel über die Beauftragung eines Ingenieurbüros zur Feststellung der konkreten Maßnahme und Ausschreibung. Nachdem die Wohnungseigentümer im Rahmen von Erhaltungsmaßnahmen einen weitreichenden Ermessens- und Beurteilungsspielraum haben, kann das Gericht ihnen diese weitergehenden Entscheidungen nicht einfach abnehmen und eine Entscheidung aufoktroyieren. Erst wenn die Eigentümer über eine ausreichende Entscheidungsgrundlage verfügen, etwa bei Vorliegen mehrerer Sanierungsangebote, sind diese dazu berufen, erneut über die konkrete Durchführung der Sanierungsmaßnahme, das sogenannte Wie, zu entscheiden.

Wenn sich die Eigentümer im Rahmen dieser Entscheidung aber erneut als resistent erweisen und die Auftragsvergabe zur Dachsanierung ablehnen, kommt eine erneute Beschlussersetzungsklage dann in Betracht, wenn drei Vergleichsangebote vorliegen. Das Gericht kann in solchen Fällen auch den Beschluss über die Auftragsvergabe ersetzen.

Nachdem die Beschlussersetzungsklage dazu führt, dass das Gericht einen notwendigen Eigentümerbeschluss anstelle der eigentlich zur Entscheidung berufenen Eigentümer »ersetzt«, gelten alle weiteren bei Beschlussfassungen üblichen Grundsätze fort. Insbesondere ist der Verwalter dazu berufen, den ersetzten Beschluss auszuführen und zu vollziehen. Wird wie im Beispielsfall sogar die Auftragsvergabe im Rahmen der Beschlussersetzungsklage durch das Gericht angeordnet, muss der Verwalter den Auftrag erteilen. Möglich ist aber weiterhin, dass die Eigentümer trotz eines rechtskräftigen Ersetzungsurteils einen Zweitbeschluss fassen, zum Beispiel darüber, eine andere Firma mit der Dachsanierung zu beauftragen.

Klage auf Feststellung der Nichtigkeit eines Beschlusses (Nichtigkeitsklage, § 44 Abs. 1 Satz 1 Alt. 2 WEG)

Ein Beschluss, der gegen eine Rechtsvorschrift verstößt, auf deren Einhaltung nicht verzichtet werden kann, ist nichtig (§ 23 Abs. 4 WEG). So können konstruktive Teile des Gebäudes, die für dessen Bestand oder Sicherheit erforderlich sind, nicht Gegenstand des Sondereigentums sein (§ 5 Abs. 2 WEG). Deshalb ist zum Beispiel das Dach eines Gebäudes zwingend Gemeinschaftseigentum. Ein Beschluss, der das Dach oder Teile des Daches dem Sondereigentum zuordnet, ist nichtig.

Jeder einzelne Eigentümer kann die Feststellung der Nichtigkeit derartiger Beschlüsse durch das Wohnungseigentumsgericht beantragen. Der Antrag auf Feststellung der Nichtigkeit ist – im Gegensatz zur Anfechtungsklage – nicht fristgebunden.

4.4.5 Die Kostenlast des Verwalters

Nach früherem Recht konnten dem Verwalter Prozesskosten auferlegt werden, soweit die Tätigkeit des Gerichts durch ihn veranlasst wurde und ihn ein grobes Verschulden traf, selbst wenn er nicht Partei des Rechtsstreits ist (§ 49 Abs. 2 WEG a. F.). Diese Vorschrift wurde durch das WEMoG gestrichen. Auch in der Vergangenheit haben die Gerichte eher selten von der Befugnis, dem Verwalter Prozesskosten aufzuerlegen, Gebrauch gemacht. Dies bedeutet aber nicht, dass der Verwalter davor geschützt ist, Prozesskosten tragen zu müssen. Er haftet auch nach allgemeinen Grundsätzen für Pflichtverletzungen aus seinem Verwaltervertrag. Die Gemeinschaft der Wohnungseigentümer kann entsprechende Kosten als Schadenersatzanspruch gegen den Verwalter weiterhin geltend machen.

Beispiele: Wann muss der Verwalter Prozesskosten übernehmen?

- Der Verwalter lädt zur Meidung eines bestimmten Abstimmungsergebnisses einzelne Eigentümer bewusst nicht zur Versammlung ein.
- Der Verwalter wendet bewusst in der Jahresabrechnung und in Unkenntnis der Wohnungseigentümer einen falschen Kostenverteilungsschlüssel an.

Voraussetzung für die Kostenlast des Verwalters ist lediglich das Vorliegen von Verschulden, das heißt Vorsatz oder Fahrlässigkeit.

Streitwert

Nach § 49 des GKG ist der Streitwert auf das Interesse aller Wohnungseigentümer an der Entscheidung festzusetzen. Er darf den siebeneinhalbfachen Wert des Interesses des Klägers und der auf seiner Seite Beigetretenen nicht übersteigen. Mit dem WEMoG wurde dieser Wert vom Fünffachen auf das Siebeneinhalbfache angehoben, dies als Ausgleich für den Wegfall der sogenannten Mehrvertretungsgebühr, da sich auf Beklagtenseite nur noch eine Partei findet, nämlich die Gemeinschaft der Wohnungseigentümer. Bisher waren sämtliche Wohnungseigentümer mit Ausnahme des Klägers Beklagte.

Durch § 49 GKG ist der Streitwert schließlich dahingehend begrenzt, dass er in keinem Fall den Verkehrswert des Wohnungseigentums des Klägers überschreiten darf. Die Begrenzung des Streitwerts trägt dem sogenannten Justizgewährungsanspruch Rechnung, damit die Eigentümer nicht durch übermäßige Rechtsverfolgungskosten von ihrem Recht auf Klageerhebung abgehalten werden.

Berufung/Revision

Gegen die erstinstanzliche Entscheidung der Amtsgerichte ist das Rechtsmittel der Berufung zulässig, wenn der Wert des Beschwerdegegenstands 600 EUR übersteigt oder das Amtsgericht die Berufung im Urteil wegen grundsätzlicher Bedeutung, zur Fortbildung des Rechts oder zur Sicherung einer einheitlichen Rechtsprechung zugelassen hat. Zuständig ist das Landgericht für den Bezirk des Oberlandesgerichts, in dem das Amtsgericht seinen Sitz hat.

Im Berufungsverfahren vor den Landgerichten herrscht Anwaltszwang. Die Berufungsschrift muss innerhalb eines Monats nach Zustellung des vollständigen Urteils am Landgericht durch einen Rechtsanwalt eingereicht werden. Die Berufung ist innerhalb von zwei Monaten ab der Zustellung des amtsgerichtlichen Urteils zu begründen.

Beispiel: Fristen im Berufungsverfahren

Das Urteil des Amtsgerichts wird am 4.9.2024 zugestellt. Die Frist zur Einlegung der Berufung läuft am 4.10.2024 um 24.00 Uhr ab und die zur Begründung der Berufung am 4.11.2024 um 24.00 Uhr.

Gegen die in der Berufungsinstanz erlassenen Endurteile gibt es als weiteres Rechtsmittel die Revision. Sie ist dann möglich, wenn das Berufungsgericht sie in seinem Urteil zugelassen hat (§ 543 Abs. 1 Nr. 1 ZPO). Die Frist für das Einlegen der Revision (Revisionsfrist) beträgt einen Monat. Sie ist eine Notfrist und beginnt mit der Zustellung des in vollständiger Form abgefassten Berufungsurteils, spätestens aber mit Ablauf von fünf Monaten nach der Verkündung (§ 548 ZPO). Der Revisionskläger muss die Revision begründen. Die Frist hierfür beträgt zwei Monate, sie beginnt mit der Zustellung des in vollständiger Form abgefassten Urteils, spätestens aber mit Ablauf von fünf Monaten nach der Verkündung (§ 551 Abs. 1, 2 ZPO). Die Revision muss vor dem BGH geführt werden, die Parteien müssen sich also durch einen beim BGH zugelassenen Rechtsanwalt vertreten lassen (§ 78 Abs. 1 Satz 3 ZPO).

Lässt das Berufungsgericht die Revision gegen seine Entscheidung nicht zu, kann gegen diese ablehnende Entscheidung des Berufungsgerichts Nichtzulassungsbeschwerde vor dem BGH erhoben werden (§ 544 Abs. 1 ZPO). Die Nichtzulassungsbeschwerde ist innerhalb eines Monats nach Zustellung des in vollständiger Form abgefassten Urteils, spätestens bis zum Ablauf von sechs Monaten nach Verkündung des Urteils beim BGH einzulegen (§ 544 Abs. 3 Satz 1 ZPO).

Voraussetzung für die Zulassung der Revision über die Nichtzulassungsbeschwerde ist gemäß § 544 Abs. 2 Nr. 1 ZPO, dass der Beschwerdewert für die Revision 20.000 EUR übersteigt und das Berufungsgericht die Berufung nicht als unzulässig verworfen hat (§ 544 Abs. 2 Nr. 2 ZPO). Im Fall der erfolgreichen Nichtzulassungsbeschwerde wird das Beschwerdeverfahren als Revisionsverfahren fortgesetzt (§ 544 Abs. 8 Satz 1 ZPO).

Einstweiliger Rechtsschutz

In Fällen besonderer Dringlichkeit und bei Vorliegen eines Sicherungsinteresses kann auch in Wohnungseigentumssachen einstweiliger Rechtsschutz nach §§ 935 ff. ZPO beantragt werden. Die einstweilige Verfügung ist eine vorläufige Entscheidung des Gerichts im Eilverfahren, die der Sicherung eines nicht auf Geld gerichteten Anspruchs bis zur endgültigen Entscheidung dient.

Beispiel: Gefährdung der Statik

Ein Wohnungseigentümer nimmt Änderungen an tragenden Wänden im Inneren seiner Wohnung vor. Dadurch ist die Statik des Hauses gefährdet.

Das Gericht kann im Rahmen des Eilverfahrens durch eine einstweilige Verfügung die Baueinstellung anordnen.

Beispiel: Ankündigung einer öffentlichen Party

Ein Miteigentümer kündigt öffentlich an, im Hausflur sowie in den Kellergewölben einer Wohnungseigentumsanlage eine größere öffentliche Party durchzuführen.

Das Gericht kann ihm die Durchführung der Veranstaltung untersagen, ggf. hohe Ordnungsgelder oder Zwangshaft androhen. Die einstweilige Verfügung nach der Zivilprozessordnung kann in einem isolierten Verfahren beantragt werden, und zwar auch ohne Einleitung eines sogenannten Hauptsacheverfahrens.

Recht zur Aufnahme von Tagesordnungspunkten in die Wohnungseigentümerversammlung

Das Recht, einen bestimmten Punkt auf die Tagesordnung setzen zu lassen, steht jedem Wohnungseigentümer auch ohne Vereinbarung unter dem Aspekt der ordnungsmäßigen Verwaltung zu. Da die Eigentümerversammlung das Gremium ist, in dem die Wohnungseigentümer ihre Angelegenheiten regeln, muss im Zweifel jeder Punkt, den ein Wohnungseigentümer für wichtig erachtet und den er kurz begründet, erörtert werden (vgl. LG München I, 30.8.2011, 36 T 6199/11, ZWE 2012, 144).

Hat ein Wohnungseigentümer die Aufnahme eines Tagesordnungspunkts ausreichend vor der Eigentümerversammlung beantragt und weigert sich der Verwalter, einen bestimmten Beschlussgegenstand auf die Tagesordnung zu nehmen, so kann der Wohnungseigentümer die Gemeinschaft der Wohnungseigentümer verklagen. Dabei ist nicht der Verwalter in Anspruch zu nehmen, sondern wegen der Rechtsfähigkeit der Gemeinschaft gemäß § 9 a WEG diese selbst.

Bei eilbedürftigen Angelegenheiten kann dem Wohnungseigentümer auch ausnahmsweise die Möglichkeit zustehen, den Anspruch auf Aufnahme eines bestimmten Tagesordnungspunkts im einstweiligen Rechtsschutz durchzusetzen. Dies kommt aber nur selten und lediglich dann in Betracht, wenn die Behandlung einer bestimmten Angelegenheit so dringend ist, dass ein Eigentümer, der bei seinem Einberufungsverlangen ein ordentliches Hauptsachverfahren abwartet, unverhältnismäßig großen, gar irreparablen Schaden erleidet. Dann kann der Verwalter – im Ausnahmefall – dazu verpflichtet werden, eine außerordentliche Eigentümerversammlung einzuberufen (LG München I, 16.5.2011, 1 S 5166/11).

Anspruch auf Protokollberichtigung

Wird ein Wohnungseigentümer durch den Inhalt der Niederschrift/des Protokolls rechtswidrig beeinträchtigt oder eine rechtlich erhebliche Erklärung falsch protokolliert, hat der Wohnungseigentümer einen Anspruch auf Protokollberichtigung (zur Protokollerstellung siehe eingehend Kapitel 3).

Die Niederschrift ist von dem Vorsitzenden, einem Wohnungseigentümer und, falls ein Verwaltungsbeirat bestellt ist, von dessen Vorsitzenden oder seinem Vertreter zu unterschreiben. Der Anspruch auf Protokollberichtigung richtet sich gegen die Personen, die das Protokoll unterschrieben haben und sich weigern, es zu berichtigen.

5 Bei der Beschlussfassung zu beachten

Es gibt einige Beschlüsse, die in der Gemeinschaft der Wohnungseigentümer große Bedeutung haben. Mit dem WEMoG wurde die Struktur der Eigentümergemeinschaft geändert. Gemäß § 9b Abs. 1 WEG ist die Gemeinschaft der Wohnungseigentümer vollständig rechtsfähig. Sie wird durch den Verwalter gerichtlich und außergerichtlich vertreten. Eine Beschränkung des Umfangs der Vertretungsmacht ist Dritten gegenüber unwirksam. Im Außenverhältnis kann der Verwalter daher grundsätzlich wirksam jede Art von Vertrag abschließen, mit Ausnahme von Grundstückskauf- oder Darlehensverträgen.

Da dem Verwalter nun sehr weit reichende Befugnisse eingeräumt wurden, ist die Bestellung des Verwalters, dessen Person, Leumund und Qualifikation von grundlegender Bedeutung. Deshalb muss die Bestellung des Verwalters ausreichend und ordnungsmäßig vorbereitet werden.

5.1 Bestellung des Verwalters

Zum Verwalter kann jede natürliche Person bestellt werden, auch ein Wohnungseigentümer, ebenso eine juristische Person, zum Beispiel eine GmbH, OHG oder KG. Auch die haftungsbeschränkte Unternehmergesellschaft gemäß § 5a GmbHG kann zum Verwalter bestellt werden. Allerdings müssen sich die Eigentümer in diesem Fall ausreichende Unterlagen über die Liquidität der Verwalterkandidatin verschaffen, insbesondere auch über einen ausreichenden Versicherungsschutz (LG Frankfurt/Main, WuM 2014, 428).

5.1.1 Muss ein Verwalter zertifiziert sein?

Seit 1.8.2018 sind die Voraussetzungen zur Zulassung als Hausverwalter in § 34c Gewerbeordnung (GewO) geregelt. Ein Verwalter muss volljährig sein und über geordnete Vermögensverhältnisse verfügen. Zudem dürfen keine strafrechtlichen Verurteilungen innerhalb der letzten fünf Jahre vorliegen. Der Hausverwalter ist darüber hinaus verpflichtet, eine Berufshaftpflichtversicherung mit mindestens 500.000 EUR Einzelfalldeckung und 1.000.000 EUR Gesamtdeckung im Jahr abzuschließen. Hinzu kommt, dass Verwalter innerhalb von drei Kalenderjahren mindestens 20 Stunden Fortbildung nachweisen müssen. Die Bestellung einer GbR zum Verwalter ist nichtig (BGH, 26.1.2006, V ZB 132/05, NJW 2006, 2189).

Die Verpflichtung zur Zertifizierung ist in § 26a WEG geregelt. Danach darf sich als zertifizierter Verwalter bezeichnen, wer vor einer Industrie- und Handelskammer bei einer Prüfung nachgewiesen hat, dass er über die für die Tätigkeit als Verwalter notwendigen rechtlichen, kaufmännischen und technischen Kenntnisse verfügt.

In § 26a Abs. 2 WEG wurde das Bundesministerium der Justiz und für Verbraucherschutz ermächtigt, durch Rechtsverordnung nähere Bestimmungen über die Prüfung zum zertifizierten Verwalter zu erlassen. In der Rechtsverordnung kann Folgendes festgelegt werden:

1. nähere Bestimmungen zu Inhalt und Verfahren der Prüfung,
2. Bestimmungen über das zu erteilende Zertifikat,
3. Voraussetzungen, unter denen sich juristische Personen und Personengesellschaften als zertifizierte Verwalter bezeichnen dürfen,
4. Bestimmungen, wonach Personen aufgrund anderweitiger Qualifikationen von der Prüfung befreit sind, insbesondere weil sie die Befähigung zum Richteramt, einen Hochschulabschluss mit immobilienwirtschaftlichem Schwerpunkt, eine abgeschlossene Berufsausbildung zum Immobilienkaufmann oder zur Immobilienkauffrau oder einen vergleichbaren Berufsabschluss besitzen.

Seit 1.12.2023 kann dann jeder Eigentümer als Maßnahme der ordnungsmäßigen Verwaltung verlangen, dass ein zertifizierter Verwalter bestellt wird. Kleine Anlagen mit bis zu acht Einheiten, die durch einen Eigentümer verwaltet werden, sind von den Zertifizierungsvorschriften ausgenommen. Falls bei einer größeren Wohnungseigentümergemeinschaft kein Eigentümer die Bestellung eines zertifizierten Verwalters verlangt, kann auch weiterhin ein nicht zertifizierter Verwalter bestellt werden.

Hinweis

Für sogenannte Altverwalter gilt eine gesonderte Regelung: Verwalter, die zum 1.12.2020 bereits bestellt wurden, gelten bis zum 1.6.2024 als zertifizierte Verwalter, auch wenn sie noch keine Prüfung abgelegt haben.

Die Wohnungseigentümer sollten sich in jedem Fall vor der Bestellung eines Verwalters ein Bild von dessen Qualifikation machen. Diese Überprüfung sollten die Wohnungseigentümer sorgfältig durchführen. Bei der persönlichen Vorstellung des Verwalters in der Eigentümerversammlung empfiehlt es sich daher, besonderes Augenmerk auf dessen Berufsausbildung und dessen Berufserfahrung zu legen. Auch Nachfragen hinsichtlich der bereits verwalteten Wohnanlagen sollten erfolgen.

5.1.2 Der Grundsatz: Bestellung einer professionellen Hausverwaltung

Gemäß § 18 WEG obliegt die Verwaltung des gemeinschaftlichen Eigentums der Gemeinschaft der Wohnungseigentümer. Gemäß § 19 Abs. 2 Nr. 6 WEG gehört zur ordnungsmäßigen Verwaltung die Bestellung eines zertifizierten Verwalters nach § 26a WEG. Über die Bestellung und Abberufung des Verwalters beschließen die Wohnungseigentümer gemäß § 26 Abs. 1 WEG mehrheitlich. Auch ein Eigentümer kann zum Verwalter bestellt werden. Der Wohnungseigentümer, der zum Verwalter bestellt werden soll, bleibt dabei stimmberechtigt (BGH, 19.9.2002, V ZB 30/02, NZM 2002, 995 ff.). Die Bestellung des Verwalters kann nicht an Dritte delegiert werden, etwa den Bauträger oder den Verwaltungsbeirat. Derartige Entscheidungen sind nichtig.

Verlangt kein Eigentümer die Bestellung einer Hausverwaltung, so ist dies – regelmäßig nur in Kleinstanlagen – möglich und grundsätzlich auch zulässig. Erst dann, wenn ein Eigentümer die Bestellung eines Verwalters beansprucht, muss sie erfolgen. Ist die Gemeinschaft der Wohnungseigentümer »verwalterlos«, so sieht § 9b Abs. 1 Satz 2 WEG vor, dass sie durch die Wohnungseigentümer gemeinschaftlich nach außen vertreten wird. Dies ist umständlich. Die Praxis zeigt, dass insoweit eine entsprechende Willensbildung in der Regel nicht möglich und der bessere Weg die Bestellung eines professionellen Hausverwalters ist.

Einholung von Konkurrenzangeboten

Vor der Bestellung eines neuen Verwalters müssen in der Regel Konkurrenzangebote eingeholt werden. Nach einer Entscheidung des BGH (24.1.2020, V ZR 110/19) ist es bei der Neubestellung eines Verwalters regelmäßig geboten, den Wohnungseigentümern die Angebote der Bewerber oder jedenfalls deren Namen und die Eckdaten ihrer Angebote grundsätzlich innerhalb der Einladungsfrist (jetzt drei Wochen, § 24 Abs. 4 Satz 2 WEG) zukommen zu lassen. Es reicht nicht aus, wenn die Angebote erst in der Eigentümerversammlung vorliegen.

Wiederwahl des bisherigen Verwalters

Bei einer Wiederwahl sind solche Angebote nicht erforderlich (BGH, 1.4.2011, V ZR 96/10, NZM 2011, 515). In diesem Fall besteht auch kein Anspruch darauf, dass Bewerber in der Versammlung angehört werden (OLG München, 7.9.2007, 32 Wx 109/07, WuM 2007, 589).

Hat sich die Mehrheit für einen Verwalter entschieden, werden solche Beschlüsse öfters von der überstimmten Minderheit mit dem Argument angefochten, dies würde nicht ordnungsmäßiger Verwaltung entsprechen. Eine solche Beschlussanfechtung hat nur Aussicht auf Erfolg, wenn ein so schwerwiegender Grund gegen die Bestellung des Verwalters vorliegt, dass die Nichtabberufung nicht mehr vertretbar erscheint. Anders als bei der Abberufung ist hierbei zu berücksichtigen, dass die Mehrheit den

Verwalter in Kenntnis der Tatsachen, die gegen eine Wiederwahl sprechen könnten, gewählt hat. Die Gerichte sind daher bei der Aufhebung solcher Beschlüsse eher zurückhaltend. Ein wichtiger Grund gegen die (Wieder-)Bestellung eines Verwalters liegt vor, wenn dieser wegen eines Vermögens- oder Eigentumsdelikts verurteilt wurde, erst recht, wenn der Verwalter das Vermögensdelikt in seiner Eigenschaft als Verwalter einer anderen Wohnungseigentümergemeinschaft begangen hat (OLG Köln, 28.2.2001, 16 Wx 10/01, NZM 2002, 221).

Welches Stimmrechtsprinzip gilt?
Gemäß § 25 Abs. 2 WEG hat jeder Wohnungseigentümer eine Stimme (Kopfprinzip). Vom Kopfprinzip abweichende Stimmrechtsregelungen in der Teilungserklärung oder Gemeinschaftsordnung sind zulässig, zum Beispiel nach Höhe der Miteigentumsanteile oder nach Zahl der Wohnungen (Objektprinzip). Verfügt somit ein Wohnungseigentümer über die Majorität, kann er einen Verwalter nach seinen Wünschen durchsetzen. Ein solcher Beschluss ist nur unter der Voraussetzung des Missbrauchs der Majorität anfechtbar (BGH, 19.9.2002, V ZB 30/02, NZM 2002, 995).

Ein Wohnungseigentümer ist auch stimmberechtigt, wenn er sich selbst zum Verwalter wählen lassen will; ebenso kann ein Verwalter mit den durch Vollmacht übertragenen Stimmrechten seine Wahl betreiben. Das Stimmenübergewicht für sich allein führt noch nicht zum Stimmrechtsmissbrauch. Liegt aber ein Stimmrechtsmissbrauch vor, so sind die vom Wohnungseigentümer oder Verwalter abgegebenen Stimmen unwirksam und bei der Feststellung des Beschlussergebnisses nicht zu berücksichtigen (BGH, a. a. O.).

Inhalt des Beschlusses zur Verwalterwahl
Die Bestellung des Verwalters entspricht grundsätzlich nur dann ordnungsmäßiger Verwaltung, wenn in derselben Eigentümerversammlung, in der die Bestellung erfolgt, auch die Eckpunkte des abzuschließenden Verwaltervertrags (Laufzeit und Vergütung) in wesentlichen Umrissen geregelt werden (BGH, 27.2.2015, V ZR 114/14, NJW 2015, 1378). Hiervon kann nur unter besonderen Umständen übergangsweise abgewichen werden, zum Beispiel durch eine Übergangsregelung, um eine verwalterlose Zeit zu verhindern (BGH, 27.2.2015, V ZR 114/14, WuM 2015, 317). Die Bestellung darf sich auf höchstens fünf Jahre erstrecken. Gemäß § 26 Abs. 2 WEG ist die wiederholte Bestellung zulässig; sie bedarf eines erneuten Beschlusses der Wohnungseigentümer, der frühestens ein Jahr vor Ablauf der Bestellungszeit gefasst werden kann.

Beispiel: Beschluss über Verwalterbestellung

Ein Verwalter wurde vom 1.4.2020 bis 31.3.2025 bestellt. Ein erneuter Beschluss kann erst ab 31.3.2024 gefasst werden.

Sonderproblem: Bestellung des Erstverwalters

Bei der Wahl des Erstverwalters einer neuen Wohnungseigentümergemeinschaft kommt in der Praxis häufig Folgendes vor: Es ist grundsätzlich zulässig, bereits in der Teilungserklärung den Erstverwalter zu bestellen. Dies ermöglicht es dem teilenden Eigentümer, einen ihm wohlgesonnenen Verwalter zu bestellen. Da gemäß § 9a Abs. 1 Satz 2 WEG die Gemeinschaft der Wohnungseigentümer mit dem Anlegen der Wohnungsgrundbücher entsteht, besteht ein Bedürfnis nach Erstbestellung durch den aufteilenden Eigentümer im Rahmen der Teilungserklärung/Gemeinschaftsordnung in der Regel nicht.

Weiterhin darf die erste Bestellung nach Begründung von Wohnungseigentum aber höchstens auf drei Jahre vorgenommen werden (§ 26 Abs. 2 Satz 1 HS 2 WEG). Diese Regelung wurde eingeführt, da Bauträger oft sich selbst oder ihnen nahestehende Verwaltungsunternehmen in der Teilungserklärung zum Verwalter bestellen. Regelmäßig drohen dann Interessenkonflikte bei der Durchsetzung von Gewährleistungsansprüchen wegen Baumängeln. Baumängel verjähren gemäß § 634a Abs. 1 Nr. 2 BGB nach fünf Jahren. Durch § 26 Abs. 2 Satz 1 HS 2 WEG soll verhindert werden, dass sich aufgrund schleppender Durchsetzung der Gewährleistungsansprüche durch den Erstverwalter der Bauträger auf die Verjährung dieser Ansprüche berufen kann. Unzulässig ist es auch, in der Teilungserklärung die Verwalterbestellung einem Dritten zu übertragen.

5.1.3 Wann ist die Verwalterwahl nichtig oder anfechtbar?

Gründe für Nichtigkeit

26 Abs. 1 WEG bestimmt, dass die Wohnungseigentümer über die Bestellung und Abberufung des Verwalters mehrheitlich beschließen. Gemäß § 26 Abs. 5 WEG sind Abweichungen hiervon nicht zulässig. Beschließen die Eigentümer zum Beispiel, dass die Bestellung des Verwalters nicht mehrheitlich erfolgt, sondern mit einer qualifizierten Mehrheit, beispielsweise mehr als die Hälfte der Miteigentumsanteile, gilt: Ein derartiger Beschluss ist nichtig, da § 26 Abs. 5 WEG bestimmt, dass Abweichungen von § 26 Abs. 1 WEG nicht zulässig sind.

Ebenfalls unzulässig sind Abweichungen über die Höchstdauer der Bestellung – vorgesehen sind maximal drei Jahre für den Erstverwalter und fünf Jahre als generelle Bestelldauer für einen Verwalter. Auch die durch das WEMoG eingeführte neue Möglichkeit, den Verwalter jederzeit – auch ohne außerordentlichen Grund – abzuberufen, kann nicht eingeschränkt werden. Beschlüsse, die gegen derartige gesetzliche zwingende Vorschriften verstoßen, sind nichtig.

Anfechtbarkeit/Gründe für Anfechtungen

Der Beschluss über die Bestellung des Verwalters ist eine Angelegenheit der ordnungsmäßigen Verwaltung und damit anfechtbar. Derartige Beschlüsse sind für ungültig zu erklären, wenn ein wichtiger Grund vorliegt, der gegen die Bestellung des Verwalters spricht, zum Beispiel wenn sachliche Gründe für dessen Ungeeignetheit sprechen. Für die Anfechtung bei der Erstwahl des Verwalters sind jedoch strenge Maßstäbe für dessen Ungeeignetheit anzusetzen, da sich das Gericht nicht ohne Weiteres über die Mehrheitsentscheidung der Wohnungseigentümer hinwegsetzen kann.

Bei der Wiederwahl eines Verwalters liegen Anfechtungsgründe vor, wenn der Verwalter in den vergangenen Jahren keine zufriedenstellenden Leistungen erbracht hat, zum Beispiel:

- Er hat gravierende Defizite der Jahresabrechnungen nicht ausgeräumt (OLG Düsseldorf, 21.9.2005, 3 Wx 123/05, ZMR 2006, 144),
- bei den Jahresabrechnungen einen unrichtigen Verteilungsschlüssel angesetzt,
- sich strafbare Vermögensverfehlungen (OLG Schleswig, 30.10.2002, 2 W 149/02, NJW-RR 2003, 877) zuschulden kommen lassen und/oder
- bewusst falsch protokolliert (BayObLG, 17.9.2003, 2 Z BR 135/03, NZM 2004, 108).

5.1.4 Kann ein Notverwalter bestellt werden?

Nur in seltenen Ausnahmefällen kommt die Bestellung eines sogenannten Notverwalters in Betracht. Dies kann bei Dringlichkeit und berechtigtem Interesse des Eigentümers auch im Wege einer einstweiligen Verfügung durchgesetzt werden (BGH, 10.6.2011, V ZR 146/10, NJW 2011, 3025).

Beispiel: Antrag auf Notverwaltung

- Bereits vorhandene Schäden am Gemeinschaftseigentum drohen sich zu einem erheblichen Schaden auszuweiten, wenn keine Sanierungsmaßnahmen durchgeführt werden.
- Die Eigentümer sind heillos zerstritten und können sich nicht einigen. Ein Verwalter fehlt.

In solchen Situationen kann jeder Eigentümer die Bestellung einer Notverwaltung durch das Gericht verlangen. Zwar wurde schon im Rahmen der letzten WEG-Reform im Jahr 2007 die Notverwalterbestellung gestrichen. Deshalb können schon seitdem außenstehende Dritte die Bestellung eines Notverwalters nicht mehr verlangen. Doch sie kann von einzelnen Eigentümern – wohlgemerkt in absoluten Ausnahmefällen – gerichtlich nach § 43 Abs. 2 Nr. 1 WEG durchgesetzt werden. Ausnahmen liegen vor, wenn die Wohnungseigentümer nicht selbst in der Lage sind, im Rahmen einer Eigentümerversammlung einen Verwalter zu bestellen oder wenn durch die gerichtliche

Verwalterbestellung Schaden von einem Wohnungseigentümer oder einem Dritten abgewendet werden kann.

Die meisten Instanzgerichte lehnen die Bestellung einer Notverwaltung dennoch ab, da insoweit in das Ermessen der Wohnungseigentümer eingegriffen wird. Stattdessen kann sich ein Einzeleigentümer in diesen Fällen vom Gericht ermächtigen lassen, eine Eigentümerversammlung zum Zwecke der Bestellung einer Verwaltung einzuberufen und durchzuführen. Nach einem Beschluss des LG Stuttgart (20.6.2008, 10 T 80/08) kann die Neubestellung eines Verwalters sogar im Wege einer einstweiligen Verfügung erfolgen, wenn die Bestellungsdauer des bisherigen Verwalters endete und die Wahl eines neuen Verwalters gescheitert ist.

5.2 Wahl des Verwaltungsbeirats

Die Vorschriften über den Verwaltungsbeirat finden sich in § 29 WEG. Die Willensbildung erfolgt durch die Eigentümer in der Eigentümerversammlung. Der Verwaltungsbeirat ist neben der rechtsfähigen Gemeinschaft der Wohnungseigentümer und dem Verwalter ein drittes Organ, das durch die Wohnungseigentümer bestellt werden kann, aber nicht muss.

Im Fall der Bestellung eines Verwaltungsbeirats ist auch dieser nach Maßgabe des § 29 WEG verantwortlich. Er ist also ein Organ der Wohnungseigentümergemeinschaft. Gemäß § 29 Abs. 1 Satz 1 WEG können die Wohnungseigentümer durch Stimmenmehrheit die Bestellung eines Verwaltungsbeirats beschließen.

Bestellung

Der Verwaltungsbeirat wird durch Mehrheitsbeschluss der Wohnungseigentümer bestellt (§ 29 Abs. 1 Satz 1 WEG). Dabei ist die einfache Mehrheit der anwesenden Stimmberechtigten maßgebend. Bei der Wahl des Verwaltungsbeirats sind sowohl der zu bestellende als auch ein Verwalter, der zugleich Wohnungseigentümer ist, stimmberechtigt. Bei der Ankündigung einer Neuwahl des Verwaltungsbeirats sollten die Namen der zur Wahl stehenden Verwaltungsbeiratsmitglieder genannt werden.

Vielfach üblich ist die sogenannte Blockwahl, bei der sämtliche Verwaltungsbeiräte in einem Wahlverlauf gewählt werden. Soweit kein Wohnungseigentümer die einzelne Abstimmung einfordert, dürfte dieses Verfahren ordnungsmäßiger Verwaltung entsprechen (a.A. OLG Düsseldorf, 6.5.2004, 19 T 42/04, NZM 2004, 468).

Wählbar zum Verwaltungsbeirat ist jeder geschäftsfähige Wohnungseigentümer. Ein Verwalter kann nicht gleichzeitig Mitglied des Verwaltungsbeirats sein.

Kann ein Außenstehender Verwaltungsbeirat werden?
Nach dem gesetzlichen Leitbild des § 29 Abs. 1 Satz 2 WEG ist die Mitgliedschaft in der Wohnungseigentümergemeinschaft Voraussetzung für die Bestellung zum Verwaltungsbeirat. Deshalb kann jeder Wohnungseigentümer zum Verwaltungsbeirat bestellt werden. Verwaltungsbeiräte müssen aber nicht zwingend natürliche Personen sein. Wenn beispielsweise eine Wohnungseinheit einer juristischen Person zusteht, so kann auch der Geschäftsführer einer GmbH zum Verwaltungsbeirat bestellt werden. Für Mieter oder andere Dritte gilt dies aber grundsätzlich nicht. Andere Regelungen sind nur durch Vereinbarung zulässig. Wird ein Außenstehender bei Fehlen einer entsprechenden Vereinbarung dennoch zum Verwaltungsbeirat gewählt, ist ein derartiger Beschluss anfechtbar. Nach Ablauf der Anfechtungsfrist erlangt dieser Beschluss jedoch Bestandskraft.

Scheidet ein Wohnungseigentümer, der zum Verwaltungsbeirat bestellt wurde, aus der Eigentümergemeinschaft aus, so scheidet er gleichzeitig aus dem Verwaltungsbeirat aus (BayObLG, 5.11.1992, 2 Z BR 77/92, ZMR 1993, 127).

Zusammensetzung des Verwaltungsbeirats
Mit der letzten Reform des WEG wurde – entgegen der früheren Rechtslage – die Möglichkeit eröffnet, dass der Verwaltungsbeirat aus beliebig vielen Mitgliedern besteht. Früher musste er zwingend aus drei Mitgliedern bestehen, es sei denn, in der Teilungserklärung/Gemeinschaftsordnung war etwas anderes vereinbart. Diese gesetzliche Regelung ist entfallen. Hat der Verwaltungsbeirat mehrere Mitglieder, müssen ein Vorsitzender und ein Stellvertreter bestimmt werden (§ 29 Abs. 1 Satz 2 WEG). Gemäß § 29 Abs. 1 Satz 3 WEG wird der Verwaltungsbeirat von dem Vorsitzenden nach Bedarf einberufen.

Aufgaben und Befugnisse
Nach § 29 Abs. 2 Satz 1 WEG hat der Verwaltungsbeirat eine sogenannte Überwachungsfunktion gegenüber dem Verwalter. Diese ist zwar nicht so weitreichend wie etwa die des Aufsichtsrats einer Aktiengesellschaft – der Verwaltungsbeirat hat kein eigenständiges Weisungsrecht gegenüber dem Verwalter –, allerdings stehen ihm Kontroll- und Einsichtnahmerechte zu. Hierzu gehört auch das Einleiten der Geltendmachung von Regressansprüchen gegen den Verwalter, wenn ein einzelner Eigentümer gegenüber der Gemeinschaft Schadenersatzansprüche aufgrund von Pflichtverletzungen des Verwalters erhebt. Gemäß § 9b Abs. 2 WEG vertritt der Vorsitzende des Verwaltungsbeirats oder ein durch Beschluss dazu ermächtigter Wohnungseigentümer die Gemeinschaft der Wohnungseigentümer gegenüber dem Verwalter. Wenn also ein Einzeleigentümer gegenüber der Gemeinschaft der Wohnungseigentümer aufgrund einer Pflichtverletzung des Verwalters Schadenersatzansprüche erhebt, kann der Vorsitzende des Verwaltungsbeirats oder dessen Stellvertreter dem Verwalter im Prozess den Streit verkünden, um damit Regressansprüche gegen den Verwalter einzuleiten.

Einberufungsrecht nach § 24 WEG

Der Vorsitzende des Verwaltungsbeirats kann wie bisher Eigentümerversammlungen einberufen, wenn sich der Verwalter hierzu pflichtwidrig weigert § 24 Abs. 3 WEG.

Unterstützungsfunktion

Der Verwaltungsbeirat hat im Übrigen wie bisher die Aufgabe, den Verwalter zu unterstützen. Er ist weiterhin verpflichtet, Jahresabrechnung und Wirtschaftsplan zu prüfen. Aufgaben und Befugnisse des Verwalters kann der Verwaltungsbeirat aber nicht selbst ausüben. Er ist nur unterstützend tätig. Dies gilt insbesondere, wenn es um die Einhaltung der Hausordnung, die Vorbereitung der Tagesordnung für die Eigentümerversammlung und die Abstimmung über Reparatur- und Modernisierungsarbeiten geht – all dies muss der Verwalter erledigen. Zur Kontrolle der laufenden Verwaltungstätigkeit ist der Beirat nicht verpflichtet (BayObLG, 3.5.1972, BReg. 2 Z 7/72, NJW 1972, 1377).

Ist eine vertrauensvolle Zusammenarbeit zwischen Verwalter und Beirat nicht mehr möglich, kann darin ein wichtiger Grund für die fristlose Kündigung des Verwaltervertrags und die Abberufung des Verwalters liegen. Hierbei ist zu prüfen, wer die Zerstörung der Vertrauensbasis verursacht und verschuldet hat. War dies nicht der Verwalter, sondern der Beirat, ist den Wohnungseigentümern in der Regel die Fortsetzung des Vertragsverhältnisses bis zu einer ordentlichen Beendigung durchaus zumutbar (BayObLG, 27.11.1998, 2Z BR 150/98, NZM 1999, 283).

Gemäß § 29 Abs. 2 WEG sollen der Wirtschaftsplan, die Abrechnung über den Wirtschaftsplan, die Rechnungslegung und die Kostenvoranschläge – bevor sie die Wohnungseigentümerversammlung beschließt – vom Verwaltungsbeirat überprüft und mit dessen Stellungnahme versehen werden. Die Stellungnahme des Beirats kann mündlich oder schriftlich noch in der Versammlung abgegeben werden. Der Verwalter ist dazu verpflichtet, die entsprechenden Auskünfte zu geben, um die Ausübung dieses Prüfungsrechts zu ermöglichen. Er hat insbesondere auch Einsicht in die Unterlagen zu gewähren. Ein gerichtlich durchsetzbarer Anspruch gegenüber dem Beirat auf Erstellung eines Prüfberichts besteht nicht. Falls der Beirat seiner Prüfungspflicht nicht nachkommt, empfiehlt es sich, ihn abzuwählen. Stellt der Beirat Unregelmäßigkeiten fest, ist er zu Nachforschungen verpflichtet. Darüber hinaus hat der Vorsitzende des Beirats oder sein Vertreter die Niederschrift über die Wohnungseigentümerversammlung zu unterschreiben (§ 24 Abs. 6 Satz 2 WEG).

Die Aufgaben und Befugnisse des Beirats können sowohl erweitert als auch beschränkt werden, und zwar durch Vereinbarung, die üblicherweise in der Teilungserklärung/Gemeinschaftsordnung zu finden sind.

Wie bisher kann zum Beispiel die Genehmigung der Jahresabrechnung nicht durch Mehrheitsbeschluss dem Verwaltungsbeirat übertragen werden, ebenso wenig die Bestellung oder Abberufung des Verwalters. In einzelnen Angelegenheiten und im konkreten Einzelfall ist dies aber möglich. So ist es nun zulässig, dass die Eigentümer eine bestimmte Sanierungsmaßnahme beschließen und der Verwaltungsbeirat zur Durchführung oder Überwachung dieser ermächtigt wird. Ebenso zulässig ist ein Beschluss, der den Beirat oder andere Eigentümer beauftragt und bevollmächtigt, den in den Hauptinhalten bereits festgelegten Vertrag mit dem Verwalter abzuschließen oder eine beschlossene Kündigung gegenüber dem Verwalter auszusprechen.

Ob die allgemeine Übertragung des Abschlusses eines Verwaltervertrags auf den Verwaltungsbeirat ohne weitere Vorgaben ordnungsmäßiger Verwaltung entspricht, ist zweifelhaft (vgl. OLG Köln, 20.9.2002, 16 Wx 135/02, NZM 2002, 1002). Wird ein derartiger Beschluss nicht angefochten, ist ein auf seiner Grundlage abgeschlossener Verwaltervertrag gleichwohl wirksam. Der Vertreter, also der Beirat, bleibt jedoch beim Abschluss des Vertrags an die Grundsätze ordnungsmäßiger Verwaltung gebunden. Bei einem Verstoß hiergegen überschreitet er seine Vertretungsmacht (siehe Kapitel 4.2.7). Zur Vermeidung von Haftungsansprüchen gegen den Beirat als vollmachtslosen Vertreter (§ 179 Abs. 2 BGB) liegt es daher auch im Interesse des Beirats, dass die Wohnungseigentümer über die Eckdaten des Vertrags beschließen.

Haftung des Verwaltungsbeirats

Die Tätigkeit des Verwaltungsbeirats ist haftungsträchtig. Zwischen Wohnungseigentümern und Beirat besteht ein Auftragsverhältnis im Sinne des § 662 BGB. Sind die Mitglieder des Verwaltungsbeirats allerdings unentgeltlich tätig, haben sie nur Vorsatz und grobe Fahrlässigkeit zu vertreten (§ 29 Abs. 3 WEG). Diese Regelung wurde unter anderem in das Gesetz aufgenommen, weil die Tätigkeit als Verwaltungsbeirat regelmäßig ehrenamtlich und durch Laien erfolgt. Nur durch eine solche Haftungsprivilegierung ist im Ergebnis sicherzustellen, dass sich weiterhin Eigentümer finden, die das Amt des Verwaltungsbeirats übernehmen.

Hinweis

Bei der Übernahme von Zusatzaufgaben, zum Beispiel die Überwachung größerer Modernisierungsarbeiten, sollte der Beirat darauf bestehen, dass auf Kosten der Wohnungseigentümergemeinschaft eine Vermögensschadenhaftpflichtversicherung abgeschlossen wird.

Ebenso wenig wie der Verwalter hat der Verwaltungsbeirat einen Anspruch auf Entlastung. Ein Mitglied, das sich für den Beirat bewirbt, sollte daher darauf achten, dass bei der Bestellung auch beschlossen wird, dass der Beirat einen Anspruch auf Entlastung hat, sofern die Voraussetzungen hierfür gegeben sind (Müller, Rn. 1140). Bei Abstimmung über die Entlastung ist der Beirat nicht stimmberechtigt, auch nicht durch ihm erteilte Vollmachten (OLG Zweibrücken, 11.3.2002, 3 W 184/01, NZM 2002, 345).

Ein Entlastungsbeschluss entspricht nicht ordnungsmäßiger Verwaltung, wenn Haftungsansprüche gegen die Mitglieder des Beirats im Zusammenhang mit der Prüfung von Jahresabrechnungen/Wirtschaftsplan möglich erscheinen. Dies ist zum Beispiel der Fall, wenn der Verwaltungsbeirat bei der Prüfung der Jahresabrechnung auf die Kontrolle der Kontenbelege verzichtet (OLG Düsseldorf, 24.9.1997, 3 Wx 221/97, ZMR 1998, 104) oder wenn die vom Beirat geprüfte Abrechnung fehlerhaft ist und geändert werden muss (BGH, 4.12.2009, V ZR 44/09, NZM 2010, 243).

Laufzeit und Organisation des Verwaltungsbeirats

Da gesetzliche Regelungen zu Laufzeit und Organisation des Verwaltungsbeirats fehlen, ist dringend zu empfehlen, dass die Wohnungseigentümer selbst weitere Einzelheiten hierzu regeln, zum Beispiel:

- Dauer der Amtszeit,
- Nachrücken von Ersatzmitgliedern,
- Vergütung oder Aufwendungsersatz für die Beiratsmitglieder,
- Geschäftsordnung des Verwaltungsbeirats.

Trifft die Wohnungseigentümergemeinschaft bei der Bestellung des Verwaltungsbeirats keine weiteren Bestimmungen, so ist der Verwaltungsbeirat selbst berechtigt, sich eine Geschäftsordnung zu geben und seinen Vorsitzenden zu wählen (vgl. hier vor allem Armbrüster, ZWE 2001, 463 ff.).

5.3 Wirtschaftsplan, Jahresabrechnung und Vermögensbericht – das Abrechnungswesen

Im Rahmen der Reform im Jahr 2020 wurden auch die Vorschriften über den Wirtschaftsplan durch das WEMoG vollständig geändert. Der Gesetzgeber verfolgt damit erklärtermaßen drei Ziele, nämlich:

- klare Fassung der Vorschriften, sodass die wesentlichen Inhalte von Wirtschaftsplan und Jahresabrechnung dem Wortlaut des Gesetzes entnommen werden können,
- weniger Streitigkeiten über Wirtschaftsplan und Jahresabrechnung, denn Anfechtungsklagen werden in der Regel nur noch erfolgreich sein, wenn sich fehlerhafte Teile von Wirtschaftsplan oder Jahresabrechnung auf die Zahlungsverpflichtung des Eigentümers auswirken,
- Stärkung der Kenntnis der Wohnungseigentümer über die wirtschaftliche Lage der Gemeinschaft durch den neu geschaffenen Vermögensbericht.

Die Vorschriften über Wirtschaftsplan und Jahresabrechnung, mithin über das neue Rechnungswesen der Gemeinschaft der Wohnungseigentümer, sind in § 28 WEG geregelt. § 28 Abs. 1 WEG betrifft den Wirtschaftsplan, § 28 Abs. 2 WEG die Jahresabrechnung. Die Vorschriften sind regelungstechnisch parallel aufgebaut. Satz 1 regelt jeweils den Beschlussgegenstand und ergänzt ihn auf die Zahlungspflicht. Satz 2 schreibt vor, welche Informationen den Wohnungseigentümern im Rahmen der Beschlussvorbereitung zur Verfügung gestellt werden müssen.

Durch dieses System wird klar zwischen Beschlussgegenstand (jeweils Satz 1) und Beschlussvorbereitung (jeweils Satz 2) unterschieden. Dadurch zeigt sich deutlich, dass nicht jeder Fehler in der Beschlussvorbereitung den Beschluss selbst fehlerhaft macht (BT-Drucks. 18791, S. 77).

Die Beschlussfassung über den Wirtschaftsplan ist im § 28 Abs. 1 Satz 1 WEG geregelt. Gegenstand des Beschlusses sind die Zahlungsverpflichtungen der Wohnungseigentümer zur Kostentragung und zu den Rücklagen (Vorschüsse). Das zugrunde liegende Rechenwerk ist, wie bei der Jahresabrechnung, nicht mehr Beschlussgegenstand.

5.3.1 Der Wirtschaftsplan

Jeder Wohnungseigentümer muss seinen Beitrag zu den Kosten und Lasten des gemeinschaftlichen Eigentums leisten Dies erfolgt in der Regel durch monatliche Zahlungen sogenannter Vorschüsse. Die Verpflichtung der Wohnungseigentümer zur Zahlung dieser Vorschüsse sowie deren Fälligkeit wird im Beschluss über die Genehmigung des Wirtschaftsplans festgelegt.

Der Wirtschaftsplan beruht auf Prognosen. In ihm werden alle Einnahmen und alle Ausgaben, insbesondere Betriebs-, Verwaltungs- und Erhaltungskosten, prognostizierte Kostenerhöhungen, bereits feststehende Zusatzkosten (zum Beispiel Rechtsverfolgungskosten), bereits feststehende Wohngeldausfälle und anderes mehr im Wege der Schätzung ermittelt und eingestellt. Voraussetzung für die Verpflichtung der Wohnungseigentümer, Vorschüsse zu leisten, ist ein Genehmigungsbeschluss über den Wirtschaftsplan. Die Beschlussfassung erfolgt, wie bisher, mehrheitlich. Weiterhin enthält der Wirtschaftsplan einen Gesamtwirtschaftsplan und einen Einzelwirtschaftsplan.

Gesamtwirtschaftsplan
Der Gesamtwirtschaftsplan hat sämtliche Einnahmen und Ausgaben, die bei der Verwaltung des gemeinschaftlichen Eigentums in der Wohnanlage anfallen, zu enthalten. Diese müssen in übersichtlicher und nachvollziehbarer Art und Weise nach jeweiliger Kostenposition und Höhe aufgeführt werden. Der Wirtschaftsplan ist eine Prognoseentscheidung. Die einzelnen Kostenpositionen sind vom Verwalter zu schätzen, ebenso die Einnahmen. Dem Verwalter steht hierzu ein Ermessen zur Verfügung. Jedoch müssen die in Ansatz gebrachten Kostenpositionen auch angemessen berücksichtigt

werden. Ein Wirtschaftsplan kann selbst unter Berücksichtigung des Ermessens fehlerhaft sein, wenn er zu wesentlich überhöhten Belastungen führt.

Einzelwirtschaftsplan

Der Einzelwirtschaftsplan enthält für jede Wohnung oder Teileigentumseinheit, somit objektbezogen, eine konkrete Berechnung der vom Eigentümer zu leistenden Vorschüsse. Es werden die jeweiligen Kostenpositionen dargestellt und die gültigen Verteilerschlüssel berücksichtigt. Der Einzelwirtschaftsplan gehört auch weiterhin zu den unverzichtbaren Bestandteilen des Wirtschaftsplans, da durch ihn die monatliche Zahlungsverpflichtung des jeweiligen Eigentümers (Vorschuss) verbindlich festgelegt wird. Ein Einzelwirtschaftsplan ist daher Voraussetzung für die Fälligkeit der monatlichen Hausgelder. Fehlt der Einzelwirtschaftsplan, ist die Genehmigung des Wirtschaftsplans auf Antrag für ungültig zu erklären (BGH, 2.6.2005, V ZB 32/05, NZM 2005, 543 = NJW 2005, 2061; BayObLG, 29.12.2004, 2Z BR 112/04, BayObLGZ 2004, 374).

Individueller Anspruch der Eigentümer auf Aufstellung eines Wirtschaftsplans

Jeder Eigentümer hat einen Anspruch auf Aufstellung eines Wirtschaftsplans, damit die Wohnungseigentümergemeinschaft jeweils über eine ausreichende Finanzausstattung verfügt. Diesen Anspruch hat die Gemeinschaft der Wohnungseigentümer durch ihr Organ, den Verwalter, zu erfüllen. Gemäß § 19 Abs. 2 Nr. 5 WEG gehört es zur ordnungsmäßigen Verwaltung, Vorschüsse nach § 28 Abs. 1 Satz 1 WEG festzusetzen, also über einen Wirtschaftsplan zu beschließen. Der Eigentümer, der die Aufstellung eines Wirtschaftsplans begehrt, muss zunächst einen entsprechenden Antrag in der Eigentümerversammlung stellen. Weigern sich einzelne Eigentümer, bei der Aufstellung des Wirtschaftsplans mitzuwirken, und lehnen den Antrag ab, kann der Eigentümer hiergegen mit der Beschlussersetzungsklage vorgehen. Darüber hinaus kann dies eine Pflichtverletzung darstellen, die zur Schadenersatzverpflichtung führen kann. Wenn der Verwalter feststellt, dass die finanziellen Mittel der Wohnungseigentümergemeinschaft nicht (mehr) ausreichen, muss er im Rahmen pflichtgemäßen Verhaltens eine – ggf. außerordentliche – Eigentümerversammlung einberufen und einen Beschluss der Eigentümer über die Bereitstellung ausreichender finanzieller Mittel herbeiführen, etwa durch Wirtschaftsplan, Sonderumlagen oder Aufnahme von Krediten.

Finanzbeschaffung über Darlehensaufnahme – der Ausnahmefall

Entschließen sich die Eigentümer dazu, ein Darlehen aufzunehmen, kann dies mit einfacher Mehrheit geschehen. Der Verwalter kann hier nicht einfach von sich aus tätig werden. Nach der neu eingeführten Vorschrift des § 9b Abs. 1 WEG ist der Verwalter zwar im Außenverhältnis unbeschränkt zur Vertretung befugt. Dies gilt aber nicht für den Abschluss von Darlehensverträgen. Wenn ein Beschluss über die Aufnahme eines Darlehens gefasst werden soll, ist Voraussetzung, dass das Risiko einer Nachschusspflicht mit den Wohnungseigentümern vor der Beschlussfassung eingehend erörtert wird. Dies muss aus dem Protokoll der Eigentümerversammlung hervorgehen. Ob ein Beschluss über eine Kreditaufnahme sich im Übrigen in den Grenzen des den Wohnungseigentümern zustehenden Gestaltungsermessens bewegt, kann nicht generell, sondern nur anhand der konkreten Umstände des Einzelfalls unter Abwägung der allseitigen Interessen bestimmt werden (BGH, 25.9.2015, V ZR 244/14).

In der Regel ist der Geldbedarf für die laufende Bewirtschaftung und Erhaltung einer Wohnanlage im Grundsatz durch die Aufbringung der Mittel in Form von Vorschüssen durch den Wirtschaftsplan und die Ansammlung einer angemessenen Erhaltungsrücklage aufzubringen.

Zeitraum: das Kalenderjahr

Der Wirtschaftsplan ist grundsätzlich für das Kalenderjahr aufzustellen. § 28 Abs. 1 WEG bezieht sich allerdings explizit nicht auf ein Kalenderjahr. Dies bedeutet, dass Beschlussfassungen auch über mehrere Jahre oder – wie bisher – zur Fortgeltung des Wirtschaftsplans bis zur erneuten Beschlussfassung möglich sind.

Gemäß § 28 Abs. 1 Satz 2 WEG hat der Verwalter jeweils für ein Kalenderjahr einen Wirtschaftsplan aufzustellen. Da die Eigentümer sich jeweils ein möglichst umfassendes Bild von der wirtschaftlichen Situation der Gemeinschaft machen sollen, muss der Wirtschaftsplan jedes Jahr – für ein Kalenderjahr – aufgestellt werden, auch wenn beispielsweise schon beschlossen wurde, dass der bisherige Wirtschaftsplan so lange fort gilt, bis ein neuer Wirtschaftsplan genehmigt wird.

Wer ist zum Erstellen des Wirtschaftsplans verpflichtet?

Gemäß § 28 Abs. 1 Satz 2 WEG ist der Verwalter verpflichtet, einen Wirtschaftsplan aufzustellen. Im Gegensatz zur Beschlussfassung bezieht sich diese Verpflichtung des Verwalters ausdrücklich auf das Kalenderjahr. Der Verwalter muss deshalb jedes Jahr einen Wirtschaftsplan aufstellen, auch wenn beispielsweise beschlossen ist, dass der bisherige Wirtschaftsplan bis zur erneuten Beschlussfassung fort zu gelten hat. Der Gesetzgeber will durch das neue Abrechnungswesen unter anderem bewirken, dass die Eigentümer sich regelmäßig einen Überblick über die wirtschaftliche Situation der Gemeinschaft der Wohnungseigentümer machen und bei Bedarf erneut über Vorschüsse oder – als Nachtrag zum Wirtschaftsplan – Sonderumlagen beschließen können. Weigert sich der Verwalter, einen Wirtschaftsplan aufzustellen, wozu er als Organ der Gemeinschaft der Wohnungseigentümer verpflichtet ist, so kann die Gemeinschaft ihn auf Erstellung eines Wirtschaftsplans verklagen.

Eine entsprechende Pflichtverletzung des Verwalters führt im Übrigen zur Entstehung von Schadenersatzansprüchen gegen den Verwalter. Zudem kann der Verwalter durch die Gemeinschaft der Wohnungseigentümer abberufen werden.

Wann ist der Wirtschaftsplan vorzulegen?

Die Beschlussfassung der Eigentümerversammlung über den Wirtschaftsplan muss nicht vor Beginn des Jahres stattfinden, das den Wirtschaftsplan betrifft (OLG Hamburg, 5.2.1988, 2 W 11/87). Nach dieser Entscheidung entspricht es ordnungsmäßiger Verwaltung, wenn der Wirtschaftsplan auf einer in den ersten Monaten des Jahres abgehaltenen Wohnungseigentümerversammlung beschlossen wird. In der Regel soll der Wirtschaftsplan spätestens in den ersten sechs Monaten eines Jahres vorgelegt und zur Beschlussfassung gestellt werden.

Form und Inhalt des Wirtschaftsplans

Das Gesetz schreibt keine bestimmte Form vor, wie der Wirtschaftsplan erstellt werden muss. Denkbar sind hier alle gängigen Medien wie E-Mail, Datenträger oder Telefax, aber beispielsweise auch ein passwortgeschütztes Internetportal einer Hausverwaltung. Damit die Eigentümer sich ein umfassendes Bild von der wirtschaftlichen Lage der Gemeinschaft machen können, wird eine rein mündliche Verlesung in der Eigentümerversammlung keinesfalls ausreichen. Um auch dem Informationsbedürfnis etwaiger Erwerber gerecht zu werden, wird man in Zukunft an einem Wirtschaftsplan in Papierform jedenfalls nicht vorbeikommen.

Der Wirtschaftsplan muss alle voraussichtlichen Einnahmen und Ausgaben enthalten, die bei der Verwaltung des gemeinschaftlichen Eigentums entstehen. Sie müssen in übersichtlicher und nachvollziehbarer Weise nach Grund und Höhe aufgeführt werden (BGH, 7.6.2013, V ZR 211/12). Der Wirtschaftsplan besteht aus drei Teilen.

Teil 1: Voraussichtliche Einnahmen

Hierzu zählen insbesondere

- Vorschüsse,
- rückständige Hausgelder,
- Zahlungen auf Sonderumlagen,
- Einnahmen aus Vermietung und Verpachtung,
- sonstige Einnahmen, zum Beispiel aus dem Betrieb von Waschmaschinen,
- Zinserträge,
- Versicherungsleistungen.

Teil 2: Voraussichtliche Ausgaben

Hierzu zählen insbesondere

- die Bewirtschaftungskosten, darunter die Kosten für Brandversicherungen, Gebäudeversicherungen und Haftpflichtversicherung, Hausmeister- und Reinigungskosten, Verwalter-, Wasser-, Kanal- und Abfallbeseitigungsgebühren etc. Hinsichtlich der zu erwartenden Kostenpositionen kann auf § 2 BetrKV zurückgegriffen werden.

- Verwaltungskosten,
- Erhaltungskosten im Zusammenhang mit Reparaturen, Wartung, Schönheitsreparaturen etc.,
- Forderungen Dritter, zum Beispiel Handwerkerkosten,
- Rechtsverfolgungskosten, jedenfalls wenn diese absehbar entstehen,
- öffentliche Lasten, zum Beispiel Erschließungsbeiträge,
- Darlehenszinsen.

Teil 3: Rücklagen
In § 28 Abs. 1 Satz 1 WEG werden die Zahlungen auf die Rücklagen gesondert erwähnt und sind deshalb im Wirtschaftsplan auch gesondert darzustellen. Sie fallen nicht unter die oben beschriebenen Einnahmen, da die Zahlungen auf die Rücklagen nicht der laufenden Bewirtschaftung dienen, sondern, wie etwa die Erhaltungsrücklage für Reparaturen, zweckgebunden sind. Der Wirtschaftsplan muss daher eine gesonderte Rubrik »Zahlung auf Erhaltungsrücklage« enthalten, zudem weitere Rücklagen, die bestehen, etwa für eine Heizölbevorratung.

Prüfung durch den Verwaltungsbeirat
Wie bisher muss der Wirtschaftsplan vor der Beschlussfassung vom Verwaltungsbeirat geprüft und mit einer Stellungnahme versehen werden. Soweit Rechnungen und Kostenvoranschläge als Grundlage für die Erstellung des Wirtschaftsplans oder Jahresabrechnung dienen, sind sie unverändert Gegenstand der Prüfung durch den Verwaltungsbeirat. Eine darüber hinausgehende Prüfung des Zahlenwerks durch den Verwaltungsbeirat ist nicht verpflichtend. Die Informationsrechte des Verwaltungsbeirats werden dadurch aber nicht eingeschränkt. Jedes Mitglied hat, wie jeder andere Wohnungseigentümer, einen Anspruch auf Einsichtnahme in die Verwaltungsunterlagen nach § 18 Abs. 4 WEG (vgl. BT-Drucks. 18791, S. 78).

5.3.2 Beschlussfassung über Vorschüsse

Gemäß § 28 Abs. 1 Satz 1 WEG beschließen die Wohnungseigentümer Vorschüsse zur Kostentragung und zu den Rücklagen. Die Beschlussfassung erfolgt mit einfacher Mehrheit. Seit der Reform im Jahr 2020 wird aber nicht mehr über die Genehmigung des Gesamt- und Einzelwirtschaftsplans beschlossen, sondern über die Vorschüsse. Das zugrunde liegende Zahlenwerk ist dagegen nicht mehr Beschlussgegenstand. Erweist sich das Zahlenwerk als fehlerhaft, kann ein Eigentümer Berichtigung bzw. Ergänzung verlangen. Wenn ein Verstoß hiergegen vorliegt, die Eigentümer aber trotzdem die Genehmigung der Vorschüsse beschließen, so führt dies allein noch nicht dazu, dass der Beschluss auf Anfechtungsklage hin für ungültig zu erklären ist. Da zum Beschlussgegenstand nur noch die Vorschüsse gehören, lässt sich ein Beschluss über deren Genehmigung nur dann anfechten, wenn sich die Verletzung der Beschlussvorbereitungspflicht auf das Ergebnis der einzelnen Zahlungsverpflichtungen (Vorschüsse) auswirkt (sogenannte Ergebnisrelevanz).

Der Beschluss über die Genehmigung der Vorschüsse ist im übrigen Fälligkeitsvoraussetzung für die Zahlungspflicht der einzelnen Eigentümer. Deshalb kann die Gemeinschaft der Wohnungseigentümer die Zahlungen erst verlangen und einklagen, wenn ein entsprechender Beschluss nach § 28 Abs. 1 Satz 1 WEG gefasst wurde. Der Genehmigungsbeschluss führt zur Fälligkeit der Zahlungsverpflichtung des einzelnen Wohnungseigentümers.

Auch wenn die Jahresabrechnung zu einem späteren Zeitpunkt beschlossen wird, bleibt die Verpflichtung zur Bezahlung der Vorschüsse erhalten. Die spätere Genehmigung der Abrechnungsspitze hat nur zur Folge, dass der Eigentümer diejenigen Vorschüsse, die über der Abrechnungsspitze liegen, nicht mehr bezahlen muss. Die Abrechnungsspitze begrenzt daher die Zahlungsverpflichtung im Hinblick auf die genehmigten Vorschüsse.

Fortgeltung des Wirtschaftsplans

Der Genehmigungsbeschluss über die Vorschüsse gilt grundsätzlich für das Kalenderjahr, für das er aufgestellt wird. Die Eigentümer können jedoch beschließen, dass er über das Kalenderjahr hinaus fortgelten soll. Ein solcher Beschluss entspricht weiterhin ordnungsmäßiger Verwaltung, da gesichert ist, dass die monatlich von den Eigentümern zu bezahlenden Vorschüsse auch weiterhin fällig werden. Unabhängig davon hat der Verwalter aber jeweils für ein Kalenderjahr einen Wirtschaftsplan aufzustellen, der die voraussichtlichen Einnahmen und Ausgaben enthält (§ 28 Abs. 1 Satz 2 WEG).

Anfechtbarkeit wegen fehlender Bestimmtheit

Wie alle Eigentümerbeschlüsse muss auch der Beschluss über die Genehmigung der Vorschüsse hinreichend bestimmt sein. Daher muss auch der konkrete Zahlungsbetrag Gegenstand der Beschlussfassung sein. Es genügt nicht, dass sich der jeweilige Eigentümer seine monatliche Zahlungsverpflichtung anhand seines Anteils selbst errechnen muss. Ein entsprechender Genehmigungsbeschluss wäre zu unbestimmt.

Anfechtbarkeit wegen fehlerhafter Umlageschlüssel

Ein Genehmigungsbeschluss über die Vorschüsse ist anfechtbar, wenn falsche Kostenverteilungsschlüssel angewendet wurden und/oder der Einzelanteil falsch berechnet wurde.

Beispiel: Anfechtung eines Beschlusses zur Kostenverteilung

Der Genehmigungsbeschluss sieht die Kostenverteilung nach Wohnfläche vor. Die Gemeinschaftsordnung schreibt demgegenüber eine Kostenverteilung nach Miteigentumsanteilen vor. Der Fehler muss aber ergebnisrelevant sein, das heißt, er muss sich auf den Zahlungsbetrag des Klägers auswirken. Deshalb muss der anfechtende Kläger im Rahmen der Klagebegründung darlegen, inwieweit sich bei ordnungsgemäßer Berechnung seines Anteils eine andere Zahlungsverpflichtung ergibt. Auf Anfechtung hin wird das Gericht diesen Beschluss für ungültig erklären.

Anfechtbarkeit wegen fehlender Ausgaben

Auch wenn größere Kostenpositionen oder Kostenblöcke vollständig fehlen, kann ein Beschluss über die Genehmigung der Vorschüsse gemäß Wirtschaftsplan anfechtbar sein. In der Praxis dürfte hier aber gelegentlich Zurückhaltung geboten sein, da der Wirtschaftsplan und somit auch die Vorschüsse nur eine vorläufige Größe sind und im Übrigen auch Wesentlichkeitsgesichtspunkte berücksichtigt werden. Wenn die Auswirkungen entsprechender Fehler nur unwesentlich sind, kann dies dazu führen, dass eine Anfechtungsklage nicht erfolgreich ist. Kleinere Ungenauigkeiten führen nicht zur Ungültigerklärung des Wirtschaftsplans. Der Wirtschaftsplan ist eine Schätzung der voraussichtlichen Kosten, sodass Ungenauigkeiten hinzunehmen sind. Nach der Rechtsprechung des BayObLG (20.3.2001, 2Z BR 101/00, NZM 2001, 754) entspricht es noch ordnungsmäßiger Verwaltung, wenn der Wirtschaftsplan zu einer bestimmten Position überhaupt keinen Kostenansatz enthält, obwohl zu erwarten ist, dass Kosten anfallen. Die Grenze kleinerer Ungenauigkeiten ist allerdings überschritten, wenn der Wirtschaftsplan mit Wahrscheinlichkeit zu erheblichen Nachzahlungen oder Überzahlungen führen wird.

Anfechtbarkeit wegen Erhöhung der Verwaltervergütung

Es entspricht ebenfalls nicht ordnungsmäßiger Verwaltung, wenn der Verwalter eine Erhöhung seiner Vergütung von sich aus in den Wirtschaftsplan einstellt. Der Verwalter darf seine Vergütung nicht einfach in der Weise anpassen; hierfür bedarf es eines Mehrheitsbeschlusses (OLG Düsseldorf, 25.1.2005, I 3 Wx 326/04).

Ohne aufschiebende Wirkung – Anfechtungsklage

Solange der Beschluss über den Wirtschaftsplan von einem Gericht noch nicht rechtskräftig für ungültig erklärt wurde, bleibt es bei dessen Gültigkeit. Die monatlichen Wohngeldzahlungen sind bis zur Ungültigerklärung fällig und müssen bezahlt werden. Die Anfechtungsklage hat keine aufschiebende Wirkung. Sinn dieser Regelung ist im Fall der Anfechtung des Wirtschaftsplans bzw. der Jahresabrechnung vor allem, dass die Eigentümergemeinschaft zahlungsfähig bleibt. Wohngelder dürfen daher nicht zurückgehalten werden.

Kein Anfechtungsgrund: fehlerhaftes Zahlenwerk ohne Auswirkungen auf Vorschuss

Auch an dieser Stelle sei nochmals erwähnt, dass das dem Wirtschaftsplan zugrunde liegende Zahlenwerk nicht mehr Gegenstand der Beschlussfassung ist und deshalb Fehler darin für eine Anfechtungsklage nicht maßgeblich sind. Erst wenn sich entsprechende Fehler des Zahlenwerks auf das Ergebnis der Vorschüsse auswirken, liegt ein

Anfechtungsgrund vor. Ansonsten hat der Eigentümer ggf. nur einen Anspruch auf Änderung/Ergänzung des Zahlenwerks.

5.3.3 Die Jahresabrechnung

Das gesamte System der Jahresabrechnung wurde mit der Reform im Jahr 2020 vollständig neu gestaltet. Die zentrale Vorschrift ist § 28 Abs. 2 WEG, der wie folgt lautet:

> »Nach Ablauf des Kalenderjahres beschließen die Wohnungseigentümer über die Einforderung von Nachschüssen oder die Anpassung der beschlossenen Vorschüsse. Zu diesem Zweck hat der Verwalter eine Abrechnung über den Wirtschaftsplan (Jahresabrechnung) aufzustellen, die darüber hinaus die Einnahmen und Ausgaben enthält.«

In das Gesetz wurde nun gemäß § 28 Abs. 4 WEG auch der sogenannte Vermögensbericht aufgenommen. Demnach hat der Verwalter nach Ablauf eines Kalenderjahres einen Vermögensbericht zu erstellen, der den Stand der Rücklagen und eine Aufstellung des wesentlichen Gemeinschaftsvermögens enthält. Der Vermögensbericht muss jedem Wohnungseigentümer zur Verfügung gestellt werden. Ein Ziel des Gesetzgebers war unter anderem, dadurch Streitigkeiten über die Jahresabrechnung und den Wirtschaftsplan zu verringern und die Eigentümer über den Vermögensbericht hinreichend über die tatsächliche wirtschaftliche Lage der Gemeinschaft der Wohnungseigentümer zu informieren.

Eine wesentliche Änderung liegt ferner darin, dass sich die Beschlussfassung zur Genehmigung der Jahresabrechnung nun nicht mehr auf das gesamte Rechenwerk erstellt, sondern lediglich auf die sogenannte Abrechnungsspitze. Dies ist der Betrag, den der Eigentümer noch zu bezahlen hat oder als Guthaben erhält. In der Praxis werden die Eigentümer daher künftig vom Verwalter eine Tabelle erhalten, in der die den Einzeleigentümer treffenden Zahlungsverpflichtungen aufgeführt sind. Nur über diese wird noch Beschluss gefasst. Das zugrunde liegende Zahlenwerk, aus dem der Betrag der Zahlungspflicht abgeleitet wird, ist nicht mehr Gegenstand der Beschlussfassung. Die Neugestaltung des Abrechnungswesens soll auch dazu führen, dass künftig Anfechtungsklagen, vor allem über Formalien vermieden werden. Unverändert beibehalten wurde bei der Jahresabrechnung aber das Gebot der reinen Einnahmen-Ausgaben-Rechnung. Nur die im Abrechnungszeitraum entstandenen Zu- und Abflüsse sind Gegenstand der Jahresabrechnung.

Wozu dient die Jahresabrechnung?
Es entspricht dem Gebot ordnungsmäßiger Verwaltung, eine Jahresabrechnung aufzustellen. Jeder Wohnungseigentümer kann die Erstellung einer Jahresabrechnung

und deren Genehmigung durch Beschlussfassung verlangen. Durch die Jahresabrechnung ist gewährleistet, dass die Gemeinschaft der Wohnungseigentümer über eine ausreichende Finanzausstattung verfügt. Die Beschlussfassung über die Abrechnungsspitze erfolgt gemäß § 28 Abs. 1 WEG mehrheitlich. Voraussetzung für die Fälligkeit der Abrechnungsspitze (Nachzahlungen oder Guthaben) ist ein entsprechender Eigentümerbeschluss.

Abrechnungszeitraum

Der Abrechnungszeitraum einer Jahresabrechnung hat dem Kalenderjahr (1. Januar bis 31. Dezember) zu entsprechen. Vom Kalenderjahr abweichende Abrechnungszeiträume sind nur zulässig, wenn hierzu eine Vereinbarung (Gemeinschaftsordnung/Teilungserklärung) vorliegt. Die Jahresabrechnung hat weiterhin das gesamte Jahr zu umfassen. Abrechnungen über kürzere Zeitabschnitte sind nur ausnahmsweise zulässig, etwa für ein sogenanntes erstes Rumpfjahr der Fertigstellung einer Wohnungseigentumsanlage durch den Bauträger.

Der Anspruch auf die Jahresabrechnung

Die Jahresabrechnung ist eine geordnete und übersichtliche Einnahmen-Ausgaben-Rechnung und ist vom Verwalter zu erstellen. Nach der Reform des WEG kommt diese Aufgabe dem Verwalter als Organ der Gemeinschaft der Wohnungseigentümer zu. Wenn ein Eigentümer seinen Anspruch auf Erstellung einer Jahresabrechnung geltend machen will, muss er zunächst gegen die Gemeinschaft der Wohnungseigentümer vorgehen. Es handelt sich hierbei um einen Anspruch, den jeder Wohnungseigentümer individuell geltend machen kann. Ein Einzeleigentümer muss daher grundsätzlich erst einmal die Gemeinschaft der Wohnungseigentümer auf Erstellung der Abrechnung verklagen. Die Gemeinschaft wird dann vom Verwalter eine Erstellung der Jahresabrechnung verlangen und ihm den Streit verkünden. Sie kann ihn ggf. auch auf Erstellung einer Jahresabrechnung verklagen.

Verpflichtet zur Erstellung der Jahresabrechnung ist im Verhältnis zum Wohnungseigentümer die Gemeinschaft der Wohnungseigentümer, nicht der Verwalter. Es bestehen keine direkten Ansprüche des einzelnen Eigentümers gegenüber dem Verwalter auf Erstellung der Jahresabrechnung. Bedeutung hat dies unter anderem bei einem Verwalterwechsel. Nachdem die Gemeinschaft der Wohnungseigentümer verpflichtet ist, die Jahresabrechnung zu erstellen, und dies über ihr Ausführungsorgan erfolgt, also den Verwalter, ist bei einem Verwalterwechsel zum Ablauf des Wirtschaftsjahres in der Regel der neue Verwalter zur Erstellung der Jahresabrechnung verpflichtet (strittig).

Inhalt der Jahresabrechnung

Gemäß § 28 Abs. 2 Satz 2 WEG ist die Jahresabrechnung nun eine Abrechnung über den Wirtschaftsplan, die darüber hinaus die tatsächlichen Einnahmen und Ausgaben enthalten muss. Deshalb muss in einem ersten Schritt weiterhin eine Gesamtabrechnung mit sämtlichen Einnahmen und Ausgaben erstellt werden. In einem zweiten Schritt erfolgt die Abrechnung über den Wirtschaftsplan insofern, als nur die prognostischen Ansätze aus dem Gesamtwirtschaftsplan den tatsächlichen Zahlungen gegenübergestellt werden (Dötsch/Schultzky/Zschieschack, WEG-Recht 2021, Kap. 10, Rn. 93–96). Dadurch werden Abweichungen vom Wirtschaftsplan transparent gemacht. Deshalb wird es auch geboten sein, Gliederungen und Positionen des Wirtschaftsplans möglichst zu übernehmen (Dötsch/Schultzky/Zschieschack, a. a. O.). In einem dritten Schritt erfolgt die Kostenzuweisung durch Benennung der konkreten Kostenanteile, objektbezogen für die einzelnen Einheiten unter Anwendung des zutreffenden Kostenverteilungsschlüssels. In einem vierten Schritt sind die nach § 28 Abs. 1 Satz 1 WEG zu beschließenden Inhalte konkret zu benennen, also die objektbezogen einzufordern den Vorschüsse bzw. die Anpassung der beschlossenen Vorschüsse (Dötsch/Schultzky/Zschieschack, a. a. O.).

Die so ermittelte Abrechnungsspitze ist allein Gegenstand der Beschlussfassung über die Jahresabrechnung. Die Beschlussfassung als solche erfolgt unverändert mit einfacher Mehrheit. Die Jahresabrechnung nach WEG ist weiterhin eine reine Einnahmen-Ausgaben-Rechnung. Unzulässig bleibt außerdem die Jahresabrechnung in Form einer Gewinn-und-Verlust-Rechnung oder einer Bilanz. Die Jahresabrechnung darf nur die tatsächlichen Einnahmen enthalten, keine Sollzahlungen. Diese können nun aber Gegenstand des sogenannten Vermögensberichts sein. Abgrenzungen sind auch neuem Recht grundsätzlich nicht vorzunehmen. Eine Ausnahme gilt regelmäßig nur bei den Heizkosten.

Es herrscht im Übrigen weiterhin der Grundsatz des reinen Zu- und Abflussprinzips. Nur die Einnahmen und Ausgaben, die tatsächlich im Abrechnungszeitraum geleistet wurden, werden in die Jahresabrechnung aufgenommen. Umgekehrt: Rechnungen, die zwar fällig sind, aber im Abrechnungszeitraum nicht bezahlt wurden, haben in der Abrechnung nichts verloren. Die Frage, ob Zahlungen im Abrechnungszeitraum berechtigt waren oder nicht, ist für die Jahresabrechnung ebenfalls nicht relevant. Jede geleistete Zahlung muss in der Jahresabrechnung erscheinen, auch wenn sie noch so unberechtigt ist.

Angenommen, der Verwalter bezahlt sich selbst eine nicht berechtigte Sondervergütung. Diese Zahlung ist zwingend in die Jahresabrechnung mitaufzunehmen, da sie vom gemeinschaftlichen Konto erfolgte. Die Frage ihrer Berechtigung kann Gegenstand eines Schadenersatzanspruchs gegen den Verwalter sein. Um hier einen entsprechenden Rückgriff auf den Verwalter zu ermöglichen, sollte weiterhin – wie nach bisherigem Recht – die Verwalterentlastung nicht beschlossen werden, da hiermit unter Umständen ein Verzicht auf solche Ansprüche verbunden sein kann.

Anfechtbarkeit der Jahresabrechnung nur bei Auswirkung auf die Abrechnungsspitze

Ziel des Gesetzgebers ist unter anderem, das Abrechnungswesen mit der Reform des WEG zu vereinfachen und Beschlussanfechtungsklagen zu vermeiden. Deshalb ist nach § 28 Abs. 2 WEG nur noch die sogenannte Abrechnungsspitze Gegenstand der Beschlussfassung. Das der Abrechnung zugrunde liegende Zahlenwerk ist hingegen nicht mehr Beschlussinhalt bei der Genehmigung der Jahresabrechnung. Ist das zugrunde liegende Zahlenwerk in Einzelteilen nicht nachvollziehbar oder enthält Darstellungen, die am Ergebnis der Jahresabrechnung nichts ändern, so kann eine Beschlussanfechtungsklage – im Gegensatz zum früheren Recht – nicht mehr mit Erfolg erhoben werden.

Hinweis

Eine Beschlussanfechtungsklage, die sich nach dem jetzt geltenden Recht ausschließlich gegen die Genehmigung der Abrechnungsspitze richten muss, hat nur Erfolg, wenn sich ein Fehler des zugrunde liegenden Zahlenwerks auf die Abrechnungsspitze auswirkt.

Wenn das der Abrechnung zugrunde liegende Zahlenwerk inhaltliche Fehler enthält, besteht ein Anspruch auf Erstellung einer ordnungsmäßigen Jahresabrechnung. Dieser Anspruch entfällt nicht dadurch, dass die Eigentümer bereits über die sogenannte Abrechnungsspitze nach § 28 Abs. 1 WEG beschlossen haben. Selbst wenn die Abrechnungsspitze bestandskräftig wird, muss beim Vorliegen materieller Fehler der Abrechnung selbst, das der Abrechnungsspitze zugrunde liegende Zahlenwerk berichtigt werden. Dies ist auch jederzeit möglich, da nach der Reform des WEG nur noch über die Abrechnungsspitze beschlossen wird und Gegenstand der Beschlussfassung gerade nicht das Zahlenwerk ist.

Fehlen Teile des Zahlenwerks, zum Beispiel die jeweiligen Kontenstände zu Beginn und zum Ende des Abrechnungszeitraums, besteht ein Anspruch auf Ergänzung der Jahresabrechnung (Ergänzungsanspruch). Dies gilt auch, wenn die fehlenden Teile des Zahlenwerks auf das Abrechnungsergebnis keinen Einfluss haben. Umgekehrt kann, etwa wenn Kontostände fehlen, der Genehmigungsbeschluss über die Abrechnungsspitze nach § 28 Abs. 1 WEG nicht mit Erfolg angefochten werden, da die Abrechnungsspitze als solche zutrifft.

Die Fehler eines Beschlusses über die Genehmigung der Abrechnungsspitze, die im Folgenden ausgeführt werden, können weiterhin zu erfolgreichen Beschlussanfechtungsklagen führen.

Fehlende Einnahmen oder Ausgaben

Obwohl das ihr zugrunde liegende Zahlenwerk nicht Gegenstand des Beschlusses über die Genehmigung der Abrechnungsspitze ist, kann letztere nur zutreffend sein, wenn eine Jahresabrechnung vollständig ist. Das Zahlenwerk muss deshalb alle Einnahmen und Ausgaben vollständig erfassen. Fehlen sie ganz oder teilweise, obwohl der Zu- oder Abfluss im Abrechnungszeitraum erfolgte, ist nicht nur das Zahlenwerk falsch, sondern auch die hieraus abgeleitete Abrechnungsspitze. Der Beschluss über die Genehmigung der Abrechnungsspitze kann in diesem Fall erfolgreich angefochten werden.

Verstöße gegen eine reine Einnahmen-Ausgaben-Rechnung

Die Jahresabrechnung der Gemeinschaft der Wohnungseigentümer bezieht sich allein auf die Zu- und Abflüsse. Sie darf weiterhin nicht in Form einer Bilanz erstellt werden. Abrechnungen, die gegen diese Regelung verstoßen, sind anfechtbar. In den meisten Fällen wird sich ein entsprechender Verstoß auch auf die Richtigkeit der Abrechnungsspitze auswirken.

Objektbezogene Abrechnung

Die Jahresabrechnung muss grundsätzlich für jede Teil- und Sondereigentumseinheit gesondert erfolgen, sie kann nicht auf andere Art, beispielsweise nach Personen, zusammengefasst werden. Häufig kommt es vor, dass beispielsweise der Miteigentumsanteil der Tiefgarage in die Jahresabrechnung für die Sondereigentumseinheit (Wohnung) aufgenommen und hier hinzugerechnet wird, sodass nur eine (gemeinsame) Abrechnung für Wohnung und Tiefgarage erfolgt. Dies ist unzulässig, da dies gegen das Gebot der Objektbezogenheit von Abrechnungen verstößt.

Fehlerhafter Abrechnungszeitraum

Gemäß § 28 WEG muss die Jahresabrechnung für das Kalenderjahr erstellt werden. Abweichendes kann nicht beschlossen, sondern nur vereinbart werden. Ebenso ist eine Abrechnung, die sich über einen kürzeren Zeitraum als ein Kalenderjahr erstreckt oder darüber hinausgeht, unzulässig.

Fehler beim Kostenverteilungsschlüssel

Häufig sieht die Gemeinschaftsordnung die Kostenverteilung nach Miteigentumsanteilen vor, dies gilt dann für sämtliche Kostenarten. Ein häufiger Fehler besteht darin, dass dennoch die Verwaltervergütung nach der Anzahl der Wohnungen und nicht nach Miteigentumsanteilen aufgeteilt wird. Grund dafür ist, dass die Verwalterverträge oftmals vorsehen, die Verwaltervergütung nach einzelnen Wohneinheiten zu bemessen. Doch die Verwaltergebühr ist in diesem Fall ebenfalls nach Miteigentumsanteilen zu verteilen. Die Vereinbarungen im Verwaltervertrag ändern daran nichts, da der Verwaltervertrag gegenüber der Gemeinschaftsordnung nachrangig ist.

Hinweis

Jahresabrechnungen können weiterhin erfolgreich angefochten werden, wenn in der Jahresabrechnung ein falscher Kostenverteilungsschlüssel zur Anwendung kommt. Auch im Rahmen der Anfechtung von Beschlüssen über die Abrechnungsspitze ist die sogenannte Ergebnisrelevanz maßgeblich. Der Kläger muss im Rahmen der Anfechtungsklage darlegen, dass ein falscher Kostenverteilungsschlüssel zur Anwendung gebracht wurde und sich dies auf das Ergebnis seiner Kostentragungspflicht auswirkt. Dazu sind die in der Abrechnung enthaltenen Kostenpositionen mit dem falschen Kostenverteilungsschlüssel aufzuzeigen und gegenüberzustellen, welcher Betrag bei Verwendung des richtigen Kostenverteilungsschlüssels herausgekommen wäre und wie sich dies auf die Abrechnungsspitze ausgewirkt hat.

Wenn nach der Beschlussfassung über die Abrechnungsspitze gerichtlich entschieden wird, dass ein in der Abrechnung zugrunde gelegter Kostenverteilungsschlüssel gerichtlich für ungültig erklärt wird, so hat der betroffene Eigentümer einen Anspruch auf Abänderung der Jahresabrechnung, auch wenn diese bereits bestandskräftig beschlossen wurde. Die Gemeinschaft der Wohnungseigentümer ist in diesem Fall zur Erstellung einer korrigierten Jahresabrechnung verpflichtet. Eine solche Korrektur kann von jedem Wohnungseigentümer verlangt werden, wenn ein der Jahresabrechnung zugrunde liegender Beschluss über eine von dem Gesetz oder einer Vereinbarung abweichende Kostenverteilung rechtskräftig für ungültig erklärt wird. In einem solchen Fall darf die Gemeinschaft der Wohnungseigentümer etwaige Nachschussforderungen aus der alten Abrechnung, der ein falscher Kostenverteilungsschlüssel zugrunde liegt, nicht mehr klageweise geltend machen. Die Durchsetzbarkeit der Nachschussforderung entfällt insoweit (BGH, 16.6.2023, V ZR 251/21).

Unzulässige Sonderbelastungen einzelner Eigentümer mit streitigen »Direktansprüchen«

Beispiel: Verteilung der Kosten durch eine Rohrverstopfung

Der Verwalter beauftragt zur Beseitigung einer Rohrverstopfung eine Fachfirma, die der Gemeinschaft hierfür Kosten in Höhe von 986,97 EUR in Rechnung stellt. Verwalter und Beirat sind der Auffassung, dass die Rohrverstopfung durch ein Fehlverhalten einer Miteigentümerin entstanden ist. Die Miteigentümerin bestreitet dies und führt die Rohrverstopfung auf das Alter der Abwasserleitung zurück. Dennoch stellt die Hausverwaltung den Betrag von 986,97 EUR direkt in die Einzelabrechnungen der betroffenen Eigentümerin ein, sodass sich die Abrechnungsspitze für sie um diesen Betrag erhöht.

Derartige Sonderbelastungen sind unzulässig, in der Regel sogar nichtig. Bei streitigen Ansprüchen haben ggf. die Gerichte zu entscheiden. Das Einstellen solcher Kostenpositionen in die Jahresabrechnung ist nicht erlaubt, hierzu fehlt den Eigentümern die Beschlusskompetenz. Die Eigentümerin kann in einem solchen Fall daher erfolgreich gegen die Genehmigung der Abrechnungsspitze vorgehen.

Unzulässige Rechnungsabgrenzungen

Die Jahresabrechnung entspricht weiterhin dem bisherigen System der sogenannten reinen Zu- und Abflussrechnung. Nur die tatsächlich erfolgten Einnahmen und Ausgaben werden in die Jahresabrechnung aufgenommen. Abgrenzungen sind grundsätzlich nicht zulässig, außer bei den Heizkosten. Der Genehmigungsbeschluss über die Abrechnungsspitze kann wie zuvor weiterhin mit Erfolg angefochten werden, wenn unzulässige Abgrenzungen vorgenommen wurden.

Verteilung der Heiz- und Warmwasserkosten

Gemäß §§ 3, 4 HeizkV ist die Gemeinschaft der Wohnungseigentümer verpflichtet, Geräte zur Verbrauchserfassung einzubauen und die Heizkosten verbrauchsgerecht zu erfassen. Genereller Zweck der Heizkostenverordnung ist die Einsparung von Heizenergie und die Verminderung von Schadstoffbelastungen.

Die Regelungen der Heizkostenverordnung gelten für die Wohnungseigentümergemeinschaft unmittelbar, es bedarf keiner gesonderten Vereinbarung in der Gemeinschaftsordnung oder eines Beschlusses (BGH, 17.2.2012, V ZR 251/10, NZM 2012, 344). Verwalter von Wohnungseigentümergemeinschaften sind daher weiterhin verpflichtet, die Heizkosten in den Jahreseinzelabrechnungen nach dem tatsächlichen Verbrauch umzulegen. Demgemäß sind Wohnungseigentümergemeinschaften verpflichtet, Verbrauchserfassungsgeräte einzubauen, außer wenn zum Beispiel deren Einbau mit unverhältnismäßig hohen Kosten verbunden ist. In der Regel werden die Kosten des Verbrauchs von Heizung und Warmwasser von professionellen Abrechnungsfirmen abgelesen und abgerechnet.

Beispiele: Verbrauchserfassungsgeräte

- Heizkostenverteiler nach dem Verdunstungsprinzip,
- Wärmezähler nach dem Durchflussprinzip,
- Heizkostenverteiler mit Funksystem zur Fernablesung,
- Warmwasserzähler.

Auch wenn die Gemeinschaftsordnung eine abweichende Regelung zur Verteilung von Heiz- und Warmwasserkosten enthält, sind diese zwingend nach dem tatsächlichen Verbrauch abzurechnen. Dies ergibt sich aus § 3 HeizkV. Nach § 7 HeizkV sind von den Kosten des Betriebs der zentralen Heizungsanlage mindestens 50%, höchstens 70% nach dem erfassten Wärmeverbrauch des Benutzers zu verteilen. Die übrigen Kosten sind nach der Wohn- oder Nutzfläche oder nach dem umbauten Raum zu verteilen. Die Kosten des Warmwassers sind mindestens zu 50%, höchstens zu 70% nach dem erfassten Warmwasserverbrauch zu verteilen, die übrigen Kosten nach Wohn- oder Nutzfläche.

Eine grundlegende Entscheidung des BGH (17.2.2012, V ZR 251/10) gibt ebenfalls vor, dass die Heizkosten zwingend verbrauchsabhängig abzurechnen sind. In der dem Rechtsstreit zugrunde liegenden Jahresabrechnung hatte die Verwaltung nicht die Kosten für die im Abrechnungszeitraum tatsächlich bezogene Fernwärme eingestellt, sondern die in diesem Zeitraum geleisteten Zahlungen an das Fernwärmeunternehmen. Eine solche Abrechnung ist nach der Entscheidung des BGH keine verbrauchsgerechte Abrechnung, sie widerspricht daher ordnungsmäßiger Verwaltung. Es reicht nicht aus, lediglich die Kosten für die Energielieferungen umzulegen, da hierin auch Nachzahlungen für das vorangegangene Jahr oder Vorauszahlungen für das Folgejahr enthalten sind. Maßgeblich sind nach der Heizkostenverordnung aber nur die Kosten der verbrauchten Brennstoffe. Deshalb müssen nicht die bezahlten Rechnungen, sondern die Kosten des in diesem Zeitraum tatsächlich erfolgten Verbrauchs an Heiz- und Warmwasserkosten auf Grundlage des gemessenen Verbrauchs auf die Eigentümer umgelegt werden.

In die Jahresgesamtabrechnung sind daher alle im Abrechnungszeitraum geleisteten Zahlungen aufzunehmen, die im Zusammenhang mit der Anschaffung von Brennstoff stehen. Im Rahmen der Einzelabrechnungen sind dagegen die Kosten für den im Abrechnungszeitraum tatsächlich verbrauchten Brennstoff maßgeblich. Der Unterschied muss in der Abrechnung verständlich erläutert werden (BGH, 17.2.2012, V ZR 251/10, NZM 2012, 344). Insoweit ergibt sich für die jeweilige Jahreseinzelabrechnung, dass diese nicht unmittelbar aus der Gesamtabrechnung hergeleitet werden kann. Dieser Umstand ist nach der vorzitierten Entscheidung des BGH hinzunehmen. Auch nach der WEG-Reform ist die Jahresabrechnung weiterhin eine reine Zu- und Abflussrechnung. Rechnungsabgrenzungen sind grundsätzlich nicht zulässig, ausgenommen sind die Heizkosten, wie eben beschrieben.

Schlüssigkeitsprüfung

Es bleibt abzuwarten, wie die Rechtsprechung mit der sogenannten Schlüssigkeitsprüfung umgeht. Zur Erinnerung: Gegenstand der Beschlussfassung ist nach neuem Recht nur die sogenannte Abrechnungsspitze. Nach bisherigem Recht war der Beschluss über die Genehmigung der Jahresabrechnung für ungültig zu erklären, wenn die Jahresabrechnung der gebotenen Schlüssigkeitsprüfung nicht standgehalten hat. Die Schlüssigkeit der Jahresabrechnung war nach bisheriger Rechtsprechung gegeben, wenn

- der Anfangsbestand aller Konten
- zuzüglich sämtlicher Einnahmen
- abzüglich sämtlicher Ausgaben

dem Endbestand aller Bankkonten entsprach. Etwaige Differenzen waren in der Jahresabrechnung nachvollziehbar zu erläutern. Erfolgte dies nicht und/oder ging die Schlüssigkeitsprüfung nicht auf, so war der Beschluss über die Genehmigung der Jahresabrechnung auf Anfechtungsklage insgesamt für ungültig zu erklären.

Nachdem gemäß der WEG-Reform nur noch über die Abrechnungsspitze zu beschließen ist, wird voraussichtlich die Schlüssigkeitsprüfung künftig an Bedeutung verlieren und nicht mehr dazu führen, dass der Genehmigungsbeschluss über die Abrechnungsspitze im Fall der Erhebung einer Anfechtungsklage ungültig erklärt wird. Wenn sich entsprechende Fehler aber auf die Abrechnungsspitze auswirken, dürfte auch weiterhin eine Anfechtungsklage bei fehlender Schlüssigkeit der Jahresabrechnung erfolgreich sein.

Bescheinigung über Haushaltsnahe Dienstleistungen

Wie bisher benötigt ein Wohnungseigentümer zur Geltendmachung im Rahmen seiner Einkommensteuererklärung einen gesonderten Ausweis des Aufwands für haushaltsnahe Dienstleistungen. Nach § 35a Abs. 3 EStG vermindert sich die tarifliche Einkommensteuer auf Antrag, wenn der Steuerpflichtige haushaltsnahe Dienstleistungen und/oder haushaltsnahe Handwerkerleistungen in Anspruch genommen und bezahlt hat. Zwar hat der Mieter gegenüber seinem vermietenden Eigentümer keinen Anspruch auf Erteilung einer Steuerbescheinigung nach § 35a EStG. Der Vermieter muss die Abrechnung aber so gestalten, dass der Mieter die Kosten abgrenzen und beziffern kann, die ihm für erbrachte Dienstleistungen berechnet werden (LG Berlin, 18.10.2017, 18 S 339/16). Ein Wohnungseigentumsverwalter ist nicht verpflichtet, die Abrechnung so zu erstellen, dass der vermietende Eigentümer diese seinem Mieter durchreichen kann. Dennoch haben sich in der Praxis solche Abrechnungen eingebürgert, ebenso das Erstellen einer Bescheinigung über haushaltsnahe Dienstleistungen, die der Eigentümer oder Mieter mit seiner Steuererklärung einreichen kann.

Nach der Gesetzesänderung wird sich an dieser Praxis voraussichtlich nichts ändern, da die Verwalter entsprechende Sondervergütungen für die Erstellung der Bescheinigung über haushaltsnahe Dienstleistungen erhalten. Die Frage ist nur, wo in Zukunft eine solche Bescheinigung einzuordnen ist. Gegenstand der Beschlussfassung über die Jahresabrechnung wird diese nicht sein können, da nur über die Abrechnungsspitze beschlossen wird. Die Darstellung im Vermögensbericht ist denkbar, jedoch dürfte aus Transparenzgründen ein Beiblatt, das die haushaltsnahen Dienstleistungen ausweist, am sinnvollsten sein.

5.3.4 Vermögensbericht

Gemäß § 28 Abs. 4 WEG hat der Verwalter nach Ablauf eines Kalenderjahres einen Vermögensbericht zu erstellen, der den Stand der Rücklagen und eine Aufstellung des wesentlichen Gemeinschaftsvermögens enthält. Dabei ist der tatsächliche Stand der Rücklage sowie des tatsächlich vorhandenen Vermögens anzugeben.

Zweck und Inhalt des Vermögensberichts

Die Wohnungseigentümer sollen sich anhand des Vermögensberichts ein Bild über die tatsächliche Vermögenslage der Gemeinschaft machen können. Deshalb muss er den Stand der Bankkonten sowie der Rücklage, aber auch Forderungen der Gemeinschaft gegen einzelne Eigentümer oder Dritte, Verbindlichkeiten und sonstige Vermögensgegenstände, etwa Heizölreserven, enthalten. Eventuelle Mängel im Vermögensbericht führen jedoch nicht zur Anfechtbarkeit des Beschlusses über die Genehmigung der Abrechnungsspitze der Jahresabrechnung, da der Vermögensbericht nicht Gegenstand der Beschlussfassung ist.

Der Eigentümer ist aber bei einem fehlerhaften Vermögensbericht nicht rechtlos gestellt. Er hat gegen die Gemeinschaft der Wohnungseigentümer einen Anspruch auf Berichtigung bzw. Ergänzung des Vermögensberichts. Die Gemeinschaft der Wohnungseigentümer kann entsprechend vom Verwalter verlangen, dass Fehler im Vermögensbericht ergänzt bzw. berichtigt werden.

Der Vermögensbericht ist jedem Wohnungseigentümer zur Verfügung zu stellen (§ 28 Abs. 4 Satz 2 WEG). Jeder Eigentümer hat damit einen Anspruch gegenüber der Gemeinschaft auf dessen Erhalt. Wie dies zu geschehen hat, muss die Rechtsprechung zeigen. Denkbar sind hier alle gängigen Medien wie E-Mail, Datei, Telefax oder natürlich auch auf Papier. Der Anspruch richtet sich nicht gegen den Verwalter, sondern gegen die Gemeinschaft, der Verwalter muss den Vermögensbericht nur erstellen. Deshalb muss der einzelne Eigentümer, wenn er seinen Anspruch auf Erhalt des Vermögensberichts geltend macht, zunächst gegen die Gemeinschaft vorgehen. Sofern dies im Rahmen einer Klage erfolgt, wird die Gemeinschaft dem Verwalter im Prozess, regelmäßig über den Verwaltungsbeirat, den Streit zu verkünden haben. Ob dem Gesetzgeber hierdurch eine echte Erleichterung gelungen ist, mag bezweifelt werden.

Der Vermögensbericht muss zwingend die im Folgenden beschriebenen Bestandteile enthalten.

Stand der Rücklagen, insbesondere der Erhaltungsrücklage

Im Vermögensbericht ist der aktuelle Stand des tatsächlich vorhandenen Vermögens anzugeben, offene Forderungen oder zur Liquiditätssicherung umgewidmete Mittel gehören insoweit nicht hinein. Nach bisherigem Recht gab es immer wieder höchstrichterliche Entscheidungen, wie die Darstellung der Erhaltungsrücklage in der Jahresabrechnung zu erfolgen hat. Der Gesetzgeber hat nun im Rahmen der WEG-Reform festgelegt, dass die Erhaltungsrücklage Teil des gesetzlich neu eingeführten Vermögensberichts ist. Über diesen Vermögensbericht sollen sich die Wohnungseigentümer einen Überblick über die tatsächliche wirtschaftliche Situation der Wohnungseigentümergemeinschaft verschaffen können.

Anzugeben ist grundsätzlich nur der tatsächliche Stand der Erhaltungsrücklage. Die Zahlungen der Eigentümer zur Erhaltungsrücklage sind nicht zwingender Bestandteil des Vermögensberichts. Der Gesetzgeber erachtet den Vermögensbericht als adäquates Mittel, damit sich jeder Eigentümer einen Überblick über den Stand des Vermögens der Gemeinschaft machen kann. Deshalb dürfte es nach wie vor sinnvoll sein, bereits bei der Erhaltungsrücklage sowohl die Ist-Zahlungen als auch die Soll-Zahlungen, die von einzelnen Eigentümern noch nicht erbracht wurden, aufzunehmen. Zudem erscheint es im Sinne einer größtmöglichen Transparenz sinnvoll, bei den säumigen Eigentümern darzustellen, welche Einheiten mit welchen konkreten Beträgen rückständig sind. So lässt sich beurteilen, ob beispielsweise ein Eigentümer mit einer hohen Schuld rückständig ist oder ob sich die Soll-Beträge aus mehreren kleineren Rückständen zusammensetzen. Nach hiesiger Auffassung ist es weiterhin sinnvoll und möglich, die rückständigen Eigentümer namentlich aufzuführen, vor allem wenn es um die Entscheidung geht, ob und inwieweit die gerichtliche Geltendmachung von Zahlungsansprüchen geboten ist.

Im Sinne einer möglichst weitgehenden Übersicht über die wirtschaftliche Situation der Gemeinschaft der Wohnungseigentümer wäre es zudem weiterhin zweckmäßig, die sogenannte Entwicklung der Erhaltungsrücklage aufzunehmen, das heißt sämtliche Einnahmen und Ausgaben, die im Wirtschaftsjahr aus der bzw. in die Erhaltungsrücklage getätigt wurden. Dies ist allerdings nicht zwingender Bestandteil des Vermögensberichts. Vorgeschrieben ist im Rahmen der Erhaltungsrücklage nur die Angabe des tatsächlichen Stands der Rücklagen zum 31. Dezember eines Jahres. Es bleibt deshalb abzuwarten, wie die Rechtsprechung die Anforderungen an die Darstellung der Erhaltungsrücklage ausprägen wird und ob es tatsächlich dabei bleibt, dass nur der tatsächliche Stand der Erhaltungsrücklage zwingend anzugeben ist oder auch die eben beschriebenen Bestandteile, um die konkrete Vermögenssituation besser beurteilen zu können.

Hinweis

Verfügt die Gemeinschaft der Wohnungseigentümer über mehrere Rücklagen, zum Beispiel für Heizöl oder Modernisierungen, so müssen auch diese – sämtliche Rücklagen – im Vermögensbericht angegeben werden.

Aufstellung des wesentlichen Gemeinschaftsvermögens

Der Vermögensbericht muss darüber hinaus den Stand des wesentlichen Gemeinschaftsvermögens zum 31. Dezember eines Jahres enthalten. Hierzu gehören alle **Forderungen** der Gemeinschaft der Wohnungseigentümer gegen einzelne Wohnungseigentümer und Dritte, insbesondere Hausgeldschulden einschließlich offener Forderungen zur Rücklage, somit

- rückständige Vorschüsse (Hausgelder),
- Rückstände einzelner Eigentümer auf die Erhaltungsrücklage,

- Rückstände einzelner Eigentümer auf Sonderumlagen,
- titulierte oder anerkannte Forderungen gegen Dritte, zum Beispiel Handwerker, und
- den tatsächlichen Bestand der jeweiligen Bankkonten zum 31. Dezember des Jahres.

Zum Vermögensbericht gehören ferner alle **Verbindlichkeiten** der Gemeinschaft der Wohnungseigentümer, zum Beispiel diese:

- Darlehensforderungen von Banken,
- Guthaben aus Jahresabrechnungen,
- Forderungen Dritter gegenüber der Gemeinschaft der Wohnungseigentümer, zum Beispiel Handwerkerrechnungen.

In den Vermögensbericht gehören weiterhin **sonstige Vermögenswerte**. Aufzunehmen sind aber nur wesentliche Vermögensgegenstände, etwa eine im gemeinschaftlichen Eigentum stehende Hausmeisterwohnung, Heizölbestand zum 31. Dezember sowie werthaltige Inventargegenstände wie Kraftfahrzeuge und Maschinen. Unwesentliche Vermögensgegenstände, beispielsweise Kleinmaterial, Reinigungsmittel etc., gehören nicht in den Vermögensbericht.

5.4 Beschlüsse über Erhaltungsmaßnahmen

Die Unterscheidung zwischen Maßnahmen der Instandsetzung (Reparaturen) und Maßnahmen der Instandhaltung (laufende Wartung) wurde im Rahmen der WEG-Reform aufgegeben, sie fallen unter den Oberbegriff »Erhaltungsmaßnahmen«. Sie können mit einfacher Mehrheit beschlossen werden. Die im Folgenden beschriebenen baulichen Maßnahmen gehören zu den Erhaltungsmaßnahmen.

Instandhaltung

Instandhaltung ist die dauerhafte Aufrechterhaltung des ordnungs-, gebrauchs- und funktionsfähigen Zustands durch Pflege und Wartung.

Beispiele: Instandhaltung

- Wiederkehrende Schönheitsreparaturen,
- Malerarbeiten,
- Inspektionen.

Instandsetzung

Instandsetzung bedeutet die Wiederherstellung eines ordnungsmäßigen Zustands (Reparatur). Anders als die Instandhaltung, die darauf gerichtet ist, einen ordnungsmäßigen Zustand, zum Beispiel durch Wartung aufrechtzuerhalten, heißt Instandsetzung, dass der bisherige Zustand durch Reparaturen wiederhergestellt wird.

Beispiele: Instandsetzung

- Beseitigung von Mängeln,
- Beseitigung von Schäden,
- Sanierungsarbeiten,
- notwendige Erneuerungen wie der Austausch von Fenstern,
- Beseitigung von Brandschäden,
- Beseitigung von Schäden infolge von Vandalismus am Gemeinschaftseigentum.

Modernisierende Erhaltungsmaßnahmen

Ebenfalls zu den Erhaltungsmaßnahmen gehören die sogenannten modernisierenden Instandsetzungen, nun als modernisierende Erhaltung bezeichnet. Sie liegt vor, wenn

- Instandsetzungsbedarf gegeben ist und
- die Maßnahme über die bloße Reparatur oder die Wiederherstellung des früheren Zustands hinausgeht,
- die Neuerung eine technisch bessere oder wirtschaftlich sinnvollere Lösung darstellt,
- eine Kosten-Nutzen-Analyse vorgenommen wird und
- sich die Mehraufwendungen innerhalb eines angemessenen Zeitraums amortisieren, zum Beispiel innerhalb von zehn Jahren.

Besteht ein konkreter oder absehbarer Erhaltungsbedarf, so können die Eigentümer mit einfacher Mehrheit eine Anpassung vorhandener defekter Anlagen und Einrichtungen an einen technisch oder wirtschaftlich besseren Standard beschließen. Insofern hat sich gegenüber dem bisherigen Recht nichts geändert. Die ordnungsmäßige Erhaltung ist nicht auf eine bloße Wiederherstellung des früheren Zustands beschränkt. Vielmehr schließt sie eine sinnvolle Modernisierung mit ein, die die Vorteile neuer technischer Entwicklungen und verbesserter Standards unter Berücksichtigung einer vernünftigen Kosten-Nutzen-Analyse berücksichtigt.

Entscheidungskompetenzen der Wohnungseigentümer

Jeder Eigentümer kann im Rahmen ordnungsmäßiger Verwaltung von der Gemeinschaft der Wohnungseigentümer auch die Durchführung einer modernisierenden Erhaltung verlangen. Bei der Auswahl mehrerer in Betracht kommender Maßnahmen haben die Eigentümer ein weitreichendes Ermessen, das durch die Gerichte nur eingeschränkt überprüfbar ist.

Erhaltungsmaßnahmen – einfacher Mehrheitsbeschluss

Gemäß § 19 Abs. 1 WEG beschließen die Wohnungseigentümer über eine ordnungsmäßige Verwaltung und Benutzung mehrheitlich, darunter fällt auch die ordnungsmäßige Erhaltung des gemeinschaftlichen Eigentums. Zur Erhaltung zählen gemäß WEMoG Instandsetzungsmaßnahmen (Reparaturen), Instandhaltungsmaßnahmen (Wartung/ Pflege) sowie modernisierende Instandsetzungen.

Der Wohnungseigentümergemeinschaft steht die Entscheidungskompetenz darüber zu, ob eine Erhaltungsmaßnahme durchgeführt wird und wie dies geschieht. Die Wohnungseigentümergemeinschaft trifft diese Entscheidungen durch Mehrheitsbeschluss. Dabei können die Wohnungseigentümer dem Verwaltungsbeirat oder einem gewählten Bauausschuss durch Mehrheitsbeschluss beratende und vorbereitende Aufgabenbereiche übertragen. In diesem Fall ist die Entscheidungsbefugnis der Wohnungseigentümer nicht berührt (Niedenführ/Kümmel/Vandenhouten, § 21 Rn. 60).

Unzulässig ist jedoch die Übertragung der Entscheidungskompetenz über das Ob und das Wie einer Erhaltungsmaßnahme auf lediglich zwei Wohnungseigentümer als Arbeitskreis (OLG Düsseldorf, 30.8.2002, 3 Wx 213/02, NZM 2002, 1031). Gleiches gilt für die Übertragung der Beschlusskompetenz auf den Verwaltungsbeirat, ohne dass eine Vereinbarung hierzu vorliegen würde. Solche Beschlüsse sind nicht nichtig, aber anfechtbar.

Bestandsaufnahme vor einer Sanierung

Eine ordnungsmäßige Verwaltung erfordert vor dem Beschluss über das Ob und das Wie einer Sanierungsmaßnahme eine Bestandsaufnahme über den Umfang der Schäden und deren mögliche Ursachen, damit die Wohnungseigentümergemeinschaft eine sachgerechte Entscheidung treffen kann. Aufgrund dieser Überlegungen entspricht es ordnungsmäßiger Verwaltung, einen Sachverständigen mit den Sanierungsuntersuchungen und der Erstellung eines Sanierungsplans zu beauftragen, wenn sowohl die Ursachenforschung als auch die Entwicklung der Schadensbeseitigung umfassend ist, zum Beispiel bei der Beseitigung schädlicher Bodenverunreinigungen oder bei größeren Fassadensanierungsarbeiten.

Tipp

Die Wohnungseigentümer können den Beschluss über die Sanierung, das heißt über die Frage, ob eine Sanierung notwendig ist, isoliert fassen (sogenannter Grundlagenbeschluss). In einem zweiten Schritt wird dann über die Auftragsvergabe entschieden. Diese Vorgehensweise ist für die Praxis empfehlenswert. Zwischen dem ersten Beschluss darüber, ob eine Sanierung überhaupt notwendig ist, und dem zweiten Beschluss muss ausreichend Zeit liegen, um entsprechende Vergleichsangebote einzuholen. Diese werden in der zweiten Versammlung, wenn es um den Beschluss zur Auftragsvergabe geht, den Wohnungseigentümern als Entscheidungsgrundlage vorgelegt. Vorteilhaft an diesem Vorgehen ist auch, dass der zweite Beschluss über die Auftragsvergabe nicht mit der Begründung angefochten werden kann, dass gar kein Instandhaltungs- und Instandsetzungsbedarf besteht.

Eigener Ermessens- und Beurteilungsspielraum der Wohnungseigentümer

Bei den Beschlussfassungen über Erhaltungsmaßnahmen haben die Wohnungseigentümer einen weitreichenden Ermessens- und Beurteilungsspielraum. Sie können sich für haltbare, aber preiswerte Lösungen entscheiden oder aber eine teure umfassende Sanierung beschließen. Beide Entscheidungen sind grundsätzlich nicht zu beanstanden. In den Ermessensspielraum der Eigentümer dürfen Gerichte grundsätzlich nicht eingreifen. Kommen mehrere Maßnahmen in Betracht, so ist es ausschließlich Sache der Eigentümer, konkret zu entscheiden (Beurteilungsspielraum). So können die Eigentümer beispielsweise im Rahmen einer Instandsetzung von Fenstern durch einfache Mehrheit beschließen, ob sie die ursprünglich vorhandenen Holzfenster durch solche aus Holz ersetzen oder eine moderne Kombination aus Holz- und Alurahmen wählen. Ebenso können die Eigentümer beschließen, dass zum Beispiel eine instandsetzungsbedürftige Heizungsanlage nicht nur repariert, sondern eine modernere Heizungsanlage, etwa mit Gasbrennwerttechnik statt der bisherigen Ölheizung, eingebaut wird.

Einholung von Vergleichsangeboten

Vor der Vergabe eines Auftrags über Erhaltungsmaßnahmen am Gemeinschaftseigentum ist der Verwalter verpflichtet, mehrere vergleichbare Angebote einzuholen. Kein Wohnungseigentümer kann verpflichtet werden, der Vergabe von Sanierungsarbeiten auf Grundlage von Konkurrenzangeboten zuzustimmen, die erst noch eingeholt werden müssen (BayObLG, 26.1.1999, 2 Z BR 130/98, NZM 1999, 767). Ein Beschluss der Wohnungseigentümer über die Vergabe von (größeren) Aufträgen über Instandsetzungs- oder Instandhaltungsmaßnahmen oder eine modernisierende Erhaltungsmaßnahme verstößt regelmäßig gegen die Grundsätze ordnungsmäßiger Verwaltung, wenn nicht zuvor mehrere Vergleichsangebote eingeholt wurden. Damit sich die Eigentümer auf die Beschlussfassung entsprechend vorbereiten können, ist es darüber hinaus nach neuerer Rechtsprechung (BGH, 24.1.2020, V ZR 110/19) erforderlich, dass den Wohnungseigentümern die Angebote grundsätzlich innerhalb der Einladungsfrist des § 24 Abs. 4 WEG vorliegen. Es reicht also nicht aus, dass die Angebote erst in der Eigentümerversammlung erläutert oder zugänglich gemacht werden. In der Regel müssen diese den Eigentümern durch den Verwalter mindestens drei Wochen vor der Versammlung überlassen werden.

Nach dieser Entscheidung müssen den Wohnungseigentümern bereits mit der Einladung zur Eigentümerversammlung die Informationen zur Verfügung gestellt werden, um ihnen eine inhaltliche Befassung mit dem Beschlussgegenstand und eine sorgfältige Vorbereitung auf die Eigentümerversammlung zu ermöglichen. Bei derartigen wesentlichen Entscheidungen muss der Verwalter Sorge tragen, dass die Eigentümer über eine ausreichende Entscheidungsgrundlage verfügen. Ist dies nicht der Fall, kann ein entsprechender Eigentümerbeschluss nach § 44 Abs. 1 WEG mit der Beschlussklage (Anfechtungsklage) innerhalb der Monatsfrist beim zuständigen Amtsgericht angegriffen werden.

Angesichts der vollen Auftragsbücher sind Handwerker oftmals nicht dazu bereit, dezidierte Angebote gegenüber Wohnungseigentümergemeinschaften abzugeben, da dies einen erheblichen, in der Regel nicht vergüteten Arbeitsaufwand bedeutet. Hinzu kommt, dass Handwerker auch wissen, dass die Angebotsabgabe gegenüber einer Wohnungseigentümergemeinschaft in der Regel nicht zwingend dazu führt, dass sie auch den Zuschlag erhalten. Einige Gerichte haben daher in Einzelfällen auch weniger als drei Angebote bei der Beschlussfassung über Erhaltungsmaßnahmen zugelassen. Ein Beschluss über die Beauftragung von Maßnahmen, die mit einem größeren Kostenaufwand verbunden sind, entspricht aber regelmäßig nur dann den Grundsätzen ordnungsmäßiger Verwaltung, wenn zuvor mehrere, in der Regel mindestens drei Konkurrenzangebote eingeholt wurden, um den Eigentümern einen Überblick über die am Markt erhältlichen Leistungen zu verschaffen und eine Überteuerung zu vermeiden (LG München I, 13.7.2022, 1 S 2338/22 WEG). Das Landgericht ließ in dieser Entscheidung nicht ausreichen, dass die Wohnungseigentümergemeinschaft damit argumentierte, es hätten keine anderen Angebote erlangt werden können. Um mit diesem Argument durchzudringen, muss vielmehr konkret dargelegt und auch unter Beweis gestellt werden, dass die Verwalterin ausreichende Anstrengungen unternommen hat, die erforderlichen Konkurrenzangebote zu erhalten. Dazu muss vorgetragen werden, welche Firmen sie konkret zur Abgabe eines Angebots aufgefordert und warum sie ein solches nicht erhalten hat (LG München I, a. a. O.).

Beispiele: Zulässige Beschlüsse

Nachfolgende Beschlüsse über Erhaltungsmaßnahmen entsprechen ordnungsmäßiger Verwaltung und werden mehrheitlich beschlossen:

- Gartenpflege,
- Anlage eines befestigten Fußwegs, um einen sicheren Zugang zum Gemeinschaftseigentum für alle Eigentümer zu schaffen,
- Beseitigung asbesthaltiger Pflanzentröge,
- Beseitigung eines korrosionsgefährdeten Boilers,
- nachträgliche Schallisolierung,
- Versetzung von Zäunen oder Garagen nach Maßgabe des Aufteilungsplans,
- Reparatur eines undichten Dachs,
- Reparatur des Betonestrichs in Tiefgaragen.
- Zulässig sind weiterhin Beschlüsse über modernisierende Erhaltungsmaßnahmen, zum Beispiel:
- Ersatz morscher Holzpfosten eines Zauns durch Stahlpfosten (OLG Düsseldorf, 7.3.1986, MDR 1986, 677).
- Installation eines Balkongeländers anstelle einer massiven Balkonbrüstung (OLG Hamburg, 4.8.2003, ZMR 2003, 866 ff.).
- Erneuerung von Balkonbrüstungen: Es ist zulässig, schadhafte massive Balkonbrüstungen durch moderne Leichtmetallgeländer zu ersetzen (OLG München, 14.11.2005, 34 Wx 105/05).

- Veränderung der Dachkonstruktion, zum Beispiel der Dachart (BayObLG, 12.3.1998, NZM 1998, 338).
- Neueindeckung des Dachs mit hochwertigeren Dachziegeln.
- Eine modernisierende Instandsetzung wurde angenommen, wenn der Ersatz einer Gemeinschaftsantenne durch Breitbandkabel erfolgt und die Gemeinschaftsantenne stark reparaturbedürftig ist.
- Soll die Medienversorgung auf ein anderes System umgestellt werden, so hat der Verwalter grundsätzlich vor der Beschlussfassung Angebote für die verschiedenen konkurrierenden Systeme, zum Beispiel Satellitenschüssel, Kabel und Antenne, einzuholen (OLG München, 27.6.2006, ZMR 2006, 799).
- Sanierung einer durchfeuchteten Fassade durch Anbringung einer Wärmedämmung (BayObLG, 25.9.2001, ZMR 2002, 209).
- Sanierung einer 30 Jahre alten Eternitfassade (OLG Düsseldorf, 8.11.2002, NZM 2003, 28 ff.).
- Erneuerung von Fenstern, zum Beispiel Ersatz einfacher Holzfensterrahmen durch Kunststofffensterrahmen mit Isolierverglasung (OLG Köln, 14.4.1997, ZMR 1998, 49).
- Ersatz von alten Wasserboilern durch ein moderneres System: Der Ersatz von zwei 16 Jahre alten, je 750 Liter fassenden Warmwasserboilern, von denen einer defekt ist, durch einen neuen 500 Liter fassenden Boiler aus Edelstahl, der durch sein besseres Heizsystem warmes Wasser in ausreichender Menge zur Verfügung stellt, ist eine mit Mehrheit zu beschließende modernisierende Instandsetzung (OLG Düsseldorf, 27.5.2002, 3 Wx 40/02, NZM 2002, 705).
- Heizung: Entspricht die Anlage nicht mehr den gesetzlichen Anforderungen des Gebäudeenergiegesetzes, so hat die Rechtsprechung eine modernisierende Erhaltung auch dann angenommen, wenn der Austausch einer Ölheizung gegen eine Gasheizung durch Mehrheitsbeschluss gebilligt wurde (KG Berlin, 27.6.1994, NJW-RR 1994, 1358). Die Umstellung von (Öl-)Zentralheizung auf Fernwärme kann eine modernisierende Instandsetzung sein. Voraussetzung ist, dass die Fernwärme bei einem Vergleich zwischen dem wirtschaftlichen Erfolg, den künftigen Kosten, der langfristigen Sicherung des Energiebedarfs und der Umweltverträglichkeit gegenüber der Erneuerung der Ölheizung sinnvoll und vorteilhaft ist.

Weiterhin ist von Bedeutung, ob sich die Mehraufwendungen innerhalb eines angemessenen Zeitraums amortisieren. Es ist hierzu eine Kosten-Nutzen-Analyse durchzuführen (BGH, 14.12.2012, V ZR 224/11). Regelmäßig wird hier von der Rechtsprechung ein Zeitraum von zehn Jahren, in dem sich die Mehraufwendungen amortisieren müssen, genannt.

Anspruch auf Erhaltung – ordnungsmäßige Verwaltung

Jeder Wohnungseigentümer hat einen Anspruch auf die Durchführung gebotener Erhaltungsmaßnahmen. Bei Reparaturbedarf am gemeinschaftlichen Eigentum muss der Wohnungseigentümer zunächst einen entsprechenden Antrag stellen. Regelmäßig geschieht dies in der Praxis dadurch, dass ein Eigentümer den Verwalter über das Erfordernis von Instandsetzungsmaßnahmen informiert. Der Verwalter wird daraufhin in der Regel eine entsprechende Beschlussfassung vorbereiten und drei Vergleichsangebote einholen.

Danach wird eine Eigentümerversammlung mit entsprechender Tagesordnung einberufen. Innerhalb der Ladungsfrist von drei Wochen müssen den Eigentümern jedenfalls bei größeren Sanierungsmaßnahmen die Angebote als Entscheidungsgrundlage zur Verfügung gestellt werden. In der Eigentümerversammlung wird dann über die Durchführung der Sanierungsmaßnahme und die Auftragsvergabe entschieden. Wenn die Eigentümer in der Versammlung den Beschlussantrag auf Durchführung der Sanierung ablehnen, eine Reparatur jedoch dringend geboten ist, kann jeder Eigentümer eine Beschlussersetzungsklage nach § 44 Abs. 1 WEG erheben. Das Gericht wird in diesem Fall den Sanierungsbeschluss durch ein Urteil ersetzen.

5.5 Beschlüsse über bauliche Veränderungen

Bauliche Veränderungen sind Maßnahmen, die über die ordnungsmäßige Erhaltung des gemeinschaftlichen Eigentums hinausgehen (§ 20 Abs. 1 WEG). Es handelt sich dabei um einen auf Dauer angelegten gegenständlichen Eingriff in die Substanz des Gemeinschaftseigentums, der nach Entstehung des Wohnungseigentums durchgeführt wird und einen neuen Zustand/eine Umgestaltung des Gemeinschaftseigentums herbeiführt. Keine baulichen Veränderungen liegen vor, wenn es um Maßnahmen am Sondereigentum, Erhaltungsmaßnahmen und Maßnahmen zur erstmaligen plangerechten Herstellung des gemeinschaftlichen Eigentums geht.

Beispiele: Bauliche Veränderungen

- Anbau eines Wintergartens,
- Anbau von Balkonen,
- Aufstockung des Gebäudes,
- Ausbau des Dachgeschosses,
- Anbau eines Fahrstuhls,
- Anbringung von Rollläden/Jalousien,
- Anbringung einer Parabolantenne,
- Errichtung von Kaminen,
- Einbau von Fenstertüren oder neuen Fenstern,
- Fällung eines prägenden Baums,
- Errichtung eines Carports,
- Anbringung einer Markise,
- Anbringung eines Katzennetzes,
- Einbau eines Treppenlifts.

5.5.1 Wie können bauliche Veränderungen am Gemeinschaftseigentum beschlossen werden?

Bisher konnten bauliche Veränderungen rechtmäßig nur beschlossen werden, wenn alle beeinträchtigten Wohnungseigentümer der Maßnahme zustimmten. Bei jeder nicht nur unerheblichen Änderung am Gemeinschaftseigentum war es also bislang erforderlich, dass alle beeinträchtigten Wohnungseigentümer einverstanden waren. Solche Beschlüsse sind nach jetziger Rechtslage mit einfacher Mehrheit möglich, denn das Recht bezüglich baulicher Veränderungen wurde durch das WEMoG komplett geändert, im Rahmen der WEG-Reform wurden erhebliche Erleichterungen eingeführt. Das Recht der baulichen Veränderungen ist in § 20 WEG geregelt. Wenn ein Wohnungseigentümer eine bauliche Veränderung durchführen will, so sieht § 20 Abs. 1 WEG vor, dass diese einem Wohnungseigentümer gestattet werden können. Es steht also grundsätzlich im freien Ermessen der Wohnungseigentümer, ob sie einem anderen Wohnungseigentümer die Durchführung baulicher Veränderungen gestatten wollen. Eine Ausnahme gilt für § 20 Abs. 2 WEG, die sogenannten privilegierten Maßnahmen, auf die jeder Wohnungseigentümer einen gerichtlich durchsetzbaren Anspruch hat. Ansonsten besteht aber ein freies Ermessen der Wohnungseigentümer. Der bauwillige Wohnungseigentümer benötigt im Übrigen vor Durchführung der baulichen Maßnahme einen Gestattungsbeschluss, der mit einfacher Mehrheit gefasst werden kann. Es ist daher Sache des Wohnungseigentümers, der eine nicht in der Gemeinschaftsordnung gestattete bauliche Veränderung beabsichtigt, einen Gestattungsbeschluss herbeizuführen, der vor Beginn der Baumaßnahme vorliegen muss. Handelt ein Wohnungseigentümer dem zuwider, haben die Wohnungseigentümer einen Unterlassungsanspruch, der durch die Gemeinschaft der Wohnungseigentümer durchgesetzt werden kann. Diesem Unterlassungsanspruch kann der bauwillige Wohnungseigentümer nicht unter Berufung auf Treu und Glauben entgegenhalten, dass ihm ein Gestattungsanspruch zustehe (BGH, 17.3.2023, V ZR 140/22).

5.5.2 Veränderungssperre

Im Endeffekt kann nun fast jede bauliche Veränderung mit einfacher Mehrheit (!) beschlossen werden. Eine Grenze sieht das Gesetz in § 20 Abs. 4 WEG vor: Nach wie vor unzulässig sind bauliche Veränderungen, die zu einer grundlegenden Umgestaltung der Wohnanlage führen. Damit wurde eine sogenannte Veränderungssperre eingeführt. Was unter diesem Begriff zu verstehen ist, muss die Rechtsprechung ausprägen.

Von einer grundlegenden Umgestaltung wird man nur selten ausgehen können. Der Begriff ist eng zu verstehen. Da in jeder baulichen Veränderung eine Umgestaltung liegt, lautet die zentrale Frage: Hat die bauliche Veränderung so starke Auswirkungen, dass sie die Wohnanlage »grundlegend« umgestaltet, ihr also ein neues Gepräge gibt?

Dabei ist ein strenger Maßstab anzulegen. Bloße architektonische Disharmonien, wie sie häufig durch den Anbau von Balkonen oder Außenaufzügen entstehen, genügen dafür nicht. Grundlegend ist die Umgestaltung, wenn sie der Wohnungseigentumsanlage als Ganzes unter Betrachtung aller Umstände des Einzelfalls ein neues Gepräge gibt (vgl. LG München I, 8.12.2022, 36 S 3944/22). Das LG München I nennt in der Entscheidung ausdrücklich als Beispiel, dass unter dem Begriff der grundlegenden Umgestaltung unter Umständen der Anbau eines Außenaufzugs dann fallen kann, wenn dadurch die Fassade eines Stuckaltbaus zerstört würde (LG München I, a. a. O.).

Das LG München I hat die Revision zugelassen. Der BGH hat die Entscheidung des LG München I durch Urteil vom 9.2.2024 (V ZR 244/22), in dem es um den Anbau eines Außenaufzugs am Gesindehaus eines Jugendstilanwesens zur Förderung von Barrierefreiheit ging, gehalten.

Eine grundlegende Umgestaltung der Wohnanlage wird im Gegensatz zum früheren Recht regelmäßig aber nicht vorliegen, wenn nur einzelne Gebäudeteile angebaut werden, wie etwa ein Wintergarten oder ein Balkon. Sogar der Ausbau des Dachgeschosses wird in der Regel zulässig sein, ohne dass eine grundlegende Umgestaltung der Wohnanlage bejaht wird. Noch weniger wird – im Gegensatz zum früheren Recht – der neue Farbanstrich eines Gebäudes zu einer unzulässigen baulichen Veränderung führen. Die Umgestaltung der Wohnanlage könnte etwa angenommen werden, wenn größere Grünflächen zu Stellplätzen für Kraftfahrzeuge umfunktioniert werden sollen. Die Messlatte liegt insoweit hoch. Eine grundlegende Umgestaltung im Sinne des § 20 WEG dürfte selten vorliegen.

Der Grundsatz besagt vielmehr, dass jede bauliche Veränderung mit einfacher Mehrheit beschlossen werden kann. Demgegenüber ist die sogenannte grundlegende Umgestaltung nach dem Willen des Gesetzgebers der Ausnahmefall. Die Durchführung baulicher Veränderungen soll damit ausdrücklich erleichtert werden. Der Begriff »grundlegende Umgestaltung« ist danach enger zu verstehen als die bisherige »Änderung der Eigenart der Wohnanlage«. Vor der Reform war es in der Regel zum Beispiel nicht möglich, mit einfacher Mehrheit einen Außenaufzug anzubauen, da dies die Eigenart der Anlage geändert hätte. Nach jetzt geltendem Recht ist dies aber möglich.

Keine unbillige Beeinträchtigung anderer Wohnungseigentümer
§ 20 Abs. 4 WEG legt eine weitere Grenze fest: Bauliche Veränderungen dürfen weiterhin nicht zu einer unbilligen Benachteiligung eines anderen Eigentümers führen. Dies wird zum Beispiel dann der Fall sein, wenn durch die bauliche Veränderung ein Fenster der Wohnung eines anderen Eigentümers zugemauert wird, die Ständeranlage von Balkonen in den Sondernutzungsbereich eines anderen Eigentümers hineinragt, die Nutzbarkeit seines Gartens einschränkt oder beispielsweise eine Erdgeschosswohnung erheblich verschattet.

Eine unbillige Benachteiligung liegt nur bei einer treuwidrigen Ungleichbehandlung vor. Es muss sich um ein sogenanntes Sonderopfer handeln, bei dem der Einzeleigentümer stärker benachteiligt ist als die übrigen Eigentümer. Ein solches Sonderopfer liegt demgegenüber nicht vor, wenn alle Wohnungseigentümer gleichermaßen durch die bauliche Veränderung benachteiligt werden.

Sowohl die grundlegende Umgestaltung der Wohnanlage als auch die unbillige Benachteiligung eines anderen Eigentümers wird künftig aber der Ausnahmefall sein. Mehrheitlich beschlossene bauliche Veränderungen sind nach dem Willen des Gesetzgebers von der Minderheit zu tolerieren. Im Grundsatz können alle baulichen Veränderungen nach der Gesetzesreform mit einfacher Mehrheit beschlossen werden.

Haben Eigentümer einen Anspruch auf Durchführung baulicher Veränderungen?

In § 20 Abs. 2 WEG wurden sogenannte privilegierte Maßnahmen eingeführt. Darunter fallen Maßnahmen, die einem bestimmten Zweck dienen:

- dem Gebrauch durch Menschen mit Behinderung,
- dem Laden elektrisch betriebener Fahrzeuge,
- dem Einbruchschutz,
- dem Anschluss an ein Telekommunikationsnetz mit sehr hoher Kapazität.

Auf die Durchführung solcher baulicher Veränderungen hat jeder Wohnungseigentümer einen Anspruch. Der Anspruch bezieht sich auf das »Ob« der Maßnahme. Insoweit haben die anderen Eigentümer kein Ermessen, das heißt, die bauliche Maßnahme als solche muss dem Eigentümer, der sie verlangt, gestattet werden. Nur hinsichtlich des »Wie« haben die Eigentümer ein Ermessen.

Beispiel: Rollstuhlrampe im Hauseingang

Ein gehbehinderter Eigentümer verlangt, dass eine Rollstuhlrampe direkt vor dem Hauseingang angebracht wird. Die Mehrheit der Wohnungseigentümer lehnt dies ab, da der Eingangsbereich dann zu schmal würde. Sie bevorzugen eine bauliche Ausführung, bei der die Rollstuhlrampe nicht direkt vor dem Eingangsbereich, sondern seitlich angebracht wird. Da die Eigentümer hinsichtlich der Ausführungsart ein Ermessen haben, können sie dem Eigentümer die Art der Ausführung vorschreiben.

Voraussetzung im Beispielfall ist, dass die bauliche Veränderung dem Gebrauch durch Menschen mit Behinderung dient. Es geht also nicht darum, dass die Maßnahme zwingend notwendig ist. Dies sind die sogenannten privilegierten Maßnahmen. Über die Durchführung ist im Rahmen ordnungsmäßiger Verwaltung zu beschließen (§ 20 Abs. 2 Satz 2 WEG). Die Beschlussfassung über das »Ob« solcher Maßnahmen ist gebunden, das heißt, die Wohnungseigentümer dürfen einen entsprechenden Antrag nicht ablehnen. Ansonsten kann der betroffene Wohnungseigentümer die Beschlussersetzungsklage nach § 44 Abs. 1 WEG erheben.

Der BGH hat zu den privilegierten Maßnahmen, auf die jeder Wohnungseigentümer nach § 20 Abs. 2 WEG einen einklagbaren Anspruch hat, durch Urteil vom 9.2.2024 (V ZR 244/22) entschieden: Eine bauliche Veränderung, die einem der in § 20 Abs. 2 Satz 1 Nr. 1 bis Nr. 4 WEG aufgeführten Zwecke dient, ist regelmäßig angemessen. Die Angemessenheit ist nur ausnahmsweise aufgrund außergewöhnlicher baulicher Gegebenheiten oder eines außergewöhnlichen Begehrens zu verneinen, wenn die bauliche Veränderung bei der Gesamtheit der Wohnungseigentümer zu Nachteilen führt, die bei wertender Betrachtung außer Verhältnis zu ihrem Zweck stehen. Nachteile, die typischerweise aufgrund einer privilegierten baulichen Veränderung eintreten, begründen regelmäßig nicht deren Unangemessenheit (BGH, 9.2.2024, V ZR 244/22).

Wird eine solche privilegierte Maßnahme im Sinn des § 20 Abs. 2 WEG, auf deren Durchführung jeder Wohnungseigentümer einen Anspruch hat, abgelehnt, so kann der Wohnungseigentümer Beschlussersetzungsklage nach § 44 Abs. 1 WEG erheben.

Hinsichtlich der konkreten Ausführung, des sogenannten »Wie« haben die Eigentümer aber einen weitreichenden Ermessensspielraum. Sie können über die konkrete Durchführung der Maßnahme selbst entscheiden, und zwar sowohl im Hinblick auf die baulichen Details als auch auf die Frage, wer die Baumaßnahme durchführt – der bauwillige Eigentümer oder die Gemeinschaft der Eigentümer. Die Wohnungseigentümer können die Ausführung der Maßnahme aber nicht mit derartigen Bedingungen, Auflagen oder Detailvorgaben versehen, die im Ergebnis dazu führen, dass die Maßnahme auf Dauer nicht umgesetzt werden kann. Ansonsten würde der Anspruch des Wohnungseigentümers auf Durchführung der privilegierten baulichen Veränderungen gemäß § 20 Abs. 2 WEG ausgehebelt.

Wer trägt die Kosten der Durchführung baulicher Veränderungen?
Die Kosten einer baulichen Veränderung, die einem Wohnungseigentümer gestattet oder die auf sein Verlangen gemäß § 20 Abs. 2 WEG (privilegierte Maßnahmen) durchgeführt wird, muss der bauwillige Eigentümer allein tragen. Dies gilt sowohl für die Kosten der Maßnahme selbst als auch für sämtliche Folgekosten wie Instandsetzungs-, Wartungs- und Betriebskosten.

Eine Ausnahme gilt für bauliche Veränderungen, die mit mehr als zwei Dritteln der abgegebenen Stimmen und der Hälfte aller Miteigentumsanteile beschlossen wurden, es sei denn die bauliche Veränderung ist mit unverhältnismäßig hohen Kosten verbunden oder sie amortisiert sich nicht innerhalb eines angemessenen Zeitraums. Wird diese Mehrheit erreicht, müssen auch diejenigen Eigentümer die Kosten und Folgekosten tragen, die der baulichen Veränderung nicht zugestimmt haben.

Ansonsten bleibt es bei dem Grundsatz, dass nur der oder die bauwilligen Eigentümer die Kosten der baulichen Maßnahmen zu tragen haben. Nur diese dürfen dann auch das Ergebnis der baulichen Veränderung nutzen. Wenn beispielsweise ein Fahrstuhl eingebaut wird, sind diejenigen Eigentümer, die der Maßnahme nicht zugestimmt haben und auch nicht bereit sind, Kosten zu tragen, von der Nutzung des Fahrstuhls ausgeschlossen. Jeder Eigentümer kann aber später gegen einen angemessenen Ausgleich verlangen, dass auch ihm die Nutzung gestattet wird (§ 21 Abs. 4 WEG).

5.5.3 Welche Beschlüsse zu baulichen Veränderungen sind zulässig?

Gestattungsbeschluss

§ 20 Abs. 1 Alt. 2 WEG regelt den Gestattungsbeschluss. Mit dieser Form des Beschlusses wird einem Eigentümer oder mehreren Eigentümern die Durchführung einer baulichen Veränderung gestattet. Der Gestattungsbeschluss gemäß § 20 Abs. 1 WEG steht im Ermessen der Wohnungseigentümer, das heißt, sie können eine bauliche Veränderung genehmigen, müssen es aber nicht.

Ein Anspruch auf die Gestattung baulicher Veränderungen besteht nur hinsichtlich der in § 20 Abs. 2 WEG genannten privilegierten Maßnahmen, zum Beispiel für einen barrierefreien Zugang oder die Errichtung von Ladestationen. Ein weiterer Anspruch von Eigentümern auf Gestattung baulicher Veränderungen besteht gemäß § 20 Abs. 3 WEG. Danach können bauliche Veränderungen verlangt werden, wenn die beeinträchtigten Wohnungseigentümer mit der baulichen Veränderung einverstanden sind oder wenn es sich um bauliche Veränderungen handelt, die für andere Eigentümer keine Nachteile mit sich bringen.

Nach wie vor müssen die Beschlüsse über die Genehmigung baulicher Veränderungen aber ordnungsmäßiger Verwaltung entsprechen und hinreichend bestimmt sein. Im Rahmen ihres Ermessens können die Wohnungseigentümer grundsätzlich frei entscheiden, ob sie eine bauliche Veränderung überhaupt gestatten und, falls ja, wie sie dies ausgestalten. Sie können dem Antrag eines Eigentümers auf Durchführung einer baulichen Veränderung zustimmen, ohne Änderungen daran vorzunehmen, oder sie versehen den Gestattungsbeschluss mit Bedingungen oder Auflagen, um die konkrete Bauausführung zu bestimmen und vorzugeben.

Beispiele: Gestattungsbeschluss mit Auflagen

- Vorgaben zu Baustoffen, Materialien und der Farbgebung bei der Gestattung, eine Terrasse auf einem Sondernutzungsbereich zu bauen,
- Bestimmung der bauausführenden Firma oder Verpflichtung zur Einschaltung eines Sachverständigen/Bauleiters,
- Einholung denkmalschutzrechtlicher Erlaubnisse oder öffentlich-rechtlicher Genehmigungen,
- Abschluss von Versicherungen oder Hinterlegung von Sicherheitsleistungen.

Im Fall eines solchen Gestattungsbeschlusses sieht § 21 Abs. 1 WEG vor, dass die Kosten der baulichen Maßnahme derjenige Eigentümer zu tragen hat, der die bauliche Veränderung durchgeführt hat. Nur ihm gebühren auch die Nutzungen. Durch diese Vorschrift will der Gesetzgeber ein Korrektiv dazu schaffen, dass nun grundsätzlich jede bauliche Veränderung nach Ermessen mehrheitlich beschlossen werden kann. Die Minderheit wird über die Kostentragungsverpflichtung der bauwilligen Eigentümer dadurch geschützt, dass nur diese die Kosten zu tragen haben. Hier gilt ebenfalls: Die Verpflichtung zur Kostentragung bezieht sich auf alle Folgekosten, das heißt Erhaltungs-, Betriebs- und Verwaltungskosten.

Vornahmebeschluss
Gemäß § 20 Abs. 1 WEG können die Wohnungseigentümer auch beschließen, dass die Gemeinschaft der Wohnungseigentümer die bauliche Veränderung selbst durchführt, zum Beispiel wenn es um den Anbau eines Außenlifts, den Ausbau des Dachgeschosses, sofern es im Gemeinschaftseigentum steht, oder den Anbau von Balkonen geht. Dabei gilt: Der Vornahmebeschluss gemäß § 20 Abs. 1 WEG steht ebenfalls im Ermessen der Wohnungseigentümer. Das heißt, sie können eine bauliche Veränderung genehmigen, müssen dies aber nicht.

Derartige Beschlüsse erfordern eine umfassende Vorbereitung. Aus dem Beschluss muss sich insbesondere ergeben, welche konkrete bauliche Veränderung auf welche Art und Weise in welchem Umfang zu welchem Zeitpunkt durchgeführt werden soll. Ferner muss geregelt werden, wie die Finanzierung zu erfolgen hat, vor allem ob der begünstigte Wohnungseigentümer einen Kostenvorschuss leisten muss, da beim Vornahmebeschluss ja die Gemeinschaft der Wohnungseigentümer die bauliche Veränderung durchführt. Deshalb muss darüber hinaus geregelt werden, durch wen die Auftragsvergabe bei welchen Firmen erfolgt. Auch im Vornahmebeschluss sollte möglichst detailliert die konkrete Bauausführung, zum Beispiel auch die Festlegung von Baustoffen, Materialien etc., festgelegt werden.

Auch beim Vornahmebeschluss haben die Wohnungseigentümer weitreichende Rechte, das »Wie« vorzugeben und die Beschlüsse mit Bedingungen und Auflagen zu versehen. Hierzu wird auf die vorstehenden Ausführungen beim Gestattungsbeschluss verwiesen.

5.5.4 Worauf ist bei der Beschlussfassung über bauliche Veränderungen zu achten?

In Eigentümerversammlungen muss genau darauf geachtet werden, wer einer baulichen Veränderung zugestimmt hat oder nicht. Die Abstimmung sollte daher in jedem Fall namentlich durchgeführt werden, da sich nur so feststellen lässt, wer zugestimmt hat und damit künftig an den Kosten zu beteiligen ist. Neben dieser Aufgabe trägt der Verwalter eine weitere Verpflichtung: Die Hausgeldabrechnungen werden nach Durchführung baulicher Veränderungen künftig auf unterschiedliche Abrechnungskreise abzielen. Um beim Beispiel des Fahrstuhls zu bleiben: Die für den Lift anfallenden Betriebskosten sind nur von den Erbauern zu tragen, sodass die Jahresabrechnung künftig eine weitere Rubrik von Kostenschuldnern enthalten wird, etwa »Bau- oder Betriebsgemeinschaft Fahrstuhl«.

5.5.5 Beschlüsse über die Änderung des Kostenverteilungsschlüssels

Vor der WEG-Reform im Jahr 2007 war es grundsätzlich nicht möglich, den in der Gemeinschaftsordnung vereinbarten Kostenverteilungsschlüssel zu ändern, sofern dort keine entsprechende Öffnungsklausel vereinbart war. 2007 wurde die Möglichkeit geschaffen, den vereinbarten Kostenverteilungsschlüssel für Betriebs- und Verwaltungskosten zu ändern, in § 16 Abs. 3 WEG ist dafür die gesetzliche Kompetenz festgeschrieben. Von da an konnte durch einfachen Mehrheitsbeschluss der Verteilungsschlüssel für diese Kosten abgewandelt werden. Gleiches galt für Kosten der Instandhaltung und Instandsetzung, allerdings nur bezogen auf den konkreten Einzelfall und bei Erreichen des Quorums von drei Vierteln aller stimmberechtigten Wohnungseigentümer nach Köpfen, die gleichzeitig mehr als die Hälfte der Miteigentumsanteile vertreten (doppelt qualifizierte Mehrheit).

Mit der WEG-Reform 2020 wurde die Möglichkeit, den Kostenverteilungsschlüssel zu ändern, noch einmal vereinfacht und erleichtert. Gemäß § 16 Abs. 2 Satz 2 können die Wohnungseigentümer nun für einzelne Kosten oder bestimmte Arten von Kosten eine vom gesetzlichen Kostenverteilungsschlüssel oder von der Teilungserklärung/Gemeinschaftsordnung abweichende Verteilung mit einfacher Mehrheit beschließen. Dadurch wurde den Eigentümern ein noch weitreichenderes Instrumentarium an die Hand gegeben, um über künftig abweichende Kostenverteilungen zu entscheiden.

Nach geltendem Recht wird nun nicht mehr zwischen den Betriebs- und Verwaltungskosten oder den Instandsetzungskosten unterschieden. Die Änderungskompetenz ist daher umfangreich. Sie bezieht sich auf einzelne und bestimmte Arten von Kosten, insgesamt sind von der Beschlusskompetenz prinzipiell alle Kosten umfasst, die in der Gemeinschaft der Wohnungseigentümer anfallen.

Die Beschlusskompetenz zur Änderung des Kostenverteilungsschlüssels wurde durch das WEMoG erheblich erweitert. Bislang konnte die Verteilung der Kosten für Instandsetzungsmaßnahmen nur für einen konkreten Einzelfall und mit doppelt qualifizierter Mehrheit geändert werden. Beides ist entfallen, auch die Kosten für Instandsetzungsmaßnahmen können nun generell und ohne das sogenannte Quorum, das heißt mit einfacher Mehrheit, geändert werden. Nachdem die Beschlusskompetenzen durch die Reform erweitert wurden, entsprechen in der Regel auch die bisher zulässigen Eigentümerbeschlüsse zur abweichenden Kostenverteilung ordnungsmäßiger Verwaltung.

Beispiele: Beschlüsse zu abweichenden Kostenverteilungen

Die Eigentümer beschließen Folgendes:

- Das Streichen von Fenstern wird nach deren Anzahl abgerechnet.
- Die Reparatur der im Gemeinschaftseigentum stehenden Teile von Balkonen wird nur den Wohnungseigentümern in Rechnung gestellt, zu deren Wohnung ein Balkon gehört.
- Die Instandsetzungskosten für Garagen oder Stellplätze werden nur auf die Nutzungsberechtigten verteilt (BT-Drucks. 16/887, S. 23).
- Im Fall einer Balkonsanierung können beispielsweise nach einer Entscheidung des AG Oldenburg (19.2.2008, 10 C 10016/07, NZM 2008, 495) die Kosten für die Sanierung eines einzelnen Balkons – obwohl beispielsweise Brüstung, Geländer und Bodenplatte zwingend Gemeinschaftseigentum sind – allein dem Eigentümer der Wohnung auferlegt werden.

Mit der Änderung des Wohnungseigentumsgesetzes im Jahr 2020 wurde den Wohnungseigentümern gemäß § 16 Abs. 2 WEG ein weitreichender Gestaltungsspielraum für abweichende Kostenverteilungsregelungen eingeräumt. Ein Beschluss, mit dem einem Wohnungseigentümer die Kosten der Erhaltung und Erneuerung der »zu seiner Sondereigentumseinheit zählenden Fenster, Balkontüren, Rollläden, Wohnungseingangstüren und Kellertüren« auferlegt werden, hält sich im Rahmen des weiten Ermessens der Wohnungseigentümer nach § 16 Abs. 2 Satz 2 WEG (LG Frankfurt/Main, 31.5.2023, 2-13 S 91/22).

Ein solcher Beschluss sieht vor, dass bestimmte Bauteile, die üblicherweise im Bereich des Sondereigentums der Eigentümer befindlich sind (Fenster, Balkontüren, Rollläden, Dachflächenfenster und Wohnungseingangstüren), allerdings Gemeinschaftseigentum sind, auf Kosten der Wohnungseigentümer, zu dessen Sondereigentumseinheit diese Einrichtung »zählt«, zu erhalten und zu erneuern sind. Dies ist keineswegs willkürlich, sondern entspricht dem naheliegenden Ansatz, dass diese Bauteile der Einwirkung durch die Wohnungseigentümer in höherem Maß als das sonstige Gemeinschaftseigentum ausgesetzt und daher auf deren Kosten zu erhalten und auszutauschen sind. Derartige Kostenverteilungsregeln zu ermöglichen war ein Anliegen des Reformgesetzgebers, der als typisches Beispiel für einen derartigen Beschluss in der Gesetzesbegründung den Austausch von Fenstern angeführt hat (LG Frankfurt/Main, a. a. O., Rz. 6).

In dem vom LG Frankfurt/Main entschiedenen Fall war auch eine unzulässige Rückwirkung mit der Beschlussfassung nicht verbunden, da der Beschluss nur Maßnahmen in der Zukunft umfasste. Auch dass einzelne Maßnahmen an den geregelten Bauteilen in nicht amortisierter Zeit in der Vergangenheit auf Gemeinschaftskosten durchgeführt wurden, führt nicht dazu, dass damit in Zukunft abweichende Beschlüsse über die Kostenverteilung nach § 16 Abs. 2 Satz 2 WEG ausgeschlossen wären. Ein Beschluss über abweichende Kostenverteilungsregelungen darf nur nicht willkürlich sein. Dies wäre nach der Entscheidung des LG Frankfurt/Main nur dann denkbar, wenn faktisch der Beschluss zulasten einiger weniger Wohnungseigentümer ginge, weil alle anderen bereits von einer vergleichbaren Erhaltungsmaßnahme auf Gemeinschaftskosten profitierten.

Willkürlich wäre es demgegenüber wohl, zum Beispiel Grundlagenmängel am Gemeinschaftseigentum, wie eine von Anfang an fehlende Kellerabdichtung, über § 16 Abs. 2 Satz 2 WEG nur auf Kosten davon unmittelbar Betroffener »erledigen« zu wollen (vgl. Dötsch, IMR 2023, 373).

Dennoch ist die Verteilungsgerechtigkeit zu berücksichtigen. Nach einer Entscheidung des AG Potsdam (20.10.2022, 31 C 43/22) entspricht eine abweichende Kostenverteilung bei einem Sanierungsstau nicht mehr ordnungsmäßiger Verwaltung, wenn ein Eigentümer aufgrund der abweichenden Kostenverteilung statt bisher etwa 3.150 EUR nun das Siebenfache und damit einen fünfstelligen Betrag bezahlen müsste. Insoweit kann die Verteilungsgerechtigkeit betroffen sein.

Entgegen der früheren Rechtslage ist es nun möglich, die Kosten der Instandhaltung, zum Beispiel von Terrassenfenstern und -türen, nicht nur für die einzelne konkret anstehende Maßnahme, sondern dauerhaft auf die einzelnen Wohnungseigentümer abzuwälzen. Die Beschlusskompetenz nach § 16 Abs. 2 WEG gilt darüber hinaus für die Verwaltungskosten, zum Beispiel das Verwalterhonorar oder einen Aufwandsersatz für den Verwaltungsbeirat.

Beispiel: Verteilung der Verwaltungskosten

Die Eigentümergemeinschaft beschließt, dass das Verwalterhonorar nicht nach Miteigentumsanteilen, sondern künftig pro Wohneinheit abgerechnet werden soll. Dafür besteht ein sachlicher Grund, da der Verwaltungsaufwand pro Wohnung grundsätzlich unabhängig von der jeweiligen Wohnungsgröße gleich ist.

Ist die »Neubelastung« eines Eigentümers mit Kosten zulässig?

Wenn nach der Gemeinschaftsordnung bestimmte Eigentümer oder Eigentümergruppen von der Belastung mit einer Kostenposition ausgenommen sind, zum Beispiel die Erdgeschossbewohner, so bestand nach bisherigem Recht keine Möglichkeit, daran etwas zu ändern. Denn § 16 Abs. 3 WEG a. F. begründete nur die Kompetenz, im Rahmen einer dem Grunde nach bereits bestehenden Kostentragungsverpflichtung einen anderen Kostenverteilungsmaßstab zu wählen, nicht aber die Befugnis, einen Wohnungseigentümer der bisher von der Kostentragung befreit war, an den Kosten zu beteiligen (BGH, 1.6.2012, V ZR 225/11).

Ob durch die Neufassung des § 16 Abs. 2 Satz 2 WEG nun auch die Kompetenz eingeräumt wurde, einen bisher befreiten Eigentümer künftig mit Kosten zu belasten, muss von der Rechtsprechung erst entschieden werden. Für eine Änderungskompetenz spricht, dass sich § 16 Abs. 2 Satz 2 WEG ausdrücklich auch auf Vereinbarungen (Teilungserklärung/Gemeinschaftsordnung) bezieht und im Übrigen der Gesetzgeber eine umfassende Beschlusskompetenz zur Änderung des Kostenverteilungsschlüssels schaffen wollte.

Auch wenn der Wortlaut der Neuregelung in § 16 Abs. 2 Satz 2 WEG eine »von einer Vereinbarung abweichende« Verteilung der Kosten gestattet, soll dies nach anderer Ansicht nicht rechtfertigen, abweichend von einer Vereinbarung erstmals Kostentragungspflichten einzelner Wohnungseigentümer zu begründen (Bärmann/Becker, Kommentar WEG, 15. Auflage 2023, § 16 Rz. 120).

Ausnahme von der Beschlusskompetenz – Kosten und Folgekosten einer baulichen Veränderung

Die neu eingeführte Beschlusskompetenz betrifft sämtliche Kosten, die in der Gemeinschaft der Wohnungseigentümer anfallen. Eine Ausnahme gilt nur für die spezielle Regelung des § 21 Abs. 2 WEG. Für bauliche Veränderungen sieht diese Vorschrift das noch einzig im Gesetz verbleibende Quorum vor. Für alle sonstigen Kosten gilt § 16 Abs. 2 Satz 2 WEG. Die Vorschrift unterscheidet zwei Varianten, nämlich die Kostenverteilung im Hinblick auf einzelne Kosten und die Verteilung bestimmter Arten von Kosten.

Beispiel: Fensteraustausch

Die Eigentümer beschließen mehrheitlich, dass künftig jeder Wohnungseigentümer die Kosten des Austauschs der zu seiner Sondereigentumseinheit gehörenden Fenster zu tragen hat.

Seit der WEG-Reform kann dies nun mit einfacher Mehrheit beschlossen werden. Auch hinsichtlich bestimmter Kostenarten ist eine abweichende Kostenverteilung durch einfachen Mehrheitsbeschluss jederzeit und unproblematisch möglich. Das gilt zum Beispiel für den Beschluss über eine abweichende Kostenverteilung der Müllgebühren, zum Beispiel nach Anzahl der Personen (wäre zwar unpraktikabel, aber möglich).

Weiterhin nicht möglich ist es nach der Gesetzesbegründung, den in der Gemeinschaftsordnung vereinbarten Kostenverteilungsschlüssel generell zu ändern. Daher kann nicht für alle Kosten beschlossen werden, diese statt nach Miteigentumsanteilen künftig nach Wohnfläche umzulegen, die Änderungskompetenz erstreckt sich eben nur auf einzelne und bestimmte Arten von Kosten.

Hinreichende Bestimmtheit eines Änderungsbeschlusses
§ 16 Abs. 2 WEG ermöglicht damit auch eine abweichende Kostenverteilung für den Einzelfall, zudem die Änderung des Kostenverteilungsschlüssels für die Zukunft. Ebenso wie jeder andere Eigentümerbeschluss müssen die Beschlüsse hierzu hinreichend bestimmt sein. Zumal an eine abweichende Kostenverteilung auch ein Rechtsnachfolger gebunden ist. Ein Beschluss über die Abänderung von »Wartungskosten« wurde beispielsweise als zu unbestimmt erachtet (vgl. LG München I, 18.3.2010, 36 S 4706/09).

Anders als nach bisherigem Recht ist es nun möglich, über eine Kostenverteilung auch über den Einzelfall hinaus zu entscheiden. Es kann zum Beispiel beschlossen werden, dass jeder Wohnungseigentümer die Kosten für den Austausch derjenigen Fenster zu tragen hat, die sich im Bereich seines Sondereigentums befinden. Wird dagegen eine entsprechende Kostenverteilung nur für einzelne Fälle beschlossen, kann sich daraus ein Anspruch der übrigen Wohnungseigentümer auf Gleichbehandlung ergeben, dem im Rahmen künftiger Beschlussfassungen Rechnung zu tragen ist. Insoweit bleibt das Gebot der sogenannten Maßstabskontinuität durchaus relevant (vgl. BT-Drucks. 18791, S. 56).

Rückwirkende Änderung des Kostenverteilungsschlüssels
Eine rückwirkende Änderung des Kostenverteilungsschlüssels für bereits abgeschlossene Abrechnungszeiträume ist unzulässig (vgl. BGH, 9.7.2010, V ZR 202/0 9, NJW 2010, 2654). Der BGH hat entschieden, dass ein Wohnungseigentümer darauf vertrauen darf, dass die bis zu einer Änderung des Verteilerschlüssels angefallenen Kosten nach dem bis dahin geltenden Schlüssel umgelegt werden. Deshalb darf in der Regel nicht in bereits abgeschlossene Abrechnungszeiträume rückwirkend eingegriffen werden. Dies gebietet der Vertrauensschutzgedanke. Eine Abweichung hiervon kommt nur ausnahmsweise bei Vorliegen besonderer Umstände in Betracht, etwa wenn der bisherige Schlüssel unbrauchbar oder in hohem Maß unpraktikabel ist oder seine Anwendung zu grob unbilligen Ergebnissen führt (BGH, 9.7.2010, V ZR 202/09).

Eine Änderung des Kostenverteilungsschlüssels im laufenden Wirtschaftsjahr kann weiterhin in Betracht kommen. Dass derartige Regelungen von der Beschlusskompetenz ausgenommen sein sollen, lässt sich dem Gesetz nicht entnehmen. Zudem widerspräche eine solche Einschränkung der im Gesetzgebungsverfahren betonten Stärkung der Privatautonomie der Wohnungseigentümer (BGH, a. a. O.).

Hinweis

Ein strenges Rückwirkungsverbot gilt für die Heiz- und Warmwasserkosten, nicht aber für die Änderung des Kostenverteilungsschlüssels für Betriebs- und Verwaltungskosten im laufenden Wirtschaftsjahr. Eine rückwirkende Änderung des Umlageschlüssels für ein bereits abgelaufenes Wirtschaftsjahr entspricht in der Regel jedoch weiterhin nicht den Grundsätzen ordnungsmäßiger Verwaltung.

Ermessen/Transparenzgebot

Die Befugnis, den Kostenverteilungsschlüssel durch Mehrheitsbeschluss zu ändern, ist für die Eigentümergemeinschaft fakultativ, das heißt, die Gemeinschaft kann ihn ändern, muss dies aber nicht. So kann sie zum Beispiel die Verteilung der eben erwähnten Kosten in einzelnen Kostenpositionen ändern. Aus Transparenzgründen muss aus dem Beschluss zur Änderung des Kostenverteilungsschlüssels aber hervorgehen, dass den Wohnungseigentümern bewusst war, dass sie über eine Änderung der bisherigen Kostenverteilung für künftige Abrechnungen beschließen (BGH, 11.11.2011, V ZR 65/11, NJW 2012, 603; BGH, 8.6.2018, V ZR 195/17, NJW-RR 2018, 1162).

Um dem Transparenzgebot zu entsprechen, genügt es nicht, in einer Jahresabrechnung oder einem Wirtschaftsplan lediglich den neuen Kostenverteilungsschlüssel zugrunde zu legen. Auch eine rückwirkende Änderung des Umlageschlüssels nach § 16 Abs. 3 WEG entspricht in der Regel nicht den Grundsätzen einer ordnungsmäßigen Verwaltung (BGH, 9.7.2010, V ZR 202/09, NJW 2010, 2654). Einem solchen Beschluss muss in jedem Fall ausdrücklich zu entnehmen sein, dass der von der Gemeinschaftsordnung oder Teilungserklärung vorgegebene Schlüssel dauerhaft geändert werden soll. Derart weitreichende Änderungen müssen eindeutig gestaltet werden. Es muss deshalb bereits aus der Einladung zur Wohnungseigentümerversammlung hervorgehen, dass der Kostenverteilungsschlüssel Gegenstand der Beschlussfassung sein soll (BGH, a. a. O.).

Eine hohe Transparenz bei Wohnungseigentümerbeschlüssen über eine abweichende Kostenverteilung ist auch deshalb erforderlich, weil entsprechende wirksame Beschlüsse auch den Rechtsnachfolger binden. Dies dürfte nach neuem Recht umso mehr gelten, als nun die Änderungsmöglichkeiten im Hinblick auf den Kostenverteilungsschlüssel durch einfachen Mehrheitsbeschluss nochmals erheblich erweitert wurden.

> **WEG-Reform 2020**
>
> Mit der WEG-Reform wurde die Beschlusskompetenz zur Änderung des Kostenverteilungsschlüssels erweitert und erleichtert. Deshalb wird man auch nach neuem Recht die bisherige Rechtsprechung, die schon nach altem Recht Beschlüsse über Kostenverteilungen als ordnungsmäßig erachtet hat, künftig ebenfalls im Wesentlichen heranziehen können.

Ein Mehrheitsbeschluss über eine abändernde Kostenverteilung kann sich weiterhin zum Beispiel am tatsächlichen Verbrauch bzw. an der Verursachung orientieren, zum Beispiel:

- Eine am Verbrauch orientierte Kostenverteilung ist immer dann möglich, wenn Messeinrichtungen vorhanden sind, zum Beispiel Wasseruhren.

- Eine an der Verursachung orientierte Kostenverteilung kann auch erfolgen, indem künftig nach Personenanzahl, Objekten oder nach der konkreten Nutzungsdauer der Gemeinschaftseinrichtung (Schwimmbad, Sauna etc.) abgerechnet wird.

Für die Ordnungsmäßigkeit eines entsprechenden Beschlusses ist die Orientierung am Verbrauch oder an der Verursachung jedoch nicht mehr zwingend. Dazu entschied das LG München I (10.6.2009, 1 S 10155/08), dass auch unterschiedliche Gebrauchsmöglichkeiten einen geeigneten Grund für eine Abänderung des Kostenverteilungsschlüssels darstellen. Danach ist es möglich, die Kosten für den Winterdienst überwiegend auf die Eigentümer von Wohnungen zu verteilen und gleichzeitig die »Nur-Stellplatzeigentümer« mit diesen Kosten deutlich weniger stark zu belasten. In dem vom Landgericht entschiedenen Fall wurde allerdings entschieden, dass eine Kostenverteilung im Verhältnis von 90 : 10 zulasten der Wohnungseigentümer an den Gesamtkosten des Winterdienstes nicht mehr ordnungsmäßiger Verwaltung entspricht. Die Wohnungseigentümergemeinschaft hatte hierzu beschlossen, dass die vier Wohnungseigentümer jeweils 22,5 % der Kosten des Winterdienstes tragen sollten, wohingegen die fünf Stellplatzeigentümer jeweils nur 2 % tragen sollten. Diese Kostenverteilung wurde als nicht angemessen erachtet. Gleichzeitig wies das Gericht darauf hin, dass eine Kostenbeteiligung am Winterdienst von über 50 % durch die Wohnungseigentümer angemessen sei. Nicht zulässig ist allerdings, dass ein Wohnungseigentümer mit mehr als dem Zehnfachen eines »Nur-Stellplatzeigentümers« belastet wird.

Hinweis

Eine abweichende Kostenverteilung der Betriebs- bzw. Verwaltungskosten ist, wie nach bisherigem Recht, weiterhin bei Erfassung nach Verbrauch, nach Verursachung oder nach einem anderen Maßstab möglich.

Eine Einschränkung, dass die Beschlusskompetenz zur Änderung des Kostenverteilungsschlüssels nur die Abänderung von sinnlosen oder unklaren Kostenverteilungsschlüsseln in der Teilungserklärung gestattet, ist nicht gegeben (LG München I, 10.6.2009, 1 S 10155/08).

Beispiele: Zulässige Änderungen des Kostenverteilungsschlüssels

Die Kosten der Verwaltung können nach Einheiten verteilt werden, da der Verwaltungsaufwand für unterschiedliche Einheiten gleich groß ist, egal ob sie zum Beispiel 20 m^2 oder 120 m^2 groß sind. Die Verwalterverträge sehen häufig vor, dass die Vergütung pro Wohneinheit/Garage zu bezahlen ist. Demgegenüber legen die Gemeinschaftsordnungen oft fest, dass Kosten und Lasten nach Miteigentumsanteilen zu verteilen sind.

Wenn in der Gemeinschaftsordnung zur Verteilung der Verwaltervergütung nichts geregelt ist, gilt der gesetzliche Kostenverteilungsschlüssel des § 16 Abs. 2 Satz 1 WEG. Die Wohnungseigentümer können aber jederzeit abweichend hiervon eine anderweitige Kostenverteilung beschließen, zum Beispiel:

- Bei der Verteilung der Kosten nach Wohn- und Nutzflächen müssen die Garageneinheiten miteinbezogen werden (vgl. LG München I, 1 S 21214/14).
- Die Kosten des Kabelfernsehens können nach der Anzahl der Wohneinheiten verteilt werden.

Die Verteilung nach Personenzahl ist jedenfalls bei größeren Wohnanlagen kein praktikabler Maßstab. Dem Verwalter wird es regelmäßig nicht möglich sein, die jeweilige Anzahl der Bewohner der Wohneinheiten festzustellen, um ordnungsmäßig abrechnen zu können.

Nach der Rechtsprechung des BGH dürfen die Wohnungseigentümer bei der Änderung des Kostenverteilungsschlüssels jeden Maßstab wählen, der den Interessen der Gemeinschaft und denen der einzelnen Wohnungseigentümer angemessen ist und nicht zu einer ungerechtfertigten Benachteiligung Einzelner führt (BGH, 16.9.2011, V ZR 3/11, NZM 2012, 28).

Die Wohnungseigentümer haben bei einer Änderung des Umlageschlüssels aufgrund ihres Selbstorganisationsrechts einen weiten Gestaltungsspielraum. Lediglich das Ob und das Wie der Änderung dürfen nicht willkürlich sein (BGH, 1.4.2011, V ZR 162/10, NZM 2011, 514). An die Auswahl eines angemessenen Kostenverteilungsschlüssels dürfen nicht zu strenge Anforderungen gestellt werden, weil sich jede Änderung des Verteilungsmaßstabs zwangsläufig auf die Kostenlast des einen oder anderen Wohnungseigentümers auswirkt (BGH, a.a.O.). Ein sachlicher Grund dahingehend, dass eine Änderung des Kostenverteilungsschlüssels nur in Betracht kommt, wenn der bisherige Kostenverteilungsschlüssel ungerecht war, ist nicht erforderlich.

Beispiele: Rechtsprechung

- Der BGH hat in einer Entscheidung (1.4.2011, V ZR 162/10, NZM 2011, 514) die Umstellung des Kostenverteilungsschlüssels für die »hier in Rede stehenden Betriebskosten« von der Wohnfläche auf Wohneinheiten grundsätzlich als unbedenklich erachtet: Schornsteinfeger, Emissionsmessung, Reinigung der Tiefgarage und Gehwege, Betriebskosten der Tiefgarage, Kabelfernsehen und Verwaltungskosten.
- Auch die Änderung des Kostenverteilungsschlüssels von Miteigentumsanteilen auf einen anderen Verteilerschlüssel, etwa Wohn- bzw. Nutzfläche, ist dem Grunde nach nicht zu beanstanden. Der Verteilungsmaßstab darf aber nicht willkürlich sein. In der Entscheidung hatte das LG München I über einen Beschluss zu befinden, der eine Änderung des Kostenverteilungsschlüssels von Miteigentumsanteilen auf Wohnflächen vorsah. Die Änderung bezog sich aber nur auf die Wohnflächen. Deshalb waren nach dem Beschlussinhalt die Garageneinheiten bei der Verteilung der Betriebskosten ausgenommen. Hierfür gab es laut LG München I keinen nachvollziehbaren Grund, sodass es die Änderung des Kostenverteilungsschlüssels als willkürlich einstufte und der Beschluss deshalb aufgehoben wurde.

- Die Eigentümer beschließen, dass künftig die Kosten für Müllabfuhr, Straßenreinigung, Schneebeseitigungsmittel, Hausreinigung, Gartenpflege, Versicherungen, Schädlingsbekämpfung, Niederschlagswasser sowie Wartungskosten für die Notstrom- und Brandsicherung nicht mehr nach Miteigentumsanteilen, sondern nach der Fläche der jeweiligen Sondereigentumseinheiten abgerechnet werden. Der BGH (16.9.2011, V ZR 3/11) urteilte, dass auch bei einer erheblichen Mehrbelastung des betroffenen Eigentümers eine Änderung des Kostenverteilungsschlüssels nach Wohnflächen zulässig ist. In diesem Fall waren die Teileigentumseinheiten des betroffenen Eigentümers im Verhältnis zu den Wohnungen deutlich geringer bewertet. Deshalb war der Miteigentümer gegenüber den übrigen Eigentümern unbillig privilegiert. Durch den neuen Kostenverteilungsschlüssel nach Quadratmetern Wohnfläche gelangten die Eigentümer zu einer höheren Kostengerechtigkeit. So war es auch hinzunehmen, dass der Eigentümer im Vergleich zur bisherigen Kostenverteilung nach Miteigentumsanteilen künftig mit einem sechsfach oder 6,5-fach höheren Betrag belastet wird.

Ein Eigentümerbeschluss, der bei einer abändernden Kostenverteilung bei der Kostenposition »Aufzüge« nicht nur die Betriebskosten umfasst, sondern auch Instandsetzungs- und Instandhaltungskosten, war bisher nicht zulässig, da die Instandsetzungskosten nur für einen konkreten Einzelfall anders verteilt werden konnten. Nach neuem Recht dürfte ein solcher Eigentümerbeschluss aber ohne Weiteres zulässig sein, da die Reform des Wohnungseigentumsrechts den Eigentümern noch weiter reichende Kompetenzen zur Änderung des Kostenverteilungsschlüssels eingeräumt hat. Dies gilt für die Kostenverteilung von Betriebs- und Instandsetzungskosten, ebenso bei der Änderung des Kostenverteilungsschlüssels aufgrund einer in der Teilungserklärung enthaltenen Öffnungsklausel (BGH, 10.6.2011, V ZR 2/10).

5.6 Beschlüsse über die Hausordnung

In der Hausordnung regelt die Wohnungseigentümergemeinschaft die wesentlichen Grundzüge zur Aufrechterhaltung von Sicherheit und Ordnung und zur Gewährleistung des Hausfriedens. Die Hausordnung enthält somit Gebrauchs- und Verwaltungsregelungen und kann grundsätzlich mit einfacher Mehrheit beschlossen werden.

5.6.1 Wie kann die Hausordnung geändert werden?

Bei Änderung oder Ergänzung einer Hausordnung kommen folgende Regelungen zum Tragen: Wurde die ursprüngliche Hausordnung durch einen Mehrheitsbeschluss erlassen, so kann sie auch durch einen Mehrheitsbeschluss geändert werden. Dies gilt unter Umständen nicht, wenn die Hausordnung durch eine Vereinbarung aller Eigentümer erlassen wurde. In diesen Fällen soll auch die Änderung nur durch eine Vereinbarung durchgeführt werden können (strittig). Überwiegend wird aber davon ausgegangen, dass eine in der Gemeinschaftsordnung verankerte Hausordnung im Zweifel durch Mehrheitsbeschluss geändert werden kann.

Übertragung der Kompetenz zum Aufstellen der Hausordnung oder deren Änderung
Die Kompetenz der Wohnungseigentümergemeinschaft zur Aufstellung einer Hausordnung oder Änderung dieser kann im Rahmen der Gemeinschaftsordnung nur durch Vereinbarung an den Verwaltungsbeirat oder den Verwalter weitergegeben werden. Den Wohnungseigentümern steht jedoch jederzeit das Recht zu, eine vom Verwalter aufgestellte Hausordnung zu ändern oder aufzuheben.

Keine Drittwirkung
Die Hausordnung entfaltet nur gegenüber den Wohnungseigentümern Geltung, nicht aber gegenüber Dritten, zum Beispiel den Mietern von Wohnungseigentumswohnungen. Da die Hausordnung keine unmittelbare Drittwirkung entfaltet, sollte der vermietende Wohnungseigentümer unbedingt darauf achten, dass die Hausordnung der Gemeinschaft wirksamer Bestandteil des Mietvertrags wird.

5.6.2 Was darf in der Hausordnung stehen?

Die Hausordnung darf als Gegenstand nur den ordnungsmäßigen Gebrauch des gemeinschaftlichen Eigentums umfassen. Eine Regelung der Hausordnung, die den ordnungsmäßigen Gebrauch des Sondereigentums umfasst, ist nicht zulässig. Hierfür fehlt den Wohnungseigentümern die Beschlusskompetenz.

Es ist dringend darauf zu achten, dass die Regelungen der Hausordnung ausreichend bestimmt sind. Allgemeine Floskeln, zum Beispiel dass der Verwalter grobe Verstöße gegen die Hausordnung gerichtlich zu ahnden hat, sind mangels Bestimmtheit unter Umständen sogar nichtig (BayObLG, 13.12.2001, 2 Z BR 156/01, NZM 2002, 171). Auch dürfen die Regelungen der Hausordnung nicht gegen wesentliche Grundgedanken eines gesetzlichen Leitbildes verstoßen, beispielsweise eine verschuldensunabhängige Verursachungshaftung einführen (BayObLG, 13.12.2001, 2 Z BR 156/01, NZM 2002, 171).

Zudem gilt: Eine persönliche Leistungspflicht, das heißt eine Verpflichtung des Wohnungseigentümers durch Beschluss, zum Beispiel künftig die Räum- und Streupflicht mit anderen Wohnungseigentümern im Wechsel zu erfüllen, kann durch einfachen Mehrheitsbeschluss nicht begründet werden. Hierfür ist eine Vereinbarung erforderlich, etwa in der Gemeinschaftsordnung. Die Wohnungseigentümer verfügen über keine Beschlusskompetenz, dem einzelnen Wohnungseigentümer außerhalb der gemeinschaftlichen Kosten und Lasten Leistungspflichten aufzuerlegen (BGH, 9.3.2012, V ZR 161/11, ZWE 2012, 268; BGH, 18.6.2010, V ZR 193/09, NJW 2010, 2801). Dies gilt auch für anderweitige Leistungspflichten, etwa für Anspruchsbegründungen. Auch hierfür fehlt den Wohnungseigentümern die Beschlusskompetenz. Selbst wenn Ansprüche offenkundig gegen einen Einzeleigentümer bestehen, so kann dieser nicht durch einen einfachen Mehrheitsbeschluss verpflichtet werden, die Ansprüche zu erfüllen.

So fehlt den Wohnungseigentümern beispielsweise die Beschlusskompetenz, darüber zu entscheiden, dass ein einzelner Wohnungseigentümer der Wohnungseigentümergemeinschaft Schadenersatz in einer bestimmten Höhe schuldet. Derartige Beschlüsse sind nichtig. Möglich ist nur, dass die Wohnungseigentümer in solchen Fällen beschließen, Schadenersatzansprüche gegen den Wohnungseigentümer gerichtlich – ggf. durch Einschaltung eines Rechtsanwalts – durchzusetzen. Der Anspruch als solches kann nicht begründet werden, da die Wohnungseigentümer hierüber keine Beschlussmacht haben.

Beispiele: Regelungen in der Hausordnung

- Benutzungsregelungen zum gemeinschaftlichen Eigentum, zum Beispiel für Aufzüge, Treppenhäuser, Gänge und Grünflächen, Waschküchen, Trockenräume und Wäschetrockner, zudem Regelungen über das Abstellen von Kinderwägen, Fahrrädern, Schuhen, Gegenständen im Treppenhaus oder das Öffnen und Schließen der Haus- und Hoftüren.
- Regelungen zum Schutz des Gemeinschaftseigentums, zum Beispiel Betrieb von Grillgeräten oder Verwendung von offenem Licht, Regelung zur Vermeidung der Frostgefahr.
- Regelungen zur Haustierhaltung: Hier ist zu beachten, dass der vollständige Ausschluss der Tierhaltung in einem einfachen Beschluss zur Hausordnung nicht geregelt werden kann, sie lässt sich nur mittels Vereinbarung ausschließen. Das Halten von besonders gefährlichen Haustieren, zum Beispiel von Kampfhunden, Schlangen etc., kann hingegen durch einfachen Mehrheitsbeschluss ausgeschlossen werden.
- Häusliche Ruhe: In der Hausordnung kann ein absolutes Musizierverbot nicht geregelt werden. Derartige Regelungen sind unwirksam (BGH, 10.9.1998, V ZB 11/98, NJW 1998, 3713). Es können jedoch in der Hausordnung Ruhezeiten festgelegt werden. Ebenso lassen sich Grenzwerte für die Lautstärke von akustischen Geräten bestimmen.

Die mehrheitlich beschlossene Hausordnung darf nur solche Regeln enthalten, die dem ordnungsmäßigen Gebrauch dienen. Darüber hinausgehende Eingriffe in das Sondereigentum sind nicht statthaft.

5.7 Beschlüsse über die Entlastung des Verwalters

In der Praxis der Wohnungseigentümergemeinschaften findet sich in der Einladung zur Wohnungseigentümergemeinschaft noch immer der Tagesordnungspunkt »Entlastung des Verwalters«. Eine Entlastung des Verwalters ist im WEG nicht vorgesehen.

Sie erfolgt durch Beschluss in der Eigentümerversammlung und dient der Vertrauenskundgebung der Wohnungseigentümergemeinschaft gegenüber dem Verwalter.

Erteilung der Entlastung
Die Entlastung des Verwalters kann ausdrücklich oder konkludent erfolgen. Vielfach wird die Meinung vertreten, dass in dem Beschluss über die Jahresabrechnung die Entlastung des Verwalters enthalten sei. Letztlich muss dies durch Auslegung ermittelt werden. Die Genehmigung der Jahresabrechnung führt nicht zwingend zur Entlastung des Verwalters (LG München I, 11.9.2014, 1 T 15087/14, ZMR 2015, 146).

Eine konkludente Verwalterentlastung ist nur dann gegeben, wenn sich hierfür im Rahmen der Beschlussauslegung entsprechende Anhaltspunkte finden. Maßgeblich sind der Beschlusswortlaut und auch der übrige Inhalt des Protokolls, ggf. auch die Ladung zur Eigentümerversammlung. Wenn beispielsweise als Tagesordnungspunkt bereits die Entlastung der Verwaltungsbeiräte angekündigt ist, kann dies zu einer konkludenten Entlastung des Verwalters führen. Allein die Beschlussfassung, dass der Verwaltungsbeirat entlastet wird, führt allerdings nicht dazu, dass automatisch auch der Verwalter entlastet wird. Letztlich ist die Frage, ob der Verwalter entlastet wurde, anhand der konkreten Umstände des Einzelfalls zu ermitteln. Diese Problematik ist deshalb von besonderer Bedeutung, da durch eine ausdrückliche – oder konkludente – Entlastung die Geschäftsführung der Verwaltung gebilligt wird.

Wirkung der Entlastung
Nach höchstrichterlicher Rechtsprechung bewirkt die Entlastung ein negatives Schuldanerkenntnis nach § 397 Abs. 2 BGB, sodass den Wohnungseigentümern keine Ansprüche gegenüber dem Verwalter wegen solcher Vorgänge zustehen, die bekannt oder bei zumutbarer Sorgfalt erkennbar waren (BayObLG, 1.2.2001, 2 Z BR 122/00, NZM 2001, 388).Die Entlastungswirkung kann sich jedoch nur auf solche Abrechnungspositionen in der Jahresabrechnung erstrecken, die sich in der Abrechnung niederschlagen. Die Entlastung erstreckt sich zudem auf Entnahmen aus der Instandhaltungsrücklage.

Ein Entlastungsbeschluss berührt nicht individuelle Schadenersatzansprüche eines Wohnungseigentümers gegen den Verwalter, die auf der Beschädigung seines Sondereigentums beruhen. Die Wohnungseigentümer können nur über Schäden am gemeinschaftlichen Eigentum verfügen, sodass anderweitige Beschlüsse entweder das Sondereigentum nicht umfassen oder als nichtig anzusehen sind. Die Entlastung kann darüber keine Schadenersatzansprüche der Gemeinschaft wegen strafbaren Verhaltens des Verwalters ausschließen. Die Entlastung befreit den Verwalter jedoch von der Pflicht, zur weiteren Klärung bereits beschlossener Vorgänge in der Jahresabrechnung beizutragen.

Anfechtbarkeit des Entlastungsbeschlusses

Die Verwalterentlastung kann unter folgenden Voraussetzungen erfolgversprechend angefochten werden: Der Eigentümerbeschluss über die Verwaltung entspricht nicht den Grundsätzen ordnungsmäßiger Verwaltung, wenn bereits Ansprüche gegen den Verwalter erkennbar sind, zum Beispiel bei einer objektiven Pflichtverletzung des Verwalters.

Stimmrecht des Verwalters

Der Verwalter, der gleichzeitig Wohnungseigentümer ist, hat bei einem Beschluss, durch den ihm für eine Jahresabrechnung oder Rechnungslegung Entlastung erteilt werden soll, kein Stimmrecht (Bärmann/Becker, Kommentar WEG, 15. Auflage 2023, § 28 Rn. 298).

5.8 Beschlüsse unter »Sonstiges« bzw. »Verschiedenes«

Der Tagesordnungspunkt »Verschiedenes« bzw. »Sonstiges« lässt nur Beschlüsse über Gegenstände zu, die von untergeordneter Bedeutung sind und mit denen jeder Eigentümer vernünftigerweise noch rechnen durfte oder musste. Bei der Beurteilung der Frage nach der untergeordneten Bedeutung muss auf den Einzelfall abgestellt werden.

Beispiele: Keine untergeordnete Bedeutung

- Beschluss über die Instandsetzung des Treppenhauses (OLG München, 19.9.2005, 34 Wx 76/05 NZM 2005, 825),
- Genehmigung der Errichtung einer Satellitenempfangsanlage,
- Festlegung der Vergütung des Hausmeisters,
- Vergabe von Gartenarbeiten.

Wird ein Beschlussgegenstand nur unzureichend angekündigt, hat der Beschluss dennoch Gültigkeit. Nach herrschender Meinung liegt hier aber ein formaler Beschlussmangel vor, der zur Anfechtbarkeit des Beschlusses führt.

6 Mehrhausanlage

Unter einer Mehrhausanlage versteht man eine Eigentümergemeinschaft, die aus mehreren Gebäuden – auch gemischt genutzten Gebäuden – besteht, zum Beispiel die Bebauung mit drei größeren Wohnkomplexen und einem gesonderten Tiefgaragenkomplex. Gerade bei unterschiedlicher Nutzung der einzelnen selbstständigen Gebäude besteht vielfach bei den Wohnungseigentümern eine unterschiedliche Interessenlage in Bezug auf die Nutzung und vor allem die Bewirtschaftung sowie die Kosten der Instandhaltung.

6.1 Das Wohnungseigentumsgesetz ist maßgebend

Trotz der unterschiedlichen Interessenlage ist das WEG vollumfänglich anzuwenden. Dies bedeutet im Einzelnen:

- Es muss ein Verwalter bestellt werden.
- Die Eigentümerversammlung ist das oberste Verwaltungsorgan.
- Wirtschaftsplan und Jahresabrechnung sind zu erstellen.
- Ein Verwaltungsbeirat ist zu wählen.
- Die Eigentümergemeinschaft hat ein gemeinsames Konto.

6.2 Eigentümerversammlung

Selbst wenn die Wohnanlage der Eigentümergemeinschaft aus verschiedenen Gebäuden und Baukomplexen besteht, verbleibt es bei einer gemeinsamen Eigentümerversammlung. Sofern die Gemeinschaftsordnung keine Einzelregelungen enthält, sind alle Miteigentümer dieser Mehrhauseigentümergemeinschaft zur Eigentümerversammlung zu laden. Dies gilt auch dann, wenn teilweise nur Angelegenheiten zur Beschlussfassung anstehen, die eines oder einzelne Gebäude betreffen.

Achtung: Zulässigkeit von Teilversammlungen

Lässt die Gemeinschaftsordnung es zu, dass Teilversammlungen einer genau abgrenzbaren Gruppe von Wohnungseigentümern abgehalten werden, so ist dies nicht zu beanstanden, wenn die zu regelnden Angelegenheiten allein diese abgegrenzte Gruppe angehen. Derartige Teilversammlungen sind jedoch nur in einem eng umgrenzten Umfang zulässig. Es darf nicht sein, dass die übrigen Eigentümer von einer Angelegenheit, die sie betrifft, ausgeschlossen werden.

Eine Teilversammlung ist zulässig, sofern dies in der Gemeinschaftsordnung vereinbart ist. Sieht die Gemeinschaftsordnung lediglich eine wirtschaftliche Trennung der einzelnen Gebäude vor, folgt daraus noch nicht zwangsläufig die Zulässigkeit von Teilversammlungen (Rüscher, ZWE 2015, 237). Sogenannte echte Untergemeinschaften bestehen nur dann, wenn die Teilungserklärung oder Gemeinschaftsordnung der Mehrhausanlage Vereinbarungen über die getrennte Bewirtschaftung und Verwaltung einzelner Gebäude oder Baukörper der Mehrhausanlage enthält. Allein die Existenz einer Mehrhausanlage führt nicht zu einer Bildung und Existenz von Untergemeinschaften (Rüscher, a. a. O.).

6.3 Kostentrennung

Da die Mehrhausanlage eine normale Eigentümergemeinschaft darstellt, müssen über die Rechnungslegung und den Wirtschaftsplan sowie die Kostenverteilung gemeinschaftliche Beschlüsse gefasst werden. In die Abrechnung sind sämtliche Kosten – für alle Gebäude oder Grundstücke – einzustellen und entsprechend dem Verteilungsschlüssel zuzuordnen.

Die gesetzlichen Regelungen zur Änderung von Kostenverteilungsschlüsseln gelten auch für Mehrhausanlagen. Es kann mit einfacher Mehrheit über die Verteilung der Betriebskosten des Gemeinschafts- sowie des Sondereigentums, der Kosten der Verwaltung sowie der Erhaltungskosten abweichend vom Gesetz oder einer Vereinbarung beschlossen werden (siehe hierzu Kapitel 5.5.5).

Getrennte Kostenregelung in der Gemeinschaftsordnung
Sehen Gemeinschaftsordnungen von Mehrhausanlagen bereits eine bestimmte Verteilung der Lasten und Kosten vor, so ist diese zu beachten. In der Praxis finden sich hier vielfach Regelungen, die die Kosten nach dem Verursachungsprinzip den einzelnen Gebäuden zuordnen.

Wenn nach der Gemeinschaftsordnung einzelne Untergemeinschaften über die Verteilung bestimmter Kosten zu entscheiden haben, ohne dass vorgesehen ist, dass die Untergemeinschaften eigenständige Jahresabrechnungen erstellen, empfiehlt sich folgendes dreistufiges Vorgehen (LG München I, 2.6.2014, 1 S 3223/12):

- Genehmigung der Gesamtjahresabrechnung und Zuordnung bestimmter Kosten zu den Untergemeinschaften durch die Gesamtgemeinschaft entsprechend den Vorgaben der Gemeinschaftsordnung,
- Verteilung der zugewiesenen Kosten durch die jeweiligen Untergemeinschaften,
- Genehmigung der Einzeljahresabrechnungen durch die Gemeinschaft, wobei die durch die Untergemeinschaft vorgegebene Kostenverteilung für der Untergemeinschaft zugewiesene Kosten übernommen wird.

6.4 Stimmrecht

Auch hinsichtlich des Stimmrechts gilt, dass die Wohnungseigentümergemeinschaft einer Mehrhausanlage wie eine normale Eigentümergemeinschaft angesehen wird. Daher steht grundsätzlich jedem Wohnungseigentümer ein Stimmrecht zu. Etwas anderes gilt nur, wenn die Gemeinschaftsordnung abweichende Regelungen vorsieht, zum Beispiel, dass bei bestimmten Angelegenheiten, die nur mit einem Gebäude zu tun haben, etwa die Instandhaltung eben dieses Gebäudes, nur diejenigen Eigentümer stimmrechtsberechtigt sind, die auch Eigentümer des betreffenden Gebäudes sind. Eine solche Stimmrechtsbeschränkung auf bestimmte Gebäudeteile ist jedoch nur dann zulässig, wenn die betroffenen Eigentümer die Kosten der zu beschließenden Maßnahme allein tragen.

Stehen Maßnahmen zum Beschluss an, die alle Miteigentümer betreffen, zum Beispiel Erhaltung der Gartenanlage, Anstellung und Abberufung des Hausmeisters oder Wahl und Bestellung des gemeinsamen Verwalters, sind alle Miteigentümer der Mehrhausanlage stimmberechtigt.

6.5 Verwaltung

Eine Mehrhausanlage hat einen gemeinsamen Verwalter. Dieser wird durch die Beschlussfassung aller Miteigentümer der beschlussfähigen Eigentümerversammlung bestellt.

7 Die Eigentümerversammlung von A bis Z

Abstimmung

Die Beschlussfassung in der Wohnungseigentümergemeinschaft erfolgt durch Abstimmung über den Beschlussantrag. Gesetzliche Regelungen zum Verfahren der Abstimmung existieren nicht. Wenn nicht bereits die Gemeinschaftsordnung eine Vereinbarung zum Abstimmungsverfahren enthält, können die Wohnungseigentümer hierzu einen sogenannten Geschäftsordnungsbeschluss fassen. Hierin können die Wohnungseigentümer das Verfahren der Abstimmung regeln, beispielsweise die Reihenfolge der Fragen nach Zustimmung, Ablehnung oder Enthaltung, die Reihenfolge der Beschlussanträge, die Wahl einer geheimen Abstimmung mittels Stimmzetteln oder einer offenen Abstimmung mit Stimmkarten oder Handzeichen. Liegt eine Vereinbarung oder ein Geschäftsordnungsbeschluss nicht vor, so entscheidet der Versammlungsvorsitzende über Fragen zum Verfahren der Abstimmung nach pflichtgemäßem Ermessen.

Das Abstimmungsergebnis wird durch Auszählung der abgegebenen Ja- und Nein-Stimmen sowie Enthaltungen vom Versammlungsvorsitzenden ermittelt. Stimmenthaltungen haben keinen Einfluss auf das Abstimmungsergebnis. Entscheidend für die Frage, ob ein Beschlussantrag angenommen ist, ist, dass die Anzahl der abgegebenen Ja-Stimmen die Nein-Stimmen übersteigt.

Weitere Informationen finden sich im Kapitel 2.3.3.

Anwesenheitsliste

Zu Beginn der Eigentümerversammlung ist festzuhalten, welche Eigentümer an der Versammlung teilnehmen bzw. sich vertreten lassen. Bei der Beschlussfassung dient die Anwesenheitsliste dem Versammlungsvorsitzenden dazu, das Abstimmungsergebnis exakt festzustellen.

Aufbewahrung von Unterlagen

Die handels- und steuerrechtlichen Vorschriften zur Dauer der Aufbewahrungspflichten in Bezug auf Belege und Buchhaltungsunterlagen sind auf Wohnungseigentümer entsprechend anzuwenden, um die entsprechenden Vorgänge noch eine gewisse Zeit zurückverfolgen zu können. Der Verwalter ist daher verpflichtet, sämtliche Unterlagen, die im Zusammenhang mit der Verwaltung des gemeinschaftlichen Eigentums stehen, aufzubewahren. Insoweit gilt für Jahresabrechnungen, Wirtschaftspläne, Buchungsbelege und Kontounterlagen eine Aufbewahrungspflicht von zehn Jahren, für Schriftverkehr, Geschäftspost und sonstige Verwaltungsunterlagen von sechs Jahren (§ 257 Handelsgesetzbuch [HGB], § 147 Abgabenordnung [AO]). Diese Fristen betreffen die Wohnungseigentümergemeinschaft, aber nicht zwingend den Verwalter. Ein Mehrheitsbeschluss, der zugunsten des Verwalters eine kürzere Aufbewahrungsfrist einräumt, kann dahingehend ausgelegt werden, dass nach deren Ablauf die Unterlagen an die Gemeinschaft auszuhändigen sind. Wird der Verwalter hingegen durch Beschluss ermächtigt, die Unterlagen vorzeitig zu vernichten, ist dieser Beschluss wegen Verstoßes gegen zwingendes Recht nichtig (OLG München, 20.3.2008, 34 Wx 46/07, 34 Wx 046/07). Soweit die gesetzlichen Aufbewahrungsfristen beachtet werden, können die Wohnungseigentümer über die Dauer der Aufbewahrung durch mehrheitliche Beschlussfassung entscheiden.

Wichtige Unterlagen, darunter zum Beispiel Teilungserklärung, Gemeinschaftsordnung, Abgeschlossenheitsbescheinigung, Aufteilungspläne, Versammlungsprotokolle, Beschlusssammlung sowie alle Unterlagen, die auf Dauer für die Verwaltung des gemeinschaftlichen Eigentums von Bedeutung sind, müssen unbefristet aufbewahrt werden.

Auftragsvergabe

Die Vergabe von Aufträgen zur Durchführung von Erhaltungsmaßnahmen erfolgt durch den Verwalter im Rahmen ordnungsmäßiger Verwaltung. Ob der Verwalter zur Auftragsvergabe eines Beschlusses der Wohnungseigentümergemeinschaft bedarf, hängt im Innenverhältnis vom Umfang der Erhaltungsmaßnahme ab. Dabei darf er bei der Freigabe von Geldern den ihm durch Beschlussfassung gesetzten Rahmen nicht überschreiten (LG München I, 31.3.2016, 1 S 19002/11).

Kleinere Maßnahmen

Entscheidungen über kleinere Erhaltungsmaßnahmen, die untergeordnete Bedeutung haben, darf und muss der Verwalter eigenständig treffen (§ 27 Abs. 1 WEG); eine vorherige Beschlussfassung ist entbehrlich. Darunter fällt zum Beispiel die Reparatur von defekter Beleuchtung oder von Fensterscheiben oder die Beschaffung von kleineren Arbeitsgeräten, Kleinteilen oder Betriebsmitteln. Zur Verwirklichung dieser Pflicht darf der Verwalter auch kostenpflichtige Angebote einholen. Die Kosten hierfür können aus der Instandhaltungsrücklage beglichen werden.

Eilmaßnahmen

Über dringende Erhaltungsmaßnahmen darf und muss der Verwalter entscheiden (§ 27 Abs. 1 Nr. 2 WEG; vgl. auch BGH, 21.10.1976, VII ZR 193/75). Dringlichkeit ist regelmäßig anzunehmen, wenn eine vorherige Einberufung und Ladung zur Eigentümerversammlung und Beschlussfassung nicht möglich ist (LG München I, 5.8.2010, 36 S 19282/09). Entscheidend ist, ob die Erhaltung des Gemeinschaftseigentums gefährdet wäre, wenn nicht umgehend gehandelt würde, also in der Regel bei Wasserrohrbrüchen, Heizungsausfällen oder Bruch bzw. Verstopfung von Versorgungs- oder Abwasserleitungen. In diesem Fall ist der Verwalter insbesondere berechtigt, für die Wohnungseigentümergemeinschaft Handwerker zu beauftragen, allerdings nur für solche Maßnahmen, die erforderlich sind, um den unmittelbaren Schaden, nicht aber die Schadensursache dauerhaft zu beheben.

Übertragung auf den Verwalter

Im Gegensatz zum alten Recht können die Wohnungseigentümer nunmehr grundsätzlich die notwendigen Entscheidungen über das Ob und das Wie von gemeinschaftlichem Eigentum betreffenden Erhaltungsmaßnehmen durch Mehrheitsbeschluss auf den Verwalter übertragen (§ 27 Abs. 2 WEG). Auf den Verwaltungsbeirat können diese Entscheidungen jedoch nur durch Vereinbarung (§ 10 Abs. 2 Satz 2 WEG) übertragen werden (Hügel/Elzer 2021, § 29 Rn. 59, 60).

Größere Aufträge

Im Übrigen bedürfen nicht dringliche Aufträge größeren Umfangs, die dem Verwalter nicht übertragen wurden, stets der Beschlussfassung (BGH, 21.10.1976, VII ZR 193/75; OLG Hamm, 19.10.1994, 12 U 47/94).

Bei größeren Erhaltungsmaßnahmen müssen vom Verwalter grundsätzlich drei Vergleichsangebote eingeholt werden, die spätestens bis zur Beschlussfassung vorliegen müssen (LG Hamburg, 14.11.2018, 318 S 23/18; AG Hamburg, 7.6.2017, 539 C 33/16; LG Frankfurt/Main, 19.4.2017, 2/13 S 2/17). Dieses Erfordernis der ordnungsmäßigen Verwaltung ist zwar gesetzlich nicht geregelt, jedoch in der Rechtsprechung weitgehend anerkannt.

Die Einholung entsprechender Vergleichsangebote soll eine hinreichende Entscheidungsgrundlage für die Ausübung des den Wohnungseigentümern zustehenden Ermessens bei der Auswahl des jeweiligen Angebots und des Unternehmens gewährleisten. So soll erreicht werden, dass die Wohnungseigentümer die Angebote unterschiedlicher Unternehmen vergleichen können, um sich für denjenigen Vertragsabschluss zu entscheiden, der ihren Interessen inhaltlich am ehesten entspricht. Zudem sollen die Grundsätze der Wirtschaftlichkeit beachtet werden, indem keine überteuerten Aufträge erteilt werden. Es ist jedoch nicht notwendig, das billigste oder das technisch hochwertigste Angebot anzunehmen. Vielmehr sollen die Wohnungseigentümer im Rahmen einer Gesamtbetrachtung der angebotenen Leistungen und der hierfür in Ansatz gebrachten Kosten in die Lage versetzt werden, sich nach Ausübung des ihnen zustehenden Ermessens für eines der Angebote zu entscheiden. Um das Preis-Leistungs-Verhältnis beurteilen zu können, ist es erforderlich, dass die eingeholten Angebote vergleichbar sind (LG Itzehoe, 19.8.2019, 11 S 64/18).

Hinweis

Eine Ausnahme vom Erfordernis, dass grundsätzlich mehrere Alternativangebote einzuholen sind, hat der BGH in dem Fall angenommen, dass der amtierende Verwalter wiederbestellt werden soll. In diesem Fall sei der Aufwand, der mit dem Einholen derartiger Angebote verbunden ist, nicht erforderlich, wenn die Eigentümer mit dem Verwalter zufrieden sind und ihn weiter bestellen wollen (BGH, 1.4.2011, V ZR 96/10).

Die Wohnungseigentümer können eine ohne vorherige Beschlussfassung erfolgte Auftragsvergabe im Innenverhältnis nachträglich genehmigen, wenn diese einer ordnungsmäßigen Verwaltung entsprochen hat (LG Itzehoe, 9.8.2016, 11 S 9/15).

Vertragspartner

Vertragspartner des jeweiligen Auftragnehmers wird der Verband der Wohnungseigentümer. Der Verwalter handelt insofern als gesetzlicher Vertreter (§ 9b Abs. 1 Satz 1 WEG). Vergibt der Verwalter einen Auftrag ohne legitimierende Beschlussfassung der Wohnungseigentümergemeinschaft oder überschreitet er eigenmächtig den durch Beschlussfassung gesetzten Rahmen, ist die Auftragsvergabe gleichwohl im Außenverhältnis wirksam. Jedoch hat er keinen Anspruch auf Aufwendungsersatz, wenn die Wohnungseigentümergemeinschaft die Maßnahme nicht nachträglich genehmigt (BGH, 18.2.2011, V ZR 197/10).

Überwachung

Nach erfolgter Auftragsvergabe ist der Verwalter verpflichtet, die Arbeiten wie ein Bauherr zu überwachen (§ 27 Abs. 1 Nr. 1 WEG; BGH, 19.7.2019, V ZR 75/18). Insbesondere muss er erkennbare Mängel rügen und auf die vollständige Durchführung der beauftragten Erhaltungsmaßnahmen hinwirken; indes ist der Verwalter nicht verpflichtet, die Arbeiten wie ein Baubetreuer (§ 34c Abs. 1 Nr. 3b GewO) zu überwachen.

Außerordentliche Eigentümerversammlung

Neben der ordentlichen Eigentümerversammlung, die nur einmal jährlich stattfindet, kann bei besonderen Verwaltungsbelangen und eilbedürftigen Entscheidungsprozessen eine außerordentliche Versammlung erforderlich werden. Dies entscheidet der Verwalter nach den Grundsätzen ordnungsmäßiger Verwaltung. Unter anderem kann unter folgenden Umständen eine außerordentliche Eigentümerversammlung einberufen werden:

- Probleme bei einer beschlossenen und aktuell stattfindenden Reparaturmaßnahme, die einen erheblichen Kostenmehraufwand bewirken,
- dringende Sonderumlage,
- anstehende Entscheidung, ob ein Rechtsmittel eingelegt oder ob ein gerichtlicher Vergleich geschlossen werden soll,
- Abschluss von Verwalter- oder Hausmeisterverträgen nach Kündigung.

Es ist üblich und zulässig, dass dem Verwalter bei Durchführung einer außerordentlichen Eigentümerversammlung eine Sondervergütung zugebilligt wird. Allerdings hat er hierauf nur Anspruch, wenn dies im Verwaltervertrag so vorgesehen ist oder durch einen entsprechenden Beschluss genehmigt wurde. Ruft der Verwalter die Versammlung grundlos ein, so riskiert er, für die nutzlos entstandenen Kosten aufkommen zu müssen (BayObLG, 4.11.1993, 2Z BR 89/93.)

Beschluss

§ 23 Abs. 1 WEG bestimmt, dass die Angelegenheiten, über die die Wohnungseigentümer nach dem Wohnungseigentumsgesetz oder nach einer Vereinbarung durch Beschluss entscheiden können, durch Beschlussfassung in einer Eigentümerversammlung geordnet werden. In seiner Rechtsnatur ist der Beschluss ein mehrseitiges Rechtsgeschäft eigener Art, ein sogenannter Gesamtakt (BGH, 19.9.2002, V ZB 37/02; BayObLG, 2.8.2001, 2Z BR 144/00).

Beschlüsse können nur in der ordentlichen sowie außerordentlichen Eigentümerversammlung und im schriftlichen Verfahren (Umlaufverfahren) gefasst werden.

Zu den einzelnen Beschlussarten siehe Kapitel 4.2.

Beschlussfähigkeit

Nach der WEG-Reform 2020 gilt, dass nunmehr jede Eigentümerversammlung unabhängig von den erschienenen oder vertretenen Miteigentumsanteilen beschlussfähig ist.

Beschlusskompetenz

Die Wohnungseigentümergemeinschaft kann nur dann einen Beschluss fassen, wenn ihr das Wohnungseigentumsgesetz oder die Gemeinschaftsordnung im Rahmen einer Öffnungsklausel Beschlusskompetenz zuweist. Mangelnde Beschlusskompetenz bei dauerhaft gesetzes- bzw. vereinbarungsändernden Beschlüssen führt zur Nichtigkeit der Beschlüsse. Beschlusskompetenz besteht regelmäßig für folgende Angelegenheiten:

- Genehmigung von Wirtschaftsplan und Jahresabrechnung in Form der Vorauszahlungsbeträge und Überschüsse bzw. Fehlbeträge,
- Maßnahmen zur ordnungsgemäßen Instandhaltung und Instandsetzung des Gemeinschaftseigentums (§ 19 Abs. 1 WEG),
- Maßnahmen ordnungsmäßiger Verwaltung des Gemeinschaftseigentums, zum Beispiel Aufstellung der Hausordnung, Sach- und Haftpflichtversicherung der Wohnungseigentümer,
- Einleitung eines Verfahrens zur Entziehung des Wohnungseigentums (§ 17 WEG),
- Gebrauchsregeln bezüglich des Sondereigentums und des Gemeinschaftseigentums, wenn die Gemeinschaftsordnung keine entgegenstehende Regelung enthält (§ 19 WEG), zum Beispiel Nutzungsregelungen für Gemeinschaftsflächen oder Regelungen der Hausordnung,
- Aufhebung von Veräußerungsbeschränkungen (§ 12 Abs. 4 WEG),
- Bestellung des Verwaltungsbeirats (§ 29 Abs. 1 Satz 1 WEG),
- Bildung, Höhe und Anlage einer Erhaltungsrücklage,
- Bestellung und Abberufung des Verwalters (§ 26 Abs. 1 Satz 1 WEG),
- Abänderung der Kostenverteilung (§ 16 Abs. 2 WEG),
- bauliche Veränderungen und Kostenverteilung (§§ 20, 21 WEG),
- Geldangelegenheiten und deren Fälligkeit (§ 28 Abs. 3 WEG),
- Teilnahme an Versammlungen im Wege der elektronischen Kommunikation (§ 23 Abs. 1 S. 2 WEG),
- Beschlussfassung über die Abstimmung im Umlaufverfahren bei konkreten Gegenständen durch einfachen Mehrheitsbeschluss (§ 23 Abs. 3 WEG).
- Hier fehlt die Beschlusskompetenz
- Nachträgliche Umwandlung von Gemeinschaftseigentum in Sondereigentum,
- Zweckbestimmungsänderungen des Gemeinschaftseigentums,
- Begründung oder Beschränkung von Sondernutzungsrechten,

- Zusammenfassung mehrerer Wohnungseigentümergemeinschaften zu einer,
- Gebrauchsentzug von Gemeinschaftseigentum zulasten einzelner Wohnungseigentümer,
- Bestimmung, Stimmenthaltungen in bestimmter Weise zu zählen, zum Beispiel als Nein-Stimmen,
- dauerhafte Änderungen hinsichtlich Form und Frist der Einberufung von Eigentümerversammlungen,
- Abänderung des Stimmkraftprinzips, zum Beispiel vom Kopf- zum Wertprinzip,
- nachträgliche Einführung einer Veräußerungs- oder Vermietungszustimmung,
- Einschränkung der nach der Teilungserklärung erlaubten gewerblichen Nutzung eines Teileigentums.

Beschlusssammlung

Der Verwalter ist gemäß § 24 Abs. 7, 8 WEG verpflichtet, eine Beschlusssammlung zu führen. Sie dient der Information und der besseren Übersicht der in einer Wohnungseigentümergemeinschaft gefassten Beschlüsse. In die Beschlusssammlung müssen folgende Inhalte eingetragen werden:
- alle in Wohnungseigentümerversammlungen verkündeten Beschlüsse mit Angabe von Ort und Datum der Versammlung,
- alle schriftlichen Beschlüsse gemäß § 23 Abs. 3 WEG,
- alle Urteilsformeln wohnungseigentumsrechtlicher Entscheidungen gemäß § 43 WEG.

Ausführlich zur Beschlusssammlung siehe Kapitel 4.1.

Betretungsrecht des Verwalters

Im Rahmen der ordnungsmäßigen Verwaltung gehört es zu den Kontrollpflichten der Wohnungseigentümergemeinschaft, das gemeinschaftliche Eigentum regelmäßig zur Mängelfeststellung besichtigen und erforderlichenfalls zur Vornahme von Erhaltungsmaßnahmen zu betreten. Diese Pflichten werden durch den Verwalter als Organ der Wohnungseigentümergemeinschaft wahrgenommen.

Wenn in diesem Zusammenhang auch das Betreten von Wohnungseigentum erforderlich ist, hat dies der einzelne Wohnungseigentümer nach angemessener Vorankündigung entsprechend den Vereinbarungen oder Beschlüssen oder – in Ermangelung solcher – soweit ihm kein über das bei einem geordneten Zusammenleben unvermeidliche Maß hinausgehender Nachteil erwächst, zu dulden (§ 14 Abs. 1 Nr. 2 Alt. 1 WEG).

Außer vom Verwalter kann das Betretungsrecht durch beauftragte Dritte ausgeübt werden. Es setzt voraus, dass objektiv betrachtet und nachprüfbar ausreichend Anhaltspunkte für die Notwendigkeit des Betretens zur Durchführung etwaiger Maßnahmen der Mängelfeststellung oder Erhaltung vorliegen (OLG München, 22.2.2006, 34 Wx 133/05). Dritte Personen sind zumindest nach Anzahl und mit dem jeweiligen Firmennamen dem betroffenen Wohnungseigentümer anzukündigen, damit dieser sich darauf einstellen kann. Weigert sich ein Wohnungseigentümer, die Handwerker nach deren Beauftragung in die Wohnung zu lassen, kann die Wohnungseigentümergemeinschaft dies unter Umständen mittels einstweiliger Verfügung durchsetzen (LG Hamburg, 27.11.2013, 318 S 34/13; LG München I, 8.5.2014, 36 S 20940/12 WEG).

Beispiele

- Wohnungseigentümer müssen beispielsweise zur Aufbringung einer Wärmedämmung das erforderliche Betreten ihrer Wohnung und ggf. ihres Sondernutzungsrechts durch Fachhandwerker dulden (AG Bremen-Blumenthal, 14.3.2018, 44 C 2010/17).
- Muss zur Reparatur eines Lecks in der im Gemeinschaftseigentum stehenden Gassteigleitung, die der Versorgung des gesamten Hauses dient, das Sondereigentum eines Wohnungseigentümers betreten werden, ist dieser zur Duldung verpflichtet (LG Frankfurt/Main, 26.4.2016, 2-9 S 26/14).

Ein generelles Betretungsrecht der Wohnungseigentümergemeinschaft kann im Rahmen der Teilungserklärung oder Gemeinschaftsordnung wegen Verstoßes gegen das Grundrecht auf Unverletzlichkeit der Wohnung (Art. 13 GG) nicht vereinbart werden. Voraussetzung sind immer hinreichende Anhaltspunkte, dass Erhaltungsmaßnahmen im Einzelfall zwingend vorgenommen werden müssen und diese Tatsache bereits bekannt und überprüfbar ist (BayObLG, 27.6.1997, 2 Z BR 16/6 90; OLG München, 22.2.2006, 34 Wx 133/05).

Bruchteilsgemeinschaft

Besitzen mehrere Personen gemeinsam eine Sache, so wird das Eigentum daran als »Bruchteilseigentum« oder »Miteigentum nach Bruchteilen« bezeichnet. Gesetzlich geregelt ist das Bruchteilseigentum in den §§ 1008 ff. BGB. Der individuelle Anteil der einzelnen Personen wird nach Bruchteilen bestimmt. Er ist rechtlich selbstständig und jeder Eigentümer darf selbst über ihn verfügen, wobei er ideell zu verstehen ist. Jeder Miteigentümer kann also seinen Anteil veräußern oder mit einem Pfandrecht belasten, zum Beispiel mit einer Grundschuld.

Im Hinblick auf das gemeinschaftliche Eigentum bilden alle Eigentümer eine Bruchteilsgemeinschaft. Im Wohnungseigentumsrecht findet sich die Bruchteilsgemeinschaft zudem, wenn ein Sonder- oder Teileigentum mehreren Personen gemeinsam gehört, zum Beispiel eine Wohnung zweier Ehegatten.

Häufig entstehen Bruchteilsgemeinschaften auch bei Duplexparkern (Doppel- oder Viererparker). Hierbei ist wohnungseigentumsrechtlich zu beachten, dass in der Regel nur ein Sonder- oder Teileigentum vorliegt. Das bedeutet, dass die Verwaltung lediglich eine Jahresabrechnung für die Einheit erstellen muss. Die Mitglieder einer Bruchteilsgemeinschaft können ihre Stimme in der Eigentümerversammlung nur einheitlich abgeben (LG Köln, 4.10.2012, 29 S 91/12). Fällt die Stimmabgabe nicht einheitlich aus, wird diese Stimme nicht berücksichtigt

Darlehen/Kreditaufnahme

Die Befugnis der Wohnungseigentümer, den Finanzbedarf der Wohnungseigentümergemeinschaft auch durch Aufnahme von Darlehen zu decken, ergibt sich zwar nicht ausdrücklich aus dem WEG, wird von diesem jedoch vorausgesetzt. Über die Deckung des Finanzbedarfs durch Beschluss zu befinden ist Sache der Wohnungseigentümer. Hierzu zählt auch die Entscheidung darüber, ob der Bedarf durch einen Rückgriff auf vorhandene Rücklagen, durch die Erhebung von Sonderumlagen oder durch die Aufnahme von Darlehen gedeckt werden soll (BGH, 21.4.1988, V ZB 10/87; BGH, 18.2.2011, V ZR 197/10; BGH, 28.9.2012, V ZR 251/11).

Auch die Aufnahme eines langfristigen, hohen Kredits durch die Wohnungseigentümergemeinschaft kann ordnungsmäßiger Verwaltung entsprechen. Ob ein Beschluss über eine Kreditaufnahme sich im Übrigen in den Grenzen des den Wohnungseigentümern zustehenden Gestaltungsermessens hält, kann nicht generell, sondern nur anhand der konkreten Umstände des Einzelfalls unter Abwägung der allseitigen Interessen bestimmt werden (BGH, 25.9.2015, V ZR 244/14). Auch wenn der Geldbedarf für die laufende Bewirtschaftung und die Erhaltung einer Wohnanlage im Grundsatz durch die Aufbringung der Mittel in Form von Vorschüssen und die Ansammlung einer angemessenen Erhaltungsrücklage (§ 19 Abs. 2 Nr. 4 WEG) aufgebracht werden soll, kann es ordnungsmäßiger Verwaltung entsprechen, größere Ausgaben mittels Aufnahme eines Kredits durch die Wohnungseigentümergemeinschaft zu finanzieren. Das WEG enthält keine Anhaltspunkte dafür, dass den Wohnungseigentümern diese Möglichkeit trotz ihres Selbstorganisationsrechts (vgl. Senat, 10.10.2014, V ZR 315/13) nur in besonders gelagerten Ausnahmefällen zu Gebote stehen soll. Dies wäre auch mit seiner Zielsetzung, möglichst vielen Bürgern und nicht nur den einkommensstärkeren den Erwerb einer Eigentumswohnung zu ermöglichen, nur schwer vereinbar. Nicht jedem Wohnungseigentümer ist es nämlich möglich und zumutbar, bei einem größeren Finanzbedarf der Gemeinschaft, der durch Rückgriff auf die Erhaltungslage nicht gedeckt werden kann, eine hohe (anteilige) Sonderumlage aufzubringen. Auch spielt es eine Rolle, dass staatliche Förderprogramme für energetische Sanierungen häufig in Form zinsvergünstigter Darlehen mit Zuschüssen angeboten werden, die sich die Gemeinschaft zunutze machen kann.

Zugleich ist den übrigen Wohnungseigentümern und auch dem Gesetzgeber daran gelegen, dass Wohnanlagen nicht infolge ausbleibender Erhaltungsmaßnahmen verfallen oder erheblich an Wert verlieren. Eine Kreditaufnahme durch die Gemeinschaft kann insbesondere in solchen Fällen ein für die Wohnungseigentümergemeinschaft sinnvolles oder gar zwingend notwendiges Finanzierungsinstrument sein. Allerdings müssen die besonderen Haftungsrisiken berücksichtigt werden, die für die Wohnungseigentümer mit einer Kreditaufnahme durch die Wohnungseigentümergemeinschaft verbunden sind.

Nach der Rechtsprechung des BGH (25.9.2015, VZR 244/14) ist die Aufnahme eines längerfristigen Darlehens zur Finanzierung von Sanierungsmaßnahmen also grundsätzlich möglich, dies aber nur unter hohen Voraussetzungen. Hintergrund dafür ist, dass die einzelnen Wohnungseigentümer nicht nur im Außenverhältnis zur kreditgebenden Bank gemäß § 9a Abs. 4 WEG nach dem Verhältnis ihres Miteigentumsanteils haften, sondern auch im Innenverhältnis eine Nachschusspflicht droht. Im Hinblick auf diese drohende Nachschusspflicht, die theoretisch unbegrenzt ist und auch Wohnungseigentümer treffen kann, die nach dem Verhältnis ihres Miteigentumsanteils den zu zahlenden Teil ihres Beitrags bereits erbracht haben, sind an einen Beschluss, durch den die Aufnahme eines Darlehens genehmigt wird, besondere Anforderungen zu stellen. Vor der Beschlussfassung über eine Kreditaufnahme muss in der Wohnungseigentümerversammlung wegen des in die Zukunft verlagerten Risikos der Zahlungsunfähigkeit einzelner Wohnungseigentümer die im Innenverhältnis bestehende Nachschusspflicht der Wohnungseigentümer – auch derjenigen, die von einer etwaigen »Abwendungsbefugnis« Gebrauch gemacht haben – Gegenstand der Erörterung gewesen sein. Die Wohnungseigentümer dürfen nicht dem Irrtum unterliegen, dass sie unter allen Umständen nur für einen ihrem Miteigentumsanteil entsprechenden Anteil an Zins- und Tilgungsleistungen für das Darlehen haften.

Die entsprechende Unterrichtung der Wohnungseigentümer ist im Protokoll der Eigentümerversammlung zu dokumentieren. Es reicht nicht aus, dass das Protokoll den Hinweis enthält, auf die Haftungsverhältnisse sei hingewiesen worden; im Protokoll ist auch auf eine mögliche Nachschusspflicht unmittelbar hinzuweisen (LG Itzehoe, 19.8.2019, 11 S 64/18). Liegt diese Voraussetzung nicht vor, ist der Beschluss anfechtbar.

Für die Beschlussfassung zur Kreditaufnahme ist es erforderlich, dass drei Vergleichsangebote eingeholt werden (LG Itzehoe, 19.8.2019, 11 S 64/18; a.A. AG Pinneberg, 27.11.2018, 60 C 13/18). Dies soll eine hinreichende Entscheidungsgrundlage für die Ausübung des den Wohnungseigentümern zustehenden Ermessens bei der Auswahl des jeweiligen Angebots und des Unternehmens gewährleisten. So soll erreicht werden, dass die Wohnungseigentümer die Angebote unterschiedlicher Unternehmen vergleichen können, um sich für denjenigen Vertragsabschluss zu entscheiden, der ihren Interessen inhaltlich am ehesten entspricht. Es ist jedoch nicht notwendig, das billigste Angebot anzunehmen. Vielmehr sollen die Wohnungseigentümer im Rahmen einer Gesamtbetrachtung der angebotenen Leistungen und der hierfür in Ansatz gebrachten Kosten in die Lage versetzt werden, sich nach Ausübung des ihnen zustehenden Ermessens für eines der Angebote zu entscheiden. Um das Preis-Leistungs-Verhältnis beurteilen zu können, ist es erforderlich, dass die eingeholten Angebote vergleichbar sind.

Die Notwendigkeit für die Wohnungseigentümer, sich vor einer Entscheidung eine hinreichende Tatsachengrundlage für die Ausübung des ihnen zustehenden Ermessens zu verschaffen, gilt auch für den Abschluss eines Darlehensvertrags. Zum einen können bereits die Konditionen, zu denen Banken Darlehen anbieten, etwa bezüglich Laufzeit, Zinsbindung, Sondertilgungsmöglichkeiten oder damit verbundene Kreditratenschutzversicherungen, erheblich voneinander abweichen. Zum anderen unterscheiden sich naturgemäß die Kosten für einen Kredit, insbesondere hinsichtlich der Zinshöhe, zum Teil erheblich. Um beurteilen zu können, ob ein Angebot ihren Bedürfnissen entspricht, ist es daher erforderlich, dass sich die Wohnungseigentümer eine hinreichende Tatsachengrundlage verschaffen, bevor sie einem Angebot den Zuschlag erteilen.

Die Finanzierung einer dringlichen Fassadensanierung teils aus der Rücklage, teils über Bankkredit entspricht im Einzelfall ordnungsmäßiger Verwaltung, insbesondere wenn die Rückführung des Kredits binnen fünf Jahren erfolgen soll (so LG Düsseldorf, 12.6.2013, 25 S 152/12).

Hinweis

Vertragspartner des Kreditinstituts ist die Gemeinschaft der Wohnungseigentümer. Im Fall eines Eigentümerwechsels tritt daher der neue Eigentümer in die Kreditverpflichtung ein, ohne dass es einer gesonderten Vereinbarung bedarf. Die Haftung der einzelnen Eigentümer für die Kreditverbindlichkeiten ist jedoch gemäß § 9a Abs. 4 WEG auf die Höhe ihres Miteigentumsanteils beschränkt.

WEG-Reform 2020

Gemäß § 9b Abs. 1 WEG vertritt der Verwalter die Wohnungseigentümergemeinschaft im Außenverhältnis vollumfänglich. Für den Abschluss von Darlehensverträgen gilt jedoch eine Ausnahme. Hierzu bedarf es eines ausdrücklichen Beschlusses der Wohnungseigentümer.

Der Verwalter muss die Tilgungsbeträge einziehen und weiterleiten. Somit hat er die Kreditraten nach den Grundsätzen ordnungsmäßiger Verwaltung zwingend in die folgenden Wirtschaftspläne zusätzlich einzustellen und an das Kreditinstitut abzuführen. Werden Wohnungseigentümer zahlungsunfähig, müssen deren Kreditraten notwendigerweise von den übrigen Wohnungseigentümern ergänzend aufgebracht werden (siehe oben zur Nachschusspflicht).

Eigentümerversammlung

Die Wohnungseigentümerversammlung ist das oberste Verwaltungsorgan der Wohnungseigentümergemeinschaft. Gemäß § 23 WEG werden dort die Angelegenheiten geregelt, über die die Wohnungseigentümer nach dem Gesetz oder nach Vereinbarung der Wohnungseigentümer durch Beschluss entscheiden können. Darüber hinaus dient die Versammlung dem Informations- und Meinungsaustausch zwischen den Wohnungseigentümern und dem Verwalter. Sie schafft die Gelegenheit, Konflikte und Meinungsverschiedenheiten der Wohnungseigentümer untereinander auszutragen. Die Leitung der Versammlung obliegt dem Verwalter.

Eigentümerwechsel

Bindungswirkungen

Gesamtrechtsnachfolge

Bei der Gesamtrechtsnachfolge tritt der Rechtsnachfolger kraft Gesetzes in die Wohnungseigentümergemeinschaft ein. Häufigster Anwendungsfall dieser Art der Rechtsnachfolge im WEG-Recht ist die Erbschaft (§ 1922 Abs. 1 BGB). Der Erbe haftet für sämtliche Verbindlichkeiten des verstorbenen Wohnungseigentümers, wie etwa Hausgeldrückstände (§ 1967 Abs. 1 BGB). Da der Erbe unmittelbar in die Stellung des Rechtsvorgängers eintritt, ist Ersterer wie Letzterer an sämtliche Vereinbarungen, Beschlüsse oder gerichtliche Entscheidungen gebunden.

Weiterer Fall der Gesamtrechtsnachfolge ist die Anwachsung von Gesellschaftsanteilen an einer Gesamthandsgemeinschaft (§ 738 BGB).

Nach der Rechtsnachfolge fällig werdende oder durch Beschluss der Wohnungseigentümergemeinschaft begründete Hausgeldschulden sind (jedenfalls auch) Eigenverbindlichkeiten des Gesamtrechtsnachfolgers, wenn ihm das Halten der Wohnung als ein Handeln bei der Verwaltung der Rechtsnachfolge zugerechnet werden kann. Hiervon ist im Fall des Erben in der Regel spätestens dann auszugehen, wenn er die Erbschaft angenommen hat oder die Ausschlagungsfrist abgelaufen ist und ihm faktisch die Möglichkeit zusteht, die Wohnung zu nutzen (BGH, 5.7.2013, V ZR 81/12).

Sondernachfolge

Andererseits kann der Eigentümerwechsel im Rahmen einer Sonderrechtsnachfolge erfolgen. Dies ist vor allem beim rechtsgeschäftlichen Erwerb von Wohnungseigentum der Fall.

Erwirbt jemand Wohnungseigentum durch ein Rechtsgeschäft, wird er Eigentümer in dem Zeitpunkt, in dem die Einigung in der für die Auflassung vorgeschriebenen Form vorliegt und die Änderung der Eigentumslage im Grundbuch eingetragen wird (§ 4 Abs. 1, 2 WEG). Im Rahmen der Zwangsversteigerung von Wohnungseigentum geschieht dies mit dem Zuschlag (§ 90 ZVG).

Der Sondereigentümer ist an Vereinbarungen, durch die die Wohnungseigentümer ihr Verhältnis untereinander ergänzend oder abweichend zum WEG regeln, die Abänderung oder Aufhebung solcher Vereinbarungen oder Beschlüsse, die aufgrund einer Vereinbarung gefasst werden, nur gebunden, wenn diese als Inhalt des Sondereigentums im Grundbuch eingetragen werden (§ 10 Abs. 3 Satz 1 WEG). Haben die Wohnungseigentümer untereinander schuldrechtliche Vereinbarungen geschlossen, die nicht im Grundbuch stehen, ist der Sonderrechtsnachfolger durch diese nicht gebunden.

Beschlüsse der Wohnungseigentümergemeinschaft gelten jedoch – vorbehaltlich solcher, die aufgrund einer Öffnungsklausel (siehe Kapitel 4.2.3) gefasst wurden – für den Sonderrechtsnachfolger auch ohne Eintragung in das Grundbuch.

Hinweis

Die bisherige Rechtsprechung, wonach aufgrund einer in der Gemeinschaftsordnung enthaltenen Öffnungsklausel Beschlüsse, die eine Vereinbarung der Wohnungseigentümer abändern, im Grundbuch weder eintragungsbedürftig noch eintragungsfähig sind (OLG München, 13.11.2009, 34 Wx 100/09), dürfte angesichts der Neufassung des § 5 Abs. 4 Satz 1 WEG nicht mehr aufrechterhalten werden.

Bauliche Veränderungen

Für bauliche Veränderungen (siehe Kapitel 5.5) gilt: Auch an Beschlüsse der Wohnungseigentümergemeinschaft, die die Zustimmung zu einer baulichen Veränderung zum Gegenstand haben, ist der Sonderrechtsnachfolger gebunden. Im Fall einer nicht genehmigten baulichen Veränderung ist zur Beseitigung dieser nur derjenige, der sie vorgenommen hat, als Handlungsstörer verpflichtet. Sein Sonderrechtsnachfolger muss als Zustandsstörer lediglich die Beseitigung dulden. Beseitigungs- und Duldungsanspruch sind verschiedene Verfahrensgegenstände (BayObLG, 27.3.2003, 2Z BR 122/02).

Beispiel

Der Rechtsnachfolger eines Wohnungseigentümers, der ohne Genehmigung der Gemeinschaft den zu seinem Sondereigentum gehörenden Dachboden zur Wohnung ausgebaut hat, ist nicht verpflichtet, verbliebene Wände und Decken zu beseitigen. Kann der Rechtsnachfolger als unmittelbarer Besitzer des Dachbodens die verbliebenen Bauteile beseitigen, lässt dies aber nicht zu, wird er zum Zustandsstörer und ist auf Antrag der Wohnungseigentümergemeinschaft entsprechend zu verpflichten. Gegenstand der Duldungspflicht des Zustandsstörers ist die einheitliche Wiederherstellung des ordnungsgemäßen Zustands (OLG Düsseldorf, 9.4.2008, I-3 Wx 3/08).

Eigentümerversammlung

Bei einem Eigentümerwechsel ist der veräußernde Wohnungseigentümer zur Eigentümerversammlung solange zu laden, bis der Erwerber im Grundbuch eingetragen ist. Der veräußernde Wohnungseigentümer behält das Stimmrecht bis zur Umschreibung des Grundbuches, selbst wenn nach den Bestimmungen des Kaufvertrags Besitz, Nutzungen und Lasten übergegangen sind. Der Erwerber kann indes vom Veräußerer bevollmächtigt werden, dessen Stimmrecht (siehe Kapitel 1.2) in der Eigentümerversammlung auszuüben.

Kosten

Für die Kosten der Wohnungseigentümergemeinschaft haftet grundsätzlich derjenige Eigentümer, der zum Zeitpunkt der Beschlussfassung über die Zahlungsverpflichtung und die Fälligkeit der Forderung nach Wirtschaftsplan, Jahresabrechnung oder Sonderumlage im Grundbuch eingetragen ist. Mit der Eintragung des Erwerbers im Grundbuch geht der Anspruch auf Abrechnung und Auszahlung von Guthaben auf den neuen Eigentümer über und kann folglich von dem früheren Eigentümer nicht mehr geltend gemacht werden. Ist allerdings der Veräußerer seiner Verpflichtung zur Hausgeldvorauszahlung nach einem beschlossenen Wirtschaftsplan nicht nachgekommen und sind daher Hausgeldrückstände aufgelaufen, so haftet er auch nach seinem Ausscheiden aus der Wohnungseigentümergemeinschaft für diese. Der Erwerber muss Hausgeldvorschüsse erst ab erfolgter Eigentumsumschreibung bezahlen.

Von rückständigen Hausgeldvorschüssen ist die sogenannte Abrechnungsspitze zu unterscheiden. Ergibt sich aus der Jahresabrechnung ein Fehlbetrag, weil die tatsächlichen Kosten höher waren, als zunächst im Wirtschaftsplan veranschlagt, haftet für diesen Fehlbetrag, wer zum Zeitpunkt der Beschlussfassung über die Jahresabrechnung als Wohnungseigentümer im Grundbuch eingetragen ist.

Bei einem Eigentümerwechsel kann Streit entstehen, wer eine etwaige Sonderumlage zu tragen hat. Der Erwerber von Wohnungs- oder Teileigentum haftet für eine nach dem Eigentumswechsel fällig werdende Sonderumlage auch dann, wenn deren Erhebung vor dem Eigentumswechsel beschlossen wurde (BGH, 15.12.2017, V ZR 257/16).

Bei einem Eigentümerwechsel verbleiben die Gegenstände, Forderungen, Ansprüche und Verbindlichkeiten des Verwaltungsvermögens (siehe Kapitel 7, Stichwort »Verwaltungsvermögen«) bei der Wohnungseigentümergemeinschaft. Dies gilt insbesondere auch für den Anteil des ausscheidenden Eigentümers an der Erhaltungsrücklage.

Haftung bei Eigentümerwechsel

Für Kosten haftet grundsätzlich der im Grundbuch eingetragene Eigentümer, und zwar derjenige, der zum Zeitpunkt der Beschlussfassung über die Zahlungsverpflichtung und die Fälligkeit der Forderung nach Wirtschaftsplan, Jahresabrechnung oder Sonderumlage als Wohnungseigentümer im Grundbuch eingetragen ist (BGH, 2.12.2011, V ZR 113/11).

Ausnahmen gelten bezüglich der werdenden Wohnungseigentümergemeinschaft. Der werdende Wohnungseigentümer schuldet nach Erwerb seiner Eigenschaft als werdender Wohnungseigentümer die fälligen und wirksam begründeten Zahlungen (BGH, 11.5.2012, V ZR 196/11). Nach dem Austritt eines Wohnungseigentümers aus der Gemeinschaft ist seine Haftung nicht sofort beendet. Er haftet für die während des Zeitraums seiner Zugehörigkeit zur Gemeinschaft entstandenen oder fällig gewordenen Verbindlichkeiten weitere fünf Jahre nach seinem Ausscheiden anteilig in Höhe seines ehemaligen Miteigentumsanteils (§ 9 Abs. 4 Satz 1 WEG i. V. m. § 160 HGB). Voraussetzung hierfür ist, dass die Forderung binnen fünf Jahren nach seinem Austritt fällig und entsprechend tituliert oder nach § 160 Abs. 2 HGB schriftlich anerkannt wird. Nicht erfasst werden hiervon Verbindlichkeiten, die erst nach dem Austritt aus der Wohnungseigentümergemeinschaft entstehen, der dafür maßgebliche Zeitpunkt ist die Eintragung des Erwerbers im Grundbuch.

Diese zum Schutz von Gläubigern der Wohnungseigentümergemeinschaft getroffene entsprechende Anwendung von Vorschriften des Handelsrechts bewirkt, dass sich der Gläubiger in solch einem Fall mit seiner Forderung weiterhin sowohl an den Veräußerer als auch an den Erwerber als Rechtsnachfolger halten kann. Veräußerer und Erwerber haften hierbei gesamtschuldnerisch, jedoch kann der Veräußerer wiederum im Innenverhältnis den Erwerber gemäß auf Ausgleich in Anspruch nehmen (§ 426 Abs. 2 BGB). Der Gläubiger kann seine Forderung dabei nur anteilig in Höhe des Miteigentumsanteils geltend machen.

Beispiel

Die Wohnungseigentümergemeinschaft beauftragt die Firma Blitztank mit der Reparatur der Heizungsanlage am 1.9.2022. Am 30.9.2022 veräußert Wohnungseigentümer 1 seine Wohnung. Die Eintragung des Erwerbers erfolgt sogleich. Am 12.10.2022 findet die Abnahme der Heizungsanlage statt. Die Firma Blitztank übergibt am selben Tag die Rechnung. Zum Zeitpunkt der Entstehung der Verbindlichkeit war Wohnungseigentümer 1 noch Eigentümer, bei ihrer Fälligkeit ist er es jedoch nicht mehr.

Die Haftung des Veräußerers hängt stets auch von der Verjährungsfrist des eigentlichen Anspruchs ab. Die Fünfjahresfrist der Nachhaftung führt nicht zur Verlängerung der Verjährungsfrist des ursprünglichen Anspruchs.

Beispiel (Fortsetzung)

Der Anspruch der Firma Blitztank auf Zahlung des Werklohns gemäß § 631 Abs. 1 und § 641 Abs. 1 BGB wäre nach §§ 195, 199 BGB zum 31.12.2025 verjährt. Über diesen Zeitpunkt hinaus muss der ausscheidende Wohnungseigentümer nicht haften. Er kann die Einrede der Verjährung geltend machen (§ 214 Abs. 1 BGB).

Haftung für Hausgeldrückstände

Das Hausgeld muss der zum jeweiligen Zeitpunkt der Beschlussfassung über die Zahlungsverpflichtung und die Fälligkeit der Forderung nach dem Wirtschaftsplan, der Jahresabrechnung oder von Sonderumlagen der im Grundbuch eingetragene Wohnungseigentümer zahlen (BGH, 2.12.2011, V ZR 113/11). Sind mehrere Personen gemeinsam Wohnungseigentümer, haften sie für Hausgeldzahlungen als Gesamtschuldner.

Im Fall eines Eigentümerwechsels bedeutet dies, dass der Veräußerer solange für die Zahlung des Hausgeldes haftet, bis der Erwerber im Grundbuch eingetragen ist. Der Erwerber ist zur Zahlung erst verpflichtet, wenn er im Grundbuch steht. Er haftet nicht für Hausgeldrückstände des Veräußerers.

Bei einer Zwangsversteigerung trägt der Ersteher die Lasten und Kosten ab dem Tag des Zuschlags. Mit der Eintragung des Erwerbers im Grundbuch geht der Anspruch auf Abrechnung und Auszahlung von Guthaben auf den neuen Eigentümer über und kann folglich von dem früheren Eigentümer nicht mehr geltend gemacht werden. Ist allerdings der Veräußerer seiner Verpflichtung zur Hausgeldvorauszahlung nach einem beschlossenen Wirtschaftsplan nicht nachgekommen und sind daher Hausgeldrückstände aufgelaufen, haftet er dafür auch nach seinem Ausscheiden aus der Wohnungseigentümergemeinschaft. Der Erwerber muss Hausgeldvorschüsse erst ab erfolgter Eigentumsumschreibung bezahlen.

Von rückständigen Hausgeldvorschüssen ist die »Abrechnungsspitze« zu unterscheiden. Ergibt sich aus der Jahresabrechnung ein Fehlbetrag, weil die tatsächlichen Kosten höher waren, als zunächst im Wirtschaftsplan veranschlagt, haftet für diesen Fehlbetrag der Wohnungseigentümer, der zum Zeitpunkt der Beschlussfassung über die Jahresabrechnung im Grundbuch eingetragen ist. Für die Begründung einer Haftung des Erstehers für noch offene Beiträge aus dem Vorjahreswirtschaftsplan, die neben die Haftung des Voreigentümers aus dem Wirtschaftsplan tritt, fehlt den Miteigentümern die Beschlusskompetenz. Der Ersteher haftet nur für die »Abrechnungsspitze« (LG München I, 20.12.2010, 1 S 4319/10; BGH, 23.9.1999, V ZB 13/99).

Hinweis

Können Hausgeldrückstände des Voreigentümers nicht mehr beigetrieben werden und muss die Wohnungseigentümergemeinschaft zu deren Deckung wegen Liquiditätsengpässen Beschlüsse fassen, ist ebenfalls derjenige Eigentümer zur Zahlung verpflichtet, der im Zeitpunkt der Beschlussfassung im Grundbuch eingetragen ist.

Einberufung der Eigentümerversammlung

Bei der Einberufung der Eigentümerversammlung sind die folgenden Formalitäten zu beachten:

Der Verwalter muss einmal pro Jahr einberufen; unterlässt er dies, kann der Verwaltungsbeiratsvorsitzende, sein Stellvertreter oder ein hierzu durch Beschluss ermächtigter Wohnungseigentümer einberufen. Ein einzelner Wohnungseigentümer hat kein Einberufungsrecht. Ausnahme: durch Beschluss oder gerichtliche Ermächtigung. Ein Viertel aller Wohnungseigentümer kann durch schriftlichen Antrag und unter Angabe der Gründe und des Zwecks die Einberufung verlangen.

Die Einberufungsfrist soll drei Wochen betragen. Ein Verstoß hiergegen führt nicht zwingend zur Ungültigerklärung von Beschlüssen. In dringenden Fällen ist eine kürzere Frist zulässig.

Die Versammlung soll am Ort der Wohnanlage oder ihrer näheren Umgebung stattfinden. Die Wahl des Zeitpunkts darf die Teilnahme an der Versammlung nicht erschweren, sollte daher verkehrsüblich sein.

Die Einladung muss in Textform erfolgen (auch Kopie, Fax, E-Mail) und Angaben über Ort, Zeit und die Tagesordnung enthalten. Die Tagesordnung muss den Beschlussgegenstand genau bezeichnen, wobei eine stichpunktartige Formulierung ausreicht.

Einsichtsrecht

Das auch bislang durch die Rechtsprechung anerkannte Einsichtsrecht für jeden Wohnungseigentümer in alle Verwaltungsunterlagen wurde im Zuge der WEG-Reform 2020 in § 18 Abs. 4 WEG gesetzlich geregelt. Neu ist auch, dass das Recht auf Einsicht gegenüber der Gemeinschaft der Wohnungseigentümer besteht. Verweigert der Verwalter pflichtwidrig die Einsichtnahme, so muss der die Einsichtnahme begehrende Wohnungseigentümer nun nicht mehr den Verwalter, sondern die Gemeinschaft der Wohnungseigentümer auf Einsichtnahme verklagen. Der Klageantrag auf Einsichtgewährung in die Verwaltungsunterlagen muss die begehrten Unterlagen hinreichend vollstreckungsfähig bezeichnen, da die Vollstreckung durch den Gerichtsvollzieher gemäß § 883 ZPO erfolgt (LG Frankfurt/Main, 16.2.2023, 2-13 S 39/22).

Ein Wohnungseigentümer darf auch wiederholt in die Verwaltungsunterlagen einsehen, wenn seinem Informationsbedürfnis nicht vollständig Rechnung getragen ist, und kann hierbei einen weiteren Miteigentümer und einen Rechtsanwalt hinzuziehen. Auf eine Verjährung möglicher Ansprüche kommt es für die Frage der Berechtigung der Einsichtnahme nicht an (LG Frankfurt/Main, 20.6.2016, 2-13 S 13/14). Seine Grenzen findet das Einsichtsrecht im Schikaneverbot (§ 266 BGB) sowie in den Grundsätzen von Treu und Glauben (§ 242 BGB) (BayObLG, 13.6.2000, 2Z BR 175/99).

Zur Einsichtnahme ist jeder einzelne Wohnungseigentümer berechtigt, ohne dass dafür ein vorheriger ermächtigender Mehrheitsbeschlusses erforderlich ist. Dies gilt auch für den bereits aus der Wohnungseigentümergemeinschaft ausgeschiedenen Eigentümer im Hinblick auf nachwirkende Rechte und Pflichten sowie auf einen vom Wohnungseigentümer hierzu Bevollmächtigten, der ein berechtigtes Interesse an der Einsichtnahme hat, etwa einen Mieter oder einen Kaufinteressenten. Der Eigentümer kann auch die Einsichtnahme bei berechtigtem Interesse zusammen mit einem Dritten als Unterstützung sowie mit weiteren Eigentümern verlangen (LG Hamburg, 5.10.2011, 318 S 7/11). Es ist zudem möglich, dass sich der Wohnungseigentümer bei dem Termin zur Einsichtnahme vertreten lässt.

Außer dem Versammlungsprotokoll und der Beschlusssammlung dürfen sämtliche Verwaltungsunterlagen, beispielsweise die Abrechnungs- und Buchhaltungsunterlagen, Bankkonten, Einzelabrechnungen und bestehende Verträge, eingesehen werden. Dies gilt auch, soweit diese elektronisch vorliegen. Besteht Streit über die Existenz von Unterlagen, kommt der Wohnungseigentümergemeinschaft eine sekundäre Darlegungslast zu, wenn der Kläger hinreichende tatsächliche Anhaltspunkte für das Vorhandensein der Unterlagen vorträgt (LG Frankfurt/Main, 16.2.2023, 2-13 S 39/22). Eine Verweigerung der Belegeinsicht vor der Eigentümerversammlung führt nicht zur Anfechtbarkeit des Beschlusses über die Einforderung von Nachschüssen oder die Anpassung der beschlossenen Vorschüsse. Solange dem anfechtenden Wohnungseigentümer Belegeinsicht verweigert wird, muss die Wohnungseigentümergemeinschaft im Rechtsstreit die Richtigkeit des angefochtenen Beschlusses jedenfalls darlegen (AG Köln, 17.1.2023, 215 C 48/22).

Der Anspruch auf Einsicht in die Abrechnungsunterlagen für die Jahresabrechnung steht jedem Wohnungseigentümer einzeln zu. Das Recht eines Wohnungseigentümers auf Einsichtnahme in die Beschlusssammlung ist an keine weiteren besonderen Voraussetzungen geknüpft. Zu seiner Geltendmachung muss kein besonderes rechtliches Interesse dargelegt werden (BayObLG, 4.7.2002, 2Z BR 139/01). Der Ort zur Einsichtnahme liegt regelmäßig in den Geschäftsräumen des Verwalters (BGH, 11.2.2011, V ZR 66/10). Auf die Bürozeiten und den Bürobetrieb des Verwalters ist Rücksicht zu nehmen, vorab sollte ein Termin vereinbart werden (OLG Köln, 7.6.2006, 16 Wx 241/05). Etwas anderes gilt, wenn sich die Verwaltung nicht am Ort oder wenigstens in der Nähe der Wohnungseigentümergemeinschaft befindet. Dann müssen die Verwaltungsunterlagen am Ort der belegenen Sache zur Verfügung gestellt werden (OLG Köln, 28.2.2001, 16 Wx 10/01).

Ein Anspruch auf Aushändigung von Originalunterlagen besteht nicht. Von den Verwaltungsunterlagen darf der Wohnungseigentümer oder der Bevollmächtigte selbst Abschriften vornehmen oder Ausdrucke oder Kopien vom Verwalter verlangen (BGH, 11.2.2011, V ZR 66/10). Hierfür darf der Verwalter, ggf. mit Vorkasse, ein Sonderhonorar verlangen. Für die Anfertigung von Kopien aus Verwaltungsunterlagen wird pro Kopie ein Betrag von 0,50 EUR zuzüglich Mehrwertsteuer als zulässig erachtet (BayObLG, 19.12.2002, 2Z BR 104/02). Ab erwünschter 51. Kopie ist eine Ermäßigung entsprechend dem Rechtsanwaltsvergütungsgesetz auf 0,15 EUR angemessen (OLG Hamm, 19.10.2000, 15 W 133/00; derzeit 0,15 EUR nach RVG). Zum Einsichtsrecht eines Wohnungseigentümers in das Grundbuchblatt eines anderen Wohnungseigentümers hat das KG Berlin (3.4.2014, 1 W 83/14) entschieden, dass Wohnungseigentümer regelmäßig nur zur Einsicht in das Bestandsverzeichnis und Abteilung I der Wohnungsgrundbücher anderer Mitglieder der Gemeinschaft berechtigt sind, nicht aber zur Kenntnisnahme der Belastungen in Abteilung II und III.

Erhaltungsrücklage

Zur ordnungsmäßigen Verwaltung gehört, dass die Wohnungseigentümergemeinschaft eine angemessene Erhaltungsrücklage (bis zur WEG-Reform 2020 Instandhaltungsrückstellung/-rücklage) ansammelt (§ 19 Abs. 1 WEG). Jeder Eigentümer kann die Bildung einer angemessenen Erhaltungsrücklage verlangen (§ 18 Abs. 2 i.V.m. § 19 Abs. 1, Abs. 2 Nr. 4 WEG), sofern dies nicht durch Vereinbarung ausgeschlossen ist. Die Beiträge zur Erhaltungsrücklage werden als Bestandteil der Zahlungen nach dem Wirtschaftsplan geleistet (§ 28 Abs. 1 Satz 1 WEG). Diese Gelder zählen zum Gemeinschaftsvermögen und stellen sicher, dass auch bei einem unvorhergesehenen, plötzlich auftretenden Reparaturbedarf die erforderlichen Mittel zur Erhaltung zur Verfügung stehen. Insbesondere für finanzschwächere Wohnungseigentümer ist es vorteilhaft, wenn eine laufende Ansparung stattfindet und nicht auf einmal größere Beträge, etwa in Form einer Sonderumlage, fällig werden.

Verwendungszweck

Die Erhaltungsrücklage kann zweckgebunden oder allgemein angespart werden. Bei Beschlussfassung über eine Erhaltungsmaßnahme kann die Wohnungseigentümergemeinschaft bestimmen, ob diese aus der Erhaltungsrücklage, durch eine Sonderumlage oder durch beides finanziert werden soll (BayObLG, 22.9.2004, 2Z BR 142/04). Die Wohnungseigentümer können eine Entnahme aus der Erhaltungsrücklage nachträglich (auch konkludent) im Rahmen der Beschlussfassung über die Jahresabrechnung genehmigen (LG Köln, 19.1.2012, 29 S 190/11).

Hinweis

Grundsätzlich widerspricht es der Zweckbestimmung einer Erhaltungsrücklage, wenn diese für andere Maßnahmen, etwa den Ausgleich von Wohngeldausfällen, verwendet wird (LG Köln, 18.6.2020, 29 S 212/19).

Beschlüsse zur Beauftragung eines Sachverständigen zu weiteren Sanierungsuntersuchungen und zur Sanierungsplanung, um schädliche Bodenverunreinigungen zu beseitigen, stellen eine Maßnahme ordnungsmäßiger Verwaltung dar. Gleiches gilt für die beschlussmäßige Beauftragung eines Rechtsanwalts mit der rechtsberatenden Begleitung der Sanierung, etwa wenn wegen der Beteiligung mehrerer Grundstückseigentümer Abstimmungsbedarf besteht. Die Honorare für Sachverständige und Rechtsberater können in solchen Fällen grundsätzlich aus der Erhaltungsrücklage entnommen werden (OLG München, 25.1.2006, 34 Wx 114/05).

Der Beschluss, nach dem eine Erhaltungsrücklage anderweitig Verwendung finden soll, entspricht nur dann ordnungsmäßiger Verwaltung, soweit eine »eiserne Reserve« verbleibt. Deren Höhe hängt von den Umständen des Einzelfalls ab, also von dem Zustand der Anlage, dem Alter und der Reparaturanfälligkeit (LG München I, 14.7.2016, 36 S 3310/16 WEG; LG Köln, 24.11.2011, 29 S 111/11).

Höhe und Verteilung

Nachdem der Gesetzgeber eine »angemessene« Höhe der Erhaltungsrücklage nicht bestimmt, kommt der Gemeinschaft hierbei ein Ermessen zu (LG Hamburg, 29.2.2012,

318 S 8/11). Bei der Ermittlung muss sie objektive Maßstäbe anlegen; entscheidend ist, was ein verständiger und vorausschauender Eigentümer zur Pflege seines Eigentums zurücklegen würde. Als Beurteilungskriterien hierfür sind die konkreten Verhältnisse der jeweiligen Wohnanlage zu berücksichtigen, zum Beispiel Größe und Baujahr, baulicher Zustand, Reparaturanfälligkeiten sowie das Vorhandensein gemeinschaftlicher Einrichtungen (Aufzug, Schwimmbad, Sauna etc.).

Bei der Bestimmung der Höhe der Erhaltungsrücklage können die Sätze der Zweiten Berechnungsverordnung Orientierung geben. Ein jährlicher Betrag zwischen 7,10 EUR/m^2 und 11,50 EUR/m^2 je nach Alter der Anlage und absehbarem Sanierungsbedarf ist danach angemessen (§ 28 Abs. 2 II. BV). Aufgrund des Ermessens der Wohnungseigentümergemeinschaft dürften lediglich wesentlich niedrigere oder deutlich höhere Beträge den Grundsätzen einer ordnungsmäßigen Verwaltung widersprechen. Eine bei Erstellung der Teilungserklärung/Gemeinschaftsordnung der Höhe nach festgelegte Erhaltungsrücklage kann später durch einen Mehrheitsbeschluss an die wirtschaftlichen Gegebenheiten angepasst werden.

Der Anteil, den die Wohnungseigentümer zur Erhaltungsrücklage beizutragen haben, richtet sich nach Höhe ihrer Miteigentumsanteile, wobei ein abweichender Verteilungsschlüssel durch Beschluss festgelegt werden kann (§ 16 Abs. 2 WEG).

Die tatsächlich erfolgten Zahlungen der Wohnungseigentümer zur Erhaltungsrücklage sind eine Einnahme der Gemeinschaft, die in der Gesamtjahresabrechnung erscheinen muss. Die Abrechnung soll den Wohnungseigentümern aufzeigen, welche Ausgaben und welche Einnahmen die Wohnungseigentümergemeinschaft im Abrechnungszeitraum wirklich hatte. Die geschuldeten Zahlungen sind in der Darstellung der Entwicklung der Erhaltungsrücklage in der Gesamtjahresabrechnung ebenfalls anzugeben (BGH, 4.12.2009, V ZR 44/09; LG Rostock, 13.7.2018, 1 S 82/17). In den Einzelabrechnungen sind die Zahlung auf die Erhaltungsrücklage nicht zu berücksichtigen, sie sind weder verteilungsrelevante Ausgaben noch Einnahmen.

Zahlungsverpflichtungen

Die Zahlungsverpflichtungen der jeweiligen Wohnungseigentümer ergeben sich aus dem von der Wohnungseigentümergemeinschaft auf Basis des Wirtschaftsplans gefassten Beschluss (§ 28 Abs. 1 Satz 1 WEG). Die Erhaltungsrücklage ist Bestandteil des Gemeinschaftsvermögens.

Hinweis

Der Verwalter muss die Erhaltungsrücklage möglichst gewinnbringend anlegen. Die Wohnungseigentümergemeinschaft kann durch Beschluss regeln, wie die Erhaltungsrücklage angelegt werden soll. In jedem Fall sollte eine sichere Anlage wie Festgelder, Investmentfonds oder Bundesanleihen gewählt werden.

Ein einzelner Eigentümer kann die Auszahlung seines Anteils an der Rücklage nicht verlangen. Wird eine Wohnung veräußert, geht die Beteiligung an einer Erhaltungsrücklage gegenüber der Wohnungseigentümergemeinschaft kraft Gesetzes mit Übertragung des Eigentums an der Wohnung auf den Erwerber über. Dies hindert die Parteien nicht, für den Übergang dieses Anspruchs einen gesonderten Kaufpreis und im Gegenzug eine rechtsgeschäftliche Abtretung des Anteils an der Erhaltungsrücklage zu vereinbaren (OLG Köln, 19.12.2013, I-19 U 133/13).

Ersatzzustellungsvertreter

Nach der WEG-Reform 2020 richtet sich die Zustellung bei verhindertem oder nicht vorhandenem Verwalter nach den allgemeinen Regeln der Vertretung der Wohnungseigentümergemeinschaft: Bei fehlendem Verwalter vertreten die Wohnungseigentümer die Wohnungseigentümergemeinschaft gemeinschaftlich (§ 9b Abs. 1 Satz 2 WEG). Daher genügt für die Zustellung an die Wohnungseigentümergemeinschaft, dass an einen Wohnungseigentümer zugestellt wird (§ 170 Abs. 3 ZPO).

Der Verwalter ist grundsätzlich alleiniger Zustellungsvertreter der Wohnungseigentümergemeinschaft (§ 9b Abs. 1 Satz 1 WEG). Ist er jedoch als Gegner der Wohnungseigentümergemeinschaft an dem Verfahren beteiligt, muss an den Vorsitzenden des Verwaltungsbeirats oder einen beschlussmäßig bestellten Vertreter der Wohnungseigentümergemeinschaft zugestellt werden (§ 9b Abs. 2 WEG).

Angesichts dieser Regelungen entfällt die vorherige Pflicht zur Bestellung eines Ersatzzustellungsvertreters.

Gemeinschaftseigentum

Das Wohnungseigentumsrecht differenziert zwischen Gemeinschaftseigentum und Sondereigentum. Das Gemeinschaftseigentum ist den einzelnen Wohnungseigentümern über ihren Miteigentumsanteil zugeordnet. Zum Gemeinschaftseigentum gehören gemäß § 1 Abs. 5 WEG das Grundstück und das Gebäude, soweit sie nicht im Sondereigentum oder im Eigentum eines Dritten stehen.

Zwingende Bestandteile des Gemeinschaftseigentums können auch nicht durch eine Vereinbarung in der Teilungserklärung zu Sondereigentum erklärt werden. Umgekehrt besteht jedoch die Möglichkeit, dass Bestandteile des Gebäudes, die Gegenstand des Sondereigentums sein können, zum gemeinschaftlichen Eigentum gehören (§ 5 Abs. 3 WEG). Durch die Teilungserklärung kann Sondereigentum an wesentlichen Bestandteilen des Gebäudes nicht begründet werden; diese kann die Grenze zwischen dem gemeinschaftlichen Eigentum und dem Sondereigentum nur zugunsten, nicht aber zuungunsten des gemeinschaftlichen Eigentums verschieben (BGH, 26.10.2012, V ZR 57/12). Die Änderung der Aufteilung und Zuordnung von Gemeinschaftseigentum und Sondereigentum kann nie durch Beschluss erfolgen. Hierzu bedarf es einer Einigung aller Wohnungseigentümer in der Form der Auflassung gemäß § 925 Abs. 1 BGB sowie der Eintragung der Änderung im Grundbuch.

DIGITALE EXTRAS

	GE	SE	Anmerkung
Abflussrohr			Siehe Anschlussleitungen
Absperrventile, -vorrichtungen	x		Absperreinrichtungen für Kalt-/Warmwasserzähler in den Räumen des SE stehen zwingend im gemeinschaftlichen Eigentum; der Bereich der Leitung zwischen Abzweig und Absperrventil ist nicht sondereigentumsfähig; Absperrventile schließen das in gemeinschaftlichem Eigentum stehende Leitungsnetz ab und bilden dessen notwendigen Bestandteil; AG Bremen, 20.12.2017, 44 C 2004/17.
Abstellplatz (nicht Tiefgaragenplatz)		x	Sondereigentumsfähig; § 3 Abs. 1 Satz 2 WEG
Abwasserkanal	x		
Alarmanlage	x	x	Eine Alarmanlage, die nur der Sicherheit einer Wohnung dient, gehört zum SE; dient sie der Sicherheit mehrerer Wohnungen oder auch der Sicherheit des gemeinschaftlichen Grundstücks, steht sie im GE.
Anschlussleitung, Hauptleitungen für Strom, Gas, Heizung und Abwasser	x		BGH, 8.7.2011, V ZR 176/10; BGH, 26.10.2012, V ZR 57/12; BGH, 9.12.2016, V ZR 124/16; auch dann, wenn sie sich innerhalb des räumlichen Bereichs des gemeinschaftlichen Eigentums befinden, jedoch nur eine Einheit versorgen; LG Köln, 21.4.2016, 29 S 158/15

	GE	SE	Anmerkung
Anschlussleitungen für Strom, Gas, Heizung und Abwasser ab Übergang in die Sondereigentumsräume und hinter der ersten Absperrmöglichkeit			BGH, 8.7.2011, V ZR 176/10; BGH, 26.10.2012, V ZR 57/12; BGH, 9.12.2016, V ZR 124/16; LG Köln, 21.4.2016, 29 S 158/15
Antenne (Gemeinschaftsantenne, Kabelanschluss, Satellitenschüssel)	x		
Antennenkabel		x	Soweit es nur der Versorgung einer Wohnung dient
Antennensteckdose		x	OLG Köln, 31.5.1989, 16 Wx 25/89
Armaturen		x	
Attika	x		BayObLG, 19.7.1989, 1b Z 29/88
Anstrich Fassade	x		BayObLG, 20.3.1991, BReg. 2 Z 8/91
Aufzug	x		BGH, 10.10.1980, V ZR 47/79
Außenjalousien, Rollläden	x		KG Berlin, 19.6.1985, 24 W 4020/84
Außenputz	x		BayObLG, 20.3.1991, BReg 2 Z 8/91
Außenwand	x		OLG Zweibrücken, 2.2.2000, 3 W 12/00
Bad- und Duscheinrichtungen		x	
Badezimmertüre		x	BayObLG, 21.12.1999, 2Z BR 115/99, ZMR 2000, 241
Balkone			Erfordert Abgrenzung
a) Balkonraum		x	BGH, 15.1.2010, V ZR 114/09; OLG Düsseldorf, 21.12.1998, 3 Wx 418/98; OLG Karlsruhe, 5.5.2000, Wx 71/99
b) Konstruktive, der Sicherheit dienende Balkonbestandteile	x		BGH, 15.1.2010, V ZR 114/09; BGH, 25.1.2001, VII ZR 193/99; BayObLG, ZMR 1996, 503
c) Balkonbodenplatte, -gitter, -decken, -geländer, -brüstung, -tür und -fenster (ohne Innenseiten); äußere Balkonverkleidungen und Trennwände	x		BGH, 15.1.2010, V ZR 114/09; BGH 21.2.1985, VII ZR 72/84; BayObLG 16.5.1990, 1b Z 22/89; BayObLG, 25.9.1996, 2Z BR 79/96; OLG Düsseldorf, 9.8.1991, 22 U 20/91; OLG München, 30.1.2007, 34 Wx 116/06
d) Feuchtigkeitsisolierung, Abdichtungsanschlüsse zum Gebäude, Wassereinlauf und die Abflussleitung, Regenrinne	x		BGH, 25.1.2001, VII ZR 193/99, NJW-RR 2001, 800; OLG Hamm, 3.7.1995, 15 W 93/95, DWE 1995, 127; OLG Düsseldorf, 12.1.1998, 3 Wx 546/97, NZM 1998, 269; OLG München, 30.1.2007, 34 Wx 116/06, NZM 2007, 369

	GE	SE	Anmerkung
e) Boden-/Plattenbelag inklusive Mörtelbett und Estrich, innere Balkonverkleidungen. Innenanstrich der Balkonbrüstung, -umrandung und des Geländers		x	BGH, 15.1.2010, V ZR 114/09; BayObLG, 5.5.1993, 2Z BR 29/93; OLG Köln, 5.12.2000, 16 Wx 121/00
f) Balkonestrich, soweit dieser trittschall- oder wärmedämmende Funktion hat	x		OLG Hamm, 13.8.1996, 15 W 115/96, ZMR 1997, 193
Belüftungsanlage	x		OLG Hamburg, 4.3.2003, 2 Wx 2/00
Bewässerungsanlage für gemeinschaftliche Gartenflächen	x		KG Berlin, 10.3.2003, 24 W 3/03
Blitzschutzanlage	x		
Blumen- und Pflanztröge, wenn von der Gemeinschaft angeschafft, oder wenn sie auf Balkonen, Terrassen und Loggien als begrenzende Einfassungen die Brüstung oder Wandelemente ersetzen	x		
Bodenbeläge (Fliesen, Parkett, Teppich, Laminat) innerhalb der Wohnung		x	BayObLG, 15.1.1980, 2 Z 80/78; BayObLG, 16.12.1993, 2Z BR 113/93; BayObLG, 17.12.1993, 2Z BR 105/93
Brandmauer	x		BayObLG, 19.8.1971, 2Z 99/70
Briefkastenanlage	x		AG Pforzheim, 27.5.1994, 2 UR II 9/94 WEG
Carport	x		BayObLG, 6.2.1986, BReg. 2 Z 70/85, wenn fest mit dem Grundstück verbunden; Einräumung von SNR möglich
Dach, auch Dachbelag, Dachstuhl, Sparren, Latten, Unterspannbahn, Dämmung, Dampfsperre	x		BayObLG, 30.3.2000, 2Z BR 2/00
Dachrinne	x		BayObLG, 19.7.1989, BReg. 1 b Z 29/88; OLG Düsseldorf, 5.11.2003, I-3 Wx 235/03; OLG Frankfurt, 9.7.1986, 20 W 357/85
Dachfenster	x		

	GE	SE	Anmerkung
Dachterrasse			Abgrenzung wie Balkone; BayObLG, 17.12.1993, 2Z BR 105/93; OLG Hamm, 3.7.1995, 15 W 93/95; DWE 1995, 127; nach LG Schwerin, 24.7.2008, 5 T 165/05 sondereigentumsfähig
Deckenputz		x	
Deckenverkleidung (Wohnung)		x	OLG Hamm, 13.8.1996, 15 W 115/96
Duplexparker (Doppelstock-garagen)	x	x	Sondereigentumsfähig, auch der einzelne Stellplatz (§ 3 Abs. 1 Satz 2 WEG)
Durchlauferhitzer		x	
Dusche		x	
Einbauküche		x	
Einbauschrank		x	BayObLG, 9.5.1996, 2Z BR 18/96
Elektrizitätsleitungen, Hauptleitungen bis zur ersten Absperrmöglichkeit in der Sondereigentumseinheit	x		Vgl. BGH, 8.7.2011, V ZR 176/10; BGH 26.10.12, V ZR 57/12; LG Köln, 21.4.2016, 29 S 158/15
Entlüftungsanlage	x		OLG Hamburg, 14.3.2003, 2 Wx 2/00
Estrich, wenn dieser nicht verändert oder beseitigt werden kann, ohne das GE oder SE einer anderen Einheit zu beeinträchtigen, oder aber wenn er trittschallschützende Funktion hat	x		Abgrenzung nach Funktion; BGH, 6.6.1991, VII ZR 372/89; OLG München 12.3.1985, 9 U 4773/84; OLG Hamm, 3.7.1995, 15 W 93/95; LG Bonn, 29.7.1997, 8 T 27/97; OLG Düsseldorf, ZMR 1999, 726; NZM 2001, 958; BayObLG, 20.11.2002, 2 Z BR 45/02, ZMR 2003, 366
Estrich, ohne schalldämmende Funktion		x	
Etagenheizung (wenn sie nur einer Sondereigentumseinheit dient)		x	AG München, 20.12.1994, UR II 312/94
Fallrohr	x		BayObLG 19.7.1989, 1b Z 29/88
Fassade	x		BayObLG, 20.3.1991, BReg. 2 Z 8/91
Fenster			
a) Fensterrahmen, -flügel, -stöcke, -verglasung	x		BayObLG, 3.8.2000, 2Z BR 184/99; OLG Düsseldorf, 23.11.1998, 3 Wx 376/98
b) Innenanstrich und Beschläge		x	
c) Fensterbänke und -simse (nach außen gerichtet)	x		OLG Frankfurt 23.9.1975, 22 U 275/83

	GE	SE	Anmerkung
d) Fensterscharniere, -schließmechanik	x		OLG Köln 24.9.1996, 16 Wx 86/96
e) Fenstergitter	x		KG Berlin, 15.12.1993, 24 W 2014/93, ZMR 1994, 169
Feuchtigkeitsisolierschicht	x		BayObLG, 12.9.1991, BReg 2Z 111/91, WuM 1991, 610; OLG Hamm, 13.8.1996, 15 W 115/96, ZMR 1997, 193; OLG Düsseldorf, 7.6.1999, 3 Wx 131/99, ZMR 1999, 726; OLG Köln, 21.9.2001, 16 Wx 153/01, NZM 2002, 125
Freifläche	x		Zwingendes GE, es können aber SNR und seit dem 1.12.2020 auch SE begründet werden, sofern die Freifläche Räumen zugeordnet ist, die wirtschaftlich die Hauptsache bleiben; so zum Beispiel an Terrassen, Gartenflächen und Stellplätzen (§ 3 Abs. 2 WEG)
Feuerlöscher	x		BayObLG, 12.6.1991, BReg. 2 Z 36/91; OLG Frankfurt/Main, 27.4.2004, 20 W 183/02
Fundament	x		
Fußbodenbelag (Wohnung)		x	OLG Düsseldorf, 4.7.2001, 3 Wx 120/01
Fußbodenheizung	x		BayObLG, 8.9.1988, BReg. 2 Z 55/87; KG Berlin, 14.11.1988, 24 W 2933/88; LG Bonn, 29.7.1997, 8 T 27/97
Garage	Kann im GE, auch als Ganzes im SE stehen; Dach, Außenmauer, Boden, Bodenplatte, Garagentor sind jedoch zwingendes GE		
Garagenstellplätze	x	x	Begründung von SE oder SNR möglich (§ 3 Abs. 1 Satz 2 WEG)
Garten	x	x	Begründung von SE oder SNR möglich (§ 3 Abs. 2 WEG)
Gartenwasserhahn	x		OLG München, 21.2.2007, 34 Wx 22/07, 34 Wx 103/05, ZMR 2007, 561
Gegensprechanlage (bis zur Abzweigung in die Sondereigentumseinheit)	x		OLG Köln, 24.9.1996, 16 Wx 86/96; OLG Köln 26.8.2002, 16 Wx 126/02
Gegensprechanlage, technische Vorrichtung in der Sondereigentumseinheit		x	LG München I, 5.11.2012, 1 S 1504/12; OLG Köln, 26.8.2002, 16 Wx 126/02
Geschossdecke	x		
Grundstücksfläche	x	x	Sondereigentum möglich (§ 3 Abs. 2 WEG)

	GE	SE	Anmerkung
Hauptversorgungsleitungen (Gas, Wasser, Abwasser, Wärme, Strom) bis zur ersten Absperrmöglichkeit in der Sondereigentumseinheit	x		BGH, 8.7.2011, V ZR 176/10; BGH, 26.10.2012, V ZR 57/12; BGH, 9.12.2016, V ZR 124/16; LG Köln, 21.4.2016, 29 S 158/15 Siehe auch Anschlussleitungen
Hauszugangsweg	x		Einräumung von SNR möglich
Hebeanlage			Je nachdem, wie vielen Einheiten sie dient, GE oder SE; OLG Düsseldorf, 30.10.2000, 3 Wx 276/00, NZM 2001, 752; OLG Schleswig, 29.9.2006, 2 W 108/06, ZMR 2007, 726
Heizkörper		x	BGH, 8.7.2011, V ZR 176/10 Jedoch Zuordnung zum GE durch Vereinbarung möglich
Heizkörperventil, siehe auch Thermostatventil	x		LG München I, 17.2.1987, 1 T 10773/86; BayObLG 11.8.1987, 2 Z 32/87; AG Wennigsen, 5.12.08, 21 C 11/08; aber: BGH, 8.7.2011, V ZR 176/10 sagt sondereigentumsfähig.
Heizkostenverteiler	x		OLG Karlsruhe, 27.8.1986, 11 W 39/86; OLG Hamburg, 22.4.1999, 2 Wx 39/99 Strittig!
Heizölvorrat	x		OLG Stuttgart, 17.1.1983, 8 W 451/82
Heizungsanlage	x	x	Beides möglich, abhängig davon, ob sie dem gemeinschaftlichen Gebrauch oder nur der Versorgung einer Sondereigentumseinheit dient
Heizungsraum	x		BGH, 2.2.1979, V ZR 14/77; BayObLG, 25.3.1992, 2Z BR 1/92
Hof			Einräumung von SNR möglich bzw. SE möglich, siehe Freiflächen (§ 3 Abs. 2 WEG)
Innenanstrich (Wohnung, Balkon)		x	
Innenputz (Wohnung)		x	
Isolierglasfenster, siehe auch Fenster	x		BayObLG, 3.8.2000, 2Z BR 184/99
Kabelanschluss ab Abzweigung in die Sondereigentumseinheit		x	
Kabelanschlussdose		x	OLG Köln, 31.5.1989, 16 Wx 25/89
Kaltwasserzähler	x		Eichpflicht!
Kamin, bis Abzweigung in die Sondereigentumseinheit	x		BayObLG, 20.8.1998, 2Z BR 44/98

	GE	SE	Anmerkung
Kellerdecke	x		
Kinderspielplatz	x		BayObLG, 25.6.1998, 2Z BR 10/98
Klimaanlage (Haus)	x		OLG Hamburg, 14.3.2003, 2 Wx 2/00
Klimaanlage (dient nur Wohnung)		x	OLG Köln, 28.7.2003, 16 Wx 37/03; BayObLG, 20.3.2001, 2Z BR 45/01
Klingelanlage, bis Abzweigung in die Sondereigentumseinheit	x		OLG Köln, 24.9.1996, 16 Wx 86/96; OLG Köln, 26.8.2002, 16 Wx 126/02
Lichtkuppeln	x		
Lichtschacht	x		
Loggia			Wie Balkone
Luftschacht	x		
Markise	x		Da fassadengestaltendes Element BayObLG, 11.9.1985, BReg. 2 Z 63/85; OG Frankfurt/Main, 14.5.1985, 20 W 370/84, OLGZ 1986, 42 Wenn vom Eigentümer nachträglich installiert, wohl in dessen Eigentum verbleibend
Mauerwerk	x		
Messgeräte	x		BGH, 25.9.2003, V ZB 21/03; OLG Hamm, 6.3.2001, 15 W 320/00
Müllabwurfanlage/Müllschlucker	x		
Rauchwarnmelder innerhalb der Wohnung	x	x	Entweder GE, wenn sie von der Gemeinschaft angeschafft wurden, sonst SE, weil sie im Regelfall Zubehör i. S. v. § 97 Abs. 1 BGB sind
Rohre, die nur der Erschließung der Wohnung dienen		x	
Rollladen	x		Da fassadengestaltendes Element; nicht die innenseitigen Zugvorrichtungen AG Würzburg, 22.1.2015, 30 C 1212/14; LG Dortmund, 1.4.2014, 1S 178/13; AG Syke, 18.1.2013, 10 C 748/12; OLG Frankfurt, 12.6.2003, 20 W 558/00; OLG Osnabrück, 4.10.1996, 5W 286/95
Schließanlage	x		
Schlüssel			Für Türen der Wohnanlage: Zubehör und damit weder SE oder GE; der Schlüssel gehört jeder Person, der er übereignet wurde; Schlüssel, über die der Verwalter oder Hausmeister verfügt, gehören zum Verwaltungsvermögen

	GE	SE	Anmerkung
Steckdose		x	
Stromzähler		x	SE, wenn nur der Verbrauch einer Sondereigentumseinheit gezählt wird und er nicht im Eigentum des Stromversorgungsunternehmens steht
Schwimmbad	x		Zumindest in der Regel, SE auch möglich
Speicher	x		
Tankraum	x		KG Berlin, 14.11.1988, 24 W 2207/88
Tapeten		x	
Telefonanschluss		x	
Terrasse ebenerdig	x	x	Begründung von SE oder SNR möglich (§ 3 Abs. 1 Satz 2 WEG)
Thermostatventil	x		OLG Hamm, 6.3.2001, 15 W 320/00; OLG Karlsruhe, 16.1.1990, 11 W 233/89; OLG Stuttgart, 13.11.2007, 8 W 404/07; OLG München, 20.3.2008, 34 Wx 46/07; BGH, 26.10.2012, V ZR 57/12, AG Bremen, 20.12.2017, 44C 2004/17; aber: BGH 8.7.2011, V ZR 176/10 sagt sondereigentumsfähig
Tiefgarage	x	x	Konkrete Zuordnung zu prüfen!
Tragende Wände	x		BGH, 21.12.2000, V ZB 45/00; BayObLG, 2.2.1995, 2Z BR 71/94
Treppe	x		Da konstruktiver Bestandteil des Gebäudes, § 5 Abs. 2 WEG
Treppenhaus	x		BayObLG, 15.12.1981, 2 Z 89/81; BayObLG, 16.3.1995, 2Z BR 12/95
Trittschalldämmung	x		BGH, 6.6.1991, VII ZR 372/89, NJW 1991, 2480; OLG Düsseldorf, 7.6.1999, 3 Wx 131/99, ZMR 1999, 726
Türen, Wohnungsabschlusstüren einschließlich Türrahmen, Klinke und Beschläge Außenseite	x		OLG Düsseldorf, 10.9.1999, 22 U 35/99; BayObLG, ZMR 2000, 241; BGH 25.10.2013, V ZR 212/12; BGH 22.11.2013, V ZR 46/13
Türen, Innenseite von Türblatt und -rahmen, Beschläge, Klinke, Schließzylinder		x	
Verbrauchserfassungsgeräte	x		OLG Hamburg, 22.4.1999, 2 Wx 39/99; KG Berlin, 8.9.1993, 24 W 5753/93; OLG Hamburg, 20.12.2003, 2 Wx 73/01; AG Bremen, 20.12.2017, 44 C 2004/17

	GE	SE	Anmerkung
Versorgungsleitungen			Siehe Anschlussleitungen
Verwaltungsunterlagen	x		
Wände, tragend	x		
Wände, nicht tragend in derselben Sondereigentums-einheit		x	
Wände, nicht tragend zwischen zwei Sondereigentumsein-heiten		x	Stehen im gemeinsamen SE beider Sonder-eigentümer; BGH, 21.12.2000, V ZB 45/00, NJW 2001, 1212; BayObLG, 17.7.1996, 2Z BR 58/96, ZMR 1996, 618; OLG München, 13.9.2005, 32 Wx 71/05, ZMR 2006, 300
Wandanstrich		x	
Wandputz		x	BayObLG, 13.9.2005, 32 Wx 71/05, ZMR 2003, 366; OLG Düsseldorf, 3.12.2004, I-3 Wx 274/04, OLGR Düsseldorf 2005, 148
Wärmedämmung	x		BayObLG, 20.3.1991, BReg. 2 Z 8/91; OLG Hamm, 3.7.1995, 15 W 93/95
Waschbecken		x	
Waschküche	x		
Waschmaschine/Trockner im gemeinschaftlichen Gebrauch	x		
Wasserhahn		x	
Wasserleitungen (bis zur ersten Absperrmöglichkeit in der Sondereigentumseinheit)	x		Siehe Anschlussleitungen
Wasseruhr	x		Wenn sie der Erfassung und der Abrechnung des Wasserverbrauchs der WEG dient; siehe Verbrauchserfassungsgerät AG Bremen, 20.12.2017, 44 C 2004/17
Zaun	x		
Zwischenwände, nicht tragend in Sondereigentumseinheit		x	
GE=Gemeinschaftseigentum, SE=Sondereigentum, SNR=Sondernutzungsrecht			

Gemeinschaftsordnung

Funktion

Die Gemeinschaftsordnung ist ein Bestandteil der Teilungserklärung. Sie ist vergleichbar mit der Satzung eines Vereins und regelt die Rechtsbeziehungen der Wohnungseigentümergemeinschaft im Innenverhältnis.

Mit solchen Vereinbarungen können die Wohnungseigentümer ihr Verhältnis untereinander und das zur Gemeinschaft der Wohnungseigentümer abweichend von den Vorgaben des Wohnungseigentumsrechts und den Vorschriften des BGB über die Gemeinschaft regeln. Damit steht den Wohnungseigentümern eine weitreichende Befugnis zur Abänderung der gesetzlichen Vorgaben des Wohnungseigentumsrechts zur Verfügung. Das ist in der Praxis auch sinnvoll, weil bei Wohnanlagen nach dem Wohnungseigentumsrechts sehr unterschiedliche Anforderungen bestehen, zum Beispiel haben eine große Mehrhausanlage und eine Kleinst-Wohnungseigentümergemeinschaft bestehend aus zwei Doppelhaushälften einen ganz unterschiedlichen Regelungsbedarf. Mit angepassten Regelungen in der Gemeinschaftsordnung können solch unterschiedliche Wohnungseigentümergemeinschaften individuell sinnvoll verwaltet werden.

Regelungen in der Gemeinschaftsordnung können gemäß § 10 Abs. 1 Satz 2 WEG von den Vorschriften des WEG abweichen, soweit sie nicht gegen zwingende Normen des Wohnungseigentumsrechts (siehe »Nichtigkeit von Beschlüssen«, Abschnitt 1 »Verstöße gegen unabdingbare Vorschriften und Prinzipien des WEG«) verstoßen, zum Beispiel:

- Unauflöslichkeit der Gemeinschaft (§ 11 WEG),
- Veräußerungsbeschränkung (§ 12 Abs. 2 Satz 1 WEG),
- Teilhaberechte (§ 18 Abs. 2 WEG),
- Informationsrecht (§ 18 Abs. 4 WEG),
- Einberufung zur und Teilnahmerecht an der Eigentümerversammlung (§ 24 Abs. 2, 3 WEG),
- Einsichtsrechte (§ 24 Abs. 7 Satz 8 WEG),
- Bestellung eines Verwalters (§ 26 Abs. 5 WEG).

Nachdem die Gemeinschaftsordnung eine Vereinbarung ist, bedarf sie grundsätzlich der Zustimmung aller im Grundbuch eingetragenen Wohnungseigentümer. Spätere Änderungen bedürfen daher grundsätzlich ebenfalls der Zustimmung aller im Grundbuch eingetragenen Wohnungseigentümer. Auch diese Änderungen sollten sinnvollerweise, damit sie Bindungswirkung auch für die späteren Sondernachfolger haben, ins Grundbuch eingetragen werden (§ 10 Abs. 1 Satz 2 WEG) (siehe auch »Bindungswirkung von Beschlüssen und Eintragung in das Grundbuch«).

Eine Gemeinschaftsordnung muss nicht zwingend vorliegen. Wurde sie bei Begründung des Wohnungseigentums nicht errichtet, bestimmt sich das Recht der Wohnungseigentümer untereinander und zur Gemeinschaft ausschließlich nach den Vorschriften des WEG und des BGB über die Gemeinschaft.

Damit die Gemeinschaftsordnung auch gegen Sonderrechtsnachfolger gilt, zum Beispiel neue erwerbende Wohnungseigentümer, bedarf sie gemäß § 10 Abs. 1 Satz 2 WEG der Eintragung in das Grundbuch.

Oftmals enthält die Gemeinschaftsordnung Regelungen zu den Modalitäten der Eigentümerversammlung, Stimmrechtsfragen, der Kosten- und Lastentragung, Nutzungs- und Gebrauchsvereinbarungen des Gemeinschaftseigentums, Zahlungsmodalitäten, der Ansparung einer Erhaltungsrückstellung, Aufgaben des Verwalters und des Verwaltungsbeirats sowie der Verwalterbestellung und der Verwaltervertragsgestaltung. Die Änderung der Gemeinschaftsordnung kann grundsätzlich nur durch Vereinbarung aller Wohnungseigentümer erfolgen. Der teilende Eigentümer kann die Gemeinschaftsordnung bis zur rechtlichen In-Vollzug-Setzung der Wohnungseigentümergemeinschaft abändern, also bis zur Veräußerung des ersten Sondereigentums an einen Dritten und dessen Eintragung in das Grundbuch. Danach ist dies nur noch möglich, wenn er sich vertraglich das Recht vorbehalten hat, auch noch nach erfolgtem Verkauf Ergänzungen oder Änderungen vorzunehmen.

Beschlusskompetenz durchs WEG

Ausnahmsweise kann die Änderung der Gemeinschaftsordnung durch vom WEG ausdrücklich zugewiesene Beschlusskompetenz möglich sein. Dies gilt für folgende Angelegenheiten:

- Aufhebung einer bestehenden Veräußerungsbeschränkung (§ 12 Abs. 4 WEG),
- Änderung der Verteilung einzelner Kosten oder bestimmter Arten von Kosten mit einfachem Mehrheitsbeschluss (§ 16 Abs. 2 Satz 2 WEG),
- Änderung der Verteilung einzelner Kosten und Nutzungen für bauliche Veränderungen (§ 21 Abs. 5 Satz 1 WEG).

Öffnungsklauseln

Darüber hinaus kann die Gemeinschaftsordnung durch Beschluss abgeändert werden, wenn sie eine sogenannte Öffnungsklausel (siehe Kapitel 4.2.3) enthält. Öffnungsklauseln sind in der Teilungserklärung/Gemeinschaftsordnung enthaltene Vereinbarungen, die durch qualifizierten Mehrheitsbeschluss, zum Beispiel Zweidrittel- oder Dreiviertelmehrheit, getroffen werden und von den abdingbaren gesetzlichen Bestimmungen oder von Vereinbarungen in der Teilungserklärung oder der Gemeinschaftsordnung abweichen können. Öffnungsklauseln erleichtern die Neuregelung von Gegenständen, die sich sonst nur durch Vereinbarung verändern lassen, und sind grundsätzlich zulässig. Voraussetzung dafür: Die Öffnungsklausel ist hinreichend bestimmt, es liegt ein sachlicher Grund für die Änderung vor und es wird kein Eigentümer gegenüber der bisherigen Regelung unbillig benachteiligt (BGH, 10.6.2011, V ZR 2/10). Sind diese Bedingungen nicht gegeben, ist der Beschluss zwar nicht nichtig, aber erfolgreich anfechtbar.

Hinweis

Sieht das WEG oder die Teilungserklärung weder eine Beschlusskompetenz noch eine Öffnungsklausel vor, kann die Gemeinschaftsordnung keinesfalls durch Beschluss auf Dauer abgeändert werden (BGH, 20.9.2000, V ZB 58/99).

Änderungsanspruch eines Wohnungseigentümers

Letztlich kommt eine Änderung der Gemeinschaftsordnung in Betracht, wenn ein Wohnungseigentümer einen Änderungsanspruch gemäß § 10 Abs. 2 Satz 3 WEG geltend macht. Danach kann jeder Wohnungseigentümer eine vom Gesetz abweichende Vereinbarung oder die Anpassung einer Vereinbarung verlangen, soweit ein Festhalten an der gesetzlichen Regelung aus schwerwiegenden Gründen unter Berücksichtigung aller Umstände des Einzelfalls, insbesondere der Rechte und Interessen der anderen Wohnungseigentümer, unbillig erscheint. Unbillig ist eine Regelung dann, wenn sie bei objektiver Betrachtung die unterschiedlichen Interessen der Wohnungseigentümer nicht in angemessenen Ausgleich bringt, weil einzelne Eigentümer übervorteilt oder ohne sachlichen Grund benachteiligt werden. Der Änderungsanspruch erstreckt sich nur auf Vereinbarungen, während sachenrechtliche Regelungen, also die Abgrenzung und Zuordnung von Sonder- und Gemeinschaftseigentum, nicht dem gesetzlichen Änderungsanspruch unterliegen.

Der häufigste Anwendungsfall wird eine erhöhte Kostenbelastung sein. Bei der Frage, ab welcher Kostenmehrbelastung Unbilligkeit und damit ein Abänderungsanspruch gegeben sein könnte, wird ein Schwellenwert von circa 25% herangezogen (BT-Drucks. 16/887, S. 17 f.; KG Berlin, 14.6.2004, 24 W 32/04). Dieser stellt jedoch keine feste Grenze dar, sondern dient nur zur Orientierung. Das Maß der Kostenmehrbelastung ist nicht das alleinige Kriterium bei der Entscheidung, ob das Festhalten an der geltenden Regelung unbillig sein könnte. Selbst wenn der Schwellenwert von 25% nicht erreicht wird, können Umstände vorliegen, die einen Anspruch auf Änderung des Kostenverteilungsschlüssels begründen. Umgekehrt gilt, dass auch bei Erreichen oder Überschreiten des Schwellenwerts von 25% Umstände vorliegen können, die eine Änderung des Kostenverteilungsschlüssels nicht rechtfertigen. Entscheidend sind stets alle Umstände des konkreten Einzelfalls, sie sind gegeneinander abzuwägen (BGH, 11.6.2010, V ZR 174/09).

Für einen Änderungsanspruch können folgende Umstände sprechen:

- Aufgrund der bestehenden unbilligen Regelungen ist ein angemessener Gebrauch des Sondereigentums oder ein Mitgebrauch des Gemeinschaftseigentums nicht möglich; dass ein Wohnungseigentümer einen bestimmten Bereich des Gemeinschaftseigentums nicht nutzt oder nutzen kann, führt nicht allein dazu, dass er von den Kosten des Gebrauchs sowie der Erhaltung freigestellt werden muss (OLG Hamburg, 29.11.2005, 2 Wx 46/05; OLG Schleswig, 26.4.2006, 2 W 234/05).
- Die Vereinbarung erweist sich von Anfang an als verfehlt oder unzweckmäßig (BGH, 17.12.2010, V ZR 131/10).
- Die tatsächlichen oder rechtlichen Umstände, die dem in der Gemeinschaftsordnung enthaltenen Verteilungsschlüssel zugrunde lagen, haben sich verändert (BGH, 17.12.2010, V ZR 131/10).
- Die Wohnungseigentumseinheit ist wegen der geltenden Kostenverteilungsregelung wirtschaftlich wertlos, da das zu zahlende Wohngeld die nachhaltig zu erzielende Miete dauerhaft und deutlich übersteigt.
- Die Unbilligkeit ist erst durch eine nachträgliche Änderung der Gemeinschaftsordnung entstanden, bei der die Wohnungseigentümer offensichtlich rechtlich oder tatsächlich bedeutsame Aspekte übersehen haben.

Gegen einen Änderungsanspruch sprechen folgende Umstände:

- Die Auswirkungen einer unbilligen Regelung waren beim Erwerb des Wohnungseigentums erkennbar (LG München I, 8.6.2010, 36 S 19150/09).
- Die Ursache für die Unbilligkeit liegt im Risikobereich des betroffenen Wohnungseigentümers, zum Beispiel bei Scheitern eines geplanten Dachausbaus oder Leerstand von Räumen.
- Die mit einer unbilligen Regelung verbundenen Nachteile werden durch anderweitige Vorteile kompensiert, zum Beispiel indem ein Eigentümer bei einer Kostenart unbillig benachteiligt wird, bei einer anderen aber nur einen verhältnismäßig geringen Kostenanteil tragen muss.
- Bei einer gebotenen längerfristigen Betrachtungsweise ist zu erwarten, dass es zu einem wirtschaftlichen Ausgleich einer einmaligen Kostenmehrbelastung kommt.
- Die Gemeinschaftsordnung wurde bereits geändert, ohne die beanstandete Unbilligkeit zu beseitigen, woraus geschlossen werden könnte, dass die Wohnungseigentümer den rechtlichen Zustand gebilligt haben (LG Nürnberg-Fürth, 26.8.2009, 14 S 3582/09).

Wird ein Änderungsanspruch nach § 10 Abs. 2 Satz 3 WEG geltend gemacht und haben die Wohnungseigentümer in dieser Angelegenheit nach dem Gesetz, zum Beispiel nach § 16 Abs. 2 Satz 2 WEG, oder nach einer ggf. vorhandenen Öffnungsklausel

Beschlusskompetenz, so ist zunächst eine Vorbefassung durch die Eigentümerversammlung erforderlich. Demnach muss der Wohnungseigentümer, der eine Änderung beansprucht, versuchen, eine Änderung im Beschlussweg zu erreichen (BGH, 15.1.2010, V ZR 114/09). Durch die WEG-Reform 2020 hat sich die Rechtslage hinsichtlich der gerichtlichen Durchsetzung eines Änderungsanspruchs geändert. Verweigern die anderen Wohnungseigentümer die Zustimmung zur angestrebten Änderung der Gemeinschaftsordnung, kann der Wohnungseigentümer nicht mehr im Wege der Beschlussersetzungsklage den Anspruch durchsetzen, weil diese das richtige prozessuale Mittel nur dann ist, wenn es um mehrheitlich zu verfassende Beschlüsse geht (§ 19 Abs. 1 WEG). Das richtige prozessuale Mittel zur Verfolgung dieses Anspruchs wird deshalb die allgemeine Leistungsklage gegen die übrigen Wohnungseigentümer, gerichtet auf die angestrebte Veränderung der Vereinbarung, sein.

Gemeinschaftsvermögen

Das bis zur WEG-Reform 2020 als Verwaltungsvermögen bezeichnete Vermögen der Gemeinschaft wird nun begrifflich dem Gemeinschaftsvermögen zugeordnet, es ist in § 9a Abs. 3 WEG geregelt. Hiervon zu unterscheiden ist das Gemeinschaftseigentum. Das Gemeinschaftseigentum, also die Wohnanlage samt Außenanlagen, ist den Wohnungseigentümern nach Bruchteilen zugeordnet. Das Sondereigentum und das Gemeinschaftseigentum gehören nicht zum Verwaltungsvermögen (OLG Hamm, 19.7.2011, 15 Wx 120/10; jetzt »Gemeinschaftsvermögen«). Es wird geregelt, dass für das Gemeinschaftsvermögen § 18 und § 19 Abs. 1, 27 WEG entsprechend gelten. Das bedeutet, dass die Verwaltung des Gemeinschaftsvermögens der Gemeinschaft der Wohnungseigentümer obliegt. Nach § 18 Abs. 2 Nr. 1 WEG kann jeder Wohnungseigentümer gegenüber der Gemeinschaft der Wohnungseigentümer eine ordnungsmäßige Verwaltung des Gemeinschaftsvermögens verlangen und ist nach § 18 Abs. 3 WEG zudem berechtigt, Notmaßnahmen zu treffen. Die entsprechende Anwendung des § 27 WEG regelt, dass auch der Verwalter zur Verwaltung des Gemeinschaftsvermögens berechtigt und verpflichtet ist. In erster Linie verwalten die Wohnungseigentümer jedoch ihr Gemeinschaftsvermögen durch Beschluss (§ 19 Abs. 1 WEG).

Es besteht aus den im Rahmen der gesamten Verwaltung des gemeinschaftlichen Eigentums gesetzlich begründeten und rechtsgeschäftlich erworbenen Sachen und Rechten sowie aus den entstandenen Verbindlichkeiten. Zum Gemeinschaftsvermögen gehören insbesondere die Ansprüche und Befugnisse aus Rechtsverhältnissen mit Dritten und mit Wohnungseigentümern sowie die eingenommenen Gelder. Vereinigen sich sämtliche Wohnungseigentumsrechte in einer Person, geht das Gemeinschaftsvermögen auf den Eigentümer des Grundstücks über.

Als Teile des Gemeinschaftsvermögens gelten im Einzelnen:

- Gegenstände wie Gartengeräte, Rasenmäher, Werkzeuge, Spielplatzgeräte, Schneeräummaschinen, Waschmaschinen und Trockner,
- Waschmünzenerlöse,
- Heizöl- und Gasvorräte,
- gemeinschaftliches Geldvermögen, zum Beispiel Guthaben bei Kreditinstituten, Instandhaltungsrücklagen, Festgelder, sonstige Geldanlagen, Zinserträge,
- Einkünfte aus Vermietung des gemeinschaftlichen Eigentums,
- gemeinschaftliche Verwaltungsunterlagen,
- gemeinschaftliche Forderungen und Ansprüche gegenüber Dritten und Wohnungseigentümern,
- gemeinschaftliche Verbindlichkeiten,
- durch den Verband erworbene Immobilien.

Bei einem Eigentümerwechsel verbleiben die Gegenstände, Forderungen, Ansprüche und Verbindlichkeiten des Gemeinschaftsvermögens bei der Wohnungseigentümergemeinschaft. Das Gemeinschaftsvermögen besteht unabhängig vom jeweiligen Mitgliederbestand der Wohnungseigentümergemeinschaft, das heißt, eine gesonderte Übertragung auf den Sonderrechtsnachfolger findet nicht statt. Soll das Gemeinschaftsvermögen im Wege der Zwangsvollstreckung verwertet werden, muss ein Titel gegen die Gemeinschaft als Verband erwirkt werden. Der vollstreckbare Anspruch eines Gläubigers der Wohnungseigentümergemeinschaft beschränkt sich auf das Gemeinschaftsvermögen.

Geschäftsordnung

Der Ablauf der Eigentümerversammlung ist gesetzlich nicht näher festgelegt. Lediglich § 24 Abs. 5 WEG bestimmt, dass den Vorsitz in der Eigentümerversammlung, sofern diese nichts anderes beschließt, der Verwalter führt. Der formelle Ablauf der Versammlung kann im Rahmen einer Vereinbarung in der Gemeinschaftsordnung und, falls diese keine Regelungen hierzu enthält, durch Mehrheitsbeschluss von den Wohnungseigentümern als Geschäftsordnung festgelegt werden.

Gegenstände der Geschäftsordnung können insbesondere sein:

- Versammlungsleitung,
- Teilnahmerecht,
- Abstimmungsverfahren,
- Rederecht/-zeit,
- Reihenfolge der Behandlung der Tagesordnungspunkte.

Ausführlich hierzu siehe Kapitel 4.2.4.9.

Hausordnung

Die Aufstellung einer Hausordnung gehört gemäß § 19 Abs. 2 Nr. 1 WEG zu den Maßnahmen ordnungsmäßiger Verwaltung. Durch sie soll ein geordnetes und friedliches Miteinander in der Wohnungseigentümergemeinschaft unter Wahrung der gegenseitigen Rechte und Pflichten gewährleistet werden, wobei insbesondere das öffentliche Recht und Verkehrssicherungspflichten zu beachten sind. Bei der Hausordnung handelt es sich um eine Zusammenstellung von Gebrauchsregelungen, die den Zweck hat, Verhaltensmaßregeln vorzugeben, die im Interesse eines reibungslosen Zusammenlebens der Wohnungseigentümer, zum Schutz des Gebäudes sowie zur allgemeinen Ordnung und Sicherheit notwendig sind.

Oftmals sind Regelungen der Hausordnung bereits Bestandteil der Gemeinschaftsordnung. Enthält diese jedoch keine entsprechenden Vereinbarungen, können die Wohnungseigentümer eine den Grundsätzen ordnungsmäßiger Verwaltung entsprechende Hausordnung mehrheitlich beschließen (BayObLG, 13.12.2001, 2Z BR 156/01). Wenn ein solcher Mehrheitsbeschluss nicht zustande kommt, kann jeder Wohnungseigentümer im Rahmen seines Anspruchs auf ordnungsmäßige Verwaltung die Aufstellung einer Hausordnung verlangen und gerichtlich durchsetzen. Bevor jedoch das Gericht gestalterisch tätig werden kann, muss die Eigentümergemeinschaft die Gelegenheit bekommen, eine Hausordnung zu schaffen, das heißt, eine Vorbefassung mit der Thematik in einer Eigentümerversammlung ist erforderlich. Die gerichtliche Entscheidung ist nachrangig (BGH, 15.1.2010, V ZR 114/09).

Selbst wenn die Gemeinschaftsordnung bereits eine Hausordnung beinhaltet, lässt sich diese in der Regel durch Mehrheitsbeschluss abändern (BayObLG, 20.11.1997, 2Z BR 93/97; LG Hamburg, 15.4.2015, 318 S 168/13; LG München, 23.11.2017, 36 S 3100/17). Sowohl die Gemeinschaftsordnung oder eine nachträgliche Vereinbarung als auch ein Mehrheitsbeschluss kann den Verwalter ermächtigen, eine Hausordnung aufzustellen, die dann solange verbindlich ist, bis sie durch Mehrheitsbeschluss der Wohnungseigentümer geändert oder aufgehoben wird (BayObLG, 23.8.2001, 2Z BR 96/01). Nach anderer Ansicht kann diese Aufgabe nicht durch Beschlussfassung auf den Verwalter übertragen werden. Ein Beschluss, dem zufolge der Verwalter eine Hausordnung mit verbindlicher Wirkung aufzustellen und den Wohnungseigentümern bekannt zu geben hat, ist wegen fehlender Beschlusskompetenz nichtig (LG Frankfurt/Main, 11.6.2014, 2-13 S 168/13).

Der Gegenstand hat sich nach der Beschaffenheit des gemeinschaftlichen Eigentums und nach dem Interesse der Gesamtheit der Wohnungseigentümer zu richten, wobei auch Regelungen über den ordnungsgemäßen Gebrauch des gemeinschaftlichen Eigentums, etwa der gemeinschaftlichen Grundstücksflächen, getroffen werden können. Die Regelungen in der Hausordnung müssen ordnungsmäßiger Verwaltung oder einem ordnungsgemäßen Gebrauch entsprechen. Die Hausordnung kann sich daher sowohl auf die Verwaltung oder Nutzung des gemeinschaftlichen Eigentums beziehen, indem sie beispielsweise Nutzungszeiten für den Spielplatz vorgibt, als auch des Sondereigentums, beispielsweise durch Musizierverbot in den Wohnungen für bestimmte Zeiten.

Zur tätigen Mithilfe, zum Beispiel im Bereich der Schneeräum- und Streupflicht oder der Reinigungspflicht, sind die Eigentümer nicht verpflichtet; das Einfordern von Eigenleistungen der Wohnungseigentümer in der Hausordnung ist nicht zulässig. Derartige Verpflichtungen können nur durch Vereinbarung begründet werden (BGH, 9.3.2012, V ZR 161/11).

Die Wohnungseigentümer haben einen weiten Ermessensspielraum bei der Aufstellung der Hausordnung, was die Notwendigkeit und Zweckmäßigkeit einer Regelung angeht (OLG Frankfurt/Main, 20.3.2006, 20 W 430/04). Dennoch müssen die Regelungen ordnungsmäßiger Verwaltung entsprechen, die Interessen der Gesamtheit der Wohnungseigentümer betreffen und dem Grundsatz Rechnung tragen, dass jeder Eigentümer mit seinem Wohnungseigentum nach Belieben verfahren darf, solange keinem anderen Wohnungseigentümer ein über das unvermeidliche Maß hinausgehender Nachteil entsteht.

Beispiele: Regelungsgegenstände der Hausordnung

- Benutzungsregelungen: Benutzung von Gemeinschaftsräumen, Wäsche-/Trockenräumen, Treppenhaus, Fahrstuhl, Keller, Schwimmbad/Sauna, Garten, Spielplatz, Parkplatz, Hobbyräumen, Speicher etc.,
- Ruhezeitenregelungen: Einhaltung von Nacht-, Mittags- und Feiertagsruhe, zeitliche Beschränkungen für Gebrauch und Benutzung von Spielplatzanlagen, Wasch- und Trockenräumen sowie Hobbyräumen,
- Regelungen über das Auf- und Abstellen von Gegenständen: Fahrräder, Kinderwagen, Spielgeräte,
- eingeschränkt Räum- und Reinigungspflichten,
- Sorgfalts- und Sicherheitspflichten: Schließregelungen für Fenster und Türen, Feuerschutzregelungen,
- Gestaltung der Namensschilder an Briefkasten und Wohnungstür,
- Tierhaltung,
- Musizieren,
- Grillen auf Balkon oder Terrasse.

Der Verwalter als Organ ist verpflichtet, dafür zu sorgen, dass die Hausordnung eingehalten wird. Er muss Beschwerden über Verstöße gegen die Hausordnung entgegennehmen und sich darum kümmern, dass die Störungen unterlassen werden. Wird es nötig, rechtliche Maßnahmen in einem gerichtlichen Verfahren gegen den störenden Eigentümer einzuleiten, ist dafür zunächst eine entsprechende Beschlussfassung der Wohnungseigentümerversammlung erforderlich.

Gehen die Störungen von einem Mieter aus, muss der Verwalter den betreffenden Eigentümer auffordern, dass dieser mit entsprechenden Mitteln, zum Beispiel einer Abmahnung, auf den Mieter einwirkt, sodass die Störungen unterbleiben. Parallel kann der Verwalter den Mieter zur Unterlassung auffordern. Darüber hinaus kann der Verwalter beauftragt werden, gegen den Mieter auf Unterlassung der Störung gemäß § 1004 BGB gerichtlich vorzugehen. Er kann sich nicht hinter dem Vermieter verstecken, weil der Eigentümer als Vermieter nicht mehr Rechte weitergeben kann, als er selbst hat (OLG München, 25.2.1992, 25 U 3550/91; KG Berlin, 10.2.1997, 24 W 6582/96).

Werden wiederum hierdurch die Rechte des Mieters eingeschränkt, die ihm laut Mietvertrag zustehen, kann er beim Vermieter Schadenersatz verlangen oder die Miete mindern. Aus diesem Grund sollten alle vermietenden Wohnungseigentümer die in der Wohnungseigentümergemeinschaft geltende Hausordnung in jedem Fall zum Gegenstand des Mietvertrags machen.

Erhebt die Eigentümergemeinschaft gegen den vermietenden Eigentümer Ansprüche wegen einer Störung, die vom Mieter ausgeht, kann der Eigentümer verpflichtet werden, seine Mieter ggf. gerichtlich zum störungsfreien Verhalten zu zwingen. Ausnahmsweise kann vom vermietenden Eigentümer auch verlangt werden, dass er den Mietvertrag kündigt (OLG Düsseldorf, 21.10.2008, 3 Wx 240/07).

Wird eine durch Mehrheitsbeschluss zustande gekommene Hausordnung angefochten, die eine Vielzahl von Einzelregelungen enthält, handelt es sich um ein einheitliches Verfahren; es kann nicht aus jeder einzelnen Regelung ein gesondertes Verfahren gemacht werden. Soll eine Vielzahl von Einzelregelungen in einer beschlossenen Hausordnung nicht mehr gelten, kann die gesamte Hausordnung für ungültig erklärt werden, auch wenn sich darin möglicherweise einzelne gültige Regelungen befinden oder gar Selbstverständlichkeiten, zum Beispiel der Gesetzeswortlaut, aufgenommen wurden (§ 139 BGB). Es kann dann nicht davon ausgegangen werden, dass die nicht beanstandeten Regelungen ohne die für ungültig erklärten Regelungen beschlossen worden wären (BayObLG, 23.10.2003, 2Z BR 63/03).

Im Rahmen eines Beschlussanfechtungsverfahrens ist es nicht Aufgabe des Gerichts, rechtsgestaltend für ungültig erklärte Beschlüsse durch andere Beschlüsse zu ersetzen. Eine Ersetzung (Erstellung einer Hausordnung durch das Gericht) kommt nur dann in Betracht, wenn eigenständig beantragt und bestimmt bezeichnet wird, welche Regelung getroffen werden soll (BayObLG, 23.10.2003, 2Z BR 63/03).

Beispiele: Einzelfälle aus der Rechtsprechung

- Aufhängen und Auslegen von Wäsche: Ein Verbot, sichtbar im Bereich der Fenster, Balkone, auf der Terrasse oder im Garten Wäsche aufzuhängen oder Bettzeug auszulegen, kann nicht mehrheitlich beschlossen werden; ein solches Verbot entspricht nicht mehr dem ordnungsgemäßen Gebrauch und ist daher anfechtbar (OLG Düsseldorf, 1.10.2003, 3 Wx 393/02).

- Aufzug: Eine Einschränkung des automatischen Betriebs auf einzelne Stockwerke widerspricht ordnungsmäßigem Gebrauch und kann nicht mit Mehrheit beschlossen werden. Eine Aufzugsanlage soll den Bewohnern eines Wohnhauses ein müheloses Aufsuchen der einzelnen Stockwerke ermöglichen.
- Bade-/Duschverbot: Ein Beschluss über ein generelles Bade- oder Duschverbot ist nichtig. Hingegen kann die Hausordnung ein Bade- und Duschverbot für bestimmte Zeiten aussprechen, etwa für die Nacht (OLG Frankfurt/Main, 4.12.2000, 20 W 414/99; BayObLG, 21.2.1991, BReg. 2 Z 7/91; BayObLG, 18.11.1999, 2Z BR, 77/99).
- Baumschaukel oder Hängematte: Ein Beschluss über ein Verbot, diese an Bäumen anzubringen, ist anfechtbar. Die Möglichkeit der eingeräumten Sondernutzung wird dadurch unzulässig eingeschränkt. Sollten Schäden am Baum (gemeinschaftliches Eigentum) entstehen, können diese auf Kosten des Verursachers behoben/ausgeglichen werden (anfechtbar; BayObLG, 23.10.2003, 2Z BR 63/03).
- Die Anbringung von Blumenkästen an der Außenseite ist grundsätzlich zulässig (LG München I, 15.9.2014, 1 S 1863/13), kann aber in der Hausordnung durch Beschluss untersagt werden (BayObLG, 23.12.2003, 2Z BR 236/03; OLG Hamm, 29.5.2007, 15 W 16/07).
- Dachrinne: Wurde die Pflicht zur Instandhaltung und Instandsetzung dem Sondereigentümer auferlegt, liegt es in dessen Entscheidung, ob er die erforderliche Reinigung selbst durchführt oder seinem Mieter oder einem Dritten überträgt. Im Rahmen der Hausordnung kann durch einen Beschluss die Reinigung der Dachrinne durch einen Auftragsdienst nicht vorgeschrieben werden; ein solcher Beschluss ist anfechtbar (BayObLG, 23.10.2003, 2Z BR 63/03).
- Fahrräder: Ein generelles Abstellverbot ist unzulässig, jedoch kann die Möglichkeit zum Abstellen auf eine konkretisierte Fläche begrenzt werden. Der Beschluss einer Wohnungseigentümergemeinschaft, der die Abstellsituation von Fahrrädern regeln soll, lautet: »Fahrräder, die weniger häufig benutzt werden, sind im hinteren Bereich, häufig genutzte Fahrräder im vorderen Bereich abzustellen.« Er ist nichtig, weil er infolge inhaltlicher Unbestimmtheit keine durchführbare Regelung enthält (LG Itzehoe, 28.5.2014, 11 S 58/13).
- Gartennutzung: Die zur Sondernutzung zugewiesene Gartenfläche beinhaltet nach § 13 Abs. 1 WEG das Recht zur gärtnerischen Gestaltung oder zur Erholung. Dazu gehört zum Beispiel die Nutzung mit Gemüsebeeten, das Anpflanzen von Obstbäumen/Sträuchern oder das Aufstellen einer Schaukel. Die Forderung, die Sondernutzungsfläche nur als Ziergarten zu verwenden, schränkt deren Nutzung allein zum »Schmuck« und zur optischen Erbauung ein. Im Einzelfall ist zu beachten, ob bei der Größe des Gartens die Nutzungen ohne Störung der Nachbarn möglich sind (BayObLG, 23.10.2003, 2Z BR 63/03).
- Kinderspielplätze: Die Zweckbestimmung einer Fläche als Garten verbietet das Errichten von Kinderspielplätzen oder das Ballspielen nicht. Im Einzelfall ist dazu eine Abwägung erforderlich, wobei die Nutzung des Gartens als Erholungsfläche für Kinder nur dann ausgeschlossen ist, wenn berechtigte Interessen anderer Eigentümer dies gebieten. Ein Verbot, im Garten Kinderspielplätze anzulegen oder Ball zu spielen, ist anfechtbar (BayObLG, 23.10.2003, 2Z BR 63/03).

- Komposter im Garten: Das generelle Verbot, einen Abfallplatz im Sondernutzungsgarten (für Laub und Ähnliches) zu errichten, ist unangemessen. Komposter sind aus ökologischen Gründen oft zu befürworten und in (bayerischen) Gärten üblich. Optische Beeinträchtigungen oder Geruchsbelästigungen sind keine zwangsläufige Folge. Ein Beschluss, der das Aufstellen eines Komposters verbietet, ist anfechtbar (BayObLG, 23.10.2003, 2Z BR 63/03).
- Lärm: Ein Wohnungseigentümer kann von der Gemeinschaft die Aufnahme einer bestimmten von ihm favorisierten Lärmschutzmaßnahme, zum Beispiel das Schließen der Kellerfenster, in die Hausordnung nicht verlangen (OLG Düsseldorf, 1.10.2003, 3 Wx 393/02).
- Persönliche Dienstleistungen, Winterdienst und Gartenarbeit: Das Bereitstellen der Abfallbehälter, die Erledigung des Winterdienstes im Wechsel und die Gartenarbeit können den Eigentümern nicht im Wege eines Mehrheitsbeschlusses rechtsverbindlich auferlegt werden. Ein solcher Beschluss ist anfechtbar (OLG Düsseldorf, 1.10.2003, 3 Wx 393102; siehe auch »Tätige Mithilfe«).
- Ruhezeiten: Eine Bestimmung der Gemeinschaftsordnung (Hausordnung), die Ruhezeiten festlegt, in denen jedes unnötige und störende Geräusch zu vermeiden und die Ruhe beeinträchtigende Tätigkeiten zu unterlassen sind, genügt mangels Objektivierbarkeit unnötiger und störender Geräusche nicht dem Bestimmtheitserfordernis. Es ist deshalb unwirksam. Eine Geräuschentfachung (hier: Geschrei, laute Musik, Springen und Trampeln auf der Treppe in der häuslichen Wohnung, Möbelrücken, Türenknallen) ist in der Sonderverbindung der Wohnungseigentümergemeinschaft zu unterlassen, wenn hierdurch den anderen Wohnungseigentümern über das bei einem geordneten Zusammenleben unvermeidliche Maß hinaus ein Nachteil erwächst. Hierzu bedarf es allerdings wiederholter Vorgänge einigen Gewichts und/oder nicht unerheblichen Ausmaßes und/oder einiger Dauer (OLG Düsseldorf, 19.8.2009, I-3 Wx 233/08, 3 Wx 233/08).
- Schließregelungen: Die Wohnungseigentümer haben bei der Verwaltung des gemeinschaftlichen Eigentums ebenso wie bei der Regelung seines Gebrauchs ein aus ihrer Verwaltungsautonomie entspringendes Ermessen, was die Notwendigkeit und Zweckmäßigkeit einer Regelung angeht. Dieses Ermessen ist einer gerichtlichen Nachprüfung weitgehend entzogen. Mit einer durch Mehrheitsbeschluss getroffenen Schließregelung, wonach die Hauseingangstür eines gemischten Wohn- und Geschäftshauses zu den üblichen Geschäftszeiten frei zu öffnen bleibt, hält sich eine Gemeinschaft noch im Rahmen des Ermessensspielraums (OLG Frankfurt/Main, 8.1.2009, 20 W 384/07). Brandschutztüren müssen offen gehalten werden, eine anderslautende Regelung wäre rechtswidrig (OLG Frankfurt/Main, 12.5.2015, 13 S 127/12).
- Sittenwidrige Regelungen: Ein Mehrheitsbeschluss, der sittenwidrig ist oder in den Kernbereich des Wohnungseigentums eingreift, ist nichtig (OLG Frankfurt/Main, 4.12.2000, 20 W 414/99).
- Standheizung: Die Gemeinschaft hat Beschlusskompetenz zur Regelung des Gebrauchs von Standheizungen der auf Sondernutzungsflächen in der Tiefgarage geparkten Pkw. Hierin liegt kein Eingriff in den Kernbereich des Sondernutzungsrechts. Durch eine Haus- oder Garagenordnung darf der Gebrauch nur soweit über § 14 Abs. 1 WEG hinaus eingeschränkt werden, wie dies zur Erreichung des geordneten und störungsfreien Zusammenlebens erforderlich ist. Ein generelles Nutzungsverbot für Standheizungen geht

zu weit und führt zur Gesamtungültigerklärung des Beschlusses. Es gibt keinen Grund zum Beispiel auch das beaufsichtigte Betreiben einer elektrischen Standheizung zu verbieten (AG Hamburg-Altona, 9.11.2021, 303a C 7/21).

- Stellplätze: Die Wohnungseigentümer können eine durch richterliche Gestaltung vorgenommene Gebrauchsregelung über die Zuteilung von Kfz-Stellplätzen durch eine andere den Grundsätzen ordnungsmäßiger Verwaltung entsprechende Regelung ersetzen. Auch ein Punktesystem für die Zuteilung der Stellplätze kann beschlossen werden, mit dem sich angesammelte Punkte auf den Erwerber von Wohnungseigentum oder einen anderen Wohnungseigentümer übertragen lassen (KG Berlin, 28.2.1996, 24 W 8306/94).
- Verbot einer Vermietung des Sondereigentums an mehrere Mieter: Das Verbot schränkt das Nutzungsrecht des Sondereigentums gemäß § 13 Abs. 1 WEG unzulässig ein. Der Eigentümer entscheidet (grundsätzlich) allein, ob er an mehrere Personen mit mehreren selbstständigen Mietverträgen oder nur an einen Mieter vermietet. Ein entsprechender Beschluss wäre anfechtbar, wenn nicht sogar nichtig (BayObLG, 23.10.2003, 2Z BR 63/03).
- Vermietung des gemeinschaftlichen Eigentums: Die Eigentümer können durch Mehrheitsbeschluss den Gebrauch des gemeinschaftlichen Eigentums auch in der »Hausordnung« regeln. Das gilt zum Beispiel, wenn darin die Vermietung von Teilen der gemeinschaftlichen Kellerräume so festgelegt wird, dass die Wohnungseigentümergemeinschaft (hier als Inhaber des Vermögens/der Forderungen) statt des unmittelbaren Gebrauchs der Kellerräume aus den Mieten anteilig Einnahmen erhalten (BayObLG, 14.10.1999, 2Z BR 108/99).
- Waschmaschine/Wäschetrockner: Das Aufstellen von Waschmaschinen oder Wäschetrocknern in gemeinschaftlichen Räumen lässt sich durch Mehrheitsbeschluss regeln. Das Verbot der Nutzung einer Waschmaschine in der Wohnung kann dagegen mehrheitlich nicht beschlossen werden, auch nicht, wenn sich im Haus eine Waschküche befindet. Diese stellt lediglich ein zusätzliches Angebot für die Hausbewohner dar. Eine durch den Gebrauch von Waschmaschinen oder Wäschetrocknern drohende Ruhestörung kann in der Hausordnung durch das Einführen von Ruhezeiten vermieden werden (OLG Frankfurt/Main, 4.12.2000, 20 W 414/99; AG Nürnberg, 11.7.2005, 1 UR II 365/03).

Insolvenz

Die Insolvenz (Zahlungsunfähigkeit) beschreibt das auf Mangel an Zahlungsmittel beruhende Unvermögen eines Schuldners, seine fälligen Verbindlichkeiten zu erfüllen. Nach der Insolvenzordnung ist sie in der Regel gegeben, wenn der Schuldner seine Zahlungen eingestellt hat. Ebenso wie die Überschuldung stellt sie einen allgemeinen Grund für die Eröffnung des Insolvenzverfahrens dar. Die Eröffnung kann auch vom Schuldner beantragt werden.

§ 9a Abs. 5 WEG stellt klar, dass ein Insolvenzverfahren über das Gemeinschaftsvermögen nicht stattfindet. Die Gemeinschaft der Wohnungseigentümer ist nicht insolvenzfähig. Die Auflösung der Eigentümergemeinschaft und auch die Aufhebung des Wohnungseigentums des Schuldners können nicht verlangt werden.

Instandhaltungsrücklage

Siehe »Erhaltungsrücklage«

Jahresabrechnung

Der Verwalter hat eine Abrechnung über den Wirtschaftsplan (Jahresabrechnung) aufzustellen, in der darüber hinaus die Einnahmen und Ausgaben enthalten sind (§ 28 Abs. 2 Satz 2 WEG). Auf dieser Grundlage beschließt die Wohnungseigentümergemeinschaft über die Einforderung von Nachschüssen oder die Anpassung der beschlossenen Vorschüsse (§ 28 Abs. 2 Satz 1 WEG). Die Eigentümer beschließen nicht mehr wie bisher über die Jahresabrechnung als Rechenwerk.

Dies dient lediglich zur Vorbereitung des Beschlusses über die Zahlungsverpflichtungen. Damit wird festgestellt werden, welche Beiträge zu den Kosten für das abzurechnende Wirtschaftsjahr die einzelnen Wohnungseigentümer endgültig zu tragen haben.

Achtung

Die Jahresabrechnung ist nicht zu verwechseln mit der Betriebskostenabrechnung im Wohnraummietrecht (§ 556 BGB).

Der Verwalter stellt die Abrechnung nunmehr in seiner Funktion als Organ der Wohnungseigentümergemeinschaft auf; ein eigener Anspruch der Eigentümer gegen ihn besteht nicht mehr. Die Eigentümer können die Abrechnung nur noch von dem Verband verlangen.

Aufstellung

Zuständigkeit

Die Pflicht zur Erstellung der Jahresabrechnung (§ 28 Abs. 2 Satz 2 WEG) trifft den Verwalter, der im Zeitpunkt der Entstehung der Abrechnungspflicht Amtsinhaber ist.

Scheidet der Verwalter im Lauf des Wirtschaftsjahres aus seinem Amt aus, schuldet er – vorbehaltlich einer abweichenden Vereinbarung – die Jahresabrechnung für das abgelaufene Wirtschaftsjahr unabhängig davon, ob im Zeitpunkt seines Ausscheidens die Abrechnung bereits fällig war (BGH, 16.2.2018, V ZR 89/17). Für das laufende Wirtschaftsjahr ist er nicht zur Erstellung der Jahresabrechnung verpflichtet.

In dieser Entscheidung hat der BGH zwar nicht ausdrücklich entschieden, wann die Abrechnungspflicht genau entsteht, entweder am letzten Tag des Wirtschaftsjahres (zum Beispiel am 31.12.) oder am ersten Tag des Folgejahres (zum Beispiel am 1.1.). Es ist jedoch die Tendenz zu erkennen, dass die Abrechnungspflicht am ersten Tag des Folgejahres entsteht. Dies entspricht der überwiegenden Auffassung in der Literatur (Bärmann/Becker, Kommentar WEG, 15. Auflage 2023, § 28 Rn. 130).

Beispiel

Der Verwalter scheidet zum 31.12.2022 aus, also zum Ende des Wirtschaftsjahres. Die Jahresabrechnung für 2023 muss nicht er, sondern der nachfolgende Verwalter erstellen, da die Abrechnungspflicht erst am 1.1.2023 entsteht. Scheidet der Verwalter jedoch beispielsweise zum 28.2.2023 aus, muss er die Abrechnung 2023 noch erstellen.

Frist

Die Jahresabrechnung ist nach Ablauf eines Kalenderjahres zu erstellen (§ 28 Abs. 2 WEG), wobei eine anderweitige Vereinbarung zulässig ist. Jedenfalls muss dem Verwalter für die Abrechnung eine angemessene Frist eingeräumt werden. Nach der gängigen Rechtsprechung soll der Verwalter bis längstens sechs Monate nach Ende der Abrechnungsperiode die Jahresabrechnung den Wohnungseigentümern zur Prüfung und Beschlussfassung vorlegen (LG Dresden, 5.7.2019, 2 S 101/19). Insofern empfiehlt sich zur Vermeidung von Streitigkeiten eine klare Regelung im Verwaltervertrag.

Hinweis

Bei einer Wohnungseigentümergemeinschaft, die nur aus zwei Personen besteht (sogenannte Zweiergemeinschaft), kann der Sonderfall auftreten, dass kein Verwalter vorhanden und bei der Abstimmung über die Jahresabrechnung eine Pattsituation zu erwarten ist. In solchen Fällen konnte nach bisheriger Rechtsprechung derjenige Eigentümer, der die Kosten verauslagt hat, direkt vom einzigen Miteigentümer nachträglich die Zahlung des anteiligen Betrags verlangen (LG München I, 2.2.2009, 1 S 10255/08; OLG Karlsruhe, 20.7.2006, 11 Wx 154/05).

Der BGH hat diesen Direktanspruch nunmehr jedoch ausdrücklich verworfen (BGH, 25.9.2020, V ZR 288/19). Der verauslagende Wohnungseigentümer muss hingegen seinen Kostenerstattungsanspruch ausschließlich gegenüber der Wohnungseigentümergemeinschaft geltend machen, die zum Ausgleich verpflichtet ist (§ 9a Abs. 2 WEG). In diesem Prozess wird die Wohnungseigentümergemeinschaft gerichtlich nur durch den anderen Wohnungseigentümer vertreten.

Regressansprüche der Wohnungseigentümergemeinschaft (§ 9a Abs. 4 WEG) gegen den anderen Eigentümer müssen ggf. in einem nachfolgenden Prozess geltend gemacht werden, wobei die Wohnungseigentümergemeinschaft durch den verauslagenden Eigentümer allein vertreten wird.

Vorprüfung

Über die Jahresabrechnung soll erst nach Vorprüfung durch den Verwaltungsbeirat beschlossen werden (§ 29 Abs. 2 Satz 2 WEG).

Diese Prüfung ist jedoch keine Wirksamkeitsvoraussetzung für einen Beschluss über die Jahresabrechnung; es handelt sich lediglich um eine »Sollvorschrift«. Die unterlassene Beiratsprüfung begründet daher nicht die Anfechtbarkeit des Beschlusses über die Jahresabrechnung (KG Berlin, 25.8.2003, 24 W 110/02).

Es ist jedoch zur Vermeidung von Abrechnungsfehlern stets vorteilhaft, die Jahresabrechnung vom Verwaltungsbeirat vor der Beschlussfassung prüfen zu lassen. Wurde die Vorprüfung schuldhaft unterlassen, kann es durchaus zu einer Schadenersatzpflicht einzelner Beiratsmitglieder kommen, da dies eine grob fahrlässige Pflichtverletzung darstellen kann (OLG Düsseldorf, 24.9.1997, 3 Wx 221/97).

Aufbau und Form

Das WEG macht keine expliziten Vorgaben hinsichtlich Aufbau und Form der Jahresabrechnung. Im Allgemeinen ist bei einer Rechenschaftspflicht über eine Verwaltung eine geordnete Zusammenstellung der tatsächlich getätigten Ausgaben und Einnahmen des betreffenden Kalender- oder Wirtschaftsjahres mitzuteilen (§ 259 Abs. 1 BGB).

In der Wohnungseigentümergemeinschaft müssen in diesem Zusammenhang die Kosten des abgelaufenen Wirtschaftsjahres unter Berücksichtigung der von den Wohnungseigentümern geschuldeten Vorschüsse verrechnet werden (BGH, 9.3.2012, V ZR 147/11). Da die Abrechnung »über den Wirtschaftsplan« (§ 28 Abs. 2 Satz 1 WEG) zu erfolgen hat, muss der Verwalter sich an diesen Posten orientieren. Daneben hat der Verwalter ein Ermessen bei der Darstellung der Einnahmen und Ausgaben, soweit er die von der Rechtsprechung entwickelten Grundsätze über die Abrechnung beachtet. Mangels weiterer gesetzlicher Regelungen ist der Verwalter bei der Abrechnung keinen gesonderten Abrechnungsvorschriften unterworfen, wie etwa der Bilanzierungspflicht bei Kapitalgesellschaften (§§ 266 ff. HGB). Jedenfalls muss die Abrechnung für einen Wohnungseigentümer auch ohne fachliche Unterstützung aus sich heraus verständlich und schlüssig sein.

Die Jahresabrechnung besteht mindestens aus einer Gesamtabrechnung für die Wohnungseigentümergemeinschaft und aus objektbezogenen Einzelabrechnungen. In der Regel erfolgt die Jahresabrechnung in Kombination mit den Einzelabrechnungen. Die Einzelabrechnungen werden aus der Gesamtabrechnung hergeleitet, in der Form, dass dort der jeweilige Anteil der Einnahmen und Ausgaben in der Gesamtjahresabrechnung auf die einzelne Einheit ermittelt wird. Allerdings gibt es davon Ausnahmen.

So wird bei den in der Gesamtabrechnung ermittelten Heizkosten nicht lediglich der Gesamtbetrag auf die einzelnen Einheiten übertragen werden können, weil in § 7 Abs. 2 HeizKV vorgesehen ist, dass die Kosten der verbrauchten Brennstoffe, also die tatsächlich angefallenen Kosten für den Heizverbrauch und nicht die tatsächlich angefallenen Ausgaben dem jeweiligen Nutzer in Rechnung zu stellen sind. Die sich daraus ergebende Differenz zwischen der Summe der Einzelabrechnungen und der Gesamtabrechnung müssen in dem Abrechnungswerk nachvollziehbar erläutert werden (BGH, 17.2.2012, V ZR 251/10).

Obwohl eine gesetzliche Formvorgabe für die Erstellung der Abrechnung nicht besteht, widerspricht eine ganz oder teilweise mündliche Abrechnung wegen der Vielzahl an Informationen und fehlender Nachvollziehbarkeit und Überprüfbarkeit ordnungsmäßiger Verwaltung. Dieser Zweck ist jedoch bei Abfassung der Jahresabrechnung in Textform (§ 126b BGB) gewahrt, eine Unterschrift des Verwalters ist nicht erforderlich. Die Pflicht des Verwalters zur Erstellung der Jahresabrechnung umfasst keine Pflicht zur Vorlage der Belege (LG München, 11.8.2016, 1 T 10569/16).

Inhalt

Nachdem ein Gleichlauf mit dem Wirtschaftsplan erforderlich ist, entspricht die Abrechnungsperiode dem Wirtschaftsjahr, also vorbehaltlich anderer Vereinbarungen dem Kalenderjahr (§ 28 Abs. 2 WEG).

Nach ständiger Rechtsprechung des BGH sind in der Jahresabrechnung nur tatsächlich erzielte Einnahmen und erfolgte Ausgaben zu verbuchen (BGH, 4.12.2009, V ZR 44/09; BGH, 11.10.2013, V ZR 271/12); sie ist weder eine Bilanz noch eine Gewinn- und Verlustrechnung. Forderungen und Verbindlichkeiten sind daher nicht einzustellen.

Hinweis

Da es sich bei der Jahresabrechnung um eine reine Einnahmen-Ausgaben-Rechnung für das jeweilige Kalenderjahr handelt, sind sämtliche im Wirtschaftsjahr getätigten Ausgaben einzustellen, und zwar unabhängig davon, ob sie nachvollziehbar oder durch Kontoauszüge belegt sind. Auch solche Ausgaben sind in die Abrechnung aufzunehmen, die zu Unrecht erfolgten oder bei denen wegen fehlender Kontounterlagen oder Belege jedenfalls eine Prüfung, ob sie sachlich zu Recht erfolgen, nicht möglich ist (LG Berlin, 29.6.2018, 55 S 96/17). Fällige, aber in dem betreffenden Wirtschaftsjahr nicht beglichene Rechnungen sind nicht aufzunehmen.

Die Jahresabrechnung muss die gesamten Kosten der Wohnungseigentümergemeinschaft (§ 16 Abs. 2 WEG) beinhalten, wie sie als Ausgaben im Abrechnungszeitraum tatsächlich gezahlt wurden. In der Regel werden sie in die Positionen »Allgemeine Betriebskosten«, »Heizkosten«, »Verwaltervergütung« und »Erhaltung« aufgegliedert.

Aufwendungen für Erhaltungsmaßnahmen sollten sinnvollerweise gesondert nach den einzelnen Maßnahmen ausgewiesen werden. Gesondert auszuweisen sind außerdem aus der Gemeinschaftskasse gezahlte Gerichtsverfahren. Grundsätzlich gilt, dass die getätigten Ausgaben samt Umsatzsteuer enthalten sein müssen.

Ferner muss der zugrunde liegende Verteilungsschlüssel der Kosten benannt werden.

Daneben sind alle Einnahmen der Wohnungseigentümergemeinschaft darzustellen, etwa Hausgeldzahlungen der Wohnungseigentümer, Einkünfte aus Vermietung des gemeinschaftlichen Eigentums oder Zahlungen auf die Erhaltungsrücklage.

Als Ergebnis in der Einzelabrechnung wird die Abrechnungsspitze gebildet, also die Differenz zwischen der Abrechnungssumme und den beschlossenen Wohngeldvorschüssen des jeweiligen Wohnungseigentümers. Hierbei wird auf die Soll-Zahlungen der Eigentümer abgestellt. Den Abrechnungssaldo (Kosten abzüglich tatsächlicher Vorauszahlungen) ermittelt die Jahresabrechnung nicht.

Der Stand der gemeinschaftlichen Konten zu Anfang und Ende des Rechnungsjahres und ein schriftlicher Ausweis des Gemeinschaftsvermögens muss nach neuem Recht nicht mehr in der Jahresabrechnung mitgeteilt werden, sondern im Vermögensbericht (siehe Kapitel 5.3.4; § 28 Abs. 4 WEG). Gleiches gilt für die Darstellung der Erhaltungsrücklage. Auch eine sogenannte Saldenliste (Übersicht über die Abrechnungsergebnisse der Sondereigentumseinheiten und die den Abrechnungszeitraum betreffenden Hausgeldrückstände) ist nicht Bestandteil der Abrechnung (BGH, 27.10.2017, V ZR 189/16).

Kenntnisgabe und Belegeinsicht

Die Jahresgesamtabrechnung wird zweckmäßigerweise zusammen mit den Einzelabrechnungen und dem Wirtschaftsplan gleichzeitig mit einer Einladung zur Wohnungseigentümerversammlung übersendet. So haben die Miteigentümer die Möglichkeit, die Abrechnung vorab zu überprüfen und ggf. bei der Verwaltung Einsicht in die Belege zu nehmen.

Beschlussfassung

Die Jahresabrechnung bildet die Grundlage für den Beschluss der Wohnungseigentümer über die Einforderung von Nachschüssen oder die Anpassung der beschlossenen Vorschüsse (§ 28 Abs. 2 Satz 1 WEG).

Gegenstand des Beschlusses sind nur noch die aus der Jahresabrechnung folgenden Zahlungspflichten der jeweiligen Wohnungseigentümer, die sogenannte Abrechnungsspitze. Es wird nicht mehr über das vom Verwalter aufgestellte Zahlenwerk beschlossen.

Beispiel

Wohnungseigentümer R. hätte für das Jahr 2022 monatlich 200 EUR Hausgeld zahlen sollen, zahlte aber insgesamt nur 2.000 EUR. Die tatsächlichen Kosten seiner Einheit betrugen 2.500 EUR.

Abrechnungssaldo: Nachzahlung in Höhe von 500 EUR (2.500 EUR minus 2.000 EUR tatsächliche Zahlung).

Abrechnungsspitze: Nachzahlung in Höhe von 100 EUR (2.500 EUR minus 2.400 EUR geschuldete Zahlung).

Mit dem Beschluss über die Jahresabrechnung wird nur die Abrechnungsspitze neu fällig gestellt. In dieser Höhe wird ein neuer Zahlungsanspruch gegen den Wohnungseigentümer begründet. Die Forderung über die rückständigen Hausgeldraten basiert auf dem zuvor beschlossenen Wirtschaftsplan.

Vereinbarungen, nach denen die vom Verwalter erstellte Jahresabrechnung als genehmigt gilt, wenn die Wohnungseigentümergemeinschaft oder ein einzelner Wohnungseigentümer dem nicht innerhalb einer bestimmten Frist schriftlich widerspricht, sind regelmäßig unwirksam (KG Berlin, 4.7.1990, 24 W 1434/90; BayObLG, 23.9.1988, BReg. 2 Z 97/87). Einer solchen Regelung steht regelmäßig der wesentliche Grundgedanke der gesetzlichen Regelung zur verpflichtenden Beschlussfassung über die Ergebnisse der Jahresabrechnung entgegen. Unabhängig von der Wirksamkeit einer Genehmigungsfiktion in der Teilungserklärung bzw. Gemeinschaftsordnung können die Wohnungseigentümer jedenfalls nach den Grundsätzen der Zweitbeschlussfassung die Jahresabrechnung durch Beschluss genehmigen, auch wenn die Voraussetzungen der Fiktion eingetreten sind (LG Rostock, 30.6.2017, 1 S 143/16).

Ein nicht innerhalb der Anfechtungsfrist (§ 45 WEG) angegriffener Beschluss über die Zahlungspflichten wird bestandskräftig und bindet jeden Wohnungseigentümer (BayObLG, 23.6.2002, 2Z BR 41/02).

Rechtsfolgen

Die sich aus der Jahresabrechnung ergebenden Beträge sind bereits mit Beschlussfassung über die Einzelabrechnungen fällig, nicht erst bei deren Bestandskraft (BayObLG, 19.7.1990, BReg. 2 Z 71/90). Die Zahlungs- bzw. Auskehrverpflichtung besteht auch während eines laufenden Anfechtungsverfahrens uneingeschränkt.

Achtung

Die Wohnungseigentümer können nicht durch Beschlussfassung bereits rechtswirksam entstandene, aber noch nicht erfüllte Zahlungsverpflichtungen eines Eigentümers erneut beschließen und somit neu begründen. Ein entsprechender Beschluss wäre mangels Beschlusskompetenz nichtig.

Die Wohnungseigentümergemeinschaft kann jedoch abweichende Regelungen zur Fälligkeit und Erfüllung derartiger Forderungen durch Beschluss festlegen (§ 28 Abs. 3 WEG). Dies ermöglicht auch die Verrechnung von Guthaben und Nachzahlungen.

Gerichtliche Überprüfung

Der Beschluss über die Jahresabrechnung kann mit der Anfechtungsklage der gerichtlichen Überprüfung zugeführt werden (siehe Kapitel 4.4).

Die Beschränkung des Beschlussgegenstands durch die WEG-Reform 2020 führt dazu, dass nur noch solche Mängel der Abrechnung eine Anfechtbarkeit begründen, die sich auf die zu zahlenden Beiträge der Wohnungseigentümer – die Abrechnungsspitze – auswirken. Mängel im Zahlenwerk des Verwalters, die keine betragsrelevanten Auswirkungen haben, führen nicht zur erfolgreichen Anfechtung.

Beispiele

Folgende Mängel haben stets ein falsches Rechenergebnis zur Folge und können daher zur erfolgreichen Anfechtung führen:

- Verwendung eines falschen Verteilungsschlüssels,
- Vielzahl rechnerischer Einzelfehler,
- anderweitige rechnerische Unschlüssigkeit, zum Beispiel falsche Ausführung als Bilanzierung.

Beispiele

Die folgenden Anfechtungsgründe nach altem Recht greifen – ein zutreffendes Rechenergebnis vorausgesetzt – nicht mehr durch:

- keine Angabe des Verteilungsschlüssels,
- keine Angabe von Kontenständen zu Anfang und Ende des Wirtschaftsjahres,
- falsche Darstellung von Zahlungen auf Erhaltungsrücklage,
- Fehlen wesentlicher Einnahmen oder Ausgaben,
- fehlende Schlüssigkeit der Abrechnung wegen falschen Kontenabgleichs.

Eine Abrechnung, die für einen durchschnittlichen Wohnungseigentümer ohne sachkundige Hilfe nicht mehr nachvollziehbar ist, konnte nach altem Recht die Nichtigkeit des Beschlusses (siehe Kapitel 4.2.5) begründen. Im Zuge der Reform dürfte dieser Anfechtungsgrund entfallen sein, solange das Rechenergebnis materiell korrekt ist.

Rechnungsabgrenzung

Nachdem der BGH die Jahresabrechnung in ständiger Rechtsprechung als eine reine Gegenüberstellung von Ausgaben und Einnahmen begreift, sind Rechnungsabgrenzungen im Grundsatz nicht zulässig. Nachdem die Heizkosten jedoch verbrauchsabhängig abzurechnen sind, können hier einzelne Rechnungsabgrenzungsposten ausnahmsweise zulässig sein (BGH, 17.2.2012, V ZR 251/10; BayObLG, 7.3.2002, 2Z BR 77/01).

Einzelabrechnung

Der Verwalter muss für jedes Sondereigentum eine Einzelabrechnung aufstellen. Die Zusammenfassung mehrerer Einheiten, die einem Sondereigentümer gehören, ist nicht zulässig, weil die Einzelabrechnung einheiten- bzw. objekt- und nicht personenbezogen ist.

Nachdem Gegenstand des Beschlusses über die Gesamtabrechnung gemäß der WEG-Reform 2020 nur noch die Nachschüsse und Anpassungen der Vorschüsse und nicht das vom Verwalter aufgestellte Zahlenwerk sind, kann eine Anfechtung der Einzelabrechnung nicht mehr mit dem Argument erfolgen, eine Gesamtabrechnung sei nicht erstellt worden.

Inhalt, Beschlussfassung und Form

Die Einzelabrechnungen ergeben sich – vorbehaltlich anderer Regelung der Wohnungseigentümergemeinschaft – durch die Aufteilung der Gesamtjahresabrechnung. Der jeweilige Wohnungseigentümer kann aus seiner Abrechnung ersehen, ob ihn eine Nachzahlung trifft oder ob er Anspruch auf die Auszahlung eines Guthabens hat. Wird ein fehlerhafter Verteilerschlüssel verwendet, macht dies die Abrechnung anfechtbar, aber nicht nichtig.

Hinweis

Salden aus rechtswirksam beschlossenen Vorjahresabrechnungen oder die Berücksichtigung der tatsächlich geleisteten Vorschüsse (Abrechnungssaldo) gehören nicht in die Einzelabrechnung.

Mit dem Beschluss über die Einzelabrechnungen wird der Betrag festgestellt, der von dem einzelnen Wohnungseigentümer unter Berücksichtigung der nach dem Wirtschaftsplan geschuldeten Wohngeldvorschüssen noch an die Gemeinschaft zu zahlen ist (Abrechnungsspitze) (BGH, 9.3.2012, V ZR 174/11; BGH, 1.6.2012, V ZR 171/11). Fehlen noch Ansprüche aus dem Wirtschaftsplan, ist dennoch allein dieser gegenüber dem jeweiligen Wohnungseigentümer schuldbegründend.

Nach altem Recht war umstritten, ob die Abrechnungsspitze in der Jahresabrechnung ausgewiesen werden darf bzw. muss. Mit der WEG-Reform 2020 ist dies jedoch gegenstandlos geworden. Nachdem nur noch über die Ergebnisse der Jahresabrechnung beschlossen wird, also die Anpassung von Vorschüssen oder Nachzahlungen, ist die Abrechnungsspitze als auf jeden Wohnungseigentümer entfallender Differenzbetrag zwischen Soll-Wohngeldzahlungen und Ausgaben in die Einzelabrechnung zwangsläufig mit aufzunehmen.

Hinsichtlich der Form der Einzelabrechnung macht das Gesetz keine besonderen Vorgaben. Es sind die bereits dargestellten Punkte zu berücksichtigen, insbesondere die Ableitung der Einzelabrechnung aus der Gesamtabrechnung. Aus Gründen der Verständlichkeit müssen die Zusammenfassung der Kostenpositionen und die Bezeichnung der Kostenarten der Handhabung der Gesamtabrechnung entsprechen.

Ein Verwalter ist nicht verpflichtet, ohne gesonderte Vereinbarung eine Einzelabrechnung zu erstellen, die für eine vermietete Eigentumswohnung unverändert als Betriebskostenabrechnung (§ 556 Abs. 3 BGB) verwendet werden kann (OLG Frankfurt/Main, 16.10.2006, 20 W 278/03; BayObLG, 4.4.2005, 2Z BR 198/04).

Belegeinsicht, Genehmigung

Vor der Beschlussfassung müssen die einzelnen Miteigentümer die Gelegenheit haben, Einsicht in die Belege zu nehmen, die Grundlage der Jahresgesamtabrechnung und der Einzelabrechnungen – auch anderer Wohnungseigentümer – sind. Das Einsichtsrecht kann, etwa in Begleitung von Miteigentümern oder eines Rechtsanwalts, auch wiederholt ausgeübt werden (LG Frankfurt/Main, 20.6.2016, 2-13 S 13/14). Die Einsichtnahme hat grundsätzlich in den Geschäftsräumen des Verwalters zu erfolgen, wo sich der Wohnungseigentümer auf seine Kosten Ablichtungen der Unterlagen anfertigen oder anfertigen lassen kann.

Wird vor Beschlussfassung die Belegeinsicht verweigert, führt dies nicht mehr zur Anfechtbarkeit der Einzelabrechnung, da nunmehr nur noch beitragsrelevante Mängel beachtlich sind.

Die Möglichkeit, dem Verwalter die Kosten eines etwaigen Anfechtungsverfahrens aufzuerlegen (§ 49 Abs. 2 WEG a. F.), ist nach der Reform entfallen. Der Wohnungseigentümergemeinschaft können jedoch Schadenersatzansprüche gegen den Verwalter zustehen.

Majorisierung

Eine majorisierende Stimmenmehrheit liegt dann vor, wenn ein einzelner Eigentümer die Mehrheit aller berechtigten Stimmen auf sich vereinigt. Nach der gesetzlichen Vorgabe des § 25 Abs. 2 WEG hat jeder Eigentümer bei der Abstimmung nur eine Stimme. Hiervon kann jedoch durch Vereinbarung in der Teilungserklärung/Gemeinschaftsordnung abgewichen werden.

Erfolgt die Stimmrechtsausübung nach dem Wert- oder Objektprinzip, kann dies unter Umständen dazu führen, dass ein Eigentümer, der viele Sondereigentumsrechte besitzt, die Mehrheit der Stimmrechte allein innehat. Nutzt dieser Eigentümer seine Stimmenmehrheit rechtsmissbräuchlich aus, kann der Beschluss im Rahmen einer Anfechtung binnen Monatsfrist gerichtlich überprüft und ggf. für ungültig erklärt werden.

Mehrheitsbeschluss (einfacher)

Die Wohnungseigentümergemeinschaft regelt ihre Angelegenheiten, soweit sie nicht bereits durch Vereinbarung in der Gemeinschaftsordnung geregelt sind, durch Beschluss. Nach der WEG-Reform 2020 kennt das Gesetz – mit Ausnahme bei der Kostenverteilung bei baulichen Veränderungen gemäß § 21 Abs. 2 Nr. 1 WEG – grundsätzlich nur noch den »einfachen« Mehrheitsbeschluss. Für das Zustandekommen eines einfachen Mehrheitsbeschlusses ist es erforderlich, dass mehr Ja- als Nein-Stimmen abgegeben werden. Enthaltungen bleiben bei der Auszählung außer Betracht.

Durch einfachen Mehrheitsbeschluss können insbesondere folgende Angelegenheiten geregelt werden:

- Genehmigung von Wirtschaftsplan und Jahresabrechnung in Form der Vorauszahlungsbeträge und Überschüsse bzw. Fehlbeträge,
- Maßnahmen zur ordnungsmäßigen Instandhaltung und Instandsetzung des Gemeinschaftseigentums (§ 19 Abs. 1 WEG),
- Maßnahmen ordnungsmäßiger Verwaltung des Gemeinschaftseigentums, zum Beispiel Aufstellung der Hausordnung, Sach- und Haftpflichtversicherung der Wohnungseigentümer,
- Einleitung eines Verfahrens zur Entziehung des Wohnungseigentums (§ 17 WEG),
- Gebrauchsregeln bezüglich des Sondereigentums und des Gemeinschaftseigentums, wenn die Gemeinschaftsordnung keine entgegenstehende Regelung enthält (§ 19 WEG), zum Beispiel Nutzungsregelungen für Gemeinschaftsflächen oder Regelungen der Hausordnung,
- Benutzung von Waschküche, Spiel- und Hofflächen,
- Aufhebung von Veräußerungsbeschränkungen (§ 12 Abs. 4 WEG),

- Bestellung des Verwaltungsbeirats (§ 29 Abs. 1 Satz 1 WEG),
- Bildung, Höhe und Anlage einer Erhaltungsrücklage,
- Bestellung und Abberufung des Verwalters (§ 26 Abs. 1 Satz 1 WEG),
- Kostenverteilung von Betriebs- und Verwaltungskosten, Erhaltungskosten (§ 16 Abs. 2 WEG),
- Geldangelegenheiten (§ 28 Abs. 3 WEG),
- bauliche Veränderungen (§§ 20, 21 WEG).

Mehrheitsbeschluss (qualifizierter)

Im Gegensatz zum einfachen Mehrheitsbeschluss erfordert der qualifizierte Mehrheitsbeschluss eine bestimmte entweder durch Gesetz oder Vereinbarung geregelte Mehrheit. Die Gemeinschaftsordnung kann qualifizierte Mehrheitserfordernisse festlegen, so im Fall einer Öffnungsklausel.

Das Gesetz sieht nach der WEG-Reform 2020 nur noch eine konkrete Beschlusskompetenz vor, bei der eine sogenannte doppelt qualifizierte Mehrheit erforderlich ist. Hierbei handelt es sich um die Kostenverteilung bei baulichen Veränderungen nach § 21 Abs. 2 Nr. 1 WEG (siehe hierzu Kapitel 4.2.4.2).

Minderheitenschutz

Liegt ein Fall der Majorisierung vor, sind einzelne Wohnungseigentümer dadurch geschützt, dass sie unter Missbrauch des Stimmrechts zustande gekommene Beschlüsse wirksam anfechten können. Dem Schutz von Minderheiten dient auch das Erfordernis im schriftlichen Umlaufverfahren gemäß § 23 Abs. 3 WEG, dass alle Wohnungseigentümer zustimmen müssen, damit ein Beschluss zustande kommt (Ausnahme: Ein Absenkungsbeschluss liegt vor).

Weiteren Schutz für Minderheiten bietet § 24 Abs. 2 WEG, der bestimmt, dass die Versammlung vom Verwalter einberufen werden muss, wenn mehr als ein Viertel der Wohnungseigentümer schriftlich unter Angabe des Zwecks und der Gründe die Einberufung verlangt (Minderheitenquorum). Bei der Bemessung von »einem Viertel« kommt es allein auf die Kopfzahl der Wohnungseigentümer an. Dies gilt auch dann, wenn die Gemeinschaftsordnung ein abweichendes Stimmrechtsprinzip vorsieht. Unter dem Gesichtspunkt des Minderheitenschutzes und des Schikaneverbots kann es sich als rechtsmissbräuchlich darstellen, wenn die Wohnungseigentümer als Gemeinschaft bei der Geltendmachung von Beseitigungsansprüchen ohne sachlichen Grund zwischen einzelnen Wohnungseigentümern unterscheiden. Das kann zum Beispiel der Fall sein, wenn sie eine bauliche Veränderung eines Wohnungseigentümers ablehnt, aber die von einem anderen Wohnungseigentümer vorgenommene vergleichbare bauliche Veränderung ausdrücklich billigt (KG Berlin, 18.5.2009, 24 W 17/08)

Negativbeschluss

Ein Negativbeschluss liegt vor, wenn die Mehrheit den Beschlussantrag abgelehnt hat, ein Beschluss also nicht zustande gekommen ist. Hierbei handelt es sich um einen echten Beschluss (BayObLG, 25.7.2002, 2Z BR 63/02; BayObLG, 20.11.2003, 2Z BR 133/03), nur hat die Willensbildung der Wohnungseigentümer dazu geführt, dass sie den Beschlussantrag ablehnen möchten. Ein Negativbeschluss ist anfechtbar (BGH, 15.1.2010, V ZR 114/09) und kann mit dem Feststellungsantrag verbunden werden, dass ein positiver Beschluss zustande gekommen ist, wenn beispielsweise ein Wohnungseigentümer die Feststellung eines ablehnenden Beschlussergebnisses aufgrund einer fehlerhaften Stimmenauszählung für unrichtig hält (BGH, 23.8.2001, V ZB 10/01; BGH, 19.9.2002, V ZB 30/2).

Eine Anfechtung des Beschlusses ist auch dann möglich, wenn der Wohnungseigentümer geltend machen kann, dass die Ablehnung ordnungsmäßiger Verwaltung widerspricht und er einen Anspruch auf eine positive Beschlussfassung hat (LG Hamburg, 23.7.2014, 318 S 78/13).

Mehr hierzu siehe Kapitel 4.2.4.7.

Nichtbeschluss

Im Fall des Nichtbeschlusses oder Scheinbeschlusses liegt ein Beschluss schon gar nicht vor. Dies kann dann der Fall sein, wenn das Verfahren der Beschlussfassung unter erheblichen Mängeln leidet. Einer Anfechtung bedarf es hier nicht, da der Nichtbeschluss keinerlei rechtliche Wirkung erzeugt (BayObLG, 10.10.1996, 2Z BR 108/96, WuM 1997, 57; siehe Kapitel 4.2.4.5).

Nichtigkeit eines Beschlusses

§ 23 Abs. 4 WEG stellt fest, dass ein Beschluss nichtig ist, der gegen eine Rechtsvorschrift verstößt, auf deren Einhaltung rechtswirksam nicht verzichtet werden kann. Beschlüsse, die nicht den Rechtsvorschriften entsprechen und daher nichtig sind, sind solche, die gegen unabdingbare Vorschriften und Grundsätze des Wohnungseigentumsgesetzes oder Regelungen des übrigen privaten oder öffentlichen Rechts verstoßen. Die Nichtigkeit von Beschlüssen ist – auch ohne Feststellungsklage – im Rahmen eines Anfechtungsverfahrens von Amts wegen zu prüfen (LG München I, 1.2.2017, 1 S 7364/16) (siehe hierzu Kapitel 4.3.1).

Niederschrift/Protokoll

Gemäß § 24 Abs. 6 WEG ist über die in der Versammlung gefassten Beschlüsse eine Niederschrift/ein Protokoll aufzunehmen. Die Niederschrift/das Protokoll ist von dem Vorsitzenden und einem Wohnungseigentümer und, falls ein Verwaltungsbeirat bestellt ist, auch von dessen Vorsitzendem oder seinem Vertreter zu unterschreiben (ausführlich hierzu siehe Kapitel 3).

Öffnungsklausel

Öffnungsklauseln sind in der Teilungserklärung/Gemeinschaftsordnung enthaltene Vereinbarungen, nach welchen durch qualifizierten Mehrheitsbeschluss, zum Beispiel mit Zweidrittel- oder Dreiviertelmehrheit, von den abdingbaren gesetzlichen Bestimmungen oder den getroffenen Vereinbarungen in der Teilungserklärung oder der Gemeinschaftsordnung abgewichen werden kann. Solche Öffnungsklauseln erleichtern die Neuregelung von Gegenständen, die sonst nur durch Vereinbarung geregelt werden dürfen, und sind grundsätzlich zulässig. Erforderlich ist jedoch, dass die Öffnungsklausel hinreichend bestimmt ist, ein sachlicher Grund für die Änderung vorliegt, kein Eigentümer gegenüber der bisherigen Regelung unbillig benachteiligt wird und die Änderung den Grundsätzen ordnungsmäßiger Verwaltung entspricht (BGH, 10.6.2011, V ZR 2/10; BGH, 1.4.2011, V ZR 162/10). Fehlt es an diesen Voraussetzungen, ist der Beschluss zwar nicht von vornherein nichtig, jedoch erfolgreich anfechtbar (BGH, 12.12.2014, V ZR 53/14). Ob die aufgrund einer Öffnungsklausel getroffene Vereinbarung billig ist, kann gerichtlich überprüft werden.

Weitere Informationen finden sich in Kapitel 4.2.3.

Online-Teilnahme an der Versammlung

Siehe »Virtuelle Teilnahme an der Versammlung«

Ordnungsmäßige Verwaltung

Der Begriff der ordnungsmäßigen Verwaltung wird in § 18 Abs. 2 WEG legaldefiniert. Hiernach kann jeder Wohnungseigentümer von der Gemeinschaft der Wohnungseigentümer zum einen eine Verwaltung des gemeinschaftlichen Eigentums und zum anderen eine Benutzung des gemeinschaftlichen Eigentums und des Sondereigentums verlangen, die dem Interesse der Gesamtheit der Wohnungseigentümer nach billigem Ermessen und, soweit solche bestehen, den gesetzlichen Regelungen, Vereinbarungen und Beschlüssen entspricht.

Über Maßnahmen der ordnungsmäßigen Verwaltung und Benutzung können Wohnungseigentümer durch Stimmenmehrheit beschließen (§ 19 Abs. 1 WEG). Zu den Verwaltungsangelegenheiten im Sinne von §§ 18, 19 WEG zählen alle Maßnahmen, die in tatsächlicher oder rechtlicher Hinsicht auf die Erhaltung, Sicherung oder Nutzung des gemeinschaftlichen Eigentums abzielen, die im Interesse sämtlicher Wohnungseigentümer, nicht nur einzelner stehen, oder sich sonst als Geschäftsführung zugunsten der Wohnungseigentümer in Bezug auf das gemeinschaftliche Eigentum darstellen. Eine Maßnahme erfolgt im Interesse der Gesamtheit der Wohnungseigentümer, wenn sie bei objektiver Betrachtungsweise und unter Berücksichtigung der besonderen Umstände des Einzelfalls nützlich ist (OLG Hamburg, 4.8.2003, 2 Wx 30/03). Dabei ist Maßstab der Standpunkt eines vernünftig und wirtschaftlich denkenden Beurteilers. Jedenfalls zählt zur ordnungsmäßigen Verwaltung das, was dem geordneten Zusammenleben in der Gemeinschaft dient, und das, was dem Interesse der Gesamtheit der Wohnungseigentümer nach billigem Ermessen entspricht.

Zu den Einzelmaßnahmen ordnungsmäßiger Verwaltung zählen gemäß § 19 Abs. 2 WEG insbesondere diese:

- die ordnungsgemäße Erhaltung des gemeinschaftlichen Eigentums,
- die angemessene Versicherung des gemeinschaftlichen Eigentums zum Neuwert sowie der Wohnungseigentümer gegen Haus- und Grundbesitzerhaftpflicht,
- die Ansammlung einer angemessenen Erhaltungsrücklage,
- das Aufstellen eines Wirtschaftsplans und Festsetzen von Vorschüssen,
- die Bestellung eines zertifizierten Verwalters.

Die Aufzählung der Maßnahmen in § 19 Abs. 2 WEG ist nicht abschließend. So zählt zum Beispiel auch das Aufstellen einer Hausordnung zu den Maßnahmen ordnungsmäßiger Verwaltung.

Der Anspruch auf ordnungsmäßige Verwaltung kann nur gegen die Wohnungseigentümergemeinschaft geltend gemacht werden, da dieser die Verwaltung des gemeinschaftlichen Eigentums obliegt (§ 18 Abs. 1 WEG). Der Anspruch auf ordnungsmäßige Verwaltung unterliegt weder der Verjährung noch Verwirkung.

Protokoll

Siehe »Niederschrift/Protokoll«

Rechtsfähigkeit der Wohnungseigentümergemeinschaft

Die Rechtsfähigkeit der Wohnungseigentümergemeinschaft war lange Zeit problematisch. Zwar wurde sie durch die Grundsatzentscheidung des BGH vom 2.6.2005 (V ZB 32/05) höchstrichterlich anerkannt. Diese Rechtsprechung warf jedoch Folgeprobleme auf, die auch die WEG-Reform 2007 nicht beseitigen konnte. Mit der WEG-Reform 2020 wurden die Rechtsfähigkeit der Wohnungseigentümergemeinschaft und deren Folgen schließlich gesetzlich umfassend in § 9a WEG geregelt.

> **§ 9a WEG Gemeinschaft der Wohnungseigentümer**
> »(1) Die Gemeinschaft der Wohnungseigentümer kann Rechte erwerben und Verbindlichkeiten eingehen, vor Gericht klagen und verklagt werden. Die Gemeinschaft der Wohnungseigentümer entsteht mit Anlegung der Wohnungsgrundbücher; dies gilt auch im Fall des § 8. Sie führt die Bezeichnung ›Gemeinschaft der Wohnungseigentümer‹ oder ›Wohnungseigentümergemeinschaft‹ gefolgt von der bestimmten Angabe des gemeinschaftlichen Grundstücks.
> (2) Die Gemeinschaft der Wohnungseigentümer übt die sich aus dem gemeinschaftlichen Eigentum ergebenden Rechte sowie solche Rechte der Wohnungseigentümer aus, die eine einheitliche Rechtsverfolgung erfordern, und nimmt die entsprechenden Pflichten der Wohnungseigentümer wahr.
> (3) Für das Vermögen der Gemeinschaft der Wohnungseigentümer (Gemeinschaftsvermögen) gelten § 18, § 19 Abs. 1 und § 27 entsprechend.«

Bedeutung der Rechtsfähigkeit

Rechtsfähigkeit bedeutet, Träger von Rechten und Pflichten zu sein, vor Gericht klagen und verklagt werden zu können sowie eigenes Vermögen bilden zu können. War bislang in der Rechtsprechung nur eine Teilrechtsfähigkeit des Verbandes anerkannt, so wurde nunmehr geregelt, dass die Wohnungseigentümergemeinschaft voll rechtsfähig ist.

Eine Unterscheidung zwischen der teilrechtsfähigen Wohnungseigentümergemeinschaft als Verband, den Wohnungseigentümern als Mitglieder der nicht rechtsfähigen Bruchteilsgemeinschaft und den Wohnungseigentümern als rechtsfähige Einzelpersonen findet so **nicht** mehr statt.

Wichtig

Die Wohnungseigentümergemeinschaft ist nunmehr der rechtsfähige Verband, dessen Mitglieder die Wohnungseigentümer sind. Der Verband handelt durch seine Organe, nämlich
1. die Gesamtheit der Wohnungseigentümer als Willensbildungsorgan, das durch seine Entscheidungen die ordnungsmäßige Verwaltung regelt (§ 19 Abs. 1 WEG),
2. den Verwalter als Vollzugs- und Vertretungsorgan, das insbesondere die Entscheidungen der Wohnungseigentümer umsetzt und
3. den Verwaltungsbeirat als fakultatives Hilfsorgan.

Tritt die Gemeinschaft im Rechtsverkehr auf, führt sie die Bezeichnung »Gemeinschaft der Wohnungseigentümer« oder »Wohnungseigentümergemeinschaft«, gefolgt von der bestimmten Angabe des gemeinschaftlichen Grundstücks, zum Beispiel durch Angabe der Anschrift (Straße, Hausnummer, Postleitzahl und Ort; § 9a Abs. 1 Satz 2 WEG). Zulässig wären auch Grundbuch- bzw. Katasterangaben (Gemarkung und Flurstücksnummer).

Rechte und Pflichten der Wohnungseigentümergemeinschaft

Es ist zwischen der Gemeinschaft im Außenverhältnis und im Innenverhältnis zu unterscheiden. Mit Außenverhältnis sind diejenigen Rechtsverhältnisse gemeint, in denen die rechtsfähige Wohnungseigentümergemeinschaft als solche gegenüber Dritten auftritt. Im Innenverhältnis stehen sich hingegen die Wohnungseigentümergemeinschaft und die einzelnen Wohnungseigentümer gegenüber.

Außenverhältnis

Hierunter fallen die von der Gemeinschaft gesetzlich oder rechtsgeschäftlich begründeten Rechte und Pflichten. Bei vertraglichen Schuldverhältnissen sind nicht die einzelnen Wohnungseigentümer, sondern die Wohnungseigentümergemeinschaft als Verband selbst Partei. Ihr obliegt die Aufgabe der Verwaltung des gemeinschaftlichen Vermögens (§ 9a Abs. 3 i. V. m. § 18 Abs. 1 WEG).

Angelegenheiten des Verbands im Außenverhältnis sind insbesondere:
- Abschluss eines Verwaltervertrags,
- Auftragsvergaben für Erhaltungsmaßnahmen am Gemeinschaftseigentum,
- Einholen von Kostenvoranschlägen für Sanierungsmaßnahmen,
- Abschluss von Wartungs- oder Dienstleistungsverträgen,
- Bestellung von Heizöl bzw. Abschluss von Energielieferungsverträgen,
- Abschluss eines Hausmeistervertrags,
- Geltendmachung der Beseitigung baulicher Veränderungen,
- Geltendmachung von Unterlassungsansprüchen bei Störungen des Gemeinschaftseigentums,
- Geltendmachung von Schadenersatzansprüchen wegen Verletzung des Gemeinschaftseigentums,

- Entziehung des Wohnungseigentums nach § 17 WEG,
- Überwachung der Einhaltung der Vorschriften der Trinkwasserverordnung (TrinkwVO) und des Gebäudeenergiegesetzes (GEG),
- Überwachung der Einhaltung der Verkehrssicherungspflicht,
- Vermietung von im gemeinschaftlichen Eigentum stehenden Grundstücksflächen,
- Abschluss von Grundstücks- oder Darlehensverträgen.

Dem Verwalter obliegt gemäß dem mit der WEG-Reform 2020 neu eingeführten § 9b Abs. 1 WEG als Organ der Wohnungseigentümergemeinschaft deren Vertretung. Er ist im Außenverhältnis grundsätzlich uneingeschränkt vertretungsbefugt. Die Frage, ob sein Vertreterhandeln auch von seinen Befugnissen im Innenverhältnis (das heißt gegenüber der Gesamtheit der Wohnungseigentümer) gedeckt war, spielt im Außenverhältnis insoweit keine Rolle. Das bedeutet, die Wirksamkeit des Vertragsschlusses und die hieraus folgende Verpflichtung der Wohnungseigentümergemeinschaft bleiben unberührt, es sei denn, es liegt ein Fall der Kollusion vor, also ein Zusammenwirken zwischen einem Verwalter und einem Dritten zum Zwecke der Schädigung der Wohnungseigentümergemeinschaft (§ 138 BGB), oder eine evidente Überschreitung der Vertretungsmacht (zum Beispiel die Beauftragung einer Fassadensanierung für 10 Mio. EUR). Bei einer Überschreitung der im Innenverhältnis gesetzten Grenzen können der Wohnungseigentümergemeinschaft gegen den Verwalter jedoch Schadenersatzansprüche wegen Pflichtverletzung (§ 280 ff. BGB) erwachsen.

> **§ 9b WEG Vertretung**
>
> »(1) Die Gemeinschaft der Wohnungseigentümer wird durch den Verwalter gerichtlich und außergerichtlich vertreten, beim Abschluss eines Grundstückskauf- oder Darlehensvertrags aber nur aufgrund eines Beschlusses der Wohnungseigentümer. Hat die Gemeinschaft der Wohnungseigentümer keinen Verwalter, wird sie durch die Wohnungseigentümer gemeinschaftlich vertreten. Eine Beschränkung des Umfangs der Vertretungsmacht ist Dritten gegenüber unwirksam.
>
> (…)«

Beispiel: Kosten der Fassadensanierung

In einer Wohnungseigentümergemeinschaft muss die Fassade umfassen saniert werden. Nach Kostenvoranschlag des beschlussgemäß beauftragten Architekten belaufen sich die Kosten voraussichtlich auf einen Betrag zwischen 100.000 EUR und 150.000 EUR. Die Wohnungseigentümergemeinschaft fasst den Beschluss, dass der Verwalter einen entsprechenden Auftrag jedoch nur bis zu einer Summe von höchstens 130.000 EUR vergeben soll.

Der Verwalter vergibt den Auftrag dennoch an das ihm bekannte Handwerksunternehmen, das die Arbeiten vollumfänglich durchführt, anschließend eine angemessene Schlussrechnung von 150.000 EUR erstellt und sodann von der Wohnungseigentümergemeinschaft entsprechende Zahlung verlangt.

Die Wohnungseigentümergemeinschaft ist zur Zahlung der Rechnung in voller Höhe verpflichtet, nachdem sie durch den Verwalter wirksam vertreten wurde (§ 9a Abs. 1 WEG). Ihr steht jedoch ein Schadenersatzanspruch in Höhe des Differenzbetrags zwischen der Höhe der tatsächlichen Verpflichtung der Wohnungseigentümergemeinschaft im Außenverhältnis (150.000 EUR) und der im Innenverhältnis höchstens gestatteten Verpflichtung (130.000 EUR) zu, also in Höhe von 20.000 EUR gegen den Verwalter.

Wichtig

Eine Ausnahme von der uneingeschränkten Vertretungsmacht des Verwalters gilt im Hinblick auf Grundstückskauf- und Darlehensverträge. Hier kann der Verwalter die Wohnungseigentümergemeinschaft nur dann wirksam verpflichten, wenn er durch Beschluss der Wohnungseigentümer hierzu legitimiert ist.

Für den Fall, dass die Wohnungseigentümergemeinschaft keinen Verwalter bestellt hat, regelt § 9b Abs. 1 Satz 2 WEG, dass sie durch sämtliche Wohnungseigentümer gemeinschaftlich vertreten wird.

Innenverhältnis

Die Gesamtheit der Wohnungseigentümer stellt das Willensbildungsorgan dar, das durch seine Entscheidungen die ordnungsmäßige Verwaltung regelt (§ 19 Abs. 1 WEG). Jeder Wohnungseigentümer hat einen Anspruch auf eine ordnungsmäßige Verwaltung (§ 18 Abs. 2 Nr. 1 WEG). Dieser besteht aber nur noch gegenüber dem Verband der Wohnungseigentümergemeinschaft und nicht mehr gegenüber den übrigen Wohnungseigentümern. Hat ein einzelner Eigentümer ein konkretes Anliegen, so muss er zunächst einen Antrag zur Eigentümerversammlung stellen oder ein Umlaufverfahren (§ 23 Abs. 3 WEG) initiieren. Erfolgt daraufhin eine ordnungsmäßiger Verwaltung entsprechende Beschlussfassung nicht, hat er die Möglichkeit, eine Beschlussersetzungsklage (§ 44 Abs. 1 Satz 2 WEG) zu erheben.

Seit der WEG-Reform 2020 ist es nicht mehr statthaft, sich auf das Gemeinschaftseigentum beziehende bisherige Individualansprüche, gegenüber den übrigen Wohnungseigentümern oder dem Verwalter geltend zu machen; vielmehr bestehen diese künftig stets gegenüber der Gemeinschaft:

- Anspruch auf Aufnahme eines Tagesordnungspunkts,
- Anspruch auf Einberufung einer Eigentümerversammlung,
- Anspruch auf Beseitigung einer baulichen Veränderung oder zweckwidrigen Nutzung,
- Anspruch auf ordnungsmäßige Verwaltung (etwa auf Erstellung der Jahresabrechnung oder eines Wirtschaftsplans),
- Anspruch auf Beschlussvollzug,
- Anspruch auf Einsichtnahme in die Verwaltungsunterlagen,
- Anspruch auf Erteilung der Veräußerungszustimmung.

Beispiel: Beseitigung einer baulichen Veränderung

Eigentümer A hat eine nicht genehmigte bauliche Veränderung am gemeinschaftlichen Eigentum durchgeführt. Eigentümer B fühlt sich hierdurch gestört. Nach altem Recht konnte Eigentümer B direkt gegen Eigentümer A vorgehen. Nach der WEG-Reform 2020 muss Eigentümer B zunächst einen Antrag in einer Eigentümerversammlung auf Beseitigung der baulichen Veränderung stellen und einen entsprechenden Beschluss herbeiführen, da zur Geltendmachung dieses Anspruchs auf Beseitigung der baulichen Veränderung gemäß § 9a Abs. 2 WEG nur noch der Verband berechtigt ist. Verweigert die Gemeinschaft die Beschlussfassung zur Geltendmachung der Beseitigung der baulichen Veränderung, kann Eigentümer B Beschlussersetzungsklage erheben.

Als echte Individualansprüche der Wohnungseigentümer werden nur noch Ansprüche verbleiben, die sich direkt aus dem Sondereigentum ergeben.

Beispiel: Schlagzeug in der Wohnung

Der über Eigentümer A wohnende Eigentümer B spielt regelmäßig und ohne Einhaltung der in der Hausordnung festgelegten Ruhezeiten Schlagzeug in seiner Wohnung. Eigentümer A fühlt sich hierdurch gestört. Er kann gegen Eigentümer B unmittelbar einen Anspruch auf Unterlassung der Ruhestörungen geltend machen (etwa § 1004 Abs. 1 BGB, § 862 Abs. 1 BGB)

Eine Ausnahme besteht auch nach neuem Recht hinsichtlich der Mängelgewährleistungsansprüche aus Bauträgerverträgen: Hier verbleibt es bei den bisherigen Grundsätzen und der geltenden Rechtsprechung (vgl. BT-Drucks. 19/18791, S. 47). Erfüllungs- und Nacherfüllungsansprüche kann jeder Wohnungseigentümer als Individualanspruch aus seinem Kaufvertrag geltend machen. Durch Beschluss kann die Ausübungsbefugnis jedoch auf die Wohnungseigentümergemeinschaft übertragen werden (BGH, 12.4.2007, VII ZR 50/06). Vorschuss- und Aufwendungsersatzansprüche können durch die einzelnen Wohnungseigentümer, wenn kein anderweitiger Beschluss gefasst wurde, weiterhin individuell geltend gemacht werden, allerdings nur mit der Maßgabe, dass Zahlungen an die Wohnungseigentümergemeinschaft geleistet werden. Minderung und kleiner Schadenersatz können nur von der Wohnungseigentümergemeinschaft erklärt bzw. geltend gemacht werden; hingegen verbleiben Rücktritt und großer Schadenersatzanspruch den einzelnen Wohnungseigentümern als Individualrecht bzw. -anspruch.

Hinweis

Beim »kleinen« Schadenersatz erfolgt keine Rückabwicklung des Vertrags. Vielmehr ist der Schädiger zum Ersatz des Vermögensschadens verpflichtet, der durch die Pflichtverletzung entstanden ist (zum Beispiel mangelbedingten Minderwert des Wohnungseigentums). Beim »großen« Schadenersatz (nach dem Gesetz: »Schadenersatz statt der ganzen Leistung«) ist der Wohnungseigentümer hingegen verpflichtet, Zug um Zug gegen Leistung des Schadenersatzes für den ganzen Vertrag durch den Bauträger das Wohnungseigentum zurückzugeben (§ 281 Abs. 1, 5 i. V. m. § 348 BGB). Diese Art von Schadenersatz ist ausgeschlossen, wenn der Mangel unerheblich ist (§ 281 Abs. 1 Satz 3 BGB).

Rederecht

Jedem Teilnehmer steht in der Wohnungseigentümerversammlung das Recht zu, sich an der Diskussion und der Meinungsbildung zu beteiligen. Um einen reibungslosen Versammlungsablauf zu gewährleisten und damit sich Versammlungen nicht unnötig ausdehnen, kann der Versammlungsleiter das Rederecht des Einzelnen zeitmäßig begrenzen oder einem Versammlungsteilnehmer das Wort sogar ganz entziehen, wenn er den Versammlungsablauf unzumutbar stört (siehe auch Kapitel 2.5).

Ruhen des Stimmrechts

Das Ruhen des Stimmrechts bedeutet, dass für einen Eigentümer bei der Versammlung ein Stimmrechtsverbot vorliegt. Gemäß § 25 Abs. 5 WEG ist dies unter folgenden Umständen der Fall:

- Die Beschlussfassung betrifft die Vornahme eines Rechtsgeschäfts mit ihm,
- sie bezieht sich auf einen Rechtsstreit gegen ihn,
- ihm wurde in einem Verfahren nach § 17 WEG rechtskräftig das Eigentum entzogen.

Darüber hinaus kann die Gemeinschaftsordnung weitergehende Stimmrechtsverbote regeln. Hierbei muss die Vereinbarung allerdings der Bedeutung des Stimmrechts für den einzelnen Wohnungseigentümer Rechnung tragen. Dies kommt in Betracht, wenn sich ein Wohnungseigentümer einer ernsthaften Pflichtverletzung schuldig macht.

Mehr hierzu siehe Kapitel 1.2.7.

Schriftliche Beschlussfassung

Die Wohnungseigentümergemeinschaft hat gemäß § 23 Abs. 3 WEG die Möglichkeit, ihre Willensbildung auch außerhalb der Eigentümerversammlung vorzunehmen, und zwar im Umlaufverfahren. Rechtswirksam ist ein schriftlicher Beschluss dann, wenn alle Zustimmungserklärungen in Textform dem Empfangsberechtigten (im Regelfall dem Verwalter) zugegangen sind. Im schriftlichen Verfahren ist es erforderlich, dass alle Wohnungseigentümer zustimmen. Liegt die Allstimmigkeit nicht vor, so ist der Beschluss nicht existent. Es handelt sich dann um einen Nichtbeschluss, der keiner gerichtlichen Anfechtung bedarf. Eine Ausnahme von der Allstimmigkeit gibt es, wenn ein sogenannter Absenkungsbeschluss vorliegt.

Ausführlich zum Umlaufbeschluss siehe Kapitel 4.2.4.9.

Sondereigentum

Sondereigentum sind nach § 5 Abs. 1 WEG die gemäß § 3 Abs. 1 Satz 1 WEG beschriebenen Räume sowie deren Bestandteile,

- sofern diese verändert, beseitigt oder eingefügt werden können,
- ohne dass dadurch das gemeinschaftliche Eigentum oder ein auf Sondereigentum beruhendes Recht eines anderen Wohnungseigentümers über das bei einem geordneten Zusammenleben unvermeidliche Maß hinaus beeinträchtigt wird oder
- die äußere Gestaltung des Gebäudes verändert wird.

Soweit sich das Sondereigentum auf außerhalb des Gebäudes liegende Teile des Grundstücks erstreckt, gilt § 94 BGB entsprechend. Teile des Gebäudes, die für dessen Bestand oder Sicherheit erforderlich sind, sowie Anlagen und Einrichtungen, die dem gemeinschaftlichen Gebrauch der Wohnungseigentümer dienen, sind gemäß § 5 Abs. 2 WEG nicht Gegenstand des Sondereigentums, selbst wenn sie sich im Bereich der im Sondereigentum stehenden Räume oder Teile des Grundstücks befinden.

Die Begründung von Sondereigentum erfolgt entweder durch Vertrag der Miteigentümer gemäß § 3 WEG oder durch Teilungserklärung des Alleineigentümers (§ 8 WEG). Aus der Teilungserklärung und dem Aufteilungsplan ergibt sich auch die Abgrenzung zwischen Sonder- und Gemeinschaftseigentum. Diese ist besonders wichtig, wenn es um Erhaltungsmaßnahmen, Gebrauchs- und Nutzungsregelungen sowie die Lasten- und Kostenverteilung geht.

Sondereigentum kann an Wohnungen begründet werden, dann spricht man von Wohnungseigentum. Wird hingegen Sondereigentum an nicht zu Wohnzwecken dienenden Räumen begründet, handelt es sich um Teileigentum, zum Beispiel bei gewerblichen Räumen, Garagen, Kellern, Speicher- oder Hobbyräumen. Im Zuge der WEG-Reform 2020 wurde nunmehr gesetzlich geregelt, dass es sich auch bei Stellplätzen um Räume in diesem Sinne handelt (§ 3 Abs. 1 WEG).

Bei Grundstücksflächen, an denen vor der WEG-Reform 2020 Sondernutzungsrechte begründet werden musste, kann nun auch Sondereigentum begründet werden. Gemäß § 3 Abs. 2 WEG kann sich das Sondereigentum nämlich auch auf einen außerhalb des Gebäudes liegenden Teil des Grundstücks erstrecken, es sei denn, die Wohnung oder die nicht zu Wohnzwecken dienenden Räume bleiben dadurch wirtschaftlich nicht die Hauptsache. Die Hauptsacheeigenschaft der Wohnung bzw. der Räume wird grundsätzlich vermutet, insbesondere bei der Verbindung einer Wohnung mit einem Garten (vgl. OLG Rostock, 24.2.2022, 3 W 82/22). Die Voraussetzung zur Begründung von Sondereigentum ist jedoch immer, dass in sich abgeschlossene Räume (Abgeschlossenheit) vorliegen. Sondereigentum soll also nur dann eingeräumt werden, wenn die Wohnungen oder sonstigen Räume in sich abgeschlossen sind und Stellplätze sowie außerhalb des Gebäudes liegende Teile des Grundstücks durch Maßangaben im Aufteilungsplan bestimmt sind (§ 3 Abs. 3 WEG).

Zu beachten ist: Werden entgegen § 5 Abs. 2 WEG zwingende Bestandteile des Gemeinschaftseigentums in der Teilungserklärung dem Sondereigentum zugeordnet, ist dies unwirksam. Eine fehlerhafte Zuordnung kann jedoch in eine entsprechende Kostentragungsverpflichtung im Rahmen der Instandhaltung und Instandsetzung umgedeutet werden (OLG Hamm, 13.8.1996, 15 W 115/96; OLG Karlsruhe, 7.7.2010, 11 Wx 115/08). Eine in der Gemeinschaftsordnung enthaltene nichtige Regelung, wonach Fenster zum Bestandteil des Sondereigentums gehören, kann im Einzelfall im Wege der Umdeutung dahin verstanden werden, dass die Kostenlast für die jeweilige Maßnahme denjenigen Wohnungseigentümern aufgebürdet wird, in deren Wohnung sich die zu erneuernden oder zu wartenden Fenster befinden. Voraussetzung dafür ist jedoch das Bestehen einer weiteren Bestimmung in der Gemeinschaftsordnung, dass jeder Wohnungseigentümer sein Sondereigentum auf seine Kosten instand zu halten und instand zu setzen hat (LG Dortmund, 1.4.2014, 1 S 178/13; AG Köln, 18.7.2022, 215 C 60/21).

Mit seinem Sondereigentum kann der Wohnungseigentümer, sofern nicht das Gesetz oder Rechte Dritter entgegenstehen, nach seinem Belieben verfahren, insbesondere dieses bewohnen, vermieten, verpachten oder in sonstiger Weise nutzen, und andere von Einwirkungen ausschließen (§ 13 Abs. 1 WEG). Ein Beschluss, der eine Vermietung und/oder Verpachtung untersagt oder wesentlich einschränkt, ist nichtig; das Recht auf Vermietung des Sondereigentums kann nur durch die Gemeinschaftsordnung, das heißt durch eine Vereinbarung, eingeschränkt werden (AG Essen, 30.12.2021, 196 C 73/21). Enthält die Teilungserklärung oder Gemeinschaftsordnung jedoch bestimmte Nutzungsbeschränkungen, sind diese zwingend zu beachten. Sieht zum Beispiel die Zweckbestimmung einen »Keller« vor, ist eine Wohnraumnutzung des betreffenden Raums unzulässig. Mit der Zweckbestimmung als Laden wäre der Betrieb einer Gaststätte, Pizzeria, Imbissstube oder eines Tanzcafés unvereinbar.

Siehe hierzu die Übersicht bei »Gemeinschaftseigentum«

Sondernutzungsrecht

Begründung

Ein Sondernutzungsrecht räumt einem oder mehreren Eigentümern durch Vereinbarung in der Teilungserklärung bzw. Gemeinschaftsordnung gemäß § 10 Abs. 3 WEG das Recht ein, einen Teil des Gemeinschaftseigentums unter Ausschluss aller anderen Wohnungseigentümer zu nutzen. Inhaber eines Sondernutzungsrechts kann nur ein Wohnungseigentümer sein, also ein aktuell im Grundbuch eingetragenes Mitglied der Wohnungseigentümergemeinschaft. Zudem kann ein Sondernutzungsrecht einem Miteigentumsanteil, also auch nur einem Miteigentümer der Bruchteilsgemeinschaft, an einer Wohnungs- oder Teileigentumseinheit zugeordnet werden. Auch derjenige, der lediglich Miteigentümer einer Wohnungs- bzw. Teileigentumseinheit ist, gehört somit zu dem Kreis der Wohnungs- bzw. Teileigentümer (BGH, 10.5.2012, V ZB 279/11). Ein Sondernutzungsrecht kann auch mehreren Eigentümern unterschiedlicher Wohnungseigentumseinheiten als Mitberechtigten zustehen, ohne dass das Verhältnis der Berechtigten untereinander geregelt werden muss (OLG Düsseldorf, 28.6.2010, I 3 Wx 54/10).

Sondernutzungsrechte werden häufig an Garten- oder Grünflächen, an Terrassen von Erdgeschoss- oder Dachgeschosswohnungen, Pkw-Stellplätzen im Freien, Garagen und Kellerräumen eingeräumt.

Ein Sondernutzungsrecht wird regelmäßig bereits in der Teilungserklärung oder dem Teilungsvertrag festgelegt. Der aufteilende Eigentümer kann sich auch das Recht vorbehalten, Sondernutzungsrechte nachträglich zu begründen (BGH, 2.12.2011, V ZR 74/11). Dann müssen jedoch die Einigung aller Wohnungseigentümer und die Zustimmung der nachteilig betroffenen dinglich Berechtigten sowie der Berechtigten, für die eine Auflassungsvormerkung eingetragen ist, vorliegen. Eine solche Vereinbarung muss, damit sie im Fall des Eigentümerwechsels auch gegenüber dem neuen Eigentümer gilt, in das Grundbuch eingetragen werden. Dabei sind Gegenstand und Inhalt des Sondernutzungsrechts hinreichend bestimmt zu definieren (BGH, 2.2.2012, V ZR 74/11; BGH, 20.1.2012, V ZR 125/11).

WEG-Reform 2020

Seit dem 1.12.2020 kann an Freiflächen und Außenstellplätzen gemäß § 3 Abs. 2 WEG, an denen vormals üblicherweise ein Sondernutzungsrecht zugewiesen wurde, auch Sondereigentum gebildet werden, sofern diese Freiflächen Räumen zugeordnet sind, die wirtschaftlich die Hauptsache bleiben. So sind Terrassen, Gartenflächen und Stellplätze künftig auch sondereigentumsfähig. Hierbei müssen die Stellplätze sowie außerhalb des Gebäudes liegenden Teile des Grundstücks durch Maßangaben im Aufteilungsplan bestimmt werden (§ 3 Abs. 3 WEG). Auch wenn der Gesetzgeber nun die Möglichkeit vorsieht, hieran Sondereigentum zu begründen, bleibt nach wie vor die Möglichkeit, »nur« Sondernutzungsrechte zu begründen. Der Bauträger oder Aufteiler hat hier eine Wahlmöglichkeit. Zudem wandeln sich bereits bestehende Sondernutzungsrechte nicht automatisch in Sondereigentum um. Die zu Sondernutzungsrechten ergangene Rechtsprechung gilt fort.

Ein im Grundbuch eingetragenes Sondernutzungsrecht unterliegt den Bestimmtheitserfordernissen des Grundbuchrechts und ist daher nur wirksam, wenn für jeden außenstehenden Dritten anhand des Wortlauts der Vereinbarung sowie ggf. der Zeichnungen oder Pläne erkennbar ist, welcher räumliche Bereich des gemeinschaftlichen Eigentums mit dem Sondernutzungsrecht belegt sein soll und welche Befugnisse und Verpflichtungen sich daraus ergeben (OLG Zweibrücken, 1.2.2008, 3 W 3/08; LG Hamburg, 17.8.2012, 318 S 207/10).

Ein Mehrheitsbeschluss reicht zur Einräumung eines Sondernutzungsrechts nicht aus, er wäre als gesetzesändernder Mehrheitsbeschluss nichtig. Hierfür besteht keine Beschlusskompetenz. Ein Sondernutzungsrecht kann schuldrechtlich nicht durch einseitigen Verzicht, sondern nur im Wege einer Vereinbarung gemäß § 10 Abs. 1 WEG aufgehoben werden (BGH, 13.9.2000, V ZB 14/00).

Ein im Grundbuch eingetragenes dingliches Sondernutzungsrecht kann durch Einigung und Eintragung gemäß § 873 und § 877 BGB auch von einer auf eine andere Wohnungseigentumseinheit übertragen werden. Die Zustimmung bedarf nicht der Zustimmung der übrigen Miteigentümer (OLG München, 4.7.2014, 34 Wx 153/14). Es kann aber nicht auf einen Dritten, der nicht Wohnungseigentümer ist, übergehen, da das Sondernutzungsrecht untrennbar mit dem zugehörigen Sonder- oder Teileigentum verbunden ist. Gemäß § 5 Abs. 4 WEG müssen bei einer Übertragung die dinglich Berechtigten an den beteiligten Wohnungseigentumseinheiten zustimmen, hingegen ist die Zustimmung der übrigen Wohnungseigentümer nicht erforderlich.

Ausgestaltung

Obwohl dem begünstigten Eigentümer durch das Sondernutzungsrecht an Teilen des Gemeinschaftseigentums ein umfassendes Nutzungsrecht eingeräumt wird, muss auch er sich bei der Wahrnehmung dieses Rechts an gewisse Spielregeln halten. Von der Sondernutzung darf jeder Berechtigte (nur) solange Gebrauch machen, wie andere Eigentümer nicht in vermeidbarer Weise beeinträchtigt werden. Beschränkungen ergeben sich zunächst aus der zugrunde liegenden Vereinbarung über das Sondernutzungsrecht. Regelmäßig wird darin festgelegt, was der Begünstigte tun darf und was er zu unterlassen hat. Auf eine genaue Festlegung des Umfangs eines Sondernutzungsrechts sollte im Interesse aller Beteiligten großer Wert gelegt werden, da sich durch eine eindeutige und klare Regelung von vornherein Streitigkeiten in der Wohnungseigentümergemeinschaft vermeiden lassen. Sollten Zweifel über den Umfang des eingeräumten Sondernutzungsrechts bleiben, ist dieser durch Auslegung zu ermitteln. In solchen Fällen wird auf die Ortsüblichkeit bzw. die Verkehrsanschauung der jeweils eingeräumten Nutzung abgestellt. Regelt die Teilungserklärung nichts zur Ausgestaltung so gilt der Grundsatz, dass ein Sondernutzungsberechtigter dieselben Rechte hat wie ein Sondereigentümer.

Die Regelung, dass bei Veränderungen von Anlagen im Bereich der Sondernutzung alle Eigentümer zustimmen müssen, greift unzulässig in das Sondernutzungsrecht ein; ein solcher Beschluss ist nichtig (BayObLG, 23.10.2003, 2Z BR 63/03). Der wesentliche Inhalt eines Sondernutzungsrechts kann also nicht durch Beschluss verändert werden. Der Anspruch auf eine dauerhafte Änderung des Inhalts eines Sondernutzungsrechts und die dauerhafte Aufhebung eines Sondernutzungsrechts kann gegen den Willen des Sondernutzungsberechtigten nur nach § 10 Abs. 2 Satz 3 WEG herbeigeführt werden (BGH, 23.3.2018, V ZR 65/17). Weitere Beschränkungen des Gebrauchs ergeben sich aus der im Zusammenhang mit der Begründung des Sondernutzungsrechts getroffenen Zweckbestimmung.

Beispiele: Einschränkungen durch Zweckbestimmung

- Wird ein Sondernutzungsrecht an einem Spitzboden eingeräumt, bedeutet das nicht, dass der Eigentümer diesen Dachraum zu Wohnzwecken nutzen kann, wohl aber zum Abstellen und Lagern von Gegenständen (LG München I, 18.7.2013, 36 S 20429/12).
- Besteht ein Sondernutzungsrecht an einem Kfz-Abstellplatz, heißt das nicht, dass es dem Berechtigten erlaubt ist, auf dieser Fläche sein Fahrzeug zu reparieren.
- Der Wohnungseigentümer darf sein Sondernutzungsrecht an einem »Hobbyraum« nicht dazu nutzen, ihn mit Sanitär- und Elektroanschlüssen zu versehen, um dort Wohnraum oder einen Büroraum für sich einzurichten (OLG Frankfurt/Main, 8.9.2004, 20 W 516/01).

Besteht für eine Gartenfläche ein Sondernutzungsrecht, ist der Berechtigte – falls keine anderen Vereinbarungen vorliegen – befugt, die Fläche im üblichen Umfang einer gewöhnlichen Gartennutzung und Gartengestaltung zu nutzen und zu gestalten. Die Grenze der mit diesen Gestaltungen verbundenen Änderungen des äußeren Erscheinungsbildes ist überschritten, wenn die Wohnungseigentumsanlage durch die Gestaltungen ein anderes Gepräge bekommt (LG Stuttgart, 10.6.2020, 19 S 11/18). Zur zulässigen Ausübung des Sondernutzungsrechts an einer Gartenfläche gehört ebenso die übliche gärtnerische Pflege samt fachgerechtem Rückschnitt, das Anpflanzen von Pflanzen und das Entfernen solcher Pflanzen, die nicht das Gesamtbild prägen. Der Sondernutzungsberechtigte darf die Art und Weise der Bepflanzung grundsätzlich selbst bestimmen; nach den Grundsätzen von Treu und Glauben hat er aber den konkreten Zuschnitt der Wohn- und Grünanlage zu berücksichtigen (LG Hamburg, 10.9.2010, 318 S 24/09; BayObLG, 6.10.2000, 2Z BR 53/00). Das Anpflanzen von Blumen und Büschen sowie das Anlegen von Beeten sind daher regelmäßig zulässig. Auch das Anpflanzen einer Hecke kann im Einzelfall erlaubt sein. Zwar stellt dies eine bauliche Veränderung dar, führt aber nicht zwangsläufig zu einer Beeinträchtigung der übrigen Wohnungseigentümer (BayObLG, 28.10.1998, 2Z BR 122/98). Nach Ansicht des LG Hamburg (10.9.2010, 318 S 24/09) umfasst das Sondernutzungsrecht an einer Gartenfläche auch die übliche gärtnerische Pflege, also Rückschnitt, Entfernung von Pflanzen und Neuanpflanzung, zudem stellen ein Trampelpfad und die geringe Vergrößerung der Terrasse keine baulichen Veränderungen dar.

Der Sondernutzungsberechtigte muss bei Anpflanzungen ggf. die jeweiligen Grenzabstände der nachbarrechtlichen Vorschriften einhalten (BGH, 28.9.2007, V ZR 276/06). Das Anpflanzen stark wachsender Bäume, die Neuanlage eines Plattenwegs oder das Verlegen von Trittsteinen, die Errichtung einer 2,30 Meter hohen Holzwand, die Errichtung eines Steingrillkamins, die Vergrößerung einer Terrasse oder die Errichtung eines Geräteschuppens oder Gartenhauses stellen regelmäßig bauliche Veränderungen (siehe Kapitel 5.5) dar, für die ein Gestattungsbeschluss erforderlich ist. Die Abgrenzung der Gartenfläche durch einen Zaun ist wegen der damit verbundenen baulichen Veränderung (optischer Gesamteindruck der Wohnanlage) grundsätzlich nicht zulässig (strittig; vgl. BayObLG, 28.10.1998, 2Z BR 122/98). Nach anderer Ansicht sind diese zulässig, wenn sie nach dem Inhalt des Sondernutzungsrechts üblich sind und sich unauffällig einfügen. Höhenbegrenzungen für Bäume und Sträucher können durch eine Gebrauchs- und Nutzungsregelung gemäß § 19 Abs. 1 WEG mehrheitlich beschlossen werden (vgl. AG Hamburg, 17.9.2014, 88 C 23/13).

Sondernutzungsberechtigte Wohnungseigentümer überschreiten die ihnen eingeräumte Befugnis zur ausschließlichen Nutzung des Gartenbereichs, wenn sie auf der Rasenfläche des Gartens einen Weg anlegen und am Wegesrand einen »Skulpturengarten« einrichten. Hierbei handelt es sich um eine bauliche Veränderungen, für die ein Gestattungsbeschluss erforderlich ist (vgl. LG Hamburg, 12.12.2012, 318 S 31/12). Erweist sich ein Baum als prägend für die Gartenanlage, so ist seine Fällung eine bauliche Veränderung (LG Hamburg, 29.5.2013, 318 S 5/13). Das Sondernutzungsrecht an einer Gartenfläche gibt dem nutzungsberechtigten Wohnungseigentümer noch nicht das Recht, ohne Zustimmung der übrigen Eigentümer dort stehende Bäume zu fällen. Tut er es trotzdem, ist er grundsätzlich wegen unerlaubter Handlung zur Wiederanpflanzung verpflichtet (BayObLG, 27.7.2000, 2Z BR 112/99). Das Fällen eines großen, die Anlage prägenden Baums ist keine Instandsetzung einer Sondernutzungsfläche (LG Lüneburg, 30.4.2013, 5 S 111/12; OLG Düsseldorf, 17.10.2003, I-3 Wx 227/03).

Kostenverteilung

Die Begründung eines Sondernutzungsrechts ändert zunächst nichts an der Erhaltungsverpflichtung sowie Kostentragungspflicht aller Wohnungseigentümer für den Teil des gemeinschaftlichen Eigentums, auf den sich das Sondernutzungsrecht bezieht. Der begünstigte Wohnungseigentümer ist also nicht automatisch verpflichtet, die Kosten und Lasten alleine zu tragen. Die Kosten der Beseitigung eines auf einer Sondernutzungsfläche stehenden Baums, der ein angrenzendes Garagengebäude beeinträchtigt bzw. beschädigt, muss der Sondernutzungsberechtigte nicht allein tragen, auch wenn die Teilungserklärung bestimmt, dass er die »Instandhaltungs- und Instandsetzungskosten« der Sondernutzungsfläche tragen soll (OLG Düsseldorf, 17.10.2003, I-3 Wx 227/03; LG Lüneburg, 30.4.2013, 5 S 111/12).

In der Regel ergibt sich die Verpflichtung zur Kostentragung im Hinblick auf die Sondernutzungsflächen zulasten des Berechtigten jedoch aus der Gemeinschaftsordnung. In einem vom BGH (10.10.2014, V ZR 315/13) entschiedenen Fall ging es darum, ob die fehlende Regelung für die Instandhaltung der Gartenfläche in der Gemeinschaftsordnung wenigstens aufgrund einer in der Teilungserklärung enthaltenen Öffnungsklausel (Regelung durch Zweidrittelmehrheit) zulasten des Sondernutzungsberechtigten ergänzt und klargestellt werden kann. Die Wohnanlage besteht aus sechs Einheiten. Zu den beiden im Erdgeschoss gelegenen Wohnungen gehört das Sondernutzungsrecht an der die Wohnung umgebenden und im Aufteilungsplan bezeichneten Gartenflächen. Nach der Teilungserklärung obliegt die Instandhaltung des gemeinschaftlichen Eigentums der Gemeinschaft und ist vom Verwalter durchzuführen. Die Teilungserklärung kann mit Zweidrittelmehrheit geändert werden. Mit vier zu zwei Stimmen beschloss die Gemeinschaft, dass die Gartenpflege- und Reinigungsarbeiten einschließlich der Bewässerung den jeweiligen Sondernutzungsberechtigten obliegen sollten. Zudem sollten sie die Kosten dafür tragen, da aus der Berechtigung zur gärtnerischen Gestaltung nach eigenem Ermessen auch die Verpflichtung folgen solle. Der BGH erklärte den Eigentümerbeschluss insgesamt für unwirksam, nicht nur für erfolgreich anfechtbar. Zwar sei der Eigentümerbeschluss bestimmt genug, um die erforderlichen Aufgaben zu beschreiben. Auch sei die nach der Teilungserklärung erforderliche Zweidrittelmehrheit erreicht. Aber der BGH führte auch aus: Zum Schutz der Minderheit seien bestimmte fundamentale inhaltliche Schranken zu beachten, woran es hier fehle. Zum einen seien die unentziehbaren und unverzichtbaren Individualrechte, die selbst durch Vereinbarung nicht abbedungen werden können, zu beachten. Zum anderen werde die durch eine Öffnungsklausel legitimierte Mehrheitsmacht durch Individualrechte begrenzt, die zwar ebenfalls zu den unentziehbaren Mitgliedschaftsrechten gehören, aber verzichtbar seien. Ein in solche Rechte eingreifender Beschluss sei nur dann wirksam, wenn die hiervon nachteilig betroffenen Wohnungseigentümer zustimmen. Bis dahin sei er schwebend unwirksam. In diesem Fall wurde diese Zustimmung verweigert.

Dafür, den Eigentümern der Erdgeschosswohnungen diese Leistungspflichten aufzuerlegen, ist im Gesetz keine Grundlage zu finden. Entsprechend der Gesetzeslage bestimme laut BGH die Teilungserklärung im konkreten Fall, dass die Instandhaltung des gemeinschaftlichen Eigentums der Gemeinschaft obliege und vom Verwalter durchzuführen sei. Hierzu gehöre auch die Instandhaltung der vom Sondernutzungsrecht umfassten Gartenflächen, weil dieses Recht die sachenrechtliche Zuordnung des Nutzungsgegenstands zum Gemeinschaftseigentum unberührt lasse. Zwar sei es bei Sondernutzungsrechten üblich, dem Sondernutzungsberechtigten die Pflicht zur Instandhaltung auf eigene Kosten aufzuerlegen, weil ein Auseinanderfallen von Nutzungsrecht und Instandhaltungslast als unbefriedigend empfunden wird. Das ändert aber nichts daran, dass eine hiervon abweichende Regelung bereits in der Teilungserklärung bzw. Gemeinschaftsordnung selbst oder im Wege einer späteren Vereinbarung aller Wohnungseigentümer hätte getroffen werden müssen. Da dies nicht geschehen ist, bleibt die Gemeinschaft zuständig. Eine nachträgliche Übertragung der aus dem Sondernutzungsrecht folgenden Pflichten ist nur noch mit Zustimmung der Betroffenen möglich, ansonsten unwirksam und nichtig.

Bisher wurde oftmals angenommen, dass mit einem Sondernutzungsrecht an Gartenflächen, vor allem wenn es die gesamte Erdgeschosseinheit umgibt, also über die Seitenflächen des Grundstücks bis in den Vorgarten reicht, auch das Recht und die Pflicht des betreffenden Wohnungseigentümers verbunden ist, sich im Rahmen des für die Wohnlage Üblichen eigenverantwortlich um die Gartengestaltung – mit Rasenflächen, Blumenrabatten und eventuell kurz gehaltenen Hecken – zu kümmern und die Kosten hierfür zu tragen. Für diese Annahme besteht nach der Rechtsprechung des BGH jedoch kein Raum mehr. Fehlt eine entsprechende Regelung in der Teilungserklärung so obliegt die Erhaltung der Sondernutzungsflächen der Gemeinschaft. In den vielen Fällen, in denen die Bauträger und Notare nicht daran gedacht haben, den Sondernutzungsberechtigten in der Teilungserklärung bzw. Gemeinschaftsordnung auch die Erhaltungspflichten aufzuerlegen, ist es auch bei einer Öffnungsklausel mit Mehrheitsmacht nicht mehr möglich, die Regelung nachträglich einzuführen, sofern auch nur ein betroffener Erdgeschosswohnungseigentümer widerspricht. Anzumerken ist jedoch, dass es sich im Beispiel der gerade erörterten Rechtsprechung des BGH um eine besondere Sondernutzungsfläche handelte, die sehr große Fläche erstreckte sich über circa 500 Quadratmeter.

Sonderumlage

Verfügt eine Wohnungseigentümergemeinschaft nicht über ausreichend liquide Mittel, um die laufenden Kosten aufzubringen oder eine größere Erhaltungsmaßnahme zu finanzieren, kann über die Erhebung einer Sonderumlage (auch Liquiditätsrücklage genannt) beschlossen werden. Dies kann insbesondere aufgrund von Verzug einzelner Eigentümer mit Wohngeldzahlungen oder zur Finanzierung von erheblichen unvorhergesehenen Aufwendungen notwendig sein, soweit diese nicht mit Mitteln aus der Erhaltungsrücklage und Wohngeldbeständen bewältigt werden können.

Hinweis

Eine Sonderumlage darf nicht erhoben werden, wenn die Wohnungseigentümergemeinschaft eigentlich über ausreichende Mittel zur Finanzierung verfügt oder eine nicht erforderliche Reparaturmaßnahme ansteht. Eine Sonderumlage ist jedoch dann zulässig, wenn bereits feststeht, dass Hausgeldrückstände eines säumigen Eigentümers nicht beigetrieben werden können.

Wesen und Inhalt

Der Beschluss über eine Sonderumlage ist ein Nachtrag zum Wirtschaftsplan (BGH, 13.1.2012, V ZR 129/11). Hinsichtlich des erforderlichen Beschlussinhalts gelten daher die Ausführungen zum Beschlussinhalt des Wirtschaftsplans (siehe Kapitel 5.3.1) entsprechend. Danach müssten zunächst eine Gesamtumlage, die die Gesamthöhe der Umlage ausweist, und eine Einzelumlage beschlossen werden, welche die auf auf jeden einzelnen Eigentümer entfallenden Beträge erkennen lässt. Regelmäßig lässt es die Rechtsprechung jedoch genügen, wenn Gesamtbetrag und Verteilungsschlüssel in einem Beschluss angegeben werden, sofern sich daraus der jeweilige Einzelbetrag problemlos errechnen lässt (BayObLG, 20.11.2002, 2 Z BR 144/01).

Beispiele aus der Rechtsprechung

- Es ist zulässig, für Mehrhausanlagen in der Gemeinschaftsordnung buchungstechnisch getrennte Rücklagen zu bilden, deren Verwendungszweck jeweils die Instandhaltung der einzelnen Gebäude ist (BGH, 17.4.2015, V ZR 12/14).
- Ein Sonderumlagebeschluss schafft nur vorläufige Zahlungspflichten. Bei der Kostenverteilungsregelung haben die Eigentümer ein Ermessen; die endgültige Kostenverteilung erfolgt mit der Jahresabrechnung (LG München I, 25.11.2013, 1 S 1911/13).
- Die Wohnungseigentümer können eine zusätzliche Sonderumlage beschließen, wenn die Ansätze im Wirtschaftsplan unrichtig waren, durch neue Tatsachen überholt werden oder wenn sich der Plan aus anderen Gründen nicht durchführen lässt. Den erforderlichen Umlagebetrag können die Wohnungseigentümer großzügig bemessen (BGH, 13.1.2012, V ZR 129/11).
- Da es bei der Sonderumlage darum geht, liquide Mittel zur Begleichung von Ausgaben zu beschaffen, deren Höhe noch nicht feststeht, muss sie am geschätzten Finanzbedarf ausgerichtet werden. Dabei ist eine Prognose des erforderlichen Bedarfs notwendig, wobei allerdings den Wohnungseigentümern ein weiter Ermessensspielraum zusteht und eine großzügige Handhabung zulässig ist, sodass vertretbare Mehrheitsentscheidungen in diesem Rahmen hinzunehmen sind. Erst wenn erheblich zu niedrige oder erheblich zu hohe Beträge angesetzt werden, sind die Grundsätze ordnungsmäßiger Verwaltung verletzt. Voraussichtliche Zahlungsausfälle zahlungsunfähiger Wohnungs-

eigentümer sind bei der Höhe der Sonderumlage zu berücksichtigen (LG Köln, 5.5.2011, 29 S 222/10).

- Ein Sonderumlagebeschluss, der den Wirtschaftsplan ergänzen soll, widerspricht ordnungsmäßiger Verwaltung, wenn kein wirksamer Beschluss über den Wirtschaftsplan vorliegt (LG München I, 21.6.2010, 1 S 2763/10).
- Grundsätzlich muss der Beschluss zur Sonderumlage den zutreffenden Verteilungsschlüssel angeben. Ist die Sach- oder Rechtslage im Einzelfall nicht eindeutig, sodass bei vorläufiger Bewertung grundsätzlich verschiedene Verteilungsschlüssel in Betracht kommen, entspricht es regelmäßig ordnungsmäßiger Verwaltung, wenn die Mehrheit sich bei der Sonderumlage für einen davon entscheidet; die endgültige Kostenverteilung erfolgt dann mit der Jahresabrechnung (LG München I, 17.5.2010, 1 T 13364/09).
- Grundsätzlich muss der Eigentümerbeschluss die Zahlungspflicht des einzelnen Wohnungseigentümers betragsmäßig ausweisen. Ausnahmsweise reicht es aus, wenn die Wohnungseigentümer die geschuldeten Beträge ohne Weiteres selbst errechnen können; dies gilt insbesondere für Eigentümerbeschlüsse über eine Sonderumlage (OLG Hamm, 29.5.2008, I-15 Wx 43/08).
- Es widerspricht ordnungsgemäßer Abrechnung, eine Sonderumlage für konkrete Sanierungsmaßnahmen, die im gleichen Wirtschaftsjahr erhoben und zweckentsprechend verbraucht wurde, als »Zuweisung zur Erhaltungsrücklage« in der Jahresabrechnung auszuweisen; das gilt auch dann, wenn die Umlage für kurze Zeit auf das Rücklagenkonto gutgeschrieben wurde (OLG München, 21.5.2007, 34 Wx 148/06).

Eigentümerwechsel

Bei einem Eigentümerwechsel kann Streit entstehen, wer die Sonderumlage zu tragen hat. Grundsätzlich gilt, dass Schuldner der Sonderumlage jeder Eigentümer ist, der zum Zeitpunkt der Fälligkeit (siehe unten unter »Rechtsfolgen und Wirksamkeit«) als solcher im Grundbuch eingetragen ist (sogenannte Fälligkeitstheorie). Der Erwerber von Wohnungs- oder Teileigentum haftet daher für eine nach dem Eigentumswechsel fällig werdende Sonderumlage, auch wenn deren Erhebung vor dem Eigentumswechsel beschlossen wurde (BGH, 15.12.2017, V ZR 257/16; BGH 21.4.1988, V ZB 10/87). Konsequent haftet der aus der Wohnungseigentümergemeinschaft ausscheidende Eigentümer für Zahlungen für eine bereits beschlossene Sonderumlage, solange er als Eigentümer im Grundbuch eingetragen ist und die Beiträge zur Sonderumlage während dieses Zeitraums fällig werden (OLG Düsseldorf, 20.11.2000, 9 U 88/00).

Verteilungsschlüssel

Der Verteilungsschlüssel richtet sich nach der jeweiligen Kostenart, also grundsätzlich entsprechend den Verhältnissen der Miteigentumsanteile (§ 16 Abs. 2 Satz 1 WEG), soweit nicht eine abweichende Kostenverteilung vereinbart oder beschlossen wurde.

Hinweis

Soll ein durch Wohngeldrückstände verursachter Liquiditätsengpass durch eine Sonderumlage behoben werden, muss in diese auch der im Verzug befindliche Wohnungseigentümer miteinbezogen werden, auch wenn die Wohnungseigentümer der Auffassung sind, dass die so begründete Forderung nur mit erheblichen Schwierigkeiten oder überhaupt nicht beigetrieben werden kann (BGH, 15.6.1989, V ZB 22/88).

Anfechtung

Wie jeder Beschluss kann auch der über die Sonderumlage mit einer Anfechtungsklage einer gerichtlichen Überprüfung zugeführt werden. Nachdem es sich bei dem Beschluss über die Sonderumlage um einen Nachtrag zum Wirtschaftsplan handelt, kann dieser begriffsnotwendig nur aus denselben Gründen wie der Beschluss über den Wirtschaftsplan erfolgreich angefochten werden.

Hinweis

Im Gegensatz zur alten Rechtslage ist Gegenstand des Beschlusses über den Wirtschaftsplan nunmehr nur noch das jeweilige Rechenergebnis, also die auf den einzelnen Wohnungseigentümer entfallende konkrete Zahlungspflicht. Eine Anfechtungsklage gegen den Beschluss über den Wirtschaftsplan kann daher nur Erfolg haben, wenn die Vorschusszahlungen der Eigentümer falsch berechnet wurden; formelle Mängel in der Darstellung oder unberücksichtigte Positionen berechtigen nicht mehr zur Anfechtung (siehe unten unter »Rechtsfolgen und Wirksamkeit«).

Eine Anfechtung des Beschlusses über die Sonderumlage kann daher nur mit dem Vortrag schlüssig sein, dass die Vorschüsse materiellrechtlich falsch berechnet wurden, zum Beispiel wegen Verwendung des falschen Verteilungsschlüssels.

Um mögliche Anfechtungsklagen zu vermeiden, sollten die Eigentümer möglichst umfassend über den Grund und die Höhe der Sonderumlage – die am geschätzten Finanzbedarf auszurichten ist – informiert werden. Die Wohnungseigentümer haben dabei einen weitreichenden Ermessensspielraum.

Rückzahlungsansprüche bei Ungültigkeit

Wird ein Beschluss über eine Sonderumlage durch Urteil für ungültig erklärt, stellt sich die Frage, ob ein Beschluss der Wohnungseigentümergemeinschaft über die Rückzahlung der geleisteten Vorschüsse notwendig ist.

Nach einer in der Rechtsprechung im Vordringen befindlichen Ansicht besteht ein direkter Rückzahlungsanspruch gegen die Wohnungseigentümergemeinschaft aus

Leistungskondiktion (§ 812 Abs. 1 Satz 1 Alt. 1 BGB) auch ohne Beschluss hierüber (LG Frankfurt/Main 14.3.2019, 2-13 S 135/18; LG München I, 26.6.2019, 1 S 2812/18). Es sei nicht nachvollziehbar, welchen Mehrwert eine zwingende Abwicklung der rechtsgrundlosen Zahlungen über die Jahresabrechnung gegenüber einer unmittelbaren Zahlung habe; die betragsmäßige Minderung des Gemeinschaftsvermögens bleibe gleich.

Einem solchen Anspruch wird jedoch – zu Recht – das Abrechnungswesen der Wohnungseigentümergemeinschaft entgegengehalten. Der BGH hat hierzu entschieden, dass der einzelne Eigentümer wegen einer fehlerhaften und für ungültig erklärten Jahresabrechnung nicht die Rückzahlung seiner Vorschüsse, sondern die Erstellung einer ordnungsgemäßen Abrechnung verlangen kann. Nachdem die Beschlüsse über den Wirtschaftsplan und die Sonderumlage Ausgangspunkt der Jahresabrechnung sind, muss diese Wertung auf einen für ungültig erklärten Beschluss über eine Sonderumlage übertragen werden. Dem einzelnen Eigentümer steht daher nur ein Anspruch auf Erstellung einer korrekten Sonderumlage zu.

Rechtsfolgen und Wirksamkeit

Nachdem die Anfechtungsklage keine aufschiebende Wirkung hat (§ 23 Abs. 4 Satz 2 WEG), ist ein Beschluss über eine Sonderumlage wirksam, solange er nicht durch rechtskräftiges Urteil für ungültig erklärt wurde (BGH, 4.4.2014, V ZR 167/13). Daraus folgt, dass die Wohnungseigentümer auch während eines laufenden Anfechtungsverfahrens zur Zahlung des auf sie entfallenen Einzelbetrags verpflichtet sind.

Nach altem Recht wurden die anteiligen Beiträge der Wohnungseigentümer zu einer Sonderumlage erst mit Abruf durch den Verwalter fällig (§ 28 Abs. 2 WEG a. F.). Seit der WEG-Reform 2020 können die Wohnungseigentümer über die Fälligkeit der Sonderumlage beschließen (§ 28 Abs. 3 WEG). Zur Vermeidung von Liquiditätsengpässen – die durch die Sonderumlage gerade in vielen Fällen behoben werden sollen – sollte die Fälligkeit auch im Beschluss geregelt werden, damit die Wohnungseigentümer ggf. Finanzierungsmaßnahmen in die Wege leiten können. Sieht der Beschluss keinen Fälligkeitszeitpunkt vor, wird die Sonderumlage nämlich sofort fällig (§ 271 Abs. 1 BGB).

Mit fruchtlosem Ablauf der Anfechtungsfrist von einem Monat (§ 45 Satz 1 WEG) wird der Beschluss über die Sonderumlage bestandskräftig und kann nicht mehr gerichtlich angegriffen werden.

Stimmenthaltung

Die Ermittlung des Abstimmungsergebnisses erfolgt durch Auszählung der Ja-Stimmen, Nein-Stimmen und Enthaltungen. Die Stimmenthaltungen werden bei der Feststellung, ob ein Beschluss zustande gekommen ist, nicht berücksichtigt. Für das Beschlussergebnis ausschließlich maßgeblich ist, ob die Anzahl der Ja-Stimmen die Anzahl der Nein-Stimmen übersteigt. Durch Vereinbarung in der Gemeinschaftsordnung ist es jedoch zulässig, Stimmenthaltungen als Nein-Stimmen zu werten (BayObLG, 8.12.1994, 2Z BR 116/94, WuM 1995, 227). Im schriftlichen Umlaufverfahren gilt es zu beachten, dass ein Beschluss nur dann zustande kommt, wenn alle Miteigentümer positiv zustimmen. Bei nur einer Enthaltung kommt ein Beschluss hier bereits nicht zustande.

Stimmrecht

Das Stimmrecht des Wohnungseigentümers ist wesentlicher Bestandteil seines Mitgliedschaftsrechts in der WEG. Mit seinem Stimmrecht kann der Wohnungseigentümer an der Gestaltung der Verwaltung der Wohnungseigentümergemeinschaft mitwirken und auf diese Einfluss nehmen. Jeder Wohnungseigentümer hat gemäß § 25 Abs. 2 WEG eine Stimme. Steht ein Wohnungseigentum mehreren gemeinschaftlich zu, so können sie das Stimmrecht nur einheitlich ausüben (siehe Kapitel 1.2).

Stimmrechtsausschluss

In bestimmten Fällen schreibt § 25 Abs. 4 WEG vor, dass ein Wohnungseigentümer von der Ausübung seines Stimmrechts ausgeschlossen ist. Dies gilt unter folgenden Umständen:

- Der Beschluss ist auf die Vornahme eines auf die Verwaltung des gemeinschaftlichen Eigentums bezüglichen Rechtsgeschäfts mit ihm gerichtet.
- Er bezieht sich auf die Einleitung oder Erledigung eines Rechtsstreits mit ihm.
- Er wurde gemäß § 17 WEG rechtskräftig zur Veräußerung seines Wohnungseigentums verurteilt.

Ausführliche Darstellung mit Beispielen in Kapitel 1.2.6

Tagesordnung

Ergänzend zum Einladungsschreiben ist den Wohnungseigentümern bei der Einberufung der Eigentümerversammlung die Tagesordnung zu übersenden. Für die Gültigkeit von Beschlüssen ist es erforderlich, dass ihr Gegenstand bei der Einberufung ausreichend bezeichnet ist, anderenfalls kann dieser Mangel eine Beschlussanfechtung begründen. Die Auswahl und Bezeichnung der Tagesordnungspunkte obliegt dem Verwalter.

Weiteres hierzu siehe Kapitel 1.1.6 und 2.3

Teileigentum

Wird Sondereigentum an nicht zu Wohnzwecken dienenden Räumen in der Teilungserklärung begründet, so handelt es sich um Teileigentum gemäß § 1 Abs. 3 WEG. Das kann zum Beispiel gewerbliche Räume, Garagen, Keller, Speicher- oder Hobbyräume betreffen. Wohnungs- und Teileigentum unterscheidet sich also lediglich im Hinblick auf die Zweckbestimmung der Nutzung (siehe auch »Wohnungseigentum«).

Teilungserklärung

Die Teilungserklärung dient der Bestimmung der Miteigentumsanteile sowie der Unterscheidung und Abgrenzung von Gemeinschafts- und Sondereigentum. Zusammen mit der Gemeinschaftsordnung legt sie die Zweckbestimmung des Wohnungs- und Teileigentums fest. Zudem wird die Höhe der Miteigentumsanteile in der Teilungserklärung bestimmt. Je nach Größe der Wohnanlage erfolgt die Aufteilung üblicherweise in Tausendstel, Hundertstel oder Zehntel Miteigentumsanteile.

Textform

Im Zuge der WEG-Reform 2020 wurde an einigen Stellen im Gesetz die Schriftform von der Textform abgelöst. Neu ist, dass das Einberufungsverlangen zu einer Eigentümerversammlung, Vollmachten oder Abstimmungen im Umlaufverfahren nicht mehr in Schriftform, also eigenhändig unterschrieben zu erfolgen haben, sondern die Textform gemäß § 126 BGB ausreicht.

Textform bedeutet, dass eine lesbare Erklärung, in der die Person des Erklärenden genannt ist, auf einem dauerhaften Datenträger abgegeben werden muss. Ein dauerhafter Datenträger ist jedes Medium,

1. das es dem Empfänger ermöglicht, eine auf dem Datenträger befindliche, an ihn persönlich gerichtete Erklärung so aufzubewahren oder zu speichern, dass sie ihm während eines für ihren Zweck angemessenen Zeitraums zugänglich ist, und
2. das geeignet ist, die Erklärung unverändert wiederzugeben.

So kommen nun also auch Fax, E-Mail und SMS, ggf. auch WhatsApp-Nachrichten, sonstige mobile Instant-Messenger oder soziale Netzwerke hierfür in Betracht. Für einen wirksamen Zugang (§ 130 BGB) von solchen Erklärungen ist allerdings Voraussetzung, dass der Verwalter diesen Kommunikationsweg eröffnet hat, das heißt, dass er sein Einverständnis mit dem Empfang elektronischer Erklärungen ausdrücklich oder konkludent erteilt hat. Dies ist der Fall, wenn der Verwalter seine E-Mail-Adresse oder Mobilfunknummer mitgeteilt hat oder selbst hierüber kommuniziert. Mit einer E-Mail oder SMS muss der Verwalter dann rechnen und solche Nachrichten auch entsprechend behandeln. Im Fall von mobilen Instant-Messengern wie WhatsApp oder sozialen Netzwerken, die er ggf. nur privat nutzt, muss der Verwalter zuerst zu erkennen gegeben haben, dass er mit dieser Form von Kommunikation einverstanden ist.

Umlaufverfahren

Siehe »Schriftliche Beschlussfassung«

Umzugskostenpauschale

Umzüge gehen mit einer gesteigerten Inanspruchnahme des gemeinschaftlichen Eigentums einher, was zumindest bei typisierender Betrachtung wahrscheinlich dazu führt, dass besondere Kosten anfallen. In einer Grundsatzentscheidung hatte der BGH (1.10.2010, V ZR 220/09) entschieden, dass die Erhebung von Umzugskostenpauschalen mit den Grenzen ordnungsmäßiger Verwaltung vereinbar sind.

> **WEG-Reform 2020**
>
> Seit dem 1.12.2020 ist das anders! Beschlüsse über Umzugskostenpauschalen sind ungültig, Altbeschlüsse nicht mehr anwendbar. Eine Ausnahme gilt für Umzüge, die vor dem 1.12.2020 stattgefunden haben. Hier dürfen die auf Altbeschlüssen beruhenden Umzugskostenpauschalen noch erhoben werden.

Vereinbarung

Zwischen einer Vereinbarung im Sinne des § 10 WEG und Beschlüssen gemäß § 23 WEG ist zu unterscheiden. Beschlüsse beruhen auf gleichgerichteten Willenserklärungen, Vereinbarungen haben gegenseitige korrespondierende Verpflichtungen zum Gegenstand. Eine Vereinbarung ist regelmäßig dann anzunehmen, wenn die Regelung eines Gegenstands durch Mehrheitsbeschluss nicht möglich ist. Bei der Vereinbarung handelt es sich um einen schuldrechtlichen Kollektivvertrag, deren Inhalt durch die

Eintragung in das Grundbuch als Inhalt des Sondereigentums verdinglicht wird. Einer Vereinbarung müssen daher sämtliche im Grundbuch eingetragenen Eigentümer zustimmen.

Die Eintragung der Vereinbarung im Grundbuch bewirkt, dass auch Sonderrechtsnachfolger, also neu in die Gemeinschaft eintretende Wohnungseigentümer, an sie gebunden sind (§ 10 Abs. 3 WEG). Fehlt ein solcher Eintrag, müssen sich an die Vereinbarung nur diejenigen Eigentümer halten, die im Zeitpunkt des Zustandekommens der Vereinbarung Mitglied der Gemeinschaft sind.

Auch nachträglich als Ergänzung der Teilungserklärung/Gemeinschaftsordnung können Wohnungseigentümer Vereinbarungen durch schuldrechtlichen Vertrag und durch Mitwirkung aller Wohnungseigentümer treffen. Die Änderung einer Vereinbarung kommt auch in Betracht, wenn ein Wohnungseigentümer einen Änderungsanspruch gemäß § 10 Abs. 2 WEG geltend macht. Danach kann jeder Wohnungseigentümer eine vom Gesetz abweichende Vereinbarung oder die Anpassung einer Vereinbarung verlangen, soweit ein Festhalten an der gesetzlichen Regelung aus schwerwiegenden Gründen unter Berücksichtigung aller Umstände des Einzelfalls, insbesondere der Rechte und Interessen der anderen Wohnungseigentümer, unbillig erscheint. Das ist dann der Fall, wenn die gesetzliche Regelung bei objektiver Betrachtung die unterschiedlichen Interessen der Wohnungseigentümer nicht in einen angemessenen Ausgleich bringt, weil einzelne Eigentümer übervorteilt oder ohne sachlichen Grund benachteiligt werden. Der Änderungsanspruch erstreckt sich jedoch nur auf Vereinbarungen; sachenrechtliche Regelungen, also die Abgrenzung und Zuordnung von Sonder- und Gemeinschaftseigentum, unterliegen nicht dem gesetzlichen Änderungsanspruch.

Versicherungen

Gemäß § 19 Abs. 2 Nr. 3 WEG zählt die angemessene Versicherung des gemeinschaftlichen Eigentums zum Neuwert sowie die der Wohnungseigentümer gegen Haus- und Grundbesitzerhaftpflicht zur ordnungsmäßigen Verwaltung. Wohnungseigentümergemeinschaften sollten folgende Versicherungen abgeschlossen haben:

- Feuerversicherung,
- Gebäudeversicherung gegen Leitungswasserschäden, Sturm, Hagel etc.,
- Haus- und Grundbesitzerhaftpflicht,
- ggf. eine Elementarschadenversicherung, eine Glasversicherung und eine Vermögensschadenhaftpflichtversicherung für den Verwaltungsbeirat.

Vertretung in der Eigentümerversammlung

Jeder Wohnungseigentümer ist berechtigt, sich durch eine frei wählbare dritte Person bei der Eigentümerversammlung vertreten zu lassen. Dem Vertreter ist eine Vollmacht zu erteilen. Vollmachten bedürfen zu ihrer Gültigkeit der Textform (§ 25 Abs. 3 WEG). Sie umfasst üblicherweise nicht nur das Stimmrecht, sondern auch das Rede- und Antragsrecht (ausführlich siehe Kapitel 1.3).

Verwaltungsunterlagen

Zu den Verwaltungsunterlagen zählen insbesondere:

- Teilungserklärung, Gemeinschaftsordnung, Aufteilungsplan, Abgeschlossenheitsbescheinigung, Baupläne, Abnahmeprotokoll des Gemeinschaftseigentums,
- Gelder und Guthaben auf Gemeinschaftskonten, Sparbücher, Wertpapiere, Depots,
- Jahresgesamt- und Einzelabrechnungen, Wirtschaftspläne,
- sämtliche Belege, Rechnungen, Kontoauszüge,
- Eigentümerlisten, Versammlungsprotokolle, Beschlusssammlung, Vollmachten,
- Verträge, zum Beispiel mit Hausmeister/Versicherungen, Wartungsverträge.

Jeder Wohnungseigentümer kann von der Gemeinschaft der Wohnungseigentümer die Einsicht in die Verwaltungsunterlagen verlangen (siehe »Einsichtsrecht«) und ist berechtigt, sich Abschriften zu fertigen oder ggf. gegen Kostenerstattung Kopien anfertigen zu lassen. Die Einsichtnahme ist jedoch beschränkt auf den Ort/die Büros der Verwaltung. Eine Herausgabe der Unterlagen kann nicht verlangt werden (OLG Köln, 7.6.2006, 16 Wx 241/05). Bei Beendigung seiner Tätigkeit muss der Verwalter sämtliche Verwaltungsunterlagen herausgeben (BayObLG, 23.3.2001, 2Z BR 6/01).

Verwaltungsvermögen

Siehe »Gemeinschaftsvermögen«

Virtuelle Teilnahme an Eigentümerversammlungen

Im Zuge der WEG-Reform 2020 wurden Regelungen eingeführt, nach denen es den Wohnungseigentümern künftig möglich sein soll, auch virtuell und damit erleichtert an Versammlungen teilzunehmen. Reine Online-Versammlungen sind jedoch nicht vorgesehen. Eine Präsenzversammlung muss weiterhin unter Einhaltung aller Formalia stattfinden und jeder Eigentümer muss die Möglichkeit haben, an ihr teilzunehmen. Zunächst müssen die Eigentümer in einer Präsenzversammlung einen Beschluss fassen, dass die virtuelle Teilnahme an Versammlungen künftig möglich sein soll.

Ausführlich hierzu Kapitel 1.4

Vorsitz in der Versammlung

Der Verwalter führt gemäß § 24Abs. 5 WEG den Vorsitz in der Wohnungseigentümerversammlung, sofern die Wohnungseigentümer nichts anderes beschließen. Die Wohnungseigentümer können auch eine andere Person zum Vorsitzenden wählen. Dies kann dann sinnvoll sein, wenn in der Versammlung Vorwürfe gegen den Verwalter erörtert werden sollen oder gar geplant ist, den Verwalter abzuberufen. Wie der Verwalter die Versammlung führt, liegt in seinem pflichtgemäßen Ermessen, das heißt, er muss für eine sachgerechte Behandlung der Tagesordnung und eine ungestörte Willensbildung der Wohnungseigentümer sorgen.

Wohnungseigentum

Wohnungseigentum ist das Sondereigentum an einer Wohnung verbunden mit dem Miteigentumsanteil an dem gemeinschaftlichen Eigentum, zu dem es gehört (§ 1 Abs. 2 WEG). Neben dem Sondereigentum gibt es das Teileigentum als weitere Erscheinungsform des Wohnungseigentums. Das Teileigentum unterscheidet sich vom Sondereigentum nur dadurch, dass es aus den nicht zu Wohnzwecken dienenden Räumen eines Gebäudes besteht (§ 1 Abs. 3 WEG), zum Beispiel aus gewerblich genutzten Einheiten oder Tiefgaragenstellplätzen. Für Sonder- und Teileigentum gelten die gleichen gesetzlichen Vorschriften (§ 1 Abs. 6 WEG).

Zustellungsvertreter

Siehe »Ersatzzustellungsvertreter«

Zweitbeschluss

Ein Zweitbeschluss – auch Wiederholungsbeschluss genannt – liegt vor, wenn die Wohnungseigentümer zu einer bereits durch Beschluss geregelten Angelegenheit erneut einen Beschluss fassen (ausführlich siehe Kapitel 4.2.4.8).

8 Musterbeschlüsse von A bis Z

Hinweis

Die nachstehenden Musterbeschlüsse haben die Autoren nach ihrem besten Wissen verfasst. Sie erheben jedoch keinen Anspruch auf Rechtswirksamkeit in einem möglichen Anfechtungsverfahren. Einige Beschlussvorschlagen entsprechen der Handlungsempfehlung des Verbandes der Immobilienverwalter Deutschland e. V. (VDIV, Stand: 2/2021). Die Musterbeschlüsse aus diesem Kapitel stehen als digitale Extras zur Verfügung.

Änderung der der Jahresabrechnung zugrunde liegenden Wirtschaftsperiode auf das Kalenderjahr

WEG Reform 2020

§ 28 Abs. 2 WEG sieht als Wirtschaftsjahr das Kalenderjahr vor. Insofern sollten Wohnungseigentümergemeinschaften, die bislang ein vom Kalenderjahr abweichendes Wirtschaftsjahr hatten, eine Anpassung vornehmen.

Beschlussantrag

Die Wohnungseigentümer beschließen, dass ab der nächsten Wirtschaftsperiode 20xx die für die Erstellung der Jahresabrechnung maßgebliche Wirtschaftsperiode nicht mehr der 1. Juli eines jeden Jahres bis zum 30. Juni des Folgejahres ist, sondern diese entsprechend der gesetzlichen Regelung mit dem jeweiligen Kalenderjahr übereinstimmen soll. In diesem Zusammenhang wird der Verwalter eine Rumpfjahresabrechnung für den Zeitraum 1. Juli bis 31. Dezember 20xx erstellen. Über die Ergebnisse wird in der ordentlichen Wohnungseigentümerversammlung 20xx beschlossen

Abstimmungsergebnis

Ja-Stimmen: ....

Nein-Stimmen: ....

Enthaltungen: ....

Feststellung und Verkündung des Beschlussergebnisses: Der Beschluss wurde angenommen/abgelehnt.

Änderung der Kostenverteilung

§ 16 Abs. 2 WEG
»Die Kosten der Gemeinschaft der Wohnungseigentümer, insbesondere der Verwaltung und des gemeinschaftlichen Gebrauchs, hat jeder Wohnungseigentümer nach dem Verhältnis seines Anteils zu tragen. Die Wohnungseigentümer können für einzelne Kosten oder bestimmte Arten von Kosten eine von Satz 1 oder von einer Vereinbarung abweichende Kostenverteilung beschließen.«

Durch diese Regelung wurde im Rahmen der WEG-Reform 2020 eine sehr weitreichende Beschlusskompetenz geschaffen, Kostenverteilungsschlüssel mit einem einfachen Mehrheitsbeschluss zu ändern. Diese gilt künftig auch für Erhaltungsmaßnahmen.

Beschlussantrag 1
Die laufenden Kosten des Betriebs der Sauna, der Waschmaschinen und der Wäschetrockner in der »Waschküche« werden ab dem Wirtschaftsjahr 20xx nutzerabhängig verteilt. Der Verwalter hat für eine Erfassung der jeweiligen Nutzung im Einzelfall Sorge zu tragen. Er wird hierzu beauftragt und bevollmächtigt, rechtzeitig für die erforderlichen technischen Nachrüstungen bei Sauna, Waschmaschine und Wäschetrockner zu sorgen. Den Auftrag für die Nachrüstung entsprechender Geräte erhält die Firma .... gemäß Ihrem Angebot vom .... zu .... EUR. Die Kosten dieser Nachrüstung tragen die Wohnungseigentümer gemäß der Teilungserklärung im Verhältnis ihrer Miteigentumsanteile.

Abstimmungsergebnis
Ja-Stimmen: ....

Nein-Stimmen: ....

Enthaltungen: ....

Feststellung und Verkündung des Beschlussergebnisses: Der Beschluss wurde angenommen/abgelehnt.

Beschlussantrag 2
Gemäß § 11 Ziff. 3 der Teilungserklärung der Wohnungseigentümergemeinschaft erfolgt die Verteilung der Kosten und Lasten des gemeinschaftlichen Miteigentums unter den Wohnungseigentümern nach Miteigentumsanteilen.

Abweichend hiervon soll die Verteilung der Kosten für Kabelgebühren ab dem Abrechnungszeitraum 20xx nach Sondereigentums- bzw. Teileigentumseinheiten erfolgen.

Abstimmungsergebnis
Ja-Stimmen: ....

Nein-Stimmen: ....

Enthaltungen: ....

Feststellung und Verkündung des Beschlussergebnisses: Der Beschluss wurde angenommen/abgelehnt.

Beschlussantrag 3
Gemäß § 11 Ziff. 3 der Teilungserklärung der Wohnungseigentümergemeinschaft erfolgt die Verteilung der Kosten und Lasten des gemeinschaftlichen Miteigentums unter den Wohnungseigentümern nach Miteigentumsanteilen. Aufgrund der in der Wohnungseigentumsanlage vorliegenden Belegung der Wohnungen erscheint die Kostenverteilung im Hinblick auf die Kosten für Kaltwasser unbillig.

Die Kostenverteilung für Kaltwasser soll künftig verbrauchsabhängig erfolgen. Die Verwaltung wird ermächtigt, die Firma .... mit der Installation der Verbrauchserfassungsgeräte gemäß vorliegendem Angebot zu .... EUR zu beauftragen. Die Finanzierung der erstmaligen Einrichtung der Verbrauchserfassungsgeräte geht zulasten der Erhaltungsrücklage, die Kosten werden gemäß § 16 Abs. 2 WEG umgelegt.

Abstimmungsergebnis
Ja-Stimmen: ....

Nein-Stimmen: ....

Enthaltungen: ....

Feststellung und Verkündung des Beschlussergebnisses: Der Beschluss wurde angenommen/abgelehnt.

Beschlussantrag 4
Gemäß § 11 Ziff. 3 der Teilungserklärung der Wohnungseigentümergemeinschaft erfolgt die Verteilung der Kosten und Lasten des gemeinschaftlichen Miteigentums unter den Wohnungseigentümern nach Miteigentumsanteilen.

Abweichend hiervon soll die Kosten für alle Maßnahmen, die zur Erhaltung der zu seiner Sondereigentumseinheit zählenden Fenster/Balkon-/Terrassen- und Wohnungseingangstüren anfallen, einschließlich derjenigen für den Austausch, ab dem Abrechnungszeitraum 20xx jeder Wohnungseigentümer selbst tragen.

Abstimmungsergebnis
Ja-Stimmen: ....

Nein-Stimmen: ....

Enthaltungen: ....

Feststellung und Verkündung des Beschlussergebnisses: Der Beschluss wurde angenommen/abgelehnt.

Achtung

Selbst wenn Sie für den Erhalt oder die Erneuerung der Fenster oder Türen Ihrer Wohnung selbst zahlen müssen, bestimmt die Wohnungseigentümergemeinschaft über die Art der Erhaltung. Das bedeutet, die Gemeinschaft entscheidet beispielsweise über das Rahmenmaterial bei neuen Fenstern oder Türen oder über die Farbe eines neuen Anstrichs. Ein Beschluss ist nur möglich im Hinblick auf die abweichende Kostenverteilung, nicht aber die Zuständigkeit!

Beschlussantrag 5, Mehrhausanlage
Die Wohnanlage besteht aus den Gebäuden 1 bis 4. Die Wohnungseigentümer beschließen, den Verteilungsschlüssel für Erhaltungsmaßnahmen ab dem Abrechnungszeitraum .... abzuändern. Kosten für Erhaltungsmaßnahmen, die eindeutig nur jeweils einem der Gebäude 1 bis 4 zuzuordnen sind, insbesondere Kosten für .... [Aufzählung], werden im Verhältnis der Miteigentumsanteile nur auf die Wohnungen verteilt, die innerhalb dieses Gebäudes liegen. Dies gilt nicht für folgende Kosten .... [Aufzählung].

Abstimmungsergebnis
Ja-Stimmen: ....

Nein-Stimmen: ....

Enthaltungen: ....

Feststellung und Verkündung des Beschlussergebnisses: Der Beschluss wurde angenommen/abgelehnt.

Austausch von Verbrauchserfassungsgeräten und Messeinrichtungen

Beschlussantrag
Die der Eichpflicht unterliegenden verbrauchserfassenden Wärmemengen-, Strom-, Kalt- und Warmwasserzähler sind rechtzeitig vor Ablauf der Eichfrist auszutauschen. Alle Wohnungseigentümer sind verpflichtet, an dem in geeigneter Weise bekannt zu machenden Termin dafür Sorge zu tragen, dass die sich im jeweiligen Sondereigentumsbereich befindlichen Zähler ausgetauscht werden können. Den Auftrag erhält die Firma .... gemäß Angebot vom .... zu .... EUR. Die Kosten werden der Erhaltungsrücklage entnommen und gemäß dem Kostenverteilungsschlüssel der Teilungserklärung nach Miteigentumsanteilen auf alle Eigentümer umgelegt.

Abstimmungsergebnis
Ja-Stimmen: ....

Nein-Stimmen: ....

Enthaltungen: ....

Feststellung und Verkündung des Beschlussergebnisses: Der Beschluss wurde angenommen/abgelehnt.

Bauliche Veränderungen

Die Systematik der § 20 und 21 WEG zu den baulichen Veränderungen ist sehr komplex. Als Grundsatz gilt, dass eine bauliche Veränderung nach § 20 Abs. 1 WEG immer mit einem Mehrheitsbeschluss beschlossen werden muss. Weiter ist zwischen Maßnahmen, die alle Wohnungseigentümer betreffen, und Maßnahmen, die ein einzelner Wohnungseigentümer begehrt (Gestattungsbeschluss), zu unterscheiden. Erst bei der Kostenverteilung nach § 21 WEG wird es spannend. Begehrt ein einzelner Eigentümer eine bauliche Veränderung, so trägt er die Kosten für die Errichtung und die Folgekosten selbst. Bei Maßnahmen, die alle Eigentümer betreffen, ist folgendermaßen zu unterscheiden: Die Kosten einer baulichen Veränderung tragen sämtliche Miteigentümer, wenn dem Beschluss zwei Drittel aller abgegebenen Stimmen zugestimmt haben, die zugleich mehr als die Hälfte der Miteigentumsanteile repräsentieren, oder wenn sich die Kosten der Maßnahme in einem angemessenen Zeitraum amortisieren. Liegen diese Voraussetzungen nicht vor, tragen die Kosten der Maßnahme nur diejenigen Eigentümer, die der Maßnahme zugestimmt haben. Das Dilemma mag also eintreten, dass man zwar grundsätzlich bereit ist, einer Maßnahme zuzustimmen, allerdings nur, wenn auch alle an den Kosten beteiligt werden. Wie viele Miteigentümer zustimmen, weiß man final aber erst bei der endgültigen Abstimmung.

Lösungsvorschlag des Rechtsausschusses zur Reform

»Der Rechtsausschuss verkennt nicht, dass diese Regelung dazu führen kann, dass die individuelle Kostentragungspflicht erst nach der Beschlussfassung feststeht, wenn nämlich im Vorfeld nicht abgeschätzt werden kann, ob das Quorum erreicht wird. Dieses Problem kann durch eine geeignete Gestaltung des Abstimmungsverfahrens gelöst werden. Insbesondere in kleineren Gemeinschaften kann es sinnvoll sein, die Abstimmung im Subtraktionsverfahren vorzunehmen. Dabei wird nicht nach den ›Ja‹-Stimmen, sondern nach den ›Nein‹-Stimmen gefragt. So kann jeder Wohnungseigentümer, wenn er sieht, dass die Zahl der ›Nein‹-Stimmen ein Drittel übersteigt, das Quorum also nicht erreicht werden kann, seine Hand auch noch heben.

Daneben ist es auch noch möglich, den Beschluss über die bauliche Veränderung unter die Bedingung einer entsprechenden Kostentragung zu stellen. Jeder Wohnungseigentümer, die die Baumaßnahme befürwortet, sich aber höchstens entsprechend seinem Miteigentumsanteil beteiligen möchte, kann dann bedenkenlos mit ›Ja‹ stimmen, denn wirksam wird der Beschluss eben nur dann, wenn es nach dem Stimmverhalten zu einer entsprechenden Kostentragung durch alle Wohnungseigentümer kommt.«

Bauliche Veränderungen, Gestattung individueller Maßnahmen

Beschlussantrag

Die Wohnungseigentümer gestatten dem Eigentümer der Wohneinheit Nr. ... folgende bauliche Veränderung .... [hier möglichst genaue Konkretisierung der Maßnahme, ggf. mit Plänen und Angeboten] auf eigene Kosten vorzunehmen. Der Baubeginn darf erst erfolgen, wenn dem Verwalter sämtliche erforderlichen öffentlich-rechtlichen Genehmigungen und ggf. erforderliche Unbedenklichkeitsbescheinigungen von Sachverständigen vorgelegt wurden und der Verwalter mindestens vier Wochen vor Beginn der Durchführung der Maßnahme informiert wird. Auch die Folgekosten der baulichen Veränderung fallen dem jeweiligen Eigentümer zur Last.

Abstimmungsergebnis

Ja-Stimmen: ....

Nein-Stimmen: ....

Enthaltungen: ....

Feststellung und Verkündung des Beschlussergebnisses: Der Beschluss wurde angenommen/abgelehnt.

Bauliche Veränderung, gemeinschaftliche Maßnahme bei Nutzung nur durch einzelne Eigentümer

Beschlussantrag

Die Wohnungseigentümer beschließen folgende bauliche Veränderung: .... [hier möglichst genaue Konkretisierung der Maßnahme, ggf. mit Plänen und Angeboten]. Die Kosten dieser Maßnahme einschließlich aller Folgekosten tragen die Eigentümer der Einheiten Nr. ..., die diesen Antrag gestellt haben. Nur diesen Eigentümern stehen die neuen, durch diese Maßnahme geschaffenen Nutzungen zu.

Abstimmungsergebnis

Ja-Stimmen: ....

Nein-Stimmen: ....

Enthaltungen: ....

Feststellung und Verkündung des Beschlussergebnisses: Der Beschluss wurde angenommen/abgelehnt.

Bauliche Veränderung, gemeinschaftliche Maßnahme bei Nutzung durch alle Eigentümer

Beschlussantrag

1. Die Wohnungseigentümer beschließen folgende bauliche Veränderung: .... [hier möglichst genaue Konkretisierung der Maßnahme, ggf. mit Plänen und Angeboten] unter der aufschiebenden Bedingung, dass ein Beschluss bestandskräftig wird, nach dem die Kosten dieser Maßnahme von allen Eigentümern gemäß ihren Miteigentumsanteilen zu tragen sind. Die Finanzierung der Maßnahme erfolgt aus der Erhaltungsrücklage.
2. Die Eigentümer beschließen, dass die Kosten der Maßnahme zu TOP ... von allen Eigentümern nach Miteigentumsanteilen zu tragen sind.

Abstimmungsergebnis

Ja-Stimmen: ....

Nein-Stimmen: ....

Enthaltungen: ....

Feststellung und Verkündung des Beschlussergebnisses: Der Beschluss wurde angenommen/abgelehnt.

Nachträgliche Teilhabe an baulichen Veränderungen

Entschließt sich ein Wohnungseigentümer, dass er doch noch nachträglich an einer baulichen Veränderung partizipieren möchte, so ist dies möglich. Allerdings muss er sich auch an den entstandenen Kosten der Errichtung der baulichen Veränderung beteiligen.

Beschlussantrag

Der Wohnungseigentümer der Einheit Nr. ... möchte mit Wirkung ab .... [Datum] ebenfalls an der Nutzung .... [zum Beispiel des Aufzugs] teilhaben. Die Nutzung des .... [konkrete Bezeichnung] wird ihm gestattet. Im Gegenzug hat er einen Einmalausgleich für die bisherigen entstandenen Kosten an die bislang kostentragungspflichtigen Eigentümer der Einheiten Nr. ... in Höhe von jeweils .... EUR zu bezahlen. Die künftigen Kosten hat er neben den bislang allein verpflichteten Eigentümern nach dem Verhältnis der betroffenen Anteile zu tragen, also nach Miteigentumsanteilen.

Abstimmungsergebnis

Ja-Stimmen: ....

Nein-Stimmen: ....

Enthaltungen: ....

Feststellung und Verkündung des Beschlussergebnisses: Der Beschluss wurde angenommen/abgelehnt.

Anspruch auf Rückbau einer nicht genehmigten baulichen Veränderung

Beschlussantrag

Die Gemeinschaft beauftragt und bevollmächtigt die Verwaltung, den Anspruch auf Rückbau der seitens des Miteigentümers .... eigenmächtig vorgenommenen baulichen Veränderung .... durchzusetzen. Hierfür soll zunächst unter Fristsetzung der freiwillige Rückbau bis zum .... gefordert werden. Nach fruchtlosem Ablauf der Frist ist die Verwaltung ermächtigt und beauftragt, sämtliche Ansprüche der Gemeinschaft unter Hinzuziehung eines Rechtsanwalts gerichtlich durchzusetzen.

Anmerkung: Siehe auch Beschlussmuster »Rechtsanwaltsbeauftragung mit Honorarvereinbarung«

Abstimmungsergebnis
Ja-Stimmen: ....

Nein-Stimmen: ....

Enthaltungen: ....

Feststellung und Verkündung des Beschlussergebnisses: Der Beschluss wurde angenommen/abgelehnt.

Beschlussvollziehung, Aussetzung

Beschlussantrag
Der Verwalter wird angewiesen, den unter TOP ..... gefassten Beschluss zu .... erst dann zu vollziehen, wenn keine Anfechtungsklage binnen eines Monats beim zuständigen Amtsgericht eingegangen ist. Der Verwalter soll nach sechs Wochen schriftlich beim Amtsgericht nachfragen; sollte keine Anfechtungsklage feststellbar sein, so ist der Beschluss zu vollziehen.

Abstimmungsergebnis
Ja-Stimmen: ....

Nein-Stimmen: ....

Enthaltungen: ....

Feststellung und Verkündung des Beschlussergebnisses: Der Beschluss wurde angenommen/abgelehnt.

Beauftragung eines Sachverständigen

Beschlussantrag
Zur Feststellung der Ursachen für folgende Mängel in den nachfolgend aufgeführten Wohnungen (Lagebezeichnung; Eigentümer):

- Eindringen von Feuchtigkeit, Wohnungseinheit Nr. 5, Eigentümer Müller,
- Schimmelbildung, Wohnungseinheit Nr. 11, Eigentümer Maier und
- Abplatzungen am Mauerwerk der hofseitigen Fassade
- soll der Verwalter unverzüglich einen öffentlich bestellten und vereidigten Sachverständigen für Bauschäden beauftragen.

Der Sachverständige soll auch Vorschläge zur Beseitigung der festgestellten Schadensursachen erarbeiten und die voraussichtlichen Kosten für die Durchführung der erforderlichen Arbeiten ermitteln. Nach Eingang des Gutachtens ist innerhalb einer Frist von vier Wochen eine außerordentliche Eigentümerversammlung einzuberufen. Die Kosten der Beauftragung des Sachverständigen tragen die Wohnungseigentümer gemäß § 16 Abs. 2 WEG anteilig nach Miteigentumsanteilen. Die Vergütung des Sachverständigen erfolgt nach HOAI, die Gesamtsumme trägt die Wohnungseigentümergemeinschaft.

Abstimmungsergebnis
Ja-Stimmen: ....

Nein-Stimmen: ....

Enthaltungen: ....

Feststellung und Verkündung des Beschlussergebnisses: Der Beschluss wurde angenommen/abgelehnt.

Beweisverfahren (Einleitung)

Beschlussantrag
Zur Feststellung der möglichen Ursachen der Undichtigkeiten am Dach und der für die fachgerechte Beseitigung festgestellter Mängel erforderlichen Maßnahmen und Kosten wird der Verwalter ermächtigt, gegen den Bauträger Firma .... im Namen der Gemeinschaft unter Hinzuziehung eines Rechtsanwalts ein selbstständiges Beweissicherungsverfahren einzuleiten, um die Gewährleistungs- und Schadenersatzansprüche aus den Erwerbsverträgen und/oder dem Bauvertrag in Bezug auf das Gemeinschaftseigentum für die Eigentümergemeinschaft zu erhalten.

Die Kosten hierfür sollen der Erhaltungsrücklage entnommen werden. Über die weitere Vorgehensweise (Klageverfahren) soll nach Abschluss des gerichtlichen Verfahrens in einer außerordentlichen Eigentümerversammlung entschieden werden.

Anmerkung: Siehe Beschlussmuster »Rechtsanwaltsbeauftragung mit Honorarvereinbarung«

Abstimmungsergebnis
Ja-Stimmen: ....

Nein-Stimmen: ....

Enthaltungen: ....

Feststellung und Verkündung des Beschlussergebnisses: Der Beschluss wurde angenommen/abgelehnt.

Beweisverfahren (Klageerhebung)

Beschlussantrag
Das eingeleitete Beweisverfahren gegen den Bauträger Firma .... ist abgeschlossen. Die Verwaltung wird beauftragt, den Bauträger Firma .... mit einer Frist bis zum .... zur entsprechenden Mängelbeseitigung aufzufordern. Als Grundlage dient das Gutachten des Sachverständigen .... vom ....

Für den Fall, dass die Mängelbeseitigung innerhalb der gesetzten Frist abgelehnt wird oder diese Frist fruchtlos verstreicht, wird die Verwaltung ermächtigt, im Namen und im Auftrag der Wohnungseigentümergemeinschaft den sich aus dem Gutachten des Sachverständigen auf .... EUR bezifferten Schaden vollumfänglich einzuklagen. Der Beauftragung eines Rechtsanwalts zur außergerichtlichen sowie gerichtlichen Geltendmachung der Ansprüche wird hiermit ausdrücklich zugestimmt.

Die Verwaltung erhält darüber hinaus die Ermächtigung, mit dem Bauträger dahingehend Gespräche zu führen, einen für die Wohnungseigentümergemeinschaft akzeptablen Vergleich zu erzielen. Sollte der Bauträger einen entsprechenden annehmbaren Vorschlag unterbreiten, so ist eine außerordentliche Eigentümerversammlung einzuberufen, auf der dieser Vorschlag zu besprechen ist. Die Geltendmachung der in Rede stehenden Gesamtforderung bleibt hiervon jedoch zunächst unberührt und wird parallel weiterbetrieben. Die Einleitung des Klageverfahrens soll jedoch erst erfolgen, wenn die Vergleichsverhandlungen offensichtlich gescheitert sind.

Anmerkung: Siehe Beschlussmuster »Rechtsanwaltsbeauftragung mit Honorarvereinbarung«

Abstimmungsergebnis
Ja-Stimmen: ....

Nein-Stimmen: ....

Enthaltungen: ....

Feststellung und Verkündung des Beschlussergebnisses: Der Beschluss wurde angenommen/abgelehnt.

Digitalisierung

Die Grundsätze zur ordnungsmäßigen Führung und Aufbewahrung von Büchern, Aufzeichnungen und Unterlagen in elektronischer Form sowie zum Datenzugriff (GoBD) sind eine Verwaltungsanweisung des Bundesministeriums der Finanzen der Bundesrepublik Deutschland. Die GoBD enthalten Vorgaben, die nach Sicht der Finanzverwaltung für alle EDV-Systeme von Bedeutung sind, die steuerrelevante Daten direkt oder indirekt erfassen oder verarbeiten. Bei Umsetzung dieser Vorgaben geht die Finanzverwaltung von der Einhaltung der Grundsätze ordnungsmäßiger Buchführung und der Erfüllung der Mitwirkungspflicht der Steuerpflichtigen für eine reibungslose Betriebsprüfung aus. Auf diese Vorschriften kann Bezug genommen und damit sichergestellt werden, dass die Art und Weise der Digitalisierung ordnungsmäßiger Verwaltung entspricht.

Digitalisierung neuer Dokumente

Beschlussantrag
Die Wohnungseigentümer ermächtigen den Verwalter, neue eingehende Verwaltungsunterlagen entsprechend den Vorgaben der GoBD zu digitalisieren und das Papierdokument zu vernichten. Das gilt insbesondere für Rechnungen, Korrespondenz und formfrei zu schließende Verträge wie Bauverträge. Wird durch die Originale eine zur Wirksamkeit erforderliche Form wie notarielle Beurkundung oder Schriftform gewahrt (zum Beispiel Vollmachten, Bürgschaften), sind diese Originale aufzubewahren.

Alternative: Die Wohnungseigentümer ermächtigen den Verwalter, neue eingehende Verwaltungsunterlagen nach Ablauf einer Aufbewahrungsfrist von fünf Jahren nach Eingang ....

Abstimmungsergebnis
Ja-Stimmen: ....

Nein-Stimmen: ....

Enthaltungen: ....

Feststellung und Verkündung des Beschlussergebnisses: Der Beschluss wurde angenommen/abgelehnt.

Digitalisierung von Bestandsunterlagen

Beschlussantrag
Die Wohnungseigentümer ermächtigen den Verwalter, die Verwaltungsunterlagen entsprechend den Vorgaben der GoBD zu digitalisieren und anschließend die vorhandenen Papierdokumente zu vernichten. Allerdings sind solche Originale aufzubewahren, durch die heute noch Rechtswirkungen erzeugt werden und durch die eine zur Wirksamkeit erforderliche Form wie notarielle Beurkundung oder Schriftform gewahrt wird. Insbesondere die Teilungserklärung, Pläne, Titel, Bürgschaften, Vollmachtsurkunden, aktuelle beglaubigte Versammlungsprotokolle, laufende formbedürftige Verträge und SEPA-Mandate müssen aufbewahrt werden.

Abstimmungsergebnis
Ja-Stimmen: ....

Nein-Stimmen: ....

Enthaltungen: ....

Feststellung und Verkündung des Beschlussergebnisses: Der Beschluss wurde angenommen/abgelehnt.

Durchbruch

Beschlussantrag
Den Eigentümern .... Wohnung Nr. ..... und .... Wohnung Nr. ..... wird der Durchbruch (Ausführung nur durch Fachfirmen) zwischen zwei Etagen in ihren Wohnungen auf eigene Kosten gestattet. Voraussetzung ist die Vorlage eines statischen Gutachtens und – falls erforderlich – die Vorlage einer Baugenehmigung. Die Eigentümer A und B verpflichten sich, die Wohnungseigentümergemeinschaft/den Verwalter von allen Kosten und Gebühren, die im Zusammenhang mit dieser Baumaßnahme anfallen, freizustellen. Die Abnahme der Bauleistungen soll aus Haftungsgründen durch einen Bausachverständigen auf Kosten der beiden Eigentümer erfolgen.

Abstimmungsergebnis
Ja-Stimmen: ....

Nein-Stimmen: ....

Enthaltungen: ....

Feststellung und Verkündung des Beschlussergebnisses: Der Beschluss wurde angenommen/abgelehnt.

Energieausweis

Beschlussantrag
Der Verwalter wird beauftragt, die Erstellung eines Energieausweises auf verbrauchsorientierter/bedarfsorientierter Basis bei der Firma .... in Auftrag zu geben. Die Kosten hierfür dürfen den Betrag von .... EUR nicht übersteigen und werden gemäß § 16 Abs. 2 WEG auf alle Wohnungseigentümer gemäß ihren Miteigentumsanteilen (alternativ: nach Wohnungseinheiten) aufgeteilt.

Abstimmungsergebnis
Ja-Stimmen: ....

Nein-Stimmen: ....

Enthaltungen: ....

Feststellung und Verkündung des Beschlussergebnisses: Der Beschluss wurde angenommen/abgelehnt.

Entlastung des Verwalters

Beschlussantrag
Dem Verwalter wird für das Geschäftsjahr .... Entlastung erteilt.

Abstimmungsergebnis
Ja-Stimmen: ....

Nein-Stimmen: ....

Enthaltungen: ....

Feststellung und Verkündung des Beschlussergebnisses: Der Beschluss wurde angenommen/abgelehnt.

Entlastung des Verwaltungsbeirats

Beschlussantrag
Dem Verwaltungsbeirat wird für seine Arbeit im abgelaufenen Geschäftsjahr .... Entlastung erteilt.

Abstimmungsergebnis
Ja-Stimmen: ....

Nein-Stimmen: ....

Enthaltungen: ....

Feststellung und Verkündung des Beschlussergebnisses: Der Beschluss wurde angenommen/abgelehnt.

Entziehung des Wohnungseigentums

Beschlussantrag
Die Verwaltung hat gemäß der Weisung den Wohnungseigentümer .... erfolglos abgemahnt. Die Wohnungseigentümergemeinschaft entzieht gemäß § 17 WEG dem Miteigentümer .... der Wohnung .... das Wohnungseigentum wegen ....

Die Verwaltung wird unter Hinzuziehung eines Rechtsanwalts beauftragt, gegen den Miteigentümer .... Wohnung .... wegen .... eine Klage auf Entziehung des Wohnungseigentums einzuleiten, wenn nicht innerhalb von acht Monaten der Verkauf der entsprechenden Wohneinheit erfolgt ist.

Anmerkung: Siehe Beschlussmuster »Rechtsanwaltsbeauftragung mit Honorarvereinbarung«

Abstimmungsergebnis
Ja-Stimmen: ....

Nein-Stimmen: ....

Enthaltungen: ....

Feststellung und Verkündung des Beschlussergebnisses: Der Beschluss wurde angenommen/abgelehnt.

Ermächtigung des Verwalters

Beschlussantrag
Der Verwalter wird ermächtigt,

- drei vergleichbare Angebote über Wartungsverträge für die Heizungsanlage einzuholen und für die Wohnungseigentümergemeinschaft mit dem kostengünstigsten Anbieter einen Wartungsvertrag für die Dauer von zunächst zwei Jahren abzuschließen. Jährliche Gesamtkosten von .... EUR dürfen nicht überstiegen werden.
- einen Landschaftsgärtner zu beauftragen, ein Konzept für die Begrünung der Außenanlagen zu entwerfen. Die Kosten hierfür dürfen den Betrag von .... EUR nicht übersteigen.
- Abstimmungsergebnis

Ja-Stimmen: ....

Nein-Stimmen: ....

Enthaltungen: ....

Feststellung und Verkündung des Beschlussergebnisses: Der Beschluss wurde angenommen/abgelehnt.

Ermächtigung eines Eigentümers zur Einberufung einer Eigentümerversammlung

Beschlussantrag

1. Im Fall einer pflichtwidrigen Weigerung des Verwalters zur Einberufung einer Eigentümerversammlung oder für den Fall, dass kein Verwalter bestellt ist, wird der Wohnungseigentümer .... [Name, Adresse, Telefon, E-Mail] ermächtigt, eine Eigentümerversammlung einzuberufen.

2. Das Recht des Wohnungseigentümers steht hinter dem Recht des Vorsitzenden des Verwaltungsbeirats und dessen Vertreter zu laden zurück. Dies gilt nicht, wenn sich diese ebenfalls pflichtwidrig weigern, eine Versammlung einzuberufen.
3. Der Verwalter wird angewiesen, Wohnungseigentümer .... alle sechs Monate oder auf Anforderung hin eine aktuelle Eigentümerliste (mit Namen und Adressen) zur Verfügung zu stellen. Diese Liste darf nur zum Zweck der Ladung eingesetzt werden.
4. Abstimmungsergebnis

Ja-Stimmen: ....

Nein-Stimmen: ....

Enthaltungen: ....

Feststellung und Verkündung des Beschlussergebnisses: Der Beschluss wurde angenommen/abgelehnt.

Fördermittel beantragen (Antrag auf Zuschuss zur Finanzierung einer Maßnahme)

Beschlussantrag

1. Die Wohnungseigentümer haben sich über die Möglichkeiten einer Zuschussgewährung (Sonderprogramme der KfW) zur Finanzierung energetischer Maßnahmen informiert. Sie haben nach Abwägung aller Umstände unter Betrachtung des Verlusts der Möglichkeiten nach § 35aEStG die Überzeugung gewonnen, bei der Kreditanstalt für Wiederaufbau einen Zuschuss zu beantragen.
2. Zur Finanzierung der .... [Beschreibung einer konkreten Maßnahme oder – besser – Verweisung auf den Sanierungsbeschluss oder Verweisung auf eine der Niederschrift beizufügende Anlage] soll vor diesem Hintergrund ein Zuschuss in Höhe von .... EUR je Wohneinheit bei der Kreditanstalt für Wiederaufbau aus dem Programm .... in Anspruch genommen werden.
3. Die Beantragung sowie die Abwicklung für die Gewährung des Zuschusses soll durch die Gemeinschaft der Wohnungseigentümer erfolgen. Der Verwalter hat vor Übertragung dieser Aufgabe sein Einverständnis erklärt. Der Verwalter ist bereit, die Abwicklung als Vertragspartner der treuhänderisch handelnden Gemeinschaft der Wohnungseigentümer im Rahmen eines Geschäftsbesorgungsvertrags nach §§ 675, 611 ff. BGB zu übernehmen. Als Entgelt soll der Verwalter einmalig .... EUR von der Gemeinschaft der Wohnungseigentümer erhalten. Der Verwaltungsbeiratsvorsitzende ist ermächtigt, im Namen der Gemeinschaft der Wohnungseigentümer den Verwaltervertrag entsprechend im Einvernehmen mit dem Verwalter zu ergänzen.

4. Der jeweilige Verwalter wird gemäß § 27 Abs. 2 WEG ermächtigt, im Namen und Vollmacht der Gemeinschaft der Wohnungseigentümer einen Antrag mit den unter Ziffer 2 genannten Bedingungen nach Eintritt der Bestandskraft des Beschlusses .... [konkrete Maßnahme] mit .... (Kreditgeber) zu stellen.
5. Die für die Zuschussgewährung notwendigen Unterlagen sind vom Verwalter – ggf. unter Hinzuziehung von Sonderfachleuten (zum Beispiel eines Architekten) – einzureichen. Alle in diesem Zusammenhang anfallenden Verträge sollen vom Verwalter im Namen und mit Vollmacht der Gemeinschaft der Wohnungseigentümer zulasten der Erhaltungsrücklage geschlossen werden. Der Sachverständige wird nach heutigem Stand etwa Kosten in Höhe von .... EUR verursachen.
6. Die Wohnungseigentümer sind sich bewusst, dass auf die Gewährung eines Zuschusses kein Rechtsanspruch besteht. Ferner besteht Einigkeit, dass »De-minimis«-Erklärungen benötigt werden. Die betroffenen Eigentümer werden entsprechende Erklärungen binnen drei Wochen nach diesem Beschluss dem Verwalter übergeben.

Abstimmungsergebnis
Ja-Stimmen: ....

Nein-Stimmen: ....

Enthaltungen: ....

Feststellung und Verkündung des Beschlussergebnisses: Der Beschluss wurde angenommen/abgelehnt.

Geschäftsordnungsbeschlüsse

Ausschluss einer dritten Person von der Versammlung

Beschlussantrag
Der Wohnungseigentümer .... stellt den Antrag, dass der Besucher A/der Rechtsanwalt B/die dritte Person C wegen des Grundsatzes der Nichtöffentlichkeit der Eigentümerversammlung von der weiteren Durchführung der Versammlung ausgeschlossen und des Saales verwiesen wird/werden.

Abstimmungsergebnis
Ja-Stimmen: ....

Nein-Stimmen: ....

Enthaltungen: ....

Feststellung und Verkündung des Beschlussergebnisses: Der Beschluss wurde angenommen/abgelehnt.

Ausschluss eines Versammlungsteilnehmers, Miteigentümers

Beschlussantrag

Der Wohnungseigentümer .... stellt den Antrag, dass der Miteigentümer .... aufgrund nachhaltiger und trotz mehrfacher Er- und Abmahnungen des Versammlungsleiters erfolgter Störungen des Versammlungsablaufs mit sofortiger Wirkung von der Versammlung ausgeschlossen wird. Ihm wurde die Gelegenheit gegeben, sein Stimmrecht auf einen anderen Miteigentümer zu übertragen.

Abstimmungsergebnis

Ja-Stimmen: ....

Nein-Stimmen: ....

Enthaltungen: ....

Feststellung und Verkündung des Beschlussergebnisses: Der Beschluss wurde angenommen/abgelehnt.

Wahl des Versammlungsleiters/Protokollführers

Beschlussantrag

Der Wohnungseigentümer .... stellt den Antrag, dass die Versammlungsleitung für den TOP ...../für die restliche Versammlung auf den Miteigentümer/Beirat .... übertragen wird. Das Protokoll wird von dem Miteigentümer/Beirat .... geführt.

Abstimmungsergebnis

Ja-Stimmen: ....

Nein-Stimmen: ....

Enthaltungen: ....

Feststellung und Verkündung des Beschlussergebnisses: Der Beschluss wurde angenommen/abgelehnt.

Reihenfolge der Tagesordnungspunkte

Beschlussantrag
Der Wohnungseigentümer .... stellt den Antrag, dass der TOP ..... vorgezogen wird und als erster Tagesordnungspunkt zur Diskussion und Abstimmung gestellt wird.

Abstimmungsergebnis
Ja-Stimmen: ....

Nein-Stimmen: ....

Enthaltungen: ....

Feststellung und Verkündung des Beschlussergebnisses: Der Beschluss wurde angenommen/abgelehnt.

Absetzen eines Tagesordnungspunkts

Beschlussantrag
TOP ..... wird nicht behandelt, da die für eine Beschlussfassung erforderlichen Kostenvoranschläge nicht vorliegen. Der TOP ist erneut auf die Tagesordnung der ordentlichen Eigentümerversammlung im nächsten Jahr zu setzen.

Abstimmungsergebnis
Ja-Stimmen: ....

Nein-Stimmen: ....

Enthaltungen: ....

Feststellung und Verkündung des Beschlussergebnisses: Der Beschluss wurde angenommen/abgelehnt.

Redeverbot/Redebeschränkung

Beschlussantrag
Im Hinblick auf die Vielzahl der abzuhandelnden Tagesordnungspunkte und die Anzahl der erschienenen Wohnungseigentümer beschließt die Versammlung zur Gewährleistung eines geordneten Ablaufs eine Redezeitbeschränkung. Wortmeldungen sind per Handzeichen anzumelden. Der Versammlungsleiter führt eine entsprechende Rednerliste und erteilt bzw. entzieht nach Ablauf der Redezeit das Wort. Die Redezeit jeder Wortmeldung wird auf maximal fünf Minuten begrenzt.

Abstimmungsergebnis
Ja-Stimmen: ……….

Nein-Stimmen: ………

Enthaltungen: ……….

Feststellung und Verkündung des Beschlussergebnisses: Der Beschluss wurde angenommen/abgelehnt.

Hausgeld

Vorfälligkeitsregelung

Beschlussantrag
Die aufgrund des jeweils beschlossenen Wirtschaftsplans und der beschlossenen Einzelwirtschaftspläne von den Wohnungseigentümern zu zahlenden Hausgeldvorschüsse sind jeweils am dritten Werktag eines Kalendermonats im Voraus zur Zahlung fällig. Für die Rechtzeitigkeit der Zahlungen ist der Eingang auf dem Gemeinschaftskonto entscheidend. Die Wohnungseigentümer, die ein SEPA-Mandat erteilt haben, haben für eine ausreichende Kontendeckung zum maßgeblichen Zeitpunkt zu sorgen.

Ist ein Wohnungseigentümer mit der Entrichtung der Hausgelder für zwei aufeinanderfolgende Monate bzw. für einen Zeitraum, der sich über mehr als zwei Monate erstreckt, mit der Zahlung von Hausgeldern in Verzug, wird sofort das restliche für die jeweilige Wirtschaftsperiode zu entrichtende Hausgeld in voller Höhe zur Zahlung fällig. Einer vorausgehenden Mahnung des Verwalters bedarf es nicht.

Abstimmungsergebnis
Ja-Stimmen: ……….

Nein-Stimmen: ....

Enthaltungen: ....

Feststellung und Verkündung des Beschlussergebnisses: Der Beschluss wurde angenommen/abgelehnt.

Versorgungssperre bei säumigem Miteigentümer

Beschlussantrag
Der Verwalter wird beauftragt und ermächtigt, angesichts der erheblichen Hausgeldrückstände des Miteigentümers .... hinsichtlich der Nutzung des gemeinschaftlichen Eigentums sowie der Belieferung durch die Gemeinschaft (Heizung, Wasser, Nutzung von gemeinsamen Stromleitungen etc.) ganz oder teilweise das ihr zustehende Zurückbehaltungsrecht auszuüben, den Miteigentümer .... unter Fristsetzung von zehn Tagen zur Duldung der Anbringung von Absperrvorrichtungen einschließlich eines etwaigen Betretens der Wohnung aufzufordern und im Fall des ergebnislosen Verstreichens der Frist die Versorgungssperre unter Beauftragung eines Rechtsanwalts notfalls auch gerichtlich durchzusetzen.

Die Verwaltung wird angewiesen, den Beschluss erst umzusetzen, wenn folgende Bedingungen erfüllt sind: Die maßgeblichen Hausgeldrückstände des Miteigentümers .... mit mindestens sechs monatlichen Hausgeldbeträgen müssen tituliert sein und ein Vollstreckungsversuch gegen den säumigen Miteigentümer ist fruchtlos verlaufen.

Abstimmungsergebnis
Ja-Stimmen: ....

Nein-Stimmen: ....

Enthaltungen: ....

Feststellung und Verkündung des Beschlussergebnisses: Der Beschluss wurde angenommen/abgelehnt.

Achtung: Vollzug der Versorgungssperre

Nur bei erheblichen Hausgeldrückständen ist die Verhängung einer Versorgungssperre möglich. Erheblich ist ein Zahlungsrückstand von mehr als sechs Monaten. Dem Vollzug der Sperre muss zwingend eine Androhung vorausgehen. Die Zahlungsverpflichtung muss feststehen und fällig sein. Eine rechtskräftige Titulierung des Anspruchs ist nicht zwingend erforderlich.

Ausbuchung von aussichtslosen Hausgeldforderungen

Beschlussantrag

Der Wohnungseigentümer ...., der zwischenzeitlich aus der Wohnungseigentümergemeinschaft ausgeschieden ist, schuldet dieser noch Hausgelder in Höhe von insgesamt .... EUR. Die Hausgeldforderungen sind tituliert und es wurden bereits vielfache Vollstreckungsversuche unternommen. Zuletzt konnte eine Anschrift des ehemaligen Wohnungseigentümers nicht mehr ermittelt werden. Der der Gemeinschaft entstandene Schaden von insgesamt .... EUR wird durch eine Sonderumlage getragen. Jeder Eigentümer hat den auf ihn entsprechend seiner Miteigentumsanteile entfallenden Anteil bis spätestens einen Monat nach Mitteilung der Höhe des Betrags auf das Hausgeldkonto der Wohnungseigentümergemeinschaft zu zahlen.

Abstimmungsergebnis

Ja-Stimmen: ....

Nein-Stimmen: ....

Enthaltungen: ....

Feststellung und Verkündung des Beschlussergebnisses: Der Beschluss wurde angenommen/abgelehnt.

Hausgeldklage, Ermächtigung des Verwalters für gerichtliches Vorgehen

Beschlussantrag

1. Der jeweilige Verwalter wird ermächtigt, im Namen der Gemeinschaft der Wohnungseigentümer .... [Name gemäß § 9a Abs. 1 Satz 3 WEG] gegen jeden säumigen Wohnungseigentümer gerichtlich Hausgeldverfahren (Vorschüsse, Sonderumlagen, Nachschüsse) zu führen oder im Namen der Gemeinschaft der Wohnungseigentümer .... [Name gemäß § 9a Abs. 1 Satz 3 WEG] Rechtsanwalt .... [Name, Adresse] mit der Durchführung zu beauftragen.
2. Führt der Verwalter das Verfahren selbst, soll er dafür eine Sondervergütung in Höhe der Gebühren eines Rechtsanwalts nach dem RVG erhalten. Der Verwalter-

vertrag soll entsprechend ergänzt werden. Der Verwaltungsbeiratsvorsitzende ……………. [Name, Adresse] ist ermächtigt, dem Verwalter namens der Gemeinschaft der Wohnungseigentümer ein entsprechendes Angebot zu machen.

3. Führt ein Rechtsanwalt das Verfahren, erhält der Verwalter eine Sondervergütung für die Zuarbeit, Unterlagenzusammenstellung, Führung von Schriftverkehr, Anfertigung von Kopien, Wahrnehmung von Besprechungen und/oder gerichtlichen Terminen nach Zeitaufwand, mindestens ……………. EUR zuzüglich Schreib-, Kopier- und Portoauslagen. Die jeweilige Sondervergütung ist nach § 16 Abs. 2 Satz 2 WEG vom Säumigen zu tragen. Der Verwaltervertrag soll entsprechend ergänzt werden. Der Verwaltungsbeiratsvorsitzende ……………. [Name, Adresse] ist ermächtigt, dem Verwalter namens der Gemeinschaft der Wohnungseigentümer ein entsprechendes Angebot zu machen.

Abstimmungsergebnis
Ja-Stimmen: ……….

Nein-Stimmen: ………

Enthaltungen: ……….

Feststellung und Verkündung des Beschlussergebnisses: Der Beschluss wurde angenommen/abgelehnt.

Hausordnung

Annahme einer Hausordnung

Beschlussantrag
Die Verwaltung hat in Zusammenarbeit mit dem Verwaltungsbeirat eine Haus- und Garagenordnung aufgestellt. Diese wurde allen Wohnungseigentümern mit der Einladung zur Versammlung übersandt. Änderungswünsche liegen derzeit nicht vor. Die Haus- und Garagenordnung wird angenommen und tritt mit der heutigen Beschlussfassung in Kraft. Sie ist von jedem vermietenden Eigentümer bei zukünftig abzuschließenden Mietverträgen zum Inhalt derselben zu machen.

Abstimmungsergebnis
Ja-Stimmen: ……….

Nein-Stimmen: ………

Enthaltungen: ……….

Feststellung und Verkündung des Beschlussergebnisses: Der Beschluss wurde angenommen/abgelehnt.

Änderung der Hausordnung

Beschlussantrag

Die mit .... aufgestellte Haus- und Garagenordnung der Wohnungseigentümergemeinschaft wird in § 4 Ziff. 3 wie folgt geändert:

»Ruhestörende Haus- und Gartenarbeiten dürfen nur werktags zwischen 8.00 und 12.00 Uhr sowie 15.00 und 18.00 Uhr ausgeführt werden. Bei der Benutzung von Musikinstrumenten und von Tonübertragungs- und Tonwiedergabegeräten ist stets Zimmerlautstärke einzuhalten. Zwischen 22.00 und 7.00 Uhr darf die Nachtruhe nicht gestört werden.«

Abstimmungsergebnis

Ja-Stimmen: ....

Nein-Stimmen: ....

Enthaltungen: ....

Feststellung und Verkündung des Beschlussergebnisses: Der Beschluss wurde angenommen/abgelehnt.

Hausordnungsverstöße

Beschlussantrag

Gegenüber dem Wohnungseigentümer .... häufen sich Beschwerden wegen Lärmbelästigung und Ruhestörung. Die Verwaltung wird bevollmächtigt und beauftragt, den Wohnungseigentümer .... außergerichtlich abzumahnen. Bei Auftreten von weiteren Lärmbelästigungen und Ruhestörungen ist die Verwaltung dazu angehalten, notfalls unter Hinzuziehung eines Rechtsanwalts, im Namen und auf Rechnung der Gemeinschaft sämtliche Ansprüche der Gemeinschaft zu wahren. Eine entsprechende Klage soll erst nach drei erfolglosen schriftlichen Abmahnungen erfolgen.

Anmerkung: Siehe Beschlussmuster »Rechtsanwaltsbeauftragung mit Honorarvereinbarung«

Abstimmungsergebnis
Ja-Stimmen: ....

Nein-Stimmen: ....

Enthaltungen: ....

Feststellung und Verkündung des Beschlussergebnisses: Der Beschluss wurde angenommen/abgelehnt.

Erhaltungsmaßnahmen

Sanierungsbeschluss, Finanzierung durch Entnahme aus der Rücklage

Beschlussantrag

a) Die Wohnungseigentümer beschließen auf der Grundlage des vorliegenden Angebots der Firma .... vom .... die Erneuerung der Briefkastenanlage zu einem Betrag von .... EUR. Der Verwalter wird beauftragt und ermächtigt, einen Vertrag mit der Firma .... im Namen und im Auftrag der Wohnungseigentümergemeinschaft abzuschließen.
b) Die Finanzierung der Maßnahme erfolgt zulasten der Erhaltungsrücklage. Die Kosten werden nach § 16 Abs. 2 WEG auf die Wohnungseigentümer gemäß ihren Miteigentumsanteilen aufgeteilt.

Abstimmungsergebnis
Ja-Stimmen: ....

Nein-Stimmen: ....

Enthaltungen: ....

Feststellung und Verkündung des Beschlussergebnisses: Der Beschluss wurde angenommen/abgelehnt.

Bei Bedenken zusätzlich:

c) Der Verwalter wird angewiesen, den Vertrag mit der Firma .... erst dann zu schließen, wenn eine Beschlussanfechtung binnen Monatsfrist zu a) und b) nicht erfolgt ist. Der Verwalter soll nach acht Wochen schriftlich beim Amtsgericht nachfragen; sollte keine Anfechtungsklage feststellbar sein, so ist der Beschluss zu vollziehen.

Abstimmungsergebnis
Ja-Stimmen: ....

Nein-Stimmen: ....

Enthaltungen: ....

Feststellung und Verkündung des Beschlussergebnisses: Der Beschluss wurde angenommen/abgelehnt.

Sanierungsbeschluss, Finanzierung durch Sonderumlage

Beschlussantrag
Die Wohnungseigentümer beschließen auf Grundlage des vorliegenden Angebots der Firma .... vom .... die Erneuerung der Briefkastenanlage zu einem Betrag von .... EUR. Der Verwalter wird beauftragt und ermächtigt, einen Vertrag mit der Firma .... im Namen und im Auftrag der Wohnungseigentümergemeinschaft abzuschließen.

Abstimmungsergebnis
Ja-Stimmen: ....

Nein-Stimmen: ....

Enthaltungen: ....

Feststellung und Verkündung des Beschlussergebnisses: Der Beschluss wurde angenommen/abgelehnt.

Die Finanzierung der Maßnahme erfolgt durch die Erhebung einer Sonderumlage. Die Höhe der Sonderumlage bemisst sich anteilig nach den jeweiligen Miteigentumsanteilen der Wohnungseigentümer. Auf 1/1.000stel MEA entfällt ein Betrag von .... EUR. Die Gesamthöhe des jeweiligen Betrags wird den Wohnungseigentümern mit gesondertem Schreiben mitgeteilt. Die Sonderumlage ist bis zum Fälligkeitstermin .... auf das Gemeinschaftskonto zu bezahlen. Sofern ein Wohnungseigentümer der Verwaltung ein SEPA-Mandat erteilt hat, wird hiervon Gebrauch gemacht. Die Wohnungseigentümer haben für eine ausreichende Kontodeckung zu sorgen.

Abstimmungsergebnis
Ja-Stimmen: ....

Nein-Stimmen: ....

Enthaltungen: ....

Feststellung und Verkündung des Beschlussergebnisses: Der Beschluss wurde angenommen/abgelehnt.

Sanierungsbeschluss, abweichende Kostenverteilung

Beschlussantrag

a) Durch Gutachten des Sachverständigen .... vom .... wurde festgestellt, dass die in der Wohnungseigentumsanlage vorhandenen Fenster nicht mehr instandsetzungsfähig sind. Daher beschließen die Wohnungseigentümer einen Komplettaustausch aller vorhandenen Fenster in den Wohnungen. Die aus dem Jahr 1970 stammenden Holzfenster mit Doppelverglasung werden durch Verbundfenster mit Kunststoff ersetzt. Die Arbeiten werden auf Grundlage des der Einladung zur Versammlung beigefügten Angebots der Fensterbaufirma .... vom .... in Höhe von .... EUR ausgeführt.
b) Der Verwalter wird beauftragt und ermächtigt, die Fensterbaufirma im Namen der Gemeinschaft auf Grundlage des Angebots zu beauftragen. Bei der Vereinbarung des Durchführungstermins ist darauf zu achten, dass vermietende Eigentümer die gesetzlichen Ankündigungsfristen gegenüber ihren Mietern einhalten können.
c) Die Kosten der Maßnahme von insgesamt .... EUR werden – abweichend von dem in der Teilungserklärung vorgesehenen Kostenverteilungsschlüssel – nicht nach Miteigentumsanteilen, sondern nach der Anzahl der ausgetauschten Fenster je Wohnung verteilt.
d) Der Verwalter wird beauftragt und ermächtigt, von jedem Wohnungseigentümer unverzüglich einen Vorschuss in Höhe des voraussichtlichen Kostenanteils für seine Wohnung einzuziehen. Der Vorschuss wird bis zum 15. des nächsten Monats fällig, der auf die schriftliche Zahlungsaufforderung des Verwalters folgt. Der Zahlungsaufforderung ist eine Berechnung des voraussichtlichen Kostenanteils der Wohnung auf Grundlage des vorliegenden Angebots sowohl für den Fensteranteil als auch für den Instandsetzungsanteil des Sondereigentums beizufügen.

Abstimmungsergebnis
Ja-Stimmen: ....

Nein-Stimmen: ....

Enthaltungen: ....

Feststellung und Verkündung des Beschlussergebnisses: Der Beschluss wurde angenommen/abgelehnt.

Jahresabrechnung (Gesamt- und Einzelabrechnung)

> **§ 28 Abs. 2 WEG**
> »Nach Ablauf des Kalenderjahres beschließen die Wohnungseigentümer über die Einforderung von Nachschüssen oder die Anpassung der beschlossenen Vorschüsse. Zu diesem Zweck hat der Verwalter eine Abrechnung über den Wirtschaftsplan (Jahresabrechnung) aufzustellen, die darüber hinaus die Einnahmen und Ausgaben enthält.«

Beschlussantrag
Die Nachschüsse bzw. Anpassungen der beschlossenen Vorschüsse aus den Einzelabrechnungen für das Jahr .... vom .... [Datum der Abrechnung] werden genehmigt und fällig gestellt. Der Verwalter ist berechtigt, Nachschüsse bzw. Beitragsanpassungen aus der jeweiligen Einzelabrechnung mit dem Hausgeld des Monats ..../*alternativ:* zum .... [konkretes Datum] abzubuchen. Soweit Eigentümer am Lastschriftverfahren teilnehmen, ist für eine ausreichende Kontodeckung zu sorgen. Eigentümer, die nicht am SEPA-Lastschriftverfahren teilnehmen, haben die Nachschüsse bzw. Beitragsanpassungen ebenfalls bis .... [konkretes Datum] zu bezahlen. Etwaige Guthaben der Eigentümer aufgrund der Anpassung der beschlossenen Vorschüsse hat der Verwalter – sofern kein anderweitiger Rückstand besteht – zum gleichen Termin auszukehren.

Abstimmungsergebnis
Ja-Stimmen: ....

Nein-Stimmen: ....

Enthaltungen: ....

Feststellung und Verkündung des Beschlussergebnisses: Der Beschluss wurde angenommen/abgelehnt.

Mängelgewährleistung

Der Bauingenieur der Verwaltung, Herr ...., erläutert seine Ansicht, dass die Verlegung des Plattenbelags im Rahmen der Sanierung der Hofeinfahrt durch die Firma .... auf Grundlage des Angebots vom .... unsachgemäß erfolgt ist. Die Verbundpflastersteine wurden mit erheblichen Höhenunterschieden verlegt und weisen erhebliche Zwischenräume auf. Aus diesem Grund besteht große Sturzgefahr in diesem Bereich.

Beschlussantrag
Der Verwalter wird beauftragt, im Namen der Wohnungseigentümergemeinschaft, die Firma .... unter Fristsetzung zur Nacherfüllung aufzufordern. Kommt die Firma .... der Aufforderung nicht fristgerecht oder nach Auffassung des Verwalters nur unsachgemäß nach, ist der Verwalter ermächtigt, gegen die Firma .... im Namen der Gemeinschaft unter Hinzuziehung eines Rechtsanwalts ein selbstständiges Beweissicherungsverfahren zur Klärung der Mangelsituation einzuleiten. Über die weitere Vorgehensweise entscheiden die Wohnungseigentümer nach Abschluss des Beweisverfahrens. Die hierfür entstehenden Kosten gehen zulasten der Erhaltungsrücklage.

Anmerkung: Siehe Beschlussmuster »Rechtsanwaltsbeauftragung mit Honorarvereinbarung«

Abstimmungsergebnis
Ja-Stimmen: ....

Nein-Stimmen: ....

Enthaltungen: ....

Feststellung und Verkündung des Beschlussergebnisses: Der Beschluss wurde angenommen/abgelehnt.

Niederschrift/Protokoll

Beschlussantrag
Zur Protokollführerin der ordentlichen Wohnungseigentümerversammlung vom .... wird das Mitglied des Verwaltungsbeirats, Frau ...., bestimmt.

Abstimmungsergebnis
Ja-Stimmen: ....

Nein-Stimmen: ....

Enthaltungen: ....

Feststellung und Verkündung des Beschlussergebnisses: Der Beschluss wurde angenommen/abgelehnt.

Rechtsanwaltsbeauftragung

Beschlussantrag 1
Die Verwaltung wird beauftragt und bevollmächtigt, im Namen und auf Rechnung der Eigentümergemeinschaft einen Rechtsanwalt im Fall der gerichtlichen Inanspruchnahme der Gemeinschaft (Aktiv- und/oder Passivverfahren) zu beauftragen und mit diesem im Rahmen der gesetzlich zulässigen Höhe eine Gebührenvereinbarung (Streitwertvereinbarung) zu treffen. Die Höhe dieser Gebührenvereinbarung richtet sich nach den gesetzlichen Bestimmungen. Die Kosten der Beauftragung des Rechtsanwalts werden im Rahmen der Jahresabrechnung unter der Position »Rechtsberatung« mit den Eigentümern verrechnet.

Abstimmungsergebnis
Ja-Stimmen: ....

Nein-Stimmen: ....

Enthaltungen: ....

Feststellung und Verkündung des Beschlussergebnisses: Der Beschluss wurde angenommen/abgelehnt.

Beschlussantrag 2
Die Verwaltung wird beauftragt und bevollmächtigt, im Namen und auf Rechnung der Eigentümergemeinschaft Herrn Rechtsanwalt und Fachanwalt für Wohnungseigentumsrecht .... mit der außergerichtlichen Beratung und Vertretung der Wohnungseigentümergemeinschaft im Hinblick auf die Möglichkeiten der Durchsetzung von gemeinschaftlichen Mängelgewährleistungsansprüchen resultierend aus der Instandsetzungsmaßnahme .... im Jahr ..... zu beauftragen. Der Verwalter wird weiter bevollmächtigt, mit diesem eine Zeithonorarvereinbarung abzuschließen, die einen Stundensatz von .... EUR netto zuzüglich Mehrwertsteuer

nicht überschreiten darf. Dem Abschluss einer Vergütungsvereinbarung in Form einer Stundenvereinbarung, die die gesetzlichen Gebühren übersteigt, wird aufgrund der besonderen fachlichen Qualifikation und der jahrelangen Zusammenarbeit mit Rechtsanwalt .... zugestimmt.

Abstimmungsergebnis
Ja-Stimmen: ....

Nein-Stimmen: ....

Enthaltungen: ....

Feststellung und Verkündung des Beschlussergebnisses: Der Beschluss wurde angenommen/abgelehnt.

Anmerkung

Die allgemeine Beauftragung eines Rechtsanwalts mit der Beratung und Vertretung der Wohnungseigentümergemeinschaft außerhalb gerichtlicher Verfahren, ohne näher einzugrenzen, auf welche rechtlichen Fragen, Problembereiche und Zielsetzungen sich die Beratungstätigkeit beziehen soll, entspricht insbesondere in Verbindung mit der Vereinbarung eines Stundenhonorars und somit der Höhe nach nicht absehbaren Kosten für die Eigentümer nicht ordnungsmäßiger Verwaltung (LG München I, 15.3.2017, 1 S 10106/16). Bei einer solchen Beschlussfassung ist daher besonders darauf zu achten, dass der Beschluss den Problemkreis und die Aufgabenstellung für den Rechtsanwalt umfassend wiedergibt.

Grundsätzlich ist der Verwalter berechtigt, mit einem Rechtsanwalt eine Vergütungsvereinbarung in Form eines höheren Streitwerts zu vereinbaren. Im Fall eines Stundenhonorars mit einem Rechtsanwalt geht diese jedoch über die Ermächtigung des § 27 WEG hinaus und entspricht nur bei Vorliegen besonderer Gründe ordnungsmäßiger Verwaltung. Besondere Gründe können sich aus der besonderen fachlichen Qualifikation eines Rechtsanwalts, des besonderen Vertrauensverhältnisses der Eigentümer zu ihm, vor allem aufgrund zuvor erfolgter Beauftragungen, und auch aus einer bereits erfolgten Beauftragung in selbiger Sache ergeben (vgl. LG München I, 2.8.2017, 1 S 15254/16).

Sonderumlagenbeschluss

Beschlussantrag
Zum Ausgleich für den Ausfall von Hausgeldzahlungen/Für im Wirtschaftsplan nicht berücksichtigte Erhaltungsmaßnahmen/Für die Kosten für die gemäß TOP ..... beschlossenen Arbeiten am Dach wird eine Sonderumlage in Höhe von insgesamt . ... EUR erhoben. Die Höhe der Sonderumlage richtet sich nach den Miteigentumsanteilen. Auf 1/1.000stel MEA entfällt ein Betrag von .... EUR. Über die Gesamthöhe werden die Eigentümer durch gesondertes Schreiben informiert. Jeder Eigentümer hat den auf ihn entfallenden Anteil spätestens bis zum .... auf das Hausgeldkonto der Wohnungseigentümergemeinschaft zu zahlen. Soweit ein Eigentümer ein SEPA-Mandat erteilt hat, ist die Verwaltung berechtigt, den auf diesen Eigentümer entfallenden Sonderumlageanteil mit dem Hausgeld für den Monat .... abzubuchen. Die Wohnungseigentümer haben für eine ausreichende Kontodeckung zu sorgen.

Abstimmungsergebnis
Ja-Stimmen: ....

Nein-Stimmen: ....

Enthaltungen: ....

Feststellung und Verkündung des Beschlussergebnisses: Der Beschluss wurde angenommen/abgelehnt.

Teilnahme Dritter an der Versammlung

Beschlussantrag
Auf Vorschlag des Verwalters gestattet die Versammlung der Wohnungseigentümer zur Meinungsbildung über den Tagesordnungspunkt TOP ..... Antrag des Wohnungseigentümers .... »Einbau eines Kaminofens« die Anwesenheit des Architekten .... als Berater des Antragstellers in der Versammlung. Das Anwesenheitsrecht ist auf die Behandlung dieses Tagesordnungspunkts beschränkt.

Abstimmungsergebnis
Ja-Stimmen: ....

Nein-Stimmen: ....

Enthaltungen: ……….

Feststellung und Verkündung des Beschlussergebnisses: Der Beschluss wurde angenommen/abgelehnt.

Tierhaltung

Beschlussantrag
Künftig ist es den Eigentümern/Mietern untersagt, mehr als drei Hunde oder drei Katzen in den Wohnungen zu halten. Dies gilt nicht für bereits angeschaffte Tiere. Ferner werden die vermietenden Eigentümer angehalten, diese Regelung bei Neuvermietungen im Mietvertrag zu vereinbaren.

Abstimmungsergebnis
Ja-Stimmen: ……….

Nein-Stimmen: ………

Enthaltungen: ……….

Feststellung und Verkündung des Beschlussergebnisses: Der Beschluss wurde angenommen/abgelehnt.

Umlaufverfahren

MUSTER: BESCHLUSSFASSUNG IM SCHRIFTLICHEN VERFAHREN IN TEXTFORM

Hausverwaltungs GmbH
[Anschrift Absender]

Herrn/Frau
Wohnungseigentümer
[Anschrift Empfänger]

[Ort, Datum]

Wohnungseigentümergemeinschaft ....
Beschluss im schriftlichen Umlaufverfahren gemäß § 23 Abs. 3 WEG

Begründung
Den Wohnungseinheiten im Erdgeschoss der Wohnungseigentümergemeinschaft .... sind gemäß Teilungserklärung Grünflächen als Sondernutzungsrecht zugeteilt. Wegen Eindringens von Personen und Tieren von der Straße auf die Grünflächen haben mehrfach Eigentümer in der Vergangenheit ihre Bereiche eingezäunt. Eine entsprechende Regelung ist in der Teilungserklärung/Gemeinschaftsordnung nicht vorgesehen. Eine Erlaubnis hierzu durch die Wohnungseigentümergemeinschaft liegt bislang nicht vor. Daher haben die Eigentümer Müller, Hauser und Kleingärtner folgenden Antrag gestellt:

»Die WEG duldet eine bislang nicht vorgesehene Einzäunung der den EG-Wohnungen zugeordneten Terrassenflächen (Sondernutzungsrecht) mit grünem Maschendrahtzaun. Die Kosten der erstmaligen Errichtung sowie der Instandsetzung und Instandhaltung trägt der jeweilige Sondernutzungsberechtigte.«

Mit meiner/unserer Unterschrift erkläre(n) ich/wir die Zustimmung/Ablehnung zu dem vorstehenden Beschluss und zur Beschlussabgabe im schriftlichen Verfahren.

....	....	....
Ort, Datum	Wohnungseinheit(en)	Wohnungseigentümer

Hinweise
Ein Beschluss im Umlaufverfahren wird nur wirksam, wenn sämtliche Wohnungseigentümer diesem zustimmen. Die Rücksendung des unterzeichneten Beschlussantrags erbitten wir bis .... Gehört eine Wohnungseinheit mehreren Eigentümern, müssen alle Eigentümer ihre Zustimmung erteilen.

Kommt der Beschluss im schriftlichen Umlaufverfahren wirksam zustande, so bindet er die Wohnungseigentümer und ihre Rechtsnachfolger ebenso wie ein in einer Eigentümerversammlung gefasster Beschluss. Der Verwalter stellt das Beschlussergebnis fest und versendet es an alle Wohnungseigentümer mittels Rundschreiben.

Mit freundlichen Grüßen
Hausverwaltungs GmbH

MUSTER: ABSENKUNGSBESCHLUSS IN DER EIGENTÜMERVERSAMMLUNG

TOP ..... Instandsetzungsmaßnahme Anstrich des Treppenhauses
Die Wohnungseigentümer sind sich darüber einig, dass ein Anstrich des Treppenhauses erfolgen soll. Bis zur Versammlung konnten jedoch nicht mindestens drei Vergleichsangebote eingeholt werden. Im Rahmen dieser Versammlung kann daher kein Beschluss über die Vergabe der Arbeiten gefasst werden. Die Wohnungseigentümer beschließen deshalb, dass ein Beschluss über die Vergabe der Arbeiten im Umlaufverfahren nach § 23 Abs. 3 Satz 2 WEG erfolgen soll, wenn die Angebote vorliegen, zu deren Einholung der Verwalter hiermit beauftragt wird. Nach Vorlage der Angebote wird der Verwalter diese den Wohnungseigentümern zusammen mit einer Beschlussvorlage übersenden und zur Abstimmung binnen einer Frist von vier Wochen auffordern. Diese Beschlussfassung im Umlaufverfahren bedarf nicht der Allstimmigkeit. Die einfache Mehrheit der abgegebenen Stimmen ist ausreichend.

Abstimmungsergebnis
Ja-Stimmen: ....
Nein-Stimmen: ....
Enthaltungen: ....

Feststellung und Verkündung des Beschlussergebnisses: Der Beschluss wurde angenommen/abgelehnt.

Veräußerungszustimmung, Aufhebung

Beschlussantrag

Die Teilungserklärung der Wohnungseigentümergemeinschaft sieht gemäß § ..... bei der Veräußerung eines Sonder-/Teileigentums durch einen Wohnungseigentümer vor, dass der Verwalter hierzu seine Zustimmung erklären muss. Diese Veräußerungsbeschränkung wird ab sofort aufgehoben. Die Verwaltung wird beauftragt, für eine unverzügliche Löschung der im Grundbuch eingetragenen Veräußerungsbeschränkung zu sorgen.

Abstimmungsergebnis

Ja-Stimmen: ....

Nein-Stimmen: ....

Enthaltungen: ....

Feststellung und Verkündung des Beschlussergebnisses: Der Beschluss wurde angenommen/abgelehnt.

Vermögensbericht

> **§ 28 Abs. 4 WEG**
>
> »Der Verwalter hat nach Ablauf eines Kalenderjahres einen Vermögensbericht zu erstellen, der den Stand der in Absatz 1 Satz 1 bezeichneten Rücklagen und eine Aufstellung des wesentlichen Gemeinschaftsvermögens enthält. Der Vermögensbericht ist jedem Wohnungseigentümer zur Verfügung zu stellen.«

Beschlussantrag

Die Wohnungseigentümer beschließen, dass der jährliche Vermögensbericht ausgedruckt mit der Jahresabrechnung/per E-Mail/durch Einstellung in das Online-Portal des Verwalters zur Verfügung gestellt werden soll.

Abstimmungsergebnis

Ja-Stimmen: ....

Nein-Stimmen: ....

Enthaltungen: ....

Feststellung und Verkündung des Beschlussergebnisses: Der Beschluss wurde angenommen/abgelehnt.

Verwalterbestellung

Bestellung kombiniert mit Vertragsschluss

Beschlussantrag
Die Firma .... Verwaltungsgesellschaft mbH, [Anschrift], wird zum Verwalter bestellt. Die Bestellung gilt ab .... und ist befristet bis .... Mit vorzeitiger Abberufung des Verwalters endet auch der Geschäftsbesorgungsvertrag mit dem Verwalter. Der Bestellungszeitraum entspricht der Vertragsdauer.

Die Verwaltervergütung beträgt monatlich

.... EUR/Wohnungseinheit

.... EUR/Gewerbeeinheit

.... EUR/Tiefgaragenstellplatz

.... EUR/Hobbyraum

jeweils zuzüglich der gesetzlichen Mehrwertsteuer.

Der Vorsitzende/die Mitglieder des Verwaltungsbeirats/der Wohnungseigentümer .... wird/werden beauftragt und bevollmächtigt, mit dem bestellten Verwalter einen Verwaltervertrag gemäß vorliegendem Vertragsangebot der Firma .... Verwaltungsgesellschaft mbH vom .... [Datum], das jedem Wohnungseigentümer mit der Einladung zu dieser Versammlung übersendet wurde und als Anlage zur Niederschrift dieser Eigentümerversammlung genommen wird, zu schließen.

> **WEG-Reform 2020**
>
> Gemäß § 9 Abs. 2 WEG ist der Beiratsvorsitzende zur Vertretung der Wohnungseigentümergemeinschaft gegenüber dem Verwalter bereits berechtigt. Die Wohnungseigentümer können jedoch aber auch einen anderen Wohnungseigentümer hierzu ermächtigen. Dies ist erforderlich in den Fällen, in denen ein Beirat fehlt oder der Beirat keinen Vorsitzenden gewählt hat.

Abstimmungsergebnis
Ja-Stimmen: ....

Nein-Stimmen: ....

Enthaltungen: ....

Feststellung und Verkündung des Beschlussergebnisses: Der Beschluss wurde angenommen/abgelehnt.

Weiterbestellung

Die Bestellung der Firma .... Verwaltungsgesellschaft mbH, [Anschrift], als Verwalter und der bestehende Verwaltervertrag enden zum 31. Dezember dieses Jahres. Der Verwaltungsbeirat empfiehlt wegen der guten Verwaltungstätigkeit die Weiterbestellung der Firma ....Verwaltungsgesellschaft mbH und hat demzufolge keine Alternativangebote eingeholt.

Beschlussantrag
Die Firma .... Verwaltungsgesellschaft mbH, [Anschrift], wird für weitere drei Jahre, also von 1.1.20xx bis 31.12.20xx erneut zum Verwalter bestellt. Die Verwaltervergütung bleibt unverändert/ändert sich folgendermaßen: ....

Der bisher geltende Verwaltervertrag gilt für diese Bestellzeit fort.

Abstimmungsergebnis
Ja-Stimmen: ....

Nein-Stimmen: ....

Enthaltungen: ....

Feststellung und Verkündung des Beschlussergebnisses: Der Beschluss wurde angenommen/abgelehnt.

Verwalterabberufung, ordentliche

Beschlussantrag
Der Bestellungszeitraum der Firma .... Verwaltungsgesellschaft mbH, [Anschrift], als Verwalter läuft zum 31.12.20xx aus. Die Mehrheit der Wohnungseigentümer ist mit den langen Reaktionszeiten der Verwaltung unzufrieden und wünscht daher einen Verwalterwechsel. Die Wohnungseigentümer beschließen, dass die Firma .... Verwaltungsgesellschaft mbH, [Anschrift], als Verwalter ordentlich abberufen wird.

Abstimmungsergebnis
Ja-Stimmen: ....

Nein-Stimmen: ....

Enthaltungen: ....

Feststellung und Verkündung des Beschlussergebnisses: Der Beschluss wurde angenommen/abgelehnt.

Der Verwalter nimmt diesen Beschluss zur Kenntnis. Die weiteren Modalitäten, zum Beispiel die Kündigung des Verwaltervertrags, werden in den nachfolgenden Beschlüssen geregelt.

Verwalterabberufung, außerordentliche aus wichtigem Grund

Der Bestellungszeitraum der Firma .... Verwaltungsgesellschaft mbH, [Anschrift], als Verwalter läuft von 1.1.20xx bis 31.12.20xx. Die Bestellzeit beträgt daher noch ..... Jahre. Jedoch ist die Vertrauensbasis für eine weitere Zusammenarbeit mit der Verwaltung dauerhaft gestört, zum Beispiel wurden Beschlüsse der Eigentümergemeinschaft nicht vollzogen, die Beschlusssammlung wurde nicht ordnungsmäßig geführt, die Jahresabrechnung für den letzten Abrechnungszeitraum wurde trotz Abmahnung nicht erstellt und es wurden Gelder von den Gemeinschaftskonten veruntreut. Die große Mehrheit der Eigentümer wünscht daher einen sofortigen Verwalterwechsel.

Beschlussantrag
Die Firma .... Verwaltungsgesellschaft mbH, [Anschrift], wird aus wichtigen Gründen als Verwalter mit sofortiger Wirkung abberufen.

Abstimmungsergebnis
Ja-Stimmen: ……….

Nein-Stimmen: ………

Enthaltungen: ……….

Feststellung und Verkündung des Beschlussergebnisses: Der Beschluss wurde angenommen/abgelehnt.

Der Verwalter nimmt diesen Beschluss zur Kenntnis. Die weiteren Modalitäten, zum Beispiel die Kündigung des Verwaltervertrags, werden in den nachfolgenden Beschlüssen geregelt.

Verwaltervertrag

Abschluss

Beschlussantrag
Mit der soeben vom 1.1.20xx bis 31.12.20xx bestellten Firma ………………………… Verwaltungsgesellschaft mbH, [Anschrift], ist ein Verwaltervertrag zu schließen. Der Vertragsentwurf mit Datum vom ………. wurde den Wohnungseigentümern mit der Einladung zu dieser Versammlung geschickt. Die Wohnungseigentümer beauftragen und bevollmächtigen hiermit den Vorsitzenden/die Mitglieder des Verwaltungsbeirats/den Wohnungseigentümer ………., im Namen der Gemeinschaft den Vertrag gemäß diesem Vertragsentwurf zu unterzeichnen.

Abstimmungsergebnis
Ja-Stimmen: ……….

Nein-Stimmen: ………

Enthaltungen: ……….

Feststellung und Verkündung des Beschlussergebnisses: Der Beschluss wurde angenommen/abgelehnt.

Änderungen des Verwaltervertrags

Firma .... Verwaltungsgesellschaft mbH, [Anschrift], ist bereit, die Verwaltung weiterzuführen, allerdings nur gegen eine angemessene Erhöhung der Verwaltervergütung.

Beschlussantrag
Der Verwaltervertrag wird für den Bestellungszeitraum 1.1.20xx bis 31.12.20xx im Hinblick auf die Verwaltervergütung wie folgt geändert:

.... EUR/Wohnungseinheit

.... EUR /Gewerbeeinheit

.... EUR /Tiefgaragenstellplatz

.... EUR /Hobbyraum

pro Monat, jeweils zuzüglich der gesetzlichen Mehrwertsteuer.

Die Wohnungseigentümer beauftragen und bevollmächtigen hiermit die Mitglieder des Verwaltungsbeirats, im Namen der Gemeinschaft die Vertragsänderung zu unterzeichnen.

Abstimmungsergebnis
Ja-Stimmen: ....

Nein-Stimmen: ....

Enthaltungen: ....

Feststellung und Verkündung des Beschlussergebnisses: Der Beschluss wurde angenommen/abgelehnt.

Die Mitglieder des Verwaltungsbeirats nehmen diesen Auftrag hiermit an.

Festlegung der Aufgaben und Befugnisse des Verwalters

Im Zuge der WEG-Reform 2020 wurde der Aufgabenkatalog des § 27 WEG a.F. abgeschafft. Künftig können die Wohnungseigentümer zu Aufgaben und Befugnissen Beschlüsse fassen, um diese zu konkretisieren.

§ 27 WEG Aufgaben und Befugnisse des Verwalters

»(1) Der Verwalter ist gegenüber der Gemeinschaft der Wohnungseigentümer berechtigt und verpflichtet, die Maßnahmen ordnungsmäßiger Verwaltung zu treffen, die

1. untergeordnete Bedeutung haben und nicht zu erheblichen Verpflichtungen führen oder
2. zur Wahrung einer Frist oder zur Abwendung eines Nachteils erforderlich sind.

(2) Die Wohnungseigentümer können die Rechte und Pflichten nach Absatz 1 durch Beschluss einschränken oder erweitern.«

Mögliche Beschlussgegenstände

Die Eigentümer bestimmen nach § 27 Abs. 2 WEG, dass der Verwalter folgende Maßnahmen ordnungsmäßiger Verwaltung treffen darf, ohne zuvor einen Beschluss in der Eigentümerversammlung einzuholen:

1. Der Verwalter darf kleinere Erhaltungsmaßnahmen bis zu einem Betrag von .... EUR im Einzelfall ohne Rücksprache in Auftrag geben. Der jährliche Gesamtaufwand hierfür darf den im jeweiligen Wirtschaftsplan enthaltenen Gesamtaufwand für die Erhaltung nicht überschreiten.
2. Der Verwalter darf Erhaltungsmaßnahmen in Auftrag geben, die einen Betrag von .... EUR übersteigen, jedoch einen Betrag von .... EUR nicht überschreiten, wenn die Mehrheit der Beiratsmitglieder ihre Einwilligung hierzu erteilt hat.
3. Führung von Beschlussklagen auf Passivseite: Der Verwalter ist zur Auswahl eines Rechtsanwalts und Abschluss einer Honorarvereinbarung berechtigt. Zur Entscheidung über Rechtsmittel ist er berechtigt/*alternativ:* nicht berechtigt.
4. Abschluss von Versorgungsverträgen, zum Beispiel über Müll, Gas, Strom, Wasser oder Heizöl, sowie Wartungsverträgen und Hausmeisterverträgen. Die Verträge dürfen eine Laufzeit von maximal ..... Jahren nicht überschreiten.
5. Abschluss von Versicherungsverträgen: Die Verträge dürfen eine Laufzeit von maximal ..... Jahren nicht überschreiten.
6. Außergerichtliche und gerichtliche Geltendmachung von Hausgeldrückständen oder Forderungen auf eine Sonderumlage unter Hinzuziehung eines Rechtsanwalts einschließlich der Einleitung und Beendigung von Zwangsvollstreckungsmaßnahmen sowie deren Aufhebung und Löschung.
7. Verfolgung von Ansprüchen wegen Störungen des gemeinschaftlichen Eigentums und Verstößen gegen Vereinbarungen der Eigentümer, so zum Beispiel bei nicht genehmigten baulichen Veränderungen oder Verstößen gegen die Hausordnung, einschließlich der gerichtlichen Geltendmachung der Unterlassungsansprüche, sofern der Streitwert nicht erkennbar mehr als .... EUR beträgt. *Alternativ:* Auch hier sind weitere Konkretisierungen denkbar oder können die Berechtigung unter den Beiratsvorbehalt gestellt werden.

Kündigung, ordentliche

Die Firma .... Verwaltungsgesellschaft mbH, [Anschrift], wurde soeben unter TOP ..... mit Wirkung zum 31.12.20xx als Verwalter ordentlich abberufen. Des Weiteren muss noch über die ordentliche Kündigung des Verwaltervertrags Beschluss gefasst werden.

Beschlussantrag
Der Verwaltervertrag zwischen der Eigentümergemeinschaft und der Firma .... Verwaltungsgesellschaft mbH, [Anschrift], vom .... wird mit Wirkung zum 31.12.20xx ordentlich gekündigt. Der Vorsitzende des Verwaltungsbeirats wird ermächtigt, gegenüber dem Verwalter die Kündigungserklärung abzugeben.

Abstimmungsergebnis
Ja-Stimmen: ....

Nein-Stimmen: ....

Enthaltungen: ....

Feststellung und Verkündung des Beschlussergebnisses: Der Beschluss wurde angenommen/abgelehnt.

Der Verwalter nimmt diesen Beschluss zur Kenntnis. Die weiteren Modalitäten werden in den nachfolgenden Beschlüssen geregelt.

Kündigung, außerordentliche

Die Firma .... Verwaltungsgesellschaft mbH, [Anschrift], wurde soeben unter TOP ..... mit Wirkung zum 31.12.20xx als Verwalter außerordentlich aus wichtigem Grund abberufen. Des Weiteren muss noch über die außerordentliche Kündigung des Verwaltervertrags Beschluss gefasst werden. Hinsichtlich der wichtigen Gründe wird auf TOP ..... verwiesen. Sie haben zur außerordentlichen Abberufung des Verwalters geführt und sich trotz Abmahnung vom .... insbesondere in den letzten vier Wochen wiederholt.

Beschlussantrag
Der Verwaltervertrag zwischen der Eigentümergemeinschaft und der Firma .... Verwaltungsgesellschaft mbH, [Anschrift], vom .... wird mit sofortiger Wirkung aus wichtigem Grund außerordentlich gekündigt. Der Vorsitzende des Verwaltungsbeirats wird ermächtigt, gegenüber dem Verwalter die Kündigungserklärung abzugeben.

Abstimmungsergebnis
Ja-Stimmen: ....

Nein-Stimmen: ....

Enthaltungen: ....

Feststellung und Verkündung des Beschlussergebnisses: Der Beschluss wurde angenommen/abgelehnt.

Der Verwalter nimmt diesen Beschluss zur Kenntnis. Die weiteren Modalitäten werden in den nachfolgenden Beschlüssen geregelt.

Weitere Modalitäten bei Abberufung und Kündigung: Verwaltungsunterlagen

Beschlussantrag
Alle Finanzmittel der Eigentümergemeinschaft einschließlich der dazu gehörenden Unterlagen sowie alle sonstigen Verwaltungsunterlagen (Pläne, Korrespondenz, Bankauszüge, Rechnungen, Belege, Verträge, Versicherungspolicen, Beschlusssammlung, Versammlungsprotokolle etc.) sind in geordneter Weise gegen Quittung zum Stichtag der Beendigung der Verwaltertätigkeit unverzüglich, jedoch bis spätestens zum .... der neuen Verwaltung auszuhändigen.

Abstimmungsergebnis
Ja-Stimmen: ....

Nein-Stimmen: ....

Enthaltungen: ....

Feststellung und Verkündung des Beschlussergebnisses: Der Beschluss wurde angenommen/abgelehnt.

Verwaltungsbeirat

Bestellung

Die Wohnungseigentümer beschließen erstmals, einen Verwaltungsbeirat aufzustellen. Die Bestellung soll zunächst nur für ein Jahr erfolgen. Für die Wahl stellen sich folgende vier Wohnungseigentümer zur Verfügung:

....

....

....

....

Über jeden der vier Kandidaten wird einzeln abgestimmt. Zum Verwaltungsbeirat bestellt ist, wer von den vier Bewerbern eine einfache Mehrheit der abgegebenen Stimmen erzielt.

Beschlussantrag
Für die Zeit vom 1.1.20xx bis 31.12.20xx werden zu Mitgliedern des Verwaltungsbeirats bestellt:

1. Frau A
2. Frau B
3. Frau C
4. Herr D

Abstimmungsergebnis

Frau A:	Ja-Stimmen:	Nein-Stimmen:	Enthaltungen: .....
Frau B:	Ja-Stimmen:	Nein-Stimmen:	Enthaltungen: .....
Frau C:	Ja-Stimmen:	Nein-Stimmen:	Enthaltungen: .....
Herr D:	Ja-Stimmen:	Nein-Stimmen:	Enthaltungen: .....

Feststellung und Verkündung des Beschlussergebnisses
Frau B, Frau C und Herr D sind jeweils mit der einfachen Mehrheit der abgegebenen Stimmen für die Zeit vom 1.1.20xx bis 31.12.20xx zu Mitgliedern des Verwaltungsbeirats bestellt.

Frau B, Frau C und Herr D nehmen die Wahl an. Die Wahl des Beiratsvorsitzenden erfolgt durch die Beiratsmitglieder.

Weiterbestellung

Beschlussantrag
Frau B, Frau C und Herr D werden für die Zeit vom 1.1.20xx bis 31.12.20xx erneut als Verwaltungsbeiräte bestellt.

Abstimmungsergebnis

Frau B:	Ja-Stimmen:	Nein-Stimmen:	Enthaltungen: .....
Frau C:	Ja-Stimmen:	Nein-Stimmen:	Enthaltungen: .....
Herr D:	Ja-Stimmen:	Nein-Stimmen:	Enthaltungen: .....

Feststellung und Verkündung des Beschlussergebnisses
Frau B, Frau C und Herr D sind jeweils mit der einfachen Mehrheit der abgegebenen Stimmen für die Zeit vom 1.1.20xx bis 31.12.20xx zu Mitgliedern des Verwaltungsbeirats bestellt.

Frau B, Frau C und Herr D nehmen die Wahl an. Die Wahl des Beiratsvorsitzenden erfolgt durch die Beiratsmitglieder.

Bestellung eines Ersatzmitglieds

Beschlussantrag
Für die Zeit vom 1.1.20xx bis 31.12.20xx wird Herr x als Ersatzmitglied für den Verwaltungsbeirat bestellt.

Abstimmungsergebnis
Ja-Stimmen: ....

Nein-Stimmen: ....

Enthaltungen: ....

Feststellung und Verkündung des Beschlussergebnisses: Der Beschluss wurde angenommen/abgelehnt.

Herr X nimmt die Wahl an.

Aufwandsentschädigung

Beschlussantrag
Die Mitglieder des Verwaltungsbeirats erhalten ohne gesonderten Nachweis als Ausgleich für ihnen entstehende Telefon-, Porto-, Kopier- und Fahrtkosten eine jährliche pauschale Aufwandsentschädigung von jeweils .... EUR, der Verwaltungsbeiratsvorsitzende von .... EUR. Die Aufwandsentschädigung wird zum Ende eines jeden Kalenderjahres durch den Verwalter vom Konto der Wohnungseigentümergemeinschaft auf das jeweilige Konto des Beiratsmitglieds überwiesen. Damit sind sämtliche Ansprüche der Beiratsmitglieder auf Erstattung der ihnen bei Ausübung ihrer Beiratstätigkeit entstandenen Aufwendungen abgegolten. Der jährliche Gesamtbetrag wird unter der Kostenart »Aufwandsentschädigung Verwaltungsbeirat« in die Jahresabrechnung gestellt.

Abstimmungsergebnis
Ja-Stimmen: ....

Nein-Stimmen: ....

Enthaltungen: ....

Feststellung und Verkündung des Beschlussergebnisses: Der Beschluss wurde angenommen/abgelehnt.

Haftungsbeschränkung

Beschlussantrag
Die Haftung der Verwaltungsbeiräte für ihre Tätigkeit wird unabhängig von der gezahlten Aufwandsentschädigung bei Anspruch auf jährliche Entlastung auf grobe Fahrlässigkeit und Vorsatz beschränkt.

Unter Ausschluss des Stimmrechts der Beiratsmitglieder ergibt sich folgendes Abstimmungsergebnis:

Abstimmungsergebnis
Ja-Stimmen: ....

Nein-Stimmen: ....

Enthaltungen: ....

Feststellung und Verkündung des Beschlussergebnisses: Der Beschluss wurde angenommen/abgelehnt.

Abschluss einer Vermögensschadenhaftpflichtversicherung

Beschlussantrag
Für die Beiratsmitglieder wird von der Wohnungseigentümergemeinschaft eine Vermögensschadenhaftpflichtversicherung abgeschlossen. Die Deckungssumme soll 200.000 EUR betragen. Der Verwalter wird beauftragt und bevollmächtigt, im Namen der Wohnungseigentümergemeinschaft die Versicherung abzuschließen.

Der jährliche Gesamtbetrag wird unter der Kostenart »Haftpflichtversicherung Verwaltungsbeirat« in die Jahresabrechnung gestellt.

Abstimmungsergebnis
Ja-Stimmen: ....

Nein-Stimmen: ....

Enthaltungen: ....

Feststellung und Verkündung des Beschlussergebnisses: Der Beschluss wurde angenommen/abgelehnt.

Ordentliche Abberufung

Beschlussantrag
Miteigentümer D wird zum Ablauf seiner Bestellungszeit zum .... in seiner Funktion als Mitglied des Verwaltungsbeirats ordentlich abberufen.

Abstimmungsergebnis
Ja-Stimmen: ....

Nein-Stimmen: ....

Enthaltungen: ....

Feststellung und Verkündung des Beschlussergebnisses: Der Beschluss wurde angenommen/abgelehnt.

Der anwesende Miteigentümer D nimmt die Abberufung zur Kenntnis.

Virtuelle Teilnahme an Eigentümerversammlungen

Beschlussantrag

Es wird beschlossen, dass Wohnungseigentümer gemäß § 23 Abs. 1 Satz 2 WEG an Eigentümerversammlungen auch ohne Anwesenheit an deren Ort teilnehmen können.

Mögliche Alternativen zur Beschlussfassung

1. Die Wohnungseigentümer sind befugt, sämtliche Versammlungsrechte/folgende Rechte (zum Beispiel Abstimmung, Rederecht, Antragsrecht, Mitwirkung an der Diskussion) im Wege der elektronischen Kommunikation auszuüben.
2. Es erfolgt eine Ton- und Bildübertragung/nur eine Tonübertragung der Versammlung.
3. Die Wohnungseigentümer können nur passiv an der Versammlung teilnehmen, haben jedoch ein Abstimmungsrecht. Die Stimmabgabe erfolgt in elektronischer Form (zum Beispiel per E-Mail/Telefon/elektronische Plattform)/vorab per E-Mail oder Fax).
4. Die an der Versammlung elektronisch teilnehmenden Eigentümer können anderen Wohnungseigentümern/dem Verwalter eine Vollmacht für ihre Stimmabgabe erteilen. Weisungen, wie die entsprechende Abstimmung auszuüben ist, können noch/können nicht mehr im Lauf der Versammlung erteilt werden.
5. Zur Ermöglichung einer elektronischen Kommunikation soll gemäß dem Angebot der Firma .... zu einem Betrag von .... EUR die Hardware/Software angemietet/erworben werden.
6. Die Kosten für die elektronische Teilnahme an der Versammlung tragen alle Wohnungseigentümer im Verhältnis ihrer Miteigentumsanteile/tragen nur folgende Wohnungseigentümer .... [Namen], die die Möglichkeit der virtuellen Teilnahme wünschen, im Verhältnis ihrer Miteigentumsanteile.
7. Die Kosten auf Seiten des jeweiligen elektronisch teilnehmenden Eigentümers hat dieser selber zu tragen.
8. Wohnungseigentümer, die elektronisch teilnehmen, werden auf den Grundsatz der Nichtöffentlichkeit von Eigentümerversammlungen hingewiesen und darauf, dass eine Übertragung an Nichtberechtigte nicht erlaubt ist.
9. Der Verwalter hat den Wohnungseigentümern die erforderlichen Zugangsdaten zur elektronischen Teilnahme zusammen mit der Ladung zur Versammlung zur Verfügung zu stellen.

Wirtschaftsplan (Gesamt- und Einzelwirtschaftsplan)

§ 28 Abs. 1 WEG

»Die Wohnungseigentümer beschließen über die Vorschüsse zur Kostentragung und zu den nach § 19 Absatz 2 Nr. 4 oder durch Beschluss vorgesehenen

Rücklagen. Zu diesem Zweck hat der Verwalter jeweils für ein Kalenderjahr einen Wirtschaftsplan aufzustellen, der darüber hinaus die voraussichtlichen Einnahmen und Ausgaben enthält.«

Beschlussantrag
Die Vorschüsse aus den Einzelwirtschaftsplänen für das Jahr .... vom .... [Datum der Druckfassung] werden genehmigt. Die in den Einzelwirtschaftsplänen ausgewiesenen Vorschüsse sind jeweils bis zum dritten Werktag eines Monats im Voraus fällig und auf das Gemeinschaftskonto zu entrichten, erstmals im Januar ..... Die Vorschüsse aus den Einzelwirtschaftsplänen für das Jahr ..... gelten so lange, bis ein neuer Beschluss über Vorschüsse aus Einzelwirtschaftsplänen gefasst wird.

Abstimmungsergebnis
Ja-Stimmen: ....

Nein-Stimmen: ....

Enthaltungen: ....

Feststellung und Verkündung des Beschlussergebnisses: Der Beschluss wurde angenommen/abgelehnt.

Zweitbeschlüsse

Bestätigender Zweitbeschluss

Beschlussantrag
Die bereits in der Wohnungseigentümerversammlung vom .... beschlossene Vergabe des Auftrags zur Erneuerung der Briefkastenanlage an die Firma .... auf Grundlage des Angebots vom .... wird erneut beschlossen.

Abstimmungsergebnis
Ja-Stimmen: ....

Nein-Stimmen: ....

Enthaltungen: ....

Feststellung und Verkündung des Beschlussergebnisses: Der Beschluss wurde angenommen/abgelehnt.

Ergänzender Zweitbeschluss

Beschlussantrag
In der Wohnungseigentümerversammlung vom .... unter TOP ..... wurde die bisher nicht ausgeführte Erneuerung der Briefkastenanlage auf der Grundlage des Kostenvoranschlags der Firma .... vom .... beschlossen. Die Finanzierung soll über die Instandhaltungsrücklage erfolgen. Der Auftrag zur Erneuerung der Briefkastenanlage wird erweitert. Das Klingeltableau samt Gegensprechanlage soll ersetzt und in die Briefkastenanlage integriert werden. Diese Maßnahmen sollen auf Grundlage des ergänzenden Gesamtangebots der Firma .... vom ....in Höhe von EUR ... durchgeführt werden. Die Kosten der Gesamtmaßnahme sollen der Instandhaltungsrücklage entnommen werden.

Abstimmungsergebnis
Ja-Stimmen: ....

Nein-Stimmen: ....

Enthaltungen: ....

Feststellung und Verkündung des Beschlussergebnisses: Der Beschluss wurde angenommen/abgelehnt.

Abändernder Zweitbeschluss

Beschlussantrag
In der Wohnungseigentümerversammlung vom .... wurde unter TOP ..... die Vergabe des Auftrags zur Erneuerung der Briefkastenanlage an die Firma .... auf Grundlage des Angebots vom .... beschlossen. Der Auftrag wurde bislang mangels finanzieller Mittel nicht vergeben. Der Beschluss wird aufgehoben. Wenn sich die finanzielle Lage der Wohnungseigentümergemeinschaft entspannt hat, soll hierüber erneut Beschluss gefasst werden.

Abstimmungsergebnis
Ja-Stimmen: ....

Nein-Stimmen: ....

Enthaltungen: ....

Feststellung und Verkündung des Beschlussergebnisses: Der Beschluss wurde angenommen/abgelehnt.

Synopse: WEG alte Fassung/neue Fassung

WEG – alte Fassung[1] (bis 30.11.2020)	WEG – neue Fassung[2] (ab 1.12.2020)
Gesetz über das Wohnungseigentum und das Dauerwohnrecht	Gesetz über das Wohnungseigentum und das Dauerwohnrecht (Wohnungseigentumsgesetz, WEG)
I. Teil Wohnungseigentum	**Teil 1 Wohnungseigentum**
	Abschnitt 1 Begriffsbestimmungen
§ 1 Begriffsbestimmungen	**§ 1 Begriffsbestimmungen**
(1) Nach Maßgabe dieses Gesetzes kann an Wohnungen das Wohnungseigentum, an nicht zu Wohnzwecken dienenden Räumen eines Gebäudes das Teileigentum begründet werden.	(1) Nach Maßgabe dieses Gesetzes kann an Wohnungen das Wohnungseigentum, an nicht zu Wohnzwecken dienenden Räumen eines Gebäudes das Teileigentum begründet werden.
(2) Wohnungseigentum ist das Sondereigentum an einer Wohnung in Verbindung mit dem Miteigentumsanteil an dem gemeinschaftlichen Eigentum, zu dem es gehört.	(2) Wohnungseigentum ist das Sondereigentum an einer Wohnung in Verbindung mit dem Miteigentumsanteil an dem gemeinschaftlichen Eigentum, zu dem es gehört.
(3) Teileigentum ist das Sondereigentum an nicht zu Wohnzwecken dienenden Räumen eines Gebäudes in Verbindung mit dem Miteigentumsanteil an dem gemeinschaftlichen Eigentum, zu dem es gehört.	(3) Teileigentum ist das Sondereigentum an nicht zu Wohnzwecken dienenden Räumen eines Gebäudes in Verbindung mit dem Miteigentumsanteil an dem gemeinschaftlichen Eigentum, zu dem es gehört.
(4) Wohnungseigentum und Teileigentum können nicht in der Weise begründet werden, daß das Sondereigentum mit Miteigentum an mehreren Grundstücken verbunden wird.	(4) Wohnungseigentum und Teileigentum können nicht in der Weise begründet werden, dass das Sondereigentum mit Miteigentum an mehreren Grundstücken verbunden wird.
(5) Gemeinschaftliches Eigentum im Sinne dieses Gesetzes sind das Grundstück ~~*sowie die Teile, Anlagen und Einrichtungen des Gebäudes, die*~~ nicht im Sondereigentum oder im Eigentum eines Dritten stehen.	(5) Gemeinschaftliches Eigentum im Sinne dieses Gesetzes sind das Grundstück **und das Gebäude, soweit sie** nicht im Sondereigentum oder im Eigentum eines Dritten stehen.

1 Gesetz über das Wohnungseigentum und das Dauerwohnrecht (Wohnungseigentumsgesetz, WEG) in der Fassung vom 5.12.2014 (BGBl I 2014, S. 1962)

2 Gesetz zur Förderung der Elektromobilität und zur Modernisierung des Wohnungseigentumsgesetzes und zur Änderung von kosten- und grundbuchrechtlichen Vorschriften (Wohnungseigentumsmodernisierungsgesetz, WEMoG) vom 16.10.2020 (BGBl I 2020, S. 2187)

WEG – alte Fassung[1] **(bis 30.11.2020)**	**WEG – neue Fassung**[2] **(ab 1.12.2020)**
(6) Für das Teileigentum gelten die Vorschriften über das Wohnungseigentum entsprechend.	(6) Für das Teileigentum gelten die Vorschriften über das Wohnungseigentum entsprechend.
~~*1. Abschnitt*~~ **Begründung des Wohnungseigentums**	**Abschnitt** 2 **Begründung des Wohnungseigentums**
§ 2 Arten der Begründung	**§ 2 Arten der Begründung**
Wohnungseigentum wird durch die vertragliche Einräumung von Sondereigentum (§ 3) oder durch Teilung (§ 8) begründet.	Wohnungseigentum wird durch die vertragliche Einräumung von Sondereigentum (§ 3) oder durch Teilung (§ 8) begründet.
§ 3 Vertragliche Einräumung von Sondereigentum	**§ 3 Vertragliche Einräumung von Sondereigentum**
(1) Das Miteigentum (§ 1008 des Bürgerlichen Gesetzbuches) an einem Grundstück kann durch Vertrag der Miteigentümer in der Weise beschränkt werden, daß jedem der Miteigentümer abweichend von § 93 des Bürgerlichen Gesetzbuches das ~~*Sondereigentum*~~ an einer bestimmten Wohnung oder an nicht zu Wohnzwecken dienenden bestimmten Räumen in einem auf dem Grundstück errichteten oder zu errichtenden Gebäude eingeräumt wird.	(1) [1]Das Miteigentum (§ 1008 des Bürgerlichen Gesetzbuches) an einem Grundstück kann durch Vertrag der Miteigentümer in der Weise beschränkt werden, dass jedem der Miteigentümer abweichend von § 93 des Bürgerlichen Gesetzbuches das **Eigentum** an einer bestimmten Wohnung oder an nicht zu Wohnzwecken dienenden bestimmten Räumen in einem auf dem Grundstück errichteten oder zu errichtenden Gebäude **(Sondereigentum)** eingeräumt wird. [2]**Stellplätze gelten als Räume im Sinne des Satzes 1.**
	(2) Das Sondereigentum kann auf einen außerhalb des Gebäudes liegenden Teil des Grundstücks erstreckt werden, es sei denn, die Wohnung oder die nicht zu Wohnzwecken dienenden Räume bleiben dadurch wirtschaftlich nicht die Hauptsache.
(2) [1]Sondereigentum soll nur eingeräumt werden, wenn die Wohnungen oder sonstigen Räume in sich abgeschlossen sind. [2]~~*Garagenstellplätze gelten als abgeschlossene Räume, wenn ihre Flächen durch dauerhafte Markierungen ersichtlich sind.*~~	**(3)** Sondereigentum soll nur eingeräumt werden, wenn die Wohnungen oder sonstigen Räume in sich abgeschlossen sind **und Stellplätze sowie außerhalb des Gebäudes liegende Teile des Grundstücks durch Maßangaben im Aufteilungsplan bestimmt sind.**
(3) (weggefallen)	

WEG – alte Fassung[1] **(bis 30.11.2020)**	**WEG – neue Fassung**[2] **(ab 1.12.2020)**
§ 4 Formvorschriften	**§ 4 Formvorschriften**
(1) Zur Einräumung und zur Aufhebung des Sondereigentums ist die Einigung der Beteiligten über den Eintritt der Rechtsänderung und die Eintragung in das Grundbuch erforderlich.	(1) Zur Einräumung und zur Aufhebung des Sondereigentums ist die Einigung der Beteiligten über den Eintritt der Rechtsänderung und die Eintragung in das Grundbuch erforderlich.
(2) [1]Die Einigung bedarf der für die Auflassung vorgeschriebenen Form. [2]Sondereigentum kann nicht unter einer Bedingung oder Zeitbestimmung eingeräumt oder aufgehoben werden.	(2) [1]Die Einigung bedarf der für die Auflassung vorgeschriebenen Form. [2]Sondereigentum kann nicht unter einer Bedingung oder Zeitbestimmung eingeräumt oder aufgehoben werden.
(3) Für einen Vertrag, durch den sich ein Teil verpflichtet, Sondereigentum einzuräumen, zu erwerben oder aufzuheben, gilt § 311b Abs. 1 des Bürgerlichen Gesetzbuchs entsprechend.	(3) Für einen Vertrag, durch den sich ein Teil verpflichtet, Sondereigentum einzuräumen, zu erwerben oder aufzuheben, gilt § 311b Abs. 1 des Bürgerlichen Gesetzbuchs entsprechend.
§ 5 Gegenstand und Inhalt des Sondereigentums	**§ 5 Gegenstand und Inhalt des Sondereigentums**
(1) Gegenstand des Sondereigentums sind die gemäß ~~*§ 3 Abs. 1*~~ bestimmten Räume sowie die zu diesen Räumen gehörenden Bestandteile des Gebäudes, die verändert, beseitigt oder eingefügt werden können, ohne daß dadurch das gemeinschaftliche Eigentum oder ein auf Sondereigentum beruhendes Recht eines anderen Wohnungseigentümers über das ~~*nach § 14 zulässige*~~ Maß hinaus beeinträchtigt oder die äußere Gestaltung des Gebäudes verändert wird.	(1) [1]Gegenstand des Sondereigentums sind die gemäß **§ 3 Absatz 1 Satz 1** bestimmten Räume sowie die zu diesen Räumen gehörenden Bestandteile des Gebäudes, die verändert, beseitigt oder eingefügt werden können, ohne dass dadurch das gemeinschaftliche Eigentum oder ein auf Sondereigentum beruhendes Recht eines anderen Wohnungseigentümers über das **bei einem geordneten Zusammenleben unvermeidliche** Maß hinaus beeinträchtigt oder die äußere Gestaltung des Gebäudes verändert wird. [2]**Soweit sich das Sondereigentum auf außerhalb des Gebäudes liegende Teile des Grundstücks erstreckt, gilt § 94 des Bürgerlichen Gesetzbuchs entsprechend.**
(2) Teile des Gebäudes, die für dessen Bestand oder Sicherheit erforderlich sind, sowie Anlagen und Einrichtungen, die dem gemeinschaftlichen Gebrauch der Wohnungseigentümer dienen, sind nicht Gegenstand des Sondereigentums, selbst wenn sie sich im Bereich der im Sondereigentum stehenden Räume befinden.	(2) Teile des Gebäudes, die für dessen Bestand oder Sicherheit erforderlich sind, sowie Anlagen und Einrichtungen, die dem gemeinschaftlichen Gebrauch der Wohnungseigentümer dienen, sind nicht Gegenstand des Sondereigentums, selbst wenn sie sich im Bereich der im Sondereigentum stehenden Räume **oder Teile des Grundstücks** befinden.

WEG – alte Fassung[1] **(bis 30.11.2020)**	**WEG – neue Fassung[2]** **(ab 1.12.2020)**
(3) Die Wohnungseigentümer können vereinbaren, daß Bestandteile des Gebäudes, die Gegenstand des Sondereigentums sein können, zum gemeinschaftlichen Eigentum gehören.	(3) Die Wohnungseigentümer können vereinbaren, dass Bestandteile des Gebäudes, die Gegenstand des Sondereigentums sein können, zum gemeinschaftlichen Eigentum gehören.
(4) [1]Vereinbarungen über das Verhältnis der Wohnungseigentümer untereinander können nach den Vorschriften des ~~2. und 3. Abschnittes~~ zum Inhalt des Sondereigentums gemacht werden. [2]Ist das Wohnungseigentum mit der Hypothek, Grund- oder Rentenschuld oder der Reallast eines Dritten belastet, so ist dessen nach anderen Rechtsvorschriften notwendige Zustimmung ~~zu der Vereinbarung~~ nur erforderlich, wenn ein Sondernutzungsrecht begründet oder ein mit dem Wohnungseigentum verbundenes Sondernutzungsrecht aufgehoben, geändert oder übertragen wird. [3]~~Bei der Begründung eines Sondernutzungsrechts ist die Zustimmung des Dritten nicht erforderlich, wenn durch die Vereinbarung gleichzeitig das zu seinen Gunsten belastete Wohnungseigentum mit einem Sondernutzungsrecht verbunden wird.~~	(4) [1]Vereinbarungen über das Verhältnis der Wohnungseigentümer untereinander **und Beschlüsse aufgrund einer solchen Vereinbarung** können nach den Vorschriften des **Abschnitts 4** zum Inhalt des Sondereigentums gemacht werden. [2]Ist das Wohnungseigentum mit der Hypothek, Grund- oder Rentenschuld oder der Reallast eines Dritten belastet, so ist dessen nach anderen Rechtsvorschriften notwendige Zustimmung nur erforderlich, wenn ein Sondernutzungsrecht begründet oder ein mit dem Wohnungseigentum verbundenes Sondernutzungsrecht aufgehoben, geändert oder übertragen wird.
§ 6 Unselbständigkeit des Sondereigentums	**§ 6 Unselbstständigkeit des Sondereigentums**
(1) Das Sondereigentum kann ohne den Miteigentumsanteil, zu dem es gehört, nicht veräußert oder belastet werden. (2) Rechte an dem Miteigentumsanteil erstrecken sich auf das zu ihm gehörende Sondereigentum.	(1) Das Sondereigentum kann ohne den Miteigentumsanteil, zu dem es gehört, nicht veräußert oder belastet werden. (2) Rechte an dem Miteigentumsanteil erstrecken sich auf das zu ihm gehörende Sondereigentum.

WEG – alte Fassung[1] **(bis 30.11.2020)**	**WEG – neue Fassung**[2] **(ab 1.12.2020)**
§ 7 Grundbuchvorschriften	**§ 7 Grundbuchvorschriften**
(1) [1]Im Falle des § 3 Abs. 1 wird für jeden Miteigentumsanteil von Amts wegen ein besonderes Grundbuchblatt (Wohnungsgrundbuch, Teileigentumsgrundbuch) angelegt. [2]Auf diesem ist das zu dem Miteigentumsanteil gehörende Sondereigentum und als Beschränkung des Miteigentums die Einräumung der zu den anderen Miteigentumsanteilen gehörenden Sondereigentumsrechte einzutragen. [3]Das Grundbuchblatt des Grundstücks wird von Amts wegen geschlossen.	(1) [1]Im Falle des § 3 Abs. 1 wird für jeden Miteigentumsanteil von Amts wegen ein besonderes Grundbuchblatt (Wohnungsgrundbuch, Teileigentumsgrundbuch) angelegt. [2]Auf diesem ist das zu dem Miteigentumsanteil gehörende Sondereigentum und als Beschränkung des Miteigentums die Einräumung der zu den anderen Miteigentumsanteilen gehörenden Sondereigentumsrechte einzutragen. [3]Das Grundbuchblatt des Grundstücks wird von Amts wegen geschlossen.
(2) (weggefallen)	**(2) Zur Eintragung eines Beschlusses im Sinne des § 5 Absatz 4 Satz 1 bedarf es der Bewilligungen der Wohnungseigentümer nicht, wenn der Beschluss durch eine Niederschrift, bei der die Unterschriften der in § 24 Absatz 6 bezeichneten Personen öffentlich beglaubigt sind, oder durch ein Urteil in einem Verfahren nach § 44 Absatz 1 Satz 2 nachgewiesen ist. Antragsberechtigt ist auch die Gemeinschaft der Wohnungseigentümer.**
(3) Zur näheren Bezeichnung des Gegenstandes und des Inhalts des Sondereigentums kann auf die Eintragungsbewilligung Bezug genommen werden.	(3) [1]Zur näheren Bezeichnung des Gegenstandes und des Inhalts des Sondereigentums kann auf die Eintragungsbewilligung **oder einen Nachweis gemäß Absatz 2 Satz 1** Bezug genommen werden. [2]**Veräußerungsbeschränkungen (§ 12) und die Haftung von Sondernachfolgern für Geldschulden sind jedoch ausdrücklich einzutragen.**

WEG – alte Fassung[1] **(bis 30.11.2020)**	**WEG – neue Fassung**[2] **(ab 1.12.2020)**
(4) [1]Der Eintragungsbewilligung sind als Anlagen beizufügen:	(4) [1]Der Eintragungsbewilligung sind als Anlagen beizufügen:
1. eine von der Baubehörde mit Unterschrift und Siegel oder Stempel versehene Bauzeichnung, aus der die Aufteilung des Gebäudes sowie die Lage und Größe der im Sondereigentum und der im gemeinschaftlichen Eigentum stehenden Gebäudeteile ersichtlich ist (Aufteilungsplan); alle zu demselben Wohnungseigentum gehörenden Einzelräume sind mit der jeweils gleichen Nummer zu kennzeichnen;	1. eine von der Baubehörde mit Unterschrift und Siegel oder Stempel versehene Bauzeichnung, aus der die Aufteilung des Gebäudes **und des Grundstücks** sowie die Lage und Größe der im Sondereigentum und der im gemeinschaftlichen Eigentum stehenden **Teile des Gebäudes und des Grundstücks** ersichtlich ist (Aufteilungsplan); alle zu demselben Wohnungseigentum gehörenden Einzelräume **und Teile des Grundstücks** sind mit der jeweils gleichen Nummer zu kennzeichnen;
2. eine Bescheinigung der Baubehörde, daß die Voraussetzungen des ~~*§ 3 Abs. 2*~~ vorliegen.	2. eine Bescheinigung der Baubehörde, dass die Voraussetzungen des **§ 3 Absatz 3** vorliegen.
[2]Wenn in der Eintragungsbewilligung für die einzelnen Sondereigentumsrechte Nummern angegeben werden, sollen sie mit denen des Aufteilungsplanes übereinstimmen. ~~*[3]Die Landesregierungen können durch Rechtsverordnung bestimmen, dass und in welchen Fällen der Aufteilungsplan (Satz 1 Nr. 1) und die Abgeschlossenheit (Satz 1 Nr. 2) von einem öffentlich bestellten oder anerkannten Sachverständigen für das Bauwesen statt von der Baubehörde ausgefertigt und bescheinigt werden. [4]Werden diese Aufgaben von dem Sachverständigen wahrgenommen, so gelten die Bestimmungen der Allgemeinen Verwaltungsvorschrift für die Ausstellung von Bescheinigungen gemäß § 7 Abs. 4 Nr. 2 und § 32 Abs. 2 Nr. 2 des Wohnungseigentumsgesetzes vom 19. März 1974 (BAnz. Nr. 58 vom 23. März 1974) entsprechend. [5]In diesem Fall bedürfen die Anlagen nicht der Form des § 29 der Grundbuchordnung. [6]Die Landesregierungen können die Ermächtigung durch Rechtsverordnung auf die Landesbauverwaltungen übertragen.*~~	[2]Wenn in der Eintragungsbewilligung für die einzelnen Sondereigentumsrechte Nummern angegeben werden, sollen sie mit denen des Aufteilungsplanes übereinstimmen.
(5) Für Teileigentumsgrundbücher gelten die Vorschriften über Wohnungsgrundbücher entsprechend.	(5) Für Teileigentumsgrundbücher gelten die Vorschriften über Wohnungsgrundbücher entsprechend.

WEG – alte Fassung[1] **(bis 30.11.2020)**	**WEG – neue Fassung**[2] **(ab 1.12.2020)**
§ 8 Teilung durch den Eigentümer	**§ 8 Teilung durch den Eigentümer**
(1) Der Eigentümer eines Grundstücks kann durch Erklärung gegenüber dem Grundbuchamt das Eigentum an dem Grundstück in Miteigentumsanteile in der Weise teilen, daß mit jedem Anteil ~~*das Sondereigentum an einer bestimmten Wohnung oder an nicht zu Wohnzwecken dienenden bestimmten Räumen in einem auf dem Grundstück errichteten oder zu errichtenden Gebäude*~~ verbunden ist.	(1) Der Eigentümer eines Grundstücks kann durch Erklärung gegenüber dem Grundbuchamt das Eigentum an dem Grundstück in Miteigentumsanteile in der Weise teilen, dass mit jedem Anteil **Sondereigentum** verbunden ist.
(2) [1]Im Falle des Absatzes 1 gelten ~~*die Vorschriften des § 3 Abs. 2 und der §§ 5, 6, § 7 Abs. 1, 3 bis 5*~~ entsprechend. [2]~~*Die Teilung wird mit der Anlegung der Wohnungsgrundbücher wirksam.*~~	(2) Im Falle des Absatzes 1 gelten **§ 3 Absatz 1 Satz 2, Absatz 2 und 3, § 4 Absatz 2 Satz 2 sowie die §§ 5 bis 7** entsprechend.
	(3) Wer einen Anspruch auf Übertragung von Wohnungseigentum gegen den teilenden Eigentümer hat, der durch Vormerkung im Grundbuch gesichert ist, gilt gegenüber der Gemeinschaft der Wohnungseigentümer und den anderen Wohnungseigentümern anstelle des teilenden Eigentümers als Wohnungseigentümer, sobald ihm der Besitz an den zum Sondereigentum gehörenden Räumen übergeben wurde.
§ 9 Schließung der Wohnungsgrundbücher	**§ 9 Schließung der Wohnungsgrundbücher**
(1) Die Wohnungsgrundbücher werden geschlossen:	(1) Die Wohnungsgrundbücher werden geschlossen:
1. von Amts wegen, wenn die Sondereigentumsrechte gemäß § 4 aufgehoben werden;	1. von Amts wegen, wenn die Sondereigentumsrechte gemäß § 4 aufgehoben werden;
2. ~~*auf Antrag sämtlicher Wohnungseigentümer, wenn alle Sondereigentumsrechte durch völlige Zerstörung des Gebäudes gegenstandslos geworden sind und der Nachweis hierfür durch eine Bescheinigung der Baubehörde erbracht ist;*~~	
~~3.~~ auf Antrag des Eigentümers, wenn sich sämtliche Wohnungseigentumsrechte in einer Person vereinigen	**2.** auf Antrag des Eigentümers, wenn sich sämtliche Wohnungseigentumsrechte in einer Person vereinigen.

WEG – alte Fassung[1] (bis 30.11.2020)	WEG – neue Fassung[2] (ab 1.12.2020)
(2) Ist ein Wohnungseigentum selbständig mit dem Rechte eines Dritten belastet, so werden die allgemeinen Vorschriften, nach denen zur Aufhebung des Sondereigentums die Zustimmung des Dritten erforderlich ist, durch Absatz 1 nicht berührt. (3) Werden die Wohnungsgrundbücher geschlossen, so wird für das Grundstück ein Grundbuchblatt nach den allgemeinen Vorschriften angelegt; die Sondereigentumsrechte erlöschen, soweit sie nicht bereits aufgehoben sind, mit der Anlegung des Grundbuchblatts.	(2) Ist ein Wohnungseigentum selbständig mit dem Rechte eines Dritten belastet, so werden die allgemeinen Vorschriften, nach denen zur Aufhebung des Sondereigentums die Zustimmung des Dritten erforderlich ist, durch Absatz 1 nicht berührt. (3) Werden die Wohnungsgrundbücher geschlossen, so wird für das Grundstück ein Grundbuchblatt nach den allgemeinen Vorschriften angelegt; die Sondereigentumsrechte erlöschen, soweit sie nicht bereits aufgehoben sind, mit der Anlegung des Grundbuchblatts.
~~*2. Abschnitt*~~ **Gemeinschaft der Wohnungseigentümer**	**Abschnitt** 3 **Rechtsfähige Gemeinschaft der Wohnungseigentümer** **§ 9a Gemeinschaft der Wohnungseigentümer** **(1) [1]Die Gemeinschaft der Wohnungseigentümer kann Rechte erwerben und Verbindlichkeiten eingehen, vor Gericht klagen und verklagt werden. [2]Die Gemeinschaft der Wohnungseigentümer entsteht mit Anlegung der Wohnungsgrundbücher; dies gilt auch im Fall des § 8. [3]Sie führt die Bezeichnung »Gemeinschaft der Wohnungseigentümer« oder »Wohnungseigentümergemeinschaft« gefolgt von der bestimmten Angabe des gemeinschaftlichen Grundstücks.** **(2) Die Gemeinschaft der Wohnungseigentümer übt die sich aus dem gemeinschaftlichen Eigentum ergebenden Rechte sowie solche Rechte der Wohnungseigentümer aus, die eine einheitliche Rechtsverfolgung erfordern, und nimmt die entsprechenden Pflichten der Wohnungseigentümer wahr.** **(3) Für das Vermögen der Gemeinschaft der Wohnungseigentümer (Gemeinschaftsvermögen) gelten § 18, § 19 Absatz 1 und § 27 entsprechend.**

WEG – alte Fassung[1] (bis 30.11.2020)	WEG – neue Fassung[2] (ab 1.12.2020)
	(4) [1]Jeder Wohnungseigentümer haftet einem Gläubiger nach dem Verhältnis seines Miteigentumsanteils (§ 16 Absatz 1 Satz 2) für Verbindlichkeiten der Gemeinschaft der Wohnungseigentümer, die während seiner Zugehörigkeit entstanden oder während dieses Zeitraums fällig geworden sind; für die Haftung nach Veräußerung des Wohnungseigentums ist § 160 des Handelsgesetzbuchs entsprechend anzuwenden. [2]Er kann gegenüber einem Gläubiger neben den in seiner Person begründeten auch die der Gemeinschaft der Wohnungseigentümer zustehenden Einwendungen und Einreden geltend machen, nicht aber seine Einwendungen und Einreden gegenüber der Gemeinschaft der Wohnungseigentümer. [3]Für die Einrede der Anfechtbarkeit und Aufrechenbarkeit ist § 770 des Bürgerlichen Gesetzbuchs entsprechend anzuwenden. (5) Ein Insolvenzverfahren über das Gemeinschaftsvermögen findet nicht statt. § 9b Vertretung (1) [1]Die Gemeinschaft der Wohnungseigentümer wird durch den Verwalter gerichtlich und außergerichtlich vertreten, beim Abschluss eines Grundstückskauf- oder Darlehensvertrags aber nur aufgrund eines Beschlusses der Wohnungseigentümer. [2]Hat die Gemeinschaft der Wohnungseigentümer keinen Verwalter, wird sie durch die Wohnungseigentümer gemeinschaftlich vertreten. [3]Eine Beschränkung des Umfangs der Vertretungsmacht ist Dritten gegenüber unwirksam. (2) Dem Verwalter gegenüber vertritt der Vorsitzende des Verwaltungsbeirats oder ein durch Beschluss dazu ermächtigter Wohnungseigentümer die Gemeinschaft der Wohnungseigentümer.

WEG – alte Fassung[1] **(bis 30.11.2020)**	**WEG – neue Fassung**[2] **(ab 1.12.2020)**
~~2. Abschnitt~~ **Gemeinschaft der Wohnungseigentümer**	**Abschnitt** 4 **Rechtsverhältnis der Wohnungseigentümer untereinander und zur Gemeinschaft der Wohnungseigentümer**
§ 10 Allgemeine Grundsätze	**§ 10 Allgemeine Grundsätze**
~~*(1) Inhaber der Rechte und Pflichten nach den Vorschriften dieses Gesetzes, insbesondere des Sondereigentums und des gemeinschaftlichen Eigentums, sind die Wohnungseigentümer, soweit nicht etwas anderes ausdrücklich bestimmt ist.*~~	
(2) [1]Das Verhältnis der Wohnungseigentümer untereinander bestimmt sich nach den Vorschriften dieses Gesetzes und, soweit dieses Gesetz keine besonderen Bestimmungen enthält, nach den Vorschriften des Bürgerlichen Gesetzbuches über die Gemeinschaft. [2]Die Wohnungseigentümer können von den Vorschriften dieses Gesetzes abweichende Vereinbarungen treffen, soweit nicht etwas anderes ausdrücklich bestimmt ist.	**(1)** [1]Das Verhältnis der Wohnungseigentümer untereinander **und zur Gemeinschaft der Wohnungseigentümer** bestimmt sich nach den Vorschriften dieses Gesetzes und, soweit dieses Gesetz keine besonderen Bestimmungen enthält, nach den Vorschriften des Bürgerlichen Gesetzbuches über die Gemeinschaft. [2]Die Wohnungseigentümer können von den Vorschriften dieses Gesetzes abweichende Vereinbarungen treffen, soweit nicht etwas anderes ausdrücklich bestimmt ist.
~~3~~Jeder Wohnungseigentümer kann eine vom Gesetz abweichende Vereinbarung oder die Anpassung einer Vereinbarung verlangen, soweit ein Festhalten an der geltenden Regelung aus schwerwiegenden Gründen unter Berücksichtigung aller Umstände des Einzelfalles, insbesondere der Rechte und Interessen der anderen Wohnungseigentümer, unbillig erscheint.	**(2)** Jeder Wohnungseigentümer kann eine vom Gesetz abweichende Vereinbarung oder die Anpassung einer Vereinbarung verlangen, soweit ein Festhalten an der geltenden Regelung aus schwerwiegenden Gründen unter Berücksichtigung aller Umstände des Einzelfalles, insbesondere der Rechte und Interessen der anderen Wohnungseigentümer, unbillig erscheint.

WEG – alte Fassung[1] (bis 30.11.2020)	**WEG – neue Fassung[2] (ab 1.12.2020)**
(3) Vereinbarungen, durch die die Wohnungseigentümer ihr Verhältnis untereinander in Ergänzung oder Abweichung von Vorschriften dieses Gesetzes regeln, ~~sowie die Abänderung oder Aufhebung solcher Vereinbarungen~~ wirken gegen den Sondernachfolger eines Wohnungseigentümers nur, wenn sie als Inhalt des Sondereigentums im Grundbuch eingetragen sind.	(3) [1]Vereinbarungen, durch die die Wohnungseigentümer ihr Verhältnis untereinander in Ergänzung oder Abweichung von Vorschriften dieses Gesetzes regeln, **die Abänderung oder Aufhebung solcher Vereinbarungen sowie Beschlüsse, die aufgrund einer Vereinbarung gefasst werden,** wirken gegen den Sondernachfolger eines Wohnungseigentümers nur, wenn sie als Inhalt des Sondereigentums im Grundbuch eingetragen sind. [2]**Im Übrigen bedürfen Beschlüsse zu ihrer Wirksamkeit gegen den Sondernachfolger eines Wohnungseigentümers nicht der Eintragung in das Grundbuch.**
~~(4) [1]Beschlüsse der Wohnungseigentümer gemäß § 23 und gerichtliche Entscheidungen in einem Rechtsstreit gemäß § 43 bedürfen zu ihrer Wirksamkeit gegen den Sondernachfolger eines Wohnungseigentümers nicht der Eintragung in das Grundbuch. [2]Dies gilt auch für die gemäß § 23 Abs. 1 aufgrund einer Vereinbarung gefassten Beschlüsse, die vom Gesetz abweichen oder eine Vereinbarung ändern.~~	
~~(5) Rechtshandlungen in Angelegenheiten, über die nach diesem Gesetz oder nach einer Vereinbarung der Wohnungseigentümer durch Stimmenmehrheit beschlossen werden kann, wirken, wenn sie auf Grund eines mit solcher Mehrheit gefaßten Beschlusses vorgenommen werden, auch für und gegen die Wohnungseigentümer, die gegen den Beschluß gestimmt oder an der Beschlußfassung nicht mitgewirkt haben.~~	

WEG – alte Fassung[1] (bis 30.11.2020)	WEG – neue Fassung[2] (ab 1.12.2020)
~~(6)~~ [1] ~~Die Gemeinschaft der Wohnungseigentümer kann im Rahmen der gesamten Verwaltung des gemeinschaftlichen Eigentums gegenüber Dritten und Wohnungseigentümern selbst Rechte erwerben und Pflichten eingehen.~~ [2] ~~Sie ist Inhaberin der als Gemeinschaft gesetzlich begründeten und rechtsgeschäftlich erworbenen Rechte und Pflichten.~~ [3] ~~Sie übt die gemeinschaftsbezogenen Rechte der Wohnungseigentümer aus und nimmt die gemeinschaftsbezogenen Pflichten der Wohnungseigentümer wahr, ebenso sonstige Rechte und Pflichten der Wohnungseigentümer, soweit diese gemeinschaftlich geltend gemacht werden können oder zu erfüllen sind.~~ [4] ~~Die Gemeinschaft muss die Bezeichnung »Wohnungseigentümergemeinschaft« gefolgt von der bestimmten Angabe des gemeinschaftlichen Grundstücks führen.~~ [5] ~~Sie kann vor Gericht klagen und verklagt werden.~~ ~~(7)~~ [1] ~~Das Verwaltungsvermögen gehört der Gemeinschaft der Wohnungseigentümer.~~ [2] ~~Es besteht aus den im Rahmen der gesamten Verwaltung des gemeinschaftlichen Eigentums gesetzlich begründeten und rechtsgeschäftlich erworbenen Sachen und Rechten sowie den entstandenen Verbindlichkeiten.~~ [3] ~~Zu dem Verwaltungsvermögen gehören insbesondere die Ansprüche und Befugnisse aus Rechtsverhältnissen mit Dritten und mit Wohnungseigentümern sowie die eingenommenen Gelder.~~ [4] ~~Vereinigen sich sämtliche Wohnungseigentumsrechte in einer Person, geht das Verwaltungsvermögen auf den Eigentümer des Grundstücks über.~~	

WEG – alte Fassung[1] (bis 30.11.2020)	WEG – neue Fassung[2] (ab 1.12.2020)
~~(8)~~ [1]~~Jeder Wohnungseigentümer haftet einem Gläubiger nach dem Verhältnis seines Miteigentumsanteils (§ 16 Abs. 1 Satz 2) für Verbindlichkeiten der Gemeinschaft der Wohnungseigentümer, die während seiner Zugehörigkeit zur Gemeinschaft entstanden oder während dieses Zeitraums fällig geworden sind; für die Haftung nach Veräußerung des Wohnungseigentums ist § 160 des Handelsgesetzbuches entsprechend anzuwenden.~~ [2]~~Er kann gegenüber einem Gläubiger neben den in seiner Person begründeten auch die der Gemeinschaft zustehenden Einwendungen und Einreden geltend machen, nicht aber seine Einwendungen und Einreden gegenüber der Gemeinschaft.~~ [3]~~Für die Einrede der Anfechtbarkeit und Aufrechenbarkeit ist § 770 des Bürgerlichen Gesetzbuches entsprechend anzuwenden.~~ [4]~~Die Haftung eines Wohnungseigentümers gegenüber der Gemeinschaft wegen nicht ordnungsmäßiger Verwaltung bestimmt sich nach Satz 1.~~	
§ 11 ~~Unauflöslichkeit~~ der Gemeinschaft	**§ 11 Aufhebung der Gemeinschaft**
(1) [1]Kein Wohnungseigentümer kann die Aufhebung der Gemeinschaft verlangen. [2]Dies gilt auch für eine Aufhebung aus wichtigem Grund. 3Eine abweichende Vereinbarung ist nur für den Fall zulässig, daß das Gebäude ganz oder teilweise zerstört wird und eine Verpflichtung zum Wiederaufbau nicht besteht.	(1) [1]Kein Wohnungseigentümer kann die Aufhebung der Gemeinschaft verlangen. [2]Dies gilt auch für eine Aufhebung aus wichtigem Grund. [3]Eine abweichende Vereinbarung ist nur für den Fall zulässig, dass das Gebäude ganz oder teilweise zerstört wird und eine Verpflichtung zum Wiederaufbau nicht besteht.
(2) Das Recht eines Pfändungsgläubigers (§ 751 des Bürgerlichen Gesetzbuchs) sowie das im Insolvenzverfahren bestehende Recht (§ 84 Abs. 2 der Insolvenzordnung), die Aufhebung der Gemeinschaft zu verlangen, ist ausgeschlossen.	(2) Das Recht eines Pfändungsgläubigers (§ 751 des Bürgerlichen Gesetzbuchs) sowie das im Insolvenzverfahren bestehende Recht (§ 84 Abs. 2 der Insolvenzordnung), die Aufhebung der Gemeinschaft zu verlangen, ist ausgeschlossen.

WEG – alte Fassung[1] (bis 30.11.2020)	WEG – neue Fassung[2] (ab 1.12.2020)
~~(3) Ein Insolvenzverfahren über das Verwaltungsvermögen der Gemeinschaft findet nicht statt.~~	**(3) [1]Im Fall der Aufhebung der Gemeinschaft bestimmt sich der Anteil der Miteigentümer nach dem Verhältnis des Wertes ihrer Wohnungseigentumsrechte zur Zeit der Aufhebung der Gemeinschaft. [2]Hat sich der Wert eines Miteigentumsanteils durch Maßnahmen verändert, deren Kosten der Wohnungseigentümer nicht getragen hat, so bleibt eine solche Veränderung bei der Berechnung des Wertes dieses Anteils außer Betracht.**
§ 12 Veräußerungsbeschränkung	**§ 12 Veräußerungsbeschränkung**
(1) Als Inhalt des Sondereigentums kann vereinbart werden, daß ein Wohnungseigentümer zur Veräußerung seines Wohnungseigentums der Zustimmung anderer Wohnungseigentümer oder eines Dritten bedarf.	(1) Als Inhalt des Sondereigentums kann vereinbart werden, dass ein Wohnungseigentümer zur Veräußerung seines Wohnungseigentums der Zustimmung anderer Wohnungseigentümer oder eines Dritten bedarf.
(2) [1]Die Zustimmung darf nur aus einem wichtigen Grunde versagt werden. [2]Durch Vereinbarung gemäß Absatz 1 kann dem Wohnungseigentümer darüber hinaus für bestimmte Fälle ein Anspruch auf Erteilung der Zustimmung eingeräumt werden.	(2) [1]Die Zustimmung darf nur aus einem wichtigen Grunde versagt werden. [2]Durch Vereinbarung gemäß Absatz 1 kann dem Wohnungseigentümer darüber hinaus für bestimmte Fälle ein Anspruch auf Erteilung der Zustimmung eingeräumt werden.
(3) [1]Ist eine Vereinbarung gemäß Absatz 1 getroffen, so ist eine Veräußerung des Wohnungseigentums und ein Vertrag, durch den sich der Wohnungseigentümer zu einer solchen Veräußerung verpflichtet, unwirksam, solange nicht die erforderliche Zustimmung erteilt ist. [2]Einer rechtsgeschäftlichen Veräußerung steht eine Veräußerung im Wege der Zwangsvollstreckung oder durch den Insolvenzverwalter gleich.	(3) [1]Ist eine Vereinbarung gemäß Absatz 1 getroffen, so ist eine Veräußerung des Wohnungseigentums und ein Vertrag, durch den sich der Wohnungseigentümer zu einer solchen Veräußerung verpflichtet, unwirksam, solange nicht die erforderliche Zustimmung erteilt ist. [2]Einer rechtsgeschäftlichen Veräußerung steht eine Veräußerung im Wege der Zwangsvollstreckung oder durch den Insolvenzverwalter gleich.

WEG – alte Fassung[1] (bis 30.11.2020)	WEG – neue Fassung[2] (ab 1.12.2020)
(4) [1]Die Wohnungseigentümer können ~~durch Stimmenmehrheit~~ beschließen, dass eine Veräußerungsbeschränkung gemäß Absatz 1 aufgehoben wird. [2]~~Diese Befugnis kann durch Vereinbarung der Wohnungseigentümer nicht eingeschränkt oder ausgeschlossen werden.~~ [3]Ist ein Beschluss gemäß Satz 1 gefasst, kann die Veräußerungsbeschränkung im Grundbuch gelöscht werden. [4]~~Der Bewilligung gemäß § 19 der Grundbuchordnung bedarf es nicht, wenn der Beschluss gemäß Satz 1 nachgewiesen wird.~~ [5]~~Für diesen Nachweis ist § 26 Abs. 3 entsprechend anzuwenden.~~	(4) [1]Die Wohnungseigentümer können beschließen, dass eine Veräußerungsbeschränkung gemäß Absatz 1 aufgehoben wird. [2]Ist ein Beschluss gemäß Satz 1 gefasst, kann die Veräußerungsbeschränkung im Grundbuch gelöscht werden. [3]**§ 7 Absatz 2 gilt entsprechend.**
§ 13 Rechte des Wohnungseigentümers	**§ 13 Rechte des Wohnungseigentümers aus dem Sondereigentum**
(1) Jeder Wohnungseigentümer kann, soweit nicht das Gesetz ~~oder Rechte Dritter entgegenstehen, mit den im Sondereigentum stehenden Gebäudeteilen~~ nach Belieben verfahren, insbesondere ~~diese~~ bewohnen, vermieten, verpachten oder in sonstiger Weise nutzen, und andere von Einwirkungen ausschließen.	(1) Jeder Wohnungseigentümer kann, soweit nicht das Gesetz **entgegensteht, mit seinem Sondereigentum** nach Belieben verfahren, insbesondere **dieses** bewohnen, vermieten, verpachten oder in sonstiger Weise nutzen, und andere von Einwirkungen ausschließen.
~~(2) [1]Jeder Wohnungseigentümer ist zum Mitgebrauch des gemeinschaftlichen Eigentums nach Maßgabe der §§ 14, 15 berechtigt. [2]An den sonstigen Nutzungen des gemeinschaftlichen Eigentums gebührt jedem Wohnungseigentümer ein Anteil nach Maßgabe des § 16.~~	**(2) Für Maßnahmen, die über die ordnungsmäßige Instandhaltung und Instandsetzung (Erhaltung) des Sondereigentums hinausgehen, gilt § 20 mit der Maßgabe entsprechend, dass es keiner Gestattung bedarf, soweit keinem der anderen Wohnungseigentümer über das bei einem geordneten Zusammenleben unvermeidliche Maß hinaus ein Nachteil erwächst.**
§ 14 Pflichten des Wohnungseigentümers	**§ 14 Pflichten des Wohnungseigentümers**
~~Jeder Wohnungseigentümer ist verpflichtet:~~	**(1) Jeder Wohnungseigentümer ist gegenüber der Gemeinschaft der Wohnungseigentümer verpflichtet,**

WEG – alte Fassung[1] (bis 30.11.2020)	WEG – neue Fassung[2] (ab 1.12.2020)
~~1. die im Sondereigentum stehenden Gebäudeteile so instand zu halten und von diesen sowie von dem gemeinschaftlichen Eigentum nur in solcher Weise Gebrauch zu machen, daß dadurch keinem der anderen Wohnungseigentümer über das bei einem geordneten Zusammenleben unvermeidliche Maß hinaus ein Nachteil erwächst;~~	**1. die gesetzlichen Regelungen, Vereinbarungen und Beschlüsse einzuhalten und**
~~2. für die Einhaltung der in Nummer 1 bezeichneten Pflichten durch Personen zu sorgen, die seinem Hausstand oder Geschäftsbetrieb angehören oder denen er sonst die Benutzung der in Sonder- oder Miteigentum stehenden Grundstücks- oder Gebäudeteile überläßt;~~	**2. das Betreten seines Sondereigentums und andere Einwirkungen auf dieses und das gemeinschaftliche Eigentum zu dulden, die den Vereinbarungen oder Beschlüssen entsprechen oder, wenn keine entsprechenden Vereinbarungen oder Beschlüsse bestehen, aus denen ihm über das bei einem geordneten Zusammenleben unvermeidliche Maß hinaus kein Nachteil erwächst.**
	(2) Jeder Wohnungseigentümer ist gegenüber den übrigen Wohnungseigentümern verpflichtet,
~~3. Einwirkungen auf die im Sondereigentum stehenden Gebäudeteile und das gemeinschaftliche Eigentum zu dulden, soweit sie auf einem nach Nummer 1, 2 zulässigen Gebrauch beruhen;~~	**3. deren Sondereigentum nicht über das in Absatz 1 Nummer 2 bestimmte Maß hinaus zu beeinträchtigten und**
~~4. das Betreten und die Benutzung der im Sondereigentum stehenden Gebäudeteile zu gestatten, soweit dies zur Instandhaltung und Instandsetzung des gemeinschaftlichen Eigentums erforderlich ist; der hierdurch entstehende Schaden ist zu ersetzen.~~	**4. Einwirkungen nach Maßgabe des Absatz 1 Nummer 2 zu dulden.**
	(3) Hat der Wohnungseigentümer eine Einwirkung zu dulden, die über das zumutbare Maß hinausgeht, kann er einen angemessenen Ausgleich in Geld verlangen.

WEG – alte Fassung[1] (bis 30.11.2020)	WEG – neue Fassung[2] (ab 1.12.2020)
§ 15 Gebrauchsregelung	**§ 15 Pflichten Dritter**
~~(1) Die Wohnungseigentümer können den Gebrauch des Sondereigentums und des gemeinschaftlichen Eigentums durch Vereinbarung regeln.~~ ~~(2) Soweit nicht eine Vereinbarung nach Absatz 1 entgegensteht, können die Wohnungseigentümer durch Stimmenmehrheit einen der Beschaffenheit der im Sondereigentum stehenden Gebäudeteile und des gemeinschaftlichen Eigentums entsprechenden ordnungsmäßigen Gebrauch beschließen.~~ ~~(3) Jeder Wohnungseigentümer kann einen Gebrauch der im Sondereigentum stehenden Gebäudeteile und des gemeinschaftlichen Eigentums verlangen, der dem Gesetz, den Vereinbarungen und Beschlüssen und, soweit sich die Regelung hieraus nicht ergibt, dem Interesse der Gesamtheit der Wohnungseigentümer nach billigem Ermessen entspricht.~~	**Wer Wohnungseigentum gebraucht, ohne Wohnungseigentümer zu sein, hat gegenüber der Gemeinschaft der Wohnungseigentümer und anderen Wohnungseigentümern zu dulden:**
	1. die Erhaltung des gemeinschaftlichen Eigentums und des Sondereigentums, die ihm rechtzeitig angekündigt wurde; § 555a Absatz 2 des Bürgerlichen Gesetzbuchs gilt entsprechend; **2. Maßnahmen, die über die Erhaltung hinausgehen, die spätestens drei Monate vor ihrem Beginn in Textform angekündigt wurden; § 555c Absatz 1 Satz 2 Nummer 1 und 2, Absatz 2 bis 4 und § 555d Absatz 2 bis 5 des Bürgerlichen Gesetzbuchs gelten entsprechend.**

WEG – alte Fassung[1] (bis 30.11.2020)	WEG – neue Fassung[2] (ab 1.12.2020)
§ 16 Nutzungen~~, Lasten~~ und Kosten	**§ 16 Nutzungen und Kosten**
(1) [1]Jedem Wohnungseigentümer gebührt ein seinem Anteil entsprechender Bruchteil der ~~Nutzungen des gemeinschaftlichen Eigentums~~. [2]Der Anteil bestimmt sich nach dem gemäß § 47 der Grundbuchordnung im Grundbuch eingetragenen Verhältnis der Miteigentumsanteile.	(1) [1]Jedem Wohnungseigentümer gebührt ein seinem Anteil entsprechender Bruchteil der **Früchte des gemeinschaftlichen Eigentums und des Gemeinschaftsvermögens.** [2]Der Anteil bestimmt sich nach dem gemäß § 47 der Grundbuchordnung im Grundbuch eingetragenen Verhältnis der Miteigentumsanteile. [3]**Jeder Wohnungseigentümer ist zum Mitgebrauch des gemeinschaftlichen Eigentums nach Maßgabe des § 14 berechtigt.**
~~(2) Jeder Wohnungseigentümer ist den anderen Wohnungseigentümern gegenüber verpflichtet, die Lasten des gemeinschaftlichen Eigentums sowie die Kosten der Instandhaltung, Instandsetzung, sonstigen Verwaltung und eines gemeinschaftlichen Gebrauchs des gemeinschaftlichen Eigentums nach dem Verhältnis seines Anteils (Absatz 1 Satz 2) zu tragen.~~	**(2) [1]Die Kosten der Gemeinschaft der Wohnungseigentümer, insbesondere der Verwaltung und des gemeinschaftlichen Gebrauchs des gemeinschaftlichen Eigentums, hat jeder Wohnungseigentümer nach dem Verhältnis seines Anteils (Absatz 1 Satz 2) zu tragen. [2]Die Wohnungseigentümer können für einzelne Kosten oder bestimmte Arten von Kosten eine von Satz 1 oder von einer Vereinbarung abweichende Verteilung beschließen.**
~~(3) Die Wohnungseigentümer können abweichend von Absatz 2 durch Stimmenmehrheit beschließen, dass die Betriebskosten des gemeinschaftlichen Eigentums oder des Sondereigentums im Sinne des § 556 Abs. 1 des Bürgerlichen Gesetzbuches, die nicht unmittelbar gegenüber Dritten abgerechnet werden, und die Kosten der Verwaltung nach Verbrauch oder Verursachung erfasst und nach diesem oder nach einem anderen Maßstab verteilt werden, soweit dies ordnungsmäßiger Verwaltung entspricht.~~	**(3) Für die Kosten und Nutzungen bei baulichen Veränderungen gilt § 21.**

WEG – alte Fassung[1] **(bis 30.11.2020)**	**WEG – neue Fassung**[2] **(ab 1.12.2020)**
~~(4) [1] Die Wohnungseigentümer können im Einzelfall zur Instandhaltung oder Instandsetzung im Sinne des § 21 Abs. 5 Nr. 2 oder zu baulichen Veränderungen oder Aufwendungen im Sinne des § 22 Abs. 1 und 2 durch Beschluss die Kostenverteilung abweichend von Absatz 2 regeln, wenn der abweichende Maßstab dem Gebrauch oder der Möglichkeit des Gebrauchs durch die Wohnungseigentümer Rechnung trägt. [2] Der Beschluss zur Regelung der Kostenverteilung nach Satz 1 bedarf einer Mehrheit von drei Viertel aller stimmberechtigten Wohnungseigentümer im Sinne des § 25 Abs. 2 und mehr als der Hälfte aller Miteigentumsanteile.~~	
~~(5) Die Befugnisse im Sinne der Absätze 3 und 4 können durch Vereinbarung der Wohnungseigentümer nicht eingeschränkt oder ausgeschlossen werden.~~	
~~(6) [1] Ein Wohnungseigentümer, der einer Maßnahme nach § 22 Abs. 1 nicht zugestimmt hat, ist nicht berechtigt, einen Anteil an Nutzungen, die auf einer solchen Maßnahme beruhen, zu beanspruchen; er ist nicht verpflichtet, Kosten, die durch eine solche Maßnahme verursacht sind, zu tragen. [2] Satz 1 ist bei einer Kostenverteilung gemäß Absatz 4 nicht anzuwenden.~~	
~~(7) Zu den Kosten der Verwaltung im Sinne des Absatzes 2 gehören insbesondere Kosten eines Rechtsstreits gemäß § 18 und der Ersatz des Schadens im Falle des § 14 Nr. 4.~~	
~~(8) Kosten eines Rechtsstreits gemäß § 43 gehören nur dann zu den Kosten der Verwaltung im Sinne des Absatzes 2, wenn es sich um Mehrkosten gegenüber der gesetzlichen Vergütung eines Rechtsanwalts aufgrund einer Vereinbarung über die Vergütung (§ 27 Abs. 2 Nr. 4, Abs. 3 Nr. 6) handelt.~~	
~~§ 17 Anteil bei Aufhebung der Gemeinschaft~~	

WEG – alte Fassung[1] (bis 30.11.2020)	WEG – neue Fassung[2] (ab 1.12.2020)
[1] ~~Im Falle der Aufhebung der Gemeinschaft bestimmt sich der Anteil der Miteigentümer nach dem Verhältnis des Wertes ihrer Wohnungseigentumsrechte zur Zeit der Aufhebung der Gemeinschaft.~~ [2] ~~Hat sich der Wert eines Miteigentumsanteils durch Maßnahmen verändert, deren Kosten der Wohnungseigentümer nicht getragen hat, so bleibt eine solche Veränderung bei der Berechnung des Wertes dieses Anteils außer Betracht.~~	
~~§ 18~~ **Entziehung des Wohnungseigentums**	**§ 17 Entziehung des Wohnungseigentums**
(1) [1] Hat ein Wohnungseigentümer sich einer so schweren Verletzung der ihm gegenüber anderen Wohnungseigentümern obliegenden Verpflichtungen schuldig gemacht, daß diesen die Fortsetzung der Gemeinschaft mit ihm nicht mehr zugemutet werden kann, so ~~können die anderen Wohnungseigentümer~~ von ihm die Veräußerung seines Wohnungseigentums verlangen. [2] ~~Die Ausübung des Entziehungsrechts steht der Gemeinschaft der Wohnungseigentümer zu, soweit es sich nicht um eine Gemeinschaft handelt, die nur aus zwei Wohnungseigentümern besteht.~~	(1) Hat ein Wohnungseigentümer sich einer so schweren Verletzung der ihm gegenüber anderen Wohnungseigentümern **oder der Gemeinschaft der Wohnungseigentümer** obliegenden Verpflichtungen schuldig gemacht, dass diesen die Fortsetzung der Gemeinschaft mit ihm nicht mehr zugemutet werden kann, so **kann die Gemeinschaft der Wohnungseigentümer** von ihm die Veräußerung seines Wohnungseigentums verlangen.
(2) Die Voraussetzungen des Absatzes 1 liegen insbesondere vor, wenn	(2) Die Voraussetzungen des Absatzes 1 liegen insbesondere vor, wenn **der Wohnungseigentümer trotz Abmahnung wiederholt gröblich gegen die ihm nach § 14 Absatz 1 und 2 obliegenden Pflichten verstößt.**
1. der Wohnungseigentümer trotz Abmahnung wiederholt gröblich gegen die ihm nach § 14 obliegenden Pflichten verstößt;	

WEG – alte Fassung[1] **(bis 30.11.2020)**	**WEG – neue Fassung**[2] **(ab 1.12.2020)**
~~2. der Wohnungseigentümer sich mit der Erfüllung seiner Verpflichtungen zur Lasten- und Kostentragung (§ 16 Abs. 2) in Höhe eines Betrages, der drei vom Hundert des Einheitswertes seines Wohnungseigentums übersteigt, länger als drei Monate in Verzug befindet; in diesem Fall steht § 30 der Abgabenordnung einer Mitteilung des Einheitswerts an die Gemeinschaft der Wohnungseigentümer oder, soweit die Gemeinschaft nur aus zwei Wohnungseigentümern besteht, an den anderen Wohnungseigentümer nicht entgegen.~~	
~~(3) [1]Über das Verlangen nach Absatz 1 beschließen die Wohnungseigentümer durch Stimmenmehrheit. [2]Der Beschluß bedarf einer Mehrheit von mehr als der Hälfte der stimmberechtigten Wohnungseigentümer. [3]Die Vorschriften des § 25 Abs. 3, 4 sind in diesem Falle nicht anzuwenden.~~	
(4) Der in Absatz 1 bestimmte Anspruch kann durch Vereinbarung der Wohnungseigentümer nicht eingeschränkt oder ausgeschlossen werden.	(**3**) Der in Absatz 1 bestimmte Anspruch kann durch Vereinbarung der Wohnungseigentümer nicht eingeschränkt oder ausgeschlossen werden.
	(4) [1]Das Urteil, durch das ein Wohnungseigentümer zur Veräußerung seines Wohnungseigentums verurteilt wird, berechtigt zur Zwangsvollstreckung entsprechend den Vorschriften des Ersten Abschnitts des Gesetzes über die Zwangsversteigerung und die Zwangsverwaltung. [2]Das Gleiche gilt für Schuldtitel im Sinne des § 794 der Zivilprozessordnung, durch die sich der Wohnungseigentümer zur Veräußerung seines Wohnungseigentums verpflichtet.
	§ 18 Verwaltung und Benutzung
	(1) Die Verwaltung des gemeinschaftlichen Eigentums obliegt der Gemeinschaft der Wohnungseigentümer.

WEG – alte Fassung[1] (bis 30.11.2020)	WEG – neue Fassung[2] (ab 1.12.2020)
	(2) Jeder Wohnungseigentümer kann von der Gemeinschaft der Wohnungseigentümer 1. eine Verwaltung des gemeinschaftlichen Eigentums sowie 2. verlangen, die dem Interesse der Gesamtheit der Wohnungseigentümer nach billigem Ermessen (ordnungsmäßige Verwaltung und Benutzung) und, soweit solche bestehen, den gesetzlichen Regelungen, Vereinbarungen und Beschlüssen entsprechen.
	(3) Jeder Wohnungseigentümer ist berechtigt, ohne Zustimmung der anderen Wohnungseigentümer die Maßnahmen zu treffen, die zur Abwendung eines dem gemeinschaftlichen Eigentum unmittelbar drohenden Schadens notwendig sind.
	(4) Jeder Wohnungseigentümer kann von der Gemeinschaft der Wohnungseigentümer Einsicht in die Verwaltungsunterlagen verlangen.
~~3. Abschnitt Verwaltung~~	
~~§ 19 Wirkung des Urteils~~	§ 19 Regelung der Verwaltung und Benutzung durch Beschluss
~~(1) [1]Das Urteil, durch das ein Wohnungseigentümer zur Veräußerung seines Wohnungseigentums verurteilt wird, berechtigt jeden Miteigentümer zur Zwangsvollstreckung entsprechend den Vorschriften des Ersten Abschnitts des Gesetzes über die Zwangsversteigerung und die Zwangsverwaltung. [2]Die Ausübung dieses Rechts steht der Gemeinschaft der Wohnungseigentümer zu, soweit es sich nicht um eine Gemeinschaft handelt, die nur aus zwei Wohnungseigentümern besteht.~~	(1) Soweit die Verwaltung des gemeinschaftlichen Eigentums und die Benutzung des gemeinschaftlichen Eigentums und des Sondereigentums nicht durch Vereinbarung der Wohnungseigentümer geregelt sind, beschließen die Wohnungseigentümer eine ordnungsmäßige Verwaltung und Benutzung.

WEG – alte Fassung[1] (bis 30.11.2020)	WEG – neue Fassung[2] (ab 1.12.2020)
~~(2) Der Wohnungseigentümer kann im Falle des § 18 Abs. 2 Nr. 2 bis zur Erteilung des Zuschlags die in Absatz 1 bezeichnete Wirkung des Urteils dadurch abwenden, daß er die Verpflichtungen, wegen deren Nichterfüllung er verurteilt ist, einschließlich der Verpflichtung zum Ersatz der durch den Rechtsstreit und das Versteigerungsverfahren entstandenen Kosten sowie die fälligen weiteren Verpflichtungen zur Lasten- und Kostentragung erfüllt.~~	(2) Zur ordnungsmäßigen Verwaltung und Benutzung gehören insbesondere 1. die Aufstellung einer Hausordnung, 2. die ordnungsmäßige Erhaltung des gemeinschaftlichen Eigentums, 3. die angemessene Versicherung des gemeinschaftlichen Eigentums zum Neuwert sowie der Wohnungseigentümer gegen Haus- und Grundbesitzerhaftpflicht, 4. die Ansammlung einer angemessenen Erhaltungsrücklage, 5. die Festsetzung von Vorschüssen nach § 28 Absatz 1 Satz 1 sowie 6. die Bestellung eines zertifizierten Verwalters nach § 26a, es sei denn, es bestehen weniger als neun Sondereigentumsrechte, ein Wohnungseigentümer wurde zum Verwalter bestellt und weniger als ein Drittel der Wohnungseigentümer (§ 25 Absatz 2) verlangt die Bestellung eines zertifizierten Verwalters.
~~(3) Ein gerichtlicher oder vor einer Gütestelle geschlossener Vergleich, durch den sich der Wohnungseigentümer zur Veräußerung seines Wohnungseigentums verpflichtet, steht dem in Absatz 1 bezeichneten Urteil gleich.~~	
§ 20 Gliederung der Verwaltung	**§ 20 Bauliche Veränderungen**
~~(1) Die Verwaltung des gemeinschaftlichen Eigentums obliegt den Wohnungseigentümern nach Maßgabe der §§ 21 bis 25 und dem Verwalter nach Maßgabe der §§ 26 bis 28, im Falle der Bestellung eines Verwaltungsbeirats auch diesem nach Maßgabe des § 29.~~	(1) Maßnahmen, die über die ordnungsmäßige Erhaltung des gemeinschaftlichen Eigentums hinausgehen (bauliche Veränderungen), können beschlossen oder einem Wohnungseigentümer durch Beschluss gestattet werden.
~~(2) Die Bestellung eines Verwalters kann nicht ausgeschlossen werden.~~	(2) [1]Jeder Wohnungseigentümer kann angemessene bauliche Veränderungen verlangen, die 1. dem Gebrauch durch Menschen mit Behinderungen,

WEG – alte Fassung[1] (bis 30.11.2020)	WEG – neue Fassung[2] (ab 1.12.2020)
	2. dem Laden elektrisch betriebener Fahrzeuge, 3. dem Einbruchsschutz und 4. dem Anschluss an ein Telekommunikationsnetz mit sehr hoher Kapazität dienen. [2]Über die Durchführung ist im Rahmen ordnungsmäßiger Verwaltung zu beschließen. (3) Unbeschadet des Absatzes 2 kann jeder Wohnungseigentümer verlangen, dass ihm eine bauliche Veränderung gestattet wird, wenn alle Wohnungseigentümer, deren Rechte durch die bauliche Veränderung über das bei einem geordneten Zusammenleben unvermeidliche Maß hinaus beeinträchtigt werden, einverstanden sind. (4) Bauliche Veränderungen, die die Wohnanlage grundlegend umgestalten oder einen Wohnungseigentümer ohne sein Einverständnis gegenüber anderen unbillig benachteiligen, dürfen nicht beschlossen und gestattet werden; sie können auch nicht verlangt werden.
~~*§ 21 Verwaltung durch die Wohnungseigentümer*~~	**§ 21 Nutzungen und Kosten bei baulichen Veränderungen**
~~*(1) Soweit nicht in diesem Gesetz oder durch Vereinbarung der Wohnungseigentümer etwas anderes bestimmt ist, steht die Verwaltung des gemeinschaftlichen Eigentums den Wohnungseigentümern gemeinschaftlich zu.*~~	(1) [1]Die Kosten einer baulichen Veränderung, die einem Wohnungseigentümer gestattet oder die auf sein Verlangen nach § 20 Absatz 2 durch die Gemeinschaft der Wohnungseigentümer durchgeführt wurde, hat dieser Wohnungseigentümer zu tragen. [2]Nur ihm gebühren die Nutzungen.
~~*(2) Jeder Wohnungseigentümer ist berechtigt, ohne Zustimmung der anderen Wohnungseigentümer die Maßnahmen zu treffen, die zur Abwendung eines dem gemeinschaftlichen Eigentum unmittelbar drohenden Schadens notwendig sind.*~~	(2) [1]Vorbehaltlich des Absatzes 1 haben alle Wohnungseigentümer die Kosten einer baulichen Veränderung nach dem Verhältnis ihrer Anteile (§ 16 Absatz 1 Satz 2) zu tragen,

WEG – alte Fassung[1] (bis 30.11.2020)	WEG – neue Fassung[2] (ab 1.12.2020)
	1. die mit mehr als zwei Dritteln der abgegebenen Stimmen und der Hälfte aller Miteigentumsanteile beschlossen wurde, es sei denn, die bauliche Veränderung ist mit unverhältnismäßigen Kosten verbunden, oder **2. deren Kosten sich innerhalb eines angemessenen Zeitraums amortisieren.** **[2]Für die Nutzungen gilt § 16 Absatz 1.**
~~(3) Soweit die Verwaltung des gemeinschaftlichen Eigentums nicht durch Vereinbarung der Wohnungseigentümer geregelt ist, können die Wohnungseigentümer eine der Beschaffenheit des gemeinschaftlichen Eigentums entsprechende ordnungsmäßige Verwaltung durch Stimmenmehrheit beschließen.~~	**(3) [1]Die Kosten anderer als der in den Absätzen 1 und 2 bezeichneten baulichen Veränderungen haben die Wohnungseigentümer, die sie beschlossen haben, nach dem Verhältnis ihrer Anteile (§ 16 Absatz 1 Satz 2) zu tragen. [2]Ihnen gebühren die Nutzungen entsprechend § 16 Absatz 1.**
~~(4) Jeder Wohnungseigentümer kann eine Verwaltung verlangen, die den Vereinbarungen und Beschlüssen und, soweit solche nicht bestehen, dem Interesse der Gesamtheit der Wohnungseigentümer nach billigem Ermessen entspricht.~~	**(4) [1]Ein Wohnungseigentümer, der nicht berechtigt ist, Nutzungen zu ziehen, kann verlangen, dass ihm dies nach billigem Ermessen gegen angemessenen Ausgleich gestattet wird. [2]Für seine Beteiligung an den Nutzungen und Kosten gilt Absatz 3 entsprechend.**
~~(5) Zu einer ordnungsmäßigen, dem Interesse der Gesamtheit der Wohnungseigentümer entsprechenden Verwaltung gehört insbesondere:~~	**(5) [1]Die Wohnungseigentümer können eine abweichende Verteilung der Kosten und Nutzungen beschließen. [2]Durch einen solchen Beschluss dürfen einem Wohnungseigentümer, der nach den vorstehenden Absätzen Kosten nicht zu tragen hat, keine Kosten auferlegt werden.**
~~1. die Aufstellung einer Hausordnung,~~ ~~2. die ordnungsmäßige Instandhaltung und Instandsetzung des gemeinschaftlichen Eigentums;~~ ~~3. die Feuerversicherung des gemeinschaftlichen Eigentums zum Neuwert sowie die angemessene Versicherung der Wohnungseigentümer gegen Haus- und Grundbesitzerhaftpflicht;~~ ~~4. die Ansammlung einer angemessenen Instandhaltungsrückstellung;~~	

WEG – alte Fassung[1] (bis 30.11.2020)	WEG – neue Fassung[2] (ab 1.12.2020)
~~5. die Aufstellung eines Wirtschaftsplans (§ 28);~~	
~~6. die Duldung aller Maßnahmen, die zur Herstellung einer Fernsprechteilnehmereinrichtung, einer Rundfunkempfangsanlage oder eines Energieversorgungsanschlusses zugunsten eines Wohnungseigentümers erforderlich sind.~~	
~~(6) Der Wohnungseigentümer, zu dessen Gunsten eine Maßnahme der in Absatz 5 Nr. 6 bezeichneten Art getroffen wird, ist zum Ersatz des hierdurch entstehenden Schadens verpflichtet.~~	
~~(7) Die Wohnungseigentümer können die Regelung der Art und Weise von Zahlungen, der Fälligkeit und der Folgen des Verzugs sowie der Kosten für eine besondere Nutzung des gemeinschaftlichen Eigentums oder für einen besonderen Verwaltungsaufwand mit Stimmenmehrheit beschließen.~~	
~~(8) Treffen die Wohnungseigentümer eine nach dem Gesetz erforderliche Maßnahme nicht, so kann an ihrer Stelle das Gericht in einem Rechtsstreit gemäß § 43 nach billigem Ermessen entscheiden, soweit sich die Maßnahme nicht aus dem Gesetz, einer Vereinbarung oder einem Beschluss der Wohnungseigentümer ergibt.~~	
§ 22 ~~*Besondere Aufwendungen,*~~ **Wiederaufbau**	**§ 22 Wiederaufbau**
~~(1) [1]Bauliche Veränderungen und Aufwendungen, die über die ordnungsmäßige Instandhaltung oder Instandsetzung des gemeinschaftlichen Eigentums hinausgehen, können beschlossen oder verlangt werden, wenn jeder Wohnungseigentümer zustimmt, dessen Rechte durch die Maßnahmen über das in § 14 Nr. 1 bestimmte Maß hinaus beeinträchtigt werden. [2]Die Zustimmung ist nicht erforderlich, soweit die Rechte eines Wohnungseigentümers nicht in der in Satz 1 bezeichneten Weise beeinträchtigt werden.~~	

WEG – alte Fassung[1] (bis 30.11.2020)	WEG – neue Fassung[2] (ab 1.12.2020)
~~(2)~~ [1] ~~*Maßnahmen gemäß Absatz 1 Satz 1, die der Modernisierung entsprechend § 555b Nummer 1 bis 5 des Bürgerlichen Gesetzbuches oder der Anpassung des gemeinschaftlichen Eigentums an den Stand der Technik dienen, die Eigenart der Wohnanlage nicht ändern und keinen Wohnungseigentümer gegenüber anderen unbillig beeinträchtigen, können abweichend von Absatz 1 durch eine Mehrheit von drei Viertel aller stimmberechtigten Wohnungseigentümer im Sinne des § 25 Abs. 2 und mehr als der Hälfte aller Miteigentumsanteile beschlossen werden.*~~ [2] ~~*Die Befugnis im Sinne des Satzes 1 kann durch Vereinbarung der Wohnungseigentümer nicht eingeschränkt oder ausgeschlossen werden.*~~	
~~*(3) Für Maßnahmen der modernisierenden Instandsetzung im Sinne des § 21 Abs. 5 Nr. 2 verbleibt es bei den Vorschriften des § 21 Abs. 3 und 4.*~~	
~~*(4)*~~ Ist das Gebäude zu mehr als der Hälfte seines Wertes zerstört und ist der Schaden nicht durch eine Versicherung oder in anderer Weise gedeckt, so kann der Wiederaufbau nicht ~~*gemäß § 21 Abs. 3*~~ beschlossen oder ~~*gemäß § 21 Abs. 4*~~ verlangt werden.	Ist das Gebäude zu mehr als der Hälfte seines Wertes zerstört und ist der Schaden nicht durch eine Versicherung oder in anderer Weise gedeckt, so kann der Wiederaufbau nicht beschlossen oder verlangt werden.
§ 23 Wohnungseigentümerversammlung	**§ 23 Wohnungseigentümerversammlung**
(1) Angelegenheiten, über die nach diesem Gesetz oder nach einer Vereinbarung der Wohnungseigentümer die Wohnungseigentümer durch Beschluß entscheiden können, werden durch Beschlußfassung in einer Versammlung der Wohnungseigentümer geordnet.	(1) [1] Angelegenheiten, über die nach diesem Gesetz oder nach einer Vereinbarung der Wohnungseigentümer die Wohnungseigentümer durch Beschluss entscheiden können, werden durch Beschlussfassung in einer Versammlung der Wohnungseigentümer geordnet. [2] **Die Wohnungseigentümer können beschließen, dass Wohnungseigentümer an der Versammlung auch ohne Anwesenheit an deren Ort teilnehmen und sämtliche oder einzelne ihrer Rechte ganz oder teilweise im Wege elektronischer Kommunikation ausüben können.**
(2) Zur Gültigkeit eines Beschlusses ist erforderlich, daß der Gegenstand bei der Einberufung bezeichnet ist.	(2) Zur Gültigkeit eines Beschlusses ist erforderlich, dass der Gegenstand bei der Einberufung bezeichnet ist.

WEG – alte Fassung[1] **(bis 30.11.2020)**	**WEG – neue Fassung**[2] **(ab 1.12.2020)**
(3) Auch ohne Versammlung ist ein Beschluß gültig, wenn alle Wohnungseigentümer ihre Zustimmung zu diesem Beschluß ~~schriftlich~~ erklären.	(3) [1]Auch ohne Versammlung ist ein Beschluss gültig, wenn alle Wohnungseigentümer ihre Zustimmung zu diesem Beschluss **in Textform** erklären. [2]**Die Wohnungseigentümer können beschließen, dass für einen einzelnen Gegenstand die Mehrheit der abgegebenen Stimmen genügt.**
(4) [1]Ein Beschluss, der gegen eine Rechtsvorschrift verstößt, auf deren Einhaltung rechtswirksam nicht verzichtet werden kann, ist nichtig. [2]Im Übrigen ist ein Beschluss gültig, solange er nicht durch rechtskräftiges Urteil für ungültig erklärt ist.	(4) [1]Ein Beschluss, der gegen eine Rechtsvorschrift verstößt, auf deren Einhaltung rechtswirksam nicht verzichtet werden kann, ist nichtig. [2]Im Übrigen ist ein Beschluss gültig, solange er nicht durch rechtskräftiges Urteil für ungültig erklärt ist.
§ 24 Einberufung, Vorsitz, Niederschrift	**§ 24 Einberufung, Vorsitz, Niederschrift**
(1) Die Versammlung der Wohnungseigentümer wird von dem Verwalter mindestens einmal im Jahre einberufen.	(1) Die Versammlung der Wohnungseigentümer wird von dem Verwalter mindestens einmal im Jahre einberufen.
(2) Die Versammlung der Wohnungseigentümer muß von dem Verwalter in den durch Vereinbarung der Wohnungseigentümer bestimmten Fällen, im übrigen dann einberufen werden, wenn dies ~~schriftlich~~ unter Angabe des Zweckes und der Gründe von mehr als einem Viertel der Wohnungseigentümer verlangt wird.	(2) Die Versammlung der Wohnungseigentümer muss von dem Verwalter in den durch Vereinbarung der Wohnungseigentümer bestimmten Fällen, im übrigen dann einberufen werden, wenn dies **in Textform** unter Angabe des Zweckes und der Gründe von mehr als einem Viertel der Wohnungseigentümer verlangt wird.
(3) Fehlt ein Verwalter oder weigert er sich pflichtwidrig, die Versammlung der Wohnungseigentümer einzuberufen, so kann die Versammlung ~~auch, falls ein Verwaltungsbeirat bestellt ist, von dessen Vorsitzenden oder seinem Vertreter~~ einberufen werden.	(3) Fehlt ein Verwalter oder weigert er sich pflichtwidrig, die Versammlung der Wohnungseigentümer einzuberufen, so kann die Versammlung **auch durch den Vorsitzenden des Verwaltungsbeirats, dessen Vertreter oder einen durch Beschluss ermächtigten Wohnungseigentümer** einberufen werden.
(4) [1]Die Einberufung erfolgt in Textform. [2]Die Frist der Einberufung soll, sofern nicht ein Fall besonderer Dringlichkeit vorliegt, mindestens ~~zwei~~ Wochen betragen.	(4) [1]Die Einberufung erfolgt in Textform. [2]Die Frist der Einberufung soll, sofern nicht ein Fall besonderer Dringlichkeit vorliegt, mindestens **drei** Wochen betragen.
(5) Den Vorsitz in der Wohnungseigentümerversammlung führt, sofern diese nichts anderes beschließt, der Verwalter.	(5) Den Vorsitz in der Wohnungseigentümerversammlung führt, sofern diese nichts anderes beschließt, der Verwalter.

WEG – alte Fassung[1] **(bis 30.11.2020)**	**WEG – neue Fassung**[2] **(ab 1.12.2020)**
(6) [1]Über die in der Versammlung gefaßten Beschlüsse ist eine Niederschrift aufzunehmen. [2]Die Niederschrift ist von dem Vorsitzenden und einem Wohnungseigentümer und, falls ein Verwaltungsbeirat bestellt ist, auch von dessen Vorsitzenden oder seinem Vertreter zu unterschreiben. [3]~~Jeder Wohnungseigentümer ist berechtigt, die Niederschriften einzusehen.~~	(6) [1]Über die in der Versammlung gefassten Beschlüsse ist **unverzüglich** eine Niederschrift aufzunehmen. [2]Die Niederschrift ist von dem Vorsitzenden und einem Wohnungseigentümer und, falls ein Verwaltungsbeirat bestellt ist, auch von dessen Vorsitzenden oder seinem Vertreter zu unterschreiben.
(7) [1]Es ist eine Beschluss-Sammlung zu führen. [2]Die Beschluss-Sammlung enthält nur den Wortlaut 1. der in der Versammlung der Wohnungseigentümer verkündeten Beschlüsse mit Angabe von Ort und Datum der Versammlung, 2. der schriftlichen Beschlüsse mit Angabe von Ort und Datum der Verkündung und 3. der Urteilsformeln der gerichtlichen Entscheidungen in einem Rechtsstreit gemäß § 43 mit Angabe ihres Datums, des Gerichts und der Parteien, soweit diese Beschlüsse und gerichtlichen Entscheidungen nach dem 1. Juli 2007 ergangen sind. [3]Die Beschlüsse und gerichtlichen Entscheidungen sind fortlaufend einzutragen und zu nummerieren. [4]Sind sie angefochten oder aufgehoben worden, so ist dies anzumerken. [5]Im Falle einer Aufhebung kann von einer Anmerkung abgesehen und die Eintragung gelöscht werden. [6]Eine Eintragung kann auch gelöscht werden, wenn sie aus einem anderen Grund für die Wohnungseigentümer keine Bedeutung mehr hat. [7]Die Eintragungen, Vermerke und Löschungen gemäß den Sätzen 3 bis 6 sind unverzüglich zu erledigen und mit Datum zu versehen. [8]Einem Wohnungseigentümer oder einem Dritten, den ein Wohnungseigentümer ermächtigt hat, ist auf sein Verlangen Einsicht in die Beschluss-Sammlung zu geben.	(7) [1]Es ist eine Beschluss-Sammlung zu führen. [2]Die Beschluss-Sammlung enthält nur den Wortlaut 1. der in der Versammlung der Wohnungseigentümer verkündeten Beschlüsse mit Angabe von Ort und Datum der Versammlung, 2. der schriftlichen Beschlüsse mit Angabe von Ort und Datum der Verkündung und 3. der Urteilsformeln der gerichtlichen Entscheidungen in einem Rechtsstreit gemäß § 43 mit Angabe ihres Datums, des Gerichts und der Parteien, soweit diese Beschlüsse und gerichtlichen Entscheidungen nach dem 1. Juli 2007 ergangen sind. [3]Die Beschlüsse und gerichtlichen Entscheidungen sind fortlaufend einzutragen und zu nummerieren. [4]Sind sie angefochten oder aufgehoben worden, so ist dies anzumerken. [5]Im Falle einer Aufhebung kann von einer Anmerkung abgesehen und die Eintragung gelöscht werden. [6]Eine Eintragung kann auch gelöscht werden, wenn sie aus einem anderen Grund für die Wohnungseigentümer keine Bedeutung mehr hat. [7]Die Eintragungen, Vermerke und Löschungen gemäß den Sätzen 3 bis 6 sind unverzüglich zu erledigen und mit Datum zu versehen. [8]Einem Wohnungseigentümer oder einem Dritten, den ein Wohnungseigentümer ermächtigt hat, ist auf sein Verlangen Einsicht in die Beschluss-Sammlung zu geben.

WEG – alte Fassung[1] **(bis 30.11.2020)**	**WEG – neue Fassung**[2] **(ab 1.12.2020)**
(8) [1]Die Beschluss-Sammlung ist von dem Verwalter zu führen. [2]Fehlt ein Verwalter, so ist der Vorsitzende der Wohnungseigentümerversammlung verpflichtet, die Beschluss-Sammlung zu führen, sofern die Wohnungseigentümer durch Stimmenmehrheit keinen anderen für diese Aufgabe bestellt haben.	(8) [1]Die Beschluss-Sammlung ist von dem Verwalter zu führen. [2]Fehlt ein Verwalter, so ist der Vorsitzende der Wohnungseigentümerversammlung verpflichtet, die Beschluss-Sammlung zu führen, sofern die Wohnungseigentümer durch Stimmenmehrheit keinen anderen für diese Aufgabe bestellt haben.
§ 25 ~~*Mehrheitsbeschluß*~~	**§ 25 Beschlussfassung**
~~*(1) Für die Beschlußfassung in Angelegenheiten, über die die Wohnungseigentümer durch Stimmenmehrheit beschließen, gelten die Vorschriften der Absätze 2 bis 5.*~~	**(1) Bei der Beschlussfassung entscheidet die Mehrheit der abgegebenen Stimmen.**
(2) [1]Jeder Wohnungseigentümer hat eine Stimme. [2]Steht ein Wohnungseigentum mehreren gemeinschaftlich zu, so können sie das Stimmrecht nur einheitlich ausüben.	(2) [1]Jeder Wohnungseigentümer hat eine Stimme. [2]Steht ein Wohnungseigentum mehreren gemeinschaftlich zu, so können sie das Stimmrecht nur einheitlich ausüben.
~~*(3) Die Versammlung ist nur beschlußfähig, wenn die erschienenen stimmberechtigten Wohnungseigentümer mehr als die Hälfte der Miteigentumsanteile, berechnet nach der im Grundbuch eingetragenen Größe dieser Anteile, vertreten.*~~	**(3) Vollmachten bedürfen zu ihrer Gültigkeit der Textform.**
~~*(4) [1]Ist eine Versammlung nicht gemäß Absatz 3 beschlußfähig, so beruft der Verwalter eine neue Versammlung mit dem gleichen Gegenstand ein. [2]Diese Versammlung ist ohne Rücksicht auf die Höhe der vertretenen Anteile beschlußfähig; hierauf ist bei der Einberufung hinzuweisen.*~~	
(5) Ein Wohnungseigentümer ist nicht stimmberechtigt, wenn die Beschlußfassung die Vornahme eines auf die Verwaltung des gemeinschaftlichen Eigentums bezüglichen Rechtsgeschäfts mit ihm oder die Einleitung oder Erledigung eines Rechtsstreits ~~*der anderen Wohnungseigentümer*~~ gegen ihn betrifft oder wenn er nach ~~*§ 18*~~ rechtskräftig verurteilt ist.	**(4)** Ein Wohnungseigentümer ist nicht stimmberechtigt, wenn die Beschlussfassung die Vornahme eines auf die Verwaltung des gemeinschaftlichen Eigentums bezüglichen Rechtsgeschäfts mit ihm oder die Einleitung oder Erledigung eines Rechtsstreits gegen ihn betrifft oder wenn er nach **§ 17** rechtskräftig verurteilt ist.

WEG – alte Fassung[1] (bis 30.11.2020)	WEG – neue Fassung[2] (ab 1.12.2020)
§ 26 Bestellung und Abberufung des Verwalters	**§ 26 Bestellung und Abberufung des Verwalters**
(1) [1]Über die Bestellung und Abberufung des Verwalters beschließen die Wohnungseigentümer ~~*mit Stimmenmehrheit*~~.	(1) Über die Bestellung und Abberufung des Verwalters beschließen die Wohnungseigentümer.
[2]Die Bestellung ~~*darf*~~ auf höchstens fünf Jahre vorgenommen werden, im Falle der ersten Bestellung nach der Begründung von Wohnungseigentum aber auf höchstens drei Jahre. [3]~~*Die Abberufung des Verwalters kann auf das Vorliegen eines wichtigen Grundes beschränkt werden.*~~ [4]~~*Ein wichtiger Grund liegt regelmäßig vor, wenn der Verwalter die Beschluss-Sammlung nicht ordnungsmäßig führt.*~~ [5]~~*Andere Beschränkungen der Bestellung oder Abberufung des Verwalters sind nicht zulässig.*~~ (2) Die wiederholte Bestellung ist zulässig; sie bedarf eines erneuten Beschlusses der Wohnungseigentümer, der frühestens ein Jahr vor Ablauf der Bestellungszeit gefaßt werden kann.	(2) [1]Die Bestellung **kann** auf höchstens fünf Jahre vorgenommen werden, im Fall der ersten Bestellung nach der Begründung von Wohnungseigentum aber auf höchstens drei Jahre. [2]Die wiederholte Bestellung ist zulässig; sie bedarf eines erneuten Beschlusses der Wohnungseigentümer, der frühestens ein Jahr vor Ablauf der Bestellungszeit gefasst werden kann.
	(3) Der Verwalter kann jederzeit abberufen werden. Ein Vertrag mit dem Verwalter endet spätestens sechs Monate nach dessen Abberufung.
~~(3)~~ Soweit die Verwaltereigenschaft durch eine öffentlich beglaubigte Urkunde nachgewiesen werden muß, genügt die Vorlage einer Niederschrift über den Bestellungsbeschluß, bei der die Unterschriften der in § 24 Abs. 6 bezeichneten Personen öffentlich beglaubigt sind.	(**4**) Soweit die Verwaltereigenschaft durch eine öffentlich beglaubigte Urkunde nachgewiesen werden muss, genügt die Vorlage einer Niederschrift über den Bestellungsbeschluss, bei der die Unterschriften der in § 24 Absatz 6 bezeichneten Personen öffentlich beglaubigt sind. **(5) Abweichungen von den Absätzen 1 bis 3 sind nicht zulässig.**
	§ 26a Zertifizierter Verwalter
	(1) Als zertifizierter Verwalter darf sich bezeichnen, wer vor einer Industrie- und Handelskammer durch eine Prüfung nachgewiesen hat, dass er über die für die Tätigkeit als Verwalter notwendigen rechtlichen, kaufmännischen und technischen Kenntnisse verfügt.

WEG – alte Fassung[1] (bis 30.11.2020)	WEG – neue Fassung[2] (ab 1.12.2020)
	(2) [1]Das Bundesministerium der Justiz und für Verbraucherschutz wird ermächtigt, durch Rechtsverordnung nähere Bestimmungen über die Prüfung zum zertifizierten Verwalter zu erlassen. [2]In der Rechtsverordnung nach Satz 1 können insbesondere festgelegt werden: 1. nähere Bestimmungen zu Inhalt und Verfahren der Prüfung; 2. Bestimmungen über das zu erteilende Zertifikat; 3. Voraussetzungen, unter denen sich juristische Personen und Personengesellschaften als zertifizierte Verwalter bezeichnen dürfen; 4. Bestimmungen, wonach Personen aufgrund anderweitiger Qualifikationen von der Prüfung befreit sind, insbesondere weil sie die Befähigung zum Richteramt, einen Hochschulabschluss mit immobilienwirtschaftlichem Schwerpunkt, eine abgeschlossene Berufsausbildung zum Immobilienkaufmann oder zur Immobilienkauffrau oder einen vergleichbaren Berufsabschluss besitzen.
§ 27 Aufgaben und Befugnisse des Verwalters	**§ 27 Aufgaben und Befugnisse des Verwalters**
~~(1) Der Verwalter ist gegenüber den Wohnungseigentümern und gegenüber der Gemeinschaft der Wohnungseigentümer berechtigt und verpflichtet,~~	(1) Der Verwalter ist gegenüber der Gemeinschaft der Wohnungseigentümer berechtigt und verpflichtet, die Maßnahmen ordnungsmäßiger Verwaltung zu treffen, die
~~1. Beschlüsse der Wohnungseigentümer durchzuführen und für die Durchführung der Hausordnung zu sorgen;~~	1. untergeordnete Bedeutung haben und nicht zu erheblichen Verpflichtungen führen oder
~~2. die für die ordnungsmäßige Instandhaltung und Instandsetzung des gemeinschaftlichen Eigentums erforderlichen Maßnahmen zu treffen;~~	2. zur Wahrung einer Frist oder zur Abwendung eines Nachteils erforderlich sind.

WEG – alte Fassung[1] (bis 30.11.2020)	WEG – neue Fassung[2] (ab 1.12.2020)
~~3. in dringenden Fällen sonstige zur Erhaltung des gemeinschaftlichen Eigentums erforderliche Maßnahmen zu treffen;~~ ~~4. Lasten- und Kostenbeiträge, Tilgungsbeträge und Hypothekenzinsen anzufordern, in Empfang zu nehmen und abzuführen, soweit es sich um gemeinschaftliche Angelegenheiten der Wohnungseigentümer handelt;~~ ~~5. alle Zahlungen und Leistungen zu bewirken und entgegenzunehmen, die mit der laufenden Verwaltung des gemeinschaftlichen Eigentums zusammenhängen;~~ ~~6. eingenommene Gelder zu verwalten;~~ ~~7. die Wohnungseigentümer unverzüglich darüber zu unterrichten, dass ein Rechtsstreit gemäß § 43 anhängig ist;~~ ~~8. die Erklärungen abzugeben, die zur Vornahme der in § 21 Abs. 5 Nr. 6 bezeichneten Maßnahmen erforderlich sind.~~ ~~(2) Der Verwalter ist berechtigt, im Namen aller Wohnungseigentümer und mit Wirkung für und gegen sie~~ ~~1. Willenserklärungen und Zustellungen entgegenzunehmen, soweit sie an alle Wohnungseigentümer in dieser Eigenschaft gerichtet sind;~~ ~~2. Maßnahmen zu treffen, die zur Wahrung einer Frist oder zur Abwendung eines sonstigen Rechtsnachteils erforderlich sind, insbesondere einen gegen die Wohnungseigentümer gerichteten Rechtsstreit gemäß § 43 Nr. 1, Nr. 4 oder Nr. 5 im Erkenntnis- und Vollstreckungsverfahren zu führen;~~ ~~3. Ansprüche gerichtlich und außergerichtlich geltend zu machen, sofern er hierzu durch Vereinbarung oder Beschluss mit Stimmenmehrheit der Wohnungseigentümer ermächtigt ist;~~	**(2) Die Wohnungseigentümer können die Rechte und Pflichten nach Absatz 1 durch Beschluss einschränken oder erweitern.**

WEG – alte Fassung[1] (bis 30.11.2020)	WEG – neue Fassung[2] (ab 1.12.2020)
~~4. mit einem Rechtsanwalt wegen eines Rechtsstreits gemäß § 43 Nr. 1, Nr. 4 oder Nr. 5 zu vereinbaren, dass sich die Gebühren nach einem höheren als dem gesetzlichen Streitwert, höchstens nach einem gemäß § 49a Abs. 1 Satz 1 des Gerichtskostengesetzes bestimmten Streitwert bemessen.~~	
~~(3)~~ [1] ~~Der Verwalter ist berechtigt, im Namen der Gemeinschaft der Wohnungseigentümer und mit Wirkung für und gegen sie~~	
~~1. Willenserklärungen und Zustellungen entgegenzunehmen;~~	
~~2. Maßnahmen zu treffen, die zur Wahrung einer Frist oder zur Abwendung eines sonstigen Rechtsnachteils erforderlich sind, insbesondere einen gegen die Gemeinschaft gerichteten Rechtsstreit gemäß § 43 Nr. 2 oder Nr. 5 im Erkenntnis- und Vollstreckungsverfahren zu führen;~~	
~~3. die laufenden Maßnahmen der erforderlichen ordnungsmäßigen Instandhaltung und Instandsetzung gemäß Absatz 1 Nr. 2 zu treffen;~~	
~~4. die Maßnahmen gemäß Absatz 1 Nr. 3 bis 5 und 8 zu treffen;~~	
~~5. im Rahmen der Verwaltung der eingenommenen Gelder gemäß Absatz 1 Nr. 6 Konten zu führen;~~	
~~6. mit einem Rechtsanwalt wegen eines Rechtsstreits gemäß § 43 Nr. 2 oder Nr. 5 eine Vergütung gemäß Absatz 2 Nr. 4 zu vereinbaren;~~	
~~7. sonstige Rechtsgeschäfte und Rechtshandlungen vorzunehmen, soweit er hierzu durch Vereinbarung oder Beschluss der Wohnungseigentümer mit Stimmenmehrheit ermächtigt ist.~~	

WEG – alte Fassung[1] (bis 30.11.2020)	WEG – neue Fassung[2] (ab 1.12.2020)
[2]~~Fehlt ein Verwalter oder ist er zur Vertretung nicht berechtigt, so vertreten alle Wohnungseigentümer die Gemeinschaft.~~ [3]~~Die Wohnungseigentümer können durch Beschluss mit Stimmenmehrheit einen oder mehrere Wohnungseigentümer zur Vertretung ermächtigen.~~	
~~(4) Die dem Verwalter nach den Absätzen 1 bis 3 zustehenden Aufgaben und Befugnisse können durch Vereinbarung der Wohnungseigentümer nicht eingeschränkt oder ausgeschlossen werden.~~	
~~(5)~~ [1]~~Der Verwalter ist verpflichtet, eingenommene Gelder von seinem Vermögen gesondert zu halten.~~ [2]~~Die Verfügung über solche Gelder kann durch Vereinbarung oder Beschluss der Wohnungseigentümer mit Stimmenmehrheit von der Zustimmung eines Wohnungseigentümers oder eines Dritten abhängig gemacht werden.~~	
~~(6) Der Verwalter kann von den Wohnungseigentümern die Ausstellung einer Vollmachts- und Ermächtigungsurkunde verlangen, aus der der Umfang seiner Vertretungsmacht ersichtlich ist.~~	
§ 28 Wirtschaftsplan~~, Rechnungslegung~~	**§ 28 Wirtschaftsplan, Jahresabrechnung, Vermögensbericht**
~~(1)~~ [1]~~Der Verwalter hat jeweils für ein Kalenderjahr einen Wirtschaftsplan aufzustellen.~~ [2]~~Der Wirtschaftsplan enthält:~~	**(1) [1]Die Wohnungseigentümer beschließen über die Vorschüsse zur Kostentragung und zu den nach § 19 Absatz 2 Nummer 4 oder durch Beschluss vorgesehenen Rücklagen. [2]Zu diesem Zweck hat der Verwalter jeweils für ein Kalenderjahr einen Wirtschaftsplan aufzustellen, der darüber hinaus die voraussichtlichen Einnahmen und Ausgaben enthält.**
~~1. die voraussichtlichen Einnahmen und Ausgaben bei der Verwaltung des gemeinschaftlichen Eigentums;~~	

WEG – alte Fassung[1] (bis 30.11.2020)	WEG – neue Fassung[2] (ab 1.12.2020)
~~2. die anteilmäßige Verpflichtung der Wohnungseigentümer zur Lasten- und Kostentragung;~~ ~~3. die Beitragsleistung der Wohnungseigentümer zu der in § 21 Abs. 5 Nr. 4 vorgesehenen Instandhaltungsrückstellung.~~	
~~(2) Die Wohnungseigentümer sind verpflichtet, nach Abruf durch den Verwalter dem beschlossenen Wirtschaftsplan entsprechende Vorschüsse zu leisten.~~	**(2) [1]Nach Ablauf des Kalenderjahres beschließen die Wohnungseigentümer über die Einforderung von Nachschüssen oder die Anpassung der beschlossenen Vorschüsse. [2]Zu diesem Zweck hat der Verwalter eine Abrechnung über den Wirtschaftsplan (Jahresabrechnung) aufzustellen, die darüber hinaus die Einnahmen und Ausgaben enthält.**
~~(3) Der Verwalter hat nach Ablauf des Kalenderjahres eine Abrechnung aufzustellen.~~	**(3) Die Wohnungseigentümer können beschließen, wann Forderungen fällig werden und wie sie zu erfüllen sind.**
~~(4) Die Wohnungseigentümer können durch Mehrheitsbeschluß jederzeit von dem Verwalter Rechnungslegung verlangen.~~ ~~(5) Über den Wirtschaftsplan, die Abrechnung und die Rechnungslegung des Verwalters beschließen die Wohnungseigentümer durch Stimmenmehrheit.~~	**(4) [1]Der Verwalter hat nach Ablauf eines Kalenderjahres einen Vermögensbericht zu erstellen, der den Stand der in Absatz 1 Satz 1 bezeichneten Rücklagen und eine Aufstellung des wesentlichen Gemeinschaftsvermögens enthält. [2]Der Vermögensbericht ist jedem Wohnungseigentümer zur Verfügung zu stellen.**
§ 29 Verwaltungsbeirat	**§ 29 Verwaltungsbeirat**
(1) [1]~~Die Wohnungseigentümer können durch Stimmenmehrheit die Bestellung eines Verwaltungsbeirats beschließen.~~ [2]~~Der Verwaltungsbeirat besteht aus einem Wohnungseigentümer als Vorsitzenden und zwei weiteren Wohnungseigentümern als Beisitzern.~~	**(1) [1]Wohnungseigentümer können durch Beschluss zum Mitglied des Verwaltungsbeirats bestellt werden. [2]Hat der Verwaltungsbeirat mehrere Mitglieder, ist ein Vorsitzender und ein Stellvertreter zu bestimmen. [3]Der Verwaltungsbeirat wird von dem Vorsitzenden nach Bedarf einberufen.**

WEG – alte Fassung[1] **(bis 30.11.2020)**	**WEG – neue Fassung**[2] **(ab 1.12.2020)**
(2) Der Verwaltungsbeirat unterstützt den Verwalter bei der Durchführung seiner Aufgaben. *~~(3) Der Wirtschaftsplan, die Abrechnung über den Wirtschaftsplan, Rechnungslegungen und Kostenanschläge sollen, bevor über sie die Wohnungseigentümerversammlung beschließt,~~* vom Verwaltungsbeirat geprüft und mit dessen Stellungnahme versehen werden.	(2) [1]Der Verwaltungsbeirat unterstützt **und überwacht** den Verwalter bei der Durchführung seiner Aufgaben.[2]**Der Wirtschaftsplan und die Jahresabrechnung sollen, bevor die Beschlüsse nach § 28 Absatz 1 Satz 1 und Absatz 2 Satz 1 gefasst werden,** vom Verwaltungsbeirat geprüft und mit dessen Stellungnahme versehen werden.
~~(4) Der Verwaltungsbeirat wird von dem Vorsitzenden nach Bedarf einberufen.~~	**(3) Sind Mitglieder des Verwaltungsbeirats unentgeltlich tätig, haben sie nur Vorsatz und grobe Fahrlässigkeit zu vertreten.**
~~4. Abschnitt~~ **Wohnungserbbaurecht**	**Abschnitt** 5 **Wohnungserbbaurecht**
§ 30	**§ 30 Wohnungserbbaurecht**
(1) Steht ein Erbbaurecht mehreren gemeinschaftlich nach Bruchteilen zu, so können die Anteile in der Weise beschränkt werden, daß jedem der Mitberechtigten das Sondereigentum an einer bestimmten Wohnung oder an nicht zu Wohnzwecken dienenden bestimmten Räumen in einem auf Grund des Erbbaurechts errichteten oder zu errichtenden Gebäude eingeräumt wird (Wohnungserbbaurecht, Teilerbbaurecht).	(1) Steht ein Erbbaurecht mehreren gemeinschaftlich nach Bruchteilen zu, so können die Anteile in der Weise beschränkt werden, dass jedem der Mitberechtigten das Sondereigentum an einer bestimmten Wohnung oder an nicht zu Wohnzwecken dienenden bestimmten Räumen in einem auf Grund des Erbbaurechts errichteten oder zu errichtenden Gebäude eingeräumt wird (Wohnungserbbaurecht, Teilerbbaurecht).
(2) Ein Erbbauberechtigter kann das Erbbaurecht in entsprechender Anwendung des § 8 teilen.	(2) Ein Erbbauberechtigter kann das Erbbaurecht in entsprechender Anwendung des § 8 teilen.
(3) [1]Für jeden Anteil wird von Amts wegen ein besonderes Erbbaugrundbuchblatt angelegt (Wohnungserbbaugrundbuch, Teilerbbaugrundbuch). [2]Im übrigen gelten für das Wohnungserbbaurecht (Teilerbbaurecht) die Vorschriften über das Wohnungseigentum (Teileigentum) entsprechend.	(3) [1]Für jeden Anteil wird von Amts wegen ein besonderes Erbbaugrundbuchblatt angelegt (Wohnungserbbaugrundbuch, Teilerbbaugrundbuch). [2]Im übrigen gelten für das Wohnungserbbaurecht (Teilerbbaurecht) die Vorschriften über das Wohnungseigentum (Teileigentum) entsprechend.
~~II. Teil~~ **Dauerwohnrecht**	**Teil 2 Dauerwohnrecht**
§ 31 Begriffsbestimmungen	**§ 31 Begriffsbestimmungen** ***unverändert***

WEG – alte Fassung[1] (bis 30.11.2020)	WEG – neue Fassung[2] (ab 1.12.2020)
§ 32 Voraussetzungen der Eintragung	**§ 32 Voraussetzungen der Eintragung**
(1) Das Dauerwohnrecht soll nur bestellt werden, wenn die Wohnung in sich abgeschlossen ist.	(1) Das Dauerwohnrecht soll nur bestellt werden, wenn die Wohnung in sich abgeschlossen ist.
(2) [1]Zur näheren Bezeichnung des Gegenstandes und des Inhalts des Dauerwohnrechts kann auf die Eintragungsbewilligung Bezug genommen werden. [2]Der Eintragungsbewilligung sind als Anlagen beizufügen:	(2) [1]Zur näheren Bezeichnung des Gegenstandes und des Inhalts des Dauerwohnrechts kann auf die Eintragungsbewilligung Bezug genommen werden. [2]Der Eintragungsbewilligung sind als Anlagen beizufügen:
1. eine von der Baubehörde mit Unterschrift und Siegel oder Stempel versehene Bauzeichnung, aus der die Aufteilung des Gebäudes sowie die Lage und Größe der dem Dauerwohnrecht unterliegenden Gebäude- und Grundstücksteile ersichtlich ist (Aufteilungsplan); alle zu demselben Dauerwohnrecht gehörenden Einzelräume sind mit der jeweils gleichen Nummer zu kennzeichnen;	1. eine von der Baubehörde mit Unterschrift und Siegel oder Stempel versehene Bauzeichnung, aus der die Aufteilung des Gebäudes sowie die Lage und Größe der dem Dauerwohnrecht unterliegenden Gebäude- und Grundstücksteile ersichtlich ist (Aufteilungsplan); alle zu demselben Dauerwohnrecht gehörenden Einzelräume sind mit der jeweils gleichen Nummer zu kennzeichnen;
2. eine Bescheinigung der Baubehörde, daß die Voraussetzungen des Absatzes 1 vorliegen.	2. eine Bescheinigung der Baubehörde, dass die Voraussetzungen des Absatzes 1 vorliegen.
[3]Wenn in der Eintragungsbewilligung für die einzelnen Dauerwohnrechte Nummern angegeben werden, sollen sie mit denen des Aufteilungsplans übereinstimmen. [4]~~Die Landesregierungen können durch Rechtsverordnung bestimmen, dass und in welchen Fällen der Aufteilungsplan (Satz 2 Nr. 1) und die Abgeschlossenheit (Satz 2 Nr. 2) von einem öffentlich bestellten oder anerkannten Sachverständigen für das Bauwesen statt von der Baubehörde ausgefertigt und bescheinigt werden.~~ [5]~~Werden diese Aufgaben von dem Sachverständigen wahrgenommen, so gelten die Bestimmungen der Allgemeinen Verwaltungsvorschrift für die Ausstellung von Bescheinigungen gemäß § 7 Abs. 4 Nr. 2 und § 32 Abs. 2 Nr. 2 des Wohnungseigentumsgesetzes vom 19. März 1974 (BAnz. Nr. 58 vom 23. März 1974) entsprechend.~~ [6]~~In diesem Fall bedürfen die Anlagen nicht der Form des § 29 der Grundbuchordnung.~~ [7]~~Die Landesregierungen können die Ermächtigung durch Rechtsverordnung auf die Landesbauverwaltungen übertragen.~~	[3]Wenn in der Eintragungsbewilligung für die einzelnen Dauerwohnrechte Nummern angegeben werden, sollen sie mit denen des Aufteilungsplans übereinstimmen.

WEG – alte Fassung[1] **(bis 30.11.2020)**	**WEG – neue Fassung**[2] **(ab 1.12.2020)**
(3) Das Grundbuchamt soll die Eintragung des Dauerwohnrechts ablehnen, wenn über die in § 33 Abs. 4 Nr. 1 bis 4 bezeichneten Angelegenheiten, über die Voraussetzungen des Heimfallanspruchs (§ 36 Abs. 1) und über die Entschädigung beim Heimfall (§ 36 Abs. 4) keine Vereinbarungen getroffen sind.	(3) Das Grundbuchamt soll die Eintragung des Dauerwohnrechts ablehnen, wenn über die in § 33 Abs. 4 Nr. 1 bis 4 bezeichneten Angelegenheiten, über die Voraussetzungen des Heimfallanspruchs (§ 36 Abs. 1) und über die Entschädigung beim Heimfall (§ 36 Abs. 4) keine Vereinbarungen getroffen sind.
§§ 33 bis 42 WEG	**§§ 33 bis 42 WEG** *unverändert*
~~*III. Teil*~~ **Verfahrensvorschriften**	**Teil 3 Verfahrensvorschriften**
§ 43 Zuständigkeit	**§ 43 Zuständigkeit**
	(1) [1]**Die Gemeinschaft der Wohnungseigentümer hat ihren allgemeinen Gerichtsstand bei dem Gericht, in dessen Bezirk das Grundstück liegt.** [2]**Bei diesem Gericht kann auch die Klage gegen Wohnungseigentümer im Fall des § 9a Absatz 4 Satz 1 erhoben werden.**
Das Gericht, in dessen Bezirk das Grundstück liegt, ist ausschließlich zuständig für	**(2)** Das Gericht, in dessen Bezirk das Grundstück liegt, ist ausschließlich zuständig für
1. Streitigkeiten über die ~~*sich aus der Gemeinschaft der Wohnungseigentümer und aus der Verwaltung des gemeinschaftlichen Eigentums ergebenden*~~ Rechte und Pflichten der Wohnungseigentümer untereinander;	1. Streitigkeiten über die Rechte und Pflichten der Wohnungseigentümer untereinander,
2. Streitigkeiten über die Rechte und Pflichten zwischen der Gemeinschaft der Wohnungseigentümer und Wohnungseigentümern;	2. Streitigkeiten über die Rechte und Pflichten zwischen der Gemeinschaft der Wohnungseigentümer und Wohnungseigentümern,
3. Streitigkeiten über die Rechte und Pflichten des Verwalters ~~*bei der Verwaltung des gemeinschaftlichen Eigentums*~~;	3. Streitigkeiten über die Rechte und Pflichten des Verwalters **einschließlich solcher über Ansprüche eines Wohnungseigentümers gegen den Verwalter sowie**
~~*4. Streitigkeiten über die Gültigkeit von Beschlüssen der Wohnungseigentümer;*~~	**4. Beschlussklagen gemäß § 44.**

WEG – alte Fassung[1] (bis 30.11.2020)	WEG – neue Fassung[2] (ab 1.12.2020)
~~5. Klagen Dritter, die sich gegen die Gemeinschaft der Wohnungseigentümer oder gegen Wohnungseigentümer richten und sich auf das gemeinschaftliche Eigentum, seine Verwaltung oder das Sondereigentum beziehen;~~	
~~6. Mahnverfahren, wenn die Gemeinschaft der Wohnungseigentümer Antragstellerin ist. Insoweit ist § 689 Abs. 2 der Zivilprozessordnung nicht anzuwenden.~~	
§ 44 ~~Bezeichnung der Wohnungseigentümer in der Klageschrift~~	**§ 44 Beschlussklagen**
~~(1) [1]Wird die Klage durch oder gegen alle Wohnungseigentümer mit Ausnahme des Gegners erhoben, so genügt für ihre nähere Bezeichnung in der Klageschrift die bestimmte Angabe des gemeinschaftlichen Grundstücks; wenn die Wohnungseigentümer Beklagte sind, sind in der Klageschrift außerdem der Verwalter und der gemäß § 45 Abs. 2 Satz 1 bestellte Ersatzzustellungsvertreter zu bezeichnen. [2]Die namentliche Bezeichnung der Wohnungseigentümer hat spätestens bis zum Schluss der mündlichen Verhandlung zu erfolgen.~~	**(1) [1]Das Gericht kann auf Klage eines Wohnungseigentümers einen Beschluss für ungültig erklären (Anfechtungsklage) oder seine Nichtigkeit feststellen (Nichtigkeitsklage). [2]Unterbleibt eine notwendige Beschlussfassung, kann das Gericht auf Klage eines Wohnungseigentümers den Beschluss fassen (Beschlussersetzungsklage).**
~~(2) [1]Sind an dem Rechtsstreit nicht alle Wohnungseigentümer als Partei beteiligt, so sind die übrigen Wohnungseigentümer entsprechend Absatz 1 von dem Kläger zu bezeichnen. [2]Der namentlichen Bezeichnung der übrigen Wohnungseigentümer bedarf es nicht, wenn das Gericht von ihrer Beiladung gemäß § 48 Abs. 1 Satz 1 absieht.~~	**(2) [1]Die Klagen sind gegen die Gemeinschaft der Wohnungseigentümer zu richten. [2]Der Verwalter hat den Wohnungseigentümern die Erhebung einer Klage unverzüglich bekannt zu machen. [3]Mehrere Prozesse sind zur gleichzeitigen Verhandlung und Entscheidung zu verbinden.**
	(3) Das Urteil wirkt für und gegen alle Wohnungseigentümer, auch wenn sie nicht Partei sind.
	(4) Die durch eine Nebenintervention verursachten Kosten gelten nur dann als notwendig zur zweckentsprechenden Rechtsverteidigung im Sinne des § 91 der Zivilprozessordnung, wenn die Nebenintervention geboten war.

WEG – alte Fassung[1] **(bis 30.11.2020)**	**WEG – neue Fassung**[2] **(ab 1.12.2020)**
§ 45 ~~*Zustellung*~~ ~~*(1) Der Verwalter ist Zustellungsvertreter der Wohnungseigentümer, wenn diese Beklagte oder gemäß § 48 Abs. 1 Satz 1 beizuladen sind, es sei denn, dass er als Gegner der Wohnungseigentümer an dem Verfahren beteiligt ist oder aufgrund des Streitgegenstandes die Gefahr besteht, der Verwalter werde die Wohnungseigentümer nicht sachgerecht unterrichten.*~~ ~~*(2) [1]Die Wohnungseigentümer haben für den Fall, dass der Verwalter als Zustellungsvertreter ausgeschlossen ist, durch Beschluss mit Stimmenmehrheit einen Ersatzzustellungsvertreter sowie dessen Vertreter zu bestellen, auch wenn ein Rechtsstreit noch nicht anhängig ist. [2]Der Ersatzzustellungsvertreter tritt in die dem Verwalter als Zustellungsvertreter der Wohnungseigentümer zustehenden Aufgaben und Befugnisse ein, sofern das Gericht die Zustellung an ihn anordnet; Absatz 1 gilt entsprechend.*~~ ~~*(3) Haben die Wohnungseigentümer entgegen Absatz 2 Satz 1 keinen Ersatzzustellungsvertreter bestellt oder ist die Zustellung nach den Absätzen 1 und 2 aus sonstigen Gründen nicht ausführbar, kann das Gericht einen Ersatzzustellungsvertreter bestellen.*~~	**§ 45 Fristen der Anfechtungsklage** **[1]Die Anfechtungsklage muss innerhalb eines Monats nach der Beschlussfassung erhoben und innerhalb zweier Monate nach der Beschlussfassung begründet werden. [2]Die §§ 233 bis 238 der Zivilprozessordnung gelten entsprechend.**
~~*§ 46 Anfechtungsklage*~~ ~~*(1) [1]Die Klage eines oder mehrerer Wohnungseigentümer auf Erklärung der Ungültigkeit eines Beschlusses der Wohnungseigentümer ist gegen die übrigen Wohnungseigentümer und die Klage des Verwalters ist gegen die Wohnungseigentümer zu richten. [2]Sie muss innerhalb eines Monats nach der Beschlussfassung erhoben und innerhalb zweier Monate nach der Beschlussfassung begründet werden. [3]Die §§ 233 bis 238 der Zivilprozessordnung gelten entsprechend.*~~ ~~*(2) Hat der Kläger erkennbar eine Tatsache übersehen, aus der sich ergibt, dass der Beschluss nichtig ist, so hat das Gericht darauf hinzuweisen.*~~	

WEG – alte Fassung[1] (bis 30.11.2020)	WEG – neue Fassung[2] (ab 1.12.2020)
~~§ 47 Prozessverbindung~~ [1] ~~Mehrere Prozesse, in denen Klagen auf Erklärung oder Feststellung der Ungültigkeit desselben Beschlusses der Wohnungseigentümer erhoben werden, sind zur gleichzeitigen Verhandlung und Entscheidung zu verbinden.~~ [2] ~~Die Verbindung bewirkt, dass die Kläger der vorher selbständigen Prozesse als Streitgenossen anzusehen sind.~~ ~~§ 48 Beiladung, Wirkung des Urteils~~ ~~(1)~~ [1] ~~Richtet sich die Klage eines Wohnungseigentümers, der in einem Rechtsstreit gemäß § 43 Nr. 1 oder Nr. 3 einen ihm allein zustehenden Anspruch geltend macht, nur gegen einen oder einzelne Wohnungseigentümer oder nur gegen den Verwalter, so sind die übrigen Wohnungseigentümer beizuladen, es sei denn, dass ihre rechtlichen Interessen erkennbar nicht betroffen sind.~~ [2] ~~Soweit in einem Rechtsstreit gemäß § 43 Nr. 3 oder Nr. 4 der Verwalter nicht Partei ist, ist er ebenfalls beizuladen.~~ ~~(2)~~ [1] ~~Die Beiladung erfolgt durch Zustellung der Klageschrift, der die Verfügungen des Vorsitzenden beizufügen sind.~~ [2] ~~Die Beigeladenen können der einen oder anderen Partei zu deren Unterstützung beitreten.~~ [3] ~~Veräußert ein beigeladener Wohnungseigentümer während des Prozesses sein Wohnungseigentum, ist § 265 Abs. 2 der Zivilprozessordnung entsprechend anzuwenden.~~ ~~(3) Über die in § 325 der Zivilprozessordnung angeordneten Wirkungen hinaus wirkt das rechtskräftige Urteil auch für und gegen alle beigeladenen Wohnungseigentümer und ihre Rechtsnachfolger sowie den beigeladenen Verwalter.~~ ~~(4) Wird durch das Urteil eine Anfechtungsklage als unbegründet abgewiesen, so kann auch nicht mehr geltend gemacht werden, der Beschluss sei nichtig.~~	

WEG – alte Fassung[1] (bis 30.11.2020)	WEG – neue Fassung[2] (ab 1.12.2020)
~~§ 49 Kostenentscheidung~~ ~~(1) Wird gemäß § 21 Abs. 8 nach billigem Ermessen entschieden, so können auch die Prozesskosten nach billigem Ermessen verteilt werden.~~ ~~(2) Dem Verwalter können Prozesskosten auferlegt werden, soweit die Tätigkeit des Gerichts durch ihn veranlasst wurde und ihn ein grobes Verschulden trifft, auch wenn er nicht Partei des Rechtsstreits ist.~~ ~~§ 50 Kostenerstattung~~ ~~Den Wohnungseigentümern sind als zur zweckentsprechenden Rechtsverfolgung oder Rechtsverteidigung notwendige Kosten nur die Kosten eines bevollmächtigten Rechtsanwalts zu erstatten, wenn nicht aus Gründen, die mit dem Gegenstand des Rechtsstreits zusammenhängen, eine Vertretung durch mehrere bevollmächtigte Rechtsanwälte geboten war.~~	
~~IV. Teil~~ **Ergänzende Bestimmungen** ~~§ 61 Eintragung ins Grundbuch vor dem 15. Januar 1994~~ [1]Fehlt eine nach § 12 erforderliche Zustimmung, so sind die Veräußerung und das zugrundeliegende Verpflichtungsgeschäft unbeschadet der sonstigen Voraussetzungen wirksam, wenn die Eintragung der Veräußerung oder einer Auflassungsvormerkung in das Grundbuch vor dem 15. Januar 1994 erfolgt ist und es sich um die erstmalige Veräußerung dieses Wohnungseigentums nach seiner Begründung handelt, es sei denn, daß eine rechtskräftige gerichtliche Entscheidung entgegensteht. [2]Das Fehlen der Zustimmung steht in diesen Fällen dem Eintritt der Rechtsfolgen des § 878 des Bürgerlichen Gesetzbuchs nicht entgegen. [3]Die Sätze 1 und 2 gelten entsprechend in den Fällen der §§ 30 und 35 des Wohnungseigentumsgesetzes.	**Teil 4 Ergänzende Bestimmungen** **§ 46 Veräußerung ohne erforderliche Zustimmung** [1]Fehlt eine nach § 12 erforderliche Zustimmung, so sind die Veräußerung und das zugrundeliegende Verpflichtungsgeschäft unbeschadet der sonstigen Voraussetzungen wirksam, wenn die Eintragung der Veräußerung oder einer Auflassungsvormerkung in das Grundbuch vor dem 15. Januar 1994 erfolgt ist und es sich um die erstmalige Veräußerung dieses Wohnungseigentums nach seiner Begründung handelt, es sei denn, dass eine rechtskräftige gerichtliche Entscheidung entgegensteht. [2]Das Fehlen der Zustimmung steht in diesen Fällen dem Eintritt der Rechtsfolgen des § 878 des Bürgerlichen Gesetzbuchs nicht entgegen. [3]Die Sätze 1 und 2 gelten entsprechend in den Fällen der §§ 30 und 35 des Wohnungseigentumsgesetzes.

WEG – alte Fassung[1] (bis 30.11.2020)	WEG – neue Fassung[2] (ab 1.12.2020)
	§ 47 Auslegung von Altvereinbarungen [1]Vereinbarungen, die vor dem … [einsetzen: Datum des Inkrafttretens nach Artikel 18 Satz 1 dieses Gesetzes] getroffen wurden und die von solchen Vorschriften dieses Gesetzes abweichen, die durch das Wohnungseigentumsmodernisierungsgesetz vom … [einsetzen: Datum und Fundstelle dieses Gesetzes] geändert wurden, stehen der Anwendung dieser Vorschriften in der vom … [einsetzen: Datum des Inkrafttretens nach Artikel 18 Satz 1 dieses Gesetzes] an geltenden Fassung nicht entgegen, soweit sich aus der Vereinbarung nicht ein anderer Wille ergibt. [2]Ein solcher Wille ist in der Regel nicht anzunehmen.
~~§ 62~~ **Übergangsvorschrift** ~~*(1) Für die am 1. Juli 2007 bei Gericht anhängigen Verfahren in Wohnungseigentums- oder in Zwangsversteigerungssachen oder für die bei einem Notar beantragten freiwilligen Versteigerungen sind die durch die Artikel 1 und 2 des Gesetzes vom 26. März 2007 (BGBl. I S. 370) geänderten Vorschriften des III. Teils dieses Gesetzes sowie die des Gesetzes über die Zwangsversteigerung und die Zwangsverwaltung in ihrer bis dahin geltenden Fassung weiter anzuwenden.*~~	**§ 48 Übergangsvorschriften** (1) [1]§ 5 Absatz 4, § 7 Absatz 2 und § 10 Absatz 3 in der vom … [einsetzen: Datum des Inkrafttretens nach Artikel 18 Satz 1 dieses Gesetzes] an geltenden Fassung gelten auch für solche Beschlüsse, die vor diesem Zeitpunkt gefasst oder durch gerichtliche Entscheidung ersetzt wurden. [2]Abweichend davon bestimmt sich die Wirksamkeit eines Beschlusses im Sinne des Satzes 1 gegen den Sondernachfolger eines Wohnungseigentümers nach § 10 Absatz 4 in der bis zum … [einsetzen: Datum des Inkrafttretens nach Artikel 18 Satz 1 dieses Gesetzes] geltenden Fassung, wenn die Sondernachfolge bis zum 31. Dezember 2025 eintritt. [3]Jeder Wohnungseigentümer kann bis zum 31. Dezember 2025 verlangen, dass ein Beschluss im Sinne des Satzes 1 erneut gefasst wird; § 204 Absatz 1 Nummer 1 des Bürgerlichen Gesetzbuchs gilt entsprechend.

WEG – alte Fassung[1] (bis 30.11.2020)	WEG – neue Fassung[2] (ab 1.12.2020)
~~(2) In Wohnungseigentumssachen nach § 43 Nr. 1 bis 4 finden die Bestimmungen über die Nichtzulassungsbeschwerde (§ 543 Abs. 1 Nr. 2, § 544 der Zivilprozessordnung) keine Anwendung, soweit die anzufechtende Entscheidung vor dem 31. Dezember 2015 verkündet worden ist.~~	**(2) § 5 Absatz 4 Satz 3 gilt in der vor dem … [einsetzen: Datum des Inkrafttretens nach Artikel 18 Satz 1 dieses Gesetzes] geltenden Fassung weiter für Vereinbarungen und Beschlüsse, die vor diesem Zeitpunkt getroffen oder gefasst wurden, und zu denen vor dem … [einsetzen: Datum des Inkrafttretens nach Artikel 18 Satz 1 dieses Gesetzes] alle Zustimmungen erteilt wurden, die nach den vor diesem Zeitpunkt geltenden Vorschriften erforderlich waren.**
	(3) [1]§ 7 Absatz 3 Satz 2 gilt auch für Vereinbarungen und Beschlüsse, die vor dem … [einsetzen: Datum des Inkrafttretens nach Artikel 18 Satz 1 dieses Gesetzes] getroffen oder gefasst wurden. [2]Ist eine Vereinbarung oder ein Beschluss im Sinne des Satzes 1 entgegen der Vorgabe des § 7 Absatz 3 Satz 2 nicht ausdrücklich im Grundbuch eingetragen, erfolgt die ausdrückliche Eintragung in allen Wohnungsgrundbüchern nur auf Antrag eines Wohnungseigentümers oder der Gemeinschaft der Wohnungseigentümer. [3]Ist die Haftung von Sondernachfolgern für Geldschulden entgegen der Vorgabe des § 7 Absatz 3 Satz 2 nicht ausdrücklich im Grundbuch eingetragen, lässt dies die Wirkung gegen den Sondernachfolger eines Wohnungseigentümers unberührt, wenn die Sondernachfolge bis zum 31. Dezember 2025 eintritt.
	(4) § 19 Absatz 2 Nummer 6 ist ab dem … [einsetzen: Datum des ersten Tages des 26. auf die Verkündung folgenden Monats] anwendbar. Eine Person, die am … [einsetzen: Datum des Inkrafttretens dieses Gesetzes nach Artikel 18 Satz 1] Verwalter einer Gemeinschaft der Wohnungseigentümer war, gilt gegenüber den Wohnungseigentümern dieser Gemeinschaft der Wohnungseigentümer bis zum … [einsetzen: Datum des ersten Tages des 44. auf die Verkündung folgenden Monats] als zertifizierter Verwalter.

WEG – alte Fassung[1] (bis 30.11.2020)	WEG – neue Fassung[2] (ab 1.12.2020)
	(5) Für die bereits vor dem … [einsetzen: Datum des Inkrafttretens nach Artikel 18 Satz 1 dieses Gesetzes] bei Gericht anhängigen Verfahren sind die Vorschriften des dritten Teils dieses Gesetzes in ihrer bis dahin geltenden Fassung weiter anzuwenden.
~~§ 63~~ **Überleitung bestehender Rechtsverhältnisse**	**§ 49 Überleitung bestehender Rechtsverhältnisse**
(1) Werden Rechtsverhältnisse, mit denen ein Rechtserfolg bezweckt wird, der den durch dieses Gesetz geschaffenen Rechtsformen entspricht, in solche Rechtsformen umgewandelt, so ist als Geschäftswert für die Berechnung der hierdurch veranlaßten Gebühren der Gerichte und Notare im Falle des Wohnungseigentums ein Fünfundzwanzigstel des Einheitswertes des Grundstückes, im Falle des Dauerwohnrechtes ein Fünfundzwanzigstel des Wertes des Rechtes anzunehmen.	(1) Werden Rechtsverhältnisse, mit denen ein Rechtserfolg bezweckt wird, der den durch dieses Gesetz geschaffenen Rechtsformen entspricht, in solche Rechtsformen umgewandelt, so ist als Geschäftswert für die Berechnung der hierdurch veranlassten Gebühren der Gerichte und Notare im Falle des Wohnungseigentums ein Fünfundzwanzigstel des Einheitswertes des Grundstückes, im Falle des Dauerwohnrechtes ein Fünfundzwanzigstel des Wertes des Rechtes anzunehmen.
~~*(2) (gegenstandslos)*~~	
(3) Durch Landesgesetz können Vorschriften zur Überleitung bestehender, auf Landesrecht beruhender Rechtsverhältnisse in die durch dieses Gesetz geschaffenen Rechtsformen getroffen werden.	**(2)** Durch Landesgesetz können Vorschriften zur Überleitung bestehender, auf Landesrecht beruhender Rechtsverhältnisse in die durch dieses Gesetz geschaffenen Rechtsformen getroffen werden.

Literaturverzeichnis

Bärmann, Kommentar WEG, 15. Auflage 2023

Bärmann/Becker, Kommentar WEG, 15. Auflage 2023

Dötsch/Schultzky/Zschieschack, WEG-Recht 2021

Lehmann-Richter/Wobst, WEG-Reform 2020

Niedenführ/Schmidt-Räntsch/Vandenhouten: WEG – Kommentar und Handbuch zum Wohnungseigentumsrecht, 13. Auflage 2020

Stichwortverzeichnis

A

Abrechnungsspitze 219
Abstimmung 89, 261
- Enthaltung 90
- geheime 89
- Probeabstimmung 91
- Subtraktionsmethode 90

Abstimmung über den Beschlussantrag *siehe Abstimmung*
Allstimmiger Beschluss 143
Altbeschluss 114
- Beschlusssammlung 114
- Eintrag ins Grundbuch 165

Anfechtungsberechtigung 185
- Insolvenzverwaltung 186
- Verwalter 186
- Zwangsverwaltung 186

Anfechtungsklage 145, 180, 184
- Frist 186, 191

Angelegenheiten der Verwaltung 174
Antragsrecht 95
Anwesenheitsliste 261
Aufbewahrungspflicht für Unterlagen 261
Außerordentliche Eigentümerversammlung 53, 265
- Sondervergütung für Verwalter 53

B

Bauliche Veränderungen 94, 236, 347
- Gestattungsbeschluss 241
- Kosten 240
- Vornahmebeschluss 242

Belastungsverbot 137
Beschluss 90, 133, 265
- Abrechnungsspitze 219
- anfechtbarer 178
- Anfechtbarkeit 170
- Anfechtung 180, 184
- angefochtener 119
- aufgehobener 119
- bauliche Veränderungen 236
- Bindungswirkung 163
- einstweilige Verfügung 192
- Eintrag ins Grundbuch 163
- Entstehung 92
- fehlerhafte Verkündung 92
- Formulierung 159
- gesetzesändernder 178
- Gründe für Nichtigkeit 171
- inhaltliche Bestimmtheit 159
- Kreditaufnahme 214
- Nichtigkeit 93, 171, 315
- Nichtigkeit wegen des Zeitpunkts der Beschlussfassung 171
- Nichtigkeit wegen fehlender Beschlusskompetenz 172
- Nichtigkeit wegen Unverständlichkeit 173
- Nichtigkeit wegen Verstoßes gegen das WEG 171
- Nichtigkeit wegen Verstoßes gegen gesetzliche Vorschriften 173
- positiver 144
- Protokollierung 92
- rechtswidriger 93
- Sanierung 232
- schriftlicher 323
- Sonderumlage 214
- Sonstiges 255
- Umlaufverfahren 133
- vereinbarungsändernder 178
- Verkündung 92
- versus Vereinbarung 133
- Vollzug 166 ff.
- Vorschüsse 216

Beschlussanfechtung 180, 217
- formale Fehler 180
- materielle Mängel 181

Beschlussantrag 46, 88
- Formulierung 88

Beschlussart 139
- allstimmiger Beschluss 143
- einfacher Mehrheitsbeschluss 140
- Ein-Mann-Beschluss 142
- qualifizierter Mehrheitsbeschluss 141

Beschlussersetzungsklage 31, 144, 164, 182, 194
Beschlussfähigkeit 98
Beschlussfassung 89
- Abstimmung 89

- Abstimmungsmodus 89

Beschlussfehler 170, 180
- Form 180
- materieller 181
- Nichtbeschluss 170
- nichtiger Beschluss 170

Beschlussfeststellung 91
Beschlussfeststellungsklage 185
Beschlussklage 190
Beschlusskompetenz 134, 174, 266
- durch Vereinbarung 178
- Erweiterung nach WEG-Reform 176
- Kostenverteilung 176
- Verwaltung des Sondereigentums 179

Beschlussmangel 170
Beschlusssammlung 113, 187, 267
- Altbeschluss 114
- Anfechtung 118
- Aufhebung 118
- Berichtigung 123
- Beschluss 115
- Einsichtsrecht 122, 191
- Eintragungszeitpunkt 121
- Fehler 123
- Form 120
- Geschäftsordnungsbeschluss 116
- Herausgabe 123
- Löschung 119
- Negativbeschluss 115
- Öffnungsklausel 116
- Tenor 117
- Urteilsformel 117
- Vergleich 118
- Vermerk 118
- Verwalter 122

Beschlussverkündung 91
Betreute Wohnungseigentümer 33
Bruchteilsgemeinschaft 34, 268

D

Dauervollmacht 73
Digitalisierung von Dokumenten 354

E

Eigentümerversammlung 198, 272
- Ablauf 85
- Aufgaben der Leitung 86
- Ausschluss 79
- Ausschluss von Beratern 80
- außerordentliche 53
- Beendigung 97
- Beschlussfähigkeit 86
- Einberufung durch Verwalter 30
- Mehrhausanlage 257
- Protokoll 99, 199
- Saalverweis 96
- Tagesordnung 27, 87, 198
- Teilnahme Dritter 78, 81
- unberechtigte Teilnahme 82
- Vertretung 340
- virtuelle 77, 341
- Vorbereitung 27
- Vorsitz 85, 341

Einberufung der Eigentümerversammlung 28
- Berechtigte 30
- durch Nichtberechtigte 33
- Formalitäten 37
- Frist 38

Einberufungsmangel 44, 51
- Kausalität 52

Einfacher Mehrheitsbeschluss 140
Einladung zur Eigentümerversammlung 33
- Inhalt 39
- Textform 37

Ein-Mann-Beschluss 142
Einstweiliger Rechtsschutz 167, 198
Einzelwirtschaftsplan 213
Erbengemeinschaft 33
Ergebnisrelevanz 217
Erhaltungsmaßnahmen 230
- Anspruch 235
- Ermessensspielraum 233
- modernisierende 231
- Vergleichsangebot 233

Erhaltungsrücklage 229
Ersterwerb 34
Erstverwalter 205

F

Faktischer Eigentümer 34

G

Geheime Abstimmung 89
Gemeinschaftseigentum 282
Gemeinschaftsvermögen 296

Gerichtliches Verfahren in Wohnungseigentumssachen 189, 192
- Berufung 197
- Revision 197
- Streitwert 196

Gesamtwirtschaftsplan 212
Geschäftsordnung 297
Geschäftsordnungsbeschluss 95, 116, 156, 183
Gesetzlicher Vertreter 33
Gestattungsbeschluss 347
Grundsatz der Nichtöffentlichkeit 36, 41

H
Haushaltsnahe Dienstleistungen 227
Hausordnung 251
- Änderung 251
- Drittwirkung 252
- Ergänzung 251
- Gemeinschaftseigentum 252
- Inhalt 252
- Leistungspflichten 252
- Mehrheitsbeschluss 251
- Vereinbarung 251

Heizkosten 225

I
Insolvenz 35
Insolvenzverwalter 33
Instandhaltung 230
Instandsetzung 230

J
Jahresabrechnung 219
- Anspruch 220
- Heizkosten 225
- Inhalt 220
- Schlüssigkeitsprüfung 226
- Zahlenwerk 223
- Zeitraum 220

Juristische Person 34

K
Kleiner Schadenersatz 322
Kopfprinzip 58
- Majorisierung 313

Kostenverteilungsschlüssel 223
- Änderung 243
- rückwirkende Änderung 247

M
Majorisierung 59, 61, 313
- rechtsmissbräuchliche 61

Maßstabskontinuität 177
Mehrhausanlage 33, 257
- Eigentümerversammlung 257
- Kostentrennung 258
- Stimmrecht 259
- Verwaltung 259

Mehrheitsbeschluss 313 ff.
- einfacher 313
- qualifizierter 314

Minderheitenquorum 28
Minderheitenschutz 314
Minderjährige Wohnungseigentümer 33
Modernisierende Erhaltungsmaßnahmen 231

N
Nachlassverwalter 33
Nachtragseinladung 47
Negativbeschluss 115, 144, 182, 194, 315
Nichtbeschluss 143, 170, 315
Nichtigkeitsklage 170
Nichtöffentlichkeit der Versammlung 66, 78
Niederschrift 316
Nießbrauchsberechtigter 36
Notverwalter 206

O
Objektprinzip 59
Öffnungsklausel 136, 316
- allgemeine 137
- Gemeinschaftsordnung 136
- gesetzliche 136
- konkrete 137
- nachträgliche 138
- vereinbarte 136
- Voraussetzung 136

Online-Eigentümerversammlung 77, 340
Ordnungsmäßige Verwaltung 321
Ordnungsrecht 86

P
Persönliche Leistungspflichten 252
Positiver Beschluss 144
Privatautonomie der Wohnungseigentümer 247

Probeabstimmung 91
Protokoll 99, 199, 316
- Aufbewahrungspflicht 99
- Berichtigung 199
- Berichtigungsanspruch 104
- Einsichtsrecht 103
- fehlerhaftes 104
- Form 101
- Inhalte 99
- notarielle Beurkundung 102
- Unterschrift 101

Q
Qualifizierte Protokollierungsklausel 101
Qualifizierter Mehrheitsbeschluss 141, 314

R
Rechnungsabgrenzung 225
Rechnungswesen der Wohnungseigentümergemeinschaft 211
Rechtsfähigkeit 318
Rechtsschutzbedürfnis der Wohnungseigentümer 194
Rechtswidrige Nichteinladung 36
Rederecht 95, 323
Redezeitbegrenzung 95
Regelungen des Gebrauchs 175
Reproduktionsanspruch 114, 165

S
Sanierung 232
Sanierungsplan 232
Scheinbeschluss 170, 315
Schlüssigkeitsprüfung 226
Selbstkontrahierungsverbot 71
Sittenwidrigkeit 173
Sonderbelastung 224
Sondereigentum 341
Sondernutzungsrecht 326
Sonderumlage 331
Standardbeschluss 158
Stimmenthaltung 60, 336
Stimmrecht 55, 336
- Bruchteilseigentum 57
- Erwerber einer Eigentumswohnung 55
- faktischer Eigentümer 56
- Inhaber 55
- Mehrhausanlage 259
- Nachlassverwalter 56
- nachträgliche Änderung 59
- Nießbraucher 56
- Öffnungsklausel 55
- ruhendes 67, 323
- Testamentsvollstrecker 56
- werdende Eigentümergemeinschaft 55
- Zwangsverwalter 56
Stimmrecht der Wohnungseigentümer *siehe Stimmrecht*
Stimmrechtsausschluss 63, 336
- Vollmacht 66
Stimmrechtsmissbrauch 61 ff.
Stimmrechtsprinzip 58
- Kopfprinzip 58
- Objektprinzip 59
- Wertprinzip 59
Subtraktionsmethode 90

T
Tagesordnung 27, 44, 87, 336
- Beschlussantrag 88
- fehlerhafte 48
- Umgang mit 87
- Verschiedenes 48
Teileigentum 337, 341
Teilungserklärung 337
Teilung von Miteigentumsanteilen 60
Termin der Wohnungseigentümerversammlung 43
Testamentsvollstrecker 33
Textform 29
Transparenzgebot 248

U
Umlaufbeschluss 188
Umlaufverfahren 133, 323
Umzugskostenpauschale 338
Unterlassungsverfügung 167
Untervollmacht 73

V
Veränderungssperre 237
Veräußerungsbeschränkung 164
Vereinbarung 338
Vermögensbericht 219, 227
- Erhaltungsrücklage 229
- Inhalt 228

- wesentliches Gemeinschaftsvermögen 229
Versammlungsort 41
Versammlungszeit 43
Versicherung 339
Vertrauensschutz 247
Vertreterklausel 80
Vertretung
- bei Geschäftsunfähigkeit 69
- bei Minderjährigen 69
- Beschränkung 70
- für juristische Person 69
- gewillkürte 69
- Rechte des Vertreters 74
- Stimmrecht 70
- Stimmrechtsausschluss 71
- Vollmacht 71
Vertretungsbeschränkung 67
Verwalter
- Anfechtung des Entlastungsbeschlusses 255
- Beschlusssammlung 122
- Bestellung 201, 203
- Entlastung 253
- Instandhaltungsrücklage 254
- Jahresabrechnung 254
- Prozesskosten 196
- Qualifikation 202
- Schadenersatzanspruch 254
- Stimmrecht 255
- Vergütung 218
- Wiederwahl 203
- Zertifizierung 202
- Zulassung 201
Verwalterlose Gemeinschaft 31
Verwaltungsbeirat 31, 207
- Aufgaben 209
- Bestellung 207
- Entlastung 210
- Haftung 210
- Überwachungsfunktion 208
- Zusammensetzung 208
Verwaltungsunterlage 340
Virtuelle Teilnahme an Eigentümerversammlung 77
Vollmacht 71
- Schriftform 72
- Textform 71
- Umfang 73
- Widerrufserklärung 73

W

WEG-Reform 2020 15, 38, 77, 93, 141, 314
Wertprinzip 59
Wiederholungsbeschluss *siehe Zweitbeschluss*
Wiederholungsversammlung 52
Wirtschaftsplan 212
- Anspruch 213
- Einzelwirtschaftsplan 213
- Form 215
- Gesamtwirtschaftsplan 212
- Inhalt 215
- Prüfung durch Verwaltungsbeirat 216
- Zeitraum 214
Wohnungseigentum 341
Wohnungseigentümer 55
Wohnungseigentümergemeinschaft 15
- Außenverhältnis 319
- Innenverhältnis 319
- Rechte und Pflichten 319
- Rechtsfähigkeit 318

Z

Zitterbeschluss 174
Zugangsfiktion 37
Zustellungsvertreter 341
Zwangsversteigerung 35
Zwangsverwalter 33
Zwangsverwaltung 35
Zweitbeschluss 145, 341
- abändernder 147
- bestätigender 146
- ergänzender 147

Die Autor:innen

Melanie Sterns-Kolbeck ist Rechtsanwältin, Fachanwältin für Miet- und WEG-Recht in München, berät die Mitglieder des Haus- und Grundbesitzervereins München und ist Autorin zahlreicher Publikationen zum Miet- und WEG-Recht.

Georg Hopfensperger ist Rechtsanwalt, Fachanwalt für Miet- und Wohnungseigentumsrecht in München und berät als Syndikusanwalt des Haus- und Grundbesitzervereins München seit über 20 Jahren in WEG- und Mietrechtsfragen. Er ist Autor zahlreicher Fachbücher und Chefredakteur der Bayerischen Hausbesitzerzeitung.

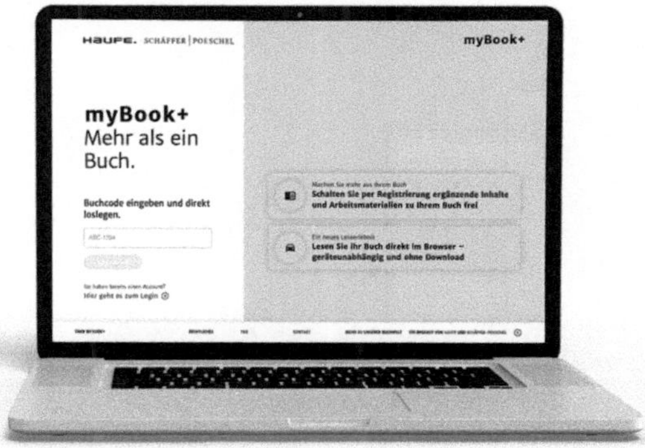

Ihre Online-Inhalte zum Buch: Exklusiv für Buchkäuferinnen und Buchkäufer!

- **https://mybookplus.de**
- Buchcode: **PPY-28894**

13835656-2
9854250